Ziegler: DROGISTEN-PRAXIS I

DROGISTEN PRAXIS

68.–74. Tausend

H. ZIEGLER

Studienprofessor

I. Band

VERLAG LUITPOLD LANG · MÜNCHEN
INH. URSULA LANG

ISBN 3-87462-006-9

12. (68.–74. Tausend) überarbeitete Auflage 1989
Alle Rechte vorbehalten.
Verlag Luitpold Lang, Münchner Straße 125, 8025 Unterhaching.
Inh. Ursula Lang.
Typografische Gestaltung durch den Verlag.
Sonstige Herstellung: Ernst Kieser GmbH · Graphischer Betrieb · 8900 Augsburg

Vorwort zur 12. Auflage

In der nun vorliegenden 12. Auflage der Drogisten-Praxis I wurde die bewährte Gliederung des Stoffes beibehalten. Nur in einem Punkt unterscheidet sich diese Auflage von der vorhergehenden 11. Auflage:
Mit Zustimmung des Autors, Herrn Stud.-Professor H. Ziegler, hat Herr OStR. F. Illert die neue *Verordnung über Gefährliche Stoffe* – anstelle des früheren Giftgesetzes – in den Dritten Teil, Kapitel 14.4 (Seite 413) eingearbeitet.

Unterhaching, im Mai 1989　　　　　　　　　　　　　Verlag Luitpold Lang

INHALTSÜBERSICHT

Erster Teil
Das Gesundheitszentrum der Drogerie

1

		Seite
1.	Mittel zur Gesundheitspflege	
1.1	Knochenaufbaumittel	17
1.1.1	Knochensystem	17
1.1.2	Knochenstruktur	20
1.1.3	Knochenaufbaustoffe	22
1.1.4	Knochenverbindungen	22
1.1.5	Mittel gegen die Knochenerkrankungen Rachitis und Osteomalazie	23
1.2	Muskelpflegemittel	25
1.2.1	Muskelsystem	25
1.2.2	Willkürliche Skelettmuskeln	26
1.2.3	Unwillkürliche, glatte Muskeln	27
1.2.4	Mittel gegen Muskelschmerzen	30
1.3	Nervenaufbaumittel	34
1.3.1	Nervensystem	34
1.3.2	Nerven-Nähr- und -Kräftigungsmittel	40
1.3.3	Nervenanregende Mittel	42
1.4	Mittel gegen Erkältungskrankheiten der Atmungsorgane	45
1.4.1	Der Atmungsvorgang	45
1.4.2	Atmungsorgane	46
1.4.3	Mittel gegen Heiserkeit, Schnupfen, Husten	49
1.5	Mittel zur Kräftigung und Pflege der Kreislauforgane	56
1.5.1	Das Blut	56
1.5.2	Das Herz	65
1.5.3	Das Gefäßsystem	68
1.5.4	Mittel zur Pflege und Funktionssteigerung der Kreislauforgane	76
1.6	Mittel zur Pflege und Leistungssteigerung der Verdauungsorgane	79

		Seite
1.6.1	Nährstoffe	79
1.6.2	Vitamine	88
1.6.3	Mineralstoffe	92
1.6.4	Würzstoffe	93
1.6.5	Getränke	101
1.6.5.1	Mineralwässer	101
1.6.5.2	Fruchtsäfte und Fruchtsaftgetränke	101
1.6.5.3	Alkoholhaltige Getränke	102
1.6.6	Der Verdauungsvorgang	116
1.6.6.1	Enzyme	117
1.6.6.2	Kalorien – Joule	119
1.6.7	Die Verdauungsorgane Mund, Magen, Darm	120
1.6.7.1	Die Mundverdauung	120
1.6.7.2	Die Magenverdauung	137
1.6.7.3	Die Darmverdauung	142
1.6.8	Reduktionsdiät	152

2

2. Säuglings- und Kleinkinderpflegemittel

2.1	Säuglings- und Kleinkindernahrungsmittel	156
2.2	Hautpflegemittel für den Säugling	162
2.3	Kinderzahnpflege	165
2.4	Fiebermittel	168

3

3. Verbandstoffe

3.1	Watte	169
3.1.1	Blutstillende Watten	171
3.1.2	Polsterwatte	171
3.1.3	Verbandzellstoff	171
3.2	Verbandgewebe	171
3.3	Erste-Hilfe-Verbandpäckchen	172
3.4	Brandwunden-Verbandpäckchen	172
3.5	Verbandpflaster	172
3.6	Wundschnellverbände	173
3.7	Flüssiger Wundverband	173
3.8	Monatsbinden und Tampons	173
3.9	Hausapotheke	174

		Seite
3.10	Der Kraftwagen-Verbandkasten	175
3.11	Erste Hilfe	176
3.12	Gummiwaren	177

4

4. Desinfektionsmittel

4.1	Infektion	179
4.1.1	Bakterien	180
4.1.2	Viren	182
4.1.3	Protozoen	183
4.2	Desinfektion	183
4.2.1	Desinfektionsmittel	185

5

5. Fußpflegemittel

5.1	Bau des Fußes	188
5.2	Hühneraugen, Hornhaut, Schwielen	189
5.3	Fußschweiß	191
5.3.1	Mittel gegen Fußschweiß	191
5.4	Fußpilzerkrankungen	192

Zweiter Teil
Die kosmetische Abteilung der Drogerie

6

6. Mittel zur Schönheitspflege

6.1	Bau und Funktionen der Haut	195
6.1.1	Die Oberhaut	197
6.1.2	Die Lederhaut	200
6.1.3	Das Unterhautzellgewebe, Unterhautfettgewebe	208

		Seite
6.1.4	Hauttypen	208
6.1.5	Zellulitis	213
6.2	Hautreinigungsmittel	214
6.2.1	Toiletteseifen	214
6.2.2	Kosmetische Bäder	214
6.2.3	Badeschwämme	216
6.2.4	Reinigungsemulsionen	217
6.2.5	Handreinigungsmittel, Arbeitshandschuhe	218
6.3	Hautpflegemittel	219
6.3.1	Hautcremes	219
6.3.2	Gesichts-, Toilette-, Hautwässer, Skinfreshener	227
6.3.3	Hautöle	228
6.3.4	Die kosmetische Massage	228
6.3.5	Gesichtsmasken und -packungen	230
6.3.6	Sonnenschutzmittel	231
6.3.6.1	Die Zusammensetzung des Sonnenlichtes	231
6.3.6.2	Hautbräunung und Sonnenbrand	232
6.3.6.3	Sonnenschutzmittel, Lichtschutzmittel	234
6.3.6.4	Insektenabwehrmittel, Repellents	236
6.3.6.5	After-Sun-Gels	237
6.3.6.6	Selbstbräunende DHA-Präparate	237
6.3.6.7	Sun-Block, Bronzer	238
6.3.6.8	Akanthose	238
6.3.6.9	Sonnenbrillen	238
6.3.6.10	Sommersprossenmittel	239
6.3.6.11	Mittel gegen Frostschäden der Haut	241
6.4	Dekorative Kosmetik	243
6.4.1	Haut-Make-up	243
6.4.2	Augen-Make-up	245
6.4.3	Lippen-Make-up	248
6.4.4	Nagel-Make-up, Maniküre, Pediküre	249
6.5	Haarpflegemittel	252
6.5.1	Der Aufbau des Haares	252
6.5.2	Haarwaschmittel, Shampoos	256
6.5.3	Haarwässer	258
6.5.4	Haarkuren	258
6.5.5	Haarfärbemittel	259
6.5.6	Mittel zum Festhalten der Frisur	261
6.5.7	Haarkämme und -bürsten	263
6.5.8	Mittel gegen störenden Haarwuchs, Depilatorien	264

7

7. Parfümerien

		Seite
7.1	Parfums	267
7.2	Eau de Parfum	270
7.3	Eau de Toilette	270
7.4	Eau de Cologne	270

8

8. Herrenkosmetik

8.1	Rasiermittel	272

Dritter Teil
Die technische Abteilung der Drogerie
Mittel zur Materialpflege und Haushaltswaren

9

9. Textil-Wasch- und -Pflegemittel

9.1	Textilfasern	277
9.2	Wasserhärte und Wasserenthärtungsmittel	279
9.3	Die Grenzflächenspannung des Wassers und die Tenside	281
9.4	Haushaltswaschmittel	285
9.4.1	Seifen	285
9.4.2	Haushaltswaschmittel, Vollwaschmittel, Allwaschmittel	287
9.4.3	Spezialwaschmittel	291
9.5.	Appretier- und Imprägniermittel für Textilien	293
9.6	Mittel zum Färben von Textilien – Stoffarben	294
9.7	Fleckentfernungsmittel	296
9.7.1	Bleichende Präparate	296
9.7.2	Lösende Fleckentfernungsmittel	297
9.7.3	Fleckentabelle	298

10

10. Haushaltsreinigungsmittel

Seite

10.1	Geschirrspülmittel	303
10.2	Kalk- und Kesselsteinlöser	306
10.3	Glas-, Wannen- und Kachelreiniger	307
10.4	Fensterleder	307
10.5	Abfluß- oder Rohrreinigungsmittel	308
10.6	Backofen- und Grillreiniger	308
10.7	Metallputzmittel	308
10.8	Scheuermittel	310
10.9	Universalreiniger, Allzweckreiniger, Haushaltsreiniger	311
10.10	Reinigungsmittel für Getränkefässer	311
10.11	Fußbodenreinigungs- und Pflegemittel	312
10.11.1	Reinigungs- und Pflegemittel für Hartbeläge	312
10.11.2	Reinigungsmittel für Teppichböden	315
10.12	Möbelpflegemittel	316
10.13	Lederpflegemittel	317
10.13.1	Schuhpflegemittel	317
10.13.2	Pflegemittel für Ledermöbel, Taschen, Koffer usw.	317
10.13.3	Reinigungs-Pflegemittel für Lederkleidung	318
10.14	Autopflegemittel	319
10.14.1	Reinigungsmittel	319
10.14.2	Lack- und Chromkonservierungsmittel	320
10.14.3	Reparaturmittel	321
10.14.4	Kühler-Frostschutzmittel	322
10.15	Kerzen	322
10.15.1	Geschichtliches	322
10.15.2	Kerzenrohstoffe	323
10.15.3	Der Docht	324
10.15.4	Die Kerzenherstellung	324
10.15.5	Kerzensorten	325
10.15.6	Handelsformen und Verpackung	326

11

11. Anstrichmittel

11.1	Pigmente	327
11.1.1	Natürliche Erdfarben	327
11.1.2	Künstliche Mineralfarben	330

		Seite
11.1.3	Künstliche organische Farben, Substratfarben, Farblacke	333
11.1.4	Schwarzpigmente	334
11.1.5	Metallpigmente, Bronzepulver	335
11.2	Bindemittel	336
11.2.1	Wäßrige Bindemittel	336
11.2.2	Ölige Bindemittel	338
11.2.3	Lacke	340
11.2.4	Sikkative	346
11.2.5	Lösungsmittel	346
11.3	Ausführung von Farbanstrichen	346
11.3.1	Leimfarbenanstrich	346
11.3.2	Binderfarbenanstrich	347
11.3.3	Ölfarbenanstrich	348
11.3.4	Lackfarbenanstrich	353
11.3.5	Arbeitsbeispiele	354

12

12. Tapezieren

12.1	Arbeitsvorgänge	356
12.2	Werkzeuge und Geräte für die Anstrich- und Tapeziertechnik	357

13

13. Klebstoffe und Kitte

13.1	Klebstoffe	360
13.1.1	Gummi	360
13.1.2	Cellulosekleister	361
13.1.3	Dextrin	361
13.1.4	Tischlerleim	361
13.1.5	Filmklebstoff, Filmkitt	361
13.1.6	Kunstharzkleber, Mehrzweckkleber, Universalkleber	362
13.1.7	Kunstkautschuk-Kleber	362
13.1.8	Reaktions-, Polymerisations-, Metallkleber	363
13.1.9	Spezialkleber	364
13.1.10	Weißleime, Holzleime, Dispersionsleime	364
13.2	Kitte	364
13.2.1	Leinölkitt	365
13.2.2	Fußbodenkitt	365
13.2.3	Mennigekitt	365

		Seite
13.2.4	Lackkitt	365
13.2.5	Leimkitt	365
13.2.6	Wasserglaskitt	365
13.2.7	Linoleumkitt	365
13.2.8	Glycerinkitt	365

14

14. Schädlingsbekämpfungsmittel

14.1	Tierische Schädlinge	369
14.1.1	Insekten	369
14.1.1.1	Pflanzenschadinsekten	372
14.1.1.2	Hausungeziefer	380
14.1.1.3	Körperungeziefer an Menschen und Haustieren	389
14.1.1.4	Insektenbekämpfungsmittel, Insektizide	392
14.1.2	Bodenwürmer	400
14.1.3	Schnecken	400
14.1.4	Säugetiere – Nager	401
14.1.5	Mittel zur Bekämpfung der Nagetiere	403
14.2	Viren, Bakterien, Pilze, Algen	405
14.2.1	Viren	405
14.2.2	Bakterien	405
14.2.3	Niedere Pilze	405
14.2.4	Algen	409
14.3	Mittel gegen Unkräuter und Ungräser-Herbizide	411
14.4	Bestimmungen über das Inverkehrbringen von Gefahrstoffen und Schädlingsbekämpfungsmitteln im Einzelhandel	413
14.4.1	Verordnung über gefährliche Stoffe (Gefahrstoffverordnung-GefStoffV)	413
14.4.1.1	Gifthandelserlaubnis	414
14.4.1.2	Kennzeichnung von Gefahrstoffen	414
14.4.1.3	Aufbewahrung und Lagerung von Gefahrstoffen	415
14.4.1.4	Abgabe von Gefahrstoffen	416
14.4.2	Pflanzenschutzgesetz	417
14.4.3	Richtlinien für den Umgang mit giftigen Schädlingsbekämpfungsmitteln	418
14.5	Fachausdrücke bei der Schädlingsbekämpfung	426

15

15. Düngemittel

15.1	Einzeldünger	430
15.1.1	Stickstoffdünger	430
15.1.2	Kalidünger	431
15.1.3	Phosphatdünger	431
15.1.4	Kalkdünger	431
15.2	Mischdünger	431
15.3	Volldünger	432
15.4	Humine, Humussäuren	432
15.5	Schaumkunststoffe: Styromoll und Hygromull	432
15.6	Gesundheitsgefährdung durch Handelsdünger	434

Vierter Teil
Fachausdrücke, Produktbezeichnungen und Arbeitsweisen aus der Praxis des Drogisten

16

16. Fachausdrücke, Produktbezeichnungen, Arbeitsmethoden   Seiten 435–466

Erster Teil
Das Gesundheitszentrum der Drogerie

1. Mittel zur Gesundheitspflege

1.1 Knochenaufbaumittel
1.1.1 Knochensystem

Das Knochengerüst oder Skelett des Menschen (gr. skello = trocken) ist ein aus 206 Knochen bestehendes Organsystem, das als Stützgewebe dem Körper Form und Festigkeit verleiht.

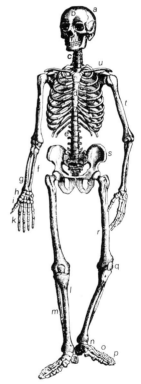

Skelett des Menschen

a	Scheitelbein
b	Stirnbein
c	Halswirbel
d	Brustbein
e	Lendenwirbel
f	Elle
g	Speiche
h	Handwurzel
i	Mittelhand
k	Finger
l	Schienbein
m	Wadenbein
n	Fußwurzel
o	Mittelfuß
p	Zehenknochen
q	Kniescheibe
r	Oberschenkel
s	Hüftbein
t	Oberarmknochen
u	Schlüsselbein

Vom winzigen Steigbügelknöchelchen im Mittelohr bis zum starken Oberschenkelknochen, der ein Gewicht von 1300 kg zu tragen vermag, treten die Knochen, ihrer jeweiligen Funktion entsprechend, in allen nur denkbaren Formen und Größen auf.

Knochen, die die Körperlast zu tragen haben, z. B. in den Armen und Beinen, nehmen Säulenform an, während andere, die Bewegungen ausführen, gliederte Hebelarme bilden. Zur Schale geformt schützt der harte Knochen Gehirn und Sinnesorgane und als elastischer Korb Lungen und Herz. Körperhöhlen bilden die Schädel-, Brustkorb- und Beckenknochen.

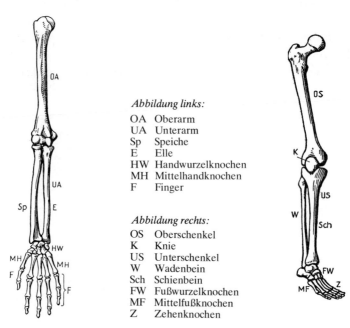

Abbildung links:
OA Oberarm
UA Unterarm
Sp Speiche
E Elle
HW Handwurzelknochen
MH Mittelhandknochen
F Finger

Abbildung rechts:
OS Oberschenkel
K Knie
US Unterschenkel
W Wadenbein
Sch Schienbein
FW Fußwurzelknochen
MF Mittelfußknochen
Z Zehenknochen

Der *Schädel* ist eine hohle knöcherne Kapsel, deren oberer, rundgewölbter Teil Schädeldach oder Hirnschale genannt wird. An der Vorderseite liegt das Stirnbein, hinten das Hinterhauptbein, an den Seiten liegen die beiden Scheitel- und Schläfenbeine. Dann folgen das Keilbein und das Siebbein am Schädelgrund. Aus den Gesichtsknochen, Ober- und Unterkieferknochen, dem Gaumen-, Nasen- und Wangenbein sind Nasen-, Augen- und Mundhöhle gebildet.

Der *Brustkorb* wird von den spangenartigen, elastischen Rippen gebildet und umschließt die Lunge und das Herz mit den Nebenorganen. Im Gegensatz zum Schädel ist er weich und nachgiebig, denn die sich füllenden und entleerenden Lungen vertragen keine starre äußere Hülle.

Unter dem *Schultergürtel* versteht man den knöchernen Ring, den die Schulterblätter mit den Schlüsselbeinen und dem Brustbein bilden. Er liegt dem Rippenkorb auf, trägt die Arme am Schultergelenk und verleiht dem schwachen Brustkorb Schutz und Halt.

Schädel

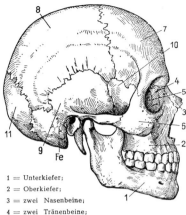

1 = Unterkiefer;
2 = Oberkiefer;
3 = zwei Nasenbeine;
4 = zwei Tränenbeine;
5 = Siebbein;
6 = zwei Wangen- oder Jochbeine;
7 = Stirnbein;
8 = zwei Scheitelbeine;
9 = zwei Schläfenbeine; der Teil der Ohröffnung heißt Felsenbein (= Fe);
10 = Keilbein;
11 = Hinterhauptbein mit dem Hinterhauptloch.

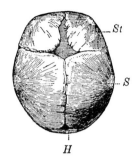

Schädeldach eines neugeborenen Kindes mit den Fontanellen

St die noch nicht miteinander verwachsenen Stirnbeine
S   Scheitelbeine
H   Hinterhauptbein

An der Wirbelsäule sitzen die Rippen mit kleinen Gelenken fest. Zusammen mit den Schulterblättern macht sie den Rücken des Menschen zu der widerstandsfähigsten Stelle des ganzen Körpers. Demgegenüber ist die Vorderseite weit weniger geschützt, lediglich das Brustbein ist eine widerstandsfähige Stelle.

Die *Wirbelsäule* umgibt mit ihren 24 Wirbeln schützend das empfindliche Rückenmark, aus dem in Höhe der einzelnen Wirbel jeweils ein Paar Nervenstränge abzweigen. Um ihre wichtigste Aufgabe, nämlich Schutz, Stütze und Beweglichkeit, erfüllen zu können, besitzt die Wirbelsäule Gelenke, Bänder, Muskeln und als

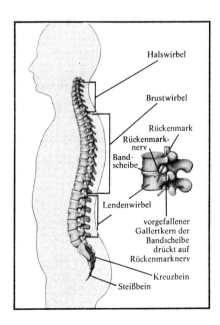

Puffer zwischen je zwei Wirbeln Bandscheiben aus faseriger Gallertmasse. Im Laufe des Lebens nutzen sich diese mehr oder weniger ab. Bei ständiger körperlicher Überbeanspruchung werden sie bald rissig, vergrößern ihre Masse und verändern ihre natürliche Lage so sehr, daß sie auf die umgebenden Nervenstränge drücken und dabei, je nach der betroffenen Wirbelgegend, heftige Schmerzen im Nacken und Rücken, in Armen, Beinen und der Umgebung der Lenden hervorrufen können.

Derartige Erkrankungen heißen Spondylarthrose (gr. spondylos = Wirbel, arthron = Gelenk) und Osteochondrose (gr. osteon = Knochen, chondros = Knorpel). Es gibt kaum einen Menschen über Fünfzig, bei dem die Röntgenaufnahme nicht irgendwelche Veränderungen an der Wirbelsäule zeigt.

Das *Becken* wird durch das Ende der Wirbelsäule, das Steißbein, abgeschlossen. Seitlich befinden sich die Gelenkpfannen mit dem Gelenkkopf der Schenkelknochen. Die Beckenhöhle birgt die Eingeweide-, Harn- und Geschlechtsorgane. Das weibliche Becken ist breiter als das des Mannes, denn es enthält die Gebärmutter, in welcher das Wachstum des Kindes stattfindet.

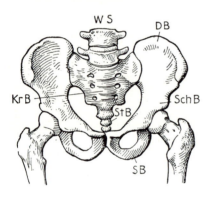

Becken
WS   Wirbelsäule
DB   Darmbein
KrB   Kreuzbein
SchB Schoßbein
StB   Steißbein
SB   Sitzbein

1.1.2 Knochenstruktur

Knochenhaut, Periost (gr. peri = um, herum, osteon = Knochen)

Die Knochenhaut ist von zahlreichen Blutgefäßen durchzogen und enthält viele Nerven, weshalb sie sehr schmerzempfindlich ist. Sie umhüllt die

Knochenrinde, Kompakte, die den äußeren Teil des Knochens bildet und außerordentlich dicht unf fest ist. Rückgrat und Beckenknochen bestehen vorwiegend aus dieser Gewebsart, die einen zuverlässigen Schutz bietet. Die Knochenrinde ist von vielen Blutgefäßen durchsetzt.

Schwammgewebe, Spongiosa (lat. spongia = Schwamm)
Dieses leichte, poröse Gewebe bildet die Hauptmasse des Knochens. Es bildet aus einem Gewirr von Stäbchen, Säulchen, Lamellen, Wänden und Maschen Gewölbe und Verspannungen, die bei geringem Gewicht die doppelte Trag-

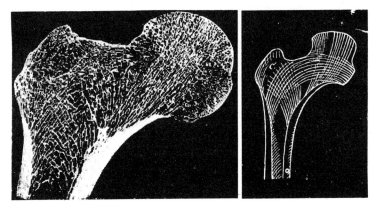

Anordnung der Knochenbälkchen im Oberschenkelkopf

kraft des Granits und eine größere Zugfestigkeit als ein gleichschweres Stück Stahl besitzen. Bei den Arm- und Beinknochen ist dieser Gewebetyp besonders wichtig.

Markhöhle
Im innersten, sehr gut geschützten Teil des Knochens geht das Schwammgewebe in die Markhöhle über, die das lebenswichtige Knochenmark enthält.

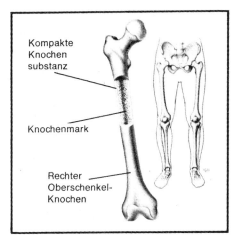

Dieses erzeugt ständig ungeheure Mengen roter und weißer Blutkörperchen (vgl. S. 56, 85).
Das Innere des Knochens wird von zahlreichen winzigen Gefäßen durchzogen. In ihnen umspült das Blut Mineralkristalle, die zusammen eine Oberfläche von 40 Hektar bedecken, überschüssiges Calcium aufnehmen und bei absinkendem Calciumspiegel wieder an das Blut abgeben können. Dieser Regelmechanismus bewirkt, daß ein Liter Blut konstant 0,7 Gramm Calcium enthält, eine Menge, die

notwendig ist, damit die Nerven ihre Impulse weiterleiten, die Muskeln sich zusammenziehen können und ausgeflossenes Blut zur Abdichtung von Verletzungen gerinnen kann.

1.1.3 Knochenaufbaustoffe

Beim Neugeborenen ist das Knochengerüst weich, denn es besteht zu etwa 52% aus Knorpel, einer bläulich schimmernden, elastischen Masse, die etwa 60% Wasser enthält und außerordentlich druckfest ist. Im Gegensatz zum Knochen besitzt das Knorpelgewebe keine Blutgefäße und hat auch fast keine Stoffwechseltätigkeit.

Solange der Mensch wächst, bestehen die Enden der langen Knochen aus Knorpel, der verknöchert, sobald sich oberhalb wieder neuer Knorpel gebildet hat. Nach Abschluß der Wachstumsperiode verfestigen sich auch die letzten Knorpelzonen. Ein weiteres Wachstum ist dann nicht mehr möglich. Rippenenden, Ohrmuschel und Nasenspitze bleiben dauernd knorpelig.

Die Verknöcherung des Knorpels vollzieht sich durch Einlagerung mikroskopisch kleiner Mineralteilchen in die Knorpelsubstanz. Diese sog. „Knochenerde" besteht aus 86% Tricalciumphosphat, $Ca_3(PO_4)_2$, 10% Calciumcarbonat, $CaCO_3$, 0,5% Trimagnesiumphosphat, $Mg_3(PO_4)_2$, 0,5% Calciumfluorid, CaF_2 und 2% Natrium- und Kaliumsalzen.

Den weichen, biegsamen Teil des Knochens bildet der *Knochenleim, Kollagen* (lat. colla = Leim, genere = erzeugen). Außerdem sind im Knochen noch etwa 15% *Fett* und 50% *Wasser* enthalten, das jedoch zu 30% an Hydroxylapatit des Calciumphosphates gebunden ist. Mit zunehmendem Alter steigt der Mineralgehalt des Knochens, während seine organischen Anteile allmählich bis auf etwa 40% absinken. Er wird dadurch immer spröder, porös und verliert weitgehend seine Elastizität, was erhöhte Bruchgefahr und schlechtes Heilen von Knochenbrüchen mit sich bringt.

1.1.4 Knochenverbindungen

Knochen, die Gehäuse für empfindliche Organe bilden wie z. B. das Schädeldach, die Schädelkalotte, sind durch Zackennähte, die wie ein Reißverschluß zahnartig ineinandergreifen, fest miteinander verbunden. Diese Vereinigung heißt *Knochenhaft*.

Mit der weniger starren *Knorpelhaft* sind solche Knochen miteinander verbunden, die in beschränktem Umfang dehnbar sein oder Stoß und Druck auffangen müssen. Zwischen dem Brustbein und den Rippen liegen Knorpelspangen und -scheiben, zwischen den Wirbeln des Rückgrats Bandscheiben und in der Schambeinfuge Symphysemscheiben. *Gelenke* bestehen meist aus einer kugel-

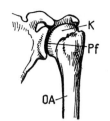

Schulergelenk
K Kugel
Pf Pfanne
OA Oberarm

oder rollenförmigen Vorwölbung am Ende eines Knochens, die in eine entsprechende Vertiefung des anderen Knochens beweglich hineinpaßt.

Am Ellbogen und Knie, an Fingern und Zehen befinden sich einachsige *Scharniergelenke* für Bewegungen in einer Ebene, während das Ellen-Speichengelenk und das Gelenk zwischen dem ersten und zweiten Halswirbel *Drehgelenke* sind, die Bewegungen in zwei Richtungen zulassen. Arme und Beine können durch *Kugelgelenke* an Schulter und Hüfte nach verschiedenen Richtungen bewegt und zugleich gedreht werden.

Damit sich die Gelenkflächen weich bewegen, Stöße auffangen und Druck ausgleichen können, sind sie mit einem elastischen Knorpelgewebe überzogen, das durch eine schleimige, fettartige Masse, die Gelenkschmiere, Synovia, glatt und schlüpfrig gehalten wird. Sie wird bei der Betätigung der Gelenke von der Gelenkkapsel abgesondert, längere Reglosigkeit auf dem Krankenlager und ungenügende körperliche Betätigung versteifen deshalb die Gelenke.

Die besonders stark beanspruchten Knie-, Ellbogen- und Handwurzelgelenke erhalten zusätzliche Synovia aus Schleimbeuteln, die gleichzeitig als Puffer gegen mechanische Beanspruchungen dienen.

Umschlossen werden die Gelenke von der Gelenkkapsel. Das ist eine zweischichtige, bindegewebsartige, sehr zähe Haut, die durch sehnige Gelenkbänder, die von Knochen zu Knochen verlaufen und eine Zugfestigkeit von über 300 kg besitzen, verstärkt wird.

Von Bändern zusammengehalten, durch Sehnen mit den Muskeln verbunden und mit Gelenken ausgestattet bildet das Knochensystem den Bewegungsapparat, der dem Menschen Ortsveränderungen und mechanische Einwirkungen auf die Umwelt ermöglicht.

1.1.5 Mittel gegen die Knochenerkrankungen Rachitis und Osteomalazie

Beide beruhen auf einer Störung des Calcium-Phosphor-Stoffwechsels, hervorgerufen durch einen Mangel an Vitamin D. Sie sind also Vitaminmangelkrankheiten, sog. Avitaminosen (vgl. S. 88).

Die *Rachitis*, auch *Englische Krankheit* genannt, kann den wachsenden Organismus vom zweiten Lebensmonat an bis zum neunten Lebensjahr befallen. Bei dieser Erkrankung bleiben beim Säugling die Schädelknochen weich und die große Fontanelle schließt sich nicht. Beim Kleinkind brechen die Zähne zu spät und meistens mangelhaft ausgebildet durch. Als Begleiterscheinungen treten Gewichtsabnahme, allgemeine Mißstimmung, Schwitzen im Kopfbereich, Haarausfall am Hinterkopf und vermindertes Bewegungsbedürfnis auf. In schweren Fällen entstehen an Hand- und Fußgelenken, Rippen und Beinen und an der Wirbelsäule Mißbildungen und Verkrümmungen.

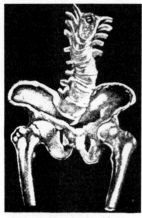

Rachitische Verbiegung der Wirbelsäule

Die *Osteomalazie* ist eine Knochenerweichung, von der vorwiegend Erwachsene befallen werden.

Zur Vorbeugung müssen, besonders während der Schwangerschaft, Stillperiode und der Zahnungszeit des Kleinkindes das antirachitisch wirkende *Vitamin D und leicht aufnehmbare Calciumsalze* dem Körper zugeführt werden.

Vitamin D entsteht auf der Haut durch Einwirkung der ultravioletten Strahlen des Tageslichtes bzw. der Höhensonne. Ihr müssen Säuglinge und Kleinkinder in unseren Breiten besonders in der lichtarmen Jahreszeit in dem Maße ausgesetzt werden, das der Arzt für angebracht hält. Daneben wird dem Organismus das Vitamin D auch in einer geeignet zusammengesetzten Nahrung, die Milch, Eigelb und Butter enthält und durch Vitamin-D-Präparate zugeführt (vgl. S. 91). Der besonders vitaminreiche Lebertran darf in der Drogerie nur in Kapseln und als Lebertranemulsion mit genau bestimmtem Vitamin-D-Gehalt als Arzneispezialität abgegeben werden.

Kalkpräparate wie Malzextrakt mit Kalk, Lebertranemulsion mit Kalk, Kalkzwieback, kalkhaltige Kindernahrungen usw. sollen die Kalkreserven des Körpers schonen, d. h. ihn vor Kalkentzug, Demineralisierung, bewahren. Sie enthalten leichtlösliches Calciumcitrat, Calciumlactat oder Calciumhydrogenphosphat, $CaHPO_4$, meistens gekuppelt mit Vitamin D, jedoch nur in schwacher Dosierung, denn zu hohe Vitamin-D-Gaben können, wenn sie im Körperfett gespeichert werden, Appetitlosigkeit, Verstopfung, niedrigen Blutdruck, abnorme Verkalkungen an der Schädelbasis, den Wachstumszonen der Röhrenknochen, in Arterien, Nieren und Lungen hervorrufen.

Kalkpräparate dienen nicht allein als Knochenaufbaumittel, sondern sind auch angezeigt bei Allergien wie Heuschnupfen, Zahnfleischbluten, zur Infektabwehr, Gefäßabdichtung und Verbesserung der Blutgerinnung. Auch bei Frühjahrsmüdigkeit und übermäßiger Erregbarkeit des Nervensystems werden sie empfohlen.

Literatur:
Prof. Dr. H. Lucas u. a.: Gesundheitsbuch. Verlag: DAS BESTE, Stuttgart–Zürich–Wien.
Dr. Dr. Gerhard Venzmer u. a.: Das große, neue Gesundheitsbuch; C. Bertelsmann-Verlag, Gütersloh 1965
Drs. Erich Stengel, Erich Thieme, Otto Weise: Menschenkunde. Ernst Klett Verlag, Stuttgart 1974.
Dr. Käthe Knopp-Merfert und H. Wiedemann: Gesundheitslehre. Verlag Dr. Max Gehlen, Bad Homburg, Berlin, Zürich.
Prof. Sobotta: Deskriptive Anatomie des Menschen. Verlag Urban und Schwarzenberg, München–Berlin.

1.2 Muskelpflegemittel
1.2.1 Das Muskelsystem

Das deutsche Wort Muskel leitet sich wahrscheinlich vom lateinischen musculus = Mäuschen her, weil mit seinem Bauch und den spitzen Enden der Muskel diesen kleinen Tieren sehr ähnelt.

Muskeln sind die fleischigen Teile des Körpers, die durch Zusammenziehung und Erschlaffung die Bewegungen ausführen. Die rund 300 verschiedenen Muskeln des Körpers haben für das Leben, Wohlbefinden und die Gesundheit des Menschen eine außerordentliche Bedeutung. So mußten z. B. zum Lesen dieser Zeilen 12 Augenmuskeln die Augäpfel bewegen, was wiederum nur möglich war, weil sich inzwischen der Herzmuskel etwa zwanzigmal zusammengezogen hat, die Nackenmuskulatur den Kopf fest auf den Schultern hielt und der Rücken durch die Rumpfmuskulatur aufrecht gestreckt war.

Muskeln leisten fortgesetzt Schwerarbeit, die jedoch meist wenig beachtet wird, so zahlreich und vielfältig ihre Funktionen auch sind. Die Muskeln gehören zu den Organen des Körpers, die beträchtliche Belastungen unterschiedlicher Art gut vertragen, selten erkranken und noch seltener ihren Dienst ganz aufkündigen.

Der Körper als Gesamtorganismus arbeitet, verglichen mit modernen Maschinen, außerordentlich zweckmäßig und energiesparend. Das Zusammenspiel der Muskeln bei bestimmten Bewegungen entspricht den besten von der wissenschaftlichen Mechanik ermittelten Methoden. Das gilt besonders für trainierte Muskeln, die mit geringstem Verbrauch an Brennstoff größte Leistungen vollbringen bei den Höchstleistungen der Sportler wie im täglichen Arbeitsablauf.

1.2.2 Willkürliche Skelettmuskeln

Sie führen den Willen des Menschen aus, indem sie die Lage der Knochen verändern, mit denen sie verwachsen sind.

Ihre Impulse erhalten sie durch die Nerven, die dem Gehirn oder Rückenmark entspringen und wie Telephondrähte die Verbindung zwischen der Befehlsstelle Gehirn und dem Ausführungsort Muskel bilden. Die Impulse sind minimale, im Körper erzeugte elektrische Ströme, die mit einer Geschwindigkeit von 100 Metern in der Sekunde den Befehl übermitteln.

Die willkürlichen Muskeln bestehen aus unzähligen mikrofeinen Fäserchen, sog. Spirillen mit einem Durchmesser von kaum 1/100 mm und sind quer zur Längsrichtung von dunkleren und helleren Schichten durchzogen. Sie heißen deshalb auch *quergestreifte Muskeln*. Quergestreift ist auch der Herzmuskel, der jedoch als einziger ein Innenorgan bildet, das dem Willen des Menschen nicht unterworfen ist.

Mehrere Faserbündel quergestreifter Muskeln sind von einer gemeinsamen Bindegewebshülle umgeben, die den Muskel von anderen Organen abgrenzt.

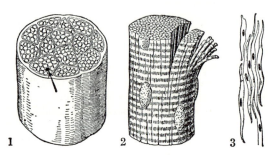

1 Faserbündel eines quergestreiften Muskels. Ein (mit Pfeil bezeichnetes) einzelnes Bündel ist in 2 sehr stark vergrößert; man sieht die Zellkerne und die Querstreifung der einzelnen Muskelfasern.
3 Glatte Muskelfasern

Der fleischige Mittelteil des Muskels heißt *Muskelbauch*. An beiden Enden verjüngt sich der Muskel und geht in die *Endsehnen* über. Diese stellen die Verbindung zwischen dem Muskelgewebe und dem Knochen her, denn sie sind in der Beinhaut des Knochens fest verankert. Dort bilden sie entweder eine breite Sehnenplatte oder z. B. an den Gliedmaßen einen langen Sehnenstrang, der dorthin führt, wo die Kraft des Muskels am Knochen wirken soll. Mit dem Muskel, der nie am Knochen selbst sitzt, ist die Sehne durch viele Ausläufer fest verbunden, sie strahlt tief in ihm aus.

Quergestreifte, willkürliche Muskeln sind sehr leistungsfähig, ermüden jedoch bald. Überanstrengungen können zum sog. „Muskelkater" führen, der ein Signal ist für die Überreicherung an den Ermüdungsstoffen Kohlendioxid und Milchsäure und damit die Belastungsgrenze des Körpers anzeigt.

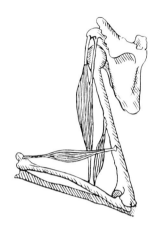

Die drei Beugemuskeln des Armes

Muskel mit Sehne

Jeder Muskel kann sich durch Anschwellen des Muskelbauches bis zur Hälfte seiner Länge verkürzen und dadurch den betreffenden Körperteil nach einfachen Hebelgesetzen bewegen. Zieht sich z. B. der Oberarmmuskel (Bizeps) zusammen, so wird der Unterarm im Ellbogengelenk herangezogen. Straffen sich die Oberschenkelmuskeln, so beugen sie im Kniegelenk den Unterschenkel.

Strecken können sich die Muskeln selbst jedoch nicht. Sie brauchen hierzu auf der anderen Seite einen Gegenmuskel oder Antagonisten, der das Strecken besorgt, wie etwa der Streckmuskel an der Rückseite des Oberarms.

1.2.3 Unwillkürliche, glatte Muskeln

Die Entleerung, Zusammenziehung und Erweiterung der Hohlorgane Gallen- und Harnblase, Magen und Darm und des Gefäßsystems regeln die unwillkürlichen Muskeln. Ohne Aktionsströme werden sie ausschließlich vom vegetativen Nervensystem (Lebensnerven vgl. S. 35) gesteuert, sind also dem Willen des Menschen nicht unterworfen. Sie bestehen aus länglichen, spindelförmigen Zellen und bilden glatte, dünne, nicht quergestreifte Schichten oder Häute.

Die glatten Muskeln arbeiten nicht so spontan und kräftig wie die quergestreiften, sondern ziehen sich träge und langsam zusammen. Dafür sind sie kaum ermüdbar und zeigen auch bei stärkerer Betätigung keine wesentliche Stoffwechselsteigerung.

Um seine Arbeit leisten zu können, braucht der Muskel Energie in Form von Zucker. Zum sofortigen Gebrauch befindet sich eine gewisse Menge davon im Muskel selbst, während der Nachschub aus der Leber kommt, die als Hauptvorratskammer den Körperzucker für den körperlichen Kräfteverbrauch aufspeichert. Sind die Muskeln stark beansprucht, so werden auch die Vorräte in der Leber aufgebraucht und müssen durch neue ersetzt werden. Dadurch wird nicht nur die Leber betätigt, sondern auch die Bauchspeicheldrüse, die den Rohstoff zum Neuaufbau des Körperzuckers liefern muß. So regt die Muskeltätigkeit viele innere Organe, vor allem das Verdauungssystem zu intensiver Arbeit an, steigert ihre Durchblutung und kräftigt sie (vgl. S. 81).

Bei der Muskelarbeit wird der Zucker ohne Sauerstoffzufuhr, anaerob, folgendermaßen in Milchsäure umgewandelt:

$$C_6H_{12}O_6 \rightarrow 2\,C_3H_6O_3\ (CH_3 \cdot CHOH \cdot COOH)$$
Traubenzucker   Milchsäure

Die Milchsäure bringt das Muskeleiweiß zum Quellen, wodurch die lange, schlanke und schlaffe Muskelfaser kurz, breit und hart wird und in ihrer Mitte den Muskelbauch bildet.

Dieser Vorgang kann durch einen einzigen Nervenreiz ausgelöst werden. Damit der Muskel jedoch in Tätigkeit bleibt, muß ihm eine ganze Reihe stets schlagartig hintereinander eintreffender Nervenreize zukommen. Nur dann vollzieht sich jede Bewegung nicht als eine einzige Zuckung, sondern sie stellt einen kürzeren oder längeren Muskelkrampf dar.

Die Zahl der Nervenreize beträgt 40 bis 60 in der Sekunde. Je mehr Nervenreize in der Zeiteinheit eintreffen, um so schneller und kräftiger ist die Bewegung.

Der Ermüdungsstoff Milchsäure wird im Muskel selbst zum großen Teil wieder in Zucker umgewandelt. Aus ihm kann sich immer wieder neue Säure bilden, ein Vorgang, der den Muskel zum vollkommensten und wirtschaftlichsten Motor macht.

Der Arbeitsleistung folgt die Erholungsphase des Muskels, während welcher etwa $^1/_5$ der entstandenen Milchsäure unter Zutritt von Sauerstoff zu Kohlendioxid und Wasser verbrennt:

$$C_3H_6O_3 + 3\,O_2 \rightarrow 3\,CO_2 + 3\,H_2O$$
Milchsäure   Sauerstoff   Kohlendioxid   Wasser

Die bei diesem Oxydationsvorgang freiwerdende Wärme steigert die Körpertemperatur und fördert dadurch die Durchblutung und Transpiration der Haut. Wie alle nicht benutzten, unbelasteten Organe des Bewegungssystems verlieren bei Funktionsausfall auch die Muskeln ihre Kraft und Beweglichkeit – sie schrumpfen ein und die Sehnen verbacken mit ihrer Umgebung. So kommt es innerhalb weniger Tage zu einem einfachen Muskelschwund, wenn z. B. nach einem Bruch ein Bein ruhig gestellt werden muß oder bei der sog. „Schonstellung", die der Körper einnimmt, wenn sich bestimmte Regionen schmerzhaft entzünden. Training und Aktivität, besonders Schwimmen, Laufen und Radfahren lassen derartige Erscheinungen bald wieder abklingen.

Es ist also durchaus nicht nur das Alter, das die Muskeln erschlaffen läßt, sondern sehr häufig der Mangel an körperlicher Betätigung.

Jede wohldosierte Anstrengung (submaximale Belastung) kräftigt den Muskel, sorgt für gute Durchblutung, steigert seine Reaktionsbereitschaft und bewahrt ihn vor schneller Ermüdung. Besonders erfolgversprechend ist das Intervalltraining mit dem Rhythmus: Belastung – Entlastung – Pause.

Muskelschmerzen werden häufig mit der Bezeichnung *Rheumatismus* belegt (gr. rheuma = Fluß, hier „Fließen" der Schmerzen). Häufig handelt es sich dabei um Muskelverkrampfungen, die jedoch nur ein Symptom darstellen, niemals aber ein Leiden an sich.

Am häufigsten werden sie im Bereich der langen Rückenmuskeln zu beiden Seiten der Wirbelsäule beobachtet, denn an ihr können im Laufe des Lebens Verschleißerscheinungen folgendermaßen auftreten:

Die Gelenke nutzen sich ab, der Körper versucht, die schadhaften Stellen durch Knochenvorsprünge abzustützen. Wenn sich solche Knochenzacken in der Umgebung der Löcher bilden, durch die Nerven austreten, werden diese gereizt. Eine solche Reizung äußert sich als Schmerz und führt zu einem Krampf der entsprechenden Rückenmuskulatur.

Auch eine vorgefallene Bandscheibe kann auf einen Nerv drücken und zu einem schmerzhaften Muskelhartspann führen (vgl. S. 20).

Alle Muskelpartien unterliegen schmerzhaften Verkrampfungen. Ist der Kopfdrehmuskel betroffen, entsteht der „steife Hals", sind es die Rückenmuskeln, das „steife Kreuz", und ein Befall der Lendenmuskulatur führt zum „Hexenschuß", Lumbago (lumbus = Lende).

Bei allen diesen Erscheinungen handelt es sich um verhältnismäßig harmlose, jedoch sehr schmerzhafte Muskelverkrampfungen, die meistens dadurch entstehen, daß ein länger anhaltender Luftzug die Blutgefäße der betroffenen Körperregionen so stark zusammenzieht, daß ein kleiner Gefäßkrampf entsteht.

Aber auch Überanstrengungen und zu lange andauernde Beanspruchung einer bestimmten Muskelgruppe können rheumatische Schmerzen in der Art des „Muskelkaters" auslösen. Es gibt Menschen, die besonders häufig unter solchen Muskelverkrampfungen leiden. Schuld daran kann eine gewisse erbliche Disposition, vielleicht aber auch ein vereiterter Zahn sein, dessen Giftstoffe die Neigung zu Gefäßkrämpfen verstärken (vgl. S. 127).

1.2.4 Mittel gegen Muskelschmerzen

Gegen rheumatische Beschwerden hält die Drogerie folgende Waren bereit, die geeignet sind, die Schmerzen zu lindern bzw. die Krankheitssymptome rascher zum Abklingen zu bringen:

A) Medizinische Bäder

Wie bereits ausgeführt beruhen viele rheumatische Erkrankungen auf lokalen Mangeldurchblutungen und Kälteherden, die durch Wärmezufuhr im Bad behoben oder wenigstens gelindert werden können.

Schon im einfachen Warmbad ohne jeden Zusatz erweitern sich die Gefäße und Kapillaren, so daß sich Verkrampfungen in der Muskulatur lösen, die zu den rheumatischen Schmerzzuständen geführt haben.

1. *Peloidbad*

Peloidbäder (Moor-, Fango-, Schlamm-, Schlick- und Lehmbäder) vermögen dem Körper Temperaturen bis zu 45 °C zuzuführen, ohne daß er dadurch übermäßig belastet wird. Sie sind deshalb zur Wärmetherapie bei rheumatischen Erkrankungen des Haltungs- und Bewegungsapparates besonders gut geeignet.

2. *Moorbad*

Moor ist in einem sich über Jahrtausende hinziehenden Prozeß aus Pflanzen entstanden, die unter teilweisem Luftabschluß eine Art Verkohlung durchmachten. Auch heute noch finden in der Moorerde fortwährend chemische Umsetzungen statt, weshalb Moorbehandlungen am besten dort durchgeführt werden, wo sich dieser Stoff auf natürlicher Lagerstätte vorfindet, z. B. in Buchau, Kohlgrub, Pyrmont, Wurzach u. a.

Moorbäder wirken nicht nur durch ihre intensive Wärmezufuhr und -stauung lindernd und heilend bei rheumatischen Beschwerden, sondern auch durch ihren Gehalt an Huminsäuren, mineral- und hormonartigen Stoffen.

Künstliche Moorbäder für häusliche Kuren sind Extrakte aus Naturmoor und enthalten oft noch Zusätze von Salicylsäure, Methylsalicylat, Campher, Menthol, Eukalyptusöl, Fichtennadelöl, Terpentinöl u. a.

3. *Fangobad*

Fango ist ein vorwiegend anorganisches Produkt vulkanischer Prozesse mit nur wenig organischen Bestandteilen. Italienischer Fango, Fango di Bataglia, stammt aus der Provinz Padua, deutscher aus Bad Neuenahr und der vulkanischen Eifel.

4. *Pflanzenextraktbad*

Neben den Peloiden gibt es eine ganze Reihe von *Pflanzenextrakten* zur Bereitung von Heilbädern gegen rheumatische Beschwerden. Es handelt sich dabei um dunkelbraune, sirupartig-dicke Auszüge aus hierfür geeigneten Drogen. Durch schonende Herstellungsverfahren weitgehend naturbelassen enthalten sie die pflanzlichen Wirkstoffe in so hoher Konzentration, daß für ein Vollbad in der Regel 150 g Extrakt genügen.

Bekannte Rheumabäderzusätze sind:

Fichtennadel-Badeextrakt: Konzentrierter wäßriger Auszug aus den nadelbesetzten Zweigen von Fichten und Tannen (Picea excelsa und Abies alba). Manchmal werden noch Latschenkiefernöl und hautfreundliche Schaumstoffe zugesetzt.

Heublumen-Badeextrakt: Konzentrierter wäßriger Auszug aus Heublumen. Zur Verstärkung der Wirkung können Auszüge aus Schafgarbenblüten, Thymian- und Quendelkraut, Salbeiblättern und Salbeiöl, Thymianöl u. a. zugesetzt sein.

Rosmarinblätter-Badeextrakt: Konzentrierter wäßriger Extrakt aus Rosmarinblättern mit einem geringen Zusatz von äther. Rosmarinöl.

Roßkastanien-Badeextrakt: Konzentrierter wäßriger Extrakt aus Rokastaniensamen mit einem hohen Gehalt an pharmakologisch aktivem Aescin (Roßkastaniensaponin), das bei rheumatischen Erkrankungen gefäßerweiternd wirkt und die Durchblutung fördert.

5. *Badeöle*

Unter diese Gruppe medizinischer Badezusätze fallen alle Präparate, deren Wirkung auf hohen Prozentsätzen ätherischer Öle basiert, welche in feinst-verteiltem Zustand (kolloidal dispers) im Badewasser suspendiert sind. Die ätherischen Öle durchdringen die Haut und üben hierdurch ihre spezifischen Wirkungen aus.

Da diese Bäder die Badewanne nicht verfärben, werden sie für häusliche Kuren bevorzugt. Für ein Vollbad genügen 25 bis 30 ml des jeweiligen Präparates.

Edeltannen-Badeöl: Ätherisches Fichten- und Edeltannenöl mit Bornylacetat.

Heublumen-Badeöl: Ätherische Öle zahlreicher Wiesenkräuter.

6. *Schwefelbad*

Natürliche Schwefelquellen z. B. in Aachen, Bad Boll, Wiessee und vielen anderen Badeorten werden schon seit Jahrhunderten gegen Rheumaleiden mit gutem Erfolg angewandt.

Künstliche Schwefelbäder werden mit Alkalipolysulfiden, besonders mit Schwefelleber (Gemisch aus K_2S_3, K_2S_5 und $K_2S_2O_3$), von der man 150 bis 200 g für ein Vollbad benötigt, zubereitet. Die im Bad von der Haut ausgeschiedenen Säuren fällen aus der Schwefelleberlösung kolloidalen Schwefel aus, der in bisher noch nicht geklärter Weise antirheumatisch wirkt. Die von verschiedenen Firmen in Flaschen verkauften Schwefelbäder sind meist kolloidale Schwefeldispersionen, Kaliumpolysulfidlösungen und dergleichen. Sie sind teilweise apothekenpflichtig.

Literatur:

Souci, S. W. und Schöpp, M.: Medizinische Bäder. In Ullmann, Encyklopädie der technischen Chemie, 3. Auflage, 12. Band S. 258–278. Urban und Schwarzenberg Verlag, München–Berlin 1960.

B) Kräuterkissen, Tuchumschlag, Kataplasma, Pflaster

Unter einem *Kräuterkissen,* auch Bähung genannt (Fomentum siccum), versteht man ein mit aromatischen Drogen gefülltes Stoffsäckchen, das möglichst heiß auf die schmerzende Stelle aufgelegt wird. Durch lokale Erwärmung, gelinden Hautreiz und bessere Durchblutung der Muskulatur lindert es rheumatische Schmerzen.

Ein *Tuchumschlag* (Wickel, Auflage) ist ein in den Kräuterauszug oder die Abkochung getauchtes Leintuch, das mehrfach gefaltet so heiß wie möglich aufgelegt wird. Ein darübergelegtes wollenes Tuch dient zum Warmhalten.

Am kräftigsten wirkt das *Kataplasma* (Breiumschlag), das meistens aus Leinsamenmehl durch Kochen hergestellt wird. Seine feuchte Wärme steigert den Blut- und Lymphstrom in der Umgebung der schmerzenden Stelle und wirkt dadurch wohltuend und schmerzlindernd.

Auch *hautreizende, hyperämisierende Pflaster,* vor allem Capsicumpflaster werden mitunter erfolgreich gegen Muskelschmerzen angewandt. Viele von ihnen sind apothekenpflichtig.

C) Einreibemittel

Als sehr wirksam gegen rheumatische Schmerzen haben sich auch viele Einreibemittel erwiesen, die eine kräftige Durchblutung der Gefäße bewirken. Auf diese Weise können die durch Minderfunktion in den Gelenksgegenden abgelagerten Harnsäurekristalle den natürlichen Ableitungskanälen zugeführt und ausgeschieden werden. Bekannte Waren dieser Art sind Ameisen-, Seifen- und Campherspiritus, flüchtiges Liniment und Wacholder-, Lorbeer-, Latschenkiefern-, Edeltannen-, Terpentin- und Thymianöl.

Franzbranntwein mit Fichtennadelöl, Campher und anderen aromatischen Stoffen ist besonders bei solchen Muskelschmerzen angezeigt, die von sportlichen oder anderen körperlichen Überanstrengungen herrühren.

Alle Einreibemittel lösen Muskelverkrampfungen leichter, wenn sie durch eine lockernde Streichmassage unterstützt in die tieferen Schichten der Haut eindringen können.

Melissengeist, der echtes Melissenöl enthält, ist ebenfalls ein bewährtes Mittel gegen Muskelschmerzen. Produkte, die unter dem Namen Karmelitergeist, Spiritus Melissae compositus, u. a. in den Handel kommen, enthalten häufig Citronellöl, das aus dem auf Ceylon (Sri Lanka) und Java beheimateten Citronellgras gewonnen wird.

D) Katzenfelle und Angorawäsche

Katzenfelle, die mit der Haarseite auf der Körperhaut getragen werden, bewirken durch Reibung eine Diathermie, die durch schwache elektrische Ströme vom Körper selbst erzeugt wird. Sie fördert die Durchblutung der rheumatisch erkrankten Körperteile und beschleunigt damit die Heilung.

Angorawäsche ist aus feinsten Wollhaaren hergestellt, die durch starke Kräuselung und isolierenden Luftgehalt gefährdete Körperstellen warm hält und sie vor rheumatischen Beschwerden schützt.

E) Heiltees

Heiltees gegen rheumatische Leiden sind vorwiegend Diuretica, die eine erhöhte Ausscheidung von Wasser, Salzen und Stoffwechselprodukten bewirken sollen. Darüber hinaus wirken einige Drogen durch ihren Gehalt an Saponinen und Flavonoiden auch noch desinfizierend auf die Harnorgane.

Die pflanzlichen Diuretica Angelikawurzel, Hauhechelwurzel, Holunderblüten, Liebstöckelwurzel, Petersilienwurzel, Rosmarinblätter, Spierblume, Steinklee und Wacholderbeeren enthalten als wirksamen Bestandteil ätherisches Öl, das nach der Resorption größtenteils über die Nieren wieder ausgeschieden wird. Dabei führt die milde Reizung dieser Organe zu vermehrter Harnabgabe, Diurese.

Besonders reich an Saponinen oder Flavonoiden sind Birkenblätter, Löffelkraut und Seifenwurzel, während Bärentraubenblätter und Heidekraut arbutinhaltige Drogen mit desinfizierender Wirkung sind.

Als Antirheumaticum wird neuerdings auch die in Südwestafrika beheimatete Teufelskralle, Harpagophytum procumbens, empfohlen, die in ihren sekundären Speicherwurzeln die entzündungshemmenden Wirkstoffe Procumbin, Harpagosid und Harpagid enthält.

Literatur:

Drs. E. Stengel, E. Thieme, Otto Weise: Biologisches Unterrichtswerk. Ernst Klett Verlag, Stuttgart 1966.
Prof. Dr. Hermann Römpp: Chemielexikon. Franckh'sche Verlagshandlung, Stuttgart 1966.

Dr. Dr. Gerhard Venzmer: Das große Gesundheitsbuch. C. Bertelmann Verlag, Gütersloh, 1965.
Prof. Dr. H. Lucas u. a.: Das große Gesundheitsbuch. Verlag DAS BESTE GmbH, Stuttgart, Zürich, Wien.
Prof. Dr. E. Stahl: Lehrbuch der Pharmakognosie für Hochschulen. Gustav Fischer Verlag, Stuttgart 1962.
Dr. Käthe Knopp-Merfert und Henny Wiedemann: Gesundheitslehre. Verlag Dr. Max Gehlen, Bad Homburg, Berlin, Zürich.
Dr. R. Kron: Prakt. Rheuma-Therapie. Hippokrates Verlag, Stuttgart.

1.3 Nervenaufbaumittel

1.3.1 Das Nervensystem

Das Nervensystem regelt alle Organfunktionen des menschlichen Körpers und macht ihn dadurch zu einer sinnvoll handelnden Einheit. Es ist ein untrennbar Ganzes und wird nur aus Zweckmäßigkeitsgründen folgendermaßen gegliedert:

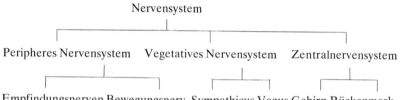

Nerven

Die mikroskopisch kleine *Nervenzelle* (Ganglienzelle) besteht aus einem kugeligen, viereckigen oder sternförmigen Knoten (gr. ganglion = Knoten), der den Zellkern enthält. Dieser *Zellkörper* verzweigt sich wie keine andere Zelle mit zahlreichen Fortsätzen, den *Dendriten,* die mit den Fortsätzen anderer Nervenzellen ein engmaschiges Geflecht bilden. Sie nehmen Signale von benachbarten Zellen auf und leiten sie zum Körper weiter.

Neben den Dendriten geht vom Zellkörper der *Neurit* aus, ein Fortsatz, der bis zu einem Meter lang werden kann, sich nicht verzweigt und wie ein elektrisches Kabel von einer lecithin- und cholesterinhaltigen Markscheide umhüllt und isoliert ist. Der Neurit nimmt die von den Dendriten übermittelten Signale auf und leitet sie mit einer Geschwindigkeit bis zu 360 Stundenkilometern weiter.

Die Nervenzelle mit ihren Fortsätzen heißt *Neuron* und ist etwa mit einer Spinne zu vergleichen, die an einem Faden hängt. Die Spinne selbst wäre der Zellkörper, der Faden der Nervenfortsatz Neurit und die Beine die Dendriten.

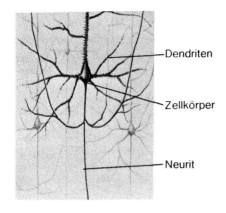

- Dendriten
- Zellkörper
- Neurit

Mehrere zu einem Bündel vereinigte Neuriten bilden den *Nerv,* mehrere mit Bindegewebe zusammengehaltenen Nervenbündel einen *Nervenstrang.* Die in ihm massenhaft vorhandenen Nervenfasern sind so gut isoliert, daß sie sich gegenseitig weder berühren noch beeinflussen können.

Neuron

A) Das periphere Nervensystem

Das periphere Nervensystem (peripher = am Rande liegend) besteht aus den *Empfindungs- und Bewegungsnerven.*

Die Empfindungs- oder sensorischen Nerven (lat. sensus = Sinn, Empfindung) befinden sich in den Sinnesorganen Auge (Sehnerv), Ohr (Gehörnerv), Nasenschleimhaut (Geruchsnerven), Zunge und Gaumen (Geschmacksnerven) und in großer Zahl in der Haut (Gefühlsnerven für Wärme, Kälte, Lagegefühl, Berührung, Schmerz). Sie melden die auf die Sinnesorgane einwirkenden Reize, nachdem sie das Rückenmark passiert haben, zentripetal, d. h. von außen her, dem Gehirn. Von dort aus werden nun durch die Bewegungs- oder motorischen Nerven in entgegengesetzter Richtung Impulse an die Muskulatur geleitet, die sie zu den Körperbewegungen veranlaßt.

Durch Übung kann die Leitfähigkeit der peripheren Nerven so gesteigert werden, daß sinnvolle Bewegungen scheinbar selbständig ablaufen, obwohl sie in Wirklichkeit vom Willen und dem Bewußtsein gesteuert werden.

So sind alle Arbeitsfunktionen des Menschen, vom mühseligen Einüben bis zur meisterhaften Perfektion Leistungen des peripheren Nervensystems.

B) Das Vegetative Nervensystem

Neben dem System der Empfindungs- und Bewegungsnerven reguliert ein eigenes, selbständiges (autonomes) Nervensystem die dem eigentlichen Lebensunterhalt dienenden „vegetativen" Funktionen und wird deshalb auch vegetatives Nervensystem genannt (lat. vegetus = lebendig). Es lenkt in enger Arbeitsgemeinschaft mit dem Hormonsystem die Vorgänge der Atmung, Herztätigkeit, Verdauung, Aufsaugung, Absonderung, des Blutkreislaufs usw. Die

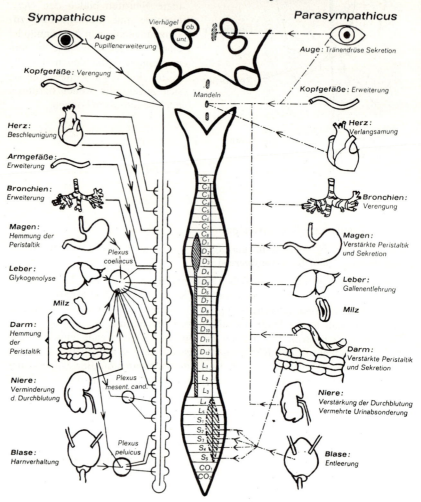

diesen Verrichtungen dienenden Organe sind, mit Ausnahme des quergestreiften Herzmuskels, mit glatter Muskulatur ausgerüstet und unterliegen dem Willen nicht.

Das vegetative, auch sympathische Nervensystem genannt (gr. sympatheo = mitempfinden) verläuft in einem paarigen, vom Hals bis zur Steißgegend reichenden Strang jederseits innen neben der Wirbelsäule. Jeder dieser beiden Stränge besteht aus Nervenknoten, die perlschnurartig durch Nerven miteinander verbunden sind. Von hier aus zweigen feine Verästelungen zu den Blutgefäßen und Eingeweiden ab und regeln deren selbständige Tätigkeit. Sie heißen deshalb auch „Eingeweidenerven".

Eine Verbindung des vegetativen Nervensystems mit dem Zentralnervensystem wird durch den *Vagus,* der als Gegenspieler des sympatischen Nervensystems auch *Parasympathicus* genannt wird, hergestellt.

Der Vagus (lat. vagus = umherschweifend) begleitet überall im Körper die Fasern des sympathischen Nervensystems und setzt seine Funktionen bis zu einem gewissen Maß herab. Während z. B. der Sympathicus die Herztätigkeit anregt, den Pulsschlag beschleunigt, die Adern verengt und die Darmtätigkeit hemmt, setzt der Vagus die Herztätigkeit herab, verlangsamt den Pulsschlag, läßt die Adern erschlaffen und regt die Darmtätigkeit an. So regeln beide in sinnvollem Spiel durch Wechselwirkung die unwillkürlichen Körperfunktionen.

C) Zentralnervensystem

1. Das *Gehirn* (lat. Cerebrum) ist mehr als irgendein anderes Organ des Körpers, denn es bestimmt sämtliche Verhaltensweisen des Menschen, ist seine geistige Kapazität, seine ganze Persönlichkeit schlechthin. Ohren, Augen, Finger und die Zunge sammeln wohl eine Unmenge von Informationen. Zu Tönen, Licht und Farben, Geschmack und Gefühl jedoch verarbeitet sie erst das Gehirn, genauso wie Hunger- und Durstgefühl, Krankheitsbewußtsein, Atmung, Gefühlsstimmungen und nahezu alle körperlichen und geistigen Funktionen des Körpers Leistungen des Gehirns sind.

Aus der Vielzahl der von den Sinnesorganen vermittelten Informationen kann es die bedeutungslosen aussondern und die wichtigen wie ein Computer speichern, um sie, wenn erforderlich, „aus dem Gedächtnis" zu reproduzieren.

Das etwa 1300 Gramm schwere Gehirn des Menschen liegt wohlgeschützt in der oben etwa 6 mm dicken und an der Basis noch stärkeren Schädelkapsel. Die Gehirnoberfläche ist von der fest anliegenden, blutgefäßreichen weichen Hirnhaut umschlossen. Ihr folgt die sog. Spinnwebenhaut, die einen Raum bildet, der zum Schutz des Gehirns gegen Stöße und Erschütterungen mit Rükkenmarksflüssigkeit angefüllt ist. Die harte Hirnhaut schließlich verbindet die Spinnwebenhaut mit den Schädelknochen.

Den größten Teil der Schädelhöhle füllt das *Großhirn* aus, das wie ein Dach alle anderen Gehirnabschnitte überlagert. Es ist durch eine tiefe Furche in zwei deutlich voneinander abgesetzte Hälften (Hemisphären) geteilt, die jedoch im Inneren durch einen Balken miteinander verbunden sind.

Die linke Hemisphäre kontrolliert die meisten Funktionen der rechten Körperhälfte, die rechte Hemisphäre die der linken. Bei rechtshändigen Menschen dominiert die linke Gehirnhälfte, bei Linkshändern ist es umgekehrt.

Jede Hemisphäre besitzt rechts und links je einen Stirn-, Scheitel-, Schläfen- und Hinterhauptlappen, zwischen denen viele Furchen liegen und sich Gehirnwindungen erheben.

Der äußere Teil des Gehirns, die 2 bis 5 mm dicke *graue Masse* (Rindenschicht, Hirnmantel) besteht aus 10 Milliarden Nervenzellen. Viele Furchen und Windungen, die sich weit ins Innere des Gehirns erstrecken, erweitern ihre Oberfläche erheblich.

Das Innere des Gehirns bildet die *weiße Masse*. Sie setzt sich aus unzähligen Nervenfasern zusammen, welche die einzelnen Rindenteile miteinander verbinden und auch den Balken des Großhirns durchziehen.

Ohne Beteiligung des Gehirns können durch Schaltzellen im Rückenmark Sinnesreize, welche die sensorischen Nerven weiterleiten, direkt in die Vorderhörner und damit die motorischen Nerven, die Muskeln bewegen, umgeleitet werden. Auf diese Weise entstehen die Reflexbewegungen, die wohl wahrgenommen aber willensmäßig nicht beeinflußbar sind wie der bekannte Kniesehnenreflex zur Prüfung des Nervenzustandes. Im Rückenmark liegen auch die Reflexzentren für die Funktionen der Blase, des Darmes und der Geschlechtsorgane.

An der Unterseite (Basis) des Großhirns befindet sich das *Stammhirn,* das auch *Hirnstamm* heißt. Es setzt sich schräg nach unten und hinten verlaufend über *das verlängerte Mark* (Medulla oblongata) unmittelbar in das Rückenmark fort.

Vom Stammhirn gehen 12 Hirnnervenpaare aus, die als sensorische Nerven (Empfindungsnerven) die Sinnesorgane Auge, Ohr, Geschmacks- und Geruchsorgan mit dem Gehirn verbinden. Motorische Nerven, Bewegungsnerven des Stammhirns betätigen die Gesichtsmuskulatur und der Vagusnerv (vgl. S. 37) verschiedene Körperorgane.

Das Stammhirn reguliert alle unbewußten Lebensvorgänge wie den Wasser-, Wärme-, Zucker-, Fett- und Eiweißhaushalt und beeinflußt durch die Hypophyse (Hirnanhang) die hormonalen Drüsen (vgl. S. 64).

Durch Nervenbündel ist das Stammhirn mit dem Kleinhirn (Cerebellum) verbunden. Dieses ist von Hinterhauptlappen des Großhirns überdeckt und stellt

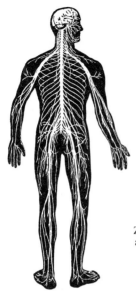

das Zentralorgan für die Erhaltung des Körpergleichgewichtes und unbewußte Bewegungen dar.

2. Das *Rückenmark* (Medulla spinalis) ist ein $1^1/_2$ cm breiter und etwa 45 cm langer Strang, der im Gegensatz zum Gehirn außen von weißer und innen von grauer Masse gebildet wird. Es liegt gut geschützt im Kanal der Wirbelsäule, die es vom ersten Halswirbel bis zum ersten Lendenwirbel durchzieht.

Übersicht über das Zentralnervensystem auf der rückwärtigen Oberfläche

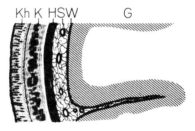

Hirnhäute (Kh = Kopfhaut, K = Schädelknochen, H = harte Hirnhaut, S = Spinnwebhirnhaut, W = weiche Hirnhaut, G = Gehirnwindung)

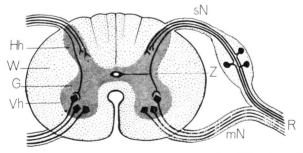

Querschnitt durch das Rückenmark Vh = Vorderhorn, Hh = Hinterhorn, W = weiße Substanz, G = graue Substanz, sN = sensorischer Nerv, mN = motorischer Nerv, R = Rückenmarksnerv, Z = Zentralkanal

Auf dem Querschnitt zeigt die graue Masse des Rückenmarks eine Schmetterlingsform, die von den Vorder- und Hinterhörnern gebildet wird. Aus den letzteren gehen sensorische, aus den Vorderhörnern motorische Nerven zwischen den Wirbelbögen in den Körper über.

Literatur:

Drs. E. Stengel, E. Thieme, Kurt Otto Weise: Menschenkunde. Ernst Klett Verlag, Stuttgart 1973.

Dr. Dr. Gerhard Venzmer: Das große Gesundheitsbuch. Bertelsmann Verlag, Gütersloh 1965.

Behrens, R.: Vegetative Distonie. Verlag für Gesundheit und Hygiene, Memmingen 1970.

Prof. Dr. H. Lucas u. a.: Das Große Gesundheitsbuch. Verlag DAS BESTE GmbH, Stuttgart, Zürich, Wien 1973.

1.3.2 Nerven-Nähr- und -Kräftigungsmittel

A) Lecithin

Eine Nervengrundsubstanz ist das Lecithin, das sich besonders reichlich im Eigelb findet und von ihm auch seinen Namen erhalten hat (gr. lekithos = Eigelb). Es ist ein Phosphatid, in dem ein Glycerinmolekül an zwei Fettsäurereste und über eine Phosphorsäurebrücke an die Stickstoffbase Cholin gebunden ist:

$$\text{Glycerin} \begin{cases} CH_2O \cdot OC \cdot R_1 \\ | \\ CHO \cdot OC \cdot R_2 \\ | \\ CH_2O \end{cases} \text{Höhere Fettsäuren}$$

$$HO - P = O \quad \text{Phosphorsäure}$$

$$\text{Cholin} \begin{cases} CH_2O \\ | \\ CH_2 \cdot N(CH_3)_3 \cdot OH \end{cases}$$

Lecithin kommt in zahlreichen Präparaten in Form von Pulvern, Tabletten, Emulsionen, Schokoladen, Tonica u. a. in den Handel und wird besonders bei nervösen Erschöpfungszuständen empfohlen.

B) Glutaminsäure, Aminobrenzweinsäure

Diese wichtige Aminosäure von der Formel $HOOC-CH_2-CH_2-CH(NH_2)-COOH$ findet sich in fast allen Eiweißkörpern, besonders aber im Gluten, dem Klebereiweiß des Weizenkorns, im Casein, Fibrin, Keratin, Ei- und Milcheiweiß.

Offenbar spielt die Glutaminsäure im Hirnstoffwechsel eine bedeutende Rolle, denn bei einer Aufnahme von täglich etwa 10 g verbessert sich die psychische Leistung um 50 und mehr Prozent. Bei psychisch unterentwickelten Kindern und Jugendlichen bewirken Tagesgaben von etwa 12 g Glutaminsäure eine beschleunigte Nachreifung, wobei das Intelligenzalter um mehrere Jahre gesteigert werden kann. Darreichungsformen sind Granulate, Dragees, Tonica und Haferflocken-Müsli. Sie erhöhen die Konzentrationsfähigkeit, körperliche Leistungskraft und setzen die Ermüdbarkeit merklich herab (Lottner, Deutsche med. Wochenschrift 1954 S. 1837).

C) Ginsengwurzel

Nervenwirksam sind auch Auszüge aus der Ginsengwurzel, die von den Araliaceen Panax schin-seng und Panax quinquefolius stammt. Die etwa 50 cm hohe Staude wird auf Korea kultiviert und enthält verschiedene Glykoside, die Vitamine B_1 und B_2 und östrogene Stoffe. Klinische Prüfungen ergaben positive Wirkungen auf die geistige und körperliche Leistungsfähigkeit und auf verschiedene Organsysteme, besonders das Zentralnervensystem, das vegetative Nervensystem, das Herz und die Gefäße. Auch Kreislauf und Blutdruck sollen durch Ginseng günstig beeinflußt werden.

D) Nerventonica

(vgl. S. 77, 160) enthalten als Energiespender und zur Regeneration der Nervensubstanz vielfach Lecithin und Glutaminsäure und zur Beruhigung des Nervensystems bzw. als Schlafhilfe Auszüge aus Baldrianwurzel, Ginsengwurzel und Weißdornblüten.

Die Vitamine B_1, B_2, C und das Provitamin A sind für ein gut funktionierendes Nervensystem unerläßlich. Darum finden sich in vielen Nerven-Tonica als hochwertige Vitaminträger die Extrakte des Sanddorns, der Hagebutte, Brombeere und Orange.

E) Nervenberuhigende und schlaffördernde Heildrogen

Nervina, Sedativa sind: Baldrianwurzel, Bitterkleeblätter, Heidekraut, Hopfenblüten, Lavendelblüten, Melissenblätter, Taubnesselblüten und für Kinder Anis- und Fenchelfrüchte auch als tassenfertige Extraktpulver.

F) Nervenbäder – Pflanzenextraktbäder

Gegen Depressionen, Nervosität und Schlaflosigkeit werden von der Industrie Pflanzenextraktbäder angeboten. Ihre Bestandteile sind Extrakte aus Baldrianwurzel, Melissenblättern, Hopfenblüten und Roßkastanien unter Zusatz gewisser ätherischer Öle, Campher, Carotin, Lecithin u. a. Nervenbäder sollen alle 2 bis 3 Tage etwa 15 Minuten lang bei einer Temperatur von 35 bis 37 °C genommen werden.

Zur Selbstherstellung nervenberuhigender Bäder eignen sich folgende aromatische Drogen (Species aromaticae ad balneum):

Angelikawurzel, Baldrianwurzel, Gewürznelken, Holunderblüten, Kalmuswurzel, Kamillenblüten, Lavendelblüten, Majorankraut, Melissenblätter, Quendelkraut, Rosmarinblätter und Thymiankraut.

1.3.3 Nervenanregende Mittel, Stimulantia, Analeptica

Treten Ermüdungserscheinungen auf, so sind diese ein Zeichen dafür, daß das Nervensystem zu seiner Erholung einer Zeit völliger Ruhe bedarf. Erwachsene benötigen mindestens 8, Kinder 10 bis 12 Stunden Schlaf. Werden dem Körper derartige Ruhepausen nicht gewährt, so können Nervenschwäche und sogar schwere Nervenleiden die Folge sein.

Aus diesem Grunde sollte bei Ermüdungserscheinungen nur ausnahmsweise zu nervenanregenden Mitteln gegriffen werden, denn diese täuschen wohl eine Frische vor, zwingen aber in Wirklichkeit dem müden Körper Leistungen ab, auf die er in diesem Zustand nicht eingestellt ist.

A) Kolapräparate

Die bekanntesten Nervenanregungsmittel sind die Kolapräparate, die Kolakatechin und Coffeinkatechin enthalten. Die Coffeinwirkung erstreckt sich u. a. auf die Steigerung der Herzmuskelleistung, eine bessere Durchblutung der Herzkranzgefäße und der Arterien des Gehirns. Aus diesem Grund dienen die Kolapräparate zur raschen Belebung bzw. Vermeidung von Abspannungs- und Ermüdungserscheinungen sowie zur leichteren Überwindung körperlicher und geistiger Anstrengungen. In vernünftigem Maß genommen schädigen sie den Organismus nicht.

B) Coffeinhaltige anregende Getränke

1. Kaffee

Der Kaffee stammt von verschiedenen Coffea-Arten aus der Familie der Rubiaceen. Die weitaus wichtigste Art ist Coffea arabica L., ein etwa 6 m hoher Baum, der jedoch in Kulturen auf etwa 3 m zurückgeschnitten wird. Er wird heute in fast allen tropischen Gebieten kultiviert und gedeiht am besten in Höhenlagen bis zu 1000 m. Das Hauptproduktionsgebiet für Kaffee ist Brasilien, dann folgen Lateinamerika (Columbien, Mexiko, Guatemala, Salvador, Ekuador, Venezuela), Afrika und Asien.

Die Frucht des Kaffeestrauches ist eine kugelige Steinfrucht „Kaffeekirsche". In ein widerlich süßschmeckendes, saftiges Fruchtfleisch (Mesokarp) sind in

Kolanuß	Kaffee
(Cola acuminata)	(Coffea arabica)

a) Zweig mit Blüten, $1/3$ nat. Gr.
b) Zweig mit jungen Früchten, $1/4$ nat. Gr.
c) Reife Frucht, $1/4$ nat. Gr.
d) Same, $1/3$ nat. Gr.

a) Zweig mit Blüten, $2/5$ nat. Gr.
b) Zweig mit Früchten, $2/5$ nat. Gr.
c) Frucht, halb vom Fruchtfleisch befreit, um die „Bohnen" zu zeigen, $4/5$ nat. Gr.

der Regel zwei Samen eingebettet. Einsamige Früchte liefern den sog. „Perlkaffee". Die Samen sind von einer Pergamenthaut, auch Hornschale (Endokarp) genannt, umgeben.

Die Samenschale ist zart und heißt deshalb „Silberhaut". Die Kaffeebohne, Semen Coffea, besteht aus dem Endosperm und dem Keimling mit geringen Resten der Samenschale.

Die Aufbereitung der Ernte beschränkt sich auf die gründliche Entfernung von Frucht- und Samenschale. Durch Waschen wird die weiche äußere Fruchtwand und mit Maschinen die innere Pergamentschale entfernt. Anschließend wird in Poliermaschinen das Silberhäutchen abgerieben. Der Rohkaffee ist gelblich, grünlich oder bräunlich und sehr hart. Er ist fast geruch- und geschmacklos. Erst beim Rösten zwischen 200 und 250 °C entwickeln die Kaffeebohnen ihr Aroma, das sie zu einem Genußmittel macht. Hierbei findet eine Abnahme des Gewichtes und eine Vergrößerung des Volumens statt. Der Kaffee wird braun und die in ihm enthaltenen Kohlenhydrate werden in Karamel umgewandelt.

Gerösteter Kaffee enthält 0,7 bis 2% Coffein, das auf das Zentralnervensystem erregend wirkt. Demgegenüber steht eine lähmende Wirkung des Coffeins auf die Gefäßwandmuskulatur, wodurch sich die Coronargefäße erweitern (bessere Herzleistung), ebenso die Gefäße des Gehirns (bessere Durchblutung) und der Nieren (gesteigerte Harnabsonderung). Die anregende Wirkung des Kaffees ist auf die Erregung der psychomotorischen Gehirnzentren (gr. psyche = Leben, lat. motorius = der Bewegung dienend) und das subjektive Wärmegefühl (Erweiterung der Hautgefäße) zurückzuführen.

2. Der chinesische Tee

Schwarzer Tee ist das beliebteste und am weitesten verbreitete aller coffeinhaltigen Getränke, er wird von mehr als der Hälfte der Weltbevölkerung getrunken. Der Teestrauch stammt aus Ostasien, seine heutigen Hauptanbaugebiete sind das tropische und subtropische Asien: Indien, Ceylon, China, Japan und Java. In neuerer Zeit sind auch größere Plantagen in den Vorbergen des Kaukasus entstanden.

Tee (Thea chinensis)
Zweig mit Blüten und Frucht,
$^3/_5$ nat. Gr.

Der Teestrauch gehört zur Gattung Camellia aus der Familie der Theaceae. Seine immergrünen Blätter sind lederartig und glänzend, auf der Unterseite flaumig behaart und dadurch silbrig glänzend, geruchlos. Nach dem Welken werden sie durch Reiben zwischen den Händen oder mit Maschinen gerollt und dann auf Haufen geschichtet. Nun bewirken eigene Enzyme eine Fermentation, bei der sich die Blätter dunkel verfärben und durch Bildung eines wohlriechenden ätherischen Öls das feine Teearoma neben einem angenehm milden Geschmack entsteht. Nach der Fermentation wird bei künstlicher Wärme getrocknet.

Grüner Tee, der fast ausschließlich in Asien verbraucht wird, entsteht durch kurzes Erhitzen der frisch gepflückten Blätter. Er wird häufig mit wohlriechenden Blüten, vor allem mit Jasmin aromatisiert.

Je nach Herkunft enthält schwarzer Tee 2,5 bis 4,5% Coffein und ist deshalb ein anregendes Genußmittel. Die Wirkung des Tees beruht wie die des Kaffees vorwiegend auf dem Gehalt an Coffein, das aus dem Getränk rasch resorbiert wird. Tee verscheucht Schlaf und Müdigkeit, erleichtert die geistige Tätigkeit und hebt die Stimmung. In mäßigen Mengen genossen übt der Tee keine schädliche Wirkung auf das Herz aus. Seines Gerbstoffgehaltes wegen (bis zu 25%) wirkt chinesischer Tee leicht stopfend und kapillarfestigend.

3. Maté, Paraguay-, Paranatee

besteht aus den getrockneten Blättern von Ilex paraguariensis St. Hil. und anderen coffeinhaltigen Ilex-Arten. Diese wachsen wild in den südlichen Staaten Brasiliens, in Paraguay und Nordargentinien und werden dort auch kultiviert. Die lederartigen, 6 bis 12 cm langen, verkehrt eiförmigen Blätter werden, um die enthaltenen Gärungsenzyme zu zerstören und dadurch das Braunwerden zu verhindern, durch Feuer gezogen, „zapekiert". Sie nehmen dabei einen herben, etwas rauchigen Geschmack an, der in Europa nicht beliebt ist. In vielen Teilen Südamerikas dagegen ist Maté Nationalgetränk.

Inhaltsstoffe der Droge sind etwa 1% Coffein, Gerbstoffe, Bitterstoff und geringe Mengen ätherischen Öls. Maté ist ein harmloses Genußmittel, das auf Grund seines Coffeingehaltes das Zentralnervensystem anregt und schwach diuretisch wirkt.

Literatur:

Esdorn, I.: Die Nutzpflanzen der Tropen und Subtropen der Weltwirtschaft, Stuttgart 1961.
Schleinkofer, O. F.: Der Tee, Hamburg 1956.
Berger, F.: Handbuch der Drogenkunde Bd. 2 Maudrich, Wien 1950.
Karsten-Weber-Stahl: Lehrbuch der Pharmakognosie. Gustav Fischer-Verlag, Stuttgart 1962.
Steinegger-Hänsel: Lehrbuch der allgemeinen Pharmakognosie. Springer-Verlag, Berlin–Göttingen–Heidelberg 1963.

1.4 Mittel gegen Erkältungskrankheiten der Atmungsorgane

1.4.1 Der Atmungsvorgang

Die vom Körper aufgenommenen Nahrungsstoffe werden in den Zellen durch einen inneren Verbrennungsprozeß in Energie umgewandelt. Da der Organismus den hierzu erforderlichen Sauerstoff nicht wie andere Substanzen speichern kann, muß er ihn ununterbrochen aus der Luft aufnehmen.

Die Luft besteht neben Spuren von Edelgasen aus 78% Stickstoff und 21% Sauerstoff, von dem bei der Atmung etwa 5% zurückbehalten werden.

Über die Lungenbläschen (Alveolen) gelangt er in das Blut, wo er den roten Blutfarbstoff Hämoglobin zu Oxyhämoglobin oxydiert. In den Arterien und

Kapillaren wird das sauerstoffreiche Blut in die Körperzellen transportiert, wo das Oxyhämoglobin den Sauerstoff wieder abgibt, der zur Verbrennung des in der Nahrung aufgenommenen Kohlenstoffs (täglich etwa 265 Gramm) notwendig ist. Das bei diesem Prozeß entstehende Abfallprodukt Kohlendioxid, CO_2 verläßt die Zelle (innere Atmung) und wird im venösen Blut über das Herz zur Lunge befördert und dort gegen Sauerstoff ausgetauscht (äußere Atmung). Der Kohlenstoff der Nahrungsmittel wird fast vollständig „veratmet" (zu 90 %) und als Kohlendioxid ausgeschieden.

Neben dem Kohlenstoff wird auch ein Teil des Wasserstoffes, der im Fett, Eiweiß und in den Kohlenhydraten enthalten ist, verbrannt und als Wasserdampf über die Lungen in einer Menge von etwa $^1/_2$ Liter täglich ausgeschieden.

1.4.2 Atmungsorgane

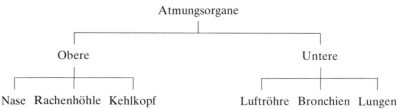

Die Nase (gr. rhinos)

Die Nase ist innen durch eine Scheidewand in zwei Nasenhöhlen geteilt, über denen seitlich je drei Nasenmuscheln sitzen. Diese sind mit Schleimhäuten mit einem weitverzweigten Blutgefäßgeflecht ausgekleidet. Sie feuchten die vorüberstreichende Luft an und erwärmen sie bis auf 32 °C. In der Nasenschleimhaut befinden sich außerdem desinfizierende Stoffe (Lysozymen), die so viele Bakterien und Viren in der Atemluft vernichten, daß ihr kleiner, in die Lunge gelangender Rest von den dort befindlichen Freßzellen (Phagozyten) unschädlich gemacht werden kann.

Die Hauptarbeit bei der Entstaubung der Luft leisten die millionenfach in den Luftwegen vorhandenen Flimmerhärchen. Diese mikroskopisch kleinen Wimpern befördern durch ihre aufwärts gerichtete Bewegung den mit Staub und Bakterien beladenen Schleim von den unteren Luftwegen nach den oberen, wo er ausgestoßen werden kann. Diese für die Gesundheit der Lungen geradezu lebensnotwendigen Organe werden durch Staub und vor allem Zigarettenrauch zunächst gelähmt und dann abgetötet. Sie wachsen nie mehr nach. Ist dieser Prozeß vollzogen, kann in die Alveolen der Raucherlunge staub- und mikrobenbeladener Schleim eindringen und sie so füllen, daß die Atmung schwerstens beeinträchtigt wird. Dagegen kann sich die Lunge dann nur noch mit dem Raucherhusten wehren, man sollte ihn deshalb nicht mit hustenlindernden Mitteln abzuschwächen suchen.

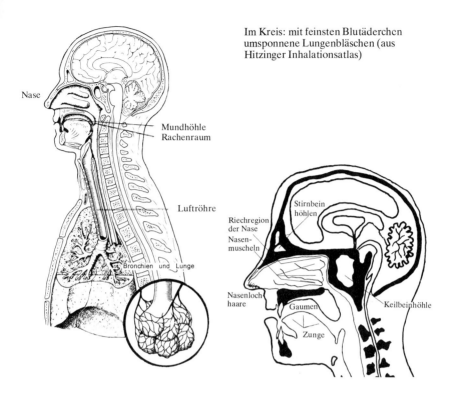

Im Kreis: mit feinsten Blutäderchen umsponnene Lungenbläschen (aus Hitzinger Inhalationsatlas)

Neben den Funktionen der Erwärmung, Anfeuchtung, Reinigung und Entkeimung der Atemluft ist die Nase auch als *Geruchsorgan* zum Erkennen gesundheitsschädlicher Stoffe, mit denen der Drogist nicht selten zu tun hat, z. B. Tetrachlorkohlenstoff, Trichloräthylen, chlorabgebende Substanzen und viele andere, von größter Bedeutung.

B) Rachenhöhle

Durch die hinteren Nasenöffnungen gelangt die Einatemluft in die Rachenhöhle, die ganz mit Schleimhäuten ausgekleidet ist. In ihr kreuzen sich die Wege für Luft und Nahrung. Daß sie getrennt bleiben und sich gegenseitig nicht im Wege stehen, ermöglichen die Gaumensegel, die beim Schlucken die Nasenausführungen verschließen.

C) Kehlkopf

Durch die hinteren Nasenöffnungen gelangt die Luft in den Rachen. Im untersten Teil der Rachenhöhle, dicht vor der Speiseröhre, befindet sich der Eingang

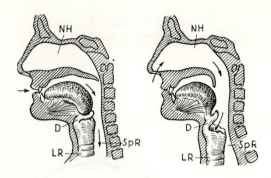

Kehlkopf beim
Schlucken (links)
und beim Atmen (rechts)

NH Nasenhöhle
D Kehlkopfdeckel
LR Luftröhre
SpR Speiseröhre

in den Kehlkopf, welcher durch einen löffelförmigen elastischen Knorpel, den Kehldeckel, verschlossen wird, wenn Speisen über den Kehlkopf hinweg in die Speiseröhre gelangen.

D) Luftröhre, Bronchien, Alveolen

An den Kehlkopf schließt sich die Luftröhre an. In ihrer Wand enthält sie spangenartige Knorpel, die sie stets offen halten, jedoch allen Bewegungen des Halses nachgeben. In der Brusthöhle gabelt sich die Luftröhre in zwei Äste, die Stammbronchien, welche in die beiden Lungenflügel eintreten und sich dort in immer kleinere Äste bis zu den Bronchiolen von nur noch $1/4$ mm Durchmesser verzweigen. An ihrem Ende befinden sich etwa 300 Millionen *Alveolen,* das sind traubenförmig angeordnete Luftbeutelchen, die ausgebreitet einen Tennisplatz bedecken könnten. Sie sind von einem zarten Netz sehr feiner Blutgefäße umgeben, die in ihrer Gesamtheit eine Wandfläche von rund 150 qm bilden. Durch die hauchdünnen Wandungen dieser Haargefäße geben die roten Blutkörperchen ihr Kohlendioxid in die Lungenbläschen ab und beladen sich dann auf dem entgegengesetzten Weg mit neuem Sauerstoff. So fließt also in

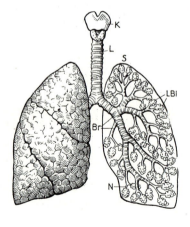

S Lungenspitze
L Luftröhre
K Kehlkopf
Br Bronchien
N Nebenbronchien
LBl Lungenbläschen

den feinsten Endungen der Venen dunkelrotes, kohlendioxidbeladenes Blut in die Lunge ein und verläßt dann dieses Gasaustauschzentrum sauerstoffbeladen und hellrot wieder in den Arteriolen.

E) Die Lungen

Die beiden Lungenflügel sitzen mit ihrer breiten Basis auf dem Zwerchfell auf und füllen mit dem zwischen ihnen liegenden Herz die Brusthöhle aus. Sie sind von kegelförmiger Gestalt, rotbrauner Farbe und ähneln in ihrer Struktur dem Gefüge eines Gummischwammes. Das weiche Lungengewebe ist mit einer zähen, weißen Haut, dem Brustfell umkleidet. Die Lunge hat keine eigene Muskulatur und kann deshalb nur durch Veränderungen des Brustkorbes und des Zwerchfells bewegt werden. Beim Einatmen heben sich die Rippen und flacht sich das Zwerchfell ab. Dadurch entsteht im Brustkorb ein leichter Unterdruck und wird die Lunge so geweitet, daß von außen her durch die Nase oder den Mund Luft in die Lungenbläschen einströmen kann. Beim Ausatmen senkt sich der Brustkorb und wölbt sich das Zwerchfell, wodurch die Lungenflügel zusammengepreßt werden und die Luft teilweise wieder ausgestoßen wird.

Die Atemtätigkeit wird vom verlängerten Rückenmark aus gesteuert und der jeweiligen körperlichen Situation angepaßt. Ein Erwachsener benötigt bei völliger Ruhelage etwa 8 Liter Luft in der Minute. In sitzender Haltung sind es schon 16 Liter, beim Gehen 24, und beim Laufen steigert sich der Bedarf sogar auf 50 Liter. Hierzu genügen durchschnittlich 16 Atemzüge mit je $^1/_2$ Liter Luft in der Minute. Werden durch gesteigerte Leistungen die Muskeln jedoch übermäßig beansprucht, so verbrauchen sie mehr Sauerstoff und sondern auch mehr Kohlendioxid ab. Dieses säuert dann das Blut leicht an und löst dadurch im Atemzentrum einen Reiz aus, der eine vertiefte und beschleunigte Atmung bewirkt.

Die automatische Steuerung der Atemtätigkeit verhindert jeden bedrohlichen Ausfall dieser lebenswichtigen Funktion, der auftreten könnte bei unerträglichen Schmerzen, „atemberaubendem" Erschrecken und anderen psychischen Insulten, die bei Kindern zum Anhalten des Atems führen können, bis sich ihre Gesichtshaut infolge Sauerstoffmangels bläulich verfärbt.

1.4.3 Mittel gegen Heiserkeit, Schnupfen, Husten

Schwere *Erkrankungen* des Atemapparates sind: Kehlkopfentzündung (Laryngitis), Bronchienentzündung (Bronchitis), Mandelentzündung (Tonsilitis, Angina), Lungenentzündung (Pneumonie), Keuchhusten (Pertussis), Rippenfellentzündung (Pleuritis) u. a. Manche von ihnen sind so gefährlich, daß sie schlimmstenfalls zum Tode führen können, bei allen aber besteht die Gefahr, chronisch zu werden und dann nicht mehr voll ausheilungsfähig zu sein. Erkältungskrankheiten der Atmungsorgane müssen deshalb ernst genommen werden. Schwere Fälle, zu denen auch Grippe und grippöse Infekte zählen, sind ausschließlich Sache des Arztes. Bei Schnupfen, Husten und Heiserkeit, den „alltäglichen" Erkältungskrankheiten, kann jedoch der Drogist den Betroffenen mit bewährten, freiverkäuflichen Mitteln wertvolle Hilfe leisten.

Heiserkeit ist meistens ein durch Erkältung hervorgerufener Katarrh der Stimmbänder, die sich dabei entzünden und anschwellen. Die Entzündung breitet sich auch auf die Umgebung aus, entweder nach unten in die Brust oder nach oben zur Nase. Husten oder Schnupfen sind die Folgen. Oft befällt sie das ganze Atemsystem.

Nicht immer sind Erkältungsviren die Ursache für eine Heiserkeit. Wenn viel gesungen, geredet oder geraucht wird, und in staubiger Luft, entzündet sich die Schleimhaut der Stimmbänder durch Überanstrengung oder Reizung.

Meistens verschwindet die Heiserkeit nach einigen Tagen von selbst wieder. Da es sich jedoch stets um eine Entzündung handelt, ist Schonung der Stimme, also Ruhe oberstes Gebot. Es soll nur geflüstert, am besten aber überhaupt nicht gesprochen werden. Sonst besteht die Gefahr, daß die Heiserkeit chronisch und damit nur schwer beeinflußbar wird. Natürlich darf auch nicht geraucht werden.

Gurgeln nützt bei Heiserkeit wenig, die Flüssigkeit gelangt ja nicht an die Stimmbänder. Empfehlenswert dagegen ist Inhalieren, am besten mit Kamille. Halswickel und Schwitzen sind gute alte Hausmittel, die die Dauer der Heiserkeit verkürzen.

Klingt das Leiden nicht innerhalb von höchstens drei Wochen ab, muß unbedingt ein Arzt aufgesucht werden. Denn dann liegen Ursachen zugrunde, die nicht auf Selbstbehandlung ansprechen.

Schnupfen wird durch Rhinoviren, die durch körperlichen Kontakt oder über Gegenstände auf die zarten Schleimhäute des Nasen-Rachenraums gelangen, hervorgerufen.

Das Rhinovirus besteht aus einem sehr widerstandsfähigen Schutzpanzer aus Eiweißstoffen, der Temperaturen bis −130 °C und Kräften bis zum Hunderttausendfachen der Erdschwerkraft standhält. In ihm befindet sich der Wirkstoff des Virus, nämlich Nukleinsäure mit viralen Genen, die aus dem Eiweiß der befallenen Schleimhautzellen in kurzer Zeit massenhaft neue virale Nukleinsäure und Material für den Panzer erzeugt. Nach etwa 24 Stunden haben sich aus diesen Bausteinen in den rund 900 000 Zellen des Nasen- und Rachenraumes etwa 50 Millionen neue Rhinoviren entwickelt. Viele von ihnen werden ausgehustet und gehen am Tageslicht in Minutenschnelle zugrunde, andere gelangen mit Getränken in das saure Milieu des Magens, das sie ebenfalls sofort abtötet. In großer Zahl werden die Viren auch durch Antikörper des Immunsystems vernichtet (vgl. S. 57). Aber mit den etwa 9 Milliarden Viren der zweiten Generation, die in rund 48 Stunden nach der Infektion entstanden sind, wird der Körper nicht fertig.

Wenn der Schnupfen die Naseneingänge verstopft, wird besonders im Schlaf nur noch durch den Mund geatmet. Dadurch trocknet die Mund- und Nasenschleimhaut stark aus und als Folgeerscheinung stellt sich häufig eine Mandelentzündung ein. Die Mandeln schwellen stark an und sind gerötet (Angina catarrhalis) oder bedecken sich mit kleinen, gelbweißen Stippchen (Angina follicularis).

Hat sich nach 3 bis 4 Tagen die Zahl der Viren der Billionengrenze genähert, so befallen sie ohne sichtlichen Grund keine gesunden Zellen mehr, sondern lassen sich vom Körper ausschwemmen, wobei der Schnupfen dann rasch abklingt.

Man kennt bis heute über 100 verschiedene Rhinovirusstämme, die mit einem Impfstoff nicht bekämpft werden können. Dem Einsatz von Antibiotica steht die Einnistung der Viren in die Körperzellen, mit denen sie gewissermaßen eine Einheit bilden, entgegen. Sie können mit oder ohne Vitamin-C-Präparate manche Symptome lindern und das Allgemeinbefinden bessern, aber den Krankheitsablauf vermögen auch sie nicht wesentlich zu beeinflussen.

Menthol, Eugenol und kräftige ätherische Ölse wie Eukalyptus-, Latschenkiefern-, Terpentin-, Pfefferminzöl, sowie Emser Salz erleichtern die Atmung erheblich, wenn sie feinverteilt die Schleimhäute der Atmungsorgane, des Kehlkopfes, der Luftröhre und der Bronchien bedecken. Zu diesem Zwecke werden die genannten Stoffe am besten inhaliert.

A) Inhalationsapparate, Inhalatoren
   (lat. inhalare = einhauchen)

bestehen aus einem kleinen Kessel, in dem Wasser mit dem Inhalationsmittel verdampft wird. Durch Schläuche mit entsprechenden Ansätzen wird der Inhalationsdampf in die Nase oder den Mund geleitet. Einfachere und überall anwendbare Inhalatoren bestehen aus einem Glaskörper, in welchem durch den Luftdruck eines Gummiballs das Inhalationsmittel fein verstäubt durch geeignete Ansätze in die Nase bzw. den Mund eingeblasen wird.

Sehr wirksam und leicht zu bedienen sind Geräte, die durch einen rasch laufenden, kleinen Elektromotor feste oder flüssige Inhalationsmittel äußerst fein verteilt unter mäßigem Druck in den Nasen-Rachen-Raum einsprühen. Sie können mit Batterien betrieben oder an das Stromnetz angeschlossen werden.

Notfalls kann die Inhalation auch ohne Gerät mit Wasser, das in einem Kochtopf zum Sieden erhitzt wurde und in das man das Inhalationsmittel gegeben hat, folgendermaßen durchgeführt werden: Der Kopf wird mit einem Handtuch bedeckt, das Gesicht über den Dampf gehalten und dieser längere Zeit hindurch eingeatmet. Frauen sollen dabei eine Badmütze tragen, damit die Haare trocken bleiben. Auch muß nach der Inhalation jede Zugluft ferngehalten werden, um Erkältungen zu vermeiden. Zu Nasenspülungen eignen sich auch kahnförmig gebogene Löffel, die sog. „Nasenschiffchen" und „Nasenduschen" aus besonders geformtem Glas.

B) Mund- oder Schnupfensprays

sind Mund- und Rachendesinfektionsmittel in Aerosolform. Sie enthalten in Äthylalkohol gelöst erfrischende, entzündungs- und sekretionshemmende ätherische Öle, vor allem Kamillen-, Eukalyptus-, Pfefferminz-, Salbei-, Thymianöl und Menthol. Als bakterizide Wirkstoffe dienen verschiedene quaternäre Ammoniumsaccharinate, z. B. Benzalkoniumsaccharinat. Mitunter werden den Mundsprays zur Schleimverflüssigung gewisse Netzmittel wie Cetylpyridiniumchlorid und Dequaliniumchlorid zugesetzt, die gleichzeitig bakterizid wirken. Als Oberflächenanaestheticum sind je Einzeldosis 5 mg Hydroxypolyaethoxydodekan zugelassen. Zur Infektabwehr empfehlen manche Rezepturen Vitamin C und Flavone, z. B. Hesperidinderivate, welche die Gefäßdurchlässigkeit, Permeabilität steigern.

C) Nasensalben, Schnupfensalben

enthalten in einer reizlosen Salbengrundlage dieselben Wirkstoffe wie die Sprays; gelegentlich werden auch Latschenkiefernöl und Campher zugesetzt. Durch eine lange Tubenspitze in die Nase gebracht, wird die Salbe in ihr durch Reiben gleichmäßig verteilt.

D) Antiseptische Raumsprays

siehe Seite 187.

E) Gurgelmittel

(Gargarisma) sollen die natürliche Bakterienflora des Mund- und Rachenraumes erhalten, eindringende Krankheitserreger an der Ansiedlung hindern und beginnenden Infektionen der Schleimhaut entgegenwirken.

Gurgelmittel wie Wasserstoffperoxid, Alaun-, Formalinlösungen u. a. erfüllen diese Forderung nicht, denn sie zerstören die gesamte Mundflora und sollten deshalb nur bei erhöhter Krankheitsgefährdung angewandt werden.

Bewährte Spezialitäten enthalten Auszüge aus Arnikablüten, Bibernell-, Kalmus-, Ratanhia-, Tormentillwurzel, Salbeiblättern, ferner Allantoin, Azulen, Chlorophylline, Antienzyme u. a. Zum Mundspülen und Gurgeln ist bei Erkältungskrankheiten des Nasen-Rachenraumes und der Bronchien auch Emser Salz sehr zu empfehlen. Alle hier angeführten Stoffe vernichten bei weitgehender Schonung der intakten Mundflora die pathogenen Bakterien und Viren (vgl. Mundpflegemittel S. 120).

F) Hustentropfen

enthalten die in den Hustenpräparaten üblichen ätherischen Öle, die rasch resorbiert und über Mund und Nase ausgeatmet werden. Sie wirken hustenreizlindernd und sind auf Zucker leicht einzunehmen.

Hustensäfte, z. B. Spitzwegerichsirup, sind auf Honig- oder Zuckerbasis aufgebaut und enthalten ebenfalls schleimlösende und hustenreizlindernde ätherische Öle. Ihres angenehmen Geschmackes wegen sind sie bei Kindern besonders beliebt.

G) Brust- und Hustenbonbons

enthalten neben Malz und Honig Auszüge aus den bei den Heiltees aufgeführten schleimlösenden und reizmildernden Drogen.

H) Lutschtabletten, Pastillen, Dragees, Gummibonbons

vermindern bei ausreichender Einwirkungszeit (alle 2 Stunden 1 bis 2 Stück) den pathogenen Gehalt der Mund- und Rachenhöhle. Sie sind in Zeiten erhöhter Ansteckungsgefahr zur Desinfektion der oberen Luftwege angezeigt. Ihre Wirkstoffe sind im wesentlichen dieselben wie die der Sprays. Gegen Hustenreiz wird gelegentlich Äthylglykolsäurementhylester (Coryphin-Wirkstoff) zugesetzt und gegen Viren Paraformaldehyd.

I) Mineralwasserpastillen

besonders Emser und Sodener werden von Diabetikern und solchen Personen bevorzugt, die den Bonbongeschmack nicht mögen.

K) Heildrogen gegen Erkältungskrankheiten

des Nasen-Rachenraums beseitigen Reizzustände in den Atemwegen und in der Lunge, lindern den Husten, beeinflussen die Schleimabsonderung günstig und erleichtern das Abhusten des von den erkrankten Schleimhäuten abgesonderten Sekrets. Nach ihren Wirkstoffen werden sie in

Mucilaginosa = schleimhaltige Drogen,
Expectorantia = auswurffördernde Drogen,
Spasmolytica = krampfstillende Drogen eingeteilt.

1. Die *Mucilaginosa* werden bei allen akuten Zuständen angewandt, denn ihr Schleim legt sich als beruhigende Schutzschicht über die Schleimhäute und hält Reize fern.

Mucilaginosa sind:

Eibischwurzel, Huflattichblätter, Isländisch Moos, Malvenblüten und -blätter, Spitzwegerichblätter, Wollblumen.

2. *Expectorantia* sind bei akuten und chronischen Katarrhen angezeigt. Zu ihnen gehören Anis- und Fenchelfrüchte und die Saponindrogen Primel- und Süßholzwurzel und die aus letzterer bereitete Lakritze, Succus Liquiritiae. Mit dem schleimlösenden Ammoniumchlorid (Salmiaksalz), NH_4Cl und aromati-

schen Stoffen versetzt, dient sie zur Herstellung von Salmiakpastillen und ähnlichen Präparaten.

Ein sehr wirksames Expectorans ist auch die Bibernellwurzel, besonders bei Entzündungen und Katarrhen des Rachens, Halses und Kehlkopfes, bei Husten und Heiserkeit.

3. *Spasmolytica* sind bei allen krampfartigen Zuständen wie Asthma und Keuchhusten zu empfehlen. Besonders wirksam ist Thymian, dessen ätherisches Öl besonders krampfstillend wirkt und deshalb in fast keinem Hustenpräparat fehlt. Ähnliche Wirkungen werden auch dem Quendel zugeschrieben.

Anis- und Fenchelfrüchte besitzen neben ihrer auswurffördernden auch eine krampfstillende Wirkung.

Tassenfertige Heiltees

Die Zubereitung von Heiltees aus naturbelassenen Drogen ist zeitraubend und kann auch nicht überall durchgeführt werden. Tassenfertige Heiltees dagegen benötigen nur heißes Wasser und sind dann sofort trinkbar. Sie stellen, ähnlich den tassenfertigen Kaffeeprodukten, getrocknete wäßrige Auszüge aus den bereits erwähnten Hustendrogen dar. Die ätherischen Öle sind in ihnen in Mikrokapseln enthalten.

Bei akuten und chronischen Erkrankungen der Luftwege haben sich auch einige Mineralwässer, z. B. „Emser Kränchen" gut bewährt.

L) Einreibemittel

Derartige Präparate enthalten in einer resorbierbaren Salbengrundlage dieselben Bestandteile wie Sprays oder Nasensalben. Durch Einmassieren wird ihre Wirkung erheblich gesteigert.

Melissengeist und Gemische aus Eukalyptus-, Fichtennadel-, Rosmarin- und Thymianöl können Kindern, die an Keuchhusten erkrankt sind, percutan (durch die Haut) Erleichterung bringen.

M) Bäder gegen Erkältungskrankheiten

Diese Erzeugnisse enthalten als wesentliche Bestandteile Eukalyptus-, Fichtennadel-, Rosmarin-, Thymian- und Terpentinöl mit einem Zusatz von etwas Campher.

Literatur:
Karsten, Weber, Stahl: Lehrbuch der Pharmakognosie für Hochschulen, Gustav Fischer Verlag, Stuttgart 1962.
Prof. Dr. Hermann Römpp: Chemie-Lexikon. Franckh'sche Verlagshandlung, Stuttgart 1966.
Prof. Dr. H. Lucas u. Mitarbeiter: Das Große Gesundheitsbuch. Verlag DAS BESTE GmbH, Stuttgart–Zürich–Wien 1973.
Dr. Dr. Gerhard Venzmer u. Mitarbeiter: Das neue große Gesundheitsbuch. Bertelsmann Verlag, Gütersloh 1965.

Horst Fey: Wörterbuch der Kosmetik. Wissenschaftliche Verlagsgesellschaft, Stuttgart 1974.
O. Gessner, Gift- und Arzneipflanzen, 2. Auflage, Carl Winter-Verlag, Heidelberg 1953.
H. Braun und H. Krause, pharmazeutische und pharmakologische Erläuterungen zu der DRF, Verlag Dunker und Humblot, Berlin 1959.
E. Keeser, Med. Klinik, 732 (1939).
F. Eichholtz, Pharmakologie, 9. Aufl., Springer Verlag, Berlin, Göttingen, Heidelberg.

N) Fiebersenkende Mittel

Bei vielen Erkältungskrankheiten tritt Fieber auf, weil sich der Körper gegen eingedrungene Krankheitserreger mit Temperatursteigerung wehren kann. Es ist also eine Schutzmaßnahme des Organismus, bei der heilende Vorgänge ausgelöst werden.

Fieber bewirkt auch eine erhöhte Produktion weißer Blutkörperchen und Antikörper, die Krankheitserreger angreifen und vernichten (vgl. S. 59). Die Steigerung der Körpertemperatur ist gleichzeitig ein Zeichen dafür, daß der Körper gesund genug ist, um eine Infektion selbst zu bekämpfen. Die Anzeige des Fieberthermometers kann dem Arzt bei der Diagnose und der Beobachtung des Krankheitsverlaufs, der häufig von einem bestimmten Fiebertyp begleitet ist, eine große Hilfe sein.

Temperaturen bis 37 °C sind normal. Liegen die Werte zwischen 37 und 38 °C, spricht man von „erhöhter Temperatur". 38 bis 39 °C gelten als „leichtes Fieber" und noch höhere Werte als „hohes Fieber". Letzteres kann für Herz, Kreislauf und Gehirn gefährlich werden und vermag geistige Störungen hervorzurufen, die über große Erregbarkeit bis zum Phantasieren führen können. Selbstverständlich müssen derartige Fälle vom Arzt behandelt werden. Fieberthermometer siehe Seite 464.

Bei Erkältungs- und anderen fiebrigen Erkrankungen wie akute und chronische Katarrhe, Bronchitis, Halsentzündung, Grippe u. a. können *schweißtreibende Heildrogen, Diaphoretica* den Krankheitsverlauf günstig beeinflussen bzw. abkürzen. Empfehlenswert sind:

Holunderblüten, Dosierung: 1 bis 2 Eßlöffel auf eine Tasse kochenden Wassers, 10 Minuten ziehen lassen, 1 bis 5 Tassen täglich.

Lindenblüten, Dosierung: 1 bis 2 Eßlöffel auf 2 bis 3 Tassen, heiß überbrühen, kurz ziehen lassen als Einzel- oder Tagesgabe. Geeignete Zusätze sind: Holunderblüten, Kamillenblüten, Stiefmütterchenkraut.

Veilchenkraut. Dosierung: Tee aus Blüten, Blättern und Wurzeln, 1 Eßlöffel auf 1 Tasse, kalt ansetzen, 6 bis 8 Stunden ziehen lassen; als Mischung aus Kaltwasserauszug und Abkochung, zweimal täglich 1 Tasse oder ein- bis zweistündlich schluckweise.

Melissen- und Karmelitergeist innerlich und äußerlich.

1.5 Mittel zur Kräftigung und Pflege der Kreislauforgane

Das Kreislaufsystem ist eine funktionelle Einheit aus Blut, Gefäßen (Arterien, Venen, Kapillaren) und dem Lymphgefäßnetz.

1.5.1 Das Blut

lat. sanguis, ist als flüssiges Organ ein unentbehrlicher Bestandteil des Körpers. Beim Erwachsenen beträgt die Blutmenge etwa den zwölften Teil des Körpergewichts, ein 70 Kilogramm schwerer Mensch besitzt demnach 5 bis 6 Liter Blut.

Als wichtigste Aufgabe führt das Blut in den ungezählten Kanälen des Kreislaufs fortgesetzt Transporte der verschiedensten Stoffe durch. Von den Lungen trägt es den lebenswichtigen Sauerstoff zu den Körperzellen und von ihnen das Kohlendioxid wieder zurück zu den Lungen. Nährstoffe führt es von den Aufnahmestellen oder Speichern zu den arbeitenden Zellen und bringt von ihnen die Schlacken des Stoffabbaues an die Stellen ihrer Ausscheidung. Blut ist aber auch ein Transportmittel für Hormone, Vitamine, Enzyme und Abwehrstoffe. Es ist der Verteiler von Wasser und Salzen im Körper und reguliert außerdem auch dessen Temperatur.

Das Blut ist eine undurchsichtige, dunkel- bis hellrote Flüssigkeit, die an der Luft rasch klebrig wird und gerinnt. Es ist folgendermaßen zusammengesetzt:

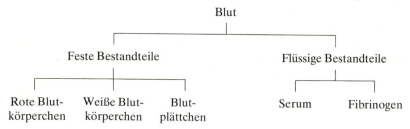

A) Die roten Blutkörperchen

Erythrozyten (gr. erythros = rot, kytos = Zelle) entstehen im roten Knochenmark der flachen und kurzen Knochen (Schulterblätter, Hüftknochen, Brustbein, Rippen, Wirbelsäule, vgl. S. 18, 19, 21).

Bei einem Durchmesser von nur 0,008 mm sind sie kaum 0,002 mm dick, rundlich oder elliptisch und so elastisch, daß sie selbst die engsten Durchgänge passieren können. Frische Erythrozyten besitzen einen Zellkern, der sich jedoch bald zurückbildet, wobei sie eine konkave Form annehmen.

Ein Kubikzentimeter Blut enthält rund 5 Millionen roter Blutkörperchen; ihre Gesamtmenge im Blut eines Erwachsenen beträgt bis zu 30 Billionen. Aneinandergereiht ergäbe das ein Band von der Länge des mehrfachen Erdumfanges oder eine Oberfläche von 3000 m².

In jeder Sekunde erreichen 1,2 Millionen roter Blutkörperchen das Ende ihres 120tägigen Lebens und werden dann in der Milz und Leber abgebaut. In derselben Zeit erzeugt das Knochenmark die gleiche Anzahl neuer Zellen, das sind im Laufe eines Menschenlebens rund eine halbe Tonne roter Blutkörperchen, von denen jedes während seines kurzen Lebens etwa 75 000 Umläufe vom Herz zu den Körperorganen zurücklegt.

Die roten Blutkörperchen enthalten *Hämoglobin* (gr. haima = Blut, lat. globus = Kugel). Dieses besteht zu etwa 96% aus dem farblosen Eiweißkörper Globin und zu 4% aus dem eisenhaltigen, intensiv roten Häm. Das zweiwertige Eisen dieses Stoffes vermag aus der eingeatmeten Luft die Sauerstoffmoleküle locker zu binden und sie an den Stellen lebhafter Verbrennung, besonders in den Muskeln, wieder abzugeben. Danach belädt sich das Hämoglobin mit dem bei der Verbrennung der Nährstoffe entstandenen Kohlendioxid, das vom venösen Blut zur Lunge gebracht und dann ausgeatmet wird.

Ein Liter Blut kann etwa 200 ccm Sauerstoff aufnehmen, indem sich der Sauerstoffüberträger Hämoglobin in Oxyhämoglobin folgendermaßen umwandelt:

$$\begin{array}{cc} N\diagdown \;\mid\; \diagup N & N\diagdown \;\mid\; \diagup N \\ Fe^{II} & Fe^{II} \\ N\diagup \;\mid\; \diagdown N & N\diagup \;\mid\; \diagdown N \\ & \mid \\ & O_2 \end{array}$$

    Hämoglobin   Oxyhämoglobin

Wird mit der Luft Kohlenoxid (CO) eingeatmet, so verbindet sich dieses außerordentlich intensiv mit dem Hämoglobin, denn die Affinität des CO zum Hämoglobin ist 300mal größer als die des Sauerstoffs. So wird dieser allmählich verdrängt und es tritt Erstickung der Gewebe infolge Sauerstoffmangels ein. Enthält die Atemluft 0,01% CO, so wird die Leistungsfähigkeit herabgesetzt. 0,4% CO wirken innerhalb einer Stunde tödlich. Kohlenoxidhämoglobin ist stets im Blut von Rauchern enthalten.

> *Die roten Blutkörperchen besorgen den Sauerstoff- und Kohlendioxidtransport.*

B) Das Immunsystem

Der Mensch lebt in einem Meer von Bakterien, Viren und Giftstoffen. Viele von ihnen greifen Körperzellen an, leben von ihnen und zerstören sie dabei. Das ist ein fortwährender Kampf, der sich zwischen mikroskopisch kleinen Gegnern, die höchstens die Größe von 7 Mikron = $^7/_{1000}$ mm erreichen.

Während bei den Pflanzen Krankheiten, die durch Bakterien, Viren und Pilze hervorgerufen werden, meist örtlich begrenzt bleiben, weil kein Kreislauf sie weiterträgt, wird beim Menschen das gesamte Blutvolumen in 60 Sekunden umgewälzt; rund 120 Liter Blut fließen in einer Stunde durch Gehirn und Nieren und wieder zum Herzen zurück. Dieser Riesenumsatz ermöglicht dem Menschen zu gehen und immer genug Sauerstoff und Zucker in Arme und Beine zu transportieren, damit seine Muskeln sich selbst nach stundenlanger Schwerarbeit noch bewegen können. Doch der Preis für diese Schnelligkeit und Kraft ist groß. Eine Bakterie, die durch eine Schnittwunde in das Blut eindringt, kann in nicht viel mehr als vier Sekunden das Gehirn erreichen. Ein Pneumokokkus aus der Lunge z. B. braucht bis in die Armknochen ganze drei Sekunden.

Bei einem derartigen Kreislauf ist eine mächtige Infektabwehr in Form eines wirksamen Immunsystems (lat. immunitas = Verschontbleiben) unerläßlich. Ihre Verteidigungskräfte sind die weißen Blutkörperchen, Antikörper und Komplement und die Lymphozyten.

1. Weiße Blutkörperchen

Besonders wichtige Wächter und mikrobiologische Killer sind die weißen Blutkörperchen, Leukozyten (gr. leukos = weiß, kytos = Zelle) die, wenn sie Körnchenform annehmen, Granulozyten heißen (lat. granulatus = gekörnt). Weiße Blutkörperchen werden im Knochenmark gebildet (vgl. S. 21).

Die weißen Blutkörperchen sind wesentlich größer als die roten, besitzen einen oder mehrere Kerne und können sich bis zu drei Millimeter in der Stunde bewegen. Sie heißen darum auch Wanderzellen, die mit ihrem beweglichen Leib die winzigsten Gewebsspalten durchdringend überall im Körper vorhanden sind, auch im Säfte- und Blutstrom. Im Kubikmillimeter Blut finden sich 5000 bis 8000 weiße Blutkörperchen, auf 700 rote kommt also nur ein einziges weißes.

Die weißen Blutkörperchen vernichten eingedrungene Fremdkörper, Gifte und Bakterien. Von allen Seiten wandern sie zum Infektionsherd, umschlingen dort als sog. „Freßzellen", Phagozyten (gr. phagein = fressen) mit Plasmafortsätzen amöbenartig pathogene Keime, bringen diese in ihr Inneres und lösen sie dort auf. Dabei zerfallen die weißen Blutkörperchen zu gelblichem Eiter, der seinerseits die Giftstoffe aus dem Körper abführt. Die am Infektionsherd verbrauchten weißen Blutkörperchen werden an den Bildungsstellen im Knochenmark rasch wieder ersetzt. Dadurch vermehrt sich bei Infektionen ihre Gesamtzahl im Blut erheblich, ein Zustand, der Leukozytose genannt wird.

Die Leukozyten vernichten jedoch nicht nur Bakterien, sondern auch Viren. Dabei stürzen sie sich mit großer Schnelligkeit auf die virusbeladenen roten

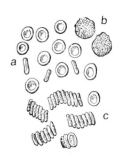

a rote, b weiße Blutkörperchen, c rote Blutkörperchen, geldrollenartig aneinander gelegt

Blutkörperchen, schmiegen sich ihnen an, strecken dann Protoplasmafortsätze wie Zungen aus und lecken die Viren von der Oberfläche der Erythrozyten geradezu herunter. Alsbald sieht man die Viren als Bläschen innerhalb der Leukozyten wie in einem Magen liegen und schon nach einer halben Stunde ist von den Viren nur noch ungeformtes Material übriggeblieben.

Die weißen Blutkörperchen und eine noch spezialisiertere Art, die *Makrophagen,* reifen nach ihrer Entstehung rasch heran und werden ins Blut entlassen, bereit zum Kampf gegen Eindringlinge. Einige patrouillieren stets in den Adern, die übrigen liegen für den Fall eines Angriffs in Bereitschaft. Ein Mensch von durchschnittlichem Gewicht hat 26 Milliarden Granulozyten und Makrophagen zur Verfügung. Der Körper kann sie auf Kommando alle freisetzen, und manchmal werden sie auch gebraucht. Im Körper verlassen die Granulozyten die Blutgefäße und begeben sich direkt zum Ort der Infektion. Sie sind die erste Welle des angreifenden 26-Milliarden-Heeres. Dieses innere Ordnungssystem funktioniert so gut, daß die ersten Granulozyten schon wenige Minuten nach dem Beginn der Infektion am Ort des Geschehens sind und die Bakterien angreifen. Ihr Kampf ist so verbissen, daß sie sehr viel Energie verbrauchen und deshalb nur kurze Zeit durchhalten können. Inzwischen sind aber ihre größeren Brüder, die Makrophagen eingetroffen, die größere Mengen Tötungsenzyme, mehr Ausdauer, dickere Membranen und mehr Energie besitzen. Während sich nun die Granulozyten zurückziehen, übernehmen die Makrophagen allein den Angriff. Sie packen die Bakterien und halten sie so lange fest, bis sie aus ihrer Granula die tödlichen Enzyme über sie ausgegossen haben. Die Mikroben zucken und winden sich, bis ihre Bewegungen allmählich erlahmen und sie schließlich auseinanderbrechen.

> *Die weißen Blutkörperchen dienen der Infektabwehr.*

2. Antikörper und Komplementsystem

Granulozyten und Makrophagen sind jedoch nicht schnell genug, um eingedrungene Keime aufzuhalten. Eine Bakterie, die durch die Haut gedrungen und ins Blut gelangt ist, wäre längst auf dem Wege zum Gehirn oder in die Lunge, bevor die ersten Granulozyten sie überhaupt erreichen könnten. Hierzu sind allein die Antikörper in der Lage, die den zweiten Teil des Immunsystems darstellen. Es handelt sich bei ihnen um Eiweißkörper, Proteine, die im Blut ständig zirkulieren und sich so formen, daß sie auf nahezu jede „fremdartige" Struktur passen. Der menschliche Körper besitzt fünf Arten von Antikörpern. Drei von ihnen sind die wichtigsten:

Antikörper IgA = Immunglobulin A. Er überzieht die Schleimhäute von Nase und Wangen, die Innenauskleidung von Mund, Rachen und Magen und andere feuchte, offene Schleimhautpartien. Antikörper IgA greift alle Mikroben an und hindert sie, ins Blut oder die tieferen Schichten des Körpers zu gelangen.

Sind jedoch allen Abwehrmaßnahmen zum Trotz durch Hautdefekte oder über die Schleimhäute pathogene Keime oder Giftmoleküle in den Blutkreislauf gelangt, so werden diese von den Antikörpern IgG = Immunglobulin G und IgM = Immunglobulin M erfaßt.

Die Antikörper werden von Plasmazellen gebildet, wenn diese Eindringlinge, *Antigene* feststellen, deren Oberfläche fremdartige Kennzeichen aufweisen. Diese sind Molekülkonfigurationen in den Zellwänden der Keime oder im Aufbau toxischer Substanzen, die von den Molekularstrukturen der körpereigenen Zellen und Substanzen abweichen. Das Erstaunliche daran ist, daß die Zellen, die Antikörper erzeugen, nicht nur wissen, was ihresgleichen ist, sondern auch erkennen, was fremd erscheint. Antigene treten auf als Eiweißstoffe tierischer und pflanzlicher Herkunft, großmolekulare Kohlenhydrate, Bakterien, Viren, Protozooen und deren Gifte, Fermente, Schlangengifte, anorganische Giftmoleküle usw. – eine fast endlose Liste gefährlicher, infektiöser Stoffe und Lebewesen.

Zur Bekämpfung kleben sich die Antikörper außerordentlich fest an die Oberfläche der Antigene an, denn jeder Antikörper paßt maßgerecht auf ein Antigen und bleibt somit fest auf der Oberfläche der Bakterie oder des Virus haften. Er selbst ist unvorstellbar klein, nur ein Tausendstel so groß wie eine Bakterie.

Ist die fremde Substanz ein Gift, so kann er dieses so ankoppeln, daß es harmlos im Blutstrom schwimmt und ausgeschieden werden kann. Haben sich nun Antikörper auf der Oberfläche von Bakterien und Viren festgesetzt, so aktivieren sie das sog. *Komplementsystem,* das aus einer Gruppe von Proteinen besteht, die in der Leber gebildet und in großen Mengen in den Blutkreislauf entlassen werden. Sie sprengen in Zehntelsekunden ein winziges ringförmiges Loch in die Mikrobenzellwand, das die Bakterie tötet, lange bevor sie sich teilen oder entweichen kann.

In den meisten Fällen vollzieht sich die Antigen-Antikörperbindung, die für beide Seiten ein Kampf auf Leben und Tod ist, vom Menschen völlig unbemerkt, denn nur selten treten dabei Krankheitserscheinungen wie Fieber, Heuschnupfen oder andere Allergien auf.

3. *Lymphozyten*

Granulozyten, Makrophagen und Komplement bilden ein Immunsystem, dessen Steuerung von den *Lymphknoten* beherbergt wird. Als bohnenförmige Gewebskapseln sind diese über den ganzen Körper verteilt, besonders zahlreich finden sie sich in der Nähe der Gliedmaßen. Das Steuerungssystem setzt sich aus zwei Zellarten zusammen, den T-Lymphozyten und den B-Lymphozyten, die vom Blutkreislauf getragen durch das Herz wirbeln, die Herzklappen passieren und anschließend in den reißenden Strom der Aorta schießen. Von da aus gelangen sie in die ruhigeren Bahnen der mittelgroßen Schlagadern und schließlich in die langsamen Rinnsale der Kapillaren. Hier im Gewebe verlassen die Lymphozyten die Kapillaren und wandern durch die Organe, vorbei an den Zellen der Nieren, der Leber, der Muskeln in Händen und Fingern, durch das Fettgewebe des Magens und der Beine und dann von dort in den nächsten Lymphkanal und den nächsten Lymphknoten. Sie passieren den Lymphknoten, ziehen vorbei an einem Heer anderer, nicht wandernder Lymphozyten und wieder hinaus in die Venen zur Rückreise ins Herz.

Ist nun eine bisher im Körper nicht vorhanden gewesene, also fremde Bakterie in den Blutstrom eingedrungen, so wird sie alsbald von einem im Blut zirkulierenden Lymphozyten berührt, der blitzschnell von ihrer Oberfläche einen Abdruck nimmt, den er als Kurier sofort zum nächsten Lymphknoten trägt. Berührt er dort einen B-Lymphozyten, so verwandelt sich dieser unverzüglich in eine Plasmazelle, die Antikörper produziert, die genau auf den vom patroullierenden Lymphozyten mitgebrachten Abdruck des Antigens passen. Auf dem Weg durch den Lymphknoten kann der Kurier-Lymphozyt buchstäblich Tausende von B-Lymphozyten berühren und zur Umwandlung in Plasmazellen veranlassen, die von diesem Moment an Milliarden spezifischer Antikörper produzieren. Diese werden ins Blut ausgeschüttet, suchen den infizierten Bereich auf und werfen sich auf die angreifenden Mikroben.

Begibt sich aber der Kurier-Lymphozyt im Lymphknoten in den Bereich der T-Lymphozyten, so werden die von ihm berührten T-Lymphozyten veranlaßt, sich in sogenannte Killerlymphozyten zu verwandeln, den Lymphknoten zu verlassen und sich in den Blutkreislauf zu begeben, wo sie ohne Unterstützung durch Granulozyten, Antikörper oder Komplement die Mikroben angreifen.

Das Lymphsystem dient nicht allein der Immunisierung, sondern ist darüber hinaus ein wichtiges *Transportorgan* zu den Körperstellen, wo die Kapillaren nicht mehr in die feinsten Gewebsspalten vordringen. Dort versorgt die *Lymphe* (lat. lympha = klares Wasser) die Zellen mit Nährstoffen und transportiert gleichzeitig die Stoffwechselrückstände ab. Als farblose Flüssigkeit sikkert sie aus den Kapillaren in die Saftlücken der Gewebe und umspült die Zellen. Sie füllt Brand- und Druckblasen und die Wundspalten unter dem Schorf. Entfernt man ihn vor der Wundheilung, so sickert die Lymphe als wäßrige Flüssigkeit hervor und bildet ihrerseits einen Schorf, denn Lymphe ist gerinnungsfähig.

Im Gegensatz zum Blut, das in einem geschlossenen Kreis in raschem Lauf von den Arterien in die Haargefäße und über die Venen wieder in die Arterien strömt, fließt die Lymphe langsam in äußerst feinen Kanälen zu einem Sammelnetz von winzigen Lymphkapillaren. Von dort aus bewegt sie sich im rechten und linken Lymphstamm, dem sog. Milchbrustgang, der von den Lendenwirbeln aus senkrecht nach oben verläuft und die Lymphe in der Nähe des Halsansatzes in die Venen ergießt.

Wahrscheinlich wird der Lymphstrom hauptsächlich durch Muskelzusammenziehungen beim Atmen, Gehen und die Eigenbewegung der Eingeweide weiterbefördert. Spannt sich ein Muskel, so drückt er die Lymphgefäße zusammen und schiebt damit ihren Inhalt vorwärts. Das Zurückfließen verhindern Klappenventile, die in regelmäßigen Abständen in den größeren Lymphgefäßen liegen.

Das Lymphgefäßnetz ist ein unentbehrliches Entwässerungs- und Transportsystem, das die aus den Kapillaren des Blutkreislaufes mit der Gewebsflüssigkeit ständig austretenden Bluteiweißkörper, Salzlösungen, Fette, Vitamine und Zuckerstoffe, die zur Ernährung der Zellen dienen, aufnimmt und dem Blut wieder zuführt. Der Verlust dieser Sickerstoffe, besonders der Eiweißkörper würde in wenigen Stunden schon lebensbedrohend.

Das Lymphsystem wehrt Krankheitserreger ab, dient dem Fetttransport und Stoffaustausch. Der Körper enthält wesentlich mehr Lymphe als Blut.

C) Die Blutplättchen

Thrombozyten (gr. thrombos = Gerinnungsklumpen, kytos = Zelle) schwimmen zu Hunderttausenden in jedem Kubikmillimeter Blut. Mit einem Durchmesser von nur 0,002 mm sind sie seine kleinsten festen Bestandteile.

Die Blutplättchen sind für die Blutgerinnung, die normalerweise erst beim Austritt des Blutes aus einem verletzten Gefäß erfolgt, von großer Wichtigkeit. Ein zu geringer Anteil an Blutplättchen erhöht die Blutungsbereitschaft.

Die Blutplättchen bilden den Gefäßverschluß bei Verletzungen.

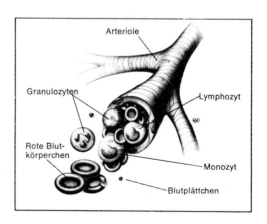

D) Blutserum

(lat. serum = Blutwasser) ist der zellfreie, nicht gerinnungsfähige Anteil des Blutes. Er stellt eine durch Bilirubin gelblich gefärbte Flüssigkeit dar, die neben verschiedenen Eiweißkörpern Cholesterin, Lecithin und die für die Gesunderhaltung des Körpers äußerst wichtigen Antikörper enthält (vgl. S. 60).

> *Serum ist ein Lösungs- und Transportmittel für Nährstoffe, Hormone, Fermente und Abwehrstoffe.*

Die Serumbehandlung führte der deutsche Arzt *Emil A. v. Behring* (1854–1917; Nobelpreis für Medizin 1901) ausgangs des vorigen Jahrhunderts ein. Sie beruht auf der oben genannten Tatsache, daß Menschen oder Tiere, die eine Infektionskrankheit durchmachen, in ihrem Blutserum Antikörper gegen die betreffenden Krankheitserreger entwickeln, die sich gewinnen und therapeutisch als *Impfstoffe* ausnutzen lassen. Diese bestehen aus toten oder lebenden, stets aber stark abgeschwächten Krankheitserregern. Heilsera enthalten die gegen bestimmte Infektionskrankheiten wirksamen Schutzstoffe des Blutes von Pferden und Rindern, deren Organismus durch Einspritzung von Bakterien zur Bildung solcher Immunisierungsstoffe angeregt wurde.

Die wichtigsten Impfstoffe wirken gegen Cholera, Diphtherie, Grippe, Paratyphus, Pest, Pocken, Poliomyelitis (Kinderlähmung), Ruhr, Tetanus (Wundstarrkrampf), Tollwut, Tuberkulose, Typhus.

E) Fibrinogen, Fibrin, Thrombin

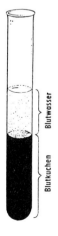

Bei Gefäßverletzungen dichten in Sekundenschnelle zahllose Blutplättchen als „Erste Hilfe" das Leck notdürftig ab. Nach etwa 5 Minuten hat sich jedoch über der Stelle des Blutverlustes bereits eine Kruste aus geronnenem Blut gebildet, die einen sehr zweckmäßigen Wundverschluß darstellt. Sie besteht aus dem unlöslichen Protein Fibrin, das ein festes, feinfaseriges, mit Blutkörperchen verklebtes Gerüst bildet. Fibrin entsteht aus der Vorstufe Fibrinogen, wenn auf sie bei Luftzutritt das im Serum enthaltene Enzym Thrombin (gr. thrombos = Klumpen) einwirkt.

Gerinnt das Fibrinogen schon in den Blutgefäßen zu Fibrin, so kommt es zu Thrombosen, die durch Verstopfung der Arterien in kürzester Frist zum Tode führen können.

Störungen bei der Blutgerinnung verursachen die Bluterkrankheit oder Hämophilie (gr. haima = Blut, philia = Neigung). „Bluter" sind jederzeit der Gefahr des Verblutens ausgesetzt. Schon die kleinste Wunde oder ein innerer Bluterguß kann eine lebensgefährliche Blutung zur Folge haben. Übertragen wird die Hämophilie ausschließlich vom weiblichen Geschlecht, sie tritt aber nur bei männlichen Nachkommen als Krankheit auf.

> *Fibrinogen und Fibrin bewirken den ausdauernden Wundverschluß.*

Läßt man Blut einige Zeit lang in einem Reagenzglas stehen, so sinkt als gallertige rote Masse ein geronnener Blutkuchen nach unten, während das gerinnungsunfähige Blutwasser, Blutserum als gelblich gefärbte Flüssigkeit sich oben auf ihm ansammelt.

F) Hormone

Neben Gasaustausch und Nährstofftransport übertragen Blut und Lymphe auch die Hormone. Es handelt sich bei ihnen um organische Verbindungen, die im menschlichen, tierischen und pflanzlichen Körper dauernd oder periodisch gebildet werden, um die normale Tätigkeit der Organe sowie das harmonische Zusammenspiel der spezifischen Organfunktionen zu garantieren. Sie sind die Antreiber, Befehlsübermittler und Steurer von nahezu allen Stoffwechselorganen des Menschen (gr. hormao = errege, antreibe) und teilen sich in diese Aufgabe mit dem bewußten, dem Willen unterworfenen und dem unbewußten vegetativen Nervensystem (vgl. S. 35).

Die Produktionsstätten der Hormone sind folgende innersekretorischen Drüsen:

1. *Die Hirnanhangdrüse, Hypophyse*

an der Unterfläche des Gehirns ist oberster Regler des hormonalen Steuerungssystems. Sie schickt mehr als ein Dutzend verschiedener Hormone in das Blut, welche die Keimdrüsen anregen, das Knochenwachstum und den Wasserhaushalt des Körpers regulieren, die Funktion der Schilddrüse überwachen und bei der Geburt die Wehen durch Zusammenziehung der Gebärmutter auslösen.

2. *Die Zirbeldrüse*

im Mittelpunkt des Großhirns sitzend regelt ebenfalls die Funktion der Schilddrüse und hemmt während der Kindheit die der Keimdrüsen.

3. *Die Thymusdrüse (Bries)*

die hinter dem Brustbein auf dem Herzbeutel sitzt, ist die Wachstumsdrüse des Kindesalters. Sie bildet sich nach der Pubertät stark zurück.

4. *Die Schilddrüse*

mit den winzigen *Nebenschilddrüsen* am vorderen Teil des Halses ist für das gesamte Stoffwechselgeschehen von ausschlaggebender Bedeutung. Sie bewirkt, daß sich sämtliche Lebenstätigkeiten träge oder mit fieberhafter Geschwindigkeit vollziehen mit Hilfe ihres Hormons, das sie aus dem im Blutstrom kreisenden Jod aufbaut. Die Nebenschilddrüsen regeln den Mineralstoffwechsel des Körpers, besonders das Gegenspiel von Natrium und Calcium, von denen Natrium erregend, Calcium beruhigend auf Nerven und Muskeln einwirken.

5. *Die Bauchspeicheldrüse, das Pankreas*

an der hinteren Bauchhöhlenwand beherbergt in ihrem inneren Gewebe „Inseln", die den Zuckerhaushalt des Körpers regulieren (vgl. S. 81).

6. *Die Nebennieren,*

die kappenförmig auf den Nieren sitzen, sondern verschiedene Hormone ab, von denen das Markhormon *Adrenalin* bzw. *Suprarenin* den Blutdruck beeinflußt und, zusammen mit dem Insulin, an der Regulierung des Zuckerhaushaltes beteiligt ist. Die Rindenhormone der Nebennieren haben teils entgiftende Eigenschaften, teils wirken sie auf den Mineralstoffwechsel und entfalten außerdem entzündungshemmende und antiallergische Wirkungen.

7. *Die Keimdrüsen, Sexualdrüsen*

als Bestandteile der Fortpflanzungsorgane erzeugen das männliche Geschlechtshormon *Testosteron* und das weibliche *Östrogen*. Sie sind es, die den Jüngling zum Mann und das Mädchen zur Frau werden lassen, denn sie bewirken die sekundären Geschlechtsmerkmale, d. h. diejenigen Eigenschaften, durch die sich die beiden Geschlechter über die Verschiedenheit der eigentlichen Fortpflanzungsorgane hinaus voneinander unterscheiden. Diese sind beim Mann der Bartwuchs, die tiefere Stimme, bei der Frau die Brüste, das breitere Becken, die geringere Körpergröße, die reichlichere Entwicklung des Fettgewebes und die schwächere Ausbildung der Muskulatur neben vielen anderen Unterschieden, die bis in den subtilsten Chemismus der Gewebe hineinreichen.

Literatur:

Tausk, M.: Pharmakologie der Hormone. Georg Thieme Verlag, Stuttgart 1970.

1.5.2 Das Herz

Das Herz eines erwachsenen Mannes ist ein faustgroßer, etwa 15 cm langer und an seiner breitesten Stelle 9 bis 10 cm breiter, sehr starker Hohlmuskel. Es wiegt durchschnittlich 320 Gramm, bei Frauen 70 g weniger, faßt zwischen 200 bis 300 Kubikzentimeter Blut und ist mit besonders wichtigen Nerven und starken Blutgefäßen versehen.

Das Herz sitzt mit geringer Neigung nach links in der Brusthöhle zwischen den beiden Lungenflügeln, und zwar derart, daß seine breite Seite nach oben und hinten, seine Spitze aber nach vorn und unten gegen die 5. und 6. Rippe zeigt. Eine weiße, durchsichtige Haut, die das Herz gleich einem Mantel umgibt, wird *Herzbeutel* oder *Perikard* genannt. Er enthält eine serumartige Flüssigkeit, das sogenannte Herzbeutelwasser.

Das Herz wird durch eine kräftige Mittelwand in zwei fast gleiche, jedoch völlig voneinander getrennte Hälften geteilt. Die linke Herzseite bewirkt den großen oder Körperblutkreislauf, die rechte den kleinen oder Lungenblutkreislauf.

Jede Herzhälfte ist durch eine horizontale Querwand in einen kleineren oberen Teil, die Vorkammer, auch Vorhof oder Atrium genannt, und die darunter liegende größere Herzkammer oder Ventrikel geteilt. Damit die Herzkammern als Druckpumpen wirken können, muß die Querwand Durchlaßventile haben. Diese heißen *Herzklappen* und bewirken, daß das Blut von der Vorkammer in die Herzkammer gelangt, von da aus jedoch niemals mehr in die erstere zurückströmen kann.

Die aus den Vorhöfen austretenden großen Blutgefäße *Aorta* und *Lungenvene* besitzen ebenfalls Klappen, welche das Zurückfließen des aus dem Herzen ausgepumpten Blutes verhindern. So verfügt also jede Herzkammer über zwei

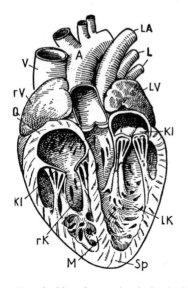

M	=	Mittelwand
Sp	=	Herzspitze
Q	=	Querwand
LV	=	Linke Vorkammer
LK	=	Linke Herzkammer
rV	=	Rechte Vorkammer
rK	=	Rechte Herzkammer
Kl	=	Herzklappen
A	=	Arterie, Aorta
V	=	Vene
LA	=	Lungenarterie
L	=	Lungenvene

Herz des Menschen, senkrecht durchschnitten

Die vier Phasen des Herzschlages

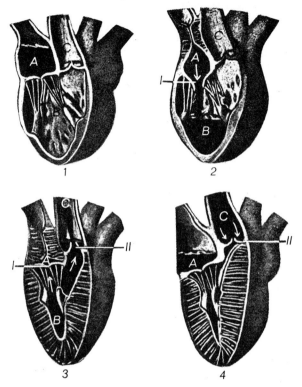

1. Die Vorkammer A füllt sich mit Blut
2. Die gefüllte Vorkammer A zieht sich zusammen, preßt die Herzklappe I nach unten und treibt das Blut in die Herzkammer B
3. Die gefüllte Herzkammer B zieht sich zusammen und preßt die Herzklappe I nach oben zu, die Arterienklappe II nach oben auf und das Blut in die Aorta C
4. Der Blutdruck in der Aorta C preßt die Arterienklappe II nach unten zu. Die Vorkammer A füllt sich erneut mit Blut

Klappen, die eine in der Scheidewand zwischen Vorhof und Herzkammer als Einlaßventil und die andere im Anfangsteil des aus den Kammern herausgehenden Blutgefäßes als Auslaßventil.

Das Herz ist das Zentralorgan des Gefäßsystems, der unermüdliche Motor des Blutkreislaufes. Das Fleisch dieses größten Muskels des menschlichen Körpers, das *Myokard,* ist wie die willkürliche Muskulatur quergestreift. Trotzdem arbeitet das Herz, ohne von anderen Organen einen Reiz zu empfangen, völlig automatisch und rhythmisch selbst dann noch, wenn es vom Körper getrennt

ist, aber noch Sauerstoff und Nahrungsstoffe zugeführt bekommt. (Das Froschherz schlägt mehrere Tage lang in einer physiologischen Kochsalzlösung.)
Der ständig tätige Herzmuskel wird durch die Kranzarterien (Koronararterien) ernährt. Diese entspringen aus der Hauptschlagader, verlaufen in den Längs- und Querfurchen des Herzens und verästeln sich schließlich in der Herzmuskulatur.

Beim gesunden Menschen ist die Bewegung des Herzens, erzeugt durch das fortwährende Zusammenziehen der Kammern, eine ganz regelmäßige. Diese deutlich zu fühlende Bewegung wird *Herzschlag* und die dadurch entstehende Blutwelle, die die Schlagadern hebt und ihre Bewegung erzeugt, *Puls* genannt.
Bei Kleinkindern sind etwa 100, bei Zwölfjährigen 70 und bei Erwachsenen 80 Pulsschläge in der Minute normal. Mit zunehmendem Alter kann ihre Zahl bis auf 60 herabsinken. Beim weiblichen Geschlecht ist der Pulsschlag gewöhnlich etwas rascher, jedoch schwächer als beim männlichen. Erheblich weniger oder mehr Pulsschläge deuten auf eine Erkrankung hin.

1.5.3 Das Gefäßsystem

```
                    Adern
         ┌────────────────────────┐
     Arterien                  Venen
   (Schlagadern)            (Blutadern)
```

Die Adern sind schlauchartige, elastische Röhren, durch die das Blut, vom Herzen angetrieben, ununterbrochen fließt.
Sie bilden ein doppeltes Verkehrssystem von 120000 Kilometer Länge, das auf der Einbahnstraße, die vom Herzen zu den Körperorganen führt, 60 Billionen Zellen, das ist das Siebzehntausendfache der Erdbevölkerung, mit allem Notwendigen (Sauerstoff und Nährstoffen) versorgen und auf dem Rückweg zum Herzen die Schlacken (hauptsächlich Kohlendioxid) aus den Zellen abführen muß.

A) Die Arterien, Schlagadern

Das in der Lunge mit Sauerstoff angereicherte Blut fließt durch die Lungenvene in die linke Vorkammer des Herzens und von da aus durch die Tätigkeit der Herzklappen in die linke Herzkammer. Von starken Muskeln zusammengezogen pumpt diese das Blut in die *Aorta*, die große *Körperschlagader*. Diese Hauptarterie ist das größte Gefäß des Körpers, das an seinem Anfang ein starkwandiges Rohr von fast 3 cm Weite darstellt. In der Höhe des Schlüsselbeines beschreibt die Aorta einen Bogen nach links und verzweigt sich dann zu den beiden Halsschlagadern, welche dem Kopf das Blut zuführen, und zu den Schlüsselbeinarterien, die nach den Armen hinziehen. Die Hüftarterien führen das Blut durch die Oberschenkel in die Beine. Neben diesen großen Gefäßen zweigen noch viele kleinere von der Hauptschlagader ab, welche die Organe der Brust und des Bauches (Leber, Milz, Nieren, Darm usw.) mit Blut versorgen. Die Arterien heißen Schlagadern, weil sich in ihnen der Herzschlag fortsetzt und als Puls fühlbar ist. Sie leiten nicht als einfache Röhren das vom Herz kommende Blut durch den Körper, sondern treiben durch ihr „Schlagen", das heißt durch ihre eigene Muskelarbeit, den Blutstrom vorwärts. Dieses rhythmische Zusammenziehen und nachfolgende Ausdehnen der muskulösen Arterienwände bedingt im Zusammenwirken mit der Herztätigkeit auch das Strömen des Blutes in den *Blutadern* oder *Venen*.

Den Druck, den das strömende Blut auf die Arterienwände ausübt, nennt man *Blutdruck*. Er entsteht durch die Pumpleistung des Herzens. Etwa 5 Liter Blut werden in einer Minute durch das Herz und die Blutgefäße transportiert. Ein ausreichend hoher und gleichmäßiger Blutdruck ist notwendig, um alle Organe des Körpers ausreichend mit Blut und dadurch mit Sauerstoff und Nährstoffen zu versorgen.

Der Blutdruck wird durch zwei Werte angegeben: Wenn sich der Herzmuskel zusammenzieht, drückt er das Blut in die Arterien, der Blutdruck steigt auf seinen oberen Wert; man nennt ihn *systolischen Wert*.

Erschlafft der Herzmuskel und die Herzkammern füllen sich mit Blut, fällt der Blutdruck in den Arterien auf seinen untersten, den *diastolischen Wert*.

Der ideale Blutdruck beträgt für alle Altersklassen 115/75. Mit zunehmendem Alter steigt er im allgemeinen nach folgender Faustregel: systolischer Druck = Lebensalter + 100. Demnach gilt für einen Sechzigjährigen der Wert 160, der jedoch keineswegs ideal ist, denn je höher der Druck in den Gefäßen steigt, um so schneller werden diese alt und starr.

Die Höhe des Blutdruckes hängt von folgenden drei Faktoren ab:
1. Tätigkeit des Herzens
2. Zustand und Weite der Blutgefäße
3. Beschaffenheit des Blutes.

Zu niedriger Blutdruck: Hypotonie (gr. hypo = unter, lat. tonus = Druck).
Bei ungefähr einem Fünftel der Bevölkerung liegt der Blutdruck unter der Normgrenze. Die Folgen sind Müdigkeit, Schwindelgefühl, Arbeitsunlust, Abgeschlagenheit u. a.

Zu hoher Blutdruck: Hypertonie (gr. hyper = über).
Hypertonie ist heute die häufigste Erkrankung in den industrialisierten Ländern. Jeder Fünfte über 40 Jahren ist Hypertoniker. Zugleich ist sie die am häufigsten nicht erkannte und deshalb unbehandelte Krankheit.

Bluthochdruck ist das Ergebnis einer ganzen Reihe von Einflüssen, die das Leben in der hochindustrialisierten Gesellschaft mit sich bringt. Solche sind:
Zu wenig Bewegung, die zu mangelhafter Leistung führt.

Falsche Ernährung mit zuvielen Kalorien, die Übergewicht erzeugt.

Rauchen und Alkoholgenuß, die zur Herz-Kreislauf-Belastung führen. Nicotin verengt außerdem die Gefäße.

Hektik und Streß, die psychische und Herz-Kreislauf-Belastungen auslösen. Das unter Streßeinwirkung vermehrt produzierte Hormon Adrenalin kann sich im Herzmuskel ansammeln. Da dieses außerordentlich viel Sauerstoff verbraucht, können durch den auf diese Weise entstehenden Sauerstoffmangel Teile des Herzmuskelgewebes absterben.

Bluthochdruck, Cholesterinspiegel, Arteriosklerose

Sind die Meßwerte dauernd erhöht, liegt *Bluthochdruck, Hypertonie* (gr. hyper = über, tonus = Druck) vor.

Dieser richtet auf verschiedene Weise Schaden an. Einmal steigert er die Pumptätigkeit des Herzens, wodurch sich dieses lebenswichtige Organ vergrößert, dann aber immer schwächer wird und im Lauf der Zeit seine Funktion nur noch mangelhaft ausüben kann.

Zum anderen schädigt er durch die Reibung des ständig pulsierenden Blutes und die fortwährende Ausdehnung und Verengung der Adern die Innenseite, Intima der Arterien. Stark erhöhter Blutdruck kann bewirken, daß die Schlagadern nicht mehr standhalten können und ein Gefäßbruch mit seinen schweren Folgen möglich wird. Um ihn zu verhindern, verdickt sich zunächst die Gefäßwand und lagert in der Folgezeit *Cholesterin* in Form kleiner Inseln an der Innenwand der Arterien ab.

Reines Cholesterin ist ein weißes Pulver. Vermischt mit Fetten und als Ablagerung in Arterien sieht es wie gelbliches Wachs aus. Es ist in jeder Zelle des Körpers vorhanden. Gehirn, Rückenmark und Nerven enthalten besonders viel – beim Gehirn macht es ein Zehntel des Gewichtes aus. Gallensteine bestehen meistens aus Cholesterin. Es ist der Rohstoff, aus dem der Körper das Vitamin D, die Geschlechtshormone und die Gallensäuren macht.

Cholesterin wird mit Nahrungsmitteln tierischer Herkunft regelmäßig dem Organismus zugeführt und von der Darmschleimhaut wie das Fett resorbiert. Größere Fettmengen in der Nahrung lassen demzufolge den Cholesterinspiegel des Blutes erheblich über den Normalwert, der bei etwa 200 mg Prozent liegt, ansteigen, aber auch wenn mit der Nahrung kein Cholesterin aufgenommen wird, zirkuliert es doch im Blut. In diesem Fall ist dann die Leber der Hauptlieferant.

Kleine Arterien, Arteriolen, verdicken sich durch Cholesterineinlagerung gleichmäßig, verlieren dadurch ihre Elastizität und verengen ihren Hohlraum, was eine schlechte Blutversorgung im betroffenen Organ zur Folge hat.

Lebensbedrohend wird das Cholesterin vor allem, wenn es sich in den Wänden der Koronararterien, die das Herz mit Blut versorgen, ansammelt. Werden die Ablagerungen größer, so dringt auch Bindegewebe ein. Die Arterienwand wird uneben, und an solchen Stellen bilden sich oft Blutgerinnsel. Die Arterie kann sogar völlig verstopft werden. Wenn das in einer Herzarterie passiert, kommt es zum Herzinfarkt, im Gehirn führt es zum Schlaganfall.

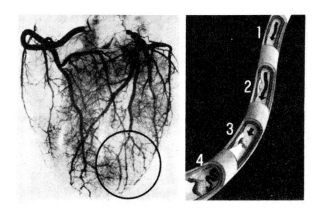

Die Adern, die den Herzmuskel mit Blut versorgen, die Herzkranzgefäße, sind hier sichtbar gemacht. Im eingekreisten Bezirk ereignen sich die meisten Infarkte. Rechts eine der Adern stark vergrößert: Zuerst (1) bildet sich eine Schadstelle, die der Körper zu reparieren versucht. An der nicht mehr glatten Oberfläche lagern sich Blutfette ab (2–3), bis die Ader verstopft (4)

Durch Auskristallisieren kann das Cholesterin in den Arterien Geschwülste hervorrufen, die nach kurzer Zeit aufbrechen und Defekte hinterlassen. Diese werden allmählich durch Kalkeinlagerungen, die dem Knochengerüst entnommen werden, ausgefüllt. Sie bilden Kalkplättchen, welche die Elastizität der Gefäßwände derart herabsetzen können, daß sie den Eindruck brüchiger Röhren machen.

Diesen Zustand nennt man Arteriosklerose.

Arteriosklerotische Beschwerden äußern sich als Durchblutungsstörungen im Gehirn, Störungen der Nieren und des Magen-Darm-Traktes, durch ungenügende Blutversorgung hervorgerufene Blässe der Haut und Gefühllosigkeit bzw. bläuliche Verfärbung der Zehen und Finger. Auch Muskelschmerzen und zeitweilige Behinderung in den Armen und Beinen können Zeichen beginnender Arteriosklerose sein.

Gelangt nun infolge arteriosklerotischer Gefäßverengung ein kleines Blutgerinnsel oder ein Fettpfropfen, die häufig im Blutstrom mitschwimmen, zu einem derartigen Engpaß, so kommt es zu einer Verstopfung, *Embolie* (lat. embolus = Pfropf) und als Folge davon zum Infarkt (lat. infarcire = hineinstopfen). Dabei wird die Blutversorgung eines Teils des Herzens unterbrochen und durch den Sauerstoffmangel geht der betreffende Herzmuskelteil bald zugrunde. Eine Embolie kann an jeder Körperstelle auftreten, ist aber am gefährlichsten im Gehirn, denn seine kleinen grauen Zellen sind Großverbraucher an Sauerstoff und reagieren besonders rasch und drastisch auf einschneidende Versorgungsmängel.

Eine Cerebralsklerose (lat. cerebrum = Gehirn) kann aber auch zum Platzen einer Arterie im Zentralorgan führen, wobei das Blut die Nachbarregionen überschwemmt und erheblich schädigt. Bei einem so extrem miniaturisierten Organ wie dem Gehirn wirkt sich ein solcher Vorgang katastrophal aus. Ganz zwangsläufig führt er zu höchst gefährlichen Ausfallserscheinungen, die den Körper partiell oder auch so gut wie vollkommen lähmen.

Abschließend seien noch ein paar Worte über die herz- und gefäßschädigende Wirkung von *Bewegungsmangel, Alkohol- und Nicotingenuß* und *andauerndem Streß* hinzugefügt, denn sie alle können zu einer Verkrampfung der Arterien oder eines Herzkranzgefäßes führen. Genau wie bei der arteriosklerotischen Gefäßverengung können die genannten Faktoren die Blutversorgung vermindern und einen schleichenden Infarkt auslösen. Heute weiß man, daß sich das unter Streßeinwirkung vermehrt produzierte Hormon Adrenalin im Herzmuskel ansammeln kann. Da dieses außerordentlich viel Sauerstoff verbraucht, können durch den auf diese Weise entstehenden Sauerstoffmangel Teile des Herzmuskelgewebes absterben.

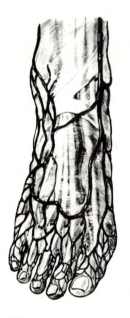

Adernetz im Fuß
Hier werden Durchblutungsstörungen zuerst gespürt

Literatur:

Schön, H.: „Fettstoffwechsel und Atherosklerose", Sonderheft zu „Medizin u. Ernährung", Pallas Verlag, Lochham/München 1962.
Biegler, R.: Sonderheft zu „Medizin u. Ernährung", „Nahrungsfett und Atherosklerose", Pallas Verlag, Lochham/München, 1961.
Schettler, G.: „Arteriosklerose" (Ätiologie, Pathologie, Klinik u. Therapie), G. Thieme Verlag, Stuttgart 1961.
Voigt, K. D., u. E. J. Klempien: Sonderheft zu „Medizin u. Ernährung", „Nahrungsfett und Atherosklerose", Pallas Verlag, Lochham/München, 1961.

B) Kapillaren (lat. capillus = Haar)

In ihrem weiteren Verlauf verzweigen sich die Arterien zu immer engeren Kanälchen, die das Blut in alle Teile des Körpers bringen. Ihre feinsten Verästelungen heißen Haargefäße oder *Kapillaren.*

Diese spinnwebenfeinen Netze sind das Bindeglied zwischen Arterien und Venen, denn ihre hauchdünnen Wände gestatten einen Gasaustausch in der Weise, daß aus den Kapillaren, die arterielles Blut führen, in den Muskeln, Knochen, Nerven, Drüsen usw. Sauerstoff abgegeben und dafür Kohlendioxid aufgenommen werden kann. Diese „innere Atmung" in den Zellen bestimmt weitgehend den Gesundheitszustand des Menschen.

C) Die Venen, Blutadern

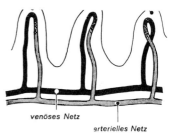

venöses Netz   arterielles Netz

Wie sich die Arterien zu feinsten Kapillaren verzweigen, bilden sich in umgekehrter Richtung aus den Kapillaren die feinsten Venen. Diese vereinigen sich zu größeren *Venolen* und diese schließlich zu zwei großen *Hohlvenen,* die das venöse, d. h. kohlendioxidbeladene Blut zur rechten Herzkammer führen.

Wohl pumpt das Herz in den Arterien das Blut bis in die äußersten Extremitäten des Körpers. Dort angekommen ist sein Druck aber so tief abgesunken, daß es, auf sich allein gestellt, nie wieder zurückkommen würde. Deshalb sind die größeren Venenstämme zwischen die Muskeln eingebettet, die bei jeder Betätigung auf die Venen drücken und so das Blut nach oben treiben. In regelmäßigen Abständen eingebaute Ventile, sog. *Venenklappen* verhindern das Zurückfließen des Blutes, was besonders bei den Beinvenen sehr wichtig ist, denn diese sind durch eine hohe Blutsäule stärker belastet als irgendein anderes Kreislaufgebiet. Darum verbrauchen sie sich auch schneller und unterliegen Alterungserscheinungen (Sklerose) besonders leicht. Venenklappen und die Pumpwirkung der Beinmuskulatur heben das Blut in den aufsteigenden Venen bis zur großen, zisternenartigen Vene in der Bauchhöhle, wo es etwa $2/3$ seines Weges zum Herzen zurückgelegt hat. Die weitere Transportarbeit übernimmt nun das Zwerchfell. Dieser große Muskel drückt bei jedem Atemzug auf die Bauchzisterne und treibt so das Blut hinauf in die große Sammelvene und weiter zum Herzen. Der Kreislauf ist geschlossen.

Vene mit 2 Klappen

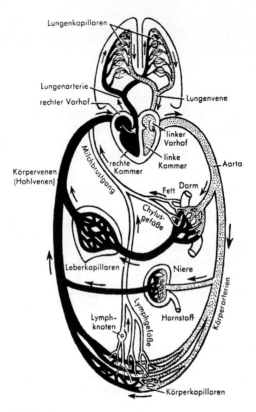

Schema des Blutkreislaufs

Krampfadern, Varizen (lat. varicosus = erweitert) sind erweiterte und geschlängelte Venen besonders an den Beinen. Ihre Ursache sind angeborene Bindegewebsschwächen, minderwertige Venenklappen, stehende Tätigkeit, Übergewicht und tiefe Entzündungen der Venen. Gefürchtete Spätfolgen der Erkrankung können Blutungen, Unterschenkelgeschwüre, Hautverschwielungen und Bewegungseinschränkung sein.

Jeder Vierte leidet unter Krampfadern, darunter etwa 80% Frauen. Besonders gefährdet sind diese während der Schwangerschaft, weil in diesem Zustand die Venenwände wie alle Gewebe eine Lockerung erfahren. Durch den zunehmenden Druck der im Mutterleib wachsenden Frucht auf die Beckenvene entstehen mitunter schlechte Blutabflußbedingungen, die sich auf die Beinvenen auswirken können.

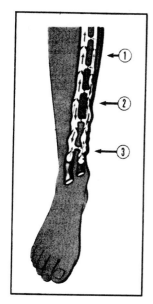

Bei 1 sind die Adernventile noch intakt. Bei erweiterten Venen 2 und 3 schließen sie nicht mehr, das Blut fällt zurück

Krampfadern rufen Schmerzen, Brennen, Schwellungen, Schweregefühl und Krampfneigung in den Beinen sowie allgemeine Müdigkeit hervor. Außerdem wirken sie häßlich und stellen dadurch für jede Frau ein kosmetisches Problem dar.

Anfällige Personen müssen rechtzeitig vorbeugende Maßnahmen gegen das Auftreten von Krampfadern ergreifen. Beim geringsten Anzeichen sind die Beine zu bandagieren oder Stützstrümpfe zu tragen. Überanstrengungen müssen vermieden und zur Entlastung der Venenwände Ruhepausen mit hochgelagerten Beinen eingelegt werden. Bindegewebsschwäche und venöse Beschwerden können durch Auszüge aus Arnikablüten, Iriswurzel, Klettenwurzel, den Triebspitzen und Früchten des Schlehdorns, Hamamelisdestillat, Zitronensaft u. a. gemildert werden. Sie wirken tonisierend auf die venösen Gefäße und regen den Rückstrom des Blutes zum Herzen an. Derartige Gemische werden in Streichbewegungen in Richtung zum Herzen auf Arme und Beine gerieben.

Wer infolge Gefäßschwäche unter Krampfaderbildung an den Beinen zu leiden hat, neigt leicht auch zu *Hämorrhoiden* (gr. hämo-rrhoides = blutfließende Ader), sackartigen Erweiterungen der unteren Mastdarmvenen.

Hämorrhoiden müssen schon beim ersten Auftreten unbedingt ärztlich behandelt werden.

Literatur:

Drs. Stengel, Thieme, Weise: Menschenkunde. Ernst Klett Verlag, Stuttgart 1975.
Dr. Dr. Gerhard Venzmer: Das große Gesundheitsbuch. C. Bertelsmann Verlag, Gütersloh 1965.
Prof. Dr. H. Lucas und Mitarbeiter: Gesundheitsbuch. Verlag DAS BESTE, Stuttgart–Zürich–Wien 1970.
Dr. Kurt Funke: Gesundheits- und Ernährungslehre. Verlagsgesellschaft Rudolf Müller, Köln–Braunsfeld 1965.
Rettenmaier, Adolf: Organische Chemie. Verlagsgesellschaft Rudolf Müller, Köln–Braunsfeld 1967.
Schenk-Höpker: Gesetzeskunde für Drogisten. Otto Hoffmanns Verlag, Darmstadt–Berlin 1962.

H. Rimpler, Dt. Apotheker-Zeitung, 110, 1657–1658 (1970).
H. Böhme und K. Hartke, Kommentar zum DAB 7, Govi Verlag, Frankfurt am Main 1969.
O. Gessner, Gift- und Arzneipflanzen, 2. Auflage, Carl Winter Verlag, Heidelberg 1953.
Th. Bersin, Biochemie der Vitamine, Akademische Verlagsgesellschaft, Frankfurt am Main 1966.
H. Braun, Heilpflanzen-Lexikon, Gustav Fischer Verlag, Stuttgart 1968.
U. Hintzelmann, Naunyn-Schmiedebergs Archiv für exp. Pharmakolog. 178, 480 (1935).
K. Egger, Diss. München 1937.
F. Becher, M. M. W. 751 (1930).
J. Kabelik, Pharmazie 25, 266 (1970).
D. Erken, Erfahrungs-Heilk. 18, 98 (1969).
G. Schimert, Z. exp. Med. 113, 113 (1944).
H. Seel, Hippokr. 6, (1938).
F. R. Weiß, Lehrbuch der Phytotherapie, Hippokrates-Verlag, Stuttgart, 1960.
Knud O. Moller, Pharmakologie, Benno Schwabe & Co. Verlag, Basel/Stuttgart, 1961.
H. A. Hoppe, Drogenkunde, Handbuch der pfl. und tier. Rohstoffe, 1958.
G. Madaus, Lehrbuch der biol. Heilmittel, 1938.
A. Mosig, G. Schramm, der Arzneipflanzen- und Drogenschatz Chinas, Berlin, 1955.
Prof. Dr. E. Steinegger, Prof. Dr. R. Hänsel: Lehrbuch der allgemeinen Pharmakognosie. Springer Verlag, Berlin–Göttingen–Heidelberg 1963.
Karsten-Weber-Stahl: Lehrbuch der Pharmakognosie. Gustav Fischer Verlag, Stuttgart 1962.
Gottron/Schönfeld: Dermatologie und Venerologie. Bd. I/V u. Erg.-Band. Georg Thieme Verlag, 1958/1970.

1.5.4 Mittel zur Pflege und Funktionssteigerung der Kreislauforgane

A) Tonica, Roborantia

Tonica (gr. tonos = Spannung) sind dazu bestimmt, beim Menschen die Leistungsfähigkeit zu verbessern, die innerhalb der physiologischen Grenzen abgesunken oder beeinträchtigt ist auf Grund von Umständen wie überstandene Krankheit, Mangelerscheinungen oder daraus resultierende Funktionsanomalien, oder als Folge von Schwangerschaft und Stillzeit, Altersbeschwerden.

Weil fast alle Organ- und Funktionsschwächen komplexer Natur sind und nur durch die Kombinationswirkung mehrerer Stoffe behoben werden können, müssen diese Roborantien (lat. robur = Kraft) Mittel zur allgemeinen Kräftigung sein und deshalb viele harmonisch aufeinander abgestimmte Wirkstoffe enthalten. Sie werden deshalb „*Breitbandtonica*" genannt.

Tonica gegen *Arteriosklerose, Durchblutungsstörungen, Blutarmut, hohen Blutdruck* usw. enthalten Auszüge aus Arnika- und Weißdornblüten, Melissen- und Rosmarinblättern, Ginsengwurzel u. a.

Eine besondere Rolle spielt in den *Alterstonica* (Geriatrica) das Lecithin (vgl. S. 40), denn es emulgiert überschüssige Cholesterinmengen im Blut und verhindert dadurch die gefährliche Kristallbildung und Kalkablagerung an den Innenwänden der Gefäße. Mit lecithinhaltigen Präparaten kann also arteriosklerotischen Beschwerden wirksam begegnet werden.

Ein häufiger Bestandteil der Alterstonica ist das aus Weizenkeimen gepreßte Weizenkeimöl. Es enthält essentielle Fettsäuren (Linol- und Linolensäure) und Vitamin E (Tokopherol), die gegen Durchblutungsstörungen, Arteriosklerose, Altersherz und hohen Blutfettspiegel wirksam sind. An Stelle von Weizenkeimöl dient häufig auch der sog. „Weizenkeim-Vitalextrakt", ein wäßriger Embryonalextrakt aus Weizenkeimen mit einem hohen Gehalt an Phytohormonen und Vitaminen. Die Rezepturen der Alterstonica nennen neben den genannten auch die Vitamine A, B_1, B_2, B_5, B_6, B_{12}, C, D, H.

Nahezu alle Tonica enthalten mehr oder weniger große Mengen Zucker, hauptsächlich in Form von *Traubenzucker* (Dextrose), der rascher und vollständiger vom menschlichen Körper aufgenommen wird als irgendein anderer Nährstoff. Mäßige Konzentrationen brauchen nicht einmal den Darm zu passieren, sondern werden bereits von den Magenwänden aus direkt dem Blut zugeleitet, das den Traubenzucker in der physiologischen Form des Blutzuckers allen Organen als zentrales Bioenergeticum zuführt (vgl. S. 82).

Auf Süßweinbasis aufgebaute Tonica enthalten in Medizinalweinen wie Malaga, Sherry, Tarragona, Tokayer u. a. beachtliche Mengen Traubenzucker.

B) Traubenzuckerpräparate

Neben den Tonica werden reine Traubenzuckerpräparate in den mannigfachsten Formen als Pulver, oder in mundgerechten Täfelchen angeboten, die häufig mit allen möglichen Zusätzen wie Kakao, Kola, Pfefferminzöl, Vitaminen usw. versehen sind.

C) Eisenpräparate

Durch regelmäßigen Verlust an Blutfarbstoff kann bei Frauen ein Eisenmangel auftreten. Mit Tonica, die organische und anorganische Salze des zweiwertigen Eisens enthalten, kann er ausgeglichen werden.

Kombinationspräparaten wird zur Anregung des Zentralnervensystems und Großhirns als Analepticum gelegentlich *Coffein* in kleinen Mengen zugesetzt, das auch auf die Blutgefäße und quergestreiften Muskeln einen tonisierenden Einfluß ausübt.

D) Heiltees

Heiltees aus Drogen oder tassenfertige Produkte können die Leistungsfähigkeit der Kreislauforgane günstig beeinflussen. Heilpflanzen dieser Art sind:

Arnikablüten, wirken gefäßerweiternd, gefäßkrampflösen,d kreislauffördernd und durchblutungssteigernd. Es dürfen nur schwache Dosierungen angewandt werden, da sonst Reizerscheinungen im Magen-Darmbereich auftreten können.

Ginsengwurzel ist ein Stimulans für Zentralnervensystem, Herz und Gefäße. Kreislauffördernd und blutdrucksenkend.

Knoblauchzwiebeln, Altbekanntes blutdrucksenkendes Mittel, auch gegen Arteriosklerose wirksam.

Melissenblätter beeinflussen die Kreislauffunktionen günstig. Beruhigend, krampflösend ebenso wie der aus ihnen bereitete echte *Melissengeist.*

Rosmarinblätter, fördern in kleinen Dosen die Durchblutung und wirken krampflösend.

Weißdornblüten und Weißdornfrüchte. Bei Kreislaufinsuffizienz (Kreislaufschwäche), Arteriosklerose und Angina pectoris (Herzbeklemmung). Darüber hinaus senken sie den Blutdruck, erweitern die Gefäße und kräftigen das Herz.

Mistelstiele, wurden jahrhundertelang wegen ihres Gehaltes an Cholin und Acetylcholin als blutdrucksenkendes Mittel hoch geschätzt. Neuere Forschungen haben jedoch gezeigt, daß ihnen diese Wirkung nicht zukommen kann, denn die genannten Stoffe werden bei peroraler Anwendung der Mistelpräparate im Magen-Darm-Kanal nicht resorbiert. Ihr Gehalt an Viscotoxin und vermutlich auch Flavonkörpern übt jedoch einen allgemein günstigen Einfluß auf den Stoffwechsel aus und regt die Tätigkeit der Verdauungsdrüsen und der Ausscheidungsorgane an.

E) Medizinische Bäder und Einreibemittel

Zur Pflege und Funktionssteigerung verschiedener Kreislauforgane eignen sich besonders solche mit Auszügen aus Roßkastaniensamen, Semen Hippocastani, die ödemhemmend wirken und die Kapillarresistenz erhöhen. Sie sind besonders bei Krampfadern, nervösen und lymphatischen Stauungen zu empfehlen.

Auch Kohlensäure- und Sauerstoffbäder können bei Kreislaufmängeln wirksam sein. Sie sind auf den Seiten 442 dargestellt.

Literatur:
Faller, A.: Der Körper des Menschen. Georg Thieme Verlag, Stuttgart 1972.
Mörike-Mergenthaler: Biologie des Menschen. Verlag Quelle & Meyer, Heidelberg 1966.

1.6 Mittel zur Pflege und Leistungssteigerung der Verdauungsorgane

1.6.1 Nährstoffe

Die Nährstoffe enthalten Kohlenhydrate, Fette und Eiweißkörper. Sie dienen als *Aufbaustoffe* zur Erhaltung der Körpersubstanz, ihrer Erneuerung beim tägtäglichen Verbrauch und ihrer Vermehrung beim Wachstum des Menschen.

Nährstoffe sind aber auch lebenswichtige *Betriebsstoffe* zur Erhaltung der konstanten Körpertemperatur und Erzeugung von Energie für Arbeitsleistungen des Körpers und vielerlei Organfunktionen. So verbraucht der menschliche Organismus Energie für den Blasebalg der Lunge mit dem Wechsel zwischen Ein- und Ausatmen, für das Pumpwerk des Herzens, welches das Blut durch ein Leitungssystem von mehreren hunderttausend Kilometern Länge bis in die feinsten Kapillaren preßt, und für den Verdauungsapparat, der ständig schwere Arbeit leistet. Ununterbrochen wird aber auch viel Energie verbraucht bei den chemischen Umsetzungen in der Leber, bei der Filtertätigkeit der Nieren und Drüsen und beim Stoffwechsel, der ständig Stoffwechselreste ausscheidet, dadurch den Körper entgiftet und vor schädlichen Einflüssen bewahrt.

Als Mittelwerte für den Nahrungsbedarf eines Erwachsenen von etwa 70 kg Körpergewicht gelten pro Tag:
400 bis 500 Gramm Kohlenhydrate, 50 bis 60 Gramm Fett und 60 bis 80 Gramm Eiweiß. Diese Mengen ändern sich nach Körpergewicht, Alter, Geschlecht, Arbeitsleistung und Klima.

A) Kohlenhydrate

Die *Kohlenhydrate* bilden den Grundstock der Ernährung. Sie sind organische Verbindungen von Kohlenstoff, Wasserstoff und Sauerstoff. Die Zahl ihrer Kohlenstoffatome ist meistens 6 oder ein Vielfaches davon, während Wasserstoff und Sauerstoff wie im Wasser, also im Verhältnis 2:1 vorhanden sind.

Die Kohlenhydrate werden eingeteilt in:
a) Einfachzucker
b) Doppelzucker
c) Mehrfachzucker
d) Der wichtigste *Einfachzucker* ist der *Traubenzucker, Stärkezucker, Dextrose, Glykose*.

Traubenzucker, Saccharum amylaceum, $C_6H_{12}O_6$ wird vorwiegend aus Stärke gewonnen, woher auch der Name „Stärkezucker" stammt. Die Bezeichnung „Dextrose" ist auf seine Eigenschaft, das polarisierte Licht nach rechts (lat.

dexter = rechts) zu drehen und „Glykose" ist auf den süßen Geschmack des Traubenzuckers zurückzuführen, denn glykos ist die griechische Bezeichnung für süß.

Reiner Traubenzucker ist ein feines, weißes, geruchloses Pulver oder bildet weiße Kristalle. Seine Süßkraft ist wesentlich geringer als die des Rohrzuckers, seine Löslichkeit in Wasser gut. Traubenzucker findet sich in vielen süßen Früchten, besonders in den Trauben, und entsteht im Körper durch Spaltung anderer Kohlenhydrate, wie Rohrzucker und Stärke. Der Traubenzucker entspricht dem Blutzucker so sehr, daß er, ohne die Verdauungsorgane zu belasten, sofort in das Blut übertreten kann. Die bei der Photosynthese (Assimilation) gespeicherte Energie gibt er dabei so schnell an die Skelettmuskulatur, den Herzmuskel und die Muskulatur der Blutgefäße und Verdauungsorgane ab, daß diese unablässig und vollkommen ihre Arbeit leisten können. Darum wird der Traubenzucker überall dort eingesetzt, wo eine schnelle Energiezufuhr erforderlich ist, zum Beispiel bei anstrengender körperlicher oder geistiger Arbeit, beim Sport, bei Schulmüdigkeit der Kinder und bei Rekonvaleszenz.

Zu den *Einfachzuckern* gehört auch der *Fruchtzucker, Fructose, Lävulose.* Er dreht den polarisierten Lichtstrahl nach links (lat. laevus = links) und stellt ein weißes, süßschmeckendes Pulver dar, das schwer kristallisiert und hygroskopisch ist. Er wird deshalb meistens in Sirupform verwendet (vgl. S. 83).

Der *Invertzucker* des Bienenhonigs ist ein Gemisch aus Trauben- und Fruchtzucker.

b) *Doppelzucker* haben die chemische Formel $C_{12}H_{22}O_{11}$. Ihr wichtigster Vertreter ist der *Rohr- oder Rübenzucker, die Saccharose.* Er stellt das wichtigste Süßungsmittel dar und ist ernährungsphysiologisch von größter Bedeutung. Auch der *Milchzucker* gehört in diese Gruppe von Kohlenhydraten. Er ist ein Bestandteil der Milch und spielt in der Kinderernährung und Kinderheilkunde eine Rolle. Aber auch dem Erwachsenen dient er als Energie- und Kalorienspender. Außerdem wird durch Aufnahme von Milchzucker die Ansiedlung nützlicher Mikroorganismen im Darm begünstigt, welche die Synthese lebenswichtiger Vitamine (D_3) ermöglichen. Der Milchzucker fördert auch die Calciumresorption und ist aus diesem Grund nicht nur für den Skelettaufbau des Säuglings von größter Bedeutung, sondern auch für den heranwachsenden und selbst den alternden Organismus.

Auch der *Malzzucker, die Maltose,* ist ein Doppelzucker von hohem Nährwert. Er ist vor allem im Malzextrakt enthalten, welcher deshalb ein Nähr- und Kräftigungsmittel ersten Ranges darstellt. Er enthält außerdem die lebenswichtigen Vitamine des Gerstenmalzes und ermöglicht mit seinem hohen Gehalt an löslichen Kohlenhydraten eine intensive Zufuhr leicht assimilierbarer Nährstoffe zur Erhaltung und Steigerung der Leistungsfähigkeit des Körpers und der Nerven.

c) Der wichtigste *Mehrfachzucker* ist die Stärke $(C_6H_{10}O_5)_n$, die in der durchschnittlichen Ernährung die Hauptmenge der Kohlenhydrate liefert. Im Gegensatz zu den übrigen Zuckern ist sie weder süß noch wasserlöslich und muß deshalb im Körper beim Verdauungsvorgang in löslichen Zucker verwandelt werden. Dieser Prozeß beginnt in der Mundhöhle durch das im Mundspeichel enthaltene Enzym Amylase, das früher Diastase oder Ptyalin genannt wurde.

Der größere Teil des Zuckers wird in Form des hochmolekularen *Glykogens* als Energiereserve in der Leber (durchschnittlich 150 g) und in der Muskulatur (etwa 200 g) gespeichert (vgl. S. 28). Der Rest und dem Körperbedarf entsprechende Glykogenmengen aus der Leber werden in den Muskelzellen mit Hilfe des vom arteriellen Blut zugeführten Sauerstoffs verbrannt:

$$C_6H_{12}O_6 \quad + \quad 12\,O \quad \rightarrow \quad 6\,CO_2 \quad + \quad 6\,H_2O \; + \; 4{,}2\,\text{kcal/g}$$
Traubenzucker   Sauerstoff   Kohlendioxid   Wasser

Geregelt wird der Zuckerhaushalt nach Angebot und Nachfrage durch das Zuckerzentrum im Gehirn und die Funktionen der Nebennieren und der Bauchspeicheldrüse.

Der normal ernährte Mensch benötigt am Tag etwa 500 g Kohlenhydrate, eine Menge, die nicht unterschritten werden darf, weil sonst das mit der Nahrung zugeführte Fett nicht verbrannt werden kann.

Ein Absinken der Blutzuckerkonzentration ist lebensgefährlich, denn Glykose ist für die Gewebe der wichtigste energieliefernde Nährstoff. Die Gehirnzellen z. B. sind auf eine ständige Glykosezufuhr angewiesen.

Sind die Glykogenspeicher der Leber erschöpft, werden aus den Fettdepots Fettsäuren an das Blut abgegeben. Diese können von den meisten Geweben als Energiequellen genutzt werden. Aminosäuren aus abgebautem Eiweiß werden vor allem zum Glykogenaufbau herangezogen.

Kohlenhydrate, in übergroßen Mengen mit der Nahrung aufgenommen, können vom Körper in Fett umgewandelt werden. Wer zu Übergewicht neigt, sollte deshalb neben der Fettzufuhr auch auf Feinbackwaren, süße Nahrungsmittel und Süßspeisen verzichten.

Zuckerkrankheit, Diabetes mellitus (gr. diabaino = hindurchtreten, lat. mellitus = honigsüß).

Den Abfluß der Glykose aus der Leber steigert das Hormon des Nebennierenmarks *Adrenalin*, während das in der Bauchspeicheldrüse in etwa einer Million Langerhans'schen Inselzellen gebildete *Insulin* (lat. insula = Insel) ihn drosselt. Adrenalin und Insulin sind also Gegenspieler, Antagonisten, deren Zusammenwirken den Blutzuckerspiegel so reguliert, daß mit großer Regelmäßigkeit ein Liter Blut etwa ein Gramm Zucker enthält.

Ist durch irgendeine Erkrankung die Erzeugung von Insulin gestört, so speichert die Leber nicht mehr genügend Glykogen. Dadurch wird der Säftestrom mit

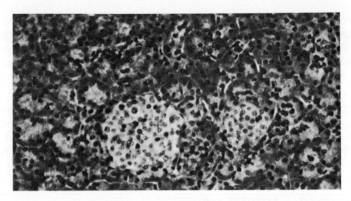

Mikroskopisches Bild des Gewebes der Bauchspeicheldrüse mit eingelagerten hellen Inselzellfeldern, in denen das Hormon Insulin gebildet wird

einer Zuckermenge überschwemmt, die in den Muskelzellen nicht mehr verbrannt werden kann und den Organismus im Harn ungenutzt verläßt.

Dieses häufigste aller Stoffwechselleiden ist die *Zuckerkrankheit.* Um den Zucker auszuschwemmen, sind beträchtliche Harnmengen erforderlich, deren Wasseranteil den Geweben entzogen wird. Der Diabetiker ist deshalb ständig von Durst geplagt und seine Haut wird zunehmend trockener und faltig. Weil der wichtigste Energiespender Zucker den Körper des Kranken ungenutzt wieder verläßt, ist er stets leicht ermüdbar und leidet unter allerlei Störungen des Befindens. Durch unvollständige Verbrennung des Zuckers gelangen außerdem giftige Stoffwechselprodukte in den Kreislauf, welche die Heilung von Wunden und Verletzungen erschweren und auf der Haut Ausschläge, Furunkel und Geschwüre verursachen.

Ohne Behandlung nimmt die innere Selbstvergiftung des Körpers ständig zu. Vorbote drohender Gefahr ist das Auftreten von Aceton, das dem Harn und der Atemluft des Zuckerkranken seinen typisch süßlichen Geruch verleiht. Allmählich erliegt der Diabetiker unter Atemnot und Krämpfen im Koma (gr. koma = Schlafsucht) seinem Leiden.

Die Behandlung des Diabetes mit Insulineinspritzungen und blutzuckersenkenden Medikamenten ist selbstverständlich Sache des Arztes. Aber diätetische Mittel für Zuckerkranke, *die in allen Fällen das Rückgrat der Diabetestherapie sind,* gehören zum Warensortiment der Drogerie (nach Angaben namhafter Diabetologen können 50% aller Diabetiker mit Diät allein behandelt werden).

In der *Diabetesdiät* muß vor allem die Zufuhr von Kohlenhydrat-Nährstoffen (KH) gelenkt werden. Verboten sind Haushalt-, Trauben-, Malz- und Milchzucker sowie alle mit diesen Zuckern hergestellten Konfitüren, Marmeladen, Gelees, Schokoladen, Pralinen, Bonbons, Gebäck, Kuchen, gezuckerte kondensierte Milch, Süßmoste, Limonaden, Malzbier, Liköre usw. Da stark zuckerhaltig, sind ebenfalls abzusetzen Honig, Trockenfrüchte, Datteln, Feigen, Weintrauben, Ananas, überreife süße Früchte, Bier und süße Weine.

Zuckeraustauschstoffe

Als Süßungsmittel und eiweißsparende Nährstoffe eignen sich für Diabetiker die insulinunabhängigen Kohlenhydrate *Fruchtzucker* (vgl. S. 81) und *Sorbit*.

1. *Fruchtzucker*

kann der menschliche Organismus ebenso verwerten wie andere Zuckerarten. Er wird jedoch im Körper wesentlich rascher verbrannt als der Traubenzucker und läßt deshalb den Zuckerspiegel der Diabetiker nur wenig ansteigen. Diese Besonderheit des Fruchtzuckerstoffwechsels bewirkt das in der Leber, den Nieren und der Darmschleimhaut lokalisierte Enzym Fructokinase, das den Fruchtzucker insulinunabhängig abbaut.

Natürlich müssen die beigefügten Zuckeraustauschstoffe in der Menge kontrolliert und mit der täglich erlaubten Grenzdosis in Übereinstimmung gebracht werden. Diese Forderung ist nicht immer leicht zu erfüllen, weil auf den Packungen der mit Austauschstoffen hergestellten Konfitüren, Schokoladen, Backwaren, Fruchtsäfte usw. die zugesetzten Mengen nur selten in sog. „Broteinheiten" angegeben sind. Neben der Kalorie ist bei Zuckerkrankheit die Broteinheit ein wichtiger Rechenwert. Sie wurde als technischer Hilfsbegriff geschaffen, um die Berechnung der für Zuckerkranke vorgeschriebenen Diät zu erleichtern. Eine Broteinheit (BE) ist die Menge eines Lebensmittels, die auf den Stoffwechsel eines Diabetikers die gleiche Wirkung ausübt wie 12 Gramm Kohlenhydrate. Sie entspricht etwa einer Scheibe Vollkornbrot von 25 Gramm Gewicht.

2. *Sorbit*

$C_6H_{14}O_6$ ist ein sechswertiger Alkohol der Hexitgruppe. Als weißes, kristallines, angenehm süß schmeckendes Pulver ist Sorbit ein ausgezeichnetes koch- und backfestes Süßungsmittel für Diabetiker, das wie Haushaltszucker verwendet werden kann. Weil Sorbit kein Kohlenhydrat im üblichen Sinne ist, muß es nicht auf die Broteinheiten angerechnet werden.

3. *Süßstoffe*

Fruchtzucker und Sorbit enthalten in je einem Gramm etwa 4 Kalorien, weshalb fettleibigen Diabetikern bis zur Regulation ihres Körpergewichtes nur ein Minimum an Zuckeraustauschstoffen gegeben werden darf. In solchen Fällen sind nur völlig kalorienfreie Süßstoffe wie Saccharin und Natrium- bzw. Calciumcyclamat erlaubt.

a) *Saccharin, Kristallose* ist Benzoesäuresulfimid. Es besitzt die 550fache Süßkraft des Zuckers und schmeckt noch in einer Verdünnung von 1:100 000 deutlich süß. Für den Organismus ist es unschädlich, denn es wird unverändert wieder ausgeschieden. Saccharin hat keinerlei Nährwert und ist deshalb für Zuckerkranke und Fettleibige als Süßungsmittel geeignet. Weil Saccharin in Wasser schwerlöslich ist, wird an seiner Stelle das leichtlösliche Saccharinnatrium, Saccharin solubile verwendet.

Seines bitteren Nachgeschmacks wegen wird dieser Stoff heute nur noch zum Ansüßen von Sorbit- und Cyclamat-Präparaten verwendet.

b) *Cyclamat* ist das Natriumsalz von Cyclohexylsulfamat. Es ist 30mal süßer als Rohrzucker, koch- und backfest und nimmt am Stoffwechselumsatz nicht teil.

Diabetiker müssen sich auch fettarm ernähren, weil jede Überernährung ihre Situation verschlechtert und Fett unter allen Nährstoffen die meisten Kalorien enthält. Außerdem begünstigt fettreiche Kost komplizierende Gefäßschäden (vgl. S. 70), Gallensteine und Fettleber. Die gesamte tägliche Fettzufuhr darf beim Diabetiker höchstens 80 Gramm betragen.

Täglich benötigt der Diabetiker 80 bis 100 g Eiweiß. Geeignete Eiweißträger sind Magermilch, Magerquark, Magerkäse, Fisch, Magerfleisch und Soja.

Zur täglichen Ernährung des Diabetikers gehören in einer Menge von 2−3 BE rohes Obst und Fruchtsäfte. Möglichst 2 Tagesmahlzeiten sollten Rohsalate oder Rohgemüse und eine Mahlzeit ein gekochtes Gemüsegericht enthalten. Bei vielen Gemüsearten ist eine Anrechnung ihres KH-Gehaltes auf die erlaubte BE-Menge überflüssig, wenn pro Mahlzeit nicht mehr als 400 g verzehrt werden. Weitere Gemüsesorten sind ohne Anrechnung in Tagesmengen bis zu 200 g erlaubt.

Diabetikerdiät muß mehr Vitamine enthalten als Normalkost, denn die diabetische Stoffwechselstörung ist leichter auszugleichen, wenn dem Zuckerkranken täglich in optimaler Menge vor allem die Vitamine B_1, C und E zugeführt werden. Als natürliche Wirkstoffkonzentrate sind zu empfehlen:

Hefeextrakt, -flocken und -pulver. Ihr Vitamin B_1-Gehalt erreicht in hochwertigen Produkten bis zu 30 mg% neben erheblichen Mengen anderer B-Vitamine.

Sanddornbeeren, Acerolakirschen und Hagebutten enthalten unter allen Früchten höchste Gehalte an Vitamin C (1 Eßlöffel ungesüßter Sanddornsaft = etwa 100 mg Vitamin C).

Weizenkeime enthalten etwa 1,5 mg% Vitamin B_1, 3−4 mg% Vitamin B_6 und etwa 25 mg% Vitamin E.

Literatur:

Dr. H. Anemueller: Gesundheit durch sinnvolle Ernährung und Diät. Paracelsus-Verlag, Stuttgart 1966.
Derselbe: Diabetes und Diabetes-Diät. Deutscher Reformverlag, Bad Homburg.
Derselbe: Der Zuckerkranke und seine diätetische Behandlung. Deutscher Reformverlag, Bad Homburg.

Liselotte Kretschmer-Dehnhardt: Neue Vollwert-Diät-Rezepte für Diabetiker. Helfer Verlag E. Schwabe, Bad Homburg.
W. Seitz und H. Mehnert: Der Zuckerkranke und sein Arzt. Umschau-Verlag, Frankfurt/M.
Dr. W. Lübken: Diabetes mellitus. Hippokrates Verlag, Stuttgart.
Der Diabetiker, Monatszeitschrift für Zuckerkranke. Verlag Kirchheim & Co, Mainz.
Kohlenhydrat-Austauschtabelle für Diabetiker des Deutschen Diabetes-Komitees. Verlag Georg Thieme, Stuttgart.
Ratgeber zur Ernährung des Diabetikers. Wissenschaftl. Archiv für Ernährung und Diätetik, Bernau am Chiemsee.

B) Fette

Die Bedeutung der Fette für den Organismus

Fett ist höchstkonzentrierter Energiespender, den der Körper selbst aus überschüssigen Kohlenhydratmengen bilden und speichern kann. Neben dem Eiweiß ist Fett ein wichtiger Organbaustoff. Vernünftige Fettzufuhr fördert das allgemeine Wohlbefinden und die Leistungsfähigkeit des Körpers. Lebenswichtige Vitamine, u. a. A, D, E (vgl. S. 90) lösen sich nur in Fetten, die auch beim Aufschließen vieler Speisen, wie Kohl, Hülsenfrüchten u. a. mitwirken, deren Wohlgeschmack steigern und sie leichter verdaulich machen.

Die Fette sind Ester des dreiwertigen Alkohols Glycerin mit verschiedenen Fettsäuren. Chemisch sind sie folgendermaßen aufgebaut:

$$C_3H_5(O\boxed{H})_3 + 3\,C_{17}H_{35}CO\boxed{OH} \rightarrow C_3H_5(OCOC_{17}H_{35})_3 + 3\,H_2O$$

| Glycerin | Stearinsäure | Glycerintristearin-säure-Ester Fett | Wasser |

Die tierischen und pflanzlichen Fette sind stets Gemische mehrerer Glyceride mit verschiedenen Fettsäuren.

Die Fettsäuren unterscheiden sich durch Kettenlänge und Sättigungsgrad mit Wasserstoff. Die ungesättigten Fettsäuren enthalten weniger Wasserstoff als die Kohlenstoffatome der Kette binden können und weisen demzufolge eine

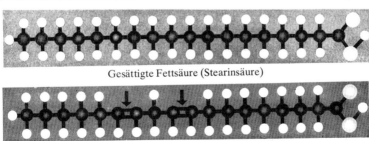

Gesättigte Fettsäure (Stearinsäure)

Zweifach ungesättigte Fettsäure (Linolsäure)

oder mehrere Doppelbindungen im Molekül auf. Fettsäuren mit nur einer Doppelbindung, wie zum Beispiel die Ölsäure, heißen Monoensäuren.

Polyensäuren enthalten zwei oder mehr Doppelbindungen. So hat zum Beispiel die Linolsäure $C_{17}H_{31}COOH$ 2 Doppelbindungen und die Linolensäure $C_{17}H_{29}COOH$ sogar 3 Doppelbindungen im Molekülverband.

Die ein- oder mehrfach ungesättigten Fettsäuren sind physiologisch wichtig und heißen deshalb „*essentiell*" (lat. essentialis = wesentlich). Der Körper kann sie selbst nicht aufbauen, die ungesättigten Fettsäuren müssen ihm vielmehr in der täglichen Nahrung ständig zugeführt werden. Beim Abbau verursachen sie wenig chemische Arbeit, denn sie verbrennen im Körper leicht zu Kohlendioxid und Wasser, ohne Schlacken zu hinterlassen. Außerdem führen sie kaum zur Bildung von Fettdepots, die als lästiger Ballast eine ernste Gefahr für die Gesundheit bedeuten, indem sie die Herztätigkeit und den Kreislauf schädigen.

Wichtigste Fettsäuren der Nahrungsfette

Name der Fettsäure	Bruttoformel	Sättigungsgrad	Hauptsächliches Vorkommen
Caprylsäure	$C_8H_{16}O_2$	gesättigte Fetts.	in Kuhbutter, in Cocosfett
Caprinsäure	$C_{10}H_{20}O_2$	gesättigte Fetts.	in Milchfett von Säugetieren, in Samenfetten von Palmen
Laurinsäure	$C_{12}H_{24}O_2$	gesättigte Fetts.	in Samenfetten von Lorbeergewächsen, Palmen, in Kuhbutter
Myristinsäure	$C_{14}H_{28}O_2$	gesättigte Fetts.	in vielen tierischen und pflanzlichen Fetten, in Milchfetten, Samenfetten von Palmen
Palmitinsäure	$C_{16}H_{32}O_2$	gesättigte Fetts.	in fast allen Naturfetten
Stearinsäure	$C_{18}H_{36}O_2$	gesättigte Fetts.	in Körperfetten von Landtieren, in Milchfetten, tropischen Samenfetten
Ölsäure	$C_{18}H_{34}O_2$	einfach ungesättigt	am weitesten verbreitete Fettsäure, Hauptfettsäure zahlreicher Pflanzen- u. Tierfette, Milchfett, Tierkörperfett

$CH_3 \cdot (CH_2)_7 \cdot CH = CH \cdot (CH_2)_7 \cdot COOH$

| Linolsäure | $C_{18}H_{32}O_2$ | zweifach ungesättigt | in Pflanzenfetten, besonders reichlich im Maiskeimöl |

$CH_3 \cdot (CH_2)_4 \cdot CH = CH \cdot CH_2 \cdot CH = CH \cdot (CH_2)_7 \cdot COOH$

| Linolensäure | $C_{18}H_{30}O_2$ | dreifach ungesättigt | Leinöl |

$CH_3 \cdot CH_2 \cdot CH = CH \cdot CH_2 \cdot CH = CH \cdot CH_2 \cdot CH = CH \cdot (CH_2)_7 \cdot COOH$

Gegenüber diesen ungesättigten Fettsäuren, die für chemische Reaktionen gewissermaßen vorbereitet sind, lassen sich Fette mit viel gesättigten Fettsäuren nur schwer abbauen und werden demzufolge sehr langsam verdaut, was besonders für den alternden Organismus von Nachteil ist. Im Alter ist eine Einschränkung der Fettmenge in der Nahrung unbedingt erforderlich, auf keinen Fall sollte sie 60 Gramm im Tag überschreiten. In dieser Menge ist auch das sog. „versteckte" Fett enthalten, das sich im Fleisch, in der Wurst, im Käse usw. befindet.

C) Eiweißstoffe

Eiweißstoffe oder *Proteine* sind hochmolekulare Naturstoffe, aus denen sich der lebende Organismus aufbaut und seine sich verbrauchenden Eiweißbestände laufend erneuert. Die Proteine der menschlichen Muskulatur müssen im Laufe von etwa 150 Tagen zur Hälfte durch neue ersetzt werden und die der Leber in rund zehn Tagen. Eiweiß wird aber auch zur Erzeugung der sich ständig verbrauchenden Fermente und zur Neubildung der Zellinhaltsstoffe des gewaltigen Mikrokosmos „Körper" benötigt. Die Rolle des Eiweißes ist also eine recht vielseitige.

Der menschliche Organismus kann diesen Stoff nicht selbst erzeugen, sondern ist auf seine dauernde Zufuhr durch eine entsprechend zusammengesetzte Nahrung angewiesen.

Man unterscheidet tierisches und pflanzliches Nahrungseiweiß. Ersteres ist in Fleisch, Fisch, Eiern, Milch und Käse enthalten, während Bohnen, Linsen, Erbsen, Kartoffeln und viele Gemüse reich an pflanzlichem Eiweiß sind. Tierische Eiweißstoffe sind im allgemeinen höherwertig als pflanzliche, weil ihre Aminosäuren denen des menschlichen Eiweißes ähnlich sind.

Aminosäuren sind niedermolekulare Eiweißbausteine, die beim Abbau des Nahrungseiweißes durch die Enzyme der Verdauungssäfte des Darmes entstehen (vgl. S. 119). Aus ihnen baut der Körper in den Darmzellen und in der Leber sein eigenes Organeiweiß auf.

Das Eiweiß ist aber nicht nur Baumaterial für die Organe, sondern dient auch als Kalorienträger im Betriebsstoffwechsel des Körpers. 100 g Eiweiß liefern 410 kcal, ebensoviel wie 100 g Zucker. Diese doppelte Funktion der Eiweißstoffe hat zur Folge, daß man den Eiweißbedarf des Menschen nicht ohne weiteres angeben kann. Erst wenn für eine ausreichende Kalorienzufuhr durch Fett und Kohlenhydrate gesorgt ist, wird das Eiweiß als Aufbaustoff verwandt. Das Eiweißminimum beträgt für einen Erwachsenen etwa 50 g pro Tag. Es ist jedoch außerordentlich bedenklich, sich an dieses Minimum zu halten, denn jede kleine Wunde, jede Infektionskrankheit stellt eine zusätzliche Belastung der Reserven dar. So bedeutet eine Lebensführung in unmittelbarer Nähe des Eiweißminimums ein Leben an der Grenze der Regulationsfähigkeit.

Andauernder Eiweißmangel hat schwere Schädigungen der Leber und des Nervensystems zur Folge. In der richtig zusammengesetzten Nahrung beträgt der Gesamteiweißbedarf pro kg Körpergewicht 1,2 g, bei einem 70 kg schweren Menschen also 84 g im Tag. Mit zunehmendem Alter werden die Stoffwechselvorgänge langsamer, die tägliche Kalorienzufuhr braucht demnach nicht mehr so hoch zu sein, besonders im Hinblick auf die Fettmenge. Dagegen benötigt der alternde Organismus etwas mehr an hochwertigem Eiweiß, wie es in der Milch und in den Milchprodukten, in Fischen und im mageren Fleisch enthalten ist.

D) Ballaststoffe

Die tägliche Nahrung enthält im Obst, Gemüse und in den Getreidevollkornprodukten sog. Ballaststoffe in Form von Cellulosefasern, Schalen usw., die als unverdauliche Anteile im Kot ausgeschieden werden. Als Hilfsstoffe der Ernährung fördern sie die Peristaltik und Entleerung des Darmes, setzen das Hungergefühl herab und verhindern dadurch eine überreichliche Ernährung.

Literatur

Informationsschriften des Bundesausschusses für volkswirtschaftliche Aufklärung, 5 Köln 1, Postfach 250229, z. B. Gesünder leben durch Diät.
Hipp, Abnehmen leicht gemacht mit Kost nach Maß, Hipp KG, Pfaffenhofen.
Rademann, Diätvorschriften, Rademann GmbH, Bad Homburg.
Holtmeier, H., J., Diät bei Übergewicht und gesunde Ernährung, G. Thieme Verlag, Stuttgart.
Bäßler, Fekl, Lang, Grundbegriffe der Ernährungslehre, Springer Verlag, Berlin, Heidelberg, New York.
Anemueller, H., Die richtige Schlankheitsdiät, Heyne Taschenbuch 4078.
Debuch, H.: „Fett u. Eiweiß i. d. Ernährung des gesunden u. kranken Menschen", Schriftenreihe d. Inst. f. Ernährungswiss. d. Justus Liebig-Universität, Gießen, Heft IV, S. 18, Behr's Verlag, Hamburg.
Ullmanns Encyklopädie der technischen Chemie: Urban u. Schwarzenberg, 3. Auflage, Berlin 1956, Band 7, S. 454, „Fette und Fettsäuren".
Glatzel, H.: in „Handbuch der allgem. Pathologie", Band XI, Teil I, Springer Verlag Berlin 1962 (Grundstoffe der Nahrung, Kapitel Fette).
Pezold, F. A.: „Lipide u. Lipoproteide im Blutplasma", Springer Verlag, Berlin 1961.
Kaufmann, H. P.: „Analyse der Fette und Fettprodukte", Springer Verlag, Berlin 1958.
Kaźmeier, F.: Med. u. Ernährung 1, 274 (1960).
Braun-Schmidt: Ernährungs- und Lebensmittellehre und die Zubereitung der Nahrung. Verlag Ferdinand Schöningh, Paderborn, 1973.

1.6.2 Vitamine

Vitamin ist ein altes Kunstwort, hergeleitet aus dem lat. vita = Leben und amin = stickstoffhaltig. Heute ist jedoch bekannt, daß viele Vitamine stickstofffrei sind, aber die Falschbezeichnung hat sich inzwischen eingebürgert und blieb bestehen.

Vitamine sind lebensnotwendige organische Wirkstoffe, die mit dem Zelleiweiß des Körpers zu Enzymen verschmelzen und in dieser Form in die Lebensvorgänge und damit auch in den Verdauungsprozeß eingreifen. Sie sind Reaktionsvermittler, Biokatalysatoren ohne jeden kalorischen Wert und werden vom Körper nur in Spuren benötigt. Fehlen diese jedoch in der Nahrung, treten Vitaminmangelkrankheiten, Avitaminosen, Hypovitaminosen auf, z. B. Rachitis als Vitamin-D-Mangelkrankheit und Skorbut als Vitamin-C-Mangelkrankheit (vgl. S. 24). Durch Vitaminpräparate übermäßig zugeführte Mengen werden im Stuhl oder Urin ausgeschieden, können sich aber auch als Hypervitaminosen schädlich auswirken.

Bezeichnet werden die Vitamine mit den großen Anfangsbuchstaben des Alphabets. Zur Unterscheidung werden noch kleingeschriebene arabische Ziffern beigefügt, z. B. Vitamin B_1, B_2, B_6, D_3 usw.

Die meisten Vitamine müssen dem menschlichen Körper mit der Nahrung zugeführt werden, denn abgesehen von wenigen Ausnahmen kann er sie selbst

Vitamine unter dem Mikroskop

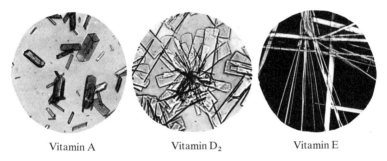

Vitamin A	Vitamin D_2	Vitamin E

Kristallisiertes Vitamin-A

Wasserlösliche Vitamine

Bezeichnung	Vorkommen	Mangelerscheinungen
Vitamin B_1 (Aneurin) Tagesbedarf: 1–2 mg	Hefe, Eier, Leber, Weizenkeime, Nüsse, Getreidekleie, Kartoffeln	Appetitlosigkeit, Nervenstörungen, Hautschwellung und -schuppung
Vitamin B_2 (Lactoflavin) Tagesbedarf: 1–2 mg	Milch, Leber, Eigelb, Spinat, Karotten, Tomaten, Hefe, Getreidekeime	Wachstumsstörungen, Blutarmut, Seborrhoe, ungenügende Enzymbildung
Vitamin B_5 (Nicotinsäureamid) Tagesbedarf: 10–15 mg	Leber, Milch, Hefe, Getreidekeime, Eigelb. Vitamincharakter umstritten	Darmstörungen, Depressionen, Migräne
Vitamin B_6 (Adermin) Tagesbedarf: 0,01 g	Eier, Milch, Käse, Hefe, Getreidekeime	Schlaflosigkeit, Luft- und Seekrankheit
Vitamin B_{12} (Cyanocobalamin) Tagesbedarf: 1 Millionstel g	Hefe, Leber, Eigelb, Käse	Bleichsucht durch verringerte Bildung roter Blutkörperchen
Vitamin C (Ascorbinsäure) Antiskorbutvitamin Tagesbedarf: 100 mg	in 100 g enthalten: Hagebutte 250–1400 mg Apfelsine 50–100 mg Zitrone 50 mg Schwarze Johannisbeere 66–280 mg Sanddorn 111–664 mg Erdbeere 49–67 mg Vitamin-C-haltig sind ferner Tomaten, Salat, Bananen, Äpfel, Kartoffeln, Petersilie	Zahnfleischbluten, Skorbut, innere Blutungen, Knochensprödigkeit, (Frühjahrs-) Müdigkeit, Schwäche- und Erschöpfungszustände
Vitamin H Hautvitamin	Eigelb, Hefe, Milch, Leber, Niere, Gemüse. Entsteht auch durch Synthese der Darmbakterien	Überfunktion der Hauttalgdrüsen (Seborrhoe), Ergrauen der Haare

Fettlösliche Vitamine

Bezeichnung	Vorkommen	Mangelerscheinungen
Vitamin A (Axerophthol) Tagesbedarf: 3–5 mg	Butter, Milch, Lebertran, Leber, Eier, Spinat, Gemüse. Die Farbstoffe der Karotte, Carotine sind die Vorstufe, Provitamine des Vitamins A	Farben- und Nachtblindheit, Anfälligkeit gegen Infektionen, Wachstumsstörungen, Ermüdbarkeit, trockene Haut, brüchige Nägel
Vitamin D_3 (Calciferol) Antirachitisches Vitamin	Lebertran, Milch, Butter, Fisch. Bildet sich durch UV-Bestrahlung (Höhensonne) aus den Provitaminen der Haut Ergosterin und Cholesterin	Rachitis (Nachlassen der Knochenverkalkung bei Kindern, Knochenerweichung bei Erwachsenen, Knochenverkrümmungen), Spasmophilie, Stoffwechselstörungen (vgl. S. 23, 24)
Vitamin E (Tocopherol) Fruchtbarkeitsvitamin	Weizenkeimöl, Spinat, Salat, Leinöl, Milch, Butter, Hülsenfrüchte, Brunnenkresse	Unfruchtbarkeit, Fehl- und Frühgeburten, verminderte Leistungsfähigkeit, Welken der Haut
Vitamin F Hautvitamin	Pflanzenöle, Butter	Trockene, rauhe Haut, Risse, Furunkel, Wundstellen. Brüchiges, glanzloses und schuppiges Haar, brüchige Nägel
Vitamin K (Phyllochinon)	Spinat, Kohl, Brennesseln, Tomaten, Hagebutten, in den Darmbakterien der Coli-Stämme	Verarmung des Blutplasmas an Gerinnungsfermenten (Bluterkrankheit)

nicht bilden. Pflanzliche Vitaminträger sind Obst, Gemüse, Samen, Knollen usw., tierische vor allem Lebertran, Milch und Eigelb.

Einige Vitamine kommen in der Natur nur als Vorstufen, Provitamine, vor, die sich erst im Körper in die wirksamen Formen umwandeln. So ist z. B. das in der gelben Rübe enthaltene Carotin die Vorstufe des Vitamins A.

Synthetisch gewonnene Vitamine können ein vollwertiger Ersatz für fehlende oder durch Zubereitung verlorengegangene Nahrungsvitamine sein. Anreicherungsmaßnahmen dieser Art ergänzen die Qualität bestimmter Nahrungsmittel in erwünschter Weise, z. B. Säuglings- und Kinderkost.

Die Vitamine sind entweder wasser- oder fettlöslich.

Literatur:

Bersin, Th.: Biochemie der Vitamine. Akademische Verlagsgesellschaft Frankfurt/M 1966.
Deutsche Hoffmann-La Roche AG.: Vitamin-Vademecium. Grenzach 1965.
Deutsche Hoffmann-La Roche AG.: Vitamin-Compendium, Basel 1970.
Strohecker, R., u. H. M. Henning: Vitaminbestimmungen. Herausgeber: E. Merck, Darmstadt. Verlag Chemie, Weinheim 1963.
Schirren, G.: Vitamine. Handbuch der Haut- und Geschlechtskrankheiten, H. A. Gottron und W. Schönfeld, Band 5. Thieme Verlag, Stuttgart 1963.

1.6.3 Mineralstoffe

Die Körpersubstanz besteht zu 99% aus den Elementen Kohlenstoff, Sauerstoff und Wasserstoff, welche die Eiweißstoffe, Fette und Kohlenhydrate bilden, und aus den Mineralstoffen Calcium, Magnesium, Natrium, Kalium, Phosphor, Chlor und Schwefel. Weitere 40 sog. Spurenelemente verteilen sich auf das übrigbleibende eine Prozent.

a) *Calcium und Magnesium* finden sich als Phosphate und Carbonate in großen Mengen in Knochen und Zähnen, die 99% des Gesamtcalciumbestandes der Organe enthalten. Diese Gerüstsubstanz wird ständig erneuert. Wird dem Körper mit der Nahrung zu wenig Calcium zugeführt, entnimmt er den für den Stoffwechsel lebensnotwendigen Anteil den Knochen und Zähnen und es kann zu Rachitis und Karies kommen (vgl. S. 23, 125).

Auch die Zellen und Körperflüssigkeiten enthalten Kalksalze. Bei Kalkunterernährung können deshalb Herz, Nerven, Gehirn, Lunge, Leber und Blut in Zustand und Leistung nachlassen. So ist es verständlich, daß manche lästigen körperlichen Erscheinungen wie Nervosität, leichte Ermüdbarkeit, blasse Gesichtsfarbe, träge Verdauung, Schlaf- und Appetitlosigkeit, Blutandrang zum Kopf, nachlassende oder geringe körperliche und geistige Leistungsfähigkeit, Neigung zum Schwitzen, zu Rheumatismus und Kartarrhen ihre Ursache in einer Kalkverarmung des Körpers haben können.

Calciumhaltige Nahrungsmittel sind Milch, Käse, Wurzel- und Blattgemüse.

b) *Natrium und Kalium* sind überall im Körper zu finden. Natrium dient in erster Linie zur Aufrechterhaltung des Druckes im Blut und anderen Körperflüssigkeiten, der den osmotischen Stoffaustausch ermöglicht. Außerdem beeinflußt es maßgebend die Erregbarkeit des Herzens, der Nerven und Muskeln.

Kalium ist notwendig für die Übertragung der Nervenfunktionen auf die Muskeln und für die Herztätigkeit. Die Wechselwirkung von Natrium und Kalium ist so stark, daß allgemeines Wohlbefinden, Leistungsfähigkeit und Ermüdung in engstem Zusammenhang zu dem Verhältnis stehen, in dem sie im Körper vorhanden sind. Beide Elemente stehen an Chlor gebunden als Natriumchlorid und Kaliumchlorid dem Körper zur Verfügung.

c) *Phosphor und Schwefel* sind in organischer Bindung in vielen Eiweißstoffen enthalten. Phosphor ist für den Energieumsatz und als unentbehrlicher Baustein in fast allen Teilen des Organismus, besonders in den Knochen von Bedeutung.

Schwefelhaltig sind Galle, Harn, Speichel und das Haarkeratin.

Von den *Spurenelementen* sind Eisen, Jod, Cobalt, Kupfer, Mangan, Molybdän und Zink für den Menschen lebensnotwendig. Beim verbleibenden Rest ist eine spezifische Wirkung teils fraglich, teils überhaupt nicht feststellbar.

d) Das bekannteste Spurenelement ist das *Eisen*. Es ist zu etwa 5 g im Körper enthalten. Dreiviertel davon sind Bestandteil des Hämoglobins (vgl. S. 57). und daher für die Blutbildung wichtig, besonders für Schwangere, Stillende und Heranwachsende. Eisenmangelerkrankungen treten hauptsächlich bei Frauen auf, die durch die physiologische Belastung der Regelblutung besonders anfällig sind.

Eisenhaltig sind Leber, Fleisch und Blattgemüse.

e) *Jod* ist ein Bestandteil des Hormons der Schilddrüse. Sein Fehlen führt zu Störungen der Schilddrüsentätigkeit. Der sogenannte Kretinismus, eine knotige Kropfbildung, verbunden mit körperlicher oder geistiger Unterentwicklung, wird durch Jodmangel verursacht.

Normalerweise entnimmt der gesunde Körper seinen Bedarf an Spurenelementen der täglichen Nahrung. Zusätzliche Gaben sind deshalb nicht erforderlich und können sogar schädlich wirken.

Literatur:

Bersin, Th.: Biochemie der Mineral- und Spurenelemente. Akademische Verlagsgesellschaft, Frankfurt/M. 1963.

1.6.4 Würzstoffe

Die Grundstoffe der menschlichen Ernährung sind zum großen Teil geruch- und geschmacklos. Den aus ihnen bereiteten Speisen müssen deshalb Würzstoffe zugesetzt werden, die nicht nur deren Wohlgeschmack steigern, sondern auch den Speichelfluß und die Magen- und Darmdrüsen zu ausgiebiger Absonderung von Verdauungssäften anregen. Hinzu kommt noch eine ganze Reihe pharmakologischer Wirkungen. So sind z. B. Anis-, Fenchel- und Kümmelfrüchte Carminativa, Wacholderbeeren Diuretica, Gewürznelken, Koriander-, Kardamomen-, Pfefferfrüchte und Senfsamen Stomachica usw.

A) Kochsalz, Natriumchlorid

NaCl ist nicht nur eine uralte Speisewürze, sondern ein für den Organismus lebensnotwendiger Rohstoff zur Bildung von Magensäure und Natriumlieferant (vgl. S. 139). Es spielt außerdem im Wasserhaushalt des Menschen eine bedeutende Rolle.

7 Gramm Kochsalz in der täglichen Kost sind ausreichend, mehr als 15 Gramm sollten in ihr nicht enthalten sein, weil im Harn höchstens diese Menge ausgeschieden werden kann. Im Übermaß genommen wirkt das Kochsalz wasseranziehend, entzündungsfördernd und gefäßschädigend. Besonders die Nierenkranken müssen das Kochsalz meiden, weil es die kranke Niere nicht ausscheiden kann, so daß es in das Blut gelangt und in den Geweben Flüssigkeitsansammlungen und Schwellungen verursacht.

Kochsalzmangel führt zu schweren Störungen, z. B. zu Muskelkrämpfen, und vollständiger Salzentzug zum Tode.

Meersalzwasser entspricht in seinem Mineralstoffgemisch weitgehend dem des menschlichen Blutes. Das durch Wasserverdunstung aus ihm gewonnene Meersalz enthält je kg etwa 9,938 g Natriumionen, 1,27 g Magnesiumionen, 0,33 g Kaliumionen und zahlreiche Spurenelemente wie Eisen, Kupfer, Zink, Jod, Fluor.

Bedeutende Mengen Kochsalz werden zum Konservieren von Fleisch und Fischen benötigt, denn hohe Kochsalzkonzentrationen entziehen dem Fleisch viel Wasser und hemmen das Mikrobenwachstum.

Das *Pökelsalz* besteht aus 1000 g Kochsalz, 15 g Kaliumnitrat, 50 g Zucker. Letzterer wird bakteriell in organische Säuren umgewandelt. Im sauren Milieu (pH6) bauen Bakterien Kaliumnitrat zu Kaliumnitrit, KNO_2, ab. Daraus entsteht Stickstoffoxid, NO, das den rotbleibenden Muskelfarbstoff Stickstoffoxidmyoglobin bildet, der die graue Verfärbung des Fleisches verhindert.

Nitritpökelsalz ist Natriumchlorid mit einem Gehalt von 0,5 % Natriumnitrit.

B) Essig, Acetum

stellt verschieden stark verdünnte Lösungen der Essigsäure, Acidum aceticum, CH_3COOH, in Wasser dar. Er enthält in der Regel noch Farb- und Extraktstoffe, die vom Ausgangsmaterial herrühren. Essig riecht und schmeckt sauer, ist meistens gelblich gefärbt und muß klar sein. Nach Herstellungsverfahren und Ausgangsmaterial unterscheidet man folgende Essigarten:

1. *Gärungsessig:* Sprit- oder Branntweinessig aus Kartoffel- oder Melassesprit. Meist verwendete Sorte.
Weinessig, Obstessig u. a. aus Wein oder anderen alkoholischen Getränken. Weinessig ist der beste Essig und muß aus Wein gewonnen sein.

2. *Essenzessig:* Durch Verdünnen von Essigessenz mit Wasser gewonnen und mit Zuckercouleur gefärbt.

Speise- oder Tafelessig muß mindestens 3,5%, Einmachessig 5%, Weinessig 6% und Doppelessig 7% Essigsäure enthalten.

Gewürzessig enthält Auszüge aus Ingwer, Pfeffer, Koriander, Muskatnuß, Lorbeerblättern u. a. *Kräuteressig* solche aus Estragon, Dill, Kerbel, Senfsamen, Lorbeerblättern u. a.

Als Speisewürze wirkt Essig appetitanregend und beschleunigt die Absonderung des Magensaftes. Da die Essigsäure im Körper vollständig zu Wasser und Kohlendioxid abgebaut wird, ist keine Versäuerung des Organismus zu befürchten und der Genuß von Essig normalerweise unschädlich.

Essigsäure hebt jedes Bakterienwachstum auf und dient deshalb in großen Mengen zur Konservierung von Fleisch- und Fischerzeugnissen.

Essigsäure (Essigessenz), die zur Verwendung im Haushalt bestimmt ist, darf in 100 Gramm höchstens 25 Gramm wasserfreie Essigsäure enthalten.

Essig, der in 100 Gramm mehr als 11 Gramm wasserfreie Essigsäure enthält, und Essigsäure dürfen gewerbsmäßig nur in verschlossenen Behältnissen in den Verkehr gebracht werden, die den zu erwartenden Beanspruchungen sicher widerstehen. Die Behältnisse müssen in deutscher Sprache und in deutlich sichtbarer Schrift mit dem Hinweis „Vorsicht! Nicht unverdünnt genießen" versehen sein.

Die Kennzeichnung ist in deutscher Sprache, der Gehalt an wasserfreier Essigsäure in Hundertteilen des Gewichts anzugeben.

C) Gewürze

im engeren Sinne sind Pflanzenteile verschiedener Art (Wurzeln, Rinden, Blätter, Blüten, Früchte, Samen und Teile davon), die sich wegen ihres aromatischen oder scharfen Geschmacks oder Geruchs als würzende Zugabe zur menschlichen Nahrung eignen. Ihr Nährwert ist geringfügig und kommt bei der Bewertung kaum in Betracht.

Neben den naturreinen Gewürzen werden heute in großem Umfange *Gewürzextrakte* und *Gewürzmischungen* verwendet, z. B. Einmach-, Wurst-, Fisch-, Backgewürze usw. Die bekannteste Gewürzmischung ist Curry, die aus etwa 30 verschiedenen Gewürzen hergestellt wird.

Bekannte einheimische und ausländische Gewürze:

Bezeichnung – Stammpflanze – Herkunft	Merkmale der Droge	Inhaltsstoffe und Verwendung
Anis, Anisfrüchte Pimpinella anisum Umbelliferen (Doldenblütler) Mittelmeergebiet, Ägypten, Rußland. Beste Ware aus Spanien. In Deutschland angebaut.	umgekehrt birnenförmige Spaltfrüchte, etwa 5 mm lang, 3 mm breit, behaart. Längsrillen mit Ölstriemen. Geruch kräftig, süßlich, Geschmack würzig, süß.	bis 3% äth. Öl, fettes Öl, Zucker, Eiweiß. Bäckerei- und Likörgewürz (Anisette, Boonekamp, Abteiliköre).
Bohnenkraut, Satureja hortensis Labiaten (Lippenblütler), Mittelmeergebiet, Balkanländer, in Deutschland angebaut.	4 cm lange, lanzettliche Blätter und blühende Spitzen mit blaßblauen Lippenblüten. Geruch würzig, Geschmack würzig scharf, thymianartig.	äth. Öl, Gerbstoff. Wurst- und Küchengewürz.
Fenchel, Fenchelfrüchte, Foeniculum vulgare, var. vulgare Umbelliferen (Doldenblütler). Indien, Rußland, Frankreich. Kammfenchel aus Sachsen bei Lützen, erstklassige Ware.	6 bis 10 mm lange, 4 mm breite, kahle Spaltfrüchte, bräunlichgrün. 5 kräftig hervortretende Rippen mit Ölgängen. Geruch würzig, Geschmack würzig, süßlich, etwas brennend.	bis 6% äth. Öl, mit 50% Anethol. Zucker, fettes Öl, Eiweiß. Küchen- und Likörgewürz.
Galgant, Galgantwurzel, Alpinia officinarum Zingiberaceen (Ingwergewächse). Heinan, Indien, Thailand.	bis 6 cm lange, rotbraune Stücke oder braunes Pulver. Geruch aromatisch, Geschmack würzig brennend.	bis 1% äth. Öl, scharfe Weichharze, Gerbstoff, Flavonglykoside. Küchen-, Back- und Likörgewürz.
Gewürznelken, Syzygium aromaticum Myrtaceen (Myrtengewächse). Sansibar, Pemba, Madagaskar, Indonesien.	tiefbraune, geschlossene Blütenknospen. Stielartiger Fruchtknoten mit 4 kurzen, dicken Kelchblättern. Darüber kugelige Haube aus sich deckenden Blumenblättern. Geruch stark würzig, Geschmack brennend würzig.	bis 20% äth. Öl mit Eugenol. 10% Gerbstoff. Küchen-, Back- und Likörgewürz.

Bezeichnung – Stammpflanze – Herkunft	Merkmale der Droge	Inhaltsstoffe und Verwendung
Ingwer, Ingwerwurzel, Ginger, Zingiber officinale Zingiberaceen (Ingwergewächse). Kultiviert in Südostasien von Indien bis Japan, Jamaika, Westafrika.	weißliche Stückchen mit herausragenden Faserbündeln. Geruch kräftig würzig, Geschmack würzig, brennend scharf.	äth. Öl und scharfes Gingerol, Stärke. Küchen- und Likörgwürz.
Kardamomen, Kardamomenfrüchte, Elettaria cardamomum Zingiberaceen (Ingwergewächse). Vorderasien (Malaberküste). Ceylon, Java, Sundainseln.	strohfarbene, dreifächerige Kapselfrüchte mit 4 bis 8 braunen Samen. Geruch würzig, Geschmack brennend, aromatisch.	nur die Samen enthalten das wertvolle äth. Öl, Hülsen wertlos. Küchen-, Back- und Likörgewürz.
Koriander, Korianderfrüchte, Schwindelkörner, Coriandrum sativum Umbelliferen (Doldenblütler). UdSSR (Ukraine, Nordkaukasus), Mittelmeer- und Balkanländer. In Deutschland angebaut.	gelbbraune, kugelige Spaltfrüchtchen. Geruch und Geschmack aromatisch.	äth. und fettes Öl, Gerbstoff. Küchen-, Back- und Likörgewürz.
Kümmel, Kümmelfrüchte, Carum Carvi Umbelliferen (Doldenblütler). Rußland, Frankreich, Norwegen, England. Hauptlieferant Holland. Deutschland: Ostfriesland, Niedersachsen, Mitteldeutschland.	braune, sichelförmig gekrümmte Teilfrüchtchen, kahl. 5 mm lang, 1 mm dick. Zwischen 5 hellen Rippen dunkelbraune Ölstriemen. Geruch und Geschmack stark würzig.	bis 7% äth. Öl mit Carvon, fettes Öl, Eiweiß. Wichtiges Gewürz für Brot, Käse und viele Speisen und zur Branntwein- und Likörherstellung.

Bezeichnung – Stammpflanze – Herkunft	Merkmale der Droge	Inhaltsstoffe und Verwendung
Kurkumawurzel, Gelbwurzelstock, Curcuma domestica Zingiberaceen (Ingwergewächse). Indien (Madras, Bengalen), China.	hornartig harte, gelbgefärbte Stücke, quergeringelt. Geruch würzig, Geschmack würzig scharf.	gelber Farbstoff Curcumin, äth. Öl. Speisegewürz, Gewürzmischung Curry-Powder.
Lorbeerblätter, Laurus nobilis Lauraceen (Lorbeergewächse). Kleinasien, Mittelmeerländer.	längliche, lanzettliche, lederartige, ganzrandige Blätter, gelbgrün. Geruch aromatisch, Geschmack würzig bitter.	bis 3% äth. Öl. Würzig aromatisches Küchengewürz. Zu Fischkonserven und Gewürzessig.
Majoran, Majorankraut, Majorana hortensis Labiaten (Lippenblüter). Angebaut in Deutschland, Frankreich, Ungarn.	graugrüne, filzig behaarte, drüsig punktierte Blättchen. Gerebelt oder Pulver. Geruch stark aromatisch, Geschmack würzig, leicht bitter.	1% äth. Öl, 10% Gerbstoff, Bitterstoff. Wurst- und Küchengewürz.
Muskatnuß, Mazisnuß, Myristica fragans Myristicaceen (Muskatgewächse). Banda-Inseln, Java, Vorderindien, Brasilien. Hauptlieferant: Westind. Inseln.	etwa 3 cm lange, 2 cm dicke, kugelige, weißgekalkte Samen. Geruch und Geschmack aromatisch würzig.	ätherisches und fettes Öl. Küchen- und Wurstgewürz. Likörherstellung.
Macis, fälschlich „Muskatblüte"	orangeroter Samenmantel der Muskatnuß.	wie Muskatnuß.
Paprika, Capsicum annum, Piper hispanicum Solanaceen (Nachtschattengewächse). Ungarn (Szegedin), Bulgarien, Rumänien, Griechenland, Spanien, Südfrankreich.	gelbe bis braunrote, glatte Trockenbeeren. Bis 12 cm groß, kegelförmig. Im Inneren viele flache, gelbliche Samen. Geruch schwach würzig, Geschmack brennend scharf. Auch als rotes Pulver.	Capsaicin, Vitamine A und C. Viel verwendetes, sehr scharfes Gewürz.

Bezeichnung – Stammpflanze – Herkunft	Merkmale der Droge	Inhaltsstoffe und Verwendung
Schwarzer Pfeffer,	schwarzbraune, runzelige, 5 mm große Kugelfrüchte.	Piperin, äth. Öl. Sehr wichtiges Küchen-, Back- und Wurstgewürz.
Weißer Pfeffer, Kletterstrauch. Piperaceen (Pfeffergewächse). Angebaut (Pfeffergärten) in Indonesien, Vorderindien, auf der malaiischen Halbinsel, den Philippinen, Westindien.	weißliche Kugelfrüchte mit glatter Oberfläche.	
Piment, Pimentfrüchte, Nelkenpfeffer, Jamaikapfeffer, Neugewürz, Pimenta dioica, Myrtaceen (Myrtengewächse). Jamaika, Mexiko, Costarica, Venezuela.	erbsengroße, kugelige Früchte, rötlichbraun. Geruch und Geschmack an Nelken und Zimt erinnernd.	äth. Öl mit Eugenol. Küchen-, Back- und Likörgewürz und zu Fischkonserven.
Salbeiblätter Salvia officinalis Labiaten (Lippenblütler). Mittelmeerländer. Deutschland (Sachsen, Thüringen, Württemberg).	gestielte, bis 10 cm lange, lanzettliche Blätter. Oberseits schwächer, unterseits weiß bis graufilzig behaart. Runzelig, silbergrau-grünlich. Geruch kräftig würzig, Geschmack bitter, zusammenziehend, aromatisch.	bis 2,5% äth. Öl mit Thujon. 8% Gerbstoff, Bitterstoff. Küchen- und Wurstgewürz.
Schwarzer Senfsamen, Brassica nigra	etwa 1,5 mm große, dunkelbraune Kügelchen	Glykosid Sinigrin, das bei Wasserzutritt durch das Enzym Myrosin das sehr scharfe Allylsenföl bildet.
Weißer Senfsamen Sinapis alba Cruciferen (Kreuzblütler). Deutschland, Holland, England, Italien, Rumänien, Rußland, Indien.	etwa 2 mm große, hellgelbe Kügelchen. Beide Sorten sind geruchlos, beim Zerkauen brennend scharfer Geschmack.	Glykosid Sinalbin, das bei Wasserzutritt durch das Enzym Myrosin das sehr scharfe Sinalbinsenföl bildet. Beide Sorten liefern Tafelsenf (Mostrich). In Fleisch- und Fischkonserven.

Bezeichnung – Stammpflanze – Herkunft	Merkmale der Droge	Inhaltsstoffe und Verwendung
Sternanis, Illicium verum Magnoliaceen (Magnoliengewächse). China, Japan, Philippinen.	sternförmig angeordnete, kahnförmige, rotbraune Balgfrüchte. Geruch und Geschmack anisartig.	ätherisches und fettes Öl, Zucker. Konditorei- und Likörgewürz.
Thymian, Thymiankraut Thymus vulgaris Labiaten (Lippenblütler). Im Mittelmeergebiet heimisch. Angebaut in Deutschland, Frankreich, Spanien, Italien, Bulgarien.	Blätter elliptisch, spitz, 4 bis 8 cm lang. Geruch und Geschmack würzig, aromatisch.	bis 2,5% äth. Öl mit 20 bis 25% Thymol, Carvacrol, Cymol. Gerbstoff, Bitterstoff. Küchen-, Wurst- und Likörgewürz.
Vanille, Vanillefrüchte, Vanilla planifolia Orchidaceen (Knabenkrautgewächse). Madagaskar, Mauritius, Java, Ceylon, Tahiti. Réunion liefert als beste Sorte Bourbon-Vanille.	10 bis 25 cm lange, 1 cm breite Stangen, schwarzbraun mit weißen Vanillinkristallen bedeckt. Geruch und Geschmack angenehm aromatisch würzig.	bis 3% Vanillin, Zimtsäureester u. a. Sehr feines Gewürz für Speisen, Konditorwaren, Schokolade, Liköre. In der Parfümierie.
Wacholderbeeren Juniperus communis Cupressaceen (Zypressengewächse). In Europa und Asien heimisch.	kugelförmige, 7 bis 9 mm dicke Beerenzapfen, schwarz-braun und dunkelblau bereift. Oben geschlossener, dreistrahliger Spalt. Im krümeligen Fruchtfleisch 3 harte, dreikantige Samen. Geruch balsamisch, Geschmack würzig süß, etwas bitter.	Küchengewürz (Sauerkraut und Fleischspeisen). Gurkengewürz. Wacholderbranntwein (Steinhäger, Genever, Gin).
Zimt, Zimtrinde, Ceylonzimt, Kaneel, Cinnamomum ceylanicum Lauraceen (Lorbeergewächse).	eingerollte, hellbraune, außen fein längsgestreifte Baststücke zu Doppelröhren ineinandergeschoben. Etwa 15 cm lang, 0,7 mm dick, brüchig, spröde. Geruch fein würzig, Geschmack süß würzig, leicht brennend.	bis 1,4% äth. Öl mit ca. 70% Zimtaldehyd. Gerbstoff. Küchen-, Bäckerei- und Likörgewürz.

1.6.5 Getränke

Neben den Nährstoffen, Vitaminen und Mineralsalzen ist für den menschlichen Körper das Wasser unentbehrlich. Es dient ihm als Beförderungsmittel für die verschiedensten Stoffe, zum Abtransport für auszuscheidende Endprodukte der Verbrennung und als Stoffvermittler für gewisse, den Geweben zuzuleitende Nahrungsbestandteile. Nicht zuletzt spielt das Wasser bei der Wärmeregulierung des Körpers durch ständige Absonderung und Verdunstung des Schweißes eine bedeutende Rolle.

Der durchschnittliche Wassergehalt des menschlichen Körpers beträgt etwa zwei Drittel seines Gewichtes. Rund 30% davon befinden sich in Blut und Lymphe und 70% in den Zellen.

Ein Erwachsener verliert im Tag durchschnittlich etwa 2 bis 2,5 Liter Wasser, davon 0,6 bis 1 Liter im Harn, 0,5 bis 1 Liter durch die Hauttranspiration und 0,5 bis 0,7 Liter in der Ausatemluft. Dieser Verlust wird durch wasserhaltige Speisen, vor allem aber durch Getränke wieder ersetzt.

1.6.5.1 *Mineralwässer* (Aquae minerales)

sind *Wässer,* die nach Art und Menge der in ihnen enthaltenen Salze oder Gase sich vom gewöhnlichen Trinkwasser unterscheiden. Von diesen interessieren als Erfrischungsgetränke allein die kohlensäurehaltigen Wässer, die sogenannten *Säuerlinge.*

Säuerlinge sind reich an Kohlendioxid, perlen und schäumen, haben einen erfrischenden, säuerlichen Geschmack und enthalten wenig mineralische Bestandteile.

Sie wirken erfrischend, kühlend, regen den Appetit an und fördern die Abscheidung von Magensäure.

Die sogenannten „Sprudel" sind in der Regel natürliche Säuerlinge, die in Mineralwasserfabriken mit Flaschenkohlensäure angereichert worden sind.

1.6.5.2 *Fruchtsäfte und Fruchtsaftgetränke*

Obstsäfte (Fruchtsäfte, Fruchtrohsäfte, Fruchtmuttersäfte) sind Zubereitungen, die durch Pressen von frischem oder vergorenem Obst einer Obstart mit oder ohne nachfolgender Filtration hergestellt sind.

Die Obstsäfte werden mit dem Namen der jeweils verwendeten Obstart bezeichnet. Die bekanntesten sind Kirsch-, Himbeer-, Apfel-, Birnen-, Zitronen- und Orangensaft.

Nach der Verarbeitungsweise werden unterschieden:

A) *Naturreiner Saft, Fruchtsaft,* z. B. Apfel- oder Orangensaft, besteht zu 100% aus dem Saft frischer und reifer Früchte. Er darf nicht aus Konzentraten hergestellt werden und keine Zusätze von Wasser, Zucker oder Farbstoffen enthalten. Spitzenqualität des naturreinen Saftes ist der sog. „Kursaft", z. B. Kurtraubensaft. Fruchtsäfte, auch „Muttersäfte" genannt, können blank, naturtrüb oder sogar fruchtfleischhaltig sein.

B) *Süßmoste*, auch „Fruchttrunk", „Fruchtdrink", „Vollfrucht", „Trinkfrucht" genannt, sind trinkfertig gemachte Süßmoste. Bei ihrer Herstellung können Wasser und Zucker zugesetzt werden. Sie tragen die Handelsbezeichnung „Fruchtnektar".

C) *Fruchtsaftgetränke* werden aus Fruchtsaft, Wasser, Zucker und Fruchtsäuren hergestellt. Für Citrusgetränke wie Orange, Grapefruit u. ä. sind nur 6%, für Apfelgetränke 30% Fruchtsaftanteile vorgeschrieben. Farbstoffzusätze sind verboten.

D) *Kaltgetränke* dürfen deklarierte Farbstoffzusätze enthalten. *Brausen* dürfen auch künstliche Aromen und Süßstoffe enthalten.

E) *Obstsirupe* (Fruchtsirup) sind dickflüssige Zubereitungen, die durch Aufkochen des Obstsaftes aus einer Obstart mit technisch reinem weißen Haushaltzucker (Saccharose) hergestellt sind. Obstsirupe werden zuweilen auch auf kaltem Wege durch unmittelbares Behandeln von frischem Obst oder Obstsäften mit Haushaltzucker, zuweilen auch unter Verwendung einer geringen Menge Weinsäure oder Milchsäure hergestellt. Obstsirupe enthalten höchstens 68 Hundertteile Zucker, Obstsirupe aus Citrusfrüchten meist einen geringen Zusatz von Schalenaroma. Obstsirupe werden mit dem Namen der verwendeten Obstart bezeichnet.

1.6.5.3 Alkoholhaltige Getränke

Die alkoholhaltigen Getränke sind Genußmittel, welche die Verdauung kaum beeinflussen. Der Alkohol wird rasch und vollständig im Dünndarm resorbiert und wie die Kohlenhydrate, Fette und Eiweißstoffe abgebaut in Kohlendioxid und Wasser. Dabei liefert ein Gramm reiner Alkohol 7,5 kcal, Alkoholgenuß bedeutet demnach zusätzliche Kalorien.

Physiologisch gesehen, schädigt Alkohol die Leber, in der er abgebaut wird. Im Übermaß genossen führt er zu Lebererkrankungen und außerdem zu Schädigungen des Nerven- und Kreislaufsystems.

Da durch Alkohol auch andere Organe sehr in Mitleidenschaft gezogen werden können, sollte sein Genuß in recht mäßigen Grenzen gehalten werden.

A) Traubenwein

Der Weinstock, Vitis vinifera, wird in allen gemäßigten Zonen der Erde gepflanzt. Er ist eine uralte Pflanze, die schon im Tertiär vorhanden war, wie fossile Blattabdrücke beweisen. Wo sie erstmals kultiviert wurde, ist heute nicht mehr feststellbar, denn der Weinbau stellt schon seit 6000 Jahren wohl die älteste landwirtschaftliche Betätigung des Menschen dar. Bekannt ist, daß die Phönizier die Rebe aus Kleinasien brachten und griechische Kolonisten sie weiter nach Süditalien, Spanien und Frankreich verbreiteten. Von dort aus gelangte sie an Rhone und Rhein entlang nach Germanien.

Die Weinrebe liefert helle (weiße) oder rote Trauben. In Deutschland überwiegen die ersteren, in Frankreich, Italien und Spanien die roten Sorten.

1. Die Weinerzeugung

a) *Die Mostbereitung*

Sofort nach der Lese werden die Trauben gemaischt (gemahlen) und dann gekeltert, d. h. durch Pressen gemostet. Für feine Weißweine werden zuvor die Stiele (Kämme) der Trauben entfernt.

Der Zuckergehalt des Traubenmostes und der aus ihm sich ergebende Alkoholgehalt des künftigen Weines wird mit der „Mostwaage nach Öchsle" ermittelt. Diese ist ein Aräometer, das je nach dem spez. Gewicht des Mostes (bedingt durch seinen Zuckergehalt) mehr oder weniger tief einsinkt. Aus dem spezifischen Gewicht des Mostes (gemessen mit einem üblichen Aräometer) werden die Öchsle-Grade folgendermaßen berechnet:

Ein Most besitzt bei 15 °C gewogen das spezifische Gewicht 1,080. Streicht man nun vor dem Komma die Zahl 1 und hinter ihm die Null, so verbleibt als verkürztes spezifisches Gewicht die Zahl 80, die 80 Grad Öchsle bedeutet.

Dividiert man den Öchslegrad durch die Zahl 4 und zieht bei Mostgewichten bis zu 75 ° Öchsle drei, bei höheren zwei ab, so erhält man den annähernden Zuckergehalt des Mostes in Prozenten.

Beispiel:

80° Öchsle geteilt durch 4	= 20
abzüglich	2
ergibt	18% Zucker

Die Öchlegrade geben auch an, wieviel g Alkohol der aus dem Most entstehende Wein im Liter haben wird. Ein Most von 80° Öchsle z. B. ergibt einen Wein mit etwa 80 g Alkohol im Liter.

Nach § 6 des Deutschen Weingesetzes darf zuckerarmen Mosten, um aus ihnen genügend alkoholhaltige und damit haltbare Weine erzeugen zu können, Saccharose in ungelöstem Zustand zugesetzt werden. Der Gesamtalkoholgehalt darf dadurch bei Rotweinen 13% und bei anderen Weinen 12,5% nicht übersteigen.

b) *Die Mostgärung*

Der Zucker des Mostes wird durch die *Weinhefe,* Saccharomyces ellipsoideus, deren Sporen im Erdboden vorhanden sind und von dort auf die Beeren gelangen, vergoren. Die Hefe ist ein Pilz aus der Klasse der Ascomyceten und der Gattung Saccharomyces, deren es viele Rassen gibt, die sowohl in ihrer Entwicklung, Gärtätigkeit und Bukettbildung als auch im Hinblick auf das Mengenverhältnis des gebildeten Gärungsproduktes große Verschiedenheiten aufweisen.

Die Hefezellen sind mikroskopisch kleine, runde oder ovale Gebilde, die sich durch Sprossung sehr rasch vermehren können. Bei diesem einfachen Vorgang bildet sich an einer sogenannten Mutterzelle ein Auswuchs, der rasch größer wird und sich dann durch Abschnürung von der Mutterzelle trennt. Die so entstandene Tochterzelle vermehrt sich alsbald in derselben Weise, so daß unter günstigen Bedingungen in kurzer Zeit ganze Hefekolonien entstehen können. Ein Liter gärender Most enthält etwa 10 Millionen Hefezellen.

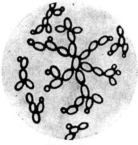

Weinhefe
(Saccharomyces ellipsoideus)
im Sprossungsstadium

Voraussetzung für das Wachstum der Hefezellen ist ein geeigneter Nährboden. Dieser besteht im wesentlichen aus einer mehr oder weniger konzentrierten Traubenzuckerlösung, die jedoch auch noch andere Nährstoffe enthalten muß, aus denen die Hefe ihre Zellflüssigkeit (Protoplasma) ständig erneuern kann. Neben verschiedenen organischen Substanzen handelt es sich hier hauptsächlich um Stickstoff- und Schwefelverbindungen und Glykogen. Im allgemeinen sind diese Stoffe im Most enthalten. Unter ungünstigen Voraussetzungen entstehen jedoch auch nährstoffarme Säfte, denen die Hefeaufbaustoffe in Form von *Hefenährsalz,* das aus stickstoffhaltigen Substanzen, wie Ammoniumchlorid NH_4Cl oder Ammoniumphosphat $(NH_4)_2HPO_3$, besteht, zugesetzt werden müssen. Sehr bequem sind die Gärsalztabletten, die so dosiert sind, daß eine Tablette für eine gewisse Menge Flüssigkeit genügt.

Wie alle Lebewesen ist auch die Hefe abhängig von der Temperatur. Der Gärkeller soll stets gleichmäßig temperiert sein und 20 bis 30 °C haben, keinesfalls aber unter 15 °C abgekühlt sein. Bei zu niedriger Temperatur geht die Gärung nur sehr langsam vonstatten und es bilden sich demzufolge auch nur sehr allmählich die Mengen Alkohol, die notwendig sind, um die stets vorhandenen Gärungsschädlinge zu vernichten. Im Most geht die Hefe zunächst in den sprossenden, dann in den gärenden, und schließlich in den hungernden und ruhenden Zustand über. Dauert der Hungerzustand sehr lang an, dann stirbt die Hefe ab. Die ruhende oder hungernde Hefe hat sich nach der Gärung am Boden abgesetzt, ihr stehen keine genügenden Nährstoffe mehr zur Verfügung. In diesem Zustand verbraucht sie einen Teil ihrer eigenen Lebenssubstanz, wie Fett und Glykogen; kommt sie wieder auf einen geeigneten Nährboden, so beginnt sie sofort wieder zu sprossen. Ist sie jedoch durch zu langes Hungern abgestorben, so zerfällt sie und verleiht dem Wein einen unangenehmen bitteren Hefegeschmack. Man muß deshalb den jungen Wein nach der Gärung von der Hefe abheben, sobald sich diese abgesetzt und der Wein sich geklärt hat. Dies muß bei alkoholarmen Weinen sehr frühzeitig geschehen, spätestens 6 bis 8 Wochen nach Beginn der Gärung.

Sind die Hefezellen einer langsamen Austrocknung unterworfen, wie sie sich im Herbst im Boden der Weinberge vollzieht, so gehen sie in die Dauerform der Sporen über. Diese sind viel widerstandsfähiger als die vegetativen Zellen, besonders im Hinblick auf höhere oder niedrigere Temperaturen.

Der wichtigste Vorgang bei der Weinbereitung ist die *alkoholische Gärung*. Man versteht darunter die durch die Hefe hervorgerufene Umwandlung des im Most enthaltenen Traubenzuckers in Alkohol und Kohlendioxid nach der Umsetzungsgleichung:

$$C_6H_{12}O_6 \rightarrow 2\,C_2H_5OH + 2\,CO_2$$
Traubenzucker — Alkohol — Kohlendioxid

Weißwein wird aus weißen Keltertrauben, deren beste Sorten Riesling und Silvaner sind, durch Vergären des *Mostes,* Rotwein aus blauen und roten Burgunder- und Trollingertrauben erzeugt. Auch letztere liefern beim Keltern einen farblosen Saft, denn die Farbe befindet sich allein in den Schalen. Deshalb muß zur Erzeugung des Rotweines der Most zusammen mit den Schalen vergoren werden, er entsteht also durch *Maischegärung*. Dabei geht aus Schalen und Kernen neben dem Farbstoff auch Gerbstoff in den Wein über, worauf sein etwas herber und manchmal zusammenziehender Geschmack zurückzuführen ist.

c) *Die Kellerbehandlung*

Bei der Gärung sind Geruchs- und Geschmacksstoffe entstanden, die sich bei der Lagerung noch ausbauen müssen. Welche Veränderungen sich dabei abspielen, ist nicht völlig bekannt. Feststellbar sind die Ausfällung von Weinstein bei den Weißweinen und der Niederschlag des Trubs (Depots) bei den Rotweinen. Sicher vollziehen sich während der Gärung auch chemische Vorgänge wie Esterbildungen aus den Alkoholen und Säuren des Weines, die als Duft- und Geschmacksstoffe das sog. „Lagerbukett" ergeben.

2. Die Kennzeichnung der Weine

Das Weingesetz vom 14. Juli 1971 unterscheidet drei verschiedene Güteklassen:

Deutschen Tafelwein
Qualitätswein bestimmter Anbaugebiete (b. A.)
Qualitätswein mit Prädikat

a) *Deutsche Tafelweine* sind leichte Schoppenweine, die von amtlich zugelassenen Rebsorten gewonnen werden und deren Mindestalkoholgehalt der EG-Norm entsprechen muß. Sie sind daran zu erkennen, daß sie weder die Namen bestimmter Anbaugebiete und Lagen noch eine amtliche Prüfungsnummer auf dem Etikett tragen.

b) *Die Qualitätsweine b. A.* sind gehaltvollere, gebietstypische Weine, deren Alkoholgehalt etwas höher liegt als bei den Tafelweinen und deren Trauben einen gesetzlich festgelegten Reifegrad (Mostgewicht) erreichen müssen. Sie tragen auf dem Etikett eine amtliche Prüfungsnummer AP Nr., z. B. 5 040 093 102 77.

Die erste Ziffer bezeichnet die Prüfstelle, die drei nächsten Ziffern den Ort des Erzeugers, die folgenden drei den Erzeugerbetrieb, die nächste Dreiergruppe die geprüfte Partie und die letzten beiden Ziffern das Jahr der Prüfung.

c) *Qualitätsweine mit Prädikat* sind Spitzenweine, die ebenfalls mit einer amtlichen Prüfungsnummer versehen sind. Prädikatsweine dürfen nicht gezuckert sein, und das Mostgewicht muß höher sein als bei den anderen beiden Güteklassen. Die Prädikatsweine können je nach ihrer Qualität mit fünf verschiedenen Prädikaten ausgezeichnet sein:

Kabinett: Prädikatswein, der zur Normalzeit (Oktober) geerntet und nur aus ausgereiften Trauben hergestellt wurde.

Spätlese: Diese Weine werden aus vollreifen Trauben gewonnen, die nach Abschluß der Normallese geerntet werden.

Auslese: Hierfür werden vollreife Trauben aus dem Lesegut aussortiert und getrennt gekeltert.

Beerenauslese: Das Lesegut besteht nur aus überreifen, edelfaulen Beeren. Das ergibt einen Wein, der das besondere Aroma der Botrytis-Edelfäule besitzt.

Trockenbeerenauslese: Nur rosinenartig eingeschrumpfte, edelfaule Beeren werden für die Kelterung verwendet.

Zusätzlich zu diesen Prädikatsbezeichnungen kann man auf dem Etikett die seltene Auszeichnung „*Eiswein*" finden. Er wird aus Trauben gewonnen, deren Wasseranteil beim ersten Frost von mindestens 3–7 °C zu Eis gefroren ist, so daß nur das zucker- und aromahaltige Konzentrat ausgepreßt wird.

3. Deutsche Weine

A) *Weißweine*

Wichtigste Sorten: Riesling, Silvaner, Müller-Thurgau, Ruländer.

Riesling: Eleganter, fruchtiger Wein. In Alkohol, Säure und Süße harmonisch ausgeglichen. Beeren- und Trockenbeerenauslese sind Spitzenerzeugnisse. Anbau in fast allen deutschen Weinbaugebieten. 26 % der Gesamttrebenfläche.

Silvaner: Etwas süßer als der Riesling, mild. Ausgeglichenes Aroma. Beliebter Weißwein. Mit 35 % Anbaufläche die am häufigsten kultivierte Weißweinrebe.

Müller-Thurgau: Blumig-fruchtiger Wein mit wenig Säure. Wahrscheinlich Kreuzung von Riesling- mit Silvanertrauben durch den Züchter Müller aus dem Kanton Thurgau in der Schweiz.

Ruländer: Wuchtiger, vollreifer Wein mit feinem Aroma und wenig Säure. Körperreich. Spitzenerzeugnisse kommen im Bukett dem Riesling und Silvaner nahe.

Traminer: Leicht rötlicher, alkoholreicher, würziger Wein. Sehr fruchtig. Gewürztraminer mit besonders reichem Bukett, blumig, gehaltvoll.

Gutedel: Lieblich, mild und säurearm. Angenehmes Aroma. Bekömmlicher Tischwein.

Weißwein wird bei einer Kellertemperatur zwischen 7 und 10 °C gelagert. Kellerkühl wird er getrunken, niemals aber eiskalt, weil zur Entfaltung seiner „Blume" eine bestimmte Temperatur nötig ist. Auch angebrochene Flaschen dürfen nicht in den Kühlschrank, sondern müssen an einem kühlen Ort aufbewahrt werden. Beim Lagern können Weißweine am Flaschenboden und Kork feine Kristalle von Weinstein absetzen. Güte und Geschmack des Weines leiden darunter nicht, saure Weine können sogar milder werden.

B) *Rotweine*

Wichtigste Sorten: Spätburgunder und Portugieser.

Spätburgunder: (Blauer Spätburgunder). Würzig, rassig, wenig Säure. Dabei kräftig, oft samtig. Rubinrote Farbe. Stammt aus Burgund. Heute in allen deutschen Weinbaugebieten außer der Moselgegend angebaut. Berühmteste Keltertraube für Rotwein.

Portugieser: Leichter Rotwein, säurearm. Kräftig rote Farbe. Steht mit 8% der Ertragsrebfläche unter den Rotweinen an erster Stelle.

Schwarzriesling: Vollmundig wie Spätburgunder, jedoch zarter, samtig. Dunkelrote Farbe.

Trollinger: Edler Wein mit geringer Säure, etwas herb, hellrote Farbe. Herkunft vielleicht aus Tirol, „Tirolinger". In Meran als „Meraner Kurtraube" bekannt.

Rotwein wird bei einer Kellertemperatur zwischen 10 und 14 °C gelagert. Er wird bei Zimmertemperatur vornehmlich zu Braten, Wild, Geflügel und Fondue gereicht.

Viele Rotweine zeigen auch bei sachgemäßer Lagerung in der Flasche einen Niederschlag, Depot oder Trub genannt, der sich als pulverige, bräunliche Masse absetzt oder als feste, dunkle Kruste an der Flaschenwand niederschlägt. Bei Südweinen wie Tarragona, Malaga, Portwein u. a. ist diese Erscheinung kaum zu vermeiden und ein Zeichen von Extraktreichtum. Um den Trub nicht aufzurühren, werden Flaschen, die körperreichen Rotwein enthalten, in einem Körbchen liegend serviert.

Mit zunehmendem Alter verändert also der Wein seinen Geschmack. Kenner sprechen von jungen, ausgereiften und alten Weinen. Im allgemeinen sind Qualitätsweine nach etwa 3 Jahren voll ausgereift und besitzen dann ihren höchsten Geschmackswert. Spitzenweine können noch wesentlich länger gelagert werden. Alkoholarme Konsumweine dagegen gewinnen beim Lagern nicht, sondern werden eher noch leichter. Sie sollten deshalb möglichst rasch auf Flaschen gezogen und verbraucht werden.

Flaschenweine müssen liegend gelagert werden, damit der Korken feucht bleibt und jeden Luftzutritt abhalten kann. Besonders empfindliche Weine, wie weißer Bordeaux (Graves, Sauternes), die bei hohem Zuckergehalt wenig Alkohol enthalten, müssen dunkel und kühl gelagert werden. Südweine können auch stehend aufbewahrt werden.

Aus dem Lexikon der Weinsprache

blumig: ein lieblich duftender Wein;
feurig: der Wein hat durch seinen Alkoholreichtum Leben, Kraft. Bei Rotwein auch auf die Farbe anzuwenden;
frisch: junge Weine mit Kohlensäure, die prickelt und belebend wirkt. Weine

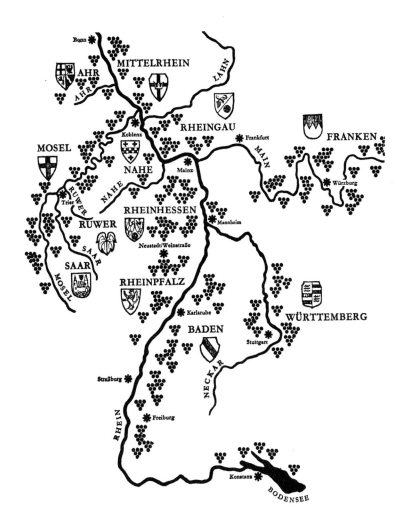

mit mehr Kohlensäure bezeichnet man als spritzig;
fruchtig: guter Wein, bei dem die Traubensorte vorschmeckt;
Körper: „er hat Körper", sagt man von einem extraktreichen Wein, wenn sein Geschmack sehr intensiv ist;
leicht: kleiner Wein mit geringem Alkohol- und Extraktgehalt;
mild: säurearmer, ausgeglichener Wein, oft mit angenehmer Frische;
rassig: der Wein hat ausgeprägte Duft- und Geschmacksstoffe und ist von gehobener Qualität;

voll: schwerer, körperreicher Wein;
vornehm: sehr gute, große Weine;
wuchtig: schwerer, voller Wein mit großem Körper;
würzig: Würzgeschmack, oft sortenbedingt, charakteristisch für fast alle großen Weine.

4. Französische Weine

a) *Bordeauxweine*

Rotweine kommen von der Halbinsel Médoc (zwischen der Garonnemündung und dem Golf von Biskaya, nördlich von Bordeaux) sowie vom Hügelland um St. Emilion. Sie sind wohlschmeckend, bekömmlich, rubinrot, bukettreich und mildherb.

Das *Weißwein*gebiet liegt im Süden von Bordeaux. Am bekanntesten sind der goldgelbe, würzige, süße Haut Sauternes und die Graves, z. B. Graves de Vayres.

b) *Burgunderweine* liefern die Côte d'Or und die Bezirke um Mâcon, Beaujolais. Die roten Burgunderweine sind voll, wohlschmeckend, von ausgezeichneter Blume, tiefer Purpurfarbe, harmonisch, nicht herb, aber etwas saurer und schwerer als die Bordeauxweine. Ähnliche Weine: Côtes du Rhône (aus dem Rhonetal) und Châteauneuf-du-Pape (bei Avignon).

5. Italienische Weine

a) *Chiantiweine* wachsen südlich von Florenz, sind *rot*, wohlschmeckend, etwas herb und werden oft in Flaschen mit Bastgeflecht verkauft.

b) *Astiweine* (rot oder weiß) stammen aus der Gegend von Asti bei Turin. Sie sind wegen des Kohlensäuregehalts leicht schäumende Rotweine. Der Zusatz „Spumante" auf dem Flaschenetikett bedeutet schäumend.

c) *Tirolerweine* von Südtirol sind hauptsächlich Rotweine. Sie kommen von Terlan, Kaltern, Salurn und sind besonders in Süddeutschland als Tisch- und Schoppenweine geschätzt.

6. Süd- oder Dessertweine

werden in südlichen Ländern erzeugt und gerne nach den Mahlzeiten getrunken. Sie heißen deshalb Dessertweine (frz. dessert = Nachtisch) und zeichnen sich durch einen eigenartigen Geschmack und hohen Alkohol- und Zuckergehalt aus.

a) *Süße Dessertweine* werden aus überreifen, „stocksüßen" Trauben, meist unter Zusatz von eingedicktem Traubenmost gewonnen. Der ungarische *Tokayer* ist goldgelb, süß und hat viel Körper. Der spanische *Malaga* enthält ebenfalls einen solchen Zusatz. Feinste Sorten heißen Lagrimas.

Tarragona ist ebenfalls ein süßer spanischer Wein.

Muskateller, Muskatweine sind goldgelbe, süße und würzige Weine aus der Muskatellertraube, die in Südfrankreich, Italien, Spanien und Griechenland kultiviert wird.

Mavrodaphne und *Malvasier* sind griechische süße Dessertweine.

b) *Trockene Dessertweine, Likörweine,* erhalten den hohen Alkoholgehalt durch Zusatz von *Weingeist.* Sie werden „*gespritet"*, denn durch natürliche Gärung kann nicht mehr als 12–15% Alkohol erzeugt werden. „Trocken" bedeutet „nicht süß" (engl. dry, frz. sec = trocken).

Portwein kommt vom portugiesischen Lauf des Douro und dessen Nebentälern. Er wird nach mehrjähriger Lagerbehandlung über Porto ausgeführt und ist meist bräunlichrot, voll, süß, feurig, alkoholreich.

Madeirawein stammt von der Südküste der Insel Madeira. Gut abgelagerter Madeirawein hat eine milde Fülle und ein hochfeines Aroma.

Sherry, benannt nach der spanischen Stadt Xeres (Jerez, engl. Sherry), ist ein mindestens dreijähriger, feuriger, bekömmlicher, *trockener* Wein mit feinem Aroma, würzigem Geschmack und Bernsteinfarbe.

7. Schaumwein, Sekt

Mehrere, sich ergänzende *Jung*weine werden gemischt, deren Güte die Qualität und den Preis des Schaumweines bestimmt. Dieser Verschnitt heißt die *Cuvée.* Ihm werden Zuckerlösung und Reinzuchthefe zugesetzt; dann wird er in starkwandige *Flaschen* abgefüllt, die mit einem dicken Naturkork oder mit einem Drehkork aus Kunststoff verschlossen werden. Die Flaschen kommen in den warmen Gärkeller, wo in ihnen die *Flaschengärung* abläuft. Hierbei reichert sich der Inhalt mit Kohlensäure an, die nicht entweichen kann.

Nach beendeter Gärung setzt sich die Hefe in der Flasche ab und muß nun entfernt werden. Dazu kommen die Flaschen mit dem Kork nach unten in Rüttelpulte, wo sie so lange gerüttelt und gedreht werden, bis sich die Hefe auf dem Kork angesammelt hat. Dann wird der Flaschenhals in eine Gefrierlösung getaucht, wo das Hefekügelchen am Kork festfriert. Beim Öffnen der Flasche kann es leicht entfernt werden. Der dadurch entstandene Flüssigkeitsverlust muß nachgefüllt werden. Dabei erhält der Schaumwein die gewünschte Geschmacksrichtung, indem ein mehr oder minder süßer „*Likör",* eine Lösung von Kandis in feinstem Wein, zugesetzt wird. Nach dem *Süßgrad* unterscheidet man naturherb, sehr trocken, trocken, halbtrocken, mittelsüß, süß.

8. Weinhaltige Getränke

a) *Wermutwein* enthält ein Perkolat oder Mazerat von Wermut und anderen Kräutern in ungezuckertem, konzentriertem Süßwein.

Ursprünglich wurden Wermutweine ausschließlich in Italien hergestellt, heute kennt man auch deutschen Wermutwein. Dieser muß jedoch eindeutig als solcher bezeichnet werden. Als „Vermouth di Torino" darf nur Wermutwein, der aus den Provinzen Turin, Cuneo-Piemont und Alessandria stammt, bezeichnet werden. Er ist rosso (rot) oder bianco (weiß), süß oder trocken (dry) bzw. amaro (bitter).

b) *Sangria:* mit Orangensaft und verschiedenen Südfrüchten aromatisierter spanischer Wein.

c) *Maitrunk:* leichtes, etwas gesüßtes Getränk mit Waldmeistergeschmack und mindestens 70% Weingehalt.

d) *Aperitif* (frz. = appetitanregend) wird vor dem Essen getrunken. Wermutwein, Sherry oder Spezialerzeugnisse mit verschieden hohem Weingehalt.

B) Fruchtweine, Obstweine (weinähnliche Getränke)

liefern Äpfel, Birnen, Johannisbeeren, Stachelbeeren und Heidelbeeren. Auch aus Hagebutten und Rhabarber werden mancherorts Fruchtweine bereitet.

Die Gärgefäße müssen durch Spülen mit heißem Sodawasser gründlich gereinigt werden. Am geeignetsten sind Behälter aus Eichenholz oder Glas, während Metall zu vermeiden ist. Notwendige eiserne Teile müssen mit einem säurefesten Lack bestrichen werden, sonst wird der Wein eisenhaltig und bei Luftzutritt grauschwarz, namentlich Apfelwein.

Zum Verschließen der Gärgefäße eignen sich Gärröhrchen, welche, mit schwefliger Säure gefüllt, die Gärungskohlensäure entweichen lassen, den in der Luft vorhandenen Mikroben jedoch den Zutritt verwehren.

Reinzuchthefen

Werden zuckerhaltige Fruchtsäfte der Selbstgärung überlassen, so entsteht ein vollkommen vom Zufall abhängiges Produkt, denn niemals sind die Mikroorganismen bekannt, welche beim Pressen in die Säfte gelangen. Aus diesem Grund sollten Obst- und Beerensäfte unbedingt mit *Reinzuchthefen* vergoren werden, die eine rasche, gründliche und reintönige Gärung gewährleisten.

Reinzuchthefen sind Hefezellen, die von einer einzigen Mutterzelle abstammen. Diese wird dem Traubenwein eines bestimmten Weinbaubezirks und möglichst guten Jahrgangs entnommen und in einem pasteurisierten Traubenmost durch Keimung und Sprossung vermehrt.

Die Mutterzelle erzeugt bei günstiger Temperatur innerhalb zweier Stunden eine Tochterzelle. Aus einer einzigen Mutterzelle können nach zwei Tagen 16 Millionen Tochterzellen entstehen, wobei sich zugleich Alkohol und Kohlensäure bilden. Jede Tochterzelle besitzt dieselbe Gärkraft wie die Mutterzelle. Sie kann dieselbe Menge Alkohol erzeugen und dasselbe Gärbukett bilden, das ähnliche Eigenschaften wie der Wein besitzt, dem die Mutterzelle entstammt. Beeren- und Obstweine, mit Reinzuchthefen vergoren, werden auf diese Weise geschmacklich erheblich verbessert. Auch der Alkoholgehalt und damit die Haltbarkeit der Obstweine können durch Reinzuchthefen erhöht werden.

Manche Obstweine werden trotz wiederholten Ablassens von der Hefe und langen Lagerns nicht klar. Lassen sich die Trübungen durch Filtrieren nicht beseitigen, so muß das Getränk „geschönt" werden. Hierzu läßt man 5 Gramm weiße Gelatine einige Stunden lang in einem halben Liter Wasser quellen und erwärmt dann bis zur Lösung.

Diese wird dem Wein zugesetzt und hierauf eine andere von 5 g Tannin in einem halben Liter Wasser unter ständigem Umrühren allmählich zugegeben. Aus Gelatine und Tannin bildet sich ein voluminöser Niederschlag, der sich allmählich absetzt und die trüben Stoffe mitnimmt.

Zähe, schleimige Weine können mit Kaolin oder Bolus geschönt werden, wovon man etwa 25 g für je zehn Liter Wein benötigt. Das Pulver wird mit etwas Wein angerührt und dann unter Umrühren eingeschüttet. Nach dem Absetzen filtriert man vom Niederschlag ab.

Die Reinigung und Instandhaltung der Getränkefässer ist auf Seite 311 beschrieben.

C) Spirituosen

sind Trinkbranntweine und Liköre mit einem Alkoholgehalt über 20 Volumenprozent (Vol.-%).
Gewichtsprozente und Volumenprozente:
Eine Mischung aus gleichen Raumteilen 100%igem Alkohol und Wasser enthält 50 Vol.-% Alkohol. Der Wasseranteil in dieser Mischung wiegt 1000 g, der des Alkohols jedoch nur 790 g, weil sein spez. Gewicht 0,79 beträgt. Demnach beträgt der Alkoholanteil vom Gesamtgewicht der Mischung 44% = 44 Gewichtsprozent.

Spirituosen sind Trinkbranntweine und Liköre.

1. *Trinkbranntweine*
werden aus Weinen oder alkoholhaltigen Maischen destilliert und enthalten mindestens 32 Vol.-% Alkohol. Nach den Rohstoffen, aus denen sie gewonnen werden, unterscheidet man:

a) *Edelbranntweine.* Zu diesen gehört in erster Linie der *Weinbrand,* dessen berühmteste Sorte der echte „Cognac" ist. Diese Bezeichnung ist dem französischen Weinbrand vorbehalten, der aus dem Departement Charente nördlich von Bordeaux stammt.
Weinbrand gewinnt durch langes Lagern erheblich an Güte. Die Dauer der Lagerzeit hängt jedoch von dem Reifungsvermögen der jeweiligen Destillate

ab. Die Mindestlagerungszeit für Cognac beträgt fünf Monate. Deutsche Weinbrände müssen sechs Monate lang lagern, und Weinbrände mit Altersprädikaten mindestens zwölf Monate.

Die Lagerung macht den Weinbrand weich, mild, weinig und verleiht ihm auch den typischen Holzgeschmack. Das seifige Aroma französischer Brände rührt jedoch nicht vom Lagern her, sondern entsteht schon beim Brennen, weil die französischen Destillateure einen Teil der bei der Gärung des Weines entstandenen Hefe mitbrennen. Er ist also keineswegs ein Qualitätsmerkmal und außerdem auch nicht jedermanns Geschmack.

Nach den Richtlinien des französischen Bureau National Interprofessionel du Cognac wird das in Cognac hergestellte Destillat nach dem Brennjahr, das jeweils am 1. September beginnt und am 31. August des nächsten Jahres endigt, in sogenannte Konten eingestuft. Das im ersten Jahr hergestellte Erzeugnis kommt in Konto 0. Jeweils am 1. Oktober rückt es zunächst in Konto 1 auf und so fortlaufend bis in Konto 5.

Das ist die oberste Grenze, für die Altersbescheinigungen ausgestellt werden. Bezeichnungen wie „Extra", „Cognac Napoléon", „Vieille Reserve" stehen nur Branntweinen aus diesem höchsten Konto zu. „V.O." (very old), „V.S.O.P." (very superior old pale) und „Reservé" sind Destillate aus Konto 4 und 5.

Weinbrandverschnitt ist Trinkbranntwein, der in 100 Raumteilen mindestens 38 Raumteile Alkohol enthält.

b) *Kornbranntweine* werden aus verschiedenen Getreidearten nach verschiedenen Verfahren hergestellt. In Norddeutschland wird aus Roggen der sog. „Korn" oder „Nordhäuser" mit einem Mindestalkoholgehalt von 32 Vol.-% und der „Doppelkorn" mit mindestens 38 Vol.-% erzeugt.

Whisky, ursprünglich ein schottischer Kornbranntwein, hat einen typischen Rauchgeschmack, weil das zu seiner Herstellung verwendete Gerstenmalz über einem Torffeuer geröstet wird. Die größte Menge Whisky erzeugen heute die USA.

In Rußland stellt man aus Kartoffeln den *Wodka* her, der sich durch einen besonders weichen und milden Geschmack auszeichnet.

Auch die *Wacholderbranntweine* sind Kornbranntweine, denen das süßlich bittere Öl der Wacholderbeeren zugesetzt ist. Bekannte Wacholderbranntweine sind der *Steinhäger* aus Westfalen, *Gin* aus Irland und *Genever* aus Holland.

Arrak wird aus Reis mit oder ohne Zusatz zuckerhaltiger Pflanzensäfte oder aus dem Saft der Blütenkolben der Kokospalme gewonnen. Er muß einen Mindestalkoholgehalt von 38 Vol.-% haben.

c) *Obstbranntweine*

d) *Kirschwasser oder Kirschgeist* wird vorwiegend in Süddeutschland, im

Schwarzwald, Elsaß und in der Schweiz aus frischen, kleinen, schwarzen Waldkirschen bereitet. Diese werden, meist zerkleinert, „eingeschlagen" und mit Reinzuchthefe versetzt, um den Gärungsprozeß einzuleiten. Danach wird der entstandene Alkohol abdestilliert.

Typisch für Schwarzwälder Kirschwasser ist das ausgeprägte Fruchtaroma mit einem leichten Bittermandelgeschmack. Die wasserhelle Flüssigkeit wird in Trinkstärke von 40 bis 50% gehandelt.

Zwetschgenwasser wird aus den aromatischen und süßen Herbstzwetschgen vor allem in Süddeutschland (Baden-Württemberg, Franken), in der Schweiz, der Tschechoslowakei, in Ungarn und Österreich hergestellt. In Jugoslawien heißt er *Slibowitz* (serb. sliwa = Pflaume).

e) *Rum* wird in Kuba, Jamaika und Trinidad aus Zwischenprodukten und Rückständen der Rohrzuckerfabrikation hergestellt. Seine Aromafülle entwickelt sich erst während einer langen Lagerzeit in Holzfässern. Rum, der mit fremden Destillaten vermischt ist, muß als Verschnitt deklariert werden. Rum dient vorwiegend zu Heiß- und Mischgetränken.

2. *Liköre*

Hierunter versteht man gezuckerte und gewürzte Trinkbranntweine sehr verschiedener Zusammensetzung. Schon im 5. Jahrhundert v. Chr. stellte sie der berühmte griechische Arzt Hippokrates mit Auszügen wildwachsender Heildrogen her; sie waren also damals vorwiegend Arzneien.

Im Mittelalter erzeugten hauptsächlich die Klöster Liköre, denn die Mönche betreuten die Hospitäler und kannten deshalb eine große Zahl aromatischer, bitterer oder sonstwie heilender Drogen. Auch heute noch werden viele „Klosterliköre", die reich an Kräuterextrakten sind, in manchen Abteien hergestellt, z. B. „Ettaler" im gleichnamigen Kloster in Bayern oder „Chartreuse", „Karthäuser", in der französischen Abtei La Grande Chartreuse.

Alle Liköre enthalten Alkohol, Zucker und Aromastoffe. Als Alkohol dient in der Regel reiner Weingeist, von dem die Liköre 25 bis 35 Vol.-% enthalten. Der Zucker wird in Form von Kapillärsirup, einer konzentrierten Traubenzuckerlösung zugesetzt, welche die Liköre sämig, aber nicht übermäßig süß macht, weil sie nur die halbe Süßkraft des Rohrzuckers besitzt.

Zur Aromatisierung der Liköre dienen viele ätherische Öle, vor allem Pfefferminz-, Anis-, Zimt-, Kümmelöl, ferner Pflanzenauszüge aus Wermut, Enzian und vielen anderen. Sehr beliebt sind auch Fruchtsäfte wie Orangen-, Aprikosen-, Kirschsaft u. a. und synthetische Aromastoffe aus der Gruppe der Ester, Aldehyde, Ketone.

Liköre können durch einfaches Zusammenmischen von Alkohol, Sirup, Wasser, Aromastoffen und Farbe hergestellt werden. Zur Bereitung feiner und teurer Liköre wendet man das Destillierverfahren an. Dabei werden die mit verdünntem Weingeist einen Tag lang mazerierten Kräuter auf ein im Helm des

Destillierapparates befindliches Sieb gebracht, während im Kessel 60-Vol.-prozentiger Weingeist verdampft wird. Das Destillat ist eine Liköressenz, die dann mit Wasser, Zucker und Farbstoff vermischt den Likör ergibt.

Bekannte Likörsorten sind:

a) *Fruchtsaftliköre:* Kirschlikör, Kirsch mit Rum, Cherry-Brandy u. a. müssen in 100 Liter Fertigware mindestens 20 Liter Saft der betreffenden Fruchtart enthalten. Mindestalkoholgehalt 25 Vol.-%.

b) *Fruchtaromaliköre:* Zitronen-, Orangen-, Curaçao-, Mandarinenlikör u. a. Mindestalkoholgehalt 30 Vol.-%.

c) *Gewürz- und Bitterliköre:* Danziger Goldwasser, Kümmellikör, Klosterlikör wie Emmeramer, Ettaler, Benediktiner, Chartreuse, Cointreau u. a. Alkoholgehalt zwischen 38 und 55 Vol.-%.

d) *Emulsionsliköre:* Eier-, Schokoladen-, Sahneliköre u. a. enthalten emulgiert diejenigen Stoffe, nach denen sie benannt sind. Mindestalkoholgehalt für Eierlikör 20 Vol.-%.

Coffeinhaltige anregende Getränke siehe Seite 42.

1.6.6 Der Verdauungsvorgang

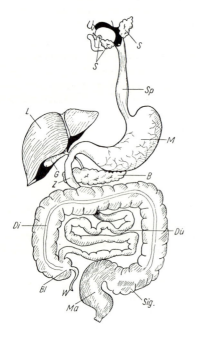

Die Verdauungsorgane des Menschen

B	Bauchspeicheldrüse (Pankreas)
Bl	Blinddarm
Di	Dickdarm
Dü	Dünndarm
G	Gallenblase
L	Leber
M	Magen
Ma	Mastdarm
S	Speicheldrüsen
Sig	Sigmoid
Sp	Speiseröhre
W	Wurmfortsatz
Z	Zwölffingerdarm

Der Verdauungsvorgang spielt sich im *Verdauungsorgan* ab. Dieses bildet eine lange geschlossene Röhre, die an den Lippen beginnt, den ganzen Körper durchzieht und am After endet. Zur Durchführung der verschiedenen Prozesse ist sie in ihren einzelnen Abschnitten zweckmäßig geformt. Große Drüsen, wie die Leber und die Bauchspeicheldrüse, die im Verdauungskanal selbst keinen Platz finden, liegen neben ihm und stellen Anhangsgebilde dar, die ihre Sekrete in kleinen Kanälen dem großen Verdauungsorgan zuführen.

Die zum großen Teil unlöslichen Nahrungsbestandteile Kohlenhydrate, Fette und Eiweißkörper müssen im Verdauungstrakt in lösliche Formen übergeführt werden, welche die Darmwände durchdringen und in den Blutstrom übertreten, der sie allen Körperzellen zuführt. Dort vollzieht sich dann der innere Stoffwechsel, bei dem die ursprünglich körperfremden Stoffe entweder zu körpereigener Substanz aufgebaut oder bei der Wärme- und Energiegewinnung verbraucht werden.

Der Verdauungsprozeß wird wie nahezu jeder Reaktionsablauf im lebenden Organismus von Mensch, Tier und Pflanze durch Enzyme gesteuert.

1.6.6.1 *Enzyme*

Enzyme (gr. en = innerhalb, zyme = Sauerteig), alte Bezeichnung Fermente (lat. fermentum = Sauerteig), sind Katalysatoren (gr. katalyo = auslösen), also Stoffe, die chemische Prozesse einleiten und beschleunigen, wobei das Katalysatormolekül stets unverändert aus der Umsetzung wieder hervorgeht und deshalb fortgesetzt am neuen Reaktionsgeschehen teilnehmen kann.

Weil die Enzyme in der lebenden Zelle entstehen und in der Biosphäre wirken, heißen sie Biokatalysatoren (gr. bios = Leben). Die von ihnen katalytisch umgesetzten Substanzen werden als *Substrate* bezeichnet (lat. substratum = Unterlage, Nährboden).

Ein bestimmtes Enzym kann immer nur ein ihm angepaßtes Substrat in einer einzigartigen Richtung umsetzen. Enzym und Substrat müssen zusammenpassen wie Schlüssel und Schloß, wenn eine katalytische Reaktion ausgelöst werden soll.

Diesem scharf ausgeprägten Auswahlvermögen (Substratspezifität) kann nur eine große Anzahl von Enzymen mit den verschiedensten katalytischen Aktivitäten gerecht werden.

Abgesehen von einigen älteren Bezeichnungen, wie z. B. Trypsin, Pepsin u. a., enden die meisten Enzymnamen mit der Endsilbe „ase". Die Vorsilbe benutzt man bisweilen um anzuzeigen, welche Stoffe katalytisch abgebaut

Schema für eine enzymkatalysierte Abbaureaktion

werden. So bedeutet z. B. Amylase ein Enzym, das unlösliche Stärke in löslichen Zucker umwandelt.

Die Enzyme werden in folgende Hauptklassen eingeteilt:

1. *Proteasen*

spalten Eiweißkörper bis zu den wasserlöslichen Aminosäuren und Peptiden, die im Magen-Darmkanal resorbiert werden. Proteolytische Enzyme werden in bioaktiven Einweich-, Vorwasch- und Vollwaschmitteln zur Lösung schwer entfernbarer Eiweiß- und Fettverschmutzungen eingesetzt (vgl. S. 290).

2. *Zymase*

wird in den Hefezellen erzeugt und führt den Traubenzucker über mehrere stabile Zwischenprodukte in Äthylalkohol und Kohlendioxid über (vgl. S. 105).

3. *Desmolasen*

bauen Fette, Kohlenhydrate und Proteine ab. Wirken sie oxydativ, so werden große Energiemengen freigesetzt, führen sie dagegen Nährstoffe ineinander über, so bedeutet das einen Energieverbrauch.

Amylase, Diastase wandelt unlösliche Stärke in löslichen Zucker um. Sie ist im Speichel, Pankreassaft, in der Leber und in der Muskulatur enthalten.

Saccharase, Invertase zerlegt Rohrzucker in Trauben- und Fruchtzucker.

Hydrolasen vermögen Ester- und Amidverbindungen sowie glykosidische Ätherbindungen durch primäre Anlagerung von Wasser hydrolysierend zu zerlegen. So spaltet z. B. die Hydrolase Emulsin das Glykosid Amygdalin (enthalten in den bitteren Mandeln, Kirschlorbeerblättern und Samen vieler Prunusarten) bei Wasserzutritt in Traubenzucker, Benzaldehyd und Blausäure:

$$C_6H_5-C\genfrac{}{}{0pt}{}{\diagup H}{\diagdown CN}-O\ C_{12}H_{21}O_{10} \xrightarrow{2H_2O} 2\,C_6H_{12}O_6 + C_6H_5-CHO + HCN$$

Amygdalin　　　　　　Traubenzucker　Benzaldehyd　Blausäure

Oder:

Das Enzym Myrosin spaltet das Glykosid Sinigrin (enthalten im Samen des schwarzen Senfs und anderer Cruciferae) bei Wasserzutritt in Allylsenföl, Kaliumhydrogensulfat und D(+)-Glykose.

Lipasen und Esterasen gehören ebenfalls zu den Hydrolasen. Sie zerlegen tierische und pflanzliche Fette in Glycerin und Fettsäure (Fettverdauung).

Oxidasen ermöglichen als Sauerstoffüberträger die Zellatmung.

Enzyme sind kompliziert aufgebaute, sehr große Eiweißmoleküle. Einfache, nur aus Aminosäuren bestehende Enzyme enthalten als aktive Zentren (Wirkungsgruppen) die OH-Gruppe der Aminosäure Serin, die SH-Gruppe der Aminosäure Cystin und die NH-Gruppe der Aminosäure Histidin.
Die meisten Enzyme bestehen jedoch aus einem Eiweißkörper (Protein, Proteid) und einem eiweißfreien Coenzym. Manche Coenzyme sind den Vitaminen B_1, B_2, B_5 (Nicotinsäureamid) und B_6 nahe verwandt (vgl. S. 90); andere sind Nucleotide (mit Phosphorsäuren veresterte heterocyclische Verbindungen). Die sog. „Metall-Enzyme" enthalten chelartig gebundene Calcium- und Zink-Ionen (vgl. S. 174).

Literatur:
A. O. Barel und A. N. Glaser, J. Biol. Chem. 243, 1344 (1968).
Th. Bersin, Biokatalysatoren, Akademische Verlagsgesellschaft, Frankfurt a. M. 1968.
H. Beyer, Lehrbuch der organischen Chemie, S. Hirzel Verlag, Leipzig, 1968.
D. M. Blow, Chemie in unserer Zeit 1, 109 (1967).
P. Hemmerich, Chemie in unserer Zeit 2, 99 (1968).
Kali-Chemie AG, Hannover, Eine Dokumentation zum Thema „Enzyme".

1.6.6.2 Die Verbrennung der Nährstoffe im menschlichen Körper: Kalorie und Joule

Bei der Verbrennung der Nährstoffe wird die in ihnen gespeicherte Energie frei. Sie wird durch Bestimmung der jeweiligen Verbrennungswärme gemessen und in Kalorien ausgedrückt (lat. calor = Wärme).
Eine Kalorie ist die Wärmemenge, welche die Temperatur von 1 kg Wasser (bei +15 °C) um 1 °C erhöht (genauer von +14,5 °C auf +15,5 °C). Man unterscheidet die große oder Kilogrammkalorie (kcal) und die kleine oder Grammkalorie (cal). 1 kcal = 1000 cal.
Bei der Verbrennung im Körper liefern:

1 g Kohlenhydrate als Monosaccharide	3,75 kcal
als Polysaccharide	4,10 kcal
1 g Fett	9,30 kcal
1 g Eiweiß	4,10 kcal
1 g Alkohol	7,00 kcal

Die Berechnung des Kaloriengehaltes der Nahrungsmittel erfolgt durch Multiplikation ihrer Grammengen an Eiweiß (E), Fett (F) und Kohlenhydraten (KH) mit den kalorischen Faktoren

$$E = 4,1 - F = 9,3 - KH = 4,1$$

Beispiel:
0,1 Liter Milch enthält:

3,5 g Eiweiß (E) × 4,0	= 14,00 Kalorien
3,5 g Fett (F) × 9,0	= 31,50 Kalorien
5,0 g Kohlenhydrate (KH) × 4,2	= 21,00 Kalorien
Zusammen	66,50 Kalorien

Der Brennwert der Nahrungsmittel wird heute noch allgemein in Kalorien ausgedrückt. Deshalb wurde diese Maßeinheit im vorliegenden Buch noch beibehalten. Vom Jahr 1978 an trat an ihre Stelle die Einheit Joule (sprich Dschul), wobei folgende zahlenmäßige Beziehungen gelten:

1 kcal = 4,1868 Joule
1 Joule = 0,239 kcal.

Als Faustregel für die Umrechnung kann dienen:

$$\text{Kalorienzahl} \times 4{,}2 = \text{Joule-Wert}$$

In „Technical Report" der Weltgesundheitsorganisation Nr. 522 (1973) wurden folgende Brennwerte für die drei Hauptnährstoffe angegeben:

1 g Kohlenhydrate 4,1 kcal = 17 kJ für Polysaccharide
1 g Fett 9,3 kcal = 39 kJ
1 g Eiweiß 4,1 kcal = 17 kJ

Der tägliche Kalorienbedarf beträgt für:

Körperlich nicht Arbeitende	
Mann, 25 Jahre (70 kg)	2 550 kcal
Frau, 25 Jahre (60 kg)	2 200 kcal
Säugling, 7 Monate (8 kg)	720 kcal
Schulkind, 8 Jahre (26 kg)	1 700 kcal
Zulagen für Schwerstarbeiter (8 Arbeitsstunden)	+1 800 kcal
für werdende Mütter ab 6. Monat	680 kcal
für stillende Mütter (tägl. Milchabgabe 800 g)	+ 950 kcal

Für die Kalorienberechnung wurden folgende Tabellen zugrunde gelegt: „Lebensmittel-Tabellen für die Nährwertberechnung" von Prof. Dr. S. W. Souci und Dr. H. Bosch, Wissenschaftliche Verlagsgesellschaft mbH, Stuttgart 1967
„Kleine Nährwerttabelle der Deutschen Gesellschaft für Ernährung e. V." von Prof. Dr. W. Wirths, Umschau Verlag, 21. Auflage, 1971

1.6.7 Die Verdauungsorgane Mund, Magen, Darm
1.6.7.1 Die Mundverdauung

A) Der Zahn und seine Umgebung – Mittel zur Mund- und Zahnhygiene

Das Problem „Der Zahn" begleitet den Menschen durch sein ganzes Leben. Vom Säugling bis zum Greis steht das Gebiß immer im Mittelpunkt des engeren persönlichen Geschehens. Der Durchbruch des ersten Zahnes beim Säugling ist aber mehr als ein Familienereignis, denn das Kind erwirbt die Fähigkeit des Kauens und der exakten Sprachbildung. Der Zahnwechsel im Schulkindalter ist das nächste größere Ereignis im Zahnbereich, und sehr häufig hat das heutige Kind in diesem Alter schon die ersten Besuche beim Zahnarzt hinter sich (Erhaltung der Milchzähne als Voraussetzung für ein wohlgeformtes Erwachsenengebiß).

Mit dem Durchbrechen der bleibenden Zähne werden vernünftige Eltern und später der Heranwachsende selbst darauf bedacht sein, Zähne und Zahnbereich möglichst lange gesund zu erhalten, denn der Begriff der „bleibenden" Zähne ist trügerisch. Während Haut- und Schleimhautwunden, Knochenbrüche usw. selbst heilen, hat der Zahn kein Ausheilungsvermögen – der einmal beschädigte Zahnschmelz bleibt für immer defekt.

Wohl kann sich das Zahnmark von innen her bei defekter Zahnsubstanz mehr und mehr einmauern, meistens aber entwickelt sich die Karies schneller, als das Zahnmark seine Wandung verstärken kann.

Darum ist neben einer vernünftigen Ernährung die tägliche, gründliche Zahnpflege, die schon im zweiten Lebensjahr einsetzen muß, von größter Bedeutung. Mangelnde Pflege führt außerordentlich häufig dazu, daß schon im frühen Lebensalter Zähne aus dem Gebiß entfernt werden müssen. Erst dann wird dem Betroffenen der Wert der Zähne bewußt, die folgende Aufgaben zu erfüllen haben:

1. *Kaufunktion:*

Schon ein fehlender Zahn fällt deutlich auf. Die Kauarbeit wird zunächst bewußt, später unbewußt auf eine andere Seite verlegt (einseitige Belastung). Da die Funktion der Zähne auf Druck und Gegendruck basiert, treten dann nicht selten an dem der entstandenen Lücke gegenüber stehenden Zahn ebenfalls Schäden auf.

Fehlen mehrere Zähne, so fällt die Zerkleinerung der Speisen zunehmend schwerer. Man beginnt, schlechter zerkleinerten Speisebrei hinunterzuschlingen, was nicht selten durch mechanische Reizung zu Magenbeschwerden, vor allem aber zu einer schlechten Andauung der Speisen führt.

Beim Kauen müssen alle Speisen gründlich zerkleinert und mit dem stärkeverzuckernden Enzym Amylase (vgl. S. 118) sowie mit Mucin, einem Schleimstoff des Mundspeichels, schlüpfrig gemacht werden, damit sie die Speiseröhre leicht passieren können.

Diese für den Ablauf des gesamten Verdauungsvorgangs äußerst wichtige Arbeit kann nur ein *absolut gesundes Gebiß* leisten. Eine sorgfältige *Mund- und Zahnpflege* ist deshalb für die Gesundheit des ganzen Körpers von größter Bedeutung.

2. *Sprachformung:*

Eine wohlartikulierte Sprache setzt ein gutes Gebiß voraus. Zwar ist die Lautbildung der Vokale bei einem fehlerhaften Gebiß noch gut möglich, doch treten beim Vorhandensein einiger Lücken schon Sprachstörungen bei der Bildung von Konsonanten auf. Fehlt eine größere Zahl von Zähnen, entsteht die lispelnde, undeutliche und unter Umständen etwas feuchte Sprachbildung des zahnlosen Greises.

3. *Harmonisches Aussehen:*
Das Aussehen des Menschen, sein Gesicht, wird weitgehend bestimmt durch den Zustand von Zahn und Gebiß. Nicht allein die Beiß- und Sprechfunktion ist Ursache für die Anschaffung oft kostspieliger Zahnprothesen. Vielmehr legen die meisten Menschen großen Wert auf ein gut gepflegtes, weitgehend vollständiges und von der Zahnstellung her einwandfreies Gebiß, da sie seine Wichtigkeit für das persönliche Aussehen und den Kontakt mit anderen Menschen richtig beurteilen.

Der *Zahndurchbruch* und das *Milchgebiß* sind bei den Säuglings- und Kinderpflegemitteln auf der Seite 165 behandelt.

B) Zahnformen

Man unterscheidet:

Schneidezähne (Incisivi):	Keilförmige Krone, leicht nach außen gewölbt.
Eckzähne (Canini):	Meist zugespitzte Schneide und längste Wurzel.
Backenzähne (Prämolaren):	Mit einer zweihöckerigen Krone und Schmelzfurche dazwischen, in der nicht selten die Zahnfäule einsetzt.
Mahlzähne (Molaren):	Haben die stärksten Kronen mit 3–6 Kauhöckern und mehreren Schmelzfurchen, die ebenfalls sehr kariesgefährdet sind.

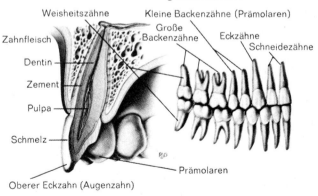

Die Anzahl der einzelnen Zähne ergibt sich aus folgender Zahnformel:

$$\text{rechts} \quad \frac{\text{MMMPPCII} \quad \text{IICPPMMM}}{\text{MMMPPCII} \quad \text{IICPPMMM}} \quad \text{links}$$
oben
unten

I = Schneidezähne (Incisivi)
C = Eckzähne (Canini)
P = Backenzähne (Prämolaren)
M = Mahlzähne (Molaren)

C) Der Aufbau des Zahnes

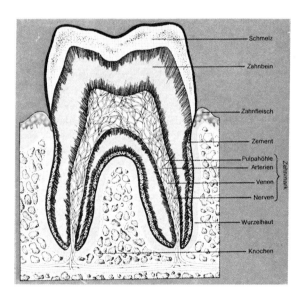

Der Zahn besteht aus Krone, Hals, Wurzel und Höhle.

Die *Zahnkrone,* Corona dentis ist der frei in die Mundhöhle ragende, sichtbare Teil des Zahnes. Sie ist mit dem äußerst harten und sehr widerstandsfähigen *Schmelz,* Enamelum oder Substantia adamantina (lat. adamas = Diamant) überzogen.

Säuren, die bei der bakteriellen Zersetzung von Speiseresten entstehen, vor allem Milchsäure, thermische Überbeanspruchungen (rascher Wechsel von heiß und kalt) und plötzlicher ruckartiger Überdruck, den Fremdkörper wie Steinchen, Knochensplitter, Samenschalen usw. in den Speisen erzeugen und feinste Haarrisse im Schmelz bewirken, können ihn nachhaltig schädigen.

Der Zahnschmelz besteht aus dem Calciumphosphat Hydroxylapatit $Ca_5(PO_4)_3OH$, das winzige, sechseckige Stäbchen bildet, von denen ein hundert Stück starkes Bündel kaum die Stärke eines Haares erreicht. Im Schmelz befinden sich keine Nerven, er ist deshalb schmerzunempfindlich, auch wenn auf ihn der enorme Druck beim Kauen einwirkt. Die Oberfläche des Zahnschmelzes ist von einem dünnen, hornartigen *Schmelzoberhäutchen*, der Cuticula dentis, überzogen. Zerstörter Schmelz bildet sich niemals mehr neu.

Wo der Zahn am Zahnhals im *Zahnfleisch*, Gingiva, einem mit Schleimhaut überzogenen Bindegewebe, das viele Blutgefäße, aber wenige Nerven enthält, verschwindet, geht der Schmelz in *Zahnzement* über. Dieser ist eine knochenähnliche Substanz, die gemeinsam mit der sie umgebenden *Wurzelhaut*, Periodontium, Desmodent, den Zahn im Kiefer festhält. Die Wurzelhaut ist ein systematisch angeordnetes Geflecht aus Bindegewebsfasern, das der Befestigung und Ernährung des Zahnes dient.

Der Zahn sitzt also mit seinem nicht sichtbaren Teil, der *Wurzel,* in einem ihm genau angepaßten Knochenfach, der Alveole (lat. alveolus = kleines Fach) im Zahnhalteapparat, Parodontium. Die vorderen Schneide- und Eckzähne haben nur kleine Wurzeln, die Backen- und Mahlzähne dagegen ruhen auf bis zu drei Wurzeln, denn sie müssen Schwerarbeit leisten.

Unter der Oberflächenschicht Schmelz/Zement liegt das dem Knochengewebe verwandte *Zahnbein*, Dentin (lat. dens = Zahn), auch Substantia eburnea genannt (lat. ebur = Elfenbein), das die Hauptmasse des Zahnes bildet. Es ist weniger hart als der Zahnschmelz, aber durch einen hohen Calciumphosphatanteil sehr widerstandsfähig. Das Zahnbein ist von vielen Dentinkanälchen durchzogen, die die Fortsätze der Zahnbeinbildner, die Odontoplasten (gr. odontos = Zahn) und Nervenfasern enthalten. Das Zahnbein ist deshalb schmerzempfindlich.

Den innersten Teil des Zahnes bildet die *Zahnhöhle,* Cavum dentis (lat. cavus = hohl). Sie enthält das *Zahnmark,* Pulpa dentis (lat. pulpa = Mus, Mark), ein verhältnismäßig weiches Material aus verästelten, ein Netzwerk bildenden Zellen, das von Nerven und Blutgefäßen durchzogen ist, die an den Wurzelspitzen, vom Kiefer herkommend, in den Zahn eintreten bzw. aus ihm herausführen.

D) Krankheiten der Mundhöhle: Karies und Parodontopathien

1. Karies, Zahnfäule, Zahnzerfall

Die Zahnkaries ist die verbreitetste Volkskrankheit, die mit zunehmender Zivilisation noch ansteigt. An ihrer Entstehung sind viele Faktoren beteiligt: u. a. falsche Ernährungsweise, gestörter Aufbau des Zahnschmelzes, Bakterien in der Mundhöhle, das Fehlen von Hormonen, Spurenelementen und Salzen im Speichel und die Milchsäure, die von bestimmten Streptokokkenarten durch Zersetzung von Stärke und vor allem Zucker in den pH-Werten 4,1 bis 4,3 erzeugt wird. Diese leichtgärenden Kohlenhydrate befinden sich im weichen Zahnbelag und in den Zahnzwischenräumen, die selbst das gesündeste Gebiß aufweist, denn gegenüberstehende Zähne berühren sich nur mit den Kronen nahe der Kaufläche und weichen nach dem Zahnhals hin auseinander.

Insbesondere während der Nacht kommen diese Prozesse gut voran, wenn nicht nach dem Abendessen durch gründliches Zähneputzen und Mundspülen alle Nahrungsreste aus Winkeln, Spalten und Taschen der Mundhöhle beseitigt worden sind.

> *Eine der wichtigsten karieshemmenden Maßnahmen ist demnach eine intensive Zahnreinigung nach jedem Essen, vor allem abends.*

Karies kann an jeder Stelle der natürlichen Zahnkrone entstehen. Zahnfurchen, Zahnzwischenräume und andere schwer zugängliche Stellen sind am gefährdetsten.

Die Karies braucht zunächst nur einen kleinen Schmelzbezirk zu befallen. Sie kann sich dann weiter ausbreiten, wird immer großflächiger, dringt in immer tiefere Schichten der Hartsubstanz ein oder breitet sich unter dem kleinen Schmelzdefekt im Zahnbein aus, bis die dünne Schmelzschicht über der ausgedehnten kariösen Stelle eines Tages zusammenbricht.

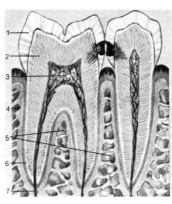

Karies in den Zahnzwischenräumen
Zerstörter Schmelz, infiziertes Zahnbein
1 Zahnschmelz
2 Zahnbein – durchzogen von unzähligen Nervenfäserchen
3 Zahnmark – mit vielen Nerven, Blut- und Lymphgefäßen sowie zahlreichen Zellen
4 Knochenwand des knöchernen Zahnfaches
5 Knochenmark
6 Wurzelhaut
7 Blutgefäße und Nerven, die das Zahnmark versorgen

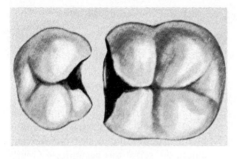

Umfangreich zerstörter Schmelz. Stark infiziertes Zahnbein. Teilweise entzündetes Zahnmark

Wird der erkrankte Zahn nicht behandelt, so nähert sich der kariöse Prozeß immer mehr dem Zahnmark. Wird das Zahnmark – die Pulpa – angegriffen, so entsteht eine Zahnmarkentzündung, die Pulpitis. Ergreift die Entzündung das gesamte Zahnmark bis zur Wurzelspitze, dann kommt es zu einer Wurzelhautreizung oder Wurzelhautentzündung.

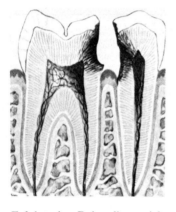

Fortgeschrittene Karies
Schmelz und Zahnbein stark zerstört. Zahnmark abgestorben, mit Mikroben durchsetzt und faulig zerfallen. Entzündungsprozeß an der Wurzelspitze

Erfolgt eine Behandlung nicht oder nicht rechtzeitig, so wird das Zahnmark durch Bakterien infiziert, stirbt ab und zerfällt unter meist fauliger Zersetzung und oft heftigsten Schmerzen. Die Mikroorganismen treten durch feine Öffnungen an der Wurzelspitze hinaus, wobei sich ein Entzündungsprozeß um die Wurzelspitze bildet. Dieser Krankheitsprozeß kann durch körpereigene Abwehrkräfte eingegrenzt werden und in eine chronische Form übergehen, bei der kaum oder über lange Zeiträume keine Beschwerden mehr aufzutreten brauchen.

Es kann aber auch ein Einbruch in das Knochenmarkgewebe des Kiefers und bei starker Eiterbildung eine weitere Zerstörung des Knochenmarks sowie ein Durchbruch durch den Kieferknochen und eine Abhebung der Knochenhaut erfolgen. Dabei steigern sich die Schmerzen bis zur Unerträglichkeit. Die

Abszeß
1 Schmelz und Zahnbein durch Karies zerstört.
2 Zahnmark durch Bakterien und Mikroorganismen abgestorben, zersetzt und faulig zerfallen.
3 Bakterien und Mikroorganismen dringen durch die Öffnungen an der Wurzelspitze ins Knochenmark ein und rufen Eiterbildung hervor.
4 Unter starkem Druck bahnt sich der Eiter einen Weg durch den Kieferknochen.
5 Bei Vermehrung des Eiters werden Bein- und Schleimhaut vom Knochen abgehoben. Unter Fieber, Schmerzen und meist schwerem Krankheitsgefühl entstehen Wangen- und örtliche Gesichtsschwellungen bis zur Entstellung.

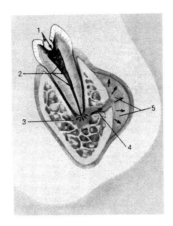

betroffenen Gewebe und umliegenden Weichteile schwellen stark an. Es bildet sich ein Abszeß. Der Schmerz läßt nach, wenn die Knochenhaut durchbrochen wird oder der Zahnarzt durch eine Abszeßeröffnung (Weichteilschnitt) dem Eiter abfluß verschafft.

Zahnverlust und Zerstörung von Zähnen durch Karies kann zu einer sogenannten Herdinfektion im Körper führen.

Unter Herdinfektion (Herdgeschehen) versteht man die Streuung von Bakterien und allergieerzeugenden Zerfallsprodukten, die aus einem chronischen Krankheits- und Entzündungsprozeß stammen, der weitere Erkrankungen im Körper verursacht.

Vor allem zwei Arten von möglichen Zahnherden kann man hervorheben. Den durch Bakterien und Keime unterhaltenen Entzündungsprozeß an der Wurzelspitze und fortgeschrittene, entzündliche Zahnbetterkrankungen. Der Entzündungsprozeß an der Wurzelspitze ist in der Regel das Endprodukt einer durch tiefe Karies hervorgerufenen Zahnmarkentzündung und einer Zersetzung des abgestorbenen Zahnmarkes durch Mikroben und Fäulniserreger. Häufig bereitet der „marktote" Zahn oder Wurzelrest dabei keinerlei Beschwerden. Aus diesem keim- und bakterienhaltigen Entzündungsprozeß sickern aber giftige Stoffwechsel- und Ausscheidungsprodukte, vor allem bestimmter schädlicher Bakterien, dauernd in die Blutbahn. Die schleichende Vergiftung mit kleinsten Mengen dieser Giftstoffe kann allmählich eine Krankheitsbereitschaft für schwere Allgemeinerkrankungen verursachen. Insbesondere Rheumatismus, Herz- und Nierenschäden sowie Allergien können durch einen solchen Krankheitsherd verursacht werden.

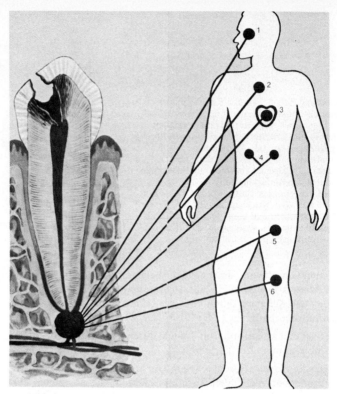

Herdinfektion und Herdgeschehen
Organe, an denen, ausgelöst durch krankhafte Prozesse an den Zähnen, Krankheitserscheinungen oder Störungen auftreten können:
1. Augen
2. Schilddrüse
3. Herz
4. Nieren
5. Muskeln (rheumatische Erscheinungen)
6. Kniegelenke-stellvertretend auch für andere Gelenke (rheumatische Erscheinungen)

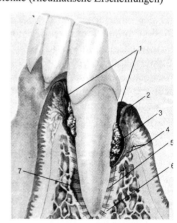

Eine Form der Zahnbetterkrankung
Zahn im teilweise zerstörten Zahnfach
1 Zahnfleischtaschen
2 entzündetes, geschwollenes, zur Blutung neigendes Zahnfleisch
3 unnützes, funktionsloses Gewebe
4 abgebauter, zum Teil von der Entzündung ergriffener Knochen
5 Wurzelhaut: Nerven- und Fasergewebe. Durch zahlreiche Faserbündel ist die Wurzel mit der elastischen Knochenwand (6) verbunden.
7 Verbreiterung des Wurzelspaltes durch Knochenabbau nach dauernder Überlastung

2. *Parodontopathien* (lat. parodontium = Zahnhalteapparat (gr. pathos = Leiden).

Bei den Parodontopathien fehlt im Gegensatz zur Karies, bei der der Schmerz als alarmierendes Signal im Vordergrund steht, dieses Warnzeichen selbst im fortgeschrittenen Stadium. Es handelt sich um eine Krankheit ohne Schmerz, deren Anfänge vom Laien vielfach nicht rechtzeitig erkannt werden, was um so bedauerlicher ist, als eine wirkungsvolle Vorbeugung in diesem Falle besonders erfolgversprechend wäre.

Fortgeschrittene Zahnbetterkrankungen, von denen auch Herderkrankungen ausgehen können, sind leicht daran zu erkennen, daß die Zähne locker werden, Zahnfleischentzündungen und Blutungen bestehen, zwischen Zahnwurzel und Zahnfach die natürliche Verbindung weitgehend verlorengegangen ist und sogenannte „Zahnfleischtaschen" entstanden sind. Diese enthalten Sekrete, totes Gewebsmaterial und massenhaft Keime aller Arten. Sie sind ein idealer Brutschrank für krankheitserregende Mikroorganismen. Priorität bei der Entstehung von Zahnbetterkrankungen (allgemein Parodontose genannt) wird heute neben anderen Faktoren mangelnder Zahnpflege zugeschrieben.

Sehr häufig wird der marktote, nicht einwandfrei zu behandelnde oder mit einem Krankheitsprozeß an der Wurzelspitze sowie mit fortgeschrittener Parodontose behaftete Zahn entfernt werden müssen. Dies ist vor allem der Fall, wenn der Verdacht auf eine Herderkrankung vorliegt.

Um allen diesen Folgen vorzubeugen, ist eine intensive Zahnpflege, und zwar möglichst nach jedem Essen erforderlich sowie eine relativ grobe, ausgewogene und möglichst wenig denaturierte Kost.

Der häßliche, graue bis bräunliche *Zahnstein,* der sich hauptsächlich am Zahnhals ablagert, besteht im wesentlichen aus Calciumphosphat, vermischt mit Kalium-, Natrium-, Eisen- und Manganverbindungen.

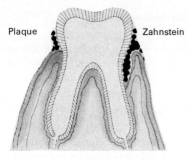

Diese unlösbaren Kalksalze stammen aus dem Mundspeichel, der von gewissen Fadenbakterien zersetzt wird. Darum findet sich der Zahnstein vorwiegend an den Ausführungsgängen der Speicheldrüsen, also am Mundboden unter den Frontzähnen und an der Wange in der Höhe der ersten Mahlzähne. Der Zahnstein wirkt mechanisch auf das Zahnfleisch ein, denn beim Kauakt ist der Zahn einer ständigen Bewegung unterworfen und federt entsprechend dem Druck, der ihn trifft, in seinem Knochenfach. Der Zahnsteinansatz übt daher durch leichten Druck einen ständigen Reiz aus, indem er das Zahnfleisch vom Zahn wegschiebt und herunterdrückt. Dadurch wird das Zahnfleisch gelockert und der Zahnstein vermag am Zahnhals etwas weiter in die Tiefe zu dringen. Dann entstehen Taschen, die zur Parodontose führen können.

Neben dieser mechanischen Schädigung ist der Zahnstein aber auch ein beliebter Siedlungsort für krankmachende Mikroben. Er muß deshalb unbedingt entfernt werden, Zahnsteinverhindernde und teilweise auch zahnsteinlösende Mittel sind u. a. Karlsbader- und Emser-Sprudelsalz, eiweißlösende Enzyme wie Pepsin und Pankreatin, saure Stoffe, Alaun, Natriumsulforicinoleat u. a.

E) Mittel zur Mund- und Zahnhygiene

Mund- und Zahnpflegemittel sind:

Zahnbürsten	Zahnpulver	Gurgelmittel
Mundduschen	Zahnseifen	Mundsprays
Zahnpasten	Mundwässer	Pflegemittel für künstl. Gebisse.

Um den Zahn vor Karies und Parodontose zu schützen, muß vor allem der *weiche Zahnbelag, Plaque* (Materia alba), der ein idealer Siedlungsort für pathogene Bakterien ist, dreimal täglich jeweils nach dem Essen, mit einer geeigneten Zahnbürste entfernt werden.

1. *Die Zahnbürste*

besteht aus dem *Stiel*, der sich aus Griff und *Bürstenkopf* zusammensetzt. Zahnbürsten für Kinder und Jugendliche sollen etwa 15 cm, für Erwachsene 16 bis 17 cm lang sein.

Wichtig ist die Form des Stiels. Sie muß den individuellen Erfordernissen des Benutzers angepaßt sein. Am besten hat sich der abgewinkelte Stiel „Knickstiel" bewährt, weil er den Zugang zu den wangen- und zungenwärts gelegenen Flächen der rückwärtigen Seitenzähne erleichtert. Wegen der unterschiedlichen Haltung der Zahnbürste wird für Kinder die etwas stärker aber einfach abgewinkelte Stellung des Bürstengriffes empfohlen.

Besonders wichtig ist die richtige Größe des *Bürstenkopfes*. Ist er zu groß, kann er im Mund nicht ausreichend bewegt werden, wodurch die zungenwärtigen Flächen, vor allem bei Kindern und Personen mit engem Kieferbogen, ungenügend gereinigt werden. Nach klinischen Tests (Prof. Dr. H. J. Gülzow, Universität Erlangen) empfehlen die Zahnärzte heute die sog. Kurzkopfbürste mit engstehendem Borstenfeld. Die Borstenlänge soll 1 cm nicht übersteigen.

Die einzelnen Bündel sollen dachförmig gegeneinander geneigt sein, sog. „V-Stellung"; sie können aber auch senkrecht nebeneinander stehen. Die Ebene ihrer Enden muß auf jeden Fall parallel zum Bürstenkopf verlaufen, da sich über das Niveau hinausragende Bündel vorzeitig abnützen und die Zähne und das Zahnfleisch schädigen können. Die Enden der Borsten müssen halbkugelförmig abgerundet sein.

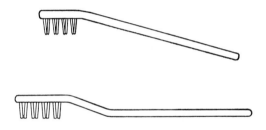

An die Stelle der früher fast ausschließlich verwendeten Naturborsten (Schweineborsten) sind heute Kunststoffborsten aus Nylon, Dralon, Perlon u. a. getreten. Sie weisen stets den gleichen Durchmesser auf, trocknen schnell (sie nehmen nur etwa 5% Wasser auf, Schweineborsten bis zu 40%) und besitzen, weil sie sehr elastisch sind, ein gutes Rückstellvermögen. Außerdem fehlt bei ihnen der Markkanal, der bei den Naturborsten pathogenen Keimen eine ideale Brutstätte bietet.

Weiche Borsten für Kinderzahnbürsten haben einen Durchmesser von 0,17 bis 0,20 mm. Für Erwachsene eignen sich, je nach Empfindlichkeit des Zahnfleisches, mittelharte Borsten mit etwa 0,25 mm oder harte mit 0,3 mm Durchmesser.

Im allgemeinen sind harte Borsten für gesundes Zahnfleisch, mittelharte für empfindliches, zum Bluten neigendes Zahnfleisch und weiche für stark entzündetes schmerzhaftes Zahnfleisch geeignet.

Beim Reinigen des Gebisses wird die Zahnbürste stets von „Rot nach Weiß", d. h. vom Zahnfleisch zum Zahn hin geführt. Dieses Verfahren massiert das Zahnfleisch, reinigt den Zahn und entfernt Speisereste aus den Zwischenräumen. Mit gleicher Sorgfalt müssen die Kauflächen, vornehmlich deren Furchen, durch Hin- und Herbürsten gereinigt werden.

Zur Intensivierung der täglichen Mundpflege ist die *elektrische Zahnbürste* entwickelt worden. Sie besteht aus einem Kunststoffgehäuse, in dem ein kleiner Motor und die Energiequelle untergebracht sind. Der Motor erzeugt mit Hilfe eines Vibrators Schwingungen in großer Zahl, die auf eine aufgesteckte Kurzzahnbürste übertragen werden. Elektrische Zahnbürsten reinigen die Zähne in der Vertikalrichtung. Ihr Bürstenkopf schwingt etwa 80mal in der Sekunde auf und ab, reinigt dadurch rasch und gründlich die Oberflächen und Zwischenräume der Zähne und massiert gleichzeitig das Zahnfleisch.

Zahnbürsten müssen gepflegt und richtig aufbewahrt werden. Nach Gebrauch sind sie gründlich zu spülen und von Zahnpasteresten zu befreien. In nassem Zustand dürfen sie nicht in einen Behälter eingeschlossen werden, sondern müssen mit dem Bürstenkopf nach oben oder horizontal mit den Borsten nach unten über dem Zahnglas getrocknet werden. Am besten ist natürlich die Benutzung zweier Zahnbürsten, weil dadurch das vollständige Austrocknen gewährleistet ist.

2. *Mundduschen*

werden von vielen Zahnärzten zusätzlich zum normalen Zähneputzen empfohlen, weil ihr gezielter Wasserstrahl aus Zahnfleischtaschen, festsitzendem Zahnersatz, Zahnklammern usw. Speisereste, die von der Bürste nicht erfaßt werden können, heraussprüht. Außerdem massiert er das Zahnfleisch, was bei Zahnbetterkrankungen als sehr wohltuend empfunden wird.

Ersetzen kann jedoch die Dusche die Zahnbürste nicht, denn der zähe, bakterienbeladene Zahnbelag, Plaque, der nach jedem Essen aus Speiseresten, besonders klebrigen Süßigkeiten entsteht und den zahnzerstörenden Mundbakterien als Nährboden dient, ist durch Spülen allein nicht zu entfernen.

Zahnzwischenräume können auch mit *Zahnseide* zuverlässig gesäubert werden.

Zahnstocher müssen aus einem Material bestehen, das weder abbrechen noch die Zähne mechanisch beschädigen kann.

Slimline Water Pik
Munddusche

Kaugummi kann, wenn er ungezuckert ist und hygienisch verwendet wird, eine gewisse Reinigungswirkung hervorbringen, für eine ausreichende Mundpflege genügt er jedoch nicht.

3. Zahnpasten, Zahncremes, Dentifrices

Zahnpasten sind Reinigungs- und Pflegemittel für die Zähne. Ihre aromatischen und antibakteriellen Bestandteile erfrischen und desinfizieren zugleich die Mundhöhle, adstringierende festigen das Zahnfleisch und bekämpfen dadurch Parodontosen. Grundstoffe für Zahnpasten sind:

a) *Der Putzkörper,* der etwa die Hälfte der Pastensubstanz ausmacht und aus Schleif- bzw. Poliermitteln und Schaumstoffen besteht.

Als *Schleif- und Poliermittel,* die weicher sein müssen als der Zahnschmelz, damit sie ihn mechanisch nicht schädigen können, eignen sich:

Calciumcarbonat, Calcium carbonicum praecipitatum levissimum, albissimum, gefällte Kreide in bester Qualität. Die leichtesten Sorten besitzen die größte Saugfähigkeit und Neutralisationskraft gegenüber der schädlichen Milchsäure (vgl. S. 127).

Calciumdiphosphat $Ca_2P_2O_7$
Dicalciumphosphatdihydrat $CaHPO_4 \cdot 2H_2O$
Natriummetaphosphat $NaPO_3$ (für Fluorzahnpasten)
Calciumsulfat $CaSO_4 \cdot 2H_2O$
Magnesiumtrisilikat $Mg_2Si_3O_8 \cdot 5H_2O$
Magnesiumhydroxid $Mg(OH)_2$
Kolloidale Kieselsäure (z. B. Aerosil)
Weißer Bolus, Kaolin.

b) *Schaummittel, Emulgatoren* benetzen und reinigen die Zähne und spülen aus ihren Unebenheiten und den Zahnzwischenräumen, sowie aus dem Zahnhalteapparat Speisereste und andere schädliche Stoffe heraus. Die im Schaum suspendierten Partikel werden beim Mundspülen vollends entfernt.

Die früher als Schaummittel in Zahnpasten viel verwendete Seife ist in modernen Rezepturen fast völlig durch synthetische, kapillaraktive Substanzen ersetzt, weil das bei der Hydrolyse der Seife freiwerdende Alkali die Mundschleimhäute irritiert. Außerdem bildet sie mit löslichen Calciumsalzen der Zahnpaste leicht Kalkseife, die zu Verhärtungen führt.

Aus der großen Zahl synthetischer kapillaraktiver Substanzen haben sich in Zahnpasten die synthetischen Waschrohstoffe Igepon, Lathanol, Sulfocolaurat, Texapon, Medialan, Hostapon und Lamepon in Mengen von 0,5 bis 2% bewährt. Höhere Konzentrationen setzen die Grenzflächenspannung des Speichels herab und entziehen den Mundschleimhäuten ihren natürlichen Schutz.

c) *Binde-, Verdickungsmittel* verleihen den Zahnpasten ihre gleichmäßige, breiartige Konsistenz und verhindern zusammen mit den Feuchthaltemitteln deren Zerfall. Hierfür eignen sich 5%ige Gele großmolekularer Quellstoffe wie Tragant, Carrageen, Alginate, Gelatine, Gummi arabicum, Pektine, Methylcellulose, Carboxymethylcellulose, Polyacrylsäure, Polyvinylpirrolydon u. a.

d) *Feuchthalte-, Konsistenzmittel* sind hygroskopische Stoffe, die der Zahnpaste ihre weiche Beschaffenheit geben und sie vor dem Austrocknen und Hartwerden bewahren. In Frage kommen 10 bis 30%ige Lösungen der mehrwertigen Alkohole Glycerin und Sorbit, 1,3-Butylenglykol, 1,2-Propylenglykol, Polyäthylenoxide, Kapillärsirup u. a.

e) *Aroma- und Geschmacksstoffe* erhöhen den Wohlgeschmack der Zahnpaste und wirken z. T. auch antiseptisch.

Aromastoffe sind: Pfefferminz-, Nelken-, Eukalyptus-, Wintergrün-(Spearmint), Anis-, Fenchel-, Zimtöl oder die isolierten natürlichen bzw. künstlichen Riechstoffe Menthol, Eugenol, Anethol, Cineol, Vanillin, Cumarin. Sie werden der Zahnpastenmasse in Mengen von 1 bis 1,5% zugesetzt.

Als Geschmackstoffe dienen Zuckersirup, häufiger jedoch die Süßstoffe Saccharin und Cyclamat, (vgl. S. 84).

In Kinderzahnpasten sind Fruchtaromen wie Orangen-, Himbeer-, Ananas- und Erdbeergeschmack besonders beliebt.

f) *Farbstoffe.* Die meisten Zahnpasten sind weiß, medizinische und Kinderzahnpasten gelegentlich rosa, orange oder gelb gefärbt. Hierzu dürfen nur die als Lebensmittelfarben zugelassenen Pigmente und Lösungen verwendet werden.

g) *Spezielle Wirkstoffe*

Bleichend wirkt durch Sauerstoffabgabe Natriumperborat. Gegen Raucherzähne wird Polyvinylpirrolidon 1,5%ig empfohlen.

Desodorierend und *desinfizierend* sind Chlorophylline, Thymol und Salol.

Zahnsteinlösende Stoffe sind Natriumbenzoat, Natriumsalicylat, Natriummetaphosphat, Natriumsulforicinoleat, Aluminiumlactat, Magnesiumchlorid, Emser- und Karlsbadersalz.

Antikariös wirken als remineralisierende und zahnhärtende Stoffe: Calciumglukonat, Strontiumchlorid, Natriumundecylat. Besonders karieshemmend sollen Fluoridzusätze sein, z. B. Dinatriummonofluorphosphat (MFP), Natriumfluorid oder organisches Aminfluorid. Nach einem klinischen 7-Jahres-Test beginnt bei diesem Stoff der Fluoreinbau nach einer Kontaktzeit von 9 Sekunden (Schweizer Monatsschrift „Zahnheilkunde", Zürich, 78, 134; 1968).

Gegen Karies wirkt auch Diammoniumphosphat, das durch Abgabe von Ammoniak Milchsäure abstumpft und auch den kariesfördernden Lactobacillus acidophilus angreift.

Gegen Parodontose wirken hauptsächlich Adstringentia wie Tannin, Myrrhe, Ratanhia-, Schlehen- und Kastanienrindenextrakt. Daneben werden auch Aluminiumverbindungen, Äscin, Äsculin, Allantoin und Tocopherolacetat eingesetzt.

Kochsalzhaltige Zahnpasten besitzen einen höheren Salzgehalt als die Blut- und Gewebsflüssigkeit. Sie entziehen deshalb auf dem Weg der Osmose dem Zahnfleisch überschüssiges Wasser und festigen aufgequollenes Zahnfleisch. Durch die Flüssigkeitsbewegung von Zelle zu Zelle erfolgt eine Reinigung des Gewebes von innen nach außen, wobei gleichzeitig der Stoffwechsel angeregt wird.

4. *Zahn- oder Mundpulver*

ist eines der ältesten Zahnreinigungsmittel. Als Putzkörper dienen gefällte Kreide und Magnesiumcarbonat, Silikate u. a. Synthetische Schaumstoffe und adstringierende Zusätze, die bei der Herstellung der Zahnpasten Verwendung finden, erhöhen die reinigende Kraft des Zahnpulvers. Als Sauerstoffspender dienen 5 bis 10% Magnesiumperoxid und zur Parfumierung dieselben Aromatica wie bei den Zahnpasten. In manchen Rezepturen sind auch noch zahnsteinlösende Bestandteile angegeben, z. B. Aluminiumlactat im medizinischen Mundpulver „Lacalut" (Anasco, Wiesbaden). Moderne Präparate kommen als Granulate in den Handel und enthalten oft das antiphlogistisch wirkende Kamillenöl.

5. *Zahnseifen*

enthalten in einem Preßling aus Grundseife dieselben Schleif-, Polier-, Desinfektions-, Aroma- und sonstigen Wirkstoffe wie die Zahnpasten. Infolge ihrer keratolytischen Wirkung durch abgespaltenes freies Alkali irritiert die Zahnseife die Epithelzellen der Mundschleimhaut. Sie ist deshalb als Mundpflegemittel weniger empfehlenswert und im Handel heute kaum noch anzutreffen (vgl. S. 135).

6. *Mundwasser*

enthalten in 30- bis 40%igem Äthylalkohol Pfefferminz-, Nelken-, Eukalyptus-, Anis-, Kümmel-, Zimtöl, Vanillin, Thymol, Menthol, Carvacrol, Anethol, Cineol u. a. Adstringierende Zusätze können Ratanhia-, Tormentill- und Myrrhentinktur sein. Zur Steigerung der Benetzungskraft enthalten manche Rezepturen oberflächenaktive, vorwiegend kationaktive Detergentien.

Neben der gründlichen Reinigung der Zähne und einer sachgemäßen Zahnfleischmassage mit einer geeigneten Zahnpaste und einer entsprechenden Zahnbürste erweist sich ein bakterizides (entzündungshemmendes) und adstringierendes (gewebszusammenziehendes) Mundwasser als sehr nützlich. Es vernichtet krankheitserregende Keime, zum mindesten hemmt es ihr Wachstum. Die im Mundwasser enthaltenen Wirkstoffe regen die Mundschleimhaut an, das Zahnfleisch zu straffen und zu festigen. Außerdem regulieren sie die

Sekretion der Mundspeicheldrüsen. Auf Grund dieser Eigenschaften sind zweckmäßig zusammengesetzte Mundwässer wertvolle Helfer im Kampf gegen Parodontose und Karies.

Mundwässer sollen die Mundhöhle nicht total desinfizieren, weil dadurch auch die enzymbildenden Bakterien abgetötet würden. Darum ist Wasserstoffperoxid zu täglichen Mundspülungen ungeeignet und nur als Schutzmittel gegen katarrhalische Infektionen zu empfehlen.

7. *Reinigungsmittel für künstliche Gebisse* (Prothesen)

Ein durch Zahnverlust verringertes Gebiß bedarf gleich gewissenhafter Pflege wie vollständige Zahnreihen. In erhöhtem Maße gilt dies bei Zahnersatz jeder Art (abnehmbar und festsitzend). Jeder Zahnersatz ist besonders sorgfältig zu reinigen. Bei festsitzenden Brücken verfährt man dabei wie beim natürlichen Gebiß. Abnehmbare Prothesen reinigt man außerhalb der Mundhöhle mit einer Spezialbürste und geeigneten Gebißreinigungsmitteln. Diese müssen Speisereste und Zahnbeläge lockern, nach Möglichkeit vollständig lösen und außerdem Zahnverfärbungen beseitigen. Dabei dürfen sie keine schädlichen Einwirkungen auf Metalle, Kunststoffe oder zahnärztliche Legierungen ausüben, keinen aufdringlichen Geruch oder Geschmack haben und müssen trotz kräftig keimtötender Wirkung absolut ungiftig sein. Diese Anforderungen erfüllen Trinatriumphosphat und andere wasserlösliche Polyphosphate und oberflächenaktive Fettalkoholsulfate.

Keimtötend und bleichend wirken Zusätze von Natriumperborat und Natriumpercarbonat, die bei Berührung mit organischen Stoffen, zum Beispiel Speiseresten, unter Schaumbildung nativen Sauerstoff abspalten. Auch p-Toluolsulfonchloramidnatrium (Chloramin, Chlorina), Chlorthymol, Phenylsalicylat und Hexachlorophen wirken in Gebißreinigern stark bakterizid.

Den Abbau eiweißhaltiger Nahrungsreste besorgen die Enzyme Pankreatin, Trypsin, Papain, Lipase u. a. (vgl. S. 117).
Kinderzahnpflege siehe S. 165.

Literatur:

Greither, A.: Dermatologie der Mundhöhle und der Mundumgebung. Georg Thieme Verlag, Stuttgart 1955.
Hoffmann-Axthelm, W.: Zahnärztliches Lexikon. Johann Ambrosius Barth Verlag, München 1964.
Sauerwein, E.: Zahnerhaltungskunde. Georg Thieme Verlag, Stuttgart 1972.

1.6.7.2 Die Magenverdauung

A) Bau und Funktionen des Magens

Nachdem die Nahrung die Mundhöhle verlassen hat, gelangt sie in die etwa 24 cm lange *Speiseröhre*, welche durch wellenförmige, dem Magen zu gerichtete Zusammenziehungen den Speisebrei durch den Magenmund, der von einem ringförmigen Muskel gebildet wird, in den Magen befördert.

Sie besteht aus längs- und quergestreiften Muskeln. Ihre Innenwand ist Schleimhaut, die mittlere eine starke Muskelschicht und die äußere bindegewebsartig. Im geschlossenen Zustand wird die Speiseröhre fast ganz von der faltigen inneren Schleimhaut ausgefüllt, von ihrer Höhlung bleibt dann nur noch ein sternförmiger Spalt frei.

Der Magen ist eine sackartige Erweiterung des Verdauungskanals. Er ist etwa 30 cm lang, 10 cm breit, 11 cm hoch und liegt in der Höhe der unteren Rippenlinie schräg in der Bauchhöhle. In leerem Zustand ähnelt er einem luftleeren, schlaffen Ballon, gefüllt ist er birnenförmig gestaltet. Der Magen eines erwachsenen Menschen faßt 2 bis $2^1/_2$ Liter Inhalt und ist damit ein Nährstoffspeicher, der es ermöglicht, mit drei Mahlzeiten täglich auszukommen.

Die Magenwand besteht aus mehreren sich kreuzenden elastischen Schichten von glatter Muskulatur. Durch ihre Kontraktionen, die wellenförmig von oben nach unten verlaufen (Magenperistaltik), werden die Speisen mit Magensaft vermischt, durchgeknetet und allmählich dem Pförtner (Pylorus) zugeleitet. Dieser Muskelring öffnet und schließt sich periodisch, so daß schubweise kleine Teile des fermentativ veränderten Mageninhalts in den Darm durchtreten können. Dadurch findet der an den Magen sich anschließende Zwölffingerdarm stets Zeit, um die kleinen, gut portionierten Schübe mit seinen Verdauungsfermenten gründlich zu durchsetzen.

In der die Innenwände des Magens überziehenden Schleimhaut sind rund 35 Millionen kleiner Drüsen eingesenkt, die täglich etwa 3 Liter wasserklaren *Magensaft* absondern. Dieser enthält 0,5 %ige Salzsäure, reagiert deshalb sauer und tötet Bakterien ab. Der Mageninhalt ist demzufolge bakterienfrei. Neben der quellenden Lockerung der Eiweißnahrung ermöglicht die Salzsäure vor allem die Reaktion des *Pepsins,* das sich ebenfalls im Magensaft befindet. Dieses Enzym verwandelt die Eiweißgroßmoleküle in lösliche Peptone, die vom Körper aufgenommen werden können und auch das Baumaterial zur Bildung des arteigenen Eiweißes darstellen. Zunächst bleiben die Speisen im Magen in der Reihenfolge ihrer Aufnahme geschichtet liegen. Dann werden Fette und Kohlenhydrate, die der Magensaft nicht angreift, zusammen mit dem abgebauten Eiweiß durch die Magenperistaltik zu einem gleichmäßigen, feinen Brei vermischt, in dem die einzelnen Bestandteile nicht mehr zu erkennen sind. Leichtverdauliche Speisen verlassen nach etwa $2^1/_2$ Stunden, normale nach etwa 3 Stunden und schwere nach $4^1/_2$ Stunden den Magen. Besonders fettreiche Mahlzeiten können mitunter sehr lange im Magen verbleiben, weil der

Zwölffingerdarm, wenn er mit einer zu großen Fettmenge auf einmal nicht fertig werden kann, ein Hormon erzeugt, das die Muskelkontraktionen des Magens verlangsamt.

Getränke, während des Essens eingenommen, können die Speichelabsonderung im Munde verringern, den Speisebrei im Magen verdünnen sie jedoch nicht, weil Flüssigkeiten durch eine schmale Falte in der Magenwand rasch bis zum Pförtner weitergeleitet werden. Das würde für die einzige Nahrung des Säuglings, die Milch, auch zutreffen. Diese aber wird durch das Pepsin und andere Fermente in einen Milchkuchen verwandelt, der langsam im Magen abgebaut werden kann. Im Kälbermagen bewirkt das Labferment die Milchgerinnung.

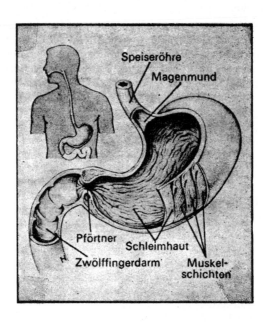

B) Verdauungsfördernde Mittel, Magenmittel, Stomachica

1. *Bitterstoffdrogen, Amara*

Bitterkleeblätter	Isländisch Moos	Pomeranzenschalen
Citronenschalen	Kalmuswurzel	Schafgarbenkraut
Enzianwurzel	Kardobenediktenkraut	Tausendgüldenkraut
Hopfenblüten	Löwenzahnwurzel	Wermutkraut
	m. Kraut	

beheben jene Verdauungsstörungen, welche durch mangelhafte Absonderung von Verdauungssaft und träge Peristaltik verursacht werden. Bei zu wenig

Verdauungssaft dauert die Verdauung zu lange, sie ist träge und schwach und die Speisen bleiben zu lange im Magen liegen. Es stellt sich Appetitlosigkeit und Völlegefühl ein. Auch können die Speisen in Gärung übergehen, wobei sich Gase bilden, die Blähung und Druck hervorrufen. Eine träge Peristaltik verhindert die rechtzeitige Entleerung von Magen und Darm und verursacht dadurch ebenfalls die oben geschilderten Störungen, zu denen noch unregelmäßiger Stuhlgang, Verstopfung und Hartleibigkeit treten.

Diese krankhaften Zustände werden durch Bitterstoffe beseitigt. Die verdauungsfördernde Wirkung der Bitterstoffdrogen ist abhängig von der Menge und Zeit des Einnehmens, eine halbe bis eine Stunde vor dem Essen ist die günstigste Zeit. Dabei empfiehlt es sich, den Tee lange im Munde zu behalten, denn die vermehrte Saftabsonderung kommt vor allem auf dem Weg über die Mundschleimhaut auf reflektorische Weise zustande.

2. *Würzige Bittermittel*

Amara aromatica (lat. amarus = bitter): Citronenschalen, Kalmuswurzel, Pomeranzenschalen, Schafgarbe- und Wermutkraut enthalten neben den Bitterstoffen noch ätherische Öle. Dadurch besitzen sie eine Doppelfunktion, denn die ätherischen Öle üben ihrerseits einen Reiz auf die Geruchs- und Geschmacksnerven aus, der eine reichliche Absonderung von Verdauungssäften bewirkt. Außerdem fördern sie die Peristaltik von Magen und Darm und verbessern die Resorption, die Aufsaugung der verdauten Nahrung. Diese Eigenschaften machen viele Drogen mit einem Gehalt an ätherischen Ölen zu wichtigen Gewürzen (vgl. S. 97).

3. *Würzige Magenmittel, Aromatica:*

Angelika- und Bibernellwurzel, Beifuß- und Majorankraut, Ingwer-, Kardamomen-, Koriander-, Kümmel-, Piment-, Sternanis- und Wacholderfrüchte, Muskatnuß und Mazis, Lorbeer-, Melissen- und Salbeiblätter und Zimtrinde beseitigen durch ihren Gehalt an ätherischem Öl Appetitlosigkeit, Völlegefühl, Aufstoßen und die Bildung von Gasen, die durch Gären der Speisen entstehen, denn die häufig antiseptisch wirkenden ätherischen Öle vernichten schädliche Magen- und Darmbakterien. Bei katarrhalischen Entzündungen sind ätherische Öldrogen ihrer Reizwirkung wegen zu vermeiden.

Zu den aromatischen Bittermitteln gehören auch *Bitterschnäpse* und *-liköre*, z. B. Angostura, Boonekamp, Calisay, Stonsdorfer, Underberg u. a. Sie enthalten Auszüge aus den oben genanten Bitter- und Aromadrogen; *Wermutwein* einen solchen aus dem Römischen Wermut, Artemisia pontica, und *Melissengeist* vor allem ätherisches Melissenöl.

Bei der Behandlung von Magen-Darm-Störungen leistet besonders die *Kamille* vorzügliche Dienste. In ihrem blauen ätherischen Öl ist Azulen enthalten, welches in besonderem Maß entzündungshemmend und krampfstillend wirkt. Auf

Grund dieser Eigenschaften ist es vorzüglich geeignet bei akuter und chronischer Schleimhautentzündung und bei Magengeschwüren.

Eine ebenso bekannte wie geschätzte Magendroge ist die *Pfefferminze*. Als Aufguß wird sei bei Magenverstimmungen vielseitig therapeutisch angewandt. Ihr ätherisches Öl regt die Magensaftsekretion an, fördert den Appetit und beseitigt schmerzhafte Koliken des Verdauungskanals.

4. Gegen *Blähungen, Magenverstimmung* und *Appetitlosigkeit* bewähren sich folgende Carminativa (blähungstreibende Drogen):

Angelikawurzel Kamillenblüten
Anisfrüchte Knoblauchzwiebel
Baldrianwurzel Korianderfrüchte
Dillfrüchte Kümmelfrüchte
Fenchelfrüchte Melissenblätter
Kalmuswurzel Pfefferminzblätter.

5. Bei Magenverstimmungen allgemeiner Art können auch folgende *einhüllende* und *reizlindernde Schleimdrogen* (Mucilaginosa, Emollientia) gute Dienste leisten:

Carragen Leinsamen
Eibischwurzel Malvenblüten und -blätter
Huflattichblätter Stockrosenblüten
Isländisch Moos Veilchenwurzel.

6. Die *tassenfertigen Magentees* enthalten getrocknete wäßrige Gesamtauszüge aus den Bitter- und Aromadrogen und ätherische Öle, vor allem Kamillen- Fenchel- und Pfefferminzöl in Mikrokapseln.

7. Verdauungsstörungen, die von ungenügender Absonderung des eiweißspaltenden Pepsins herrühren, können durch *Pepsinwein* gebessert werden, der sich aus Pepsin, Glycerin, Salzsäure, Wasser, Zuckersirup, Pomeranzentinktur und Xereswein zusammensetzt. Pepsinwein ist bräunlichgelb. Vor Tageslicht geschützt aufzubewahren.

C) Mittel gegen Sodbrennen

Ein sehr unangenehmes Gefühl in Schlund und Speiseröhre, das sich bis zur Schmerzhaftigkeit steigern kann, ist das Sodbrennen. Es beruht auf einem vermehrten Säuregehalt des Magensaftes, Hyperacidität (gr. hyper = über, lat. acidus = sauer). In harmlosen Fällen ist Sodbrennen auf den Genuß von süßen Speisen, scharfen Gewürzen, Kaffee oder Alkohol zurückzuführen. Zu seiner Beseitigung wird vielfach

1. *Natriumhydrogencarbonat* (Natron, Bullrichsalz) verwendet. Pastillen aus Natriumhydrogencarbonat oder gefälltem Calciumcarbonat sind oft auch mit Pfefferminz- oder anderen Aromen versehen.

Natriumhydrogencarbonat muß sehr sparsam verwendet werden, weil es leicht die gesamte Magensäure neutralisieren und dadurch die Magenschleimhaut zu verstärkter Produktion anregen kann. Deshalb sind folgende natronfreien Antacida vorzuziehen:

2. *Calciumcarbonat, gefällt:* Ausgeglichene Sofortwirkung durch Säurebindung, wasserunlöslich, geschmacksneutral.

3. *Basisches Magnesiumcarbonat:* Rasche Säurebindung, geschmacksneutral, wasserunlöslich, wirkt leicht entkrampfend auf die Magen- und Darmmuskulatur.

4. *Magnesiumperoxid* bis 15%ig: Schnelle Säureabstumpfung, mild abführend, gegen Blähungen und Gärungen.

5. *Magnesium-Aluminiumtrisilikat* und *Magnesiumtrisilikat* (Bolus) Aus ihm spaltet die Magensäure kolloidales Siliciumdioxid ab, das den Magen unverändert passiert und im Dünndarm giftige Stoffe adsorbiert. Als Kieselsäuregel überzieht es außerdem die Magenschleimhaut und puffert dadurch überschüssige Magensäure ab, ohne die notwendige saure Reaktion des Magensaftes ganz zu neutralisieren.

6. *Heilerde*

natürliches Gemisch aus Calcium- und Aluminiumoxiden- bzw. -hydroxiden mit Siliciumverbindungen. Neutralisierend, da sehr oberflächenaktiv, auch stark adsorbierend.

7. *Aktivkohle, Medizinische Kohle*

Carbo medicinalis, ist ein besonders oberflächenaktives und dadurch stark adsorbierendes Mittel. Mit der Oberfläche von 1 g dieser Substanz könnten 650 qm, das ist die Ausdehnung eines Sportplatzes, bedeckt werden. Auf Grund dieser Eigenschaft kann die Aktivkohle außerordentlich große Mengen von Bakterien, Giften und Gasen adsorbieren (anlagern) und aus dem Körper entfernen. Sie ist deshalb ein vorzügliches und völlig unschädliches Mittel zur Darmreinigung, das besonders bei Gärungs- und Fäulnisdyspepsien ausgezeichnete Dienste leistet.

Literatur:

K. W. Merz, Pharmakologie, 9. Auflage, Wissenschaftliche Verlagsgesellschaft mbH., Stuttgart 1965.
F. Eichholtz, Pharmakologie, 9. Auflage, Springer-Verlag, Berlin–Göttingen–Heidelberg 1957.
G. Kuschinsky u. H. Lüllmann, 3. Auflage, Georg Thieme-Verlag, Stuttgart 1967.
E. Mutschler, Arzneimittelwirkungen, Wissenschaftliche Verlagsgesellschaft mbH., Stuttgart 1970.

1.6.7.3 Die Darmverdauung

A) Bau und Funktionen des Darmes

Der Darm des Menschen ist eine bis an ihr Ende geschlossene Röhre, die in den *Dünndarm, Dickdarm* und *Mastdarm* untergeteilt wird. Als Verdauungsorgan ist besonders der Dünndarm wichtig, der in seinem oberen Teil *Zwölffingerdarm* heißt, weil seine Länge der Breite von zwölf Fingern entspricht. In ihn münden die Ausführungsgänge der Bauchspeicheldrüse, Leber und Gallenblase, deren Sekrete Bauchspeichel und Galle alle Teile der Nahrung, die noch nicht gelöst sind, vor allem Fette, in die flüssige Form überführen, „blutgerecht" machen.

1. Die Bauchspeicheldrüse, Pankreas

sitzt in unmittelbarer Nachbarschaft von Leber, Nieren und Dickdarm tief in der Bauchhöhle zwischen Magen und Rückgrat. Ihr Sekret ergießt sich an derselben Stelle in den Zwölffingerdarm, an der auch der Galleneingang mündet.

Die Bauchspeicheldrüse erzeugt täglich etwa drei Liter Bauchspeichel, der den aus dem Pylorus, der Magenpforte austretenden sauren Speisebrei Chymus in einen schwach alkalischen Bereich überführt.

Der Bauchspeichel enthält die drei Enzyme *Amylase*, die noch ungelöste Stärke vollends verzuckert, *Trypsin*, das die im Magen noch nicht vollkommen abge-

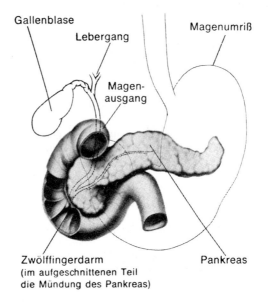

bauten Proteine in Aminosäuren zerlegt, und *Lipase,* die zusammen mit der in der Leber gebildeten Galle die Fette in Fettsäuren und Glycerin zerlegt (vgl. S. 118).

2. *Die Leber*

ist mit einem Gewicht von etwa 1,5 kg das größte Drüsenorgan des Verdauungsapparates. Sie liegt im rechten oberen Abschnitt der Leibeshöhle unter dem Zwerchfell, ist rotbraun gefärbt und durch Furchen in einzelne Lappen geteilt, die den Magen teilweise überdecken.

Auf der Unterseite führt die *Pfortader* der Leber das gesamte Darmblut zu, das die von der Darmschleimhaut aufgenommenen und verdauten Nährstoffe enthält. Nicht nur die von ihnen mitgeführten schädlichen Bakterien werden in dem *Entgiftungsorgan Leber* vernichtet, sondern auch die bei der Verdauung übriggebliebenen Eiweißschlacken in Harnstoff umgewandelt, der über die Nieren ausgeschieden wird.

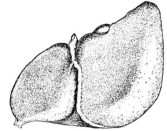

Leber

Die Leber ist auch die *Vernichtungsstätte* der verbrauchten roten Blutkörperchen, deren freiwerdendes Eisen sie ebenso speichert wie das Glykogen (vgl. S. 81). Die Leber ist also auch ein wichtiges *Speicherorgan.* Als *Verdauungsorgan* erzeugt die Leber *Galle,* die im Leber-Gallengang in die birnenförmige Gallenblase und in den Zwölffingerdarm abfließt. Diese lebenswichtigen Vorgänge in der Leber sind nur möglich, weil sich in ihr Pfortader, Leberarterie und Lebergallengang in winzig feine Gänge und Haargefäße aufgegliedert haben, die das ganze Organ zu einem Gewirr von Adern und Gallengängen machen, das in einer Minute von 1,2 Litern Blut durchströmt wird.

Die braungrüne, sehr bitter schmeckende *Galle* ist zur Fettverdauung unentbehrlich. Mit Schleim vermischt und eingedickt sickert sie je nach Bedarf aus der Gallenblase in den Zwölffingerdarm, wo die Gallensäuren das Fett zu einer milchigen Flüssigkeit emulgieren, die dann vom Bauchspeichelenzym Lipase folgendermaßen in lösliche Stoffe zerlegt wird:

$$C_3H_5(OCOC_{17}H_{35})_3 + 3\ H_2O \rightarrow C_3H_5(OH)_3 + 3\ C_{17}H_{35}COOH$$
Glycerintristearin-   Wasser   Glycerin   Stearinsäure
säureester = Fett   (Fettsäure)

Die Gallensäuren kehren nach erfüllter Funktion wieder zur Leber zurück. Die durch Verdauung „körpereigen" gemachten Nahrungsteilchen wandern zum Dünndarm, der die Fortsetzung des Zwölffingerdarmes bildet, wo sie aus dem Speisebrei von Millionen winziger Darmzotten, welche die Innenwand des Darmrohres bedecken, aufgesogen werden. Auf einem Quadratzentimeter sitzen 1000 Zotten, deren unausgesetzt saugende und pumpende Bewegung Zottenpumpe genannt wird.

Jede Darmzotte geht in ein Lymphgefäß über, das von einem feinen Blutgefäßnetz umgeben ist. In der Lymphe sammeln sich die Bestandteile des abgebauten Fettes an, während Zucker und Eiweißabbauprodukte in das Blut der Kapillargefäße übertreten.

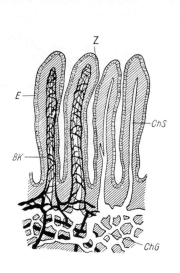

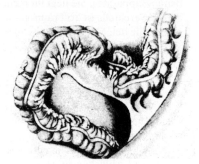

Darmschleimhaut

Querschnitt durch einen Teil der Dünndarmwand (vereinfacht). Z Darmzotten, E Epithel (Deckgewebe, Darmschleimhaut), Bk Blutkapillaren, ChS Chylusschläuche, ChG Chylusgefäße

Das Ende des Darms bildet der *Dickdarm.* Seine Einmündungsstelle ist durch eine Klappe verschlossen, damit nichts in den Dünndarm zurücktreten kann. Hier wird nun dem Darminhalt das überschüssige Wasser entzogen, das die Mund- und Bauchspeicheldrüsen und die Galle in Mengen über 2 Liter im Tag über die Speisen ergossen haben. Der eingedickte Brei sammelt sich im untersten Darmabschnitt, dem Mastdarm, und wird aus ihm nach außen entleert.

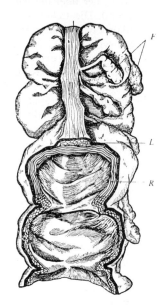

Dickdarm. Die stark gefaltete Wandung trägt keine Zotten. L Längsmuskulatur. R Ringmuskulatur. F Fettanhang

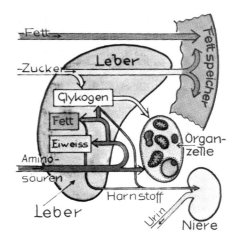

Die Verwertung der Nährstoffe

B) Darmstörungen

1. *Mittel gegen Durchfall, Antidiarrhoica*

Der Durchfall ist an sich keine Krankheit, sondern ein Krankheitssymptom, das auf die verschiedensten Ursachen zurückgeht. Er kann durch den Genuß bestimmter Speisen ebenso hervorgerufen werden wie durch Erkältungen oder heftige Gemütserregungen. Nicht selten tritt Durchfall auch als Begleiterscheinung von Infektionskrankheiten oder Darmgeschwüren auf. In allen Fällen aber ist er die Folge fehlender Verdauungssäfte.

Dieser Mangel hat zur Folge, daß die Nahrungsstoffe zu lange im Darm bleiben und dort gären oder faulen = Gärungsdyspepsie (gr. pepto = verdaue).

Dadurch wird der Stuhl immer dünnflüssiger und nimmt einen fauligen Geruch an. Als Diät empfehlen sich Preßsäfte aus frischem Obst, Schleimsuppen und Joghurt. Nach Besserung des Zustandes kann allmählich die Nahrung wieder aufgebaut werden, wobei zu Obst und Gemüsen etwas gemahlenes Fleisch, Eier, Reis und Teigwaren treten.

Wiederholen sich die Entleerungen mehrere Tage lang, ohne an Zahl und Flüssigkeit nachzulassen, so wird der vorübergehende Durchfall zum *Darmkatarrh*, Enteritis (gr. enteron = Darm).

Dieser kann chronisch oder akut sein; in der Regel befällt er nur einzelne Teile des Darms. Katarrhe des Dünndarms äußern sich durch Leibschmerzen, zahlreiche wässerige Stühle mit blutig-schleimigen Entleerungen, Appetitlosigkeit und gelegentlich auch Fieber. Beim Dickdarmkatarrh gehen oft Schleimhautfetzen ab und brennende Schmerzen treten im Mastdarm auf. Bei allen Darmkrankheiten beobachtet man schlechtes Aussehen, Abmagerung und Schwäche, weil die Nährstoffe durch die Darmschleimhaut nicht aufgesogen werden, die Darmflüssigkeit also unausgenützt den Körper verläßt. Darmkatarrhe dürfen niemals unbeachtet bleiben, man unterlasse jede Selbstbehandlung, vielmehr ist eine genaue ärztliche Untersuchung nötig.

Antidiarrhoica sind:
a) *Gerbstoffhaltige,* adstringierende (lat. adstringere = zusammenziehen) Drogen: Eichenrinde, getrocknete Heidelbeeren, Ratanhiawurzel, Salbeiblätter, Tormentillwurzel, Walnußblätter.

Vor der Anwendung von Gerbstoffdrogen muß der Darm durch ein Abführmittel von Bakterien und deren Gärungs- und Zersetzungsgiften befreit werden. Erst dann können die Gerbstoffe die durch Entzündung gequollene Darmschleimhaut verdichten, Blutgefäße verengen und die Peristaltik des Darmes anregen. Darüber hinaus wirken die Gerbstoffe desinfizierend, indem sie das Körpereiweiß pathogener Darmbakterien zum Gerinnen bringen.

Gerbstoffhaltige Mittel dürfen nur in großer Verdünnung angewandt werden, weil stärkere Konzentrationen Ätzungen, Gerinnungen und sogar ein Angerben der Darmschleimhaut zur Folge haben können.

b) *Blähungstreibende Drogen* (vgl. S. 140).

c) *Einhüllende Drogen* (vgl. S. 140).

d) Schmerzhafte Koliken des Verdauungskanals beseitigt weitgehend die *Pfefferminze,* deren ätherisches Öl die sensiblen Nervenendigungen im Darm leicht anästhesiert. Dadurch wird die glatte Muskulatur entspannt, so daß Krampfzustände abklingen können. Die Pfefferminze steigert auch die Gallenproduktion und erleichtert den Gallenfluß. Sie vermag außerdem durch ihren Gerbstoffgehalt leichtere Durchfälle zu beseitigen. Im ganzen gesehen ist also die Pfefferminze ein ausgezeichnetes und unschädliches Beruhigungsmittel für den gesamten erkrankten Verdauungskanal.

Beruhigend und krampflösend wirkt im Bereich des Magen-Darm-Traktes auch die *Melisse,* sowohl als Heiltee wie auch in Form des Melissengeistes, Karmelitergeistes, Benediktineressenz.

Eine entzündungshemmende, anregende, krampfstillende und zugleich die Bakterienflora des Darms umstimmende Heildroge ist die *Kamille.* Ihre guten Wirkungen verdankt sie dem in ihrem ätherischen Öl enthaltenen Azulen. Sofern ein Darmkatarrh auf die Tätigkeit pathogener (krankmachender) Bakterien zurückzuführen ist, empfehlen sich Darmspülungen mit Kamillentee.

e) *Aufsaugende Mineralstoffe:*
Heilerde (vgl. S. 141)
Bolus (vgl. S. 141)
Calciumcarbonat (vgl. S. 141)
Aktivkohle (vgl. S. 141)

2. *Mittel gegen Stuhlverstopfung,* Laxativa (lat. laxare = aufmachen), Purgativa (lat. purgare = reinigen).

Abführmittel

Die Stuhlverstopfung, Obstipation (lat. ob = gegen, stipo = stopfen) kann eine Begleiterscheinung verschiedener Krankheiten sein und ist damit Sache des Arztes. Ist sie jedoch die Folge unzweckmäßiger Lebensführung, z. B. falsche und unregelmäßige Ernährung, Bewegungsmangel, unzweckmäßige Kleidung usw., so können die freiverkäuflichen Abführmittel aus der Drogerie eine wirksame Hilfe sein.

Obstipation ist in allen Fällen auf eine Erschlaffung der Darmmuskulatur zurückzuführen, weshalb die Stuhlregulierung darauf abzielen muß, die Peristaltik anzuregen und in Gang zu halten. Abführmittel erreichen dieses Ziel entweder durch Darmfüllung oder Reizung der Darmschleimhaut.

a) *Durch Füllung wirkende Abführmittel* sind cellulosereiche Nährstoffe (Vollkornbrot, Gemüse, Früchte) und Quellstoffe aus Agar-Agar, Feigen, Röhrencassia, Pflaumen, Tamarindenfrüchten, Flohsamen, Tragant und Leinsamen, der frisch gemahlen oder geschrotet in Milch, Apfelmus usw. verrührt morgens und abends eingenommen wird (zwei bis fünf Eßlöffel). Die Wirkung stellt sich oft erst nach zwei bis drei Tagen ein. Darmfüllend wirken auch die salinischen Abführmittel Magnesiumsulfat, Bittersalz und Natriumsulfat, Glaubersalz, die hauptsächlich in den Salzquellen von Karlsbad, Marienbad und Mergentheim enthalten sind.

Ihre Lösungen werden im Darm nicht resorbiert, sondern nehmen aus dem Blut und den umgebenden Geweben durch Osmose Wasser auf, das den Darminhalt vermehrt und verdünnt. Wie die Mineralwässer bewirken auch die aus ihnen gewonnenen natürlichen und die diesen nachgebildeten künstlichen Mineralwassersalze in etwa 5%iger Lösung nach etwa 1 bis 2 Stunden die Stuhlentleerung. Vor der Anwendung konzentrierter Salzlösungen ist jedoch zu warnen, weil sie eine starke Schleimproduktion im Darm hervorrufen und damit zur Entstehung von Darmkatarrhen führen können.

Bitter- und glaubersalzhaltige Abführwässer spülen den Darm gut durch und steigern außerdem die Gallensekretion. Eine Gewöhnung an Mineralwässer und -salze findet nicht statt.

Die sog. *„Stoffwechselsalze"* sind meistens Nachbildungen bekannter Heilquellsalze und wirken wie diese.

Ähnlich wie die salinischen Abführmittel wirken *Milchzucker* in höherer Dosierung, *Invertzucker* im Honig, *Fruchtzucker* (Laevulose) und *Manit*. Sie alle sind ziemlich zuverlässig, besonders wenn größere Mengen Flüssigkeit dazugenommen werden.

Abführend wirkende Öle, sog. *„Darmgleitöle"* bestehen meistens aus dünnflüssigem Paraffinöl, das im Speisebrei emulgiert wird. Die winzigen Öltröpfchen lagern an ihrer Oberfläche Darmflüssigkeit an, wodurch der Darminhalt vermehrt und verdünnt wird. Ihrer völligen Geschmacklosigkeit wegen werden die Darmgleitöle im allgemeinen leicht eingenommen. Dauergebrauch ist jedoch nicht ratsam, weil diese Kohlenwasserstoffe die Resorption fettlöslicher Vitamine, besonders A, D, E, K, Phosphate und Calcium hemmen und gelegentlich auch zu Verdauungsstörungen führen können.

b) *Die Darmschleimhaut reizende Abführmittel* sind die Anthrachinondrogen *Sennesblätter* und *-früchte,* deren Sennoside, Anthrachinonglykoside durch Reizung der Darmschleimhaut abführend wirken. Außerdem hemmen sie die Wasserresorption aus dem Darm, vergrößern dadurch seinen Inhalt und erweichen ihn gleichzeitig. Einige glykosidisch gebundene Anthrachinonderivate der Sennesblätter lösen sich im heißen Wasser und können dann kolikartige Beschwerden verursachen, weshalb Sennesblättertee nur kalt zubereitet werden darf.

Zum Sortiment der Drogerie gehören folgende Sennapräparate:

Tassenfertige Tees (getrockneter, wäßriger Auszug aus Sennesblättern und -früchten).

Abführdragees (auch mit Zusatz von Diphesatin).
Kurznahme für Triacetyldiphenolisatin. Lagert sich feinverteilt an der Wand des Dickdarmes an und verhindert so den Durchtritt von Glykose, Kalium, Natrium, Calcium und Wasser. Dadurch wird der Stuhl weichgehalten und seine Darmpassage erleichtert.

Abführgranulat, Verdauungsschokolade.
Fruchtpasten (Verreibungen von Sennapulver im schleimigen Fruchtmus von Feigen und/oder Tamarinden. Die im Mus enthaltenen Wein-, Apfel-Bernsteinsäure und deren Salze, Invertzucker und Pektine werden schlecht resorbiert und halten auf osmotischem Wege einen Teil des aus der Nahrung stammenden Wassers im Darmlumen fest. Dadurch wird einer zu starken Eindickung des Speisebereies vorgebeugt und sekundär ein stärkerer Dehnungsreiz ausgeübt. Außerdem regen die enthaltenen Rohfaserstoffe die Peristaltik vor allem des Dünndarmes mechanisch an. Zur Feuchthaltung, Süßung und Steigerung der Abführwirkung wird den Fruchtpasten in der Regel etwas Glycerin zugesetzt.

Fruchtpasten wirken mild abführend, schmecken angenehm und werden deshalb auch von Kindern, alten und kranken Menschen gerne eingenommen und gut vertragen.

c) *Faulbaumrinde* und *Sagradarinde,* regen ebenfalls durch Reizung der Dickdarmschleimhaut die Darmbewegung an und verkürzen gleichzeitig die Verweildauer des Stuhles. Wie Senesblätter sind auch diese Anthrachinondrogen dickdarmwirksam, was bei chronischer Obstipation besonders wichtig ist, weil diese fast immer vom Dickdarm ausgeht.

Faulbaumrinde bleibt infolge ihrer Reizlosigkeit auch bei längerem Gebrauch wirksam und kann sogar während der Schwangerschaft verwendet werden. Die Wirkung setzt nach 8 bis 10 Stunden ein, am besten ist sie bei abendlicher Einnahme.

Faulbaum- und Sagradarinde sind in den Abführpräparaten häufig mit den stärker wirkenden Sennesblättern und -früchten und mit Agar-Agar kombiniert. Letzterer passiert den Magen und Dünndarm schnell, vermehrt durch Quellung den Darminhalt und regt auf diesem Wege die Peristaltik an.

d) *Aloe* ist der eingedickte Saft der Liliengewächse Aloe perryi Baker und Aloe vera L. Er enthält Aloin, Harze, Emodin und andere Hydroxyanthrachinonderivate. Nach etwa 10 Stunden führt Aloe zu einer breiartigen Darmentleerung.

e) Ein verhältnismäßig rasch wirkendes Abführmittel (zwei bis vier Stunden) ist das *Rizinusöl*. Das Öl selbst ist unwirksam; die Wirkstoffe bilden sich erst sekundär im Dünndarm, vor allem freie Ricinolsäure, eine lokal reizende Substanz. Freigesetzt wird sie aus dem Öl durch die verseifende Wirkung der Lipasen des Dünndarms.

Viele Abführmittel üben, wie dargestellt, auf die Darmschleimhaut einen Reiz aus, um die Peristaltik zu steigern. Jedem Reiz folgt aber eine Ermüdung und Schwächung, so daß als Folge des häufigen Einnehmens von Abführmitteln eine Darmerschlaffung eintritt, die oft so bedeutend wird, daß zuweilen selbst große Dosen der stärksten Mittel kaum mehr wirken. *Der verantwortungsbewußte Drogist wird daher seinen Kunden vor dem fortgesetzten Gebrauch starker Abführmittel warnen* und ihm dafür lieber Waren anbieten, die den Darm nicht reizen und immer mehr erschlaffen lassen. Besonders während der Schwangerschaft sollten Abführmittel nur im Notfall Anwendung finden, weil sie einen Abort herbeiführen können.

f) *Darmeinläufe, Klistiere*
In hartnäckigen Fällen von Verstopfung bewähren sich *Darmeinläufe* mit Wasser. Der „hohe Einlauf" wird mit dem Irrigator, der etwa ein Liter Wasser faßt, durchgeführt. Das hoch in den Darm eingelaufene Wasser wirkt stark entleerend und reinigend (Darmspülung).

Bleibe-Klistiere werden mit Wasser von 15 bis 45 °C mit einem Kinderklistierballon aus Gummi durchgeführt. Dabei wird mehrmals etwa 1 Eßlöffel Flüssigkeit langsam eingespritzt und so lange im Darm gehalten, bis sie aufgesogen ist. Bleibeklistiere mit warmem Olivenöl sind besonders über Nacht wirksam.

Literatur:

F. Eichholtz, Pharmakologie, 9. Auflage, Springer Verlag, Heidelberg 1957.
F. Hauschild und V. Görisch, Pharmakologie und Arzneiverordnungslehre, 2. Auflage, Edition Leipzig 1968.
H. Braun, Heilpflanzen-Lexikon, Gustav Fischer Verlag, Stuttgart 1968.
G. Kuschinski u. H. Lüllmann, Pharmakologie, 3. Aufl., Georg Thieme Verlag, Stuttgart 1967.
W. Forth und Mitarb., Naunyn-Schmiedebergs Arch. Pharmakol. exp. Pathol., 254, 18–32 (1966).
O. Gessner, Gift- und Arzneipflanzen, 2. Auflage, Carl Winter Verlag, Heidelberg 1953.
R. F. Weiss, Phytotherapie, 2. Auflage, Hippokrates Verlag, Stuttgart 1960.
H. Braun, Heilpflanzen-Lexikon, Gustav Fischer Verlag.
Schade, J. P., Anatomischer Atlas des Menschen. Gustav Fischer Verlag, Stuttgart 1972.

3. Eingeweidewürmer

Gefährliche Darmparasiten sind folgende Eingeweidewürmer:

a) *Der Maden- oder Springwurm,* Oxyuris (Enterobius) vermicularis. Er bewohnt den unteren Teil des Dünndarms und Teile des Dickdarms, legt jedoch seine Eier an der Afteröffnung ab, wobei er einen heftigen Juckreiz verursacht. Oxyuren sind 3 bis 5 mm lange, madenartige Würmer, die stets in großer Zahl auftreten und infolge Schmutzinfektion häufig Kinder befallen. Madenwürmer sind im Stuhl erkennbar.

b) *Der Spulwurm,* Ascaris lumbricoides ist etwa bleistiftdick, drehrund, an beiden Enden zugespitzt, rötlichgelb und erreicht eine Länge von 25 cm. Ein Askaridenweibchen vermag täglich etwa 250 000, im Jahr rund 75 Millionen Eier abzulegen, die im Stuhl ausgeschieden im Naturdünger Äcker, Wiesen und Felder geradezu verseuchen können. Vom Menschen aufgenommen entwickeln sich aus ihnen Larven, die in Blutgefäße eindringen und auf diese Weise in zahlreiche Körperorgane gelangen können.

c) *Der Bandwurm,* Taenia solium aus der Gattung der Cestoden ist der am schwersten zu beseitigende Darmparasit. Aus den mit rohem Fleisch, jauchegedüngtem Frischgemüse oder durch Hunde und Katzen übertragenen Eiern entwickelt sich in verschiedenen Stadien der Bandwurm. Er besitzt einen nur wenige Millimeter großen Kopf mit Häkchen und Saugnäpfchen, kann aber einen bis zu 10 Meter langen Körper entwickeln, in dem ununterbrochen neue Glieder, sog. Proglottiden gebildet und mit Eiern angefüllt im Stuhl ausgeschieden werden, woran der Bandwurmbefall erkennbar wird.

Wurmbefall jeder Art ist eine ernstzunehmende Krankheit. Neben Abmagerung, Erbrechen, Magenkrämpfen, Nervosität usw. kann er zu Bauchhöhlenabszessen, Darmentzündungen, Darmdurchlöcherungen und Schädigungen vieler Organe führen und muß deshalb vom Arzt mit geeigneten Medikamenten bekämpft werden.

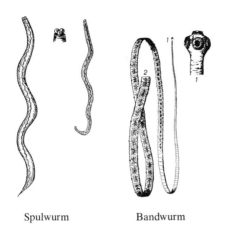

Spulwurm   Bandwurm

4. *Blutreinigungsmittel*

Die Bezeichnung *„Blutreinigungsmittel"* geht auf die Vorstellung einer Zeit zurück, zu welcher man glaubte, das Blut von „Schlacken" befreien zu können. Wie bereits ausgeführt, ist jedoch die chemische und physikalische Zusammensetzung des Blutes gesunder Menschen so konstant, daß es weder einer Reinigung im volkstümlichen Sinn bedarf, noch durch einfache chemisch-physikalische Vorgänge überhaupt beeinflußt werden könnte. Wohl aber sind alle Körperorgane auf das Blut angewiesen, weil es ihnen die Nährstoffe zuführt und die Endprodukte des Stoffwechsels abnimmt.

Auf Grund seiner hochgradigen Anpassungs- und schnellen Regulierfähigkeit tauscht das Blut die Umwandlungsstoffe Kohlendioxid in der Lunge rasch gegen Sauerstoff aus, während normale Stoffwechselschlacken durch die Darmdrüsen über die Leber ausgesondert werden. Wasserlösliche Endprodukte verlassen den Körper über die Nieren.

Die Blutreinigungsmittel wirken also nicht auf das Blut, sondern auf die Ausscheidungsorgane, indem sie milde abführen oder vermehrte Schweiß- bzw. Harnabsonderung auslösen. Dadurch sollen die Stoffwechselrückstände, vor allem die Harnsäure, welche durch die säureüberschüssige Winterkost im Körper entstanden sind, entfernt werden. Hierzu eignen sich abführende, schweiß- und harntreibende Kräutertees, welche durch ihren Basenüberschuß außerdem noch neutralisierend wirken.

Solche sind: Brennesselblätter, Erdrauchkraut, Faulbaumrinde, Hauhechelwurzel, Heidekrautblüten, Holunderblüten, Huflattichblätter, Johanniskraut, Löwenzahnwurzel mit Kraut, Queckenwurzel, Sandsegge, Schafgarbe, Stiefmütterchen, Süßholzwurzel, Walnußblätter.

Frühjahrskuren

Mangel an frischem Obst und Gemüse, wenig Bewegung an frischer Luft und fehlender Sonnenschein bewirken während der Wintermonate bei zahlreichen Menschen Vitaminmangel und ungenügende Ausscheidung von Stoffwechselschlacken aus dem Körper. Setzt nun im Frühjahr die UV-Strahlung wieder ein und steigert sich die Vitalität, werden viele Personen von Müdigkeits-, Schwäche- und selbst Krankheitsgefühl befallen, das im wesentlichen auf ein Defizit an Vitaminen fast aller Gruppen zurückzuführen ist. Dieser sog. *„Frühjahrsmüdigkeit"* kann mit vitaminreichen Präparaten wie Tonica, Vitamintabletten, besonders gut aber mit Pflanzenpreßsäften und vitaminhaltigen Fruchtsäften begegnet werden.

1.6.8 Reduktionsdiät

Gesunde Erwachsene benötigen täglich, je nach der Art ihrer Betätigung 2000 bis 2500 kcal = 8400 bis 10500 Joule, die zu etwa 10% von Eiweiß, 30% von Fett und 60% von Kohlenhydraten geliefert werden sollen. Bei einem Verzehr von rund 2000 kcal täglich bedeutet das 250 kcal = 10500 Joule Eiweiß = 63 g, 500 kcal = 2100 Joule Fett = 56 g und 1250 kcal = 52500 Joule Kohlenhydrate = 313 g. Diese Energien verbraucht der Körper zur Aufrechterhaltung lebenswichtiger Organfunktionen und zur fortlaufenden Erneuerung seiner Substanz (Grundumsatz), den Rest für die körperliche Arbeit (Arbeitsumsatz). Setzt man den Grundumsatz = 100, so werden durch Sitzen 5 bis 10%, durch Stehen 20 bis 30%, Gehen 200 bis 300% und beim Bergsteigen 600 bis 900% mehr Energie verbraucht. Schwerstarbeiter, z. B. Holzfäller, Transportarbeiter usw. benötigen bis zu 225 kcal = 945 Joule/Arbeitsstunde.

Bei Kälteeinwirkung muß der Körper zusätzliche Wärme durch unwillkürliche Steigerung des Arbeitsumsatzes erzeugen. Dabei werden zunächst die Muskeln unmerklich stärker angespannt, bei größeren Wärmeverlusten wird daraus Muskelzittern.

Temperaturen über 30° erfordern zusätzliche Energien zur Erzeugung von Schweiß, der den Körper durch Verdunsten abkühlt.

Übermäßig aufgenommene Nährstoffe werden im Organismus gespeichert. Schnell verfügbare Kohlenhydrate werden als Glykogen in der Muskulatur und Leber, langsam mobilisierbares Depotfett im Unterhautbindegewebe abgelagert. Sind die Kohlenhydratspeicher aufgefüllt, und werden die überschüssigen Kohlenhydrate und Fette nicht verwendet, so wandeln sie sich in Fett um, das in den Fettdepots gelagert wird.

Wird dieser Vorgang zur Regel, so führt er unweigerlich zu gesundheitsschädlichem Übergewicht, das in einer Größenordnung von 30% die Lebensdauer dickleibiger Menschen um die Hälfte verkürzt.

Außerdem begünstigt übermäßiger Fettansatz Arteriosklerose mit allen ihren schlimmen Folgen, erhöht den Blutdruck und setzt die Atemtätigkeit der Lungen bedenklich herab. Nicht zuletzt schafft Übergewicht die Disposition zum verbreitetsten Stoffwechselleiden, der Zuckerkrankheit, dem Diabetes (vgl. S. 81).

Übergewicht belastet auch das Binde- und Stützgewebe des Körpers in Knochen und Gelenken. Es kann zu Bandscheibenschäden, Arthritis (akute Gelenkentzündung) und Arthrose (chronische Gelenkentzündung) kommen.

Annähernd richtig lassen sich *Normal-* und *Idealgewicht* des Menschen folgendermaßen bestimmen:

Größe in Zentimeter minus 100 = Normalgewicht
Normalgewicht minus 10% = Idealgewicht.

Wesentlich exakter sind die auf Seite 154 folgenden Angaben, die das Geschlecht, Minimal- und Maximalwerte berücksichtigen.

Was über dem Normalgewicht liegt ist Übergewicht und soll nach Möglichkeit abgebaut werden. Hierzu wendet man die „*Reduktionsdiät*" an, die eigentlich gar keine Diät ist, sondern lediglich eine Ernährung mit gebremster Kalorienzufuhr. Dabei ist die richtige Zusammensetzung der Nahrung besonders wichtig, denn zu geringe Nahrungsmengen bei den Mahlzeiten aufzunehmen, führt zu keinem Erfolg.

Falsch ist auch die oft empfohlene Einschränkung der Trinkflüssigkeitsmenge, denn zum Ausscheiden der Schlackstoffe braucht der Körper während der Fastenkur 1,5 bis 2 Liter Flüssigkeit am Tag. Am besten geeignet sind Mineralwässer, kalorienarme Fruchtsäfte, Tee und Kaffee ohne Zucker.

Empfehlenswerte Lebensmittel zur Schlankheitskost sind:

Altbackenes Weißbrot, Toast, Knäckebrot, Vollkornbrot. Teigwaren, Gries, Reis, Haferflocken. Brei, Pudding, Süßspeisen, alle fettarm zubereitet. An Stelle von Haushaltszucker energiefreie Süßstoffe (Saccharin, Cyclamate). Für Diabetiker Fruchtzucker, Sorbit (führen zu keiner Insulinausschüttung). Salate mit wenig Keimöl zubereitet und mit Küchenkräutern gut gewürzt. Sauermilch, Joghurt, Mixgetränke aus Magermilchpulver, Magerkäse.

Wenig Fett. Butter, Diätmargarine mit hohem Gehalt an essentiellen Fettsäuren und Vitamin E. Pflanzenöle: Sonnenblumenöl, Keimöl.

Idealgewichte Erwachsener nach dem 25. Lebensjahr ohne Kleider und Schuhe

	Männer Idealgewicht				Frauen Idealgewicht		
Gr. cm	Min. kg	Mittelwert kg	Max. kg	Gr. cm	Min. kg	Mittelwert kg	Max. kg
155	50,4	54,2	58,2	145	41,7	45,6	49,6
156	51,1	55,0	59,2	146	42,2	46,1	50,1
157	51,7	55,8	60,1	147	42,7	46,7	50,6
158	52,4	56,6	61,1	148	43,2	47,2	51,2
159	53,1	57,5	62,0	149	43,8	47,7	51,7
160	53,7	58,3	63,0	150	44,3	48,2	52,2
161	54,4	59,1	63,9	151	44,8	48,8	52,7
162	55,1	59,9	64,8	152	45,3	49,3	53,3
163	55,7	60,7	65,8	153	45,8	49,8	53,8
164	56,4	61,6	66,7	154	46,4	50,3	54,3
165	57,0	62,4	67,6	155	46,9	50,9	54,9
166	57,7	63,2	68,6	156	47,4	51,4	55,4
167	58,4	64,0	69,5	157	47,9	51,9	55,9
168	59,0	64,8	70,5	158	48,4	52,5	56,5
169	59,7	65,6	71,4	159	49,0	53,1	57,2
170	60,4	66,4	72,3	160	49,5	53,8	57,9
171	61,0	67,2	73,3	161	50,0	54,4	58,5
172	61,7	68,0	74,2	162	50,5	55,0	59,2
173	62,4	68,8	75,1	163	51,1	55,7	59,9
174	63,1	69,5	75,9	164	51,7	56,3	60,5
175	63,8	70,2	76,6	165	52,4	56,9	61,2
176	64,5	70,9	77,4	166	53,0	57,6	61,9
177	65,2	71,6	78,1	167	53,6	58,2	62,5
178	65,9	72,4	78,8	168	54,3	58,8	63,2
179	66,5	73,1	79,6	169	54,9	59,4	63,9
180	67,2	73,8	80,3	170	55,5	60,0	64,5
181	67,9	74,5	81,0	171	56,1	60,7	65,2
182	68,6	75,2	81,8	172	56,8	61,3	65,8
183	69,3	75,9	82,8	173	57,4	62,0	66,5
184	70,0	76,6	83,3	174	58,0	62,7	67,3
185	70,6	77,3	84,0	175	58,6	63,4	68,1
186	71,3	78,0	84,8	176	59,3	64,1	68,9
187	72,0	78,8	85,5	177	59,9	64,8	69,7
188	72,7	79,5	86,2	178	60,5	65,5	70,5
189	73,3	80,2	87,0	179	61,1	66,2	71,3
190	74,0	80,9	87,7	180	61,8	67,0	72,1
191	74,7	81,6	88,4	181	62,4	67,7	72,9
192	75,4	82,3	89,2	182	63,0	68,4	73,7
193	76,1	83,0	89,9	183	63,6	69,1	74,5
194	76,8	83,7	90,6	184	64,3	89,8	75,3
195	77,4	84,4	91,3	185	64,9	70,5	76,1

K. Jahnke: länger leben durch Diät (1969), Herausgeber: Bundesausschuß für volkswirtschaftliche Aufklärung e. V.

Zu meidende Lebensmittel:
Mit Milch und Fett hergestelltes Gebäck. Torten, Pasteten u. ä. Klöße und fette Mehlschwitzen. Konzentrierte Zuckerwaren wie Bonbons, Pralinen, Schokolade, Liköre, süße Marmeladen, Konfitüren, Gelees, Honig. Dörrobst, Nüsse aller Art, Vollmilch, fettreiche Käsesorten.

Quellstoffe, die den Magen und die anschließenden Darmabschnitte füllen, ohne resorbiert zu werden, sind geeignet, das Hungergefühl zu mindern und dadurch die Nahrungsaufnahme zu verringern.

Als Quellstoffe dienen die aus verschiedenen Algenarten gewonnenen Alginate, die der Cellulose nahestehen und das Guarmehl, ein pektinartiges Polysaccharid, das aus der Guarbohne, Cyamopsis tetragonoloba, einer Papilionacee aus den Trockengebieten Afrikas, Arabiens, Persiens und Indiens gewonnen wird. Die Hersteller reichern ihre Präparate mit Eiweiß, Fetten, Kohlenhydraten, Mineralsalzen und Spurenelementen sowie Vitaminen an. Durch Geschmackskorrigentia werden sie anderen Lebensmitteln angeglichen.

Die Angebotsarten sind vielfältig: Fertiggerichte, Suppen, Kekse, Tabletten, Pulver.

Die Mindestenergiezufuhr von 4200 kJ = 1000 kcal pro Tag darf durch derartige Präparate nicht unterschritten werden (vgl. S. 120).

Abführmittel sind zur Abmagerung völlig ungeeignet, weil sie mit dem Wasser dem Körper wichtige Mineralsalze entziehen und die Resorption der Vitamine verhindern. Da sich der Darm rasch an sie gewöhnt, müssen immer größere Mengen eingenommen werden, die zu seiner völligen Erschlaffung führen und bedenkliche Erkrankungen herbeiführen können (vgl. S. 147).

Ballastreiche Kost wie Gemüse, Obst, Salate, Vollkorn- und Leinsamenbrote belasten den Darm und zwingen ihn zu kräftiger Peristaltik, die durch milde Laxantia wie Leinsamen und Milchzucker unterstützt werden kann.

Literatur:

Franke, K.: Gesundheits- und Ernährungslehre. Verlagsgesellschaft R. Müller, Köln 1965.
Glatzel, H.: Der gesunde und der kranke Mensch. Verlag Ernst Klett, Stuttgart 1970.
Holtmeier, H.-J.: Diät bei Übergewicht und gesunde Ernährung. Georg Thieme Verlag, Stuttgart 1969.
Voss-Herrlinger: Taschenbuch der Anatomie I/II/III. Gustav Fischer Verlag, Stuttgart 1971/1972.

2. Säuglings- und Kleinkinderpflegemittel

2.1 Säuglings- und Kleinkindernahrungsmittel

In den ersten 14 Tagen, der Neugeborenen-Periode, steht das Kind unter der Obhut der Klinik. 6 bis 8 Stunden nach der Geburt beginnt die Ernährung, bei der die Flüssigkeitszufuhr wichtiger ist als der Nährwert. Als erstes erhält der Säugling etwa 5 ml Glucose-Tee (5- bis 10%ig) in Abständen von 1 bis 2 Stunden. Allmählich wird die Trinkmenge gesteigert, bis sie in den ersten 24 Stunden etwa 50 ml/kg Körpergewicht erreicht hat. Dann beginnt das Stillen.

A) Muttermilch

In den ersten Tagen liefert die Brustdrüse eine gelbliche Vormilch, die 14% Eiweiß, 29% Fett und 57% Kohlenhydrate enthält. Diese „transitorische Milch" (lat. transire = hinübergehen) geht bald in die reife Dauermilch mit 10% Eiweiß, 32% Fett und 58% Kohlenhydraten über. Dabei vermehrt sich die anfängliche Menge von einem halber Liter täglich nach zwei bis drei Wochen auf etwa dreiviertel Liter.

Brustmilch enthält neben den nährenden Bestandteilen Salze, Enzyme, Hormone, Vitamine und Schutzstoffe in Form von Antikörpern, die sich die Mutter im Kampf gegen Kinderkrankheiten wie Masern, Scharlach, Keuchhusten usw. erworben hat. Einmal im Organismus gebildet, verbleiben sie auf Dauer in ihm und treten sofort wieder in Aktion, wenn entsprechende Antigene eindringen. Diese immunisierenden Schutzstoffe werden schon während der Schwangerschaft vom mütterlichen Blute auf das des Kindes übertragen, so daß dieses von Infektionskrankheiten, welche die Mutter schon als Kind überstanden hat, verschont bleibt.

Um schmerzhafte Brustentzündungen zu vermeiden, muß beim Stillen auf größte Sauberkeit geachtet werden. Zuvor werden die Hände und vor allem die möglichst kurz gehaltenen Nägel gründlich gebürstet, die Brüste mit abgekochtem Wasser abgetupft, nach dem Stillen in gleicher Weise behandelt, abgetrocknet und je nach Bedarf mit Wundpuder und Brustwarzensalbe versorgt.

Bei jeder Mahlzeit muß die Brust völlig leergetrunken werden, weil durch Milchstauung sehr schmerzhafte Brustentzündungen hervorgerufen werden können. Gelingt dies saugschwachen Kindern nicht, oder zeigt die Brustwarze Anomalien, muß die Milch mit einer *Milchpumpe* abgezogen werden.

Mütter, deren Brüste die Milch nicht halten können, benötigen *Milchfänger*, die, in den Brusthalter eingelegt, die auslaufende Milch auffangen und dadurch die Brust von dauernder Nässe, Wundwerden und gefährlicher Abkühlung schützen.

Über eingezogene Hohlwarzen muß ein *Gummibrusthütchen* gelegt werden, an dem das Kind saugen kann. Gelingt das nicht, muß die gesamte Milch abgepumpt und dem Kind aus der Säuglingsflasche gereicht werden. Unter Beachtung größter Sauberkeit muß sie auf Körpertemperatur erwärmt werden.

Brusthütchen　　　Milchpumpe　　　Milchfänger　　　Gummibrusthütchen

Stets sollte der Säugling mit möglichst viel Muttermilch ernährt werden. Reicht die Menge zur Sättigung nicht ganz aus, so muß mit der Flasche zugefüttert werden. Manchmal ist diese „Zwiemilchernährung" schon von Anfang an nötig, auf alle Fälle aber muß bei jeder Mahlzeit zuerst die Brust gereicht werden, denn das mühelose Trinken aus der Flasche macht das Kind schon bald so träge, daß es die Brust ganz ablehnt.

Jede künstliche Säuglings-Milchnahrung ist auf Kuhmilch aufgebaut, die jedoch eine wesentlich andere Zusammensetzung aufweist als die Frauenmilch. Sie enthält etwa dreimal soviel Eiweiß, weniger Fett und fast nur die Hälfte an Kohlenhydraten, dagegen viermal soviel Mineralstoffe. Außerdem gerinnt das Kasein der Kuhmilch in groben Flocken, während das Albumin der Frauenmilch fein und weich ausflockt und deshalb für den Säugling gut verdaulich ist.

Folgender Überblick soll den Unterschied in der Zusammensetzung von Kuh- und Frauenmilch aufzeigen:

Kuhmilch		Frauenmilch	
Fett	3,4%	Fett	4,0%
Gesamteiweiß	3,4%	Gesamteiweiß	1,3%
davon jedoch Kasein	3,0%	davon jedoch Albumin	
Albumin und Globulin	0,4%	und Globulin	50,0%
Milchzucker	4,6%	Milchzucker	7,0%
Salze	0,8%	Salze	0,23%
Kalorienwert	64	Kalorienwert	71
	= 2688 Joule		= 2982 Joule

Um die Kuhmilch dem Verdauungsapparat des Säuglings möglichst weitgehend anzupassen, werden zwei Teile Milch mit einem Teil Wasser zur sog. „*Zweidrittelmilch*" vermischt. Weil in ihr der Mineralstoff- und Eiweißgehalt um ein Drittel herabgesetzt sind, ist sie für den Säugling besser verträglich. Aber der ohnehin niedrige Gehalt an Fett und vor allem an Kohlenhydraten wird bei der Milchverdünnung ebenso stark gesenkt, sein Kalorienwert fällt also auch um ein Drittel ab. Um diesen aufzubessern, muß als sog. „erstes Kohlenhydrat" ein Mono- oder Disaccharid in Form von Dextrose, Laktose, Haushaltzucker oder als „zweites Kohlenhydrat" Schleim bzw. stärkehaltiges Getreidemehl zugesetzt werden.

B) Säuglings- und Kleinkindernahrungsmittel auf Milchbasis, Milchfertignahrungen

werden anstelle fehlender Muttermilch verwendet. Man unterscheidet:

a) der Frauenmilch angepaßt: adaptiert

b) überwiegend mit Fett und Kohlenhydraten angereichert: teiladaptiert

c) kohlenhydratangereichert und gesäuert: nicht adaptiert

a) *Adaptierte Milch-Fertignahrungen* (lat. adaptare = anpassen). Die meisten Milch-Fertignahrungen sind adaptiert, d. h. durch technisch-chemische Verfahren der Muttermilch weitgehend angepaßt. Dabei werden die Fett-Eiweiß- und Mineralstoffmengen auf die Werte der Muttermilch eingestellt und wird das Kuhmilchfett gegen Pflanzenöle ausgetauscht, die reich an essentiellen Fettsäuren sind. Als Kohlenhydrat enthalten derartige Präparate meistens den leicht abführenden Milchzucker, der nicht nur als Energie- und Kalorienspender wichtig ist, sondern auch die Ansiedlung bestimmter Darmmikroben begünstigt, die die Synthese lebenswichtiger Vitamine ermöglichen.

b) In *teiladaptierten Milchverdünnungen* ist das Milchfett nur teilweise gegen Pflanzenöle ausgetauscht. Es handelt sich bei ihnen also um teil-fettausgetauschte Milchnahrungen für Säuglinge.

Milchfertignahrungen müssen der Zusammensetzung der Früh-, Übergangs- und reifen Muttermilch entsprechen und werden deshalb in den Nährstufen 1, 2, 3 hergestellt. Sie sind untereinander nicht austauschbar und der Übergang hat vorsichtig nach den Angaben des Herstellers zu erfolgen. Lebensalter und Gewicht sind Anhaltspunkte dafür, wann von einer Ernährungsstufe auf die andere übergegangen werden kann.

c) *Säuremilch*, z. B. Pelargon (Nestle) wirkt in der Regel stuhlfestigend. Treten Blähungen auf, so muß die Milchnahrung mit Kamillen- oder Fencheltee zubereitet werden. Der Unterleib des Kindes ist mit einem wollenen Tuch warmzuhalten oder eine mit Tüchern umhüllte Gummi-Wärmflasche mit einer Wassertemperatur bis zu 50 °C täglich etwa eine halbe Stunde lang aufzulegen.

C) **Säuglings- und Kindernahrungsmittel auf Basis Getreide und Stärke** dienen als Zusatz zur Flaschen- oder Breinahrung. Man unterscheidet:

Ab 1. Tag als Zusatz: Schleime
Ab 3. Monat als Brei:
Getreidebreie, Getreidebreie auch mit Zusätzen, z. B. Milch und Milchbestandteile, gebackene Erzeugnisse.

Besteht kein Übergewicht, so kann in diesem Lebensabschnitt die Abendflasche durch einen vitamin- und kalorienreichen Brei aus Zwieback oder Kornflocken, Obst und Milch ersetzt werden. Vier Wochen später folgt Gemüsebrei, der reich an Mineralsalzen, Eisen und Vitaminen ist und schließlich Vollmilchbrei, den man aus den sog. „Sofort-Brei-Präparaten" durch einfaches Einrühren in Milch mühelos bereiten kann.

D) **Säuglings- und Kindernahrungsmittel auf Basis Obst, Gemüse, Fleisch, Fisch** ergänzen beim jungen Säugling die Milchnahrung, beim älteren eine Milchmahlzeit. Sie erleichtern die allmähliche Anpassung des kindlichen Organismus an die normale Ernährung.

a) *Fruchtgetränke* aus Karotten, Birnen, Aprikosen, Ananas usw. liefern dem Säugling Vitamine, Mineralstoffe und Spurenelemente, die in der Milchnahrung nicht genügend vorhanden sind. Zubereitungen aus Karotten, Äpfeln, Bananen und Heidelbeeren wirken stuhlfestigend, alle anderen stuhlerweichend. Zwei bis drei Teelöffel voll Milchzucker beseitigen Stuhlverstopfungen.

b) *Pürees* aus Karotten, Obst, verschiedenen Gemüsen und Spinat, der reich an Folsäure und Eisen ist, das die Blutbildung fördert, liefern dem Kind die notwendige Menge an verschiedenen Vitaminen. Spinatreste dürfen nicht aufgewärmt gefüttert werden, weil sie durch Nitritbildung Blausucht hervorrufen können.

c) *Menüs* aus Fleisch, Leber, Nudeln, Reis, Gemüse, Karotten usw. sind wertvolle Eiweiß- und Eisenlieferanten, die den Bedarf des Kleinkindes an Nähr- und Wirkstoffen befriedigen.

d) *Juniorenkost* besteht aus den oben genannten Menüs mit Zusätzen von Tomaten, Bohnen, Kartoffeln usw., die mit den in diesem Lebensalter vorhandenen Zähnen gekaut werden müssen. Als Zahnungshilfe sind Knabberkekse geeignet.

Empfehlungen für die Säuglingsernährung

Alter	Tagestrinkmenge in ccm	Säfte	Breie, Gemüse, Obst, Milch, Fleisch usw.
Wochen 2–3	(in 5 Flaschen) 500–600		
4–5	600–700	2 Teelöffel	
6–7	700–800	langsam auf	
8–9	800–900	8–10 Teelöffel steigern	
Monate 3.	800–900 (5 Flaschen)	teelöffelweise zu Flasche oder Brei	teelöffelweise Zufütterung
4.	800–600 (4–3 Flaschen)	Saftbeigabe zu Flasche oder Brei	mittags: Gemüsebrei anstelle einer Flaschenmahlzeit – abends: Milchbrei vermischt mit Saft oder Obstbrei
5.	600–400 (3–2 Flaschen)		Gemüsebrei m. teilw. Beigabe von Fleisch, Geflügel, Leber, Ei, Fisch Milchbrei mit Saft oder Obstbrei
6.–7.	400–200 (2–1 Flasche)	Trank mit Flasche oder Becher	Gemüsebrei m. Beigabe von Fleisch, Geflügel, Leber, Ei, Fisch als Vollmahlzeit (1×) Milchfreier Getreidebrei (1×) Milchbrei mit Obstbrei oder Saft (1×)
8.–12. ab 12.	200 (1 Flasche)	Trank mit Flasche oder Becher	Beginn der Juniorkost Kleinkinderkost
	Hierfür stehen die industriell gefertigten Säuglingsmilch-, Getreide- und Obst- und Gemüse-, Fleischnahrungen bzw. Säfte zur Verfügung.		
Jahre 1–6	entsprechend der Gebrauchsanweisung bei Junior- und anderer Kinderkost		

E) Aufbau-Tonica

sollen durch abgewogene Zusammenstellung von Vitaminen und hochwertigen Aufbaumitteln die Entwicklung des Kindes fördern. „Kinderpunkt" (Herzpunkt-Pharma, Bad Salzig) z. B. enthält:

Vitamin C: aus dem natürlichen Vorkommen im Sanddorn-, Hagebutten-, Orangen- und Zitronensirup, ergänzt durch kristallines Vitamin C, schützt vor Erkältung und grippalen Infekten.

Vitamin B_1: fördert den Appetit, beugt Störungen im Kohlenhydratstoffwechsel vor.

Vitamin B_6: beugt nervösen Störungen vor und fördert so die Konzentrationsfähigkeit.

Vitamin B_{12}: fördert die körperliche und geistige Entwicklung, die Blutbildung und das Wachstum der Kinder. Die geistige Leistungsfähigkeit wird spürbar gebessert.

Honig: Der hohe Anteil an Fruchtzucker stellt ein für den jugendlichen Organismus schnell zur Verfügung stehendes Energiereservoir dar.

Malzextrakt: wandelt durch die darin enthaltene Amylase Stärke und Dextrin in Zucker um und regt die Speichelbildung an.

Sorbit: wird in der Leber sofort in Fruchtzucker umgewandelt und steht dann ebenfalls schnell als Energielieferant zur Verfügung.

Brombeermuttersaft: führt dem Kind den natürlich gespeicherten Calciumgehalt zu.

Literatur:
Diätetische Lebensmittel: Verband der diätetischen Lebensmittelindustrie e. V. Frankfurt/M., Eschersheimer Landstr. 5–7.

Säuglings-Beruhigungstee wirkt appetitanregend, blähungstreibend und krampflösend bei Säuglingen und Kleinkindern. Tassenfertige Produkte enthalten Trockenextrakte aus Fenchelfrüchten, Kamillenblüten, Süßholzwurzel, Anis-, Coriander- und Kümmelöl in Mikrokapseln.

F) Kinderflaschen und Sauger

Kinderflaschen müssen sich leicht reinigen lassen, eine genaue Abmessung des Inhalts bis 200 g ermöglichen und dürfen beim Erhitzen nicht zerspringen. Nach dem Gebrauch werden sie mit einem der üblichen Spülmittel gereinigt, anschließend mit klarem, heißem Wasser nachgespült und zum Trocknen mit der Öffnung nach unten an einem staubfreien Platz aufbewahrt. Zu den Kinderflaschen gehören passende Flaschenbürsten und -verschlüsse.

Sauger sind dünnwandige Gummihohlkörper, die auf den Hals der Milchflasche gestülpt werden. Man kennt längliche Flaschensauger, Kappensauger mit kurzem Mundstück und Naturasauger, die auf einer plattenartigen Verbreiterung kleine Erhebungen tragen, die an die ungleichmäßige, warzige Oberfläche der Mutterbrust erinnern.

Ein Flaschensauger ist gut, wenn er vom Kind die gleichen Anstrengungen verlangt wie die Brusternährung, nämlich die rhythmisch aufeinanderfolgenden Saug-, Kau- und Schluckbewegungen. Läßt er die Milch ohne Mithilfe des Säuglings einfach ausfließen, so wird die Nahrung ungenügend eingespeichelt und dadurch schwerer verdaulich. Außerdem kann sich auf diese Weise ein gesunder Kiefer nur zögernd entwickeln.

Ein zu weites Saugerloch begünstigt auch hastiges Trinken, Überfütterung, Luftschlucken und als Folge davon Erbrechen. Eine genaue Überprüfung der Trinkmenge, Verkleinerung des Saugerlochs und Aufstoßenlassen beheben in der Regel schnell dieses Übel. Erbricht das Kind in hohem Bogen, so kann ein Magenpförtnerkrampf, besonders bei Kindern im Alter von der 2. Woche bis zum Ende des 3. Lebensmonats vorliegen. In diesem Fall ist der Arzt zu befragen.

Neue Sauger besitzen meistens noch keine Öffnung. Am besten wird sie mit einer glühenden Stopfnadel in die Saugerkappe gebrannt, jedoch nur so groß, daß die Milch aus der geneigten Flasche nur tropfenweise ausfließen kann. Vor dem ersten Gebrauch und dann einmal täglich muß der Sauger ausgekocht und nach jedem Gebrauch in heißem Wasser gründlich gespült werden. Zur Aufbewahrung eignen sich spezielle, dichtschließende Behälter aus Kunststoff oder Glas.

2.2 Hautpflegemittel für den Säugling

Das Neugeborene steht zunächst noch unter dem Schutz vorgebildeter, ihm von der Mutter mitgegebener Antikörper, die es gegen Bakterien und Viren in der Atemluft, in der Umwelt, im Wasser und in der Nahrung verteidigen. Diese Wächter hatte der Mutterleib zum eigenen Schutz gebildet, und sie waren kurz vor der Geburt ins Blut des Kindes eingedrungen, damit es während des Geburtsvorganges und kurze Zeit danach nicht schutzlos war. Aber wie jedes Eiweiß zerfallen mit der Zeit auch diese Antikörper, so daß das Kind in den ersten vier Lebensmonaten über keinerlei natürlichen Immunschutz verfügt. Wirksame Abwehrkräfte entwickelt der Körper des Säuglings erst im Verlauf eines Jahres, so daß während dieser Zeit Infektionen jeder Art Tür und Tor weit geöffnet sind. Aus diesem Grunde müssen zur Säuglingshygiene die auf Seite 185 genannten bakteriziden, viruziden und fungiziden Hautdesinfektionsmittel ständig verwendet werden.

Nach der Geburt wird die Nabelschnur, die bisher die Verbindung des Kindes zum Körper der Mutter herstellte, durchtrennt. Diese Trennstelle muß als offene Wunde betrachtet werden und braucht daher eine sorgfältige Behandlung. Etwa ein bis zwei Wochen nach der Geburt erst ist das Nabelgrübchen, wenn der Nabelschnurrest abgefallen ist, völlig trocken. Bis dahin darf das Kind noch nicht gebadet und die Nabelgegend nicht gewaschen werden. Nur der oberste Tupfer wird entfernt, ein neuer mit möglichst steriler Pinzette täglich aufgelegt und eine frischgewaschene Nabelbinde dachziegelartig angelegt. Auf dem Rücken soll diese schmal und vorne breit und fächerartig gewickelt werden und weder zu fest noch zu locker sitzen.

A) Das Säuglingsbad

Zur Reinigung der Haut bekommt der Säugling täglich ein Bad von etwa 5 Minuten Dauer und einer Wassertemperatur von 36 °C, die mit dem Badethermometer ermittelt werden muß. Die Luftwärme soll beim Baden um 20 °C liegen. Normalerweise wird das Kind in klarem Wasser gebadet. Industriell hergestellte Zusätze zum Babybad enthalten oft Azulen und pflegende Pflanzenextrakte gegen Hautreizung und Wundsein.

B) Baby-Seifen

sind nachfettende, unparfümierte, milde Seifen, deren Schaum die Schleimhäute der Augen nicht reizt. Gelegentlich enthalten auch sie einen Zusatz von Azulen. Kopf und Haare des Kindes sollen nur zweimal wöchentlich mit Seife gewaschen werden. Zimoccaschwamm, Mulläppchen und Wattebausch sind geeignete Hilfsmittel.

C) Baby-Öle

werden verwendet, wenn Seife und Wasser noch nicht verträglich sind und später bei zu trockener Haut nach dem Bad. Sie bestehen aus vegetabilischen Ölen, denen zur Steigerung der hautpflegenden Wirkung Isopropylmyristat, Purcellinöl, Eutanol, die Vitamine A, D, E, F, Cholesterin u. a. zugesetzt werden können.

Baby-Cremes enthalten dieselben Substanzen in einer W/O-Emulsion.

Babypasten weisen eine härtere Konsistenz auf und enthalten oft Puderbestandteile.

D) Baby-Puder

ist besonders saugfähig, unparfümiert und enthält meistens dieselben entzündungshemmenden und heilenden Wirkstoffe wie die beschriebenen Hautpflegemittel für Kleinkinder. Die wichtigsten Puderstellen sind Achselhöhlen, Schenkelbeuge, Ellbogen, Hals und Gesäßfalte. Sind diese Stellen bereits mit Paste versehen, so dürfen sie anschließend nicht mehr gepudert werden im Gegensatz zu Öl oder Creme, die Puder rechtfertigen.

Bevor Öl, Creme, Paste oder Puder neu aufgetragen werden, müssen alle alten Reste vollständig von der Haut entfernt sein, weil sich sonst Klümpchen bilden, die zu Wundsein führen bzw. wunde Haut nicht abheilen lassen.

E) Baby-Shampoo

ist ein hautverträgliches, mildes Haarwaschmittel, das die Bindehaut der Augen nicht reizt (vgl. S. 256).

F) Wattebällchen, Wattepads

dienen zum Reinigen der Augenumgebung. Sie werden dabei vom Auge weg zur Nase hin bewegt.

Mit *Wattestäbchen,* die mit ein paar Tropfen Babyöl beträufelt worden sind, werden Ohrenschmalz und Nasenschleim vorsichtig entfernt.

G) Baby-Nagelscheren

mit abgerundeten Spitzen dienen zum Schneiden der rasch wachsenden Finger- und Zehennägel des Säuglings. Die Fingernägel werden rund geschnitten und kurz gehalten. Bei den Fußnägeln müssen die Ecken stehen bleiben, damit sie nicht einwachsen können.

H) Babyhaarbürsten

aus weichem Ziegenhaar eignen sich für die Pflege der ersten zarten Härchen. Haarschuppen und Schorf müssen vorsichtig mit Öl abgelöst werden, gegebenenfalls ist der Kinderarzt zu konsultieren.

I) Windeleinlagen

bestehen aus besonders weichem textilem Vließstoff, der reißfest, krümelsicher und antibakteriell ist. Sie werden zwischen Körperhaut und Mullwindel gelegt. Urin können sie nicht zurückhalten.

K) Zellstoffwindeln

werden in unterschiedlichen Größen und Stärken sowie für den Gebrauch bei Tag oder Nacht hergestellt und sind deshalb besonders körpergerecht. Sie sind mit desodorierenden und desinfizierenden Stoffen imprägniert, saugen sehr gut, krümeln und fusseln nicht. In Wasser lösen sie sich vollkommen auf und können deshalb in der Toilette beseitigt werden.

L) Wegwerfwindeln

enthalten in einem feinen Vließ als aufsaugendes Material mehrere Zellstofflagen oder Zellstoffflocken. Die äußere Seite ist flüssigkeitsundurchlässig imprägniert und meistens rötlich eingefärbt. Manche Produkte sind mit einem Reißfaden zum mühelosen Öffnen versehen.

M) Windelhöschen

müssen in Form und Größe körpergerecht sein, durch Klettenverschluß oder Bänder zusammengehalten werden und dürfen keine Nähte aufweisen, die Bakterienherde sind.

Das Material muß hautfreundlich, weich, anschmiegsam und heiß waschbar sein und darf sich durch Öle und Salben nicht verändern, verfärben oder verhärten. Erfüllt ein Produkt diese Bedingungen nicht, kann leicht ein schädlicher Wärme- und Feuchtigkeitsstau auftreten.

Windelslips, Wickelfolien passen sich faltenfrei der jeweiligen Babygröße an.

Höschen-Windeln sind Kombinationen aus Flockenwindel und Wickelfolie.

Literatur:

Knud O. Moller, Pharmakologie, Benno Schwabe & Co. Verlag, Basel/Stuttgart 1961.

2.3 Kinderzahnpflege

Das erste Gebiß des Menschen, das sog. *Milchgebiß* entwickelt sich schon in den Kiefern des Embryos im Mutterleib. Bei der Geburt ist der Kiefer jedoch noch so klein und schwach, und die Gesichtsbildung ganz auf Saugen und nicht auf Kauen eingestellt, daß Zähne weder Raum noch Sinn im Munde des Neugeborenen hätten.

Die Milchzähne brechen normalerweise zwischen dem 6. und 30. Lebensmonat des Kindes durch. Als erste zeigen sich die mittleren Schneidezähne und nach etwa zwei Jahren als letzte die Milchmahlzähne, die Milchmolaren. In diesem Alter ist das Milchgebiß mit 20 Zähnen voll entwickelt und bleibt bis zum 6. Lebensjahr erhalten.

Der Durchbruch des Milchgebisses ist ein natürlicher biologischer Vorgang, der ohne oder mit nur geringen Beschwerden verläuft. Gelegentlich auftretendes schwaches Fieber beschleunigt den Zahndurchbruch, indem es den Stoffwechsel anregt. Zu lang andauernde, deutlich erhöhte Körpertemperatur kann natürlich auch das Anzeichen einer ernsten Erkrankung sein und muß deshalb vom Arzt behandelt werden.

In dieser Reihenfolge entwickelt sich das Milchgebiß

10 6 8 3 2 2 3 8 6 10

9 5 7 4 1 1 4 7 5 9

Während des Zahnens tritt häufig auch eine vermehrte Speichelabsonderung auf, die als Reflex des Großhirns von der Mundschleimhaut ausgeht. Dieser Vorgang ist vollkommen natürlich und kann sich sogar im 6. Lebensjahr wiederholen, wenn die bleibenden hinteren Zähne durchbrechen.

Beißringe aus Kunststoff erleichtern das Zahnen. Gedrechselte Stücke Veilchenwurzel (Rhizoma Iridis pro Infantibus) sind unhygienisch, weil sie leicht zersetzliche Stärke enthalten und schwer sauber zu halten sind.

Treten beim ersten Zahnen örtliche Beschwerden, z. B. Gingivitis, Zahnfleischentzündung (lat. gingiva = Zahnfleisch) oder Stomatitis, Mundschleimhautentzündung (gr. stoma = Mund), auf, sind schmerzlindernde Präparate angezeigt, z. B. „Dentinox", das aus Kamillen- und Myrrhenextrakt, Anästhesin, Menthol, Acriflavin und Äthoxydiaminoacridinum lacticum besteht. Mit der Lösung wird der Kiefer an den Stellen eingerieben, wo der Zahndurchbruch zu erwarten ist.

Fenchelhonig wirkt schleimlösend und *Rosenhonig mit Borax* dient zur Vorbeugung gegen Entzündungen der Mund- und Rachenschleimhaut.

Das Milchgebiß ist von ausschlaggebender Bedeutung für die richtige Entwicklung der Kiefer sowie die rechte Stellung der bleibenden Zähne. Kiefer- und Gebißfehlbildungen können durch Lutschen an allen möglichen Gegenständen verursacht werden. In den beiden ersten Lebensjahren ist es normal und darum nicht schädlich, wird es jedoch darüber hinaus gewohnheitsmäßig weiterbetrieben, muß es abgewöhnt werden.

Zahnpflege-Plan für Kinder

Beginn: Sobald die ersten acht Zähne da sind	Wattestäbchen oder Mull-Läppchen	Nach der letzten Abendmahlzeit	Auf der Wickelkommode. Köpfchen geschickt festhalten	Übergang vom Zahnfleisch zum Zahn besonders sauberhalten.
1½ bis 2 Jahre	Kleine Kinderzahnbürste, eventuell Ansatz für Elektrozahnbürste. Es wird ohne Zahnpasta geputzt, u. U. weiterhin mit Wattestäbchen Zähne reinigen	Unbedingt nach der letzten Mahlzeit	Nachahmungstrieb ausnutzen, Kind mit der Zahnbürste spielen lassen, dann richtig putzen. Üben, Zähnchen zeigen, Mund öffnen und schließen	*Immer den Kopf festhalten!* Am besten stellt man sich hinter das Kind, umfaßt mit der linken Hand den Unterkiefer. In dieser kuscheligen Stellung machen Kinder den Mund willig auf. Mit dem Zeigefinger kann die Wange etwas abgehalten werden. Jetzt ist Platz für die Zahnbürste. Zähnchen von allen Seiten putzen. Während des Zähneputzens mit dem Kind sprechen und es für seine Geduld loben.

Alter	Zahnbürste	Wann putzen	Wie putzen	Hinweise
2 bis 3 Jahre *Von jetzt an regelmäßig zweimal im Jahr zum Zahnarzt*	Kleine Kinderzahnbürste, kurze Kunststoffborsten, noch keine Zahnpasta	*Unbedingt nach der letzten Mahlzeit,* nach Möglichkeit auch nach dem Frühstück und möglichst nach allem Süßen	Ausspülen lernen, Wangen aufblasen und einziehen. Das macht Spaß und übt, das Wasser durch die Zähne zu drücken	Das Kind vorputzen lassen. Nachahmungstrieb ausnutzen, aber *unbedingt nachputzen,* möglichst immer vor dem Spiegel. Zähneputzen ist viel schwerer als Ohrenwaschen; Haarewaschen ist vergleichsweise leicht dagegen. Immer auf die Zahnfleischränder und die Grübchen auf den Kauflächen achten, auch die Innenseiten der Zähne mitputzen
3 bis 5 Jahre	Kinderzahnbürste, mit Zahnpasta beginnen	Nach allen Hauptmahlzeiten	Ausspülen, mit der Zahnbürste kleine Kreise auf die Zähne malen. Auf keinen Fall scheuern.	
5 bis 7 Jahre	Kinderzahnbürste, Kurzkopfbürste, V-Stellung der Borsten Kunststoffborsten, Zahnpasta	Nach jeder Hauptmahlzeit	Ausspülen, Außenfläche, Innenfläche, Kaufläche putzen, ausspülen, putzen mit kleinen kreisenden Bewegungen, am Zahnfleisch beginnend.	Jetzt beginnt der Zahnwechsel, meist bei den unteren Frontzähnen. Gleichzeitig bricht hinter dem letzten Milchzahn *der erste bleibende Backenzahn* durch Er wird oft übersehen oder für einen Milchzahn gehalten. Er muß *besonders sorgfältig geputzt* werden, da er am längsten halten muß und besonders anfällig ist. Jetzt muß besonders aufgepaßt werden: Kinder spüren diesen Zahn meist gar nicht. Es dauert einige Zeit, bis die vier Backenzähne durchgebrochen sind und miteinander Kontakt haben. In der Zwischenzeit werden sie nicht benutzt und „verschmutzen" daher schnell. Also unbedingt Zahnpflege überwachen, gelegentlich abends nachputzen. Die Mühe lohnt! Der Zahnwechsel geht kontinuierlich weiter. Mit 9 bis 11 Jahren werden die Milchbackenzähne durch bleibende Zähne ersetzt. Hinter dem ersten Backenzahn bricht ungefähr mit 12 Jahren ein zweiter dicker Backenzahn durch. Auch jetzt wieder besonders achtgeben. Wieder spüren die Kinder diese Zähne kaum. Gelegentliche Kontrollen sind auch jetzt noch notwendig.
7 bis 14 Jahre	Kinder- oder Junior-Zahnbürste, V-Stellung der Borsten, Kunststoffborsten, Zahnpasta	Nach jeder Hauptmahlzeit und möglichst nach jedem Genuß von Süßem	Immer dieselbe Reihenfolge einhalten. Zahnfleisch mitmassieren!	

Beruhigungssauger   Mundvorhofplatte

Im 6. Lebensjahr erscheinen als erste bleibende Zähne die vorderen großen Backenzähne, die sog. „Sechsjahr-Molaren". In dieser Zeit baut der Körper die Wurzeln der Milchzähne ab, sie lockern sich und fallen allmählich aus, um dem bleibenden Gebiß Platz zu machen. Im 12. Lebensjahr ist dieses mit 28 Zähnen voll ausgebildet, die vier „Weisheitszähne" brechen erst nach dem 18. Lebensjahr durch.

2.4 Fiebermittel

Bei Säuglingen und Kleinkindern treten Schwankungen der Körpertemperatur zwischen niedrigen Morgen- und höheren Abendwerten häufig auf. Temperatursteigerungen bis zu 37,7 °C sind deshalb keine sicheren Anzeichen einer beginnenden Krankheit. Ab 38 °C muß jedoch eine solche als Ursache vermutet werden und über 39 °C ist das Fieber nach Rücksprache mit dem Arzt durch einen Wadenwickel folgendermaßen zu bekämpfen: Windeln oder große Taschentücher werden in kaltem Wasser ausgedrückt, um die Beinchen gewickelt, darüber ein Strumpf gezogen, damit das Kind die Beine bewegen kann. Diese Wickel werden nach 15 Minuten erneuert. Sie senken nicht nur die Temperatur, sondern leiten auch die verstärkte Blutzufuhr aus den Kopfgefäßen ab und lindern dadurch etwa auftretende Kopfschmerzen. Fiebersenkende Maßnahmen sind besonders bei Säuglingen wichtig, weil diese bei hohen Temperaturen zu Krämpfen neigen. Auf keinen Fall dürfen fiebernde Kinder warm zugedeckt werden, weil das zu gefährlichen Wärmestauungen führen kann.

Beim Säugling wird die Temperatur mit dem Fieberthermometer in der Rückenlage gemessen, wobei die Beine des Kindes angezogen werden. Beim älteren Kind ist die Seitenlage ebenfalls mit angezogenen Beinen günstiger. Vor dem Einführen in den After wird das Thermometer mit einer fetten Salbe oder Creme leicht eingefettet.

3. Verbandstoffe

Unter Verbandstoffen versteht man Erzeugnisse auf Faserstoffgrundlage (vorwiegend Cellulose) mit oder ohne Imprägnierung, die dazu dienen, Wunden zu versorgen und zu verschließen oder Körperteile zu verbinden bzw. zu umhüllen.

Nach AMG § 1 (2), 2 sind sie Arzneimittel und unterliegen als solche den Qualitätsnormen des DAB. Danach dürfen sie bei bestimmungsgemäßem Gebrauch keine schädliche Wirkung hervorrufen, nicht radioaktiv sein, keine Verfälschungen aufweisen noch unter irreführender Bezeichnung zum Verkauf vorrätig gehalten, verkauft oder sonst in den Verkehr gebracht werden.

Alle als keimfrei gekennzeichneten Verbandstoffe sind freiverkäuflich, soweit sie nicht der ärztlichen Verschreibungspflicht unterliegen und nicht ausdrücklich durch die Rechtsverordnung nach § 32 (1),1 vom Verkehr außerhalb der Apotheken ausgeschlossen sind.

3.1 Watte

Wichtige Wattesorten sind:
Verbandwatte aus Baumwolle
Verbandwatte aus Zellwolle
Verbandwatte aus Baumwolle und Zellwolle (Mischwatte)
Watte für besondere medizinische Zwecke (Augenwatte).

A) Baumwollwatte

Gossypium depuratum besteht aus den Samenhaaren verschiedener Gossypium-Arten, die in tropischen und subtropischen Ländern angebaut werden. Die Samen tragen neben kurzen Grundhaaren, je nach Abstammung, 2 bis 4 cm lange Wollhaare, die aus Cellulose bestehen und in der Cutikula etwas Wachs enthalten. Sie sind schmutzigweiß, bandförmig flachgedrückt und stellenweise korkzieherartig gedreht.

Um die Baumwolle saugfähig zu machen, muß die auf ihrer Oberfläche befindliche Wachsschicht durch mehrstündiges Kochen mit Sodalösung verseift werden. Die entfettete Baumwolle wird mit Chlor und Peroxid gebleicht, heiß geseift und gewaschen. Nachdem sie in Zentrifugen vom größten Teil ihres Wassers befreit und im Naßreißer in kleine Stücke zerteilt worden ist, wird die Baumwolle in großen Trockenöfen getrocknet. In Schlagmaschinen zu Flocken aufgelockert, gelangt sie nun auf die Wattekrempeln, wo das endgültige Produkt, die Watte in Form eines Vlieses entsteht. Bei diesem Prozeß werden die

Baumwolle (200fach vergrößert).
A zwei schraubenförmig gewundene Fasern,
d Drehungsstellen,
cu Kutikula

kraus durcheinanderliegenden Baumwollfasern in die gleiche Richtung gelegt, gewissermaßen gekämmt, wodurch ein hauchdünner Film entsteht, der in mehreren Schichten übereinandergelegt das Wattevlies ergibt.

Die so hergestellte Watte wird als chemisch reine Watte bezeichnet. Sie besteht in trockenem Zustand aus 98 bis 99 Prozent Alphacellulose und dürfte die reinste Form der Cellulose sein.

B) Zellwollwatte

wird nach dem Viskose- oder Kupferspinnverfahren aus regenerierter Cellulose hergestellt (vgl. S. 278). Verbandwatte aus Zellstoff besteht aus 30 bis 40 mm langen, leicht gekräuselten Fasern von 170 bis 280 mtex.

(mtex = Millitex = $\frac{mg}{1000\,m}$) und 1,5 bis 2,5 den (den = Denier = $\frac{g}{9000\,m}$).

Verbandwatte aus glänzender Zellwolle hat ein gelbliches, schwach glänzendes Aussehen. Mit Titandioxid mattierte Zellwolle ist weiß bis schwach gelblich und matt, sterilisierte kann schwach vergilbt sein.

C) Mischwatte

besteht aus gleichen Teilen Baumwolle und Zellwolle. Sie ist die beliebteste Wattesorte.

D) Watte für besondere medizinische Zwecke, Augenwatte

besteht vorwiegend aus 15 mm langen Baumwollfasern. Kleine Noppen und Knötchen darf diese beste Sorte nicht enthalten. Sie wird ausschließlich in der Chirurgie und vom Augen-, Nasen- und Zahnarzt verwendet.

E) Watte für kosmetische und hygienische Zwecke

Teilweise handelt es sich um Mischwatten aus 20% Baumwolle und 80% Zellwolle oder um reine Zellstoffwatten.

3.1.1 Blutstillende Watten

sind mit Eisen(III)chlorid, das Bluteiweiß zum Gerinnen bringt und dadurch kleine Gefäße abdichtet, oder mit dem aus tierischem Lungengewebe isolierten Clauden durchtränkt. Auch das gefäßverengende Stryphnon wird zur Herstellung blutstillender Watten verwendet, die nach AMG freiverkäuflich sind.

3.1.2 Polsterwatte

dient zum Polstern von Gips-, Schienen- und Stützverbänden. Sie besteht aus roher, nicht saugfähiger Baumwolle oder Spinnereiabgängen, die lediglich mechanisch gereinigt und auf der Krempel gekämmt wurden. Feste Klumpen dürfen nicht enthalten sein. Handelsübliche Formen sind Tafelvliese und Rollen mit und ohne Papierzwischenlage.

3.1.3 Verbandzellstoff

ist eine von Lignin und anderen Begleitstoffen befreite, hochgebleichte, verfilzte Cellulosefasermasse, die in Form mehrerer übereinanderliegender, gekreppter Einzellagen in den Handel kommt. Er ist sehr saugfähig und billiger als Watte, darf aber seiner Fusselbildung wegen nicht direkt auf Wunden gebracht werden.

3.2 Verbandgewebe

A) Verbandmull

ist ein lockeres, aus Baumwolle, Zellwolle oder einem Gemisch aus beiden Rohstoffen hergestelltes, gebleichtes Gewebe. Es wird gleich den übrigen Textilstoffen auf dem Webstuhl aus Garnen von bestimmter Stärke in Breiten von 80, 100 oder 120 cm in der einfachen Leinwandbindung gewoben. Mullgewebe und Verbandmull können 17-, 20-, 24- oder 28fädig sein, das heißt, auf den Quadratzentimeter Mull kommen 17, 20 usw. Fäden.

Verbandmull dient zu Wundverbänden, als Salben- und Medikamentenunterlage und zur Herstellung von Kompressen.

B) Cambric

ist 25- oder 32fädig und bedeutend fester als Mull.

C) Kompressen

werden aus reinem Verbandmull, einfach oder mehrfach gelegt, meistens in den Größen 15×15 cm, 20×20 cm und 20×40 cm hergestellt. Nabelkompressen haben die Abmessungen $8,5 \times 8,5$ cm, 10×10 cm und 12×12 cm. Außer den einfachen Kompressen gibt es Mullwattekompressen, bei denen Wundwatte in Verbandmull eingebettet ist. Sie sind als Kompressenstoff zu 40 cm

Breite in 0,5, 1 und 2 m Länge erhältlich und finden u. a. auch zu Schnellverbänden und Verbandpäckchen Verwendung.

D) Mullbinden

besitzen Schnittkanten oder Webkanten. Die Schnittkantenbinden werden aus 80 bis 120 cm breiten, aufgerollten Mullgeweben in den Breiten 4, 6, 8, 10, 12, 15 und 20 cm sowie in der einheitlichen Länge von 4 m geschnitten. Die Webkantenbinden werden auf Bandwebstühlen gewebt. Sie werden einzeln banderoliert und in Kartons zu 20 Stück verpackt. Webkantenbinden fransen nicht aus, sind ziemlich haltbar und können auch mehrmals gewaschen werden.

E) Trikotschlauchbinden

sind auf der Rundstrickmaschine aus Baumwolle hergestellte schlauchartige Binden, die in der Länge und Breite elastisch sind. In Breiten von 6, 8, 10, 12, 15, 20, 25, 30 und 40 cm und der einheitlichen Länge von 4 m dienen sie für leichte Kompressions- und Stütz- und evtl. für sogenannte Stülpverbände.

F) Idealbinden

sind durch ihre poröse Webart und die Verwendung von Kreppzwirnen, das sind Zwirne mit sehr hoher Drehung, in der Kette der Länge nach elastisch. Sie geben durch ihre Dehnbarkeit einen schmiegsamen, aber festen Verband und üben eine Druck- und Massagewirkung aus. Wenn sie durch längeren Gebrauch ihre Elastizität verloren haben, lassen sie sich durch Waschen in warmem Wasser wieder dehnbar machen.

3.3 Erste-Hilfe-Verbandpäckchen

tragen auf einer Mullbinde eine Mullwattekompresse mit antiseptischer Imprägnierung. Sie werden sterilisiert und in eine staub- und bakteriendichte Umhüllung verpackt und mit wasserdichtem Stoff ummantelt.

3.4 Brandwunden-Verbandpäckchen

sind für kleinflächige und Brandwunden-Verbandtücher
für großflächige Verbrennungen bestimmt.

3.5 Verbandpflaster

tragen auf einem Pflasterstoff, Träger aus unterschiedlichen Geweben, Vliesen oder Folien die Pflastermasse, die aus Kautschuk, Polymerisaten der Acrylsäureester und verschiedenen Harzen besteht. Als Weichmacher wird Wollfett,

Adeps Lanae anhydricus, und als Füllmaterial Zinkoxid, das gleichzeitig entzündungshemmend wirkt und die Haltbarkeit des Pflasters erhöht, zugesetzt. Es verleiht der Pflastermasse eine weiße Farbe, von der sich der Name „*Leukoplast*" herleitet (gr. leukos = weiß, lat. emplastrum = Pflaster).

Wundverbände mit Polyacrylatklebemassen sind hautverträglicher und wesentlich länger lagerfähig als Pflaster auf Zinkoxid-Kautschuk-Basis, die einem natürlichen Alterungsprozeß ausgesetzt sind.

Unter Pflasterverbänden verfärbt sich die Oberhaut häufig weiß. Diese sog. „Mazeration" entsteht, wenn durch die undurchlässige Klebeschicht des Pflasters die Wasserdampfabgabe der Haut verhindert wird und dadurch die Hornzellen erweichen und aufquellen. Nach der Pflasterabnahme verdunstet die Flüssigkeit und die Mazeration verschwindet rasch wieder, ohne Hautschäden zu hinterlassen. Diese an sich harmlose Erscheinung wird durch eine *Perforation* des Pflasters vermieden.

Bei *wasserfesten Pflastern* ist der textile Träger nicht nur wasserabweisend imprägniert, sondern auch zusätzlich noch lackiert.

Pflaster jeder Art können nur auf einer trockenen Haut gut haften, die weder eingecremt noch gepudert ist.

3.6 Wundschnellverbände

stellen eine Kombination aus einem Verbandpflaster und einer imprägnierten Mullkompresse dar, die mit Antiseptica aus der Gruppe der quaternären Ammoniumbasen, z. B. Laurylpyridiniumchlorid, imprägniert ist, das Sekundärinfektionen ausschaltet. Moderne Wundauflagen ermöglichen durch verschieden stark gedrehte Garne, daß sich die Auflage nach dem Aufsaugen von Blut und Sekret von der Wunde abhebt, wodurch ein Spalt entsteht, durch den Luft an die Wunde gelangen kann.

3.7 Flüssiger Wundverband

besteht aus Collodoium, das nach dem raschen Verdunsten des Lösungsmittels (Alkohol-Äthermischung) ein abdichtendes Häutchen von durchsichtiger Dinitrocellulose auf der Wunde zurückläßt. Als „*Sprühverband*" kommt dieser Wundschutz in Spraydosen in den Handel für kleine Schnittwunden und auch großflächigere Hautabschürfungen.

3.8 Monatsbinden und Tampons

Das während der Menstruation austretende Sekret aus Blut und Schleimhautresten der Gebärmutterwand wird mit einer Monatsbinde oder einem Tampon aufgefangen. *Monatsbinden* bestehen aus einem saugfähigen Zellstoff-Flokkenkissen, das mit Vliesstoff umhüllt und an der körperabgewandten Seite zum Wäscheschutz mit einer sekretabweisenden, meist gefärbten Zellstoff- oder Folienlage versehen ist. Die Binden werden an einem Gürtel oder im Monatshöschen getragen, das aus einem leichten, kochfesten und luftdurchlässigen Gewebe besteht und am Schritt eine undurchlässige Einlage trägt.

Manche Monatsbinden enthalten Chelate, in denen Kupferionen von den Molekülen des Acetylacetons krallenartig umschlossen sind (gr. chele = Kralle). Diese Verbindungen blockieren den Stoffwechsel der eiweißspaltenden Bakterien für 6 bis 8 Stunden und verhindern dadurch die Bildung unangenehmer Geruchsstoffe, z. B. Wirkstoff CD 9 (Camelia-Monatsbinden).

Tampons (frz. le tampon = Wattepfropfen, Mullbausch) sind runde Preßkörper verschiedener Größe aus stark entfetteter Baumwolle (Watte). Sie werden mit oder ohne Applikator in die Scheide eingeführt, wo sie sich stark ausdehnen und viel Sekret aufnehmen können. Mit einem feuchtigkeitsabstoßend imprägnierten Rückholfaden läßt sich der Tampon leicht wieder entfernen.

Ob eine Frau als Monatshygiene Tampons oder Binden benutzen will, ist eine Frage der persönlichen Entscheidung.

3.9 Hausapotheke

Die Hausapotheke sollte folgende Medikamente, Verbandstoffe und Instrumente enthalten:

A) *Medikamente:*

50 g Baldriantinktur (beruhigend, schlaffördernd)
50 g Hoffmannstropfen (krampflösend, belebend)
100 g Alkohol, 70 Vol.-% (zum Reinigen der Haut und Instrumente)
100 g Wasserstoffperoxid, 3%ig (verdünnt zum Gurgeln)
100 g reines Benzin (zum Ablösen von Kautschukpflastern)
Chinosoltabletten (zur Mund- und Rachendesinfektion)
Sagrotan (zur Desinfektion der Haut und Geräte)
Franzbranntwein (zum Einreiben bei rheumatischen Beschwerden)
Sonnenbrandmittel
Abführmittel
Kohletabletten (gegen Durchfall und Darmkatarrh)
Munddesinfektionsmittel
Wundpuder in Streudose
Mittel gegen Sodbrennen
Brandgelee für kleine Verbrennungen
Mittel gegen Insektenstiche und zu deren Behandlung
Salbenpräparat zum Einreiben der Brust bei Erkältungen
Lanolincreme
Hustensaft

Mittel gegen Kopf- und Zahnschmerzen
50 g Kamillenblüten (äußerlich zu Umschlägen, Wundbehandlungen, Dampfbädern, Einläufen. Innerlich als Tee bei Koliken und als schweißtreibendes Mittel)
50 g Lindenblüten (schweißtreibend und gegen Erkältungen)
50 g Pfefferminzblätter (bei Magenbeschwerden und Blähungen)
50 g Fenchelfrüchte (gegen Husten, beruhigend bei Kleinkindern)
50 g Baldrianwurzel (nerven- und herzberuhigend und schlaffördernd)
Dentinox (zur Erleichterung des Zahnens)

B) *Verbandstoffe:*

Je 1 Mullbinde in den Breiten 4, 6, 8 cm und je eine elastische Binde in denselben Breiten
Heft- und Wundpflaster in verschiedenen Breiten
1 Päckchen Verbandwatte
Verbandmull für große Wunden
Keimfreies Verbandpäckchen
Brandwundenverbandpäckchen
2 keimfreie Schnellverbände
1 Päckchen Mullkompressen
2 Dreiecktücher
Fingerlinge, Augenklappe
Blutstillende Watte
Zellstoffwatte

C) *Instrumente:*

Geeichtes Fieberthermometer
Tropfenpipette
Verbandschere
Pinzette, Splitterpinzette
Lupe zum Splittersuchen
Sicherheitsnadeln
Taschenlampe
Mundspatel
Eisbeutel
Gummiwärmflasche
Schnabeltasse.

3.10 Der Kraftwagen-Verbandkasten

nach DIN 13164 gem. StVZO § 35 Abs. 3
1 Heftpflaster A 5 × 2,5 DIN 13019
1 Wundschnellverband E 50 × 6 DIN 13019

3 Wundschnellverbände E 10 × 6 DIN 1309
3 Verbandpäckchen M DIN 13151
1 Verbandpäckchen G DIN 13151
1 Brandwundenverbandtuch A DIN 13151
3 Brandwundenverbandpäckchen BR DIN 13153
6 Mullbinden MB 20−8 DIN 61631 -ZW/Bw
3 Mullbinden MB 20−6 DIN 61631 ZW/Bw
1 Packung zu 5 Zellstoff-Mullkompressen mit beiderseitigem Mullbelag, 100 mm × 100 mm, einzeln steril verpackt
5 Dreieckstücher DIN 13168, rohweiß, einzeln verpackt
1 Verbandschere, abgeknickt, mit Kopf, 140 mm lang, unzerbrechlich, Korrosionsschutz durch Vernickelung und Verchromung
12 Sicherheitsnadeln B 50 DIN 7404, vernickelt in Faltschachtel
1 Unfallfibel
1 Stück weiße Kreide
2 Paar Erste-Hilfe-Handschuhe (Einmal-Handschuhe) als Infektionsschutz

3.11 Erste Hilfe

A) Behandlung und Versorgung von Wunden

Bei Schnitt-, Stich- oder Rißwunden ist zu beachten, daß größere Wunden, die tiefer als 2 mm und länger als 2 cm sind, nur vom Arzt richtig behandelt werden können. Man läßt sie deshalb bis zu seiner Ankunft am besten unverbunden und unberührt. Ist jedoch eine Blutung vorhanden, die durch Hochlagerung des verletzten Teiles nicht zu stillen ist, so ist ein Notverband (Druckverband) anzulegen. Die Wunde ist zuerst da freizulegen, wo die Blutung am stärksten hervortritt, und zwar durch Aufschneiden der Kleider, nicht durch Entkleidung. Die Wunde darf unter keinen Umständen ausgewaschen werden. Blutgerinnsel und Fremdkörper, wie Holz-, Glas- und Metallsplitter, sind nicht zu entfernen. Ist die Berührung einer Wunde nicht zu vermeiden, so müssen vorher die Hände gründlich in heißem Seifenwasser gewaschen und möglichst mit einem Desinfektionsmittel keimfrei gemacht werden.

B) Verätzungen

Mit Ätzflüssigkeit durchtränkte Kleider vorsichtig entfernen. Die verätzte Stelle, ohne sie zu berühren, sofort reichlich mit lauwarmem Wasser, dem bei Säureverätzungen ein wenig Natron zugesetzt wird, spülen. Bei Laugenverätzungen setzt man dünne Säurelösungen in Form von Essig- oder Zitronenwasser zu. Bei Augenverätzungen sind die Augenlieder mit Daumen und Zeigefinger weit auseinanderzuhalten. Mindestens 15 Minuten lang mit reinem warmen Wasser spülen, *sofort zum Augenarzt!* Eine besonders ätzendes Gift ist die Flußsäure, die schwer heilende Ätzwunden erzeugt.

Ätzende feste Stoffe sind Ätzkalk, Ätzkali, Ätznatron, Natriumperoxid, staubförmiges Calciumkarbid, Phosphorpentoxid, Phenol. Beim Umgang mit diesen

Stoffen ist eine Schutzbrille zu tragen, besonders beim Zerkleinern von Ätznatron. Ätzende Stoffe nicht mit der ungeschützten Hand berühren, sondern Schaufeln, Zangen usw. benutzen, Gummihandschuhe überziehen!

C) Verbrennungen

Erste Hilfe bei Verbrennungen

Brennende Substanzen, Flammen, Strahlungshitze oder brennende Kleider können Verbrennungen ersten Grades in Form einer starken Rötung, zweiten Grades mit Blasenbildung und dritten Grades, bei dem sich durch Absterben des verbrannten Gewebes Schorf bildet, hervorrufen. Bei ausgedehnten Verbrennungen des zweiten und dritten Grades bilden sich in dem durch die Verbrennung zerstörten Gewebe giftige Eiweißzersetzungsstoffe, deren Aufnahme in den Körper eine lebensbedrohende Gefahr darstellt.

Zu den wichtigsten Maßnahmen gehört es, die Hitzewirkung so rasch wie möglich zu lindern, denn das Ausmaß der Gewebezerstörung hängt nicht allein von den Hitzegraden, sondern auch von der Zeit der Einwirkung ab. Am besten und einfachsten hilft hier als Erste-Hilfe-Maßnahme kaltes Wasser. Nach der Kühlung sollten die Wunden lediglich mit einem frischgebügelten Handtuch oder Bettlaken so bedeckt werden, daß diese die verbrannte Stelle nicht berühren (Decke über Drahtgestell, Reifenbahre oder Stuhl legen). Brandblasen dürfen nicht geöffnet werden. Keinesfalls dürfen Brand- oder Brühverletzungen mit Puder, Salben oder Brandbinden behandelt werden. Die Kühlung oder Erstversorgung ist besonders dann lebenswichtig, wenn kein Arzt in der Nähe ist oder zur Soforthilfe bis zum Eintreffen des Notarztes. Brennende Personen nicht weglaufen lassen, zu Boden werfen und den Brand durch Umhüllen mit Decken, Kleidungsstücken usw. zu ersticken suchen. Festgeklebte Kleider dürfen nicht entfernt werden.

3.12 Gummiwaren

Schläuche, Sauger, Wärmeflaschen, Luftkissen, Fingerlinge, Handschuhe, Ball- und Birnspritzen, Betteinlagen, Badmützen usw. aus Gummi dürfen nicht ausgekocht, sondern nur mit den üblichen Syndets oder Seife gereinigt werden. Desinfektionslösungen schaden ihnen nicht, dagegen zerstören Benzin, Benzol, Schwefelkohlenstoff, Tetrachlorkohlenstoff, Trichloräthylen und andere starke Lösungsmittel sowie deren Dämpfe alle Gummiwaren rasch und vollständig.

Sie sind Alterungserscheinungen durch Oxydation ausgesetzt, weshalb die Lebensdauer der Gummiwaren beschränkt ist. Vorsichtiges Kneten und Dehnen und wiederholtes Einreiben mit Talcum kann sie verlängern.

Wichtig ist auch die Lagerung. Die Aufbewahrungsräume sollen vor Sonnenlicht geschützt, gleichmäßig temperiert (am besten sind 15 °C), trocken und gut gelüftet sein. Im Schaufenster verwendet man am besten Attrappen.

Irrigator- und andere einlagelose Schläuche werden an beiden Enden zugebunden, damit die Luft nicht entweichen kann und sie prall bleiben. Um ein Plattdrücken zu vermeiden, dürfen sie nicht in mehreren Lagen übereinander gestapelt werden.

Gummi in Platt-, Band- oder Bindenform und gummierter Bettstoff sind auf einen dicken Stab aufgerollt aufzubewahren. Für sanitäre Gummiwaren wie Birn- und Ballspritzen, Kissen und nathlose Produkte eignen sich Pappe- oder Blechkästen, die zur Luftzirkulation beiderseits mit Löchern versehen sind.

Literatur:

Beiersdorf: „Pflaster, Herstellung, Eigenschaften, Indikationen".
Beiersdorf AG, Hamburg, Unnastraße 48.

4. Desinfektionsmittel

4.1 Infektion (lat. inficere = anstecken)

Hierunter versteht man das Eindringen von Krankheitskeimen in den menschlichen Organismus durch natürliche Körperöffnungen, Wunden oder die intakte Haut. Rötung, Schwellung, Eiterbildung, häufig verbunden mit Schmerzen, Fieber und allgemeinem Krankheitsgefühl sind Zeichen einer erfolgten Ansteckung.

Infektiöse Krankheitserreger sind *Bakterien, Viren, Protozoen* und *niedere Pilze*.

Die Zeit, die zwischen der Ansteckung, also dem Eindringen des Krankheitserregers in den Körper und dem Ausbruch der Infektionskrankheit vergeht, heißt *Inkubationszeit* (lat. incubare = daraufliegen, ausbrüten). Wie verschieden sie bei den jeweiligen Erregern ist, zeigt folgende Zusammenstellung:

Amöbenruhr	3 bis 21 Tage
Cholera	1 bis 2 Tage
Diphtherie	2 bis 7 Tage
Gehirnentzündung (Encephalitis)	2 bis 10 Tage
Keuchhusten	3 bis 21 Tage
Kinderlähmung (Poliomyelitis)	7 bis 14 Tage
Lepra	2 bis 5 Jahre
Malaria (Wechselfieber)	6 bis 14 Tage
Masern	10 bis 14 Tage
Maul- und Klauenseuche	1 bis 3 Tage
Mumps	14 bis 21 Tage
Paratyphus	10 bis 21 Tage
Pocken	10 bis 13 Tage
Röteln	14 bis 21 Tage
Scharlach	2 bis 8 Tage
Syphilis	14 bis 23 Tage
Tetanus (Wundstarrkrampf)	4 bis 14 Tage
Tollwut	14 bis 60 Tage
Tripper (Gonorrhoe)	2 bis 5 Tage
Tuberkulose	Wochen bis Monate
Virusgrippe	1 bis 3 Tage
Windpocken	14 bis 21 Tage

4.1.1 Bakterien

sind einzellige Lebewesen, Spaltpilze aus der Gattung der Schizomyceten. Sie führen seit Jahrmillionen ein parasitäres Dasein und haben sich nicht zu höheren Formen entwickelt. Einige ihrer Gattungen haben sich dem Menschen, dem Tier und der Pflanze angepaßt und leben mit ihnen in einer Gemeinschaft, Symbiose (gr. sym = zusammen, bios = Leben). Viele Bakterien siedeln als harmlose Schmarotzer auf der Haut, in der Mund- und Rachenhöhle, im Darm und an vielen anderen Stellen. Manche Darmbakterien sind sogar wichtige Vitaminspender (Darmflora), die für die normalen Darmfunktionen unentbehrlich sind, ihr Fehlen führt zu ernstlichen Erkrankungen, den sog. Dysbakterien.

Manche Bakterienarten, z. B. die Essig- und Milchsäurebakterien besitzen als Grundlagen verschiedener Gärungsindustrien sogar wirtschaftlich Bedeutung.

Die Erreger der Infektionskrankheiten sind immer bösartig (pathogen). Das bedeutet jedoch nicht, daß jeder Mensch, der mit ihnen in Berührung kommt, auch unbedingt erkranken muß. Mit jedem Atemzug, mit jedem Bissen und mit jedem Schluck gelangen Tausende von Mikroben in unseren Körper, die jedoch sofort durch die natürlichen Abwehrkräfte der Schleimhäute vernichtet werden.

Die Gefährlichkeit der krankmachenden, pathogenen Bakterien beruht auf den durch ihren Stoffwechsel erzeugten Giften, den Toxinen. Ihrem Wesen nach sind diese den Schlangengiften ähnlich und oft von unerhörter Wirksamkeit. So reichen zum Beispiel vom Gift des Clostridium botulinum, der die Fleischvergiftung hervorruft, schon 0,058 mg aus, um einen Menschen zu töten.

Wohl bedeutet das griechische Wort „bakteria", wie auch das lateinische „bacterium" Stäbchen. Im medizinischen Sprachgebrauch hat sich jedoch diese Bezeichnung für alle Spaltpilze, in welcher Form sie auch immer auftreten, eingebürgert.

Trotz ihrer Einfachheit im Zellbau ist die Gestalt der Bakterien mannigfaltig. Folgende Grundformen herrschen vor:

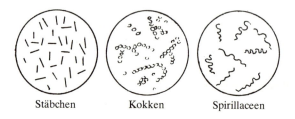

Stäbchen   Kokken   Spirillaceen

A) *Bazillen* (lat. bacillus = Stäbchen) sind stäbchenförmige Bakterien, die in einigen Arten als äußerst widerstandsfähige Dauerform Sporen bilden. Dabei verdichtet sich ihr Zellinhalt und umgibt sich mit einer widerstandsfähigen Hülle. Die Sporen vertragen längeres Auskochen und bleiben jahrelang unter ungünstigsten Bedingungen in Staub, Schmutz, an Gegenständen, kurz überall lebensfähig. Bieten sich ihnen günstige Lebensbedingungen, so entwickeln sich die Sporen wieder in vermehrungsfähige Keime.

Zu den sporenbildenden Bakterien gehören die Erreger von Milzbrand, Starrkrampf, Fäulnis, Botulismus (Lebensmittelvergiftung) u. a.

Stäbchenförmige Bakterien ohne Sporenbildung verursachen beim Menschen Typhus und Parathyphus, Ruhr, Diphtherie, Tuberkulose, Lepra (Aussatz). Aber auch die Kolibakterien im Dickdarm des Menschen, Milchsäurebakterien und die Knöllchenbakterien an den Wurzeln der Papilionaceae, die als Nitrit- und Nitratbildner wichtig sind, gehören in diese Gruppe.

Die nicht sporenbildenden Bakterien können austrocknen und so, ähnlich wie die Sporen, in einen Dauerzustand übergehen.

B) *Kokken* (gr. kokkus = Kugel) sind kugelförmige Bakterien, die an Gefährlichkeit den Stäbchenbakterien nicht nachstehen. Die Staphylokokken (gr. staphylae = Weintraube) sind traubenförmig angeordnet, die Streptokokken (gr. streptos = Kette) treten kettenförmig auf. Beide Formen sind ausgesprochene Eitererreger bei Mittelohrentzündung, Furunkulose, Nagelbettentzündung, Knochenmarkentzündung (Osteomyelitis). Streptokokken sind auch die Erreger des Scharlachs, der Mandelentzündung (Angina), der Hirnhautentzündung, mancher Formen der Lungenentzündung (Pneumokokken), des Kindbettfiebers, der Wundrose und des Trippers, Gonorrhoe (Gonokokken).

C) *Schraubenbakterien, Spirillaceen* haben Korkzieherform. Ihre bekanntesten Vertreter sind der Erreger der Syphilis (Treponema pallidum) und der Cholera (Vibrio cholerae).

Wegen ihrer Kleinheit, die meisten Bakterien sind kleiner als 0,001 mm, und ihres geringen Gewichtes, 30 Billionen wiegen kaum ein Gramm, können Krankheitserreger durch die Luft, das Waser, von Fliegen und anderen Insekten leicht übertragen werden. Eine willkommene Eingangspforte für sie ist stets die offene Wunde, aber auch von Hand zu Hand können Bakterien wandern.

Besonders gefährlich sind in dieser Hinsicht Handtücher aus Stoff, wie sie nicht selten auch heute noch in Gaststätten, Bahnhöfen, Kindergärten usw. anzutreffen sind. Überall wo viele Menschen täglich zusammenkommen, sollten grundsätzlich nur die hygienisch einwandfreien Papierhandtücher Verwendung finden, die nach einmaligem Gebrauch vernichtet werden. Auch im Haushalt sollte das „Händehandtuch" für die ganze Familie längst der Vergangenheit angehören, besonders wenn ein Familienmitglied erkrankt ist.

Mikroben (gr. mikros = klein, bios = Leben, also Kleinstlebewesen) benötigen einen bestimmten Feuchtigkeitsgrad, unterschiedliche Wärme-, Licht- und

Luftverhältnisse und spezifische Nahrungsstoffe, denn sie sind Parasiten. Manche Bakterien benötigen zum Leben Sauerstoff und heißen deshalb Aerobier (lat. aer = Luft), die Anaerobier dagegen gedeihen auch unter Luftabschluß. Sonnenlicht tötet sehr viele Bakterien schon in relativ kurzer Zeit ab, schneller noch besorgen das die UV-Strahlen der Höhensonne (Quecksilberdampflampe, vgl. S. 232).

Die Bakterien vermehren sich durch einfache Teilung. Hat eine von ihnen eine gewisse Länge erreicht, so schnürt sie sich wie eine 8 ein und teilt sich schließlich in zwei Hälften; jede Hälfte ist ein neues Individuum, das sich auf genau dieselbe Weise wieder teilt und so fort (Bacteria = Spaltpilz). Erfolgt eine solche Teilung im Zeitraum von einer halben Stunde, so entstehen in 24 Stunden 33,5 Millionen Bakterien, nach zwei Tagen sind es 563 Billionen und nach drei Tagen ist die unheimliche Zahl von 9544 Trillionen erreicht. In Wirklichkeit ist eine derart ungehemmte Vermehrung unmöglich, denn die Bakterien sind als Schmarotzer auf fertige Nährstoffe angewiesen, die nur in beschränktem Maß zur Verfügung stehen, weil der gesunde Körper für jedes von den Mikroben abgesonderte Gift ein Gegengift (Antikörper) erzeugt, das die Giftwirkung chemisch aufhebt.

Außerdem bekämpft der Organismus die Bakterien selbst durch vermehrte Erzeugung von weißen Blutkörperchen, welche die Erreger umfließen und vernichten (vgl. S. 58).

4.1.2 Viren

(lat. virus = giftiger Saft) sind fast ebenso verbreitet wie die Bakterien. Sie sind jedoch so klein, daß sie nur mit dem Elektronenmikroskop wahrgenommen werden können.

Sie passieren deshalb auch das feinste Filter, das alle Bakterien zurückhält. In Reinkulturen, wie sie für Bakterien bekannt sind, lassen sich die Viren nicht züchten, ihre parasitären Eigenschaften sind jedoch bewiesen.

Bis heute kennt man kristallisierbare Viren, die aus kleinsten, sehr verschiedenartigen Teilchen bestehen. Sie haben weder Atmung noch eigenen Stoffwechsel und sind deshalb keine Lebewesen. Die organismischen Viren (Bakteriophagen) dagegen zeigen mit ihrer teilweise bewiesenen Fermentabsonderung bereits einen einfachen Stoffwechsel und können daher als einfachste Lebewesen angesehen werden.

Während die Bakterien den menschlichen Körper durch ihre Gifte schädigen, greifen die Viren die Körperzellen direkt an. Sind sie erst einmal in den Zelleib eingedrungen, so lösen sie das zur Zellernährung bestimmte Material auf. Dabei vermehren sie sich beängstigend schnell, verlassen die tote oder sterbende Zelle, um sogleich über die nächste herzufallen. Im Gegensatz zu den Bakterien sind die Viren infolge ihrer Angriffsweise außerordentlich im Vorteil. Gegenüber den natürlichen Abwehrkräften des Organismus sind sie weitgehend gefeit, da sie ja innerhalb der Körperzellen leben. Dadurch sind sie auch unempfindlich gegen Antibiotica und Sulfonamide. Trotzdem gibt es einen Augenblick, in dem sie verwundbar sind, nämlich dann, wenn sie von einer zerstörten Zelle zum nächsten Angriffsziel überwechseln. Dann können sie von den im Blut kreisenden Antikörpern aufgefangen werden (vgl. S. 59).

Viren sind die Erreger von Pocken, Windpocken, Masern, Maul- und Klauenseuche, Warzen des Menschen, Bläschenausschlag (Herpes simplex), Gürtelrose, Kinderlähmung, Gehirngrippe (Europäische Schlafkrankheit), Lymphogranulomatose (Hodgkinsche Krankheit), vierte Geschlechtskrankheit (Lymphogranuloma inguinales), Grippe (Influenza), Schnupfen (Erkältungskrankheit), Mumps, Gelbfieber, Buschfieber, Psittakose (Papageienkrankheit, Wellensittiche), Gelbsucht (Hepatitis infectiosa).

4.1.3 Protozoen

Die dritte große Gattung der Infektionserreger sind die *Protozoen*. Sie sind mikroskopisch kleine Urtiere, die nur aus Plasma und einem Zellkern bestehen. Da sie keine feste Haut besitzen, fließt das Plasma fortwährend, wodurch sich die Form der Protozoen ständig ändert (Wechseltierchen). Dabei bilden sich die sogenannten Scheinfüßchen, die in Wirklichkeit Plasmaausbuchtungen sind und eine Fortbewegung ermöglichen. Die Vermehrung geschieht durch Kernteilung. Die Protozoen leben im Wasser oder in feuchter Erde, manche sind krankheitserregende Schmarotzer, die Amöbenruhr, Geschlechtsinfektion des Menschen mit Trichomonas vaginalis, Orientbeule, Schlafkrankheit, Malaria u. a. hervorrufen.

4.2 Desinfektion

Über Jahrhunderte hinweg haben Infektionskrankheiten die Menschen schwer bedroht und sie in den gefürchteten Seuchenzügen in den jeweils betroffenen Gebieten fast vernichtet. So hat z. B. in den Jahren 1394 bis 1451 die Pest allein in Europa 25 Millionen Menschen dahingerafft. Ein Drittel aller an Blattern Erkrankter starb, und noch im Jahr 1892 kamen bei einer Choleraepidemie in Hamburg fast 9000 Menschen ums Leben.

In neuerer Zeit hat die Mikrobenforschung großartige Erfolge im Kampf gegen diese Geisel der Menschheit errungen. Als Erster entdeckte der französische Chemiker und Biologe *Louis Pasteur* (1822–1895) die Erreger der Gärung und Fäulnis. Darauf aufbauend erfand er eine neue Konservierungsmethode, die Pasteurisierung, und führte bei Tieren Schutzimpfungen durch. Um das Jahr 1900 fand der deutsche Arzt *Robert Koch* (1843–1918) eine große Anzahl krankmachender Mikroben und für die damalige Zeit sehr wirksame Mittel und Methoden zur Vernichtung pathogener Keime (gr. pathos = Leiden, genes = erzeugend). Fast zur gleichen Zeit führte *Emil A. v. Behring*

(1854–1917) die Serumbehandlung ein, die Antikörper von Menschen und Tieren, die eine Infektionskrankheit überstanden haben, therapeutisch auswertet (vgl. S. 60).

Um die Jahrhundertwende entwickelte *Paul Ehrlich* (1854–1915) durch Einführung des Salvarsans die Chemotherapie (gr. therapia = Behandlung), und im Jahre 1932 fand *Gerhard Domagk* (1895–1964) die Sulfonamide, die gegen viele Infektionen wirksam sind. Im Jahr 1929 eröffnete der englische Bakteriologe *Sir Alexander Fleming* (1881–1955) mit der Entdeckung des Penicillins die lange Reihe der Antibiotika (gr. anti = gegen, bios = Leben). Die modernen antibiotischen Arzneistoffe haben die Bekämpfung der Infektionskrankheiten sehr nachhaltig gefördert und damit ein neues Zeitalter der Medizin heraufgeführt, in dem sie viel von ihren früheren Schrecken verloren haben.

Zur Vernichtung pathogener Keime müssen vor allem deren Lebensgewohnheiten, Empfindlichkeiten und Widerstandskräfte bekannt sein.

A) *Temperatur:* Das gesamte aktive Bakterienleben spielt sich zwischen 0 und +70 °C ab. Die meisten Krankheitserreger gedeihen am besten zwischen 30 und 40 °C. Große Kälte bis zu −250 °C tötet die Bakterien nicht ab, sondern versetzt sie lediglich in Kältestarre, aus der sie bei günstigeren Temperaturen sofort wieder zu aktivem Leben erwachen. Auf dieser Erscheinung beruht die Kältekonservierung von Lebensmitteln.

Lebende, teilungsfähige Bakterien gehen infolge Eiweißgerinnung bei 120 °C bei Überdruck im Autoklaven in etwa 45 Minuten zugrunde oder in 20 Minuten unter $2^{1}/_{2}$ atü bei 138 °C. Trockene Hitze von 180 °C tötet alle Mikroben in 30 Minuten mit Sicherheit ab. Hitze und Druck werden zur Sterilisation von Verbandstoffen, Wäsche, chirurgischen und anderen Instrumenten angewandt. Metallgegenstände und Geräte aus Glas, Porzellan, Steingut usw. werden mit kochendem Wasser desinfiziert, wertloses, brennbares Material wie Verbandstoffe, Abfälle usw. verbrannt.

B) *Feuchtigkeit:* Bakterien benötigen zum Leben einen Feuchtigkeitsgrad von mindestens 40%. Darunter gehen manche in den Sporenzustand über, in dem sie, ohne abzusterben, jahrelang verharren können (vgl. S. 180). Die Austrocknung des Substrats wird bei der Konservierung von Lebensmitteln und Drogen angewandt.

C) *Salzgehalt:* Natriumchlorid hemmt in größeren Konzentrationen vor allem die fäulniserregenden Bakterien und dient deshalb zum Konservieren von Fleisch und Fischen.

D) *Ph-Wert:* ist für das Bakterienwachstum von großer Bedeutung. Die meisten Krankheits- und Fäulniserreger bevorzugen eine neutrale oder schwach alkalische Reaktion ihres Nährbodens. pH-Werte unter 5 und über 9 zerstören sie. Selbst die sehr verdünnte Salzsäure des Magens vernichtet z. B. Choleraerreger, und die Milchsäure im Sauerkraut, in den Sauermilchpräparaten, in sauren Gurken sowie die Weinsäure in sauren Weinen verhindern unerwünschte bakterielle Zersetzungen im Magen und Darm. Diese Tatsachen lassen erkennen, daß durch Säuerung leicht verderbliche Lebens- und Futtermittel wie Fische, Fleisch und Silofutter konserviert werden können.

Milch- und Essigsäurebakterien dagegen sind dem sauren Milieu angepaßt, sie gedeihen gut bei pH 4.

Tageslicht: Blaue, violette und vor allem die UV-A- und UV-B-Strahlen der Wellenbereiche 280–380 nm (vgl. S. 231) vernichten Bakterien und deren Sporen im Trinkwasser, in der Luft und auf der Haut infizierter Menschen. Quecksilberdampflampen (Höhensonne) verwandeln durch UV-Strahlung den Luftsauerstoff in desinfizierendes Ozon und können deshalb zur Luftdesinfektion eingesetzt werden.

4.2.1 Desinfektionsmittel

Hierunter versteht man Stoffe, Verbindungen und Zubereitungen, die pathogene Mikroorganismen und möglichst auch deren Dauerformen abtöten.

A) *Desinfektionsmittel für kosmetische und hygienische Zwecke sind:*

„*Sagrotan*" (Schülke & Mayr). Angenehm riechende, hellbraune, ölige, in Wasser und Alkohol leicht lösliche Flüssigkeit. Sie ist eine seifenhaltige Lösung von desinfizierend wirkenden halogenierten Alkyl- und Aralkylphenolen, die in 0,5- bis 2%iger Lösung zu Desinfektionszwecken verwendet wird und infolge ihres Seifengehaltes reinigend wirkt. Eine 0,5%ige S-Lösung tötet die wichtigsten Krankheitserreger schon nach wenigen Minuten ab.

„*Quartamon*" (Schülke & Mayr). Lösung von quartären Ammoniumverbindungen (Alkoxyäthyl-hydroxyäthyl-methylbenzyl-ammoniumchlorid). Zur Desinfektion der Hände dient eine 1%ige und der Instrumente eine 2%ige Lösung.

„*Lysoform*" (Sander & Co.) ist ein desinfizierend wirkendes Formaldehyd-Seifenpräparat aus Formol, Kalilauge, Ölsäure und Alkohol. Man verwendet L. in 1–3%iger Lösung zu Desinfektionszwecken.

„*Lysoformin*" ist ähnlich aufgebaut, riecht aber nicht nach Formaldehyd und ist schwach sauer eingestellt.

B) *Wunddesinfektionsmittel* sind:

3%ige Wasserstoffperoxidlösung H_2O_2, Hydrogenium peroxydatum solutum Die Katalasen des Blutes und der Gewebe spalten aus Wasserstoffperoxid Sauerstoff ab, der Keime tötet und durch kräftiges Schäumen die Wunden auch mechanisch reinigt. Es ist ein starkes Desinfektionsmittel und bei richtiger Verdünnung (ein Eßlöffel voll auf ein Flas Wasser) völlig ungiftig, da nach dem Zerfall von Wasserstoffperoxid nur Wasser zurückbleibt.

Eine *0,5%ige Lösung von Kaliumpermanganat* $KMnO_4$, Kalium permanganicum spaltet ebenfalls Sauerstoff ab, sobald es mit dem Körpergewebe in Berührung kommt. Dabei wird es zu Braunstein reduziert, der mild adstringierend, zusammenziehend, wirkt und dadurch Entzündungen der Schleimhäute hemmt. Kaliumpermanganat wird in einer etwa 0,5prozentigen Lösung auch zur Wunddesinfektion verwendet.

Die alkoholische Jodlösung, Jodtinktur, Tinctura Jodi dient zur Desinfektion kleinerer Wunden und der Haut. Ihre Wirkung beruht auf der Abspaltung atomaren Sauerstoffes $<o>$, der beim Zusammenkommen des Jodes mit dem Wasser der Körperzellen nach folgender Umsetzungsgleichung frei wird:

$$J_2 + H_2O \rightarrow 2HJ + <O>$$

Jod verbindet sich außerdem mit den Aminosäuren der Eiweißstoffe und schadet dadurch den Bakterien.

Austauschstoffe für Jod, auf das manche Menschen allergisch reagieren, sind:

„Sepso-Tinktur" (Lingner-Werke): alkoholische, dunkelrote Lösung komplexer Chloride, Bromide, Bromate und Thiocyanate von Natrium, Kalium, Eisen und Ammonium mit Salicylsäure. Sie dient zur Desinfektion von Wunden und Instrumenten.

„Kodan-Tinktur" (Schülke & Mayr): Lösung quaternärer Ammoniumverbindungen, dialkylierter Chlorphenole und Chlordiphenylmethan mit Zusatz alkoholischer Lösungsmittel.

„Chloramin" und *„Chlorina"* (Heyden): P-Toluolsulfonchloramidnatrium, das etwa 25% aktives Chlor enthält. Zur Wunddesinfektion genügen 0,25- bis 0,5%ige Lösungen, zur Desinfektion von Krankenzimmern, Geräten, Kleidern usw. 1- bis 2%ige Lösungen.

C) als *Grobdesinfektionsmittel* zur Raumdesinfektion wird in erster Linie Formaldehyd verwendet. Für einen Kubikmeter Raum werden 10 g Paraform mit der dreifachen Menge Wasser und der doppelten Gewichtsmenge Kaliumpermanganat vermischt. Die entstehenden Formaldehyddämpfe töten alle Krankheitserreger ab. Nach beendeter Desinfektion muß der Formaldehyd durch Ammoniak entfernt werden (Bildung von Hexamethylentetramin). Ein billiges und stark wirksames Massendesinfektionsmittel für Viehställe, Kloaken, Stuhl und Sputum ist *Chlorkalk.* Auch *Kreolin,* eine aus dem Anthrazenöl mit Harz und Soda bereitete Seifenlösung, wird in der Tierpflege zur Ungeziefervertilgung verwendet. Es ist besonders zur Vorbeugung und Bekämpfung der Maul- und Klauenseuche geeignet. Kreolin ist ungiftig und ätzt die Haut nicht.

„Lysol" (Schülke & Mayr): (gr. lysis = Lösung, lat. oleum = Öl), ist eine Kresolseifenlösung, die 56% Kresole enthält und deshalb stark desinfizierend wirkt. Sie stellt eine ölige, braune, klare Flüssigkeit dar, die in Wasser und Alkohol löslich ist und stark nach Phenol riecht. Lysol vernichtet Milzbrandbazillen, Eiterkokken, Starrkrampfbazillen, die Erreger der Hühnercholera u. a. in kurzer Zeit und findet deshalb auch in der Tierheilkunde Verwendung.

D) *Luftdesinfektionsmittel* sind die antiseptischen Raumsprays, Aerosolpräparate, die neben erfrischenden ätherischen Ölen wie Fichtennadel-, Lavendel-, Kölnischwasseröl u. a. keimtötende Stoffe enthalten. Solche sind quaternäre Ammoniumverbindungen, Dipropylen- und Triäthylenglykol, Äthyl- und Methyläther von Triäthylenglykol. Häufig werden derartigen Präparaten noch Glycerin und verschiedene Glykole zugesetzt, die in der Luft fein zerstäubt desinfizierend wirken, indem sie als hygroskopische Stoffe das Wasser in den Bakterienkörpern binden und dadurch die Keime austrocknen.

Zur *Toilettenhygiene* dienen Luftverbesserer auf Grundlage des Paradichlorbenzols. Die daraus hergestellten Formlinge werden als Beckensteine oder in Aufhängern verwendet. p-Dichlorbenzol ist eine flüchtige Substanz mit einem penetranten Eigengeruch, der eine Modifikation erfordert. Hierzu eignen sich besonders geruchsstarke Parfümöle, deren Flüchtigkeit jedoch größer sein muß als die des p-Dichlorbenzols, damit der Deckgeruch rasch wahrnehmbar wird.
Als Desodorantien wirken geringe Zusätze von Laurylmetacrylat, Trimethylhexanal, Hyamine, β-Propiolakton, β-Aethoxipropionaldehyd, Adsorber DCA und andere.

Literatur:

Ullmann V, 731–772. Zeitschr.: Desinfektion und Gesundheitswesen, Neuer Hygiene-Verlag, Hamburg 13.
Bingel, K. F., Die experimentelle Virusdesinfektion, Leipzig, Barth 1957.
Kirstein, F., Leitfaden der Desinfektion für Desinfektoren und Krankenhauspflegepersonen in Frage u. Antwort, Berlin, Springer 1949.
Prof. Dr. Hermann Römpp: Chemie-Lexikon. Franckh'sche Verlagsbuchhandlung, Stuttgart 1966.
Kliewe, Heiken, Schmid: Richtlinien für die Prüfung chem. Desinfektionsmittel, Stuttgart. Fischer 1959.
Habs/Seeliger: Bakteriologisches Taschenbuch. Verlag Ambrosius Barth, München 1967.
Müller, E., u. W. Loeffler: Mykologie. Georg Thieme Verlag, Stuttgart 1968.

5. Fußpflegemittel

5.1 Bau des Fußes

Der Fuß besteht aus 26 Knochen, die ihrer Funktion entsprechend in Form und Größe sehr verschieden sind. So ist der größte Fußknochen, das Fersenbein etwa 7 cm lang, während die Zehen-Endknochen kaum einen Zentimeter messen. Ihre große Beweglichkeit verdanken die Fußknochen den vielen Gelenken, mit denen sie verbunden sind und ihre bogenförmige Anordnung verleiht dem Fuß seine außerordentliche Tragkraft und Elastizität.

Bewegt werden die Fußknochen durch eine große Zahl von Muskeln, die mit Nerven und Blutgefäßen reichlich versorgt und mit teilweise starken Sehnen an den beweglichen Knochen verankert sind. Die größte unter ihnen ist die Achillessehne, welche die großen Muskeln der Wade mit dem Fersenbein verbindet.

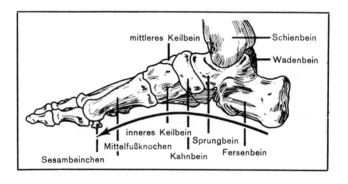

Darüber hinaus halten starke Bindegewebsbänder die Knochen in der natürlichen Form zusammen und festigen gleichzeitig die Gelenke.

Werden durch ungeeignetes Schuhwerk die Bänder überdehnt oder überanstrengt, so erschlaffen sie, die Knochen verändern ihre natürliche Lage und es kommt zu folgenden Fußanomalien:

Plattfuß: Das Längsgewölbe des Fußes ist durchgetreten, so daß seine ganze Fläche auf dem Boden aufliegt.

Spreizfuß: Das vordere Quergewölbe ist durchgetreten. An der Verformungsstelle treten häufig Schwielen auf.

Hohlfuß: Angeborenes, besonders hohes Fußgewölbe erzeugt einen Druck des Oberschuhes auf die Haut.

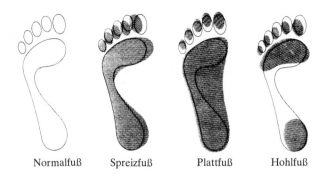

Normalfuß　　Spreizfuß　　Plattfuß　　Hohlfuß

Knick- und Senkfuß: Die Ferse ist nach außen abgewichen, das Gewölbe des Fußes abgeflacht und gesenkt.

Ballen: Mehr oder weniger winklige Abknickung zwischen Mittelfuß und großer Zehe. Verrenkt und verbogen legen sich die anderen Zehen unter- oder übereinander. Immer ist dabei ein Spreizfuß vorhanden, häufig auch ein Knickfuß.

Durch Fehlstellung des Fußes verändert sich die Normalhaltung des ganzen Körpers. Sprung-, Knie- und Hüftgelenk können durch einseitige Belastung übermäßig abgenützt werden und es kommt in solchen Fällen nicht selten zur gefürchteten Arthrose, der chronischen Gelenkveränderung (gr. arthron = Gelenk).

Stets verursachen Fußanomalien Schmerzen in den Waden, Oberschenkeln und im Kreuz. Allgemeine Müdigkeit und nervöse Reizbarkeit sind nicht selten auf sie zurückzuführen.

Abhilfe schaffen geeignete, vom Orthopäden geformte Einlagen, die in sportlichen, zwei- bis dreimal schnürbaren Schuhen mit hoher Fersenkappe getragen werden können. Schuhe mit weichen Kreppsohlen, Pumps und Slipper bieten zu wenig Halt und sind deshalb bei Fußverformungen völlig ungeeignet.

5.2 Hühneraugen, Hornhaut, Schwielen

Reibung und Druck auf die Haut erzeugen an den Druckstellen im Übermaß neue Zellen, die rasch verhornen und nach unten hin einen zapfenartigen Dorn, das *Hühnerauge,* Clavus (lat. clavus = Nagel, Dorn), bilden. Dieses drückt auf die nervenreiche Knochenhaut und erzeugt dadurch heftige Schmerzen. „Weiche Hühneraugen" entstehen an der zarten und feuchten Haut zwischen den Zehen, wenn der Vorderfuß derart in einen zu engen Schuh gepreßt wird, daß die Gelenkköpfchen der Zehen gegeneinander gedrückt werden.

Hühnerauge
H Hornschicht
E Keimschicht

Auf dieselbe Weise entstehen auch *Hornhaut* und *Schwielen* in Form von übermäßigen Ansammlungen verhornter, flächenhaft ausgedehnter Zellagen unter der Fußsohle und an der Ferse.

Diese Hornhautwucherungen können mechanisch mit einer *Stahlfeile, Hornhautraspel,* einem *Hornhauthobel,* mit *Hartschwämmen* oder chemisch mit hauterweichenden Mitteln verhältnismäßig leicht entfernt werden; bleibt aber die Druckstelle im Schuh unverändert, so kommt es bald wieder zur Neubildung, meistens in verstärktem Umfang.

Die Entfernung von Hornhautverdickungen beginnt stets mit einem hornhauterweichenden heißen Seifenbad oder einem Industrieprodukt. Dann wird auf die völlig trockene Haut das erweichende Mittel in Form von *Tinktur, Salbenstift, Pflaster* oder *Pflasterbinde* aufgetragen. Hornhautlösend wirken Salicylsäure und Milchsäure, p-Aminobenzoesäureäthylester, Äthanolamin, Benzylbenzoat, Essigsäure, Oxypolyäthoxydodecan und 3,5-Dihydroxybenzoesäure.

In der Regel können nach drei Tagen die erweichten Verhornungen im Fußbad abgenommen und nur in hartnäckigen Fällen muß die Kur wiederholt werden. Nach Entfernung des Hühnerauges dienen zur Druckentlastung und Hautregeneration *Filzringe,* bei weichen Hühneraugen *Keile, Separatoren* oder *Ringe,* die zwischen die Zehen gelegt werden. Hornhaut und Schwielen werden mit entsprechend großen Wirkstoffpflastern, die abgepaßt sind oder aus einer größeren Fläche selbst herausgeschnitten werden, bedeckt. Zur Behandlung großflächiger und besonders hartnäckiger Schwielen können auch *Schälpasten* verwendet werden, die nach dem Auftragen, am besten mit einer selbstklebenden Schaumgummiauflage, abgedeckt werden müssen.

Vorbeugend gegen Verhornungen und hautpflegend wirken *Hirschtalg* und *Hirschtalgcreme* (meistens Hammeltalg), *Salicyltalg, Fußcremes* und *-lotionen* mit geeigneten Zusätzen.

Literatur:

Orfanos, C. E.: Feinstrukturelle Morphologie und Histopathologie der verhornenden Epidermis. Georg Thieme Verlag, Stuttgart 1972.

Zehennägel neigen dazu, in das Nagelbett einzuwachsen, wobei sie heftige Schmerzen verursachen. Um Schäden dieser Art, die meistens nur der Arzt operativ beheben kann, zu vermeiden, sind die Zehennägel waagerecht, ohne Abrundung der Ecken zu schneiden. Harte und brüchige Nägel dürfen überhaupt nicht geschnitten, sondern müssen gefeilt und von Zeit zu Zeit mit Nagelfett massiert werden.

Das Einwachsen der Nägel kann verhindert werden, wenn das Nagelblatt durch vorsichtiges Einfeilen in der Mitte dünner gemacht, seine übergroße Spannung verliert.

5.3 Fußschweiß

Eine üble und krankhafte Erscheinung ist übermäßiger Fußschweiß. Er muß nicht nur des abstoßenden Geruchs und unerfreulichen Hautgefühls wegen behandelt werden, sondern vor allem deshalb, weil es bei der Zersetzung des Schweißes zu Hautentzündungen und zur Ekzembildung kommen kann. Die Ursachen der übermäßigen Schweißabsonderung an den Füßen sind meistens schwer zu erklären. Nicht selten liegen labile Kreislaufverhältnisse vor oder eine nervöse Überfunktion der Drüsen. Manchmal tritt Fußschweiß auch zusammen mit Stoffwechselstörungen oder in Verbindung mit Blutarmut auf.

Häufig jedoch ist Fußschweiß die Folge einer rücksichtslosen Behandlung des Fußes durch ungeeignetes Schuhwerk, welches den Schweiß nicht verdunsten läßt, sondern ihn zu einer Flüssigkeit verdichtet. Diese wird durch Bakterien rasch zersetzt, wobei neben anderen lästigen Geruchsstoffen die äußerst übelriechende Valeriansäure entsteht.

5.3.1 Mittel gegen Fußschweiß

Ein sicheres Mittel gegen Fußschweiß gibt es zwar nicht, aber Barfußlaufen im Sommer, häufiges Wechseln von Schuhen und Strümpfen und Tragen von Sandalen und Schuhen mit gelochtem Oberleder an Stelle von undurchlässigem Schuhwerk können Abhilfe schaffen. Außerdem sollten nur Strümpfe aus Wolle oder Baumwolle getragen werden und keine aus Nylon oder Perlon, die keine Feuchtigkeit aufsaugen und festhalten können.

A) Ein probates Mittel gegen Fußschweiß ist das *Wechselbad,* beginnend mit einer Temperatur um 37 °C. In ihm verbleiben die Füße bis zur Mitte des Unterschenkels etwa 5 Minuten lang und werden dann eine Minute lang in Wasser von 15 °C getaucht. Dieser Vorgang kann mehrmals wiederholt werden, wobei das Warmbad stets die Behandlung beschließt.

Empfehlenswert sind ferner Fußbäder mit *gerbstoffhaltigen Auszügen* aus Eichen- und Birkenrinde oder *schweißhemmenden Stoffen* wie Alaun, Campher, Terpentinöl u. a.

Alkalische Seifen dürfen bei Fußschweiß nicht verwendet werden, weil sie die ohnehin schon gequollene Haut noch weiter erweichen würden. Sie sind durch Syndets zu ersetzen (vgl. S. 288).

B) *Fußschweißcremes* unterstützen die Wirkung der Wechselbäder. Sie enthalten in einem leicht resorbierbaren Fettkörper, der die Haut elastisch macht und Blasenbildung verhindert, die Adstringentien Alaun und Gerbsäure und zur Desinfektion Paraformaldehyd bzw. die üblichen Desodorantien. Diese finden sich neben Formalinlösungen auch in den *Fußschweißtinkturen*. *Fußsprays* entsprechen den auf S. 204 besprochenen Körperdeodorants in Aerosolform. Manche Produkte dieser Art sind noch mit fungiziden Stoffen gegen Fußpilzerkrankungen versehen (vgl. S. 193).

Fußpuder sollen die Haut des Fußes trocken und elastisch erhalten. Sie sind in der Regel auf Talcumbasis aufgebaut und enthalten desinfizierende, desodorierende und antihydrotische Zusätze. Sie eignen sich auch zum Einstreuen in Schuhe und Strümpfe.

C) Gegen Fußgeruch werden neuerdings auch *Einlegesohlen* empfohlen, die in einer weichen Latexschicht Millionen Teilchen aktiver Holzkohle enthalten, die Schweißabsonderungen und Geruchsstoffe absorbieren.

Alle Mittel gegen lästigen Fußschweiß beseitigen das Grundleiden nicht, sondern lassen lediglich seine unangenehmen Auswirkungen in den Hintergrund treten. Kann er trotz aller vorbeugenden Maßnahmen, persönlicher Hygiene und Vorsicht nicht beseitigt werden, sollte der Patient den Arzt zu Rate ziehen.

5.4 Fußpilzerkrankungen

Niedere Pilze der Gattungen Saccharomyces, Trychophyton mentagrophytes, Cryptococcus- und Candida-Arten sind die Erreger des *Fußpilzes*. Ihre Sporen siedeln auf Lattenrosten und Kacheln öffentlicher Badeanstalten, auf Teppichböden der Hotelzimmer usw.

Sie widerstehen den üblichen Desinfektionsmitteln und selbst langanhaltende Kälte- und Trockenperioden töten sie nicht ab. Beim Barfußlaufen auf den genannten Unterlagen können sich in den feuchtwarmen Räumen zwischen den Zehen Dermatomykosen (gr. derma = Haut, mycetes = Pilze) entwickeln. Bleibt eine derartige Infektion unbeachtet, so kann sie jederzeit leicht auf andere Hautstellen übergreifen und zu erheblichen Beeinträchtigungen oder zu Zweitinfektionen führen. So ist sie beispielsweise zwischen den Fingern sehr häufig festzustellen und deshalb auch als *Interdigitalmykose* bekannt (lat. digitus = Finger). Ist eine Ansteckung erfolgt, stellen sich lästige Reizzustände ein. Die empfindliche Haut zwischen den Zehen quillt auf und nässende, schmerzende Ekzeme, von quälendem Juckreiz begleitet, können die Folge sein. Dabei ist das Pilzwachstum nicht allein auf die Oberfläche beschränkt, sondern reicht häufig auch bis in tiefere Hautschichten. Wasser und Seife können hier keine Abhilfe schaffen, sondern begünstigen ihrerseits durch Aufweichen der Haut die Entwicklung der Infektion.

Die Zahl der Fußpilzerkrankungen ist in den letzten Jahren so stark angestiegen, daß in einigen Gegenden bis zu 50% aller Bewohner an einer solchen Mykose leiden.

Schon bei den ersten Anzeichen einer Infektion muß eine gründliche Behandlung einsetzen. Es dürfen während dieser Zeit keine Gummischuhe oder Schuhe mit Gummisohlen getragen werden, dagegen ist luftdurchlässiges Schuhwerk zu empfehlen. Die Strümpfe müssen regelmäßig gewechselt, gewaschen und mit einem pilztötenden Puder eingestäubt werden. *Fuß-Sprays* enthalten fungizide (pilztötende) Zusätze und verhindern dadurch die immer wiederkehrende Selbstansteckung im Schuh. Die Pilzsporen können noch nach 18 Monaten eine Zweitinfektion hervorrufen.

Als wirksame fungizide Mittel gegen Mykosen haben sich neben den Mono- und Diäthanolamiden der Undecylensäure (Fungizid UMA) 5-Chlor-8-Hydroxychinolin, Dibromsalicylamid und Benzylalkohol bewährt. Diese Stoffe dienen in Isopropylalkohol gelöst zu Pinselungen und werden auch bisweilen fungiziden Sprays, Fußbademitteln, Lotionen und Seifen zugesetzt.

Die Bekämpfung von Mykosen umfaßt natürlich auch die Hygiene der Umgebung, die in einer wirksamen und wiederholten Desinfektion der oben genannten Örtlichkeiten besteht.

Fußpilzerkrankungen verlangen unbedingt ärztliche Behandlung, wenn sie durch die angegebenen Mittel und Methoden nicht nach kurzer Zeit beseitigt werden können.

Literatur:
Farbwerke Hoechst AG: Mykosen, Frankfurt 1964.
Thomsen, W.: Pflege deine Füße. Georg Thieme Verlag, Stuttgart 1971.

Zweiter Teil
Die kosmetische Abteilung der Drogerie

6. Mittel zur Schönheitspflege

Die Schönheitspflege, Kosmetik (gr. kosmein = schmücken), ist die Kunst der Erhaltung, Verbesserung oder Wiederherstellung der Schönheit des menschlichen Körpers, ganz besonders der Haut und ihrer Anhangsgebilde, der Haare und Nägel. Ihr Ziel ist, ein gepflegtes Aussehen zu schaffen, Alterserscheinungen hinauszuzögern und Abweichungen vom Schönheitsideal möglichst weitgehend auszugleichen.

Kosmetik ist keine Erfindung unserer Zeit. Alle alten Kulturen verfügten über erstaunliche kosmetische Kenntnisse, und die Ägypter und Babylonier erweiterten sie fast zu einer Wissenschaft. Schon im Jahre 5000 v. Chr. waren im Niltal Schminke, Lippen- und Wangenrot, Augenbrauentusche und Haarfärbemittel in ausgedehntem Gebrauch.

In seinem „Papyros" überliefert der Ägyptologe Georg Ebers (Jena 1875) genaue kosmetische Ratschläge in enger Anlehnung an medizinische Vorschriften aus der Zeit um 1500 v. Chr. Diese *pflegende Kosmetik* wurde später von den Griechen und Römern übernommen und ist auch heute noch die Grundlage der Schönheitspflege, die im wesentlichen stets vernünftig betriebene Gesundheitspflege ist. Ihre reizvolle Ergänzung bildet die *dekorative Kosmetik,* die „Kunst des Schmückens".

Die Menschen unserer Zeit empfinden das Streben nach Schönheit als etwas Natürliches und Selbstverständliches, denn in der Hast der modernen Gesellschaft ist der äußere Eindruck eines Menschen oft entscheidend für seine geschäftlichen, gesellschaftlichen und persönlichen Erfolge. Wenn die Kosmetik nicht selten ausschlaggebend ist für die Beziehungen der Menschen untereinander, ist sie ein wichtiger gesellschaftlicher Faktor, der ganzen Industriezweigen Existenz und Aufschwung bietet und deren Erzeugnisse zu den wichtigsten Umsatzträgern der Drogerie gehören.

6.1 Bau und Funktion der Haut

Die Haut des Menschen ist vor allem ein *Schutzorgan,* das die ganze Körperoberfläche gegen die Außenwelt abschließt. Sie ist mit dem Organismus fest verwachsen, jedoch so dehnbar und schmiegsam, daß sie sich den Bewegungen der Gelenke gut anpassen kann. Faserzüge im Bindegewebe halten die Haut, besonders bei jungen Menschen, straff gespannt und lassen sie durch einen hohen Wassergehalt ihrer Zellen prall und faltenlos erscheinen.

Dieser Zustand, der mit zunehmendem Alter mehr und mehr abnimmt, heißt Turgor (lat. turgere = geschwollen sein, strotzen).

Die Haut eines mittelgroßen Menschen hat einen Flächeninhalt von 1,7 m² und wiegt etwa 2,5 kg. Ihrer jeweiligen Funktion entsprechend variiert ihre Dicke. Am dünnsten ist sie an den Lidern und Lippen, an den Nasenflügeln ist sie dicker, nicht faltbar und reich an Talgdrüsen. Besonders dick ist die Haut an den Fußsohlen, den Handinnenseiten, am Rücken und Hinterkopf, wo sie 6 bis 7 mm stark werden kann.

Die Hautoberfläche ist von zahlreichen Furchen durchzogen, die eine ganz bestimmte Felderung bilden, die von Individuum zu Individuum verschieden ist und einen unveränderlichen Charakter aufweist. Fingerabdrücke sind deshalb das bleibende, unverwechselbare Merkmal eines jeden Menschen.

Hautleisten von Daumen und Ringfinger einer rechten Hand

Die Haut ist auch ein sehr wichtiges *Sinnesorgan,* das Tast-, Schmerz-, Druck- und Temperaturempfindungen wahrnimmt, diese über das Rückenmark zum Gehirn weiterleitet und dadurch bewußt macht. Nicht zuletzt ist sie ein bedeutendes *Ausscheidungsorgan,* das im Schweiß bis zu einem Drittel des Körperharnstoffs, viel Kochsalz und andere Schlackstoffe absondert und dadurch die Nierentätigkeit erheblich unterstützt. Auch Bakterientoxine werden im Schweiß ausgeschwemmt, weshalb Schwitzpackungen gewisse Infektionskrankheiten abkürzen können.

Die ständige, unter normalen Bedingungen kaum wahrnehmbare Transpiration steuert den Mineralhaushalt des Körpers und ist am ständigen Neuaufbau des sauren Hydrolipidmantels der Haut wesentlich beteiligt, der vielfältige Aufgaben zu erfüllen hat (vgl. S. 207). Darüber hinaus regelt sie die Körpertemperatur und hält sie im Lebensnotwendigen Gleichgewicht bei 37 °C.

Der Gasaustausch, die sog. „Hautatmung", beschränkt sich jedoch, im Gegensatz zum Atmungsprozeß in den Lungen, lediglich auf die Kohlendioxid-Sauerstoffresorption. Aus der Luft nimmt die Haut nur wenig Sauerstoff und Kohlendioxid nur in Spuren auf, weil im Normalfall die Luft äußerst wenig Kohlendioxid enthält. Nur in med. Gasbädern erfolgt eine nennenswerte Diffusion von außen nach innen (vgl. S. 442).

Aufbau der Haut

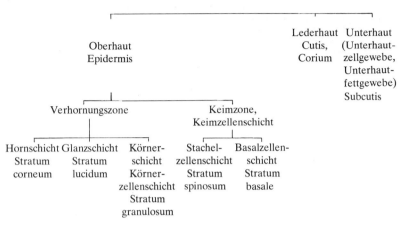

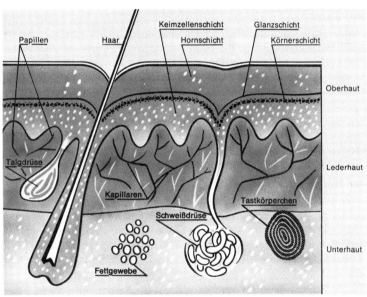

Die Haut und ihre Pflege (Beiersdorf AG, Hamburg)

6.1.1 Die Oberhaut

Dieser Hautteil, *Epidermis* (gr. epi = auf, derma = Haut), dient vorwiegend als Schutzorgan und setzt sich aus der Verhornungs- und Keimzone zusammen.

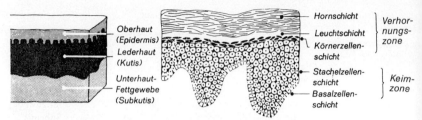

Die Schichten der Haut   Die Schichten der Epidermis

A) Die *Verhornungszone* besteht in ihrem äußeren Teil aus der *Hornschicht,* Stratum corneum (lat. stratum = Decke, cornu = Horn). Sie besitzt feine Hornplättchen, die sich abnützen und dauernd abschilfern, wodurch sie jedoch nicht dünner wird, weil aus der Keimschicht fortgesetzt eine Zellage nach der anderen emporsteigt, abstirbt und wieder eine neue Hornschicht bildet. Diese laufende Hauterneuerung von der Keim- bis zur Hornschicht vollzieht sich in rund 30 Tagen.

Die toten Hornzellen der Hornschicht sind durch eine wachsartige Substanz (Eleidin und Keratohyalin), die beim Abbau von Zellbestandteilen während des Verhornungsprozesses entstehen, fest miteinander verbunden. Dieses verfilzte, zähe und doch elastische Gewebe bildet einen ausgezeichneten Schutz gegen mechanische, chemische und thermische Einflüsse.

Die Hornschicht ist durchschnittlich etwa $^3/_{100}$ mm dick, kann sich aber an Stellen besonderer mechanischer Beanspruchung, hauptsächlich an den Fußsohlen und Handinnenflächen, so sehr verdicken, daß Hornhaut, Schwielen und Hühneraugen entstehen. Besonders dünn ist die Hornschicht an den Stellen, wo das Blut durchschimmert, z. B. an Lippen und Wangen.

In der Hornschicht befinden sich weder Nerven noch Blutgefäße, lediglich Schweißdrüsenkanäle und Haare durchbrechen sie.

Unter der Hornschicht liegt die *Leucht- oder Glanzschicht,* Stratum lucidum (lat. lucidus = leuchtend). Sie besteht aus kernlosen, platten, zu einem zähen Gewebe fest miteinander verbundenen Zellen. Diese dichte Struktur verleiht der Leuchtschicht einen hellen Glanz, der auffallende Sonnenstrahlen lebhaft reflektiert.

Die letzte Schicht der Verhornungszone ist die *Körnerzellenschicht,* Stratum granulosum (lat. granus = Korn). Sie enthält in ihren Zellen kernartige Einlagerungen von Keratohyalin, das in ihr und der Leuchtschicht in Keratin, einen elastischen Gerüsteiweißkörper, umgewandelt wird.

In der Körnerzellenschicht entstehen neben Milchsäure Fett- und Aminosäuren. Mit Hauttalg emulgiert, verleihen sie der Hautoberfläche pH-Werte zwischen 5,5 und 6,5, bei denen das Hautkeratin seine größte Stabilität erreicht.

Dieser biologische Schutzmantel, nach Szakall und Neuhaus „*Pufferhülle*" genannt (Fette, Seifen 52, 3, 171 und 53, 284, 1951), dient zum Schutz tieferliegender Hautschichten. Alkalische Seifen können sie zerstören und alkoholhaltige Kosmetika abwaschen. Im Normalfall regeneriert sich jedoch die Pufferhülle innerhalb von zwei Stunden. Trotzdem werden Hautreinigungsmitteln häufig Rückfettungsstoffe zugesetzt, um Hautschäden vorzubeugen.

Die saure Pufferhülle der Haut kann Mikroben und pathogene Hautpilze in ihrer Entwicklung hemmen, abtöten kann sie dieselben jedoch nicht. Eine derartige Wirkung schrieb man jahrzehntelang dem heute nicht mehr haltbaren Begriff „Säureschutzmantel" zu.

Eine derartige Barriere müßte eigentlich alle Fremdstoffe von den unteren Hautschichten und den in ihnen befindlichen Blutbahnen abhalten. Moderne Untersuchungsmethoden haben jedoch gezeigt, daß vielerlei Substanzen nicht nur tief in die Haut eindringen, sondern sogar als Gleitschiene, Schlepper, Resorptionsvermittler, Vehikel (lat. vehiculum = Fahrzeug) dienen können.

Die *Durchdringung, Permeabilität* der Haut (lat. permeabilis = durchlässig) erfolgt in erster Linie über die Schweiß- und Talgdrüsenkanäle und Haarfollikelwände = *transfollikulare Penetration* (lat. trans = durch, penetrare = durchdringen).

Die intakte Haut kann Fremdstoffe aber auch *transepidermal* (gr. epidermis = Oberhaut) durch die Zellzwischenräume oder auf dem Wege der Diffusion durch die Zellmembranen aufnehmen. Solche sind u. a. verschiedene Vitamine, ätherische Öle, Placentawirkstoffe, östrogene Hormone, Spurenelemente, Salzlösungen, Jod- und Schwefelverbindungen, Borsäure und viele andere, sowohl in Form medizinischer Badezusätze oder eingearbeitet in Salben, Cremes oder Puder.

Aber auch Gifte wie organische Phosphorverbindungen, chlorierte Kohlenwasserstoffe (vgl. Schädlingsbekämpfungsmittel), Schwermetallsalze, z. B. Blei-, Quecksilber-, Arsenverbindungen, können durch perkutane Resorption oder Absorption (lat. per = durch, cutis = Haut, resorbere, absorbere = aufsaugen) in den Stoffwechsel gelangen und im Gesamtorganismus ihre typischen biologischen Reaktionen entfalten.

Unveränderte tierische und pflanzliche Fette, vor allem aber die gesättigten Kohlenwasserstoffe Vaselin und Paraffin penetrieren nicht, sondern glätten lediglich das Hornhautepithel. Aus diesem Grunde werden die Mineralfette zu Hautschutzsalben und Abschminken verwendet.

B) *Die Keimzone,* Stratum germinativum (lat. germinare = keimen), liegt unmittelbar auf der blutgefäßreichen Lederhaut auf, wird von ihr aus ernährt und kann deshalb ständig neue Zellen an die oberen Hautschichten liefern, wo sie verhornen und abgestoßen werden.

Ihr oberster Teil ist die *Stachelzellenschicht,* Stratum spinosum (lat. spina = Stachel, Dorn). Sie hat ihren Namen von den zwischen den Zellen liegenden Brücken, die wie Stacheln aussehen und dem interzellularen Stoffaustausch dienen. Ihre wasserreichen, prallgefüllten Zellen wehren eindringende Fettkörper ab. Ihre Teilungsfähigkeit ist minimal und findet auch nur in den unteren Schichten statt.

Die Keimzone wird nach unten hin von der *Basalzellenschicht,* Stratum basale (lat. basis = Grundlage), abgeschlossen. Diese wird aus zylindrischen Zellen mit einem länglichen Kern gebildet. Sie schließen nicht eng aneinander an, sondern lassen Interzellularräume frei, in denen Lymphe fließt, die Aufbaustoffe und Sauerstoff heranführt und Stoffwechselreste abtransportiert. Diese Lymphgefäße setzen das Blutgefäßsystem fort, das nur bis zur Verzahnungszone der Lederhaut mit der Oberhaut reicht.

Basal- und Stachelzellenschicht werden zusammen auch *Rete* oder *Malpighische Schicht* genannt.

Die Haut besitzt eine nach Rassen verschiedene *Farbe* (Kolorit). Bei dunkelhäutigen Menschen enthält sie in den Basalzellen der Epidermis und zum großen Teil auch in den Bindegewebszellen das braune Pigment *Melanin,* das in der hellen Haut nordischer Rassen weitgehend fehlt.

Im allgemeinen ist die Haut des Mannes dunkler gefärbt als die der Frau. Aber auch am Körper selbst wechselt die Pigmentierung. So ist z. B. die Haut der weiblichen Brust und die des Gesäßes nur wenig, die Achselhaut, die der Brustwarzenhöfe und des Genitals dagegen stark pigmentiert.

Mit zunehmendem Alter bilden sich in der Haut stecknadel- bis pfenniggroße Pigmentinseln, sog. *Leberflecken",* die jedoch mit der Leber nichts zu tun haben, sondern nur an ihre braunrote Farbe erinnern. Sie sind ebenso harmlos wie *Muttermale* und *Linsenflecken,* sog. Naevi (lat. naevus = Mal), die deutlich umschriebene, z. T. vererbte Fehlbildungen der Haut sind. Sie werden nur extrem selten bösartig. So erkranken am schwarzen Hautkrebs, Melanom (gr.-lat. melanidus = schwarzfleckig), unter einer Million im Jahr nur zehn Menschen. Treten jedoch Zellwucherungen und Entzündungen auf, so ist unverzüglich der Hautarzt aufzusuchen.

6.1.2 Die Lederhaut, Kutis (lat cutis = Haut)

stellt den wichtigsten Hautteil dar, der dem ganzen Organ Zug-, Druck- und Schutzfestigkeit verleiht. Sie besteht aus einem Geflecht sehr fester elastischer und kollagener (lat. colla = Leim) Fasern. In die Unterseite der Epidermis ragt sie mit kegelförmigen Erhebungen (Papillen) hinein, wodurch beide Schichten fest verzahnt werden und die Verbindungsfläche erheblich vergrößert wird, was auch für die Versorgung der Epidermis von der Kutis aus von großer Bedeutung ist.

A) Hautnerven

Die Lederhaut enthält eine große Anzahl von Nerven, Gefäßen und Drüsen. Die *Hautnerven* durchziehen als feinste Fäden, sogenannte Fibrillen, die Lederhaut und zum Teil auch die untersten Schichten der Epidermis. Ihre außerordentlich große Zahl macht die Haut zum nervenreichsten Organ des menschlichen Körpers. Manche dieser Fibrillen sind netz- oder schlingenartig gewunden und heißen deshalb Netz- oder Schlingenkörperchen. Allerfeinste Verzweigungen verlaufen unter der Epidermis oder münden in diese als freie Nervenendigungen ein. Ihr kapselartiger Abschluß läßt sie als Körperchen

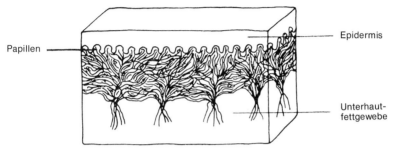

Die Lederhaut

erscheinen, die ihren Funktionen entsprechend eingeteilt werden in Meißnersche Körperchen für das Berührungsempfinden, Krausesche Körperchen für das Kälteempfinden, Vater-Pacinische Lamellenkörperchen für das Druckempfinden und Ruffinische Körperchen für das Wärmeempfinden. Die Nervenversorgung, Innervation der Haut zeigt außer diesen Körperchen auch noch Nervenfasern, die das Haar erreichen, im Bindegewebe unterhalb des Epithels endigen oder in das Epithel eintreten, und außerdem noch flächenhaft ausgebreitete Nervennetze, die ihrerseits mit den Körperchen durch Nervenfasern verbunden sind.

Wie feinste Antennen erfühlen diese Nervengebilde der Haut alles, was wir nicht sehen, hören, riechen oder schmecken können, vom feinsten Luftzug über

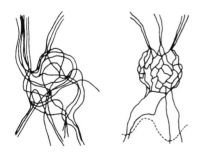

Netz- und Schlingenkörperchen

strukturelle Unterschiede beim „Begreifen" von Gegenständen bis zum schmerzauslösenden Kontakt mit Dingen, die dem Körper gefährlich werden können.

B) Blutgefäße

Die aus dem Körper in die Lederhaut einmündenden *Blutgefäße* verästeln sich als feinste Kapillaren zu in mehreren Ebenen angeordneten flächenhaften Netzen (Anastomosennetze). Die Arterien des obersten Netzes führen in die Papillen der Lederhaut und bilden dort mit den Venen, die ebenfalls als flache Netze angeordnet sind, Gefäßschlingen.

Die Arterien und Venen der Lederhaut nehmen einen großen Teil des Körperblutes in sich auf, der durch ihre Erweiterung noch beträchtlich vermehrt werden kann. Ziehen sich in der Kälte die Wandungen der Blutgefäße zusammen, so drängen sie das Blut aus der Haut in das Körperinnere und verhindern dadurch die Abkühlung des Organismus. Bleibt die Abkühlung auf einen kleinen Hautteil beschränkt, dann erweitern sich dort die Gefäße bald wieder, um durch vermehrte Heranführung von warmem Innenblut eine Abkühlung der unter dieser Hautstelle liegenden Körperteile zu verhüten.

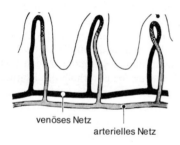

venöses Netz
arterielles Netz

Papillen der Lederhaut
Gefäßschlingen in den Papillen der Lederhaut

C) Lymphkanäle

Neben den Blutgefäßen durchziehen auch *Lymphkanäle* die Lederhaut. Wie die Blutbahnen führen auch sie der Haut Nährstoffe zu, nehmen Schlacken weg und sorgen für das Säftegleichgewicht der Haut. Darüber hinaus verteilt die Lymphe auch Stauungen, die von Fettablagerungen herrühren.

D) Schweißdrüsen

Über die ganze Körperfläche verteilt liegen in der Lederhaut etwa zwei Millionen kleiner *ekkriner Schweißdrüsen* (gr. ekkrinein = absondern), die in

24 Stunden etwa 1000 ml Flüssigkeit absondern. Klimafaktoren, der Allgemeinzustand des Körpers, die Art der Kleidung und seelische Impulse können die angegebene Menge erheblich steigern.

Das Sekret der ekkrinen Schweißdrüsen ist beim Austritt aus der Haut völlig geruchlos. Aber die wenigen, in ihm enthaltenen Stoffwechselausscheidungen

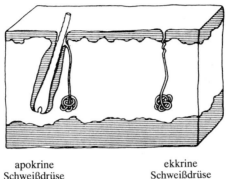

apokrine　　　　　　ekkrine
Schweißdrüse　　　　Schweißdrüse

liefern durch bakterielle Zersetzung den gefürchteten Körpergeruch. Es handelt sich dabei vor allem um Staphylokokken, die so tief in den Haarfollikeln und Talgdrüsen sitzen, daß sie mit den üblichen mechanischen Reinigungsmethoden ohne Verletzung der Haut nicht entfernt werden können. Ihre Abbauprodukte, vor allem die unangenehmen Geruchsstoffe niederer Fettsäuren, Indolverbindungen, Amine u. a. üben auf die Schweißdrüsen einen starken Reiz aus, so daß sie zu immer stärkerer Sekretion angeregt werden. Außerdem neutralisieren die durch ammoniakalische Gärung entstandenen basischen Stoffe den natürlichen Säureschutz der Haut, lockern die Epidermis, erweichen und entzünden sie, was mit der Zeit ein Rissigwerden zur Folge hat. Auf diese Weise werden die befallenen Hautpartien gegen Druck und Schmerz überaus empfindlich.

E) Apokrine Drüsen

In den Achselhöhlen, den Leistenbeugen, unter den weiblichen Brüsten und in der Genitalgegend befinden sich *apokrine Drüsen* (gr. apokris = nach außen abgeben). Sie sind größer als die ekkrinen Schweißdrüsen und ihr Sekret enthält organische Stoffwechselausscheidungen mit individuellem Eigengeruch, der nicht unbedingt als störend empfunden werden muß. Aber er bietet den Hautbakterien einen geradezu idealen Nährboden, den ihre Enzyme sehr schnell zersetzen und in äußerst übelriechende Stoffe umwandeln, die anderen Menschen zur schweren Belastung werden können. Dieser Geruch erneuert sich kurzfristig in den nicht enthaarten Achselhöhlen oder in Hautfalten, die eine feuchte, warme Kammer bilden, in der die Bakterien gedeihen und sich rasch vermehren.

Die apokrinen Schweißdrüsen haben ihre Ausführungskanäle direkt neben den Haaren oder in den Haarfollikeln. Ihr Sekret, das dickflüssiger ist als das der

Apokrine Drüsen am menschlichen Körper

ekkrinen Schweißdrüsen, kann deshalb direkt am Haarschaft emporkriechen und sich schnell über die Haare verbreiten.

Ihre Tätigkeit entfalten sie beim Eintritt der Pubertät, denn sie hängen mit dem hormonalen Geschehen des Körpers innig zusammen.

F) Mittel gegen lästigen Körpergeruch

1. Deodorants

Der biologische Prozeß der bakteriellen Schweißzersetzung kann durch keine noch so sorgfältige Körperpflege mit Wasser und Seife aufgehalten werden, sondern nur durch *Desodorantien, Deodorants* (lat. de = weg, odor = Geruch).

Diese Präparate enthalten stets eine keimhemmende Substanz, die die Entwicklung einer schweißzersetzenden Hautflora und damit das Entstehen von Geruchsstoffen, die aus dem Bakterienstoffwechsel stammen, verhindert, und Parfumölkompositionen, die körpereigene Geruchsstoffe langanhaltend zu überdecken vermögen.

Stark bakteriostatisch (bakterienhemmend) ist *Dichlorphen, Hexachlorophen,* HCP. Nach den Bestimmungen des Bundesgesundheitsamtes und des Bundesministeriums für Jugend, Familie und Gesundheit dürfen Deoseifen 1%, Sprays und andere desodorierende Kosmetika 0,5% HCP enthalten. Säuglings- und Kinderpflegemittel müssen frei von diesem Stoff sein.

Als milde und hautverträgliche Desodorantien haben sich außerdem bewährt: *Dichlordimethylphenol* (Dichlor-m-Xylenol, DCMX), bekannt als Actamer und Raluben, *Trichlorcarbanilid*, TCC, *Tetramethyl-thiuram-disulfid*, TMTD = Putralin, *Salicylanilide*, z. B. das Trichlorsalicylanilid Anobial und *quaternäre Ammoniumverbindungen,* die nicht nur die schweißzersetzenden Bakterien abtöten, sondern auch auf Grund ihrer Affinität zum Hautkeratin für längere Zeit deren Neuansiedlung verhindern.

Deodorants werden in Form von Lotionen, Cremes, Stiften, Pudern, Seifen, vor allem aber als Aerosole in Spraydosen angeboten. Sie enthalten keine schweißhemmenden Substanzen, sondern sind Desinfektionsmittel zur Abtötung schweißzersetzender Bakterien.

2. Antiperspirantien, Antiperspirants (lat. anti = gegen, perspirare = durchatmen), Antihidrotica (gr. hidros = Schweiß)

setzen übermäßige lokale Schweißabsonderungen auf das zur Gesunderhaltung der Haut erforderliche Normalmaß herab. Keinesfalls dürfen sie jedoch durch Verödung der Schweißzellen deren Absonderung völlig unterbinden. Dadurch würden einerseits andere Schweißdrüsen zu verstärkter Produktion angeregt, anderseits Ausführungsgänge blockiert, wodurch der Körper gezwungen wäre, die Sekrete der Schweißdrüsen anderweitig auszuscheiden. Der durch diese Umstellung hervorgerufene Schock könnte dem gesamten Organismus Schaden zufügen.

Um derartige Schädigungen auszuschließen, dürfen schweißhemmende Mittel nur sehr sparsam eingesetzt werden, im Gegensatz zu den Deo-Präparaten, die bedenkenlos mehrmals täglich angewandt werden können. Darum sind auch Kombinationen von Deodorants und Antiperspirants abzulehnen.

Die Wirkstoffe der Antiperspirants sind in der Hautsache folgende *Adstringentien:*

Formalin, Paraformaldehyd, Tannin und verschiedene Gerbstoffe, vor allem aber zahlreiche Aluminiumverbindungen wie Kaliumaluminiumsulfat (Alaun), Aluminiumchlorid, Aluminiumhydroxidchlorid, Aluminiumphenolsulfat, Aluminiumchlorhydrat u. a.

Die Wirkung der Adstringentien ist noch nicht völlig geklärt. Man nimmt an, daß durch die proteinfällende Eigenschaft des Adstringens die Poren der Hautoberfläche blockiert werden. Möglich ist aber auch, daß durch den adstringierenden Stoff die Durchlässigkeit der Schweißdrüsenwände verringert wird und sich dadurch der Zufluß der Schweißsekretion zur Hautoberfläche verzögert.

Antiperspirant-Sprays enthalten außer Wirkstoff, Treibgas und Parfum das außerordentlich saugfähige kolloidale Siliciumdioxid Aerosil.

Altbekannte und bewährte, innerlich wirkende Mittel gegen übermäßige Schweißabsonderung sind Tee und Preßsaft aus *Salbeiblättern*.
Der störende und unästhetische *Handschweiß* kann verschiedene Gründe haben. Er kommt häufig in der Pubertät vor, gilt als eine Fehlsteuerung der Schweißdrüsensekretion und ist oft das Zeichen einer allgemeinen vegetativen Dystonie (Störungen im Zusammenspiel von Sympathicus–Parasympathicus). Durch Angst, Aufregung und starke Gemütsbewegungen verschlimmert sich der Zustand. Zur lokalen Besserung können die beschriebenen schweißhemmenden Mittel, besonders Alaunbäder empfohlen werden, die in einem Liter Wasser einen Eßlöffel voll Alaun enthalten und zweimal täglich je eine Viertelstunde lang angewandt werden.

Fußschweiß siehe Seite 191.

Literatur:

Prof. Dr. H. Lucas u. a.: Das Große Gesundheitsbuch. Verlag DAS BESTE GmbH, Stuttgart, Zürich, Wien.
Dr. Dr. Gerhard Venzmer: Das neue große Gesundheitsbuch. C. Bertelmann Verlag, Gütersloh.
Horst Fey: Wörterbuch der Kosmetik 1974. Wissenschaftl. Verlagsgesellschaft mbH, Stuttgart.
Fiedler, H. P.: Der Schweiß. Verlag Editio Cantor, Aulendorf 1968.
Freytag, H. (Redaktion): Mikrobielle Probleme im Bereich der Kosmetik. I. Symposium der Gesellschaft Deutscher Kosmetik-Chemiker e. V., Alfred Hüthig Verlag, Heidelberg 1971.

3. Intimpflegemittel

Im Genitalbereich finden sich neben zahlreichen ekkrinen Schweißdrüsen besonders viel apokrine, deren Sekret bakteriell abgebaut zur Geruchsbelästigung werden kann (vgl. S. 203).

Die Intimpflege der Frau umfaßt nur den äußeren Genitalbereich, die Vulva. Die Scheide, Vagina, reinigt sich selbst und darf deshalb weder mit Waschmitteln noch Intimspray in Berührung kommen. Derartige Stoffe würden ihre Bakterienflora zerstören, die zur Bekämpfung eindringender Krankheitskeime andauernd Milchsäure erzeugt. Vaginalspülungen mit der Frauendusche oder Clysopumpe dürfen aus diesem Grunde nur auf ärztliche Anordnung durchgeführt werden. Unsachgemäßes Handeln führt mit ziemlicher Sicherheit zu Entzündungen, Ausfluß und Geruchsbildung.

Die meisten Intimpflegemittel reinigen durch neutrale, anionaktive oder Ampholyt-Netzmittel. Desinfizierende Zusätze sind die auf S. 204 genannten Desodorantien. Verdickungs-, Duft- und Farbstoffe runden die Rezeptur ab. Folgende Präparate sind handelsüblich:

Waschlotionen, Schaumsprays, Reinigungstüchlein. Unter allen Produkten dieser Art haben sich die *Intimsprays* (Trockensprays) am besten durchgesetzt. Sie besitzen weniger Reinigungs- als desodorierende Funktion und werden aus einer Entfernung von etwa 15 cm auf die äußere Intimregion aufgesprüht, niemals aber in die Vagina.

G) Talgdrüsen

In der Lederhaut sind auch *Talgdrüsen* eingebettet, die jedoch nicht gleichmäßig über die Körperoberfläche verteilt sind. Am zahlreichsten finden sie sich in der Nasen-Stirn-Partie, während Hinterkopf, Rumpf und Extremitäten wesentlich weniger Talgdrüsen aufweisen. An den Handtellern und Fußsohlen fehlen sie ganz.

Die Talgdrüsen sind kolbenförmig und sitzen in dem stumpfen Winkel zwischen dem schrägwachsenden Haar und der Hautoberfläche. Ihr Sekret, der Hauttalg, entsteht durch den Zerfall der Zellen der Talgdrüsen, indem diese vom Rand her zur Mitte des Kolbens vordringen, wo sie sich allmählich in Talg verwandeln. Dieser wandert am oberen Teil der Talgdrüse auf das Haar und die Hautoberfläche, wo er mit dem ausgeschiedenen Schweiß eine Emulsion bildet. Auf diese Weise fettet der Talg nicht nur die Haut, sondern hält auch die für sie notwendige Wassermenge zurück.

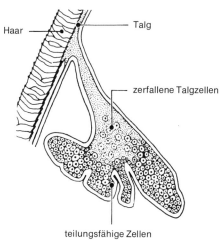

Die Talgdrüse

Die im Hautfett enthaltenen Fettsäuren und gewisse Bestandteile des Schweißes bilden auf der Haut einen *sauren Hydrolipidmantel.*

Mit zunehmendem Alter verringert sich die Talgproduktion und die Haut verliert mehr und mehr ihren schützenden Hydrolipidmantel. Sie wird rauh, trocken und schuppig, ganz besonders an den Unterschenkeln, wo die Abschilferung oft von lästigem Juckreiz begleitet ist. Ältere Personen sollten deshalb mit Seife und anderen entfettenden Hautreinigungsmitteln sparsam umgehen, damit die Talgdrüsen Zeit haben, die Haut ausreichend einzuölen. Außerdem sollte nach jeder gründlichen Waschung die Haut mit einer Fettcreme versehen bzw. dem Bad ein rückfettender Zusatz zugegeben werden.

6.1.3 Das Unterhautzellgewebe, Unterhautfettgewebe

Diese unterste Schicht des Hautorgans, die auch *Subkutis* genannt wird (lat. sub = unter, cutis = Haut), verbindet die oberen Hautpartien mit den tieferliegenden Organen (Muskeln, Knochen und Gelenken). Mengenmäßig übertrifft es die anderen Hautteile erheblich, denn am Bauch, den Oberschenkeln und Hüften ist es durchschnittlich 4 bis 9 mm stark (bei Fettleibigen bis zu 100 mm). Das Unterhautfettgewebe besteht aus feinfaserigem, lockerem Bindegewebe und mehr oder weniger starkem Fettgewebe. Im letzteren sind die Fettzellen zu Fett-Träubchen vereinigt, die sich bei reichlicher Nahrungsaufnahme erheblich

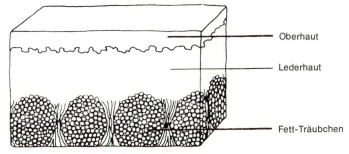

Das Unterhautfettgewebe

vergrößern können. Während das lockere Bindegewebe die Verschiebbarkeit der Haut auf ihrer jeweiligen Unterlage ermöglicht, ist die Fettschicht notwendig, um sie elastisch zu erhalten und zu ernähren. Außerdem ist sie ein nachgiebiges Schutzpolster und als Isolierschicht an der Wärmeregulierung mitbeteiligt. Wenn im Alter Fettschwund auftritt, sinkt die Haut unter Faltenbildung ein.

6.1.4 Hauttypen

Nach der Dicke der Hornschicht, der Hautdurchblutung, dem Grad der Alterung, vor allem aber nach der Menge und Zusammensetzung der von den Talg- und Schweißdrüsen abgesonderten Sekrete unterscheidet man im allgemeinen folgende *Hauttypen:*

Normale Haut
Fette Haut
Trockene und Altershaut
Mischhaut

Diese Zustandsformen der Haut treten jedoch nur selten als reine Typen auf und ändern sich auch fortwährend im Lauf des Lebens. Eine einmalige Diagnose ist deshalb durchaus nicht für alle Zeiten gültig, denn physiologische und psychologische Einflüsse verändern den Zustand des Organismus und damit auch den der Haut.

Aber auch gewisse Umweltfaktoren, wie Klima, Sonnenbestrahlung, Luftfeuchtigkeit, Gase, Staub usw., beeinflussen das Hautbild erheblich; sie können sogar eine ganz gesunde Haut allmählich in einen pathologischen Hauttyp verwandeln.

A) Die normale, funktionstüchtige Haut

Dieser Idealtyp findet sich fast nur bei jungen Menschen. Die Normalhaut ist samtweich und, weil sie gut durchblutet ist, rosig gefärbt. Sie ist geschmeidig, kleinporig und frei von Mitessern, Milien, Pusteln und anderen Hautunreinigkeiten.

B) Die fette Haut, ölige Seborrhoe

Dieser Hauttyp ist dadurch gekennzeichnet, daß er einen Überfluß an Talg erzeugt, den man Seborrhoea oleosa nennt (lat. sebum = Talg, oleosa = ölig, gr. rheo = fließe).

Mitesser, Akne

Die fette Haut ist schlecht durchblutet, dick und meistens blaß. Sie glänzt an Stirn, Wangen und Kinn, hat große Poren und zeigt häufig Hautunreinigkeiten und *Mitesser, Komedonen* (lat. comedere = aufessen, verzehren). Diese bilden aus abgestoßenen Hornlamellen und Talg bestehende Pfröpfe, die die Haarbälge verstopfen. Ihre Oberfläche ist schwarz infolge der chemischen Umwandlung der Hornsubstanz an der Luft. Durch Eindringen von Bakterien und durch Zersetzung des ranzig gewordenen Mitesserinhaltes entsteht eine Entzündung entweder als geröteter Hof oder als Eiterbläschen über dem Mitesser (Pickel, Pustel). Das ist das Bild der *Akne vulgaris.* In typischen Fällen liegen nebeneinander Komedonen, entzündete Knötchen, Pusteln, kleine Furunkel und oberflächliche Narben.

Mitesser können nur durch Ausdrücken entfernt werden, was jedoch niemals mit den Fingernägeln geschehen soll, sondern mit einem Komedonenquetscher, der viel schonender wirkt und Infektionen ausschließt. Vorteilhafterweise werden vor dieser Prozedur die Mitesser durch eine Kamillendampfung oder eine geeignete Gesichtsmaske erweicht (vgl. S. 209).

Sind die Komedonen beseitigt, so ist für eine kräftige Hautdurchblutung zu sorgen. Gute Erfolge zeitigen im Wechsel angewandte warme und kalte Kamillenwaschungen, die gleichzeitig adstringierend wirken.

Auf der Grundlage der fetten Haut entwickelt sich bei Mädchen zwischen dem 11. und 15. und bei Jungen zwischen dem 14. und 18. Lebensjahr, also während der Pubertät, häufig die sogenannte *Jugendakne,* Acne juvenilis, die auf die tiefgreifende Umstellung zurückzuführen ist, die der jugendliche Organismus durchmachen muß, wenn die Kindheitsdrüsen Thymus und Zirbel ihre Funktion erfüllt haben und die Sekrete der Geschlechtsdrüsen in den Säftestrom des Körpers eingeschleust werden. Diese können während der Pubertät eine Wachstumssteigerung der Talgdrüsen auf das Sechs- bis Achtfache und damit eine übermäßige Talgabsonderung (Seborrhoe) bewirken.

Die Fehlsteuerung der Talgdrüsen in der fetten Haut kann auch durch Störungen des Genitalapparates bedingt sein, denn das Gelbkörperchenhormon (Corpus luteum) hat einen starken Einfluß auf die Sekretion der Talgdrüsen. Auch Menstruationsanomalien und Verdauungsstörungen können die Seborrhoe begünstigen.

Sicher spielt auch eine gewisse Veranlagung und Vererbbarkeit beim Auftreten der Seborrhoe eine Rolle.

Wenn etwa vom 40. Lebensjahr an die Haut zu altern beginnt, läßt die Seborrhoe meistens von selbst nach. Das rauhe Hautrelief jedoch wird in diesem Stadium nicht mehr verbessert, denn die alternde Haut besitzt nur noch wenige Regenerationskräfte.

Die Akne ist bei stärkerer Ausbildung ein entstellendes Leiden, das sich schubweise verschlimmert und auch nach Abheilung durch zurückbleibende Narben eine Hautschädigung darstellt. Sie kann sich über viele Jahre erstrecken und bedarf stetiger ärztlicher Betreuung. Da es noch kein sicheres Mittel gibt, das die Akne heilt, ist die Behandlung schwierig und erfordert vom Arzt und Patienten viel Geduld.

Zur lokalen Behandlung der durch Komedonen und Akne geschädigten fetten Haut dienen Stoffe, die desinfizierend wirken, die Verhornungsvorgänge günstig beeinflussen, den natürlichen sauren Hautschutz wiederherstellen und die Talgproduktion normalisieren.

Diese Bedingungen erfüllt der *Schwefel* in feinst verteilter kolloidaler Form oder in der organischen Schwefelverbindung Bislaurylxanthogenylsulfid, das therapeutisch wirksamen Schwefel abspaltet.

Ähnlich wirken natürliche und künstliche Schwefelbäder, z. B. „Silvapin-Schwefel-Kleiebad" (Pino AG, Freudenstadt). Als *bakterienhemmendes Mittel* dient bei Akne Hexachlorophen und als *keratolytisches* (hornhautlösendes) Allantoin. Zusätze der *Vitamine* A, B_6, F und der Pantothensäure normalisieren die Talgdrüsensekretion, wirken entzündungshemmend und erhöhen die Elastizität und Festigkeit der Haut.

Sekretionshemmend und *adstringierend* wirken gewisse Wismutverbindungen in manchen Akne-Mitteln, z. B. in „Sulfoderm" (Chem. Fabrik v. Heyden, München).

In *diätetischer Hinsicht* muß jedes Übermaß an Kohlenhydraten aller Art vermieden werden. Auch der Genuß von Käse, Butter, Margarine und Milchfett ist möglichst einzuschränken, wogegen Rohkost, ungesalzene Nahrung und Leberpräparate zu empfehlen sind.

Nach einer erfolgreich beendeten Aknebehandlung können verhornte Oberhautzellen, oberflächliche Narben, Erhebungen und Verfärbungen durch Abschälen, engl. *„Peeling"*, entfernt werden.

Das *mechanische Peeling* besteht im wesentlichen in einem sanften Abschleifen der Haut mit Seesand-Mandelkleie oder ähnlichen körnigen Stoffen. Am besten wird diese Prozedur mit einer an den Ecken abgerundeten Bürste zunächst zwei- bis dreimal wöchentlich und später alle zwei bis drei Wochen einmal durchgeführt.

Beim *chemischen Peeling* werden in stark verdünnter Form die auf Seite 203 genannten hornhautlösenden Stoffe verwendet.

Beim *biologischen Peeling* wird die Hauterneuerung durch die eiweißlösenden Enzyme von Schimmelpilzen der Gruppe Aspergillus oryzae oder der Früchte des Melonenbaumes Carica papaya und Pankreasenzyme bewirkt.

Zur *Reinigung* der ölig-fetten, grobporigen Haut eignen sich Reinigungsmilch, Waschcreme und Waschlotionen. Hochprozentige alkoholhaltige Gesichtswässer können verwendet werden, dagegen lehnen manche Dermatologen Seifenwaschungen ab, weil sie den schwachen Säuremantel der seborrhoeischen Haut vollends zerstören und die Talgdrüsen zu verstärkter Produktion anregen.

C) Die trockene und Altershaut

Dieser Hauttyp ist straff, glatt, feinporig und frei von Mitessern und Milien. Dem Gesicht verleiht er eine rosige Farbe, weil ihre dünne Struktur die Blutgefäße durchschimmern läßt. Diese scheinbar ideale Haut ist aber infolge ihrer Trockenheit spröde, neigt zum Einreißen und kann mechanisch verursachte Falten kaum ausgleichen. Sie darf deshalb niemals gerieben oder kräftig massiert werden. Aus dem gleichen Grund altert die trockene Haut rasch und viel zu früh erscheinen auf ihr Runzeln, Krähenfüße und Fältchen. Durch Mangel an Wasser und Fett stößt die trockene Haut gelegentlich feine Epidermisschüppchen ab, wodurch sie mehlig bestäubt und in schwereren Fällen sogar rauh erscheint = Sebostase (lat. sebum = Talg, griech. stasis = Stockung).

Viele Menschen unserer Zivilisationszone leiden an zu trockener Haut. Oft ist sie anlagebedingt, aber auch verschiedene innere und äußere Faktoren fördern ihr Zustandekommen. So ist allgemein bekannt, daß Avitaminosen (Vitaminmangelkrankheiten) fast immer mit einer rauhen, trockenen und schuppigen Haut verbunden sind. Dabei scheinen die Vitamine A, B_1, B_2, B_{12}, D, Folsäure und Nicotinsäure eine besonders wichtige Rolle zu spielen (vgl. S. 92).

Daneben können auch innersekretorische Störungen, vor allem die Unterfunktion der Schilddrüse und der Nebennieren, Ursache einer trockenen, rissigen und schuppigen Haut sein.

Als äußere Ursache für die Entstehung dieses Hauttyps ist auch das umgebende Milieu mitverantwortlich. So wirken Sonne und Wind austrocknend, und Staub, Abgase und Dämpfe aller Art schaden ihrerseits erheblich. Unterstützt werden diese Faktoren noch durch Genußgifte, wie Nicotin, Coffein und Alkohol.

Ihrer Reizempfindlichkeit wegen darf die trockene Haut nur mit einer sehr milden überfetteten Seife gewaschen werden. Nach dem Gebrauch eines Öl- bzw. Cremebades ist ein Hautfunktionsöl oder eine Körperlotion zart einzumassieren.

Die trockene, fett- und feuchtigkeitsarme Haut verlangt auch eine besonders sorgfältige Pflege. Sie vermag nur wenig Pflegemittel aufzunehmen und muß deshalb mehrmals am Tag behandelt werden. Dabei darf ihr jeweils nur soviel Creme zugeführt werden, als sie bei vorsichtigem Massieren gerade noch aufnehmen kann. Jedes Zuviel verschmiert sie und stört ihren Stoffwechsel. Die Geschmeidigkeit der Haut wird vorwiegend von ihrem Feuchtigkeitsgehalt bestimmt. Deshalb muß der trockenen Haut neben Fett vor allem Wasser zugeführt werden. Zum gleichmäßigen Durchfeuchten, Feuchterhalten und Fetten sind bei trockener Haut nachts leichte Nährcremes und tagsüber spezielle Tagescremes, jedoch keine Öle angezeigt. Unterstützend können Gesichtsmasken wirken. Als regenerierende Pflege und prophylaktischer Schutz eignen sich für die trockene Haut besonders solche Kosmetika, die die Feuchtigkeit in der Haut lange binden. Sie sind auf Seite 224 ausführlich behandelt.

Die *alternde Haut* wird wie der gesamte Organismus infolge arterieller Veränderungen schwächer durchblutet. Bei verlangsamter Zellteilung werden mehr Hornschüppchen abgestoßen als beim Verhornungsprozeß neu gebildet werden können. Dadurch wird die Haut mit zunehmendem Alter immer dünner und kann deshalb nicht mehr viel Wasser binden, zumal sie auch fettärmer geworden ist. Sie trocknet also leicht aus und wird dabei knitterig wie Kreppapier. Als Folge der mangelhaften Durchblutung bauen sich im alternden Organismus auch die Fettpolster im Unterhautfettgewebe allmählich ab, wodurch die Altershaut besonders an den Händen, am Hals, an den Innenseiten der Oberarme und Waden zu weit wird und sich fältelt. An der Stirn, den Unterlidern und an den Augenwinkeln treten „Krähenfüßchen" auf, und die Falten um Mund und Nase vertiefen sich.

Die Altershaut verträgt nur wenige neutrale Kosmetika, die sie fetten und durchfeuchten. Seifen- und Syndetwaschungen, alkoholhaltige Gesichtswässer und austrocknende Puder sind zu vermeiden.

D) Die Mischhaut

Saugt ein auf die gereinigte Gesichtshaut aufgelegtes Stück Zellstoffpapier im Bereich der Stirne, Nase und des Kinnes Fettspuren auf, an den Wangen- und Augenpartien dagegen nicht, so spricht man von einer Mischhaut. In den Mittelpartien zeigt sie Fettglanz und Hautunreinigkeiten, während die Haut der übrigen Gesichtsfelder feinporig und matt erscheint. Mischhaut ist also zum einen Teil seborrhoisch und zum anderen trocken. Sie muß ihren unterschiedlichen Partien entsprechend so behandelt werden, wie es bei der fetten und trockenen Haut dargestellt worden ist.

Umwelteinflüsse wie starke Temperaturschwankungen, Sonnenbestrahlung, Verunreinigungen der Luft, Bakterien, aber auch ungünstige Ernährungsgewohnheiten, bestimmte Medikamente, psychosomatische Reaktionen (gr. psyche = Seele, Gemüt, soma = Körper), Streß, Schlafmangel, Spannungen usw. können die Reizschwelle besonders der Alters- und Mischhaut stark reduzieren. Eine derartige *irritierte, gefäßempfindliche und nervöse* Haut zeigt schon bei den geringsten Aufregungen gerötete Flecken und wird nach einer gewissen Zeit starker Spannung bald spröde und schlaff. Sie verträgt nur noch sehr milde Kosmetika, die sie beruhigen, nähren und mit der Zeit wieder normalisieren.

6.1.5 Zellulitis

Durch natürliche und altersbedingte Veränderung kann die Haut, vorwiegend an den Oberschenkeln und Hüften der Frauen, eigentümlich locker werden und beim Kneifen zwischen Zeigefinger und Daumen grobporig erscheinen wie eine Orangenschale. Dieses sog. Orangenschalenphänomen, Zellulitis genannt, wird von den Hautärzten nicht als Krankheit angesehen, und es gibt auch bis heute kein nachweislich wirksames Mittel dagegen. Vernünftige Ernährung, sportliche Betätigung und Massagen zur besseren Durchblutung der Haut dürften in den meisten Fällen helfen. Wer darüber hinaus etwas gegen die Zellulitis unternehmen will, sollte vorher unbedingt den Facharzt befragen.

Literatur:
Bommer, S.: Dermatolog. Studien 28, 101, 1936. Hippokrates Verlag.
Fey, H.: Wörterbuch der Kosmetik 1974. Wissenschaftl. Verlagsanstalt, Stuttgart.
Dr. G. Venzmer: Das Große Neue Gesundheitsbuch. C. Bertelsmann Verlag, Gütersloh.

6.2 Hautreinigungsmittel

6.2.1 Toilettenseifen

Das älteste und auch heute noch sehr beliebte Hautreinigungsmittel ist die Toiletteseife mit einer feinen und langanhaltenden Parfümierung als maßgebendes Qualitätsmerkmal.

Diese ist jedoch keineswegs leicht zu erzielen, denn die Seife hat einen typischen Eigengeruch, der nicht leicht zu überdecken ist. Außerdem zersetzt sie durch ihre Alkalität viele ätherischen Öle. So werden z. B. die kosmetisch sehr beliebten Lavendel- und Bergamotteöle durch sie in geruchlose oder sogar unangenehm riechende Verbindungen umgewandelt, besonders, wenn die Seife stark durchfeuchtet an der Luft rasch wieder ausgetrocknet wird. Weil sie sich auch vielen anderen Parfümstoffen gegenüber als „Parfümschlucker" erweist, stellt die Seife im Hinblick auf die Parfümierung ein recht schwieriges Objekt dar.

Als besonderer Nachteil der Toiletteseife wird häufig ihre Alkalität herausgestellt, denn als Salz schwacher Fettsäuren und starker Alkalien spaltet selbst das mildeste Produkt bei der Hydrolyse freies Alkali bis zum pH-Wert 9 ab. Dieses schadet jedoch der gesunden Haut ebenso wenig wie die Neutralisation des früher stark überbewerteten sauren Hautschutzes. Sowohl das saure Milieu als auch der bei der Seifenwaschung unvermeidliche Fettentzug werden durch Eiweißpufferung in der Unterhaut und die Hautausscheidungen in etwa einer Stunde wieder ausgeglichen.

Außerdem werden fast allen hochwertigen Toiletteseifen beim Pilieren Wollwachsderivate, Cremegrundlagen und Wachse als Überfettungsmittel zugesetzt, die nach dem Waschen auf die Haut aufziehen und sie pflegen. Nur funktionell gestörte, abnorm trockene oder überempfindliche, nervöse Hauttypen vertragen Seifenwaschungen nicht.

Über Herstellung, chemische Eigenschaften und Waschwirkung der Seife siehe Seite 297.

Literatur:

Osteroth, D.: Kosmetikum Feinseife. Alfred Hüthig Verlag, Heidelberg.

6.2.2 Kosmetische Bäder

Im *Bad* wird die Haut am nachhaltigsten gereinigt, denn warmes Wasser löst Talg, Schweiß, Salze, Fettsäuren, abgestoßene Hornschuppen und andere Absonderungen des Körpers. Außerdem erweitern sich im Warmbad die Gefäße und Kapillaren, wodurch die Haut besser durchblutet wird. Der Wasserdruck wirkt auf die oberflächlichen Venen als milde Massage und wohltuende Reiztherapie für Herztätigkeit, Puls und Atmung.

Die kräftige Wirkung selbst eines einfachen Warmbades macht es erforderlich, die Badezeit vernünftig zu bemessen. Nach 10 bis 15 Minuten beginnt die Haut zu quellen und verliert dabei viel Fett. Zweimal in der Woche je 10 Minuten lang zu baden ist deshalb vorteilhafter als nur einmal bis zu 20 Minuten lang. An den übrigen Tagen genügt die Dusche.

Kosmetische Badezusätze verbessern die Reinigungswirkung des Wassers und beleben den gesamten Organismus. Man unterscheidet:

A) *Creme-Badeöle:* Mit Geruchsstoffen und Emulgatoren, z. B. Isopropylmyristat, versetzte fette Pflanzenöle, seltener flüssige Kohlenwasserstoffe. Im Wasser bilden sie eine milchige Emulsion, die rückfettend wirkt, was trockener Haut sehr zuträglich ist. Genügt die Rückfettung nicht, so kann nach dem Baden ein

B) *Badehautöl* aufgetragen werden, das einen Emulgatoranteil enthält, der ausreicht, um überschüssiges Öl unter der Brause abspülen zu können.

C) *Badeemulsion, Bademilch:* Emulgierte Badeöle vom Typ O/W. Hoher Gehalt an Duftstoffen.

Badeessenzen, Badefluide, Duft-Badeöle sollen mit einem hohen Duftstoffgehalt dem Badewasser vor allem einen Wohlgeruch verleihen.

D) *Kosmetische Badesalze:* Großkristallisiertes Natriumthiosulfat, Natriumsesquicarbonat, Natriumchlorid, Natriumcarbonat, Natriumsulfat, Natriumtetraborat, das gleichzeitig wasserenthärtend wirkt, parfümiert mit Coniferen-, Lavendel-, Rosen-, Eau-de-Cologne-Öl oder Phantasiegerüchen und gefärbt mit Fluoresceinnatrium oder anderen wasserlöslichen Farbstoffen.

E) *Badetabletten:* Preßlinge aus Badesalzmischungen.

Sprudeltabletten, Brausetabletten enthalten Natriumhydrogencarbonat, das mit beigefügter Adipin-, Zitronen-, Wein- oder Amidosulfosäure Kohlendioxid entwickelt. Um eine vorzeitige Zersetzung zu vermeiden, werden als Trennmittel Stärke, Milchzucker, Alginate, Gelatine und andere Schutzkolloide zugesetzt. Beim Tablettieren der Salzgemische dienen Tylose oder Polyäthylenglykole.

F) *Schaumbäder:* Härtebeständige, waschaktive Fettalkoholsulfate, Alkylarylsulfonate und Fettsäurekondensationsprodukte. Beim Einlaufen des Wassers in die Wanne lassen sie eine dicke Schaumdecke entstehen, die das Gefühl der Reinigung und Erfrischung steigert. Für ein Vollbad mit 200 Litern Wasser genügen 10 bis 30 g Schaumpräparat mit etwa 6 g waschaktiver Substanz, die eine kräftige Reinigungswirkung aufweist und auch die Bildung von Schmutzrändern an der Badewanne verhindert. Im Schaumbad ist die Seife überflüssig, wird sie trotzdem verwendet, so zerstört sie den Schaum schnell und entfettet zusammen mit den Tensiden die Haut übermäßig stark.

Creme-Schaumbäder enthalten in geringen Mengen hautpflegende Stoffe. *Cremebäder* sollen in erster Linie die Haut eincremen. Die Reinigungsfunktion tritt bei ihnen in den Hintergrund.

6.2.3 Badeschwämme

Der als Badeschwamm dienende Natur- oder Hornschwamm, Euspongia officinalis, stellt das Horngerüst vieler, in ihm gesellig lebender primitiver Meerestiere dar. Er ist meistens kugelig, oben trichterförmig eingedrückt, seltener schüsselförmig und stets von einer braunen Haut überzogen.

Durch zahlreiche feine Öffnungen an der Oberfläche bringt das Meerwasser Algen und winzige Urtierchen in das Innere des Schwammgerüstes, wo sie seinen Bewohnern als Nahrung dienen. Durch einige größere Löcher kann das Wasser wieder ausfließen. Jede dieser großen Öffnungen mit dem dazugehörigen Kanalsystem und den Zellen stellt ein Einzeltier dar.

Naturschwamm
auf dem
Meeresgrund wachsend

Die Schwämme werden, nachdem sie aus dem Meer geborgen sind, durch Treten, Klopfen und wiederholtes Waschen von der Oberhaut und den schleimigen Lebewesen befreit und dann an der Luft getrocknet. Manche Sorten werden anschließend noch gebleicht.

Aus dem Mittelmeerraum stammen der rundliche *Pferdeschwamm,* Hippospongia equina, der bis zu 40 cm groß wird und auf der ganzen Oberfläche zahlreiche große Öffnungen besitzt, und der *Zimoccaschwamm,* Euspongia cimocca. In seiner muldenförmig vertieften Oberfläche befinden sich in ziemlich gleichen Abständen viele, sehr kleine Ausströmungsöffnungen. *Levantinerschwämme* zeigen ein sehr weiches Gewebe, sind gleichmäßig dicht und kommen nur gebleicht als Babyschwämme in den Handel. Beste Sorte ist der „Champignon".

Westindische Schwämme sind der *Velvet-* und *Sheepwoolschwamm,* die als haltbare Schultafel- und Toiletteschwämme geschätzt sind.

Der *Reefschwamm* ähnelt mit seiner feinporigen Struktur dem Levantinerschwamm und ist wie dieser als Babyschwamm beliebt.

Schwämme müssen nach dem Gebrauch sofort gründlich gewaschen werden, sonst nehmen sie rasch einen unangenehmen Geruch an und werden schlüpfrig. Durch längeres Einlegen in eine schwache Sodalösung verschwinden diese Erscheinungen wieder. Anschließend muß der Schwamm in fließendem Wasser gespült, ausgedrückt und an der Luft getrocknet werden.

Naturschwämme sind teuer, schwer sauber zu halten und werden von heißem Wasser und laugenhaltigen Substanzen schnell zerstört.

Synthetische Schwämme sind Schaumkörper aus Polyvinylchlorid, Polyurethan, Polyestern u. a. Im Gegensatz zu den Naturschwämmen sind sie sehr widerstandsfähig, kochfest und billig. Auf Grund dieser Eigenschaften haben sie im Haushalt und in der Industrie die Naturschwämme fast vollständig verdrängt.

Luffa-, Loofah-Schwämme bestehen aus dem getrockneten Gefäßbündelnetz von Früchten der Gurkenarten Luffa aegyptica und Luffa petola (Indien, Japan). Das vom Fruchtfleisch befreite Fasergerüst wird gewaschen, gebleicht und getrocknet. Es bildet eine gelblichweiße, rauhe und harte Substanz, die in Wasser aufquillt, weich wird und sich dann wie ein etwas rauher Badeschwamm anfühlt. Luffa eignet sich sehr gut zur Massage, zur Herstellung von Einlegesohlen, Badeschuhen u. dgl.

6.2.4 Reinigungsemulsionen

Zur zwischenzeitlichen Hautreinigung an Gesichts- und Halspartien und ausschließlich bei Alkali-Allergien dienen pastose und flüssige Reinigungsemulsionen. Sie gehören dem O/W-Typ an und kommen als Reinigungscremes, -emulsionen, Toilettemilch usw. in den Handel. Derartige Produkte sind nicht nur alkalifrei, sondern vielfach auf pH-Werte zwischen 4 und 6 eingestellt und entsprechen damit dem natürlichen Säuregrad der Haut.

A) *Reinigungscremes, Waschcremes* (Cleansing-Creams, Emulsified-Creams, Liquefying-Creams) sind O/W-Emulsionen aus flüssigen Kohlenwasserstoffen, Tensiden, die gleichzeitig als Emulgator dienen, und Wasser. Sie werden auf die Haut aufgetragen und leicht einmassiert. Dabei mischen sie sich mit Hauttalg, Hautschuppen, Schmutzteilchen und Make-up-Resten. Anschließend wird das eingecremte Gesicht mit wenig Wasser benetzt, wobei aus der Creme eine flüssige Emulsion entsteht, die mit klarem Wasser abgespült oder mit einem feuchten Wattebausch entfernt werden kann.

B) *Reinigungsemulsionen, Reinigungsmilchen, Reinigungsliquide, Reinigungslotionen* sind stark mit Wasser verdünnte Reinigungscremes und werden wie diese angewandt.

C) Mechanisch und emulgierend wirken *Mandelkleiepräparate,* besonders wenn sie waschaktive Stoffe enthalten. Ein Zusatz von Seesand oder feinstem Bimsmehl schleift aufgerauhte Haut mild ab und ermöglicht dadurch eine drastische Reinigung.

D) *Abschmink- und Reinigungscremes.* Geschminkte und gepuderte Haut kann nur mit wasserfreien Abschmink- bzw. Reinigungscremes, die auf den nichtresorbierbaren Kohlenwasserstoffen Vaseline, Paraffin und Paraffinöl aufgebaut sind, gereinigt werden.

Die wasserhaltigen Reinigungsemulsionen können dieser Aufgabe nicht gerecht werden, denn sie würden wasserlösliche Sekrete, Farbstoffe und Schminkreste lösen und Puderteilchen zum Quellen bringen, die in diesem Zustand die Ausführungsgänge der Haut verstopfen. Zur Nachreinigung können alle hier aufgeführten Reinigungsmittel verwendet werden.

6.2.5 Handreinigungsmittel – Arbeitshandschuhe

Starke Hautverschmutzungen, besonders solche mit schwer entfernbaren Stoffen, sollten durch Tragen von *Gummihandschuhen* vermieden werden, auch wenn diese bei manchen Arbeiten hinderlich sind.

Arbeitshandschuhe dürfen nicht zu eng sein und müssen oft gewechselt werden, weil sonst die Haut durch Schweiß- und Wärmestau aufquillt und gereizt wird. Sie müssen auch ausreichend widerstandsfähig sein, damit der Arbeitsstoff nicht durchtreten kann, der unter dem Handschuh die Haut besonders schwer schädigen kann.

Hartnäckiger Schmutz muß mit speziellen *Handreinigungsmitteln* entfernt werden. Billige Produkte bestehen aus Schmierseife, bessere aus Syndets mit mechanisch reinigenden Zusätzen wie Bimsmehl, Sand, Sägespänen, PVC-Granulat u. a.

Seifenfreie Handwaschmittel enthalten meistens alkalische Salze, z. B. Soda, Wasserglas, Phosphate, Borax und Waschgele, Lösungsmittel wie Terpentinöl, Terpentinölersatz (Schwerbenzin), Methylhexalin u. a. Sie dienen besonders zum Entfernen von Lacken, Harzen, Schmierfetten usw. *Ribbelpasten,* Rollingcreams, reinigen die Hände ohne Wasser.

Weil starkwirkende Reinigungsmittel die Haut strapazieren, müssen die Hände nach der Reinigung mit einer konservierenden und regenerierenden Nährcreme gepflegt werden (vgl. S. 224).

Literatur:

Manneck, H.: „Die Haut und ihre Waschmittel" SÖFW, 1961, 10.
Bergwein, K. „Parfumerie u. Kosmetik" 1964, 45 S. 59.
Nowak, A.: „Testmethoden zur Prüfung des Schaumes" in „Die kosm. Präparate", Augsburg 1969.
Kaiser, J. H.: Kneippsche Hydrotherapie – Allgemeine und spezielle Balneotherapie, Lehrbuch für Physiotherapeuten. Sanitas-Verlag, Bad Wörishofen 1968.
Kosmetik-Zeitschrift für Körperpflegemittel, Parfumerien, Riechstoffe und Aerosole: Tenside in der Kosmetik 41. Jahrgang Nr. 24.
Gohlke, F. J.: Tenside für kosm. Zubereitungen und ihre qualitative Beurteilung. Fette, Seifen, Anstrichmittel 1963 S. 753–755.

6.3 Hautpflegemittel

6.3.1 Hautcremes

Der Hauptfaktor, der die Haut altern läßt, ist die Zeit. Schon mit 25 Jahren setzt dieser Prozeß ein, der im Lauf des Lebens die Haut allmählich trocken, welk und faltig werden läßt, weil die kollagenen Fasern im Bindegewebe erstarren und keine Feuchtigkeit mehr aufnehmen.

Unterstützt wird dieser Vorgang durch Umwelteinflüsse wie Staub, Abgase, trockene Heizungsluft und bestimmte UV-Strahlen des Sonnenlichts.

Wertvolle kosmetische Mittel zur Verzögerung des Alterungsprozesses sind die in großer Mannigfaltigkeit angebotenen *Hautcremes* (lat. cremor = Rahm, Sahne).

Die Haut kann tierische und pflanzliche Fette nur aufnehmen, wenn sie emulgiert sind. Aus diesem Grunde sind Hautcremes ausschließlich Emulsionen, die nach ihrer jeweiligen Konsistenz entweder als halbfeste, salbenartige Cremes oder milchige, sahneartige Flüssigkeiten, wie Gesichtsmilch, Schönheitsmilch, flüssige Creme usw., bekannt sind. In diese Emulsionen lassen sich alle möglichen Wirkstoffe einarbeiten, die dann mit der Emulsion als Gleitschiene in die Haut eingeschleust werden können.

Emulsionen (lat. emulsio = Ausmelkung) sind Mischungen von Flüssigkeiten, die sich beim Stehen allmählich wieder trennen, z. B. Wasser und Öl, weil sich ihre feinsten Teilchen (Phasen) ihrer Grenzflächenspannung wegen an den Berührungsstellen abstoßen. Grenzflächenaktive Stoffe, sog. *Emulgatoren, Stabilisatoren* oder *Schutzkolloide* heben die sich abstoßenden Kräfte auf und ermöglichen dadurch die stabile Emulsionsform kosmetischer Cremes folgendermaßen:

Emulgatoren sind hydrophil = wasserfreundlich und zugleich lipophil = fettfreundlich. Ihre lipophilen Teile sitzen fest in den im Wasser verteilten Öltröpfchen, die hydrophilen dagegen streben der Wasserphase zu und bilden auf diese Weise eine stabile O/W-(Öl-in-Wasser-)Emulsion, z. B. eine Feuchtigkeitscreme. Schwimmen dagegen relativ wenige Wassertröpfchen im Öl, so befinden sich die hydrophilen Molekülanteile des Emulgators in ihnen und die lipophilen ziehen sie zur Fettphase hin und verankern sie dort. So entsteht eine W/O-(Wasser-in-Öl-)Emulsion, in der die Ölphase ausschlaggebend ist, z. B. eine Nährcreme.

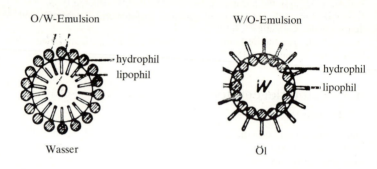

Emulsionen

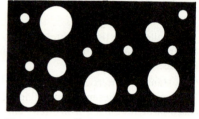

Typ: Öl in Wasser (OW)
Äußere oder zusammenhängende Phase:
Wasser

Typ: Wasser in Öl (WO)
Äußere oder zusammenhängende Phase:
Öl

O/W-Emulsionen sind Tagescremes, Feuchtigkeitscremes, Hautmilchen usw. W/O-Emulsionen sind Nachtpflege- und Nährcremes, Vitamin-, Gewebeextrakt-, Sommersprossen-, Sonnenschutz- und andere Fettcremes.

So grundsätzlich verschieden die Art dieser Emulsionen ist, so unterschiedlich ist auch ihre physiologische Wirkung, ihr kosmetischer Effekt und damit auch ihre Beziehung zur Haut. Eine W/O-Emulsion bewirkt, daß beim Auftragen auf die Haut zuerst die hautnährenden Öle und Fette sowie die darin gelösten

Wirk- und Nährstoffe mit der Haut in Kontakt gebracht werden, damit die Fettphase sofort an den Haarschäften entlang durch die Talgdrüsenkanäle in die tieferen Hautschichten einzudringen vermag. Bei dieser Emulsionsform wird also beabsichtigt, daß hautnährende Wirkstoffe in lipoidlöslicher Form unmittelbar nach dem Kontakt der Creme mit der Haut von dieser aufgenommen werden. Im umgekehrten Verhältnis wird durch die Emulsionsform O/W zuerst die Wasserphase und damit die in ihr gelösten Wirk- und Nährstoffe an die Haut gebracht. Diese Applikation bewirkt nun, daß die Haut durch den erstfolgenden Wasserkontakt aufquillt und dadurch für die Einschleusung wasserlöslicher Wirkstoffe aufnahmebereit ist. Außerdem beugt diese Emulsionsform durch ihren Feuchtigkeitscharakter einer anomalen Verhornung der Haut vor.

Zur Herstellung von Hautcremes dienen:

1. *Natürliche Öle:*

a) *Avocadoöl* aus den Früchten des Avocadobaumes: Wird von der Haut gut absorbiert, Tiefenwirkung. Reich an den Vitaminen A, D, E und F (essentielle Fettsäure). Kosmetisch wirksam bei Trockenheit, Sprödigkeit und Abschuppung der Haut, Granulation und Epithelisierung werden beschleunigt. Anwendung in Emulsionen, Hautfunktionsölen, Haarölen. Kühl und dunkel gelagert wird Avocadoöl kaum ranzig.

b) *Erdnußöl,* Oleum Arachidis, aus den Samen von Arachis hypogaea: Hauptsächlich in billigen Kosmetika.

c) *Mandelöl,* Oleum Amygdalarum, aus den Samen des Mandelbaumes, Prunus amygdalus: Schon in alten Zeiten verwendetes, hochwertes Öl zur Herstellung feiner Kosmetika.

d) *Nußöl,* Oleum Juglandis. Kaltgepreßtes Öl aus den Samen des Walnußbaumes, Juglans regia: Wird leicht ranzig. Hauptsächlich für Hautnährpräparate.

e) *Olivenöl,* Oleum Olivarum. Kaltgepreßtes Öl aus den reifen Früchten des Ölbaumes Olea europaea L.: Geeignet für sämtliche Haut- und Haarpflegepräparate.

f) *Rizinusöl,* Oleum Ricini. Kaltgepreßtes, sehr fettes Öl aus den Samen der Rizinuspflanze, Ricinus communis L.: Leicht löslich in Alkohol, darum fettender Faktor in alkoholischen Wässern, auch Haarwässern.

g) *Türkischrotöl,* Sulforicinat. Mit Schwefelsäure behandeltes und Natronlauge neutralisiertes Rizinusöl: Wasserlösliche Grundlage für Badeöle und Ölhaarwäsche.

h) *Walratöl,* Spermöl, durch Abpressen des festen Walrats gewonnenes farb- und geruchloses Öl: Leicht resorbierbar und hautverträglich.

2. *Wachse und wachsähnliche Stoffe*

a) *Wollwachs:* Gemisch aus verschiedenen hochmolekularen Alkoholen. Als

Cremegrundlage dient das gereinigte, wasserfreie Lanolin mit Paraffinzusatz.

b) *Bienenwachs:* Palmitinsäureester des Myristylalkohols mit Cerotin- und Melissinsäure, höheren Alkoholen und Kohlenwasserstoffen.
c) *Carnaubawachs:* Sehr hart, Schmelzpunkt bei 84 °C.
d) *Walrat:* Palmitinsäure-Cetylester. Fester Anteil des Spermöls. Für hochwertige Hautcremes als Gleitmittel für öllösliche Wirkstoffe.

3. *Spaltprodukte*

Isopropylester der gesättigten kurzkettigen Myristinsäure $C_{13}H_{27}COOH$ und der langkettigen Palmitinsäure $C_{15}H_{31}COOH$. Ölige, farb- und geruchlose Flüssigkeiten, die gut spreiten und nicht ranzig werden.

4. *Mehrwertige Alkohole* verbessern die innige Dispersion der Cremebestandteile. Sie dienen als Lösungsmittel für Duft- und Farbstoffe und verhindern als hygroskopische Stoffe das Austrocknen. Benutzt werden vorzugsweise 1,2-Propylenglykol, Glycerin und Polyäthylenglykol.

5. *Mineralische Öle und Fette* (Kohlenwasserstoffe), vor allem Paraffinöl (Weißöl) und Vaseline werden ihrer fettenden und reinigenden Eigenschaften wegen manchen Hautpflegemitteln zugesetzt. Präparate mit einem erheblichen Anteil an solchen Mineralfetten sind vor allem angezeigt, wo ein besonderer Schutz oder die Reinigung der Haut angestrebt werden, zum Beispiel bei Reinigungscremes, Massage- und Sonnenschutzmitteln, Kinderölen und Schminken. Derartige Produkte sollen nicht in die tieferen Hautschichten eindringen, sondern durch ihren Gehalt an hautfremden Kohlenwasserstoffen an der Oberfläche liegenbleiben.

6. *Emulgatoren*

a) *Zur Herstellung des hydrophilen, auf der Haut nicht fettenden Cremetyps O/W eignen sich folgende Emulgatoren:*

Salze und Derivate höhermolekularer Fettsäuren: Alkalistearate, Triäthanolaminstearat, Türkischrotöl u. a.
Amide: Stearinsäureäthanolamid, Fettsäureamide.
Monofettsäureester: Glycerinmonostearat mit Seife, Mannitan- und Sorbitanmonofettsäureester.
Seifenähnliche Verbindungen: Lamepone, Fettalkoholsulfonate, Igepone, Saponine, quartäre Ammoniumverbindungen u. a.
Lecithine: Tierisches und pflanzliches Lecithin.
Schleime und Polysaccharide: Tragant, Carrageen, Gummi arabicum, Salep, Quittenkernschleim, Stärke, Dextrin, Pektin, Alginate u. a.
Cellulose und Pektinderivate: Methylcellulosen, Celluloseäther, Natriumcelluloseglykolat u. a.

Eiweißstoffe und Abbauprodukte: Gelatine, Albumine, Natriumnucleinat, Eigelb u. a.

Sonstige Stoffe: Gegenwärtig befinden sich über 1000 verschiedene markengeschützte Emulgatoren im Handel, z. B. Emulphor (BASF), Cremophor O (BASF), Sanucol (Shell).

b) *Emulgatoren für den lipophilen, auf der Haut fettenden Cremetyp W/O sind:*

Hochmolekulare Alkohole: Cetylalkohol, Myristinalkohol, Harzalkohole u. a.

Ester und Äther hochmolekularer Alkohole: Sorbitanoleate, Cholesterinester, Wachsalkoholester, Bienenwachs u. a.

Erdalkali- und Aluminiumseifen: Magnesiumpalmitat, Calciumoleat, Aluminiumstearat.

Fettsäureanilide: Stearinsäureanilid.

Sterine und Steroide: Cholesterin, Phytosterine u. a.

Harze: Mastix, Kolophonium, Paragummi.

Unlösliche anorganische Stoffe: Kaolin, Ruß, Zinnhydroxid.

Sonstige Stoffe: Wie bei O/W-Typ. Hier: Emulphor CNA (BASF), Cremophore FM (BASF) u. a.

Absorptionsbasen sind solche Cremegrundlagen, welche die Wasseraufnahmefähigkeit der Emulsionen überdurchschnittlich erhöhen. Als Cremetyp bilden die Absorptionsbasen W/O-Emulsionen. Sie sind oft auf Vaselin-Cholesterinbasis aufgebaut; Zusätze von Cetylalkohol in cholesterinhaltigen Cremebasen steigern darüber hinaus die Wasseraufnahmefähigkeit der Emulsion und verbessern gleichzeitig die Struktur der Creme.

Alle für die Herstellung von Hautcremes verwendeten Grund- und Hilfsstoffe müssen folgenden Anforderungen gerecht werden:

Absolute Hautverträglichkeit,
Gute Aufnahmefähigkeit für Wirk-, Nähr- und Duftstoffe,
Leichte Absorbierbarkeit durch die Haut,
Ermöglichung des dem jeweiligen Verwendungszweck angepaßten Emulsionstyps,
Haltbarkeit des mit ihnen hergestellten Fertigprodukts.

Literatur:

Prof. Dr. H. Römpp: Chemielexikon, 6. Auflage, Band 1, Seite 1802 folg. Franckh'sche Verlagshandlung, Stuttgart.
Schmidt-La Baume F., u. G. Lietz: Die Emulsionen in der Hauttherapie. S. Hirzel Verlag, Stuttgart 1951.

Hautcremearten

Die in nahezu unübersehbarer Mannigfaltigkeit auf dem Markt befindlichen *Hautcremes* lassen sich nur schwer zu Gruppen zusammenfassen. Mit allen Vorbehalten sei folgende Gliederung versucht:

A) Hautcremes, die im täglichen Gebrauch die gesunde Haut pflegen und vor schädlichen äußeren Einflüssen bewahren:

Tagescremes und Make-up-Unterlagen

Als O/W-Emulsionen überziehen die Tagescremes die Haut mit einem dünnen Film. Sie müssen auf ihr leicht verteilbar sein, rasch eindringen und den ausgeschiedenen Schweiß in der Emulsion festhalten, damit er sich nicht im sogenannten „Schwitzeffekt" tropfenförmig auf der Haut absetzt. Die sogenannten *Feuchtigkeitscremes* (Moisture- und Hydratantecremes) sollen Wasser in die Haut einschleusen und dort festhalten.

In ihrer sahnigen, leichten Konsistenz ähneln die modernen Tagescremes bis zu einem gewissen Grad der *Gesichtsmilch,* die als Tagesschutzpräparat beliebt ist.

Fettfreie Geleecremes sind vorwiegend Handcremes aus Glycerin, wasserlöslichen Wirkstoffen und Gelbildnern. Da ein Glyceringehalt von etwa 30% die Haut schon reizen und seine hygroskopische Wirkung ihren Wasserhaushalt empfindlich stören kann, werden Geleecremes heute vorwiegend mit folgenden Glycerin-Austauschstoffen hergestellt:

Agar-Agar, Gelatine, Alginaten, Pektin, Tragant, Methyl-, Äthyl- und Carboxymethylcellulose, Polyvinylpyrrolidon und anderen Gelbildnern. In die aus ihnen bereiteten Schleime werden Sorbit, Kräuterextrakte, Fruchtsäfte (Gurken-, Zitronensaft), Honig, Duftstoffe, Konservierungsmittel und in geringem Umfang Glycerin und Propylenglykol eingearbeitet. Geleecremes werden gelegentlich auch für bestimmte Anwendungsarten wie Packungen und Masken eingesetzt.

B) Sportcremes

können halbfette oder Fettcremes sein.

C) Cold-Cream

zu deutsch „Kühlcreme" (engl. cold = kalt) ist die älteste W/O-Emulsion, die durch Wasserverdunstung die Haut kühlt, woher ihr Name stammt.

Sonnenschutzcreme siehe Seite 234.

Massagecreme siehe Seite 229.

D) Wirkstoffcremes, die durch Belebung des Haut- und Gewebsstoffwechsels mit Hilfe besonderer Wirkstoffe den normalen Hautzustand wiederherstellen:

Nachtpflege- und Nährcremes

sollen die Haut während der Nacht pflegen. Hierzu müssen sie im Gegensatz zu den Tagescremes reichlich Fett enthalten, jedoch nur so viel, daß sich das Präparat leicht verteilen läßt und rasch von der Haut aufgesogen werden kann.

Nachtcremes werden mit den Fingern auf der Gesichtshaut verteilt und dann mit der Handfläche ohne Überdehnung der Haut schonend einmassiert. Nicht aufgenommene Reste werden mit einem Gesichtstuch entfernt.

Trockene Haut verträgt fette Cremes auch am Tage, weil sie das Fett begierig und schnell aufnimmt. Die fettreichen Cremes vom Typ der W/O-Emulsionen dienen auch als Grundlage für Cremes, die besondere Wirkstoffe enthalten, wie die Sommersprossen-, Sonnenschutz-, Vitamin-, Placentacremes u. a.

E) Pflanzenextraktcremes

Durch die altbekannten, hautwirksamen und heilenden Eigenschaften nehmen viele pflanzlichen Wirkstoffe in der modernen biologischen Hautkosmetik eine besondere Stellung ein.

Für die Behandlung einer empfindlichen, hypersensiblen Haut sind Präparate mit Auszügen aus Huflattichblättern, Stiefmütterchen- und Schafgarbenkraut und Kamillenblüten zu empfehlen. Die Behandlung einer großporigen Haut erfordert Präparate mit adstringierenden Wirkstoffen aus Hamameliskraut oder Tormentillwurzel.

Wirkstoffkonzentrate aus Schachtelhalm und Schafgarbe haben sich zur Behandlung der fetten Haut gut bewährt. Gegen Akne, Pusteln und Finnen sind die Inhaltsstoffe von Löwenzahn, Ehrenpreis und Kamillenblüten zu empfehlen.

In manchen biologischen Präparaten ist das *Allantoin,* ein Glykosid der Beinwellwurzel, Radix Consolidae, enthalten. Diese Droge wird schon seit Jahrhunderten zu Umschlägen bei schlecht heilenden Wunden, Geschwüren und Quetschungen verwendet, denn sie unterstützt auf Grund ihrer stimulierenden Eigenschaft das Wachstum eines gesunden Granulationsgewebes. Allantoin gehört als Oxydationsprodukt der Harnsäure in die Gruppe der Purine und wird heute synthetisch dargestellt. Kosmetisch soll es in Mengen bis zu einem halben Prozent in Hautcremes, Hautlotionen, Lippenstiften, Rasierpräparaten usw. durch Regeneration der Epidermis rauhen Teint und die geschädigte Oberhaut der Hände und des Gesichts bessern.

F) Vitamincremes

Fettlösliche Vitamine werden von der Haut direkt, wasserlösliche in Emulsionen, wie sie die Hautcremes darstellen, resorbiert.

Für biologische Nährcremes sind besonders die Vitamine A und D_3 von Bedeutung, denn sie fördern die Entwicklung und Funktion des Hautepithels. Außerdem sind sie wirksam gegen trockene Seborrhoe, Komedonen- und Pustelakne und trockene, schuppende Haut.

Das im Weizenkeimöl als *Tocopherol* enthaltene Vitamin E regt die Neubildung von Zellen an, steigert durch Gefäßerweiterung die Durchblutung der

Haut und beugt dadurch vorzeitigen Alterserscheinungen vor. Auch bei Jugendakne sind mit dem Wirkstoffkomplex des Keimöls schon gute Erfolge erzielt worden.

G) Organ- und Gewebeextraktcremes

enthalten Extrakte tierischer Gewebe und Organe auf Ölbasis, die geschädigte Zellgewebe regulieren und revitalisieren. Durch Steigerung der Gefäßdurchblutung, Stimulierung des Stoffwechsels und Verbesserung der Faserelastizität versetzen sie die Haut in die Lage, ihren Stoff- und Energiewechsel wieder selbständig zu bewirken.

Die bekanntesten Vertreter dieser Produktgruppe sind die *Placenta-Präparate*. Die Placenta oder der Mutterkuchen ist die Brücke von der Innenwand der Gebärmutter zum Embryo. Sie ist eine wichtige Drüse mit innerer Sekretion, die an die heranwachsende Frucht bis zur Geburt konzentrierte Aufbaustoffe liefert.

Der Gesamtkomplex der Placentastoffe umfaßt die Vitamine A, C, E, B_2, B_{12}, Folsäure und Biotin, verschiedene Aminosäuren, Fermente und Verbindungen der Spurenelemente Magnesium, Calcium, Mangan, Eisen, Kupfer, Silicium und Phosphor.

Placentaextrakt fördert die Durchblutung und regt den Stoffwechsel der Haut an. Er soll auch gegen Pickel und Mitesser wirksam sein, weshalb Placentacreme jungen Menschen mit aknegefährdeter Haut empfohlen werden kann.

H) Hormoncremes

Kosmetische Präparate mit Hormonzusätzen sollen der Entstehung von Runzeln und Falten in der Gesichtshaut entgegenwirken und Alterungserscheinungen allgemeiner Art verzögern. Die in den Eierstöcken gebildeten Östrogene bewirken alle typisch weiblichen Eigenschaften organischer und seelischer Natur. Versiegt nun beim natürlichen Alterungsprozeß in den Wechseljahren die Östrogenproduktion, so wird dadurch nicht nur die Fortpflanzungsfähigkeit beendet, sondern auch die Körperhaut durch Erschlaffung ungünstig beeinflußt.

Die Haut einer mit Östrogenen behandelten Frau bleibt erfahrungsgemäß nach dem Klimakterium länger von Faltenbildung verschont.

Diesen Effekt versucht die kosmetische Industrie mit *Hormoncremes* zu erzielen, die jedoch keine tierischen Hormone enthalten dürfen, weil diese bei unkontrollierter Anwendung schwere körperliche Schäden, besonders im Menstruationszyklus verursachen können. Hormone wirken in unvorstellbar kleinen Mengen. Schon ein Millionstel Gramm reicht im Regelfall aus, um im Körper sehr eindrucksvolle Wirkungen zu erzielen. Ein Tausendstel Gramm von der falschen Art in den Organismus gebracht, kann bereits eine katastrophale Verwirrung im Stoffwechsel stiften. Aus diesem Grunde sind Hormonpräparate streng rezeptpflichtig und nur in der vom Arzt vorgeschriebenen Dosierung anzuwenden.

Deshalb werden in hormonhaltigen Hautpflegemitteln an Stelle der tierischen Hormone pflanzliche Wuchsstoffe, Phytohormone (gr. phyton = Pflanze) oder Auxine (gr. auxäsis = Wachstum), verwendet, die im Pflanzenkörper die Teilung und Vermehrung der Zellen bewirken.

Besonders reich an Phytohormonen ist der Getreide-Embryo. Das aus ihm gewonnene Keimöl ist deshalb schon seit langer Zeit ein in der Kosmetik gebräuchlicher biologischer Wirkstoffträger für regenerierende Hautcremes.

In diese Produktgruppe gehören auch die *Pollenextraktcremes*. Pollen sind die männlichen Keimzellen der Pflanze, die zur Befruchtung der Blüten notwendig sind. Die Bestäubungsarbeit führen viele Insekten durch, vor allem die Bienen bei der Suche nach Nektar. Beim sog. „Höseln" verkleben sie die Pollen an den Hinterbeinen und bringen sie so in den Bienenstock, wo sie zur Ernährung der Larven dienen.

Blütenstaub enthält außer viel Eiweiß die Vitamine A, B_{12}, C, D, E, Thiamin, Riboflavin, Pyridoxin, Folsäure, Biotin, Pantothensäure und Nicotinsäureamid neben den Enzymen Katalase, Amylase, Saccharase und verschiedenen Phytohormonen.

Durch die Ernährung mit Pollen erhöht die Bienenbrut ihr Gewicht innerhalb einer Woche um das 1500fache. Dieser erstaunliche Zuwachs dürfte auf eine Kombination der in den Pollen enthaltenen Wirkstoffe zurückzuführen sein, die offensichtlich eine starke Aktivierung der Körperfunktionen auslösen. Diesen Effekt sollen Hautcremes, die Pollenextrakt enthalten, auf geschädigtem, erschlafftem oder empfindlichem Hautgewebe bewirken.

6.3.2 Gesichts-, Toilette-, Hautwässer, Skinfreshener

sollen den Hauttonus anregen, die Hautdurchblutung steigern und adstringierend, antiseptisch, sekretionshemmend-desodorierend wirken. Sie enthalten bis zu 40% Äthylalkohol, der durch rasche Verdunstung die Haut kühlt, erfrischt und belebt. Seine desinfizierende, entfettende und adstringierende Wirkung wird durch Zusätze von Benzoe-, Milch-, Bernstein-, Bor-, Glycerinphosphorsäure und Auszüge aus Kamillenblüten, Hamamelis- und Salbeiblättern u. a. unterstützt.

Irrtümlich werden Gesichtswässer oft zur Hautreinigung verwendet. Diese Funktion können sie jedoch nicht ausüben, denn diese Wässer wirken infolge ihrer sauren Einstellung (pH-Wert 5–6) adstringierend und damit konträr gegenüber jeder Hautreinigung, die nur bei geöffneten Ausführungskanälen erfolgreich durchgeführt werden kann.

6.3.3 Hautöle

waren schon im Altertum zur Körper- und Schönheitspflege von besonderer Bedeutung. Moderne Rezepturen stellen Mischungen aus Oliven-, Mandel-, Avocado-, Johanniskraut-, Weizenkeim- und anderen Pflanzenölen dar, denen, den verschiedenen Hauttypen entsprechend, Vitamine, Hormone und Fettsäureester wie Cetiol, Eutanol, Isopropylpalmitat u. a. zugegeben werden.

Hautöle sollen ungefärbt verwendet werden. Zu ihrer Parfümierung eignen sich neben Lavendel- und Rosenöl verschiedene Fruchtöle.

Literatur:

Herold, E.: Heilwerte aus dem Bienenvolk. Ehrenwirth-Verlag, München 1970.
Weiss, R. F.: Lehrbuch der Phytotherapie. Hippokrates-Verlag, Stuttgart 1960.

6.3.4 Die kosmetische Massage

(gr. masso = kneten)
Man unterscheidet folgende Massagearten:

Knetmassage, Pétrissage (franz. pétrir = kneten)
Streichmassage, Effleurage (franz. effleurer = streichen)
Klopfmassage, Tapotement (franz. taper = schlagen)
Friktionsmassage, Friction (franz. friction = Reibung).

Die Massage kann mit der Hand oder mit Apparaten durchgeführt werden. Allgemein wird die Handmassage als schonender empfunden und wirkt gleichzeitig psychisch-suggestiv, was für den Erfolg von großer Bedeutung sein kann. Sie paßt sich auch der Anatomie und Physiologie der behandelten Körperteile gut an, was besonders bei der alternden Haut wichtig ist, deren Bindegewebe seine Elastizität weitgehend verloren hat, bzw. von arteriosklerotisch verengten Kapillaren durchsetzt ist, die einer Erweiterung nicht mehr zugänglich sind. Unsachgemäß durchgeführt kann jede Massage zu dauernden Entstellungen führen, zumal die Atrophie „Schwund" der Altershaut nicht immer erkennbar ist, weil der Turgor in Epidermis und Bindegewebe gut sein kann und dadurch Elastizität vortäuscht (Turgor, lat. turgere = schwellen, ist der vom Wassergehalt der Zellen und Gewebe abhängige Druck).

Besonders bedenklich sind in dieser Hinsicht manche Massagegeräte, deren Frequenz Hautpartien bis zum Bindegewebe erschüttern und dadurch zu Zerreißungen führen können. Aber auch die zarte, junge weibliche Haut darf nur sehr schonend massiert werden, damit die in ihr liegenden Nervenendigungen und Kapillaren nicht unnötig strapaziert werden. Bei den einzelnen Gesichtspartien geschieht dies folgendermaßen:

Hals: Das Kinn leicht vorschieben und von unten nach oben in kleinen Kreisen massieren. Zum Schluß mit beiden Handflächen abwärts über das Dekolleté bis zum Brustansatz streichen.

Kinn: Die Handflächen beider Hände hinter den Ohren ansetzen und mit den Daumen von der Kinnmitte zu den Ohren fahren. Abschließend das Kinn mit den Handrücken ausstreichen und klopfen.
Mund-Nasen-Falte: Die Backen aufblasen und mit den Fingerspitzen von den Mundwinkeln hoch zu den Nasenflügeln trommeln. Dann den Mund öffnen und aufwärts über die Wangen zu den Ohren hin streichen.
Nase. Die Nasenflügel leicht blähen und mit den Kuppen beider Mittelfinger kreisförmig bearbeiten. Jeweils nach dreimaligem Kreisen abwärts über den Nasenrücken fahren.
Stirn: Kurze Striche von den Brauen zum Haaransatz, waagrecht über der Nasenwurzel. Zum Schluß die ganze Stirn mit den Handflächen von einer Seite zur anderen ausstreichen.
Massagemittel heben den Reibungswiderstand und die Reibungswärme beim Massieren auf. Folgende Produkte erfüllen diese Aufgabe:
Massagesalben und -cremes: Mischungen aus Vaseline, flüssigem Paraffin und O/W-Emulsionen.
Massagelinimente: Dickflüssige Mischungen aus Seifen und Ölen, die nach der Massage mit Wasser abgewaschen werden können.
Massageöl: Klares oder emulgiertes flüssiges Paraffin, manchmal mit Zusätzen von Azulen, Vitaminen, Keimöl u. a.
Massagepuder: Reines oder parfümiertes Talcum, gelegentlich auch mit den Wirkstoffzusätzen der Massageöle.
Massageseifen: Milde, stark schäumende Seifen zur Schaummassage mit Massagebürste bzw. Massageband.
Durch *Bürstenmassage* wird der Blut- und Lymphstrom in der Lederhaut, dem Unterhautzellgewebe und in den unter der Haut liegenden Muskelpartien gefördert.
Die *Massagebürste* sollte einen Besatz aus Naturborsten tragen, da zu harte synthetische Borsten scheuern und zu weiche einen nur geringen Effekt hervorbringen.
Die Körpermassage beginnt an der rechten Fußsohle. Von ihr aus streicht man in kreisenden Bewegungen das Bein hoch. Dann folgt in gleicher Weise das linke Bein, anschließend rechter und linker Arm, immer von der äußersten Spitze zum Herzen hin. Der Bauch wird kreisförmig in Uhrzeigerrichtung behandelt. Für den Rücken wird die Bürste mit dem zu ihr gehörenden Teil verlängert. Wirkungsvoll sind auch Massagebänder.
Nach einer etwa 5 Minuten dauernden Massage ist die Haut leicht gerötet. Sie kann anschließend mit einem Hautfunktionsöl behandelt werden.

Literatur:

Reinhard, W.: Massage und physikalische Behandlungsmethoden. Springer-Verlag, Berlin–Heidelberg–New York 1967.

Thomsen, W.: Lehrbuch der Massage und manuellen Gymnastik. Georg Thieme Verlag, Stuttgart 1970.

Thulcke, E.: Lehrbuch für Masseure. Verlag Walter de Gruyter, Berlin 1967.

6.3.5 Gesichtsmasken und Gesichtspackungen

6.3.5.1 *Masken*

sind breiartige Massen, die kalt oder warm mit einem Flachpinsel oder Spatel auf die gutgereinigte Haut aufgetragen und nach etwa 20 Minuten als Ganzes wieder abgenommen oder abgewaschen werden. Sie erstarren zu einer undurchlässigen Schicht, die Feuchtigkeit und Wärme staut, dadurch die Durchblutung der Haut anregt und sie frischer erscheinen läßt. Durch Wasserbindung und Gefäßerweiterung verbessert sich ihr Turgor, sie quillt auf und wird so weit gestrafft, daß Falten etwa geglättet werden, jedoch nur für kurze Zeit. Wer für einen Abend frischer, rosiger und weniger faltig aussehen will, ist mit einer Gesichtsmaske gut bedient, eine Dauerwirkung jedoch ist ausgeschlossen, denn eine solche käme einer Hautverjüngung gleich, die bisher noch niemand gelungen ist.

Aus der im feuchtwarmen Milieu aufgequollenen Haut kann die Maskenmasse in begrenztem Umfang abgestorbene Epithelreste, Pickel, Mitesser und andere Hautunreinigkeiten aufnehmen und festhalten, und die erweiterten Poren lassen pflegende und nährende Kosmetika in ihre tieferen Schichten eindringen. Deshalb steht die Gesichtsmaske immer am Anfang der kosmetischen Behandlung.

Gesichtsmasken werden durch Verreiben von Methylcellulose (Tylose) Tragant, Gelatine, Kasein, Stärke, Fango, Moorschlamm, Heilerde, Bentonit (stark quellfähiger Ton) und vielen anderen Stoffen mit Wasser und vielen anderen Flüssigkeiten hergestellt. Sie werden in fast unübersehbarer Menge als kosmetische Produkte angeboten. Neben diesen Bereichen dienen zur Herstellung von Masken auch wasserfreie Substanzen, die in der Wärme plastisch oder flüssig werden, z. B. Paraffin, Bienenwachs u. a.

6.3.5.2 *Packungen*

werden wie die Masken in Breiform auf die Haut aufgetragen, bleiben aber nach dem Trocknen porös und durchlässig für Feuchtigkeit und Wärme.

Gesichtspackungen verringern die Hautfunktionen, entquellen, verengen die Kapillaren und Poren und verfeinern dadurch das Hautrelief. Sie pflegen die Haut, wirken länger als die Masken und beschließen die kosmetische Hautbehandlung.

Den Aufbaukomponenten der Masken und Packungen können verschiedene Stoffe zugesetzt werden, die folgendermaßen wirken:

Adstringierend: Gerbstoffe, gerbstoffhaltige Pflanzenauszüge und Aluminiumverbindungen. Sie sollen den Schweiß- und Fettstoffwechsel regulieren, welke Haut straffen und Falten glätten.

Hauterweichend: Milde Alkalien, Seifen, Tenside, Salicylsäure, Milchsäure u. a. Unterstützen den Feuchtigkeits- und Schwitzeffekt der Maske und entfernen Pickel, Mitesser und andere Hautunreinigkeiten.

Hautspannend und tonisierend: Manche ätherischen Öle, Zitronensäure, Pflanzenextrakte. Bei welker und großporiger Haut.

Keratolytisch (hornhautlösend): Zusätze gewisser pflanzlicher Enzyme aus dem Schimmelpilz Aspergillus oryzae und den unreifen Früchten des Melonenbaumes Carica papaya (Papain) und Pankreasenzyme. Enzymmasken (Fermentmasken) lösen aus einer schlecht durchbluteten, empfindlichen oder seborrhoeischen Haut tief in den Poren stizende fett- und eiweißreiche Verunreinigungen.

Bleichend: Oxydationsmittel wie Wasserstoffperoxid, Perborate, Persulfate. Gegen Sommersprossen, Gesichtsröte.

Aufsaugend: Kaolin, Kieselgur, Zinkoxid, Stärke, Cellulosederivate. Sie entziehen der fetten Haut Feuchtigkeit und vor allem Talg (Puderpackungen).

Feuchtend und fettend: Öl-in-Wasser-Emulsionen, die den Turgor und Fettgehalt der trockenen Haut normalisieren (Cremepackungen).

Aerosol-Schaummasken sind keine Masken im üblichen Sinn, sondern Tagescremes, die schaumförmig auf die Haut aufgetragen und schonend einmassiert werden.

6.3.6 Sonnenschutzmittel

Hautbräunung ist die sichtbare Schutz- und Abwehrreaktion der Haut gegenüber bestimmten gewebszerstörenden Anteilen des Sonnenlichtes.

6.3.6.1 *Die Zusammensetzung des Sonnenlichtes*

Die *Sonnenstrahlen* sind elektromagnetische Schwingungen mit verschiedener Wellenlänge, die in Nanometern ausgedrückt wird. Ein Nanometer (nm) ist der millionste Teil eines Millimeters.

Wellenspektrum des Sonnenlichtes

Unsichtbare UV-Strahlen	Ultraviolett C (UVC)	200 - 280 nm
	Ultraviolett B (UVB)	280 - 315 nm
	Ultraviolett A (UVA)	315 - 380 nm
Sichtbare Spektral-Farben	Violett	400 nm
	Indigo	
	Blau	500 nm
	Grün	
	Gelb	600 nm
	Orange	760 nm
	Rot	
Unsichtbare Infrarot-Strahlen		760 - 1300 nm

Vom Wellenspektrum des Sonnenlichtes, das sich von 200 bis 1300 nm erstreckt, ist nur der Teil zwischen 400 und 760 nm sichtbares Licht. Wellenlängen über 700 nm sind die unsichtbaren *Infrarotstrahlen,* die in den Körper eindringen und durch Steigerung der lokalen Durchblutung schmerzstillend und krampflösend wirken. Außerdem veranlassen sie die blutbildenden Organe zu erhöhter Leistung und fördern darüber hinaus viele Stoffwechselvorgänge im Organismus. Mit Infrarotlampen werden diese günstigen Wirkungen therapeutisch ausgewertet.

Wellenlängen unterhalb 400 nm sind die ebenfalls unsichtbaren *Ultraviolettstrahlen,* UV-Strahlen, die das Hautorgan intensiv beeinflussen. Biologisch besonders wichtig ist ihre Fähigkeit, das Ergosterin (Provitamin der Haut) und Cholesterin in das antirachitische Vitamin D_3 umzuwandeln (vgl. S. 91).

Bestimmte UV-Strahlen können aber auch die Hautzellen durch Verbrennung völlig zerstören und dadurch schwere Schädigungen des Allgemeinbefindens hervorrufen.

6.3.6.2 *Hautbräunung und Sonnenbrand*

Hautbräunend wirken die UVA- und UVB-Strahlen. Die UVC-Strahlen erreichen die Erdoberfläche nicht, sind aber im Licht der Höhensonne (Quecksilberdampflampe) enthalten und müssen, da sie äußerst gewebsschädigend sind, sorgfältig abgeschirmt werden.

A) Die direkte Hautbräunung

durch UVA-Strahlen vollzieht sich ohne Schädigung der Haut durch Umwandlung des in den Melanozyten der Basalschicht enthaltenen Dihydroxyphenylalamins in braunes Melanin. Sie stellen den erwünschten Bräunungsfaktor dar und werden deshalb von den Sonnenschutzmitteln durchgelassen. Trotzdem sollte die Haut, besonders wenn sie sich im Frühjahr erst an die Sonne gewöhnen muß, nur kurzfristig im Halbschatten diesen Strahlen ausgesetzt werden. „Sonnenanbeter" schaden ihrer Haut mehr als sie ihr nützen!

B) Der indirekten Hautbräunung

durch UVB-Strahlen geht eine mehr oder weniger schmerzhafte Gewebsschädigung, das *Erythem* (gr. erythema = Rötung, Entzündung) voraus, weshalb Sonnenschutzpräparate diese Strahlungsart weitgehend absorbieren müssen.

Strahlenschädigungen können folgende Formen annehmen:

1. Grad: Rötung und leichte Schwellung. Klingt nach zwei bis drei Tagen von selbst wieder ab und verschwindet völlig mit zunehmender Bräunung.

2. Grad: Sonnenbrand, Erythema solare (lat. sol = Sonne). Blasenbildung auf der entzündeten Haut. Die Oberhaut wird in Fetzen abgestoßen. Anti-Brand-Gelees und kühlende Kompressen bringen Linderung.

3. Grad: Tiefgehende Zellschädigung, dabei Fieber und Schüttelfrost. Absterben größerer Teile der Oberhaut mit Narbenbildung. Starke UVB-Strahlung kann die Hautzellen so sehr zerstören, daß Eiweißstoffe zu giftigen Zerfallsprodukten werden, die, vom Blut aufgenommen, Störungen des Allgemeinbefindens und des Nervensystems hervorrufen. Schädigungen dritten Grades müssen unbedingt vom Arzt behandelt werden.

Die Reaktionsbereitschaft der Haut gegenüber den UVB-Strahlen ist individuell und konstitutionell verschieden. So fehlt z. B. der hellen Haut weißblonder und rothaariger Menschen die Anlage zur Pigmentierung gelegentlich ganz. Ohne Sonnenschutzmittel bekommen sie schnell einen Sonnenbrand, und nach der Schälung bleibt ihre Haut entweder weiß oder frischrot. Lediglich die fast immer vorhandenen Sommersprossen werden dunkler, wodurch die unpigmentierte Haut noch weißer erscheint.

Dem Lebensalter entsprechend ist festzuhalten, daß Kinder bis zu 7 Jahren und Personen über 60 Jahren in der Regel eine starke Sensibilität gegenüber ultravioletter Strahlung zeigen, während die dazwischenliegenden Altersklassen wesentlich unempfindlicher sind.

Auch die einzelnen Hauttypen reagieren sehr unterschiedlich auf Strahlungseinflüsse. So verträgt die fette Haut weit mehr Sonne als die trockene, dünne und zarte Haut.

Es läßt sich also nicht allgemeingültig feststellen, wieviel UV-Licht die menschliche Haut ohne Schaden zu nehmen, vertragen kann. Die sog. *Eigenschutz-* oder *Erythemschwellenzeit,* die bei gegebener Strahlungsintensität eine eben noch erkennbare Hautrötung hervorruft, kann deshalb nur Annäherungswerte angeben. Für die Mittagssonne unserer Breiten beträgt sie bei etwa 70% der Bevölkerung 30 bis 40 Minuten, etwa 20% können bis zu zwei Stunden sonnenbaden und 10% vertragen die Sonne höchstens 20 Minuten lang.

Besonders gefährdet ist die dünne Haut der Lippen, die keine Talgdrüsen enthält und deren Epithel im Gegensatz zur übrigen Haut keinen natürlichen Sonnenschutz durch Verdickung aufbauen kann. Darum trocknen die Lippen bei stärkerer Lichteinwirkung, besonders beim Skilauf mit entsprechendem Fahrwind rasch aus, werden rissig, spröde und wund bis zum sehr schmerzhaften Bläschenausschlag, der Herpes labialis (gr. herpo = krieche, lat. labium = Lippe).

Die Lippen bedürfen daher eines besonderen Schutzes vor den sonnenbranderzeugenden Strahlen und vor dem Austrocknen. *Lippenbalsam, Lip-Gloss* und spezielle *Fettstifte* mit UV-Filtern, die die Lippen schützen und ihnen das nötige Fett zuführen, sind erprobte Mittel. Vor ihrer Anwendung müssen farbstoffhal-

tige Lippenstiftauflagen entfernt werden, weil sie die Haut bei starker Sonnenbestrahlung sogar sensibilisieren, d. h. besonders empfindlich machen können.
Alkoholhaltige Kosmetika wie Gesichts- und Rasierwässer, Deodorants, Parfums, Haarsprays usw. dürfen vor und während des Sonnenbades nicht verwendet werden, denn sie entziehen der Haut das Fett und begünstigen die Entstehung des Sonnenbrandes. Besonders gefährlich ist in dieser Hinsicht Eau de Cologne wegen seines Gehaltes an Bergamotteöl. Das in ihm enthaltene Furocumarin bewirkt bei Sonnenbestrahlung die sog. „Berloque-Dermatitis" (frz. berloque = Uhrkettenanhänger), eine ungleichmäßig verstärkte, streifen- oder fleckenförmige Hauptpigmentierung.

6.3.6.3 Sonnenschutzmittel – Lichtschutzmittel

Diese Kosmetika enthalten Filterstoffe, welche die bräunenden UVA-Anteile des Sonnenlichtes ungehindert, die gefährlichen UVB-Strahlen jedoch nur insoweit durchlassen, als sie zur Unterstützung der UVA-Strahlen erwünscht sind und keine Gewebsschädigung hervorrufen. Derartige Sonnenschutzmittel vermögen also die jeweiligen UV-Strahlen auszuwählen und heißen deshalb „*selektiv*" (lat. selectivus = ausgewählt).

Sonnenschutzpräparate kommen als Öle, Cremes, Emulsionen, wäßrige oder alkoholische Lösungen und in Aerosolform in den Handel.

A) Sonnenschutzöle, Sonnenöle, Lichtschutzöle

bestehen aus Erdnuß-, Sesam-, Oliven- und anderen nichttrocknenden vegetabilischen Ölen. Sie absorbieren ohne Zusatz bis zu 40% der schädlichen UV-Strahlung und enthalten in der Regel noch 2 bis 6% Lichtschutzmittel, Nußschalenextrakt, Allantoin, Repellents u. a. Sonnenschutzöle müssen sich auf der Haut gut verteilen lassen und dürfen nicht zu dick aufgetragen werden, weil sie sonst einen unerwünschten Wärmestau erzeugen können. Sie haften auch im Wasser gut auf der Haut und schützen sie gegen Austrocknen. An Sandstränden sind sie weniger geeignet.

B) Sonnenschutzcremes, -emulsionen und -milchen

ziehen leicht in die Haut ein, werden aber im Wasser rasch wieder abgewaschen. Für normale und fette Haut eignen sich wasserreiche O/W-Präparate, die entsprechende Lichtschutzsubstanzen enthalten. Für die trockene Haut sind die fetteren W/O-Emulsionen zu empfehlen.

C) Sonnenschutzgele

enthalten das Lichtschutzmittel in kolloidalen Lösungen, Gallerten. Sie ziehen leicht in die Haut ein, lassen sich gut auf ihr verteilen und wirken angenehm kühlend.

D) Wäßrige und alkoholische Sonnenschutzpräparate

enthalten neben Filterstoffen adstringierende Mittel wie Gerbsäure, Alaun und andere, leicht gerbende Substanzen. Sie verringern die Gefahr der Erythembildung, sind leicht aufzutragen, haben einen guten Kühleffekt und führen zu keinem Wärmestau, was bei großen körperlichen Anstrengungen, z. B. Bergsteigen, besonders geschätzt wird. Sie müssen jedoch häufiger als die fettenden Sonnenschutzpräparate aufgetragen werden.

E) Sonnenschutzpräparate in Aerosolform

lassen sich leicht anwenden und als feiner Film auch auf größeren Hautpartien mühelos und gleichmäßig verteilen. Diesen Vorteilen steht der im Vergleich zu den anderen Anwendungsformen relativ hohe Preis gegenüber.

Auf den Packungen der Sonnenschutzmittel ist als Zahl der sog. *Sonnenschutz-* oder *Lichtschutzfaktor* vermerkt, der angibt, wie viel länger man sich bei Anwendung des jeweiligen Produktes gefahrlos der Sonne aussetzen darf als bei ungeschützter Haut. Er verlängert also die Schutzzeit der Haut um die angegebene Zahl. Liegt z. B. bei extremen Lichtverhältnissen die Eigenschutzzeit der Haut bei 5 Minuten und der Lichtschutzfaktor des Präparates bei 6, so ergeben sich aus der Multiplikation dieser Zahlen $6 \times 5 = 30$ Minuten gefahrlosen Aufenthaltes im Sonnenlicht. Weil dieses jedoch von verschiedenen Faktoren wie Sonnenstand, Jahreszeit, Reinheit der Luft, Reflexion von Wasser, Schnee, Sand usw. stark beeinflußt wird, machen viele Hersteller noch Sonderangaben, die genannten Verhältnisse betreffend. Die Zahlen 2 bis 2,5 bedeuten einen schwachen, 2,5 bis 4 einen mittleren und über 4 einen hohen Lichtschutzfaktor.

Sonnenungewöhnte und empfindliche Haut benötigt zum Vorbräunen etwa den Sonnenschutzfaktor 4 bis 5. Für weniger empfindliche Haut genügt der Faktor 4, der zur Intensivbräunung allmählich auf 3 bis 2 reduziert werden kann.

Es empfiehlt sich, dem Kunden zu raten, das Sonnenbaden immer mit einem Präparat mit hohem Lichtschutzfaktor zu beginnen und erst nach ein paar Tagen auf ein Präparat mit geringerem Lichtschutzfaktor überzuwechseln.

Sonnengewöhnte Haut bedarf zur schonenden Vorbräunung in der Regel keines Lichtschutzmittels. In Fällen extremer Strahlung jedoch, z. B. im Hochgebirge mit reflektierendem Schnee oder auf dem Meer mit spiegelndem Wasser, benötigt auch sie ein Mittel mit dem Lichtschutzfaktor 5, während in normalen Höhenlagen selbst zum intensiven Bräunen der Lichtschutzfaktor 2 bis 3 genügt. Besonders empfindliche Körperstellen wie Nase, Stirn, Jochbein und Schultern sollten stets mit stark schützenden Präparaten mit dem Lichtschutzfaktor 5 behandelt werden.

F) Lichtschutzsubstanzen, UV-Absorber

Aus der großen Zahl dieser chemischen Produkte seien für den hierfür Interessierten folgende Stoffe genannt:

p-Aminobenzoesäure und deren Derivate,
Anthranilsäure und deren Ester,
Benzal-azin, Dibenzalhydrazin. Besonders hohes Absorptionsvermögen (Lichtschutzsubstanz 6653, Merck),
Benzophenone. Absorptionsvermögen bis in den UVA-Bereich, Chinin- und Chinolinverbindungen, z. B. Chininchlorhydrat, Äthoxychinolin-5-sulfosäure, Chinolinderivate,
Cumarinderivate: 7-Hydroxycumarin (Umbelliferon, Äsculin, Merck) Wirkstoffe von Zeozon und Ultrazeozon,
Dehydracetsäure (Bayer),
Hydroxy(phenyl)benztriazole. Breitband-Absorber bis in den UVA-Bereich für extremen Lichtschutz,
2-Phenylbenzimidazol-5-sulfosäure (Wirkstoff in Delial, Bayer),
Salicylsäurederivate: Methylsalicylat, Phenylsalicylat (Salol), Siliconsalicylat, Dipropylenglykolsalicylat,
Tannin und dessen Derivate: Digalloyl-Trioleat,
Urocaninsäure, Imidazolacrylsäure,
Zimtsäureverbindungen: 2-Äthoxyäthyl-p-methoxycinnamat.

Ein vollkommenes Lichtschutzmittel soll:

Die schädlichen UVB-Strahlen des Sonnenlichtes weitgehend absorbieren, die UVA-Strahlen dagegen durchlassen

Ohne zu schmieren auch im Wasser gut auf der Haut haften
Die Haut rückfetten und feucht erhalten
Die Hautschälung verhindern bzw. verzögern
Die Haut zusätzlich sofort bräunen
Stechende und beißende Insekten fernhalten
Einen angenehmen Duft besitzen.

6.3.6.4 *Insektenabwehrmittel – Repellents*

Im Freibad ist der ganze Körper dem Angriff vieler Insekten besonders stark ausgesetzt. Insektenstiche und -bisse sind nicht nur unangenehm und schmerzhaft, sondern auch gefährlich, denn sie können heftige Reaktionen wie Schwel-

lungen am Körper, Atemnot, Ohnmacht, Blutdruckabfall und Kreislaufkollaps hervorrufen. In schweren Fällen von Allergien können sie sogar zum Tode führen. In der Bundesrepublik sterben jährlich etwa 10 Menschen daran (Dr. med. Robert R. Reimann, DAS BESTE aus Reader's Digest Nr. 8, 1976, S. 3).
Um Insekten abzuwehren, werden modernen Sonnenschutzmitteln sog. Repellents (lat. repellere = vertreiben) zugegeben, die einen für Insekten unerträglichen Geruch besitzen. Solche sind:

Menthol, Thymol, Campher, Citronellöl, Sandelöl, Copaivabalsam, Dimethylphthalat, Hexyloxybenzylalkohol, Diäthyltoluolamid, Chlorbenzoesäurediäthylamid, Indalone, Dimelone, Pyrethrumextrakt u. a. Auch große Gaben von Vitamin B_1 schützen vor Insektenstichen (Deutsche Apothekerzeitung 1962, S. 1546). Kontaktgifte wie Lindane (Hexachlorcyclohexan u. a.) sind als insektenabwehrende Mittel unbrauchbar, sie haben keine Repellentwirkung, weil sie von der Natur her den Insekten nicht bekannt sind und darum von ihnen nicht gemieden werden.

Repellents kommen auch für sich allein als flüssige Einreibemittel und in Aerosolform in den Handel.

6.3.6.5 Nach dem Sonnenbad ist die Haut mit kühlenden Pflegemitteln, den *„After-Sun-Gels"* oder *„Après-Soleil-Crèmes"* zu behandeln, die ihr die durch Wind, Sonne und trockene Luft entzogene Feuchtigkeit wieder zurückgeben. Neben den allgemein hautpflegenden Stoffen enthalten sie Allantoin, Azulen und Vitamin A.

6.3.6.6 *Selbstbräunende DHA-Präparate*

Ohne Sonnenbestrahlung und Melaninbildung kann die Haut auch mit den sogenannten *DHA-Lotionen und -Cremes* künstlich gebräunt werden. Die Bezeichnung dieser Präparate geht auf den in ihnen enthaltenen Wirkstoff Dihydroxyaceton zurück, ein Kohlenhydrat (Triose) von der Formel $C_3H_6O_3$ (1,3-dihydroxy-2-propanon). Als Stoffwechselprodukt der Glukose ist das Dihydroxyaceton dem menschlichen Körper verwandt und kann deshalb mit den Aminosäuren der Haut in den Epidermiszellen ein gefärbtes Polymerisat bilden. Dieses ist nicht abwaschbar und verschwindet erst wieder, wenn sich die Epidermis durch Abstoßung der Hornschicht erneuert.

Die DAH-Bräunung hat keinen Einfluß auf die Melaninbildung, sie kann also die Haut vor der schädlichen Wirkung der UV-Strahlen nicht schützen. Um einen Sonnenbrand zu verhüten, enthalten deshalb moderne Selbstbräuner entsprechende Lichtschutzmittel.

Selbstbräunende DAH-Präparate dienen nicht nur dem Wunsch, ohne Sonne schnell braun zu werden, sondern sie verdecken auch Sommersprossen, Chloasma (braune Schwangerschaftsflecken) und Vitiligo (depigmentierte weiße Flecken der sonst gebräunten Haut).

6.3.6.7 *„Sun-Block"* ist ein cremig-pastoses Make-up, das die Haut braun tönt und alle UV-Strahlen abhält. Es schützt extrem empfindliche Hauttypen vor Sonnenbrand und steigert den normalen Lichtschutz an besonders gefährdeten Stellen wie Lippen, Lidern und Nasenrücken.

„Bronzer" sind fetthaltige Sticks zum Auftragen, die die Hautbräune intensivieren und wie normales Make-up leicht wieder zu entfernen sind.

6.3.6.8 *Akanthose*

Längere Einwirkung von ultraviolettem Licht führt nicht nur zur Hautverbrennung, sondern auch zu einer Vermehrung der Zellen in der Stachelzellenschicht der Haut (vgl. S. 200), zur Akanthose (gr. akantha = Stachel, Dorn). Dadurch verdickt sie sich zur Lichtschwiele, die wohl die Haut weniger empfindlich, aber dafür runzelig, faltig, spröde und lederig macht. Dieser Verhornungsprozeß, Hyperkeratose (gr. hyper = über, keratos = Horn), ist eine Folge der Umwandlung der Sulfhydril-, SH-Gruppen der Haut in Disulfid- und Polysulfidgruppen durch Einwirkung kurzwelliger Lichtstrahlen.

Bis zu welchem Stadium dieser Prozeß führen kann, zeigt die rotbraune, runzelige und lederartige „Seemanns-" oder „Farmerhaut". Sie ist entartet, funktionsuntüchtig und so krank, daß sie nicht selten im Alter in Basilome, Basalzellenkrebs, zerfällt, während die bedeckte Haut desselben Menschen noch straff, glatt und voll funktionsfähig ist.

6.3.6.9 *Sonnenbrillen*

Das Sonnenlicht unserer geographischen Breiten schadet dem gesunden Auge nicht. Übermäßige Helligkeit (Leuchtdichte) aber, wie sie im sonnendurchstrahlten Hochgebirge bei Schneelage, an spiegelnden Wasserflächen, bei langen Fahrten auf dem weißen Band der Autobahn usw. auftreten, schaden dem Auge und setzen die Sehschärfe herab. Sehr hohe Leuchtdichten müssen bis zu 90%, mittlere, die in den Sommermonaten im Flachland auftreten, bis zu 75% gedämpft werden. Mittel hierzu sind die zum Badeartikel-Sortiment der Drogerie gehörenden *Sonnenbrillen*.

Die Dämpfung, Absorption (lat. absorbere = aufsaugen) des sichtbaren und unsichtbaren Lichtes wird durch Gläser erzielt, die in der Masse braun, grau, rauchfarben oder grünlich gefärbt sind oder Überfangschichten in den genannten Tönen tragen.

Nur gute, optisch geprüfte Gläser können diesen Anforderungen gerecht werden, billige Massenprodukte dagegen weisen nicht selten Materialfehler wie Schlieren oder Bläschen auf oder schaden durch Brechungs- und Streuwirkungen.

Sehr verschiedene Leuchtdichten erfordern mindestens zwei verschiedene Sonnenbrillen. An ihrer Stelle können u. U. auch *phototrope Gläser, Automatikgläser* verwendet werden, die unter Bezeichnungen wie „Variomatic", „Umbramatic", „Colormatic" u. a. in den Handel kommen.

Sie passen sich automatisch den jeweiligen Helligkeitsverhältnissen an, indem sie im hellen Sonnenschein dunkel, im Schatten dagegen hell werden. Dieser Effekt wird durch Mischkristallsysteme der Silberhalogenide Silberchlorid, AgCl, Silberbromid, AgBr, Silberjodid, AgJ erzielt, die je nach dem Beleuchtungsgrad atomares Silber abscheiden. Dieser Vorgang verläuft jedoch ziemlich langsam. So werden 50% des möglichen Verdunkelungsgrades erst nach etwa einer Minute und nach einer weiteren Minute etwa drei Viertel des Endwertes erreicht. Die Aufhellung vollzieht sich noch langsamer. Erst nach etwa 10 Minuten werden die Gläser wahrnehmbar heller, zur völligen Aufhellung benötigen sie bis zu einer Stunde. Automatikgläser können deshalb ihre Vorteile nur bei allmählichem Lichtunterschied voll entfalten.

Polarisations-Sonnenbrillen sind optische Gitter, die das nach allen Seiten hin strahlende Licht nur in einer Ebene durchtreten lassen und deshalb Reflexionen, die stark blenden können, aufheben. Die Polarisation des reflektierenden Lichtes ist jedoch nur bei relativ selten auftretenden Beleuchtungsverhältnissen möglich und erwünscht. Polarisationsfilter leisten deshalb kaum mehr als die üblichen Absorptionsbrillen mit getönten Gläsern oder guten Kunststoffscheiben.

Neuerdings tragen Markenerzeugnisse das DIN-Zeichen 4646/47 als Nachweis optischer Korrektheit: Keine Farbabweichungen, Randschärfe, keine astigmatischen oder prismatischen Fehler, Schutz vor UV-Strahlen, gleichbleibende Absorptions- und Transmissionswerte (lat. transmittere = durchlassen), die in Prozenten angegeben werden, wobei Abweichungen ±5 zulässig sind.

Literatur:
Deutsche Optikerzeitung 1976, Nr. 5.
Bruhn, W.: Sonnenstrahlung, Sonnenbrand und Sonnenschutz, Dragocoschrift.
Ippen, H. in Stüttgen, G.: Die norm. u. path. Physiologie der Haut. Fischer, Stuttgart.
Ippen, H.: Lichtschäden und Lichtschutz durch Kosmetika; Dr. A. Hüthig Verlag, Heidelberg 1957.
Bungard, G. H.: Bräunung und Lichtschutz; Drugofa-Schrift.
G. A. Erlemann und H. N. Beyer: Neue Erkenntnisse über die Wirksamkeit von Lichtschutzmitteln. Parfümerie und Kosmetik, Dr. A. Hüthig Verlag, Heidelberg, 54/Nr. 9/73.
H. Tronnier: Wirkungsweise indifferenter Salben und Emulsionssysteme an der Haut in Abhängigkeit von ihrer Zusammensetzung. Editio Canter K 6/796, Aulendorf, Seite 42.
F. Greiter: Sonnenschutzfaktor – Entstehung, Methodik – in Parfümerie und Kosmetik, Dr. Hüthig Verlag, Heidelberg.

6.3.6.10 Sommersprossenmittel

Sommersprossen, Epheliden (gr. epi = über, helios = Sonne, also „über die Sonne kommend") sind kleine Melaninseln an den Stellen, die den Sonnenstrahlen besonders ausgesetzt sind, vor allem Stirn, Nase, obere Wangenpartien, Unterarme und Handrücken. Sie treten vorwiegend bei hellblonden, besonders aber bei rothaarigen Personen mit sehr weißer Haut auf, während bei Dunkelhaarigen die Hautbräunung in der Regel gleichmäßig verläuft.

Obwohl Sommersprossen harmlose Erscheinungen sind, die keineswegs entstellend wirken müssen, fühlen sich doch manche Menschen, besonders junge Leute, durch sie belastet. Ihnen hat die Drogerie folgende Sommersprossenmittel anzubieten:

A) Sommersprossencremes, Bleichcremes

die Zinkperoxid, Harnstoffperoxid (Carbamidperhydrat), Natriumperborat und andere Peroxide enthalten. Durch Wechselwirkung mit den Hautausscheidungen geben diese Stoffe aktiven Sauerstoff ab, der die Sommersprossen ausbleicht. Hydrochinonmonobenzyläther hemmt die Melaninbildung, wirkt aber sehr langsam und ist nicht ganz unbedenklich, weil bei seiner Anwendung gelegentlich Hautreizungen auftreten können.

Manche Sommersprossencremes enthalten das hautschälend wirkende Quecksilber(II)amidochlorid, dessen Wirkung durch Zusatz von Wismut(III)carbonat, Wismutnitrat, Wismut(III)oxychlorid, Wismutsalicylat verstärkt wird. *Der großen Giftigkeit wegen dürfen Sommersprossenmittel höchstens 5% Quecksilbersalze enthalten. Auch dürfen derartige Präparate nur auf völlig gesunde Haut aufgetragen und keinesfalls einmassiert werden.*

Eine schwach hautschälende Wirkung besitzen auch Wein-, Zitronen- und andere Fruchtsäuren und werden deshalb gelegentlich zur Beseitigung von Sommersprossen empfohlen.

Vor dem Auftragen eines Sommersprossenmittels ist eine *Reizprobe* durchzuführen. Hierzu wird ein mit der zu testenden Creme bestrichenes Mulläppchen mit einem Kautschukpflaster auf der Haut befestigt und erst, wenn nach längerer Einwirkungszeit keine Rötung auftritt, darf das Präparat angewandt werden.

Sommersprossenmittel werden stets am Abend aufgetragen und bleiben über Nacht auf der Haut. Darum sind auch die erwähnten Vorsichtsmaßnahmen so wichtig. Am Morgen werden die Reste entfernt, wenn nötig mit Reinigungscreme oder Gesichtswasser. Tagsüber sollten die gefährdeten Hautpartien mit einem deckenden Puder geschützt werden.

B) Deckendes Make-up und selbsttönende DHA-Präparate

können durch Eintönung der Haut die Sommersprossen unsichtbar machen. Derartige Hilfsmittel sind zu empfehlen, wenn Bleich- und Schälcremes versagen, besonders aber bei empfindlicher Haut.

Vorbeugend sollte jede zur Sommersprossenbildung neigende Haut vor starker Sonnenbestrahlung bewahrt und schon im zeitigen Frühjahr mit einem Lichtschutzmittel oder wenigstens einem Sonnenbraunpuder versehen werden.

6.3.6.11 *Mittel gegen Frostschäden der Haut*

Der Mensch ist im Grunde ein tropisches Geschöpf. Unbekleidet und untätig fühlt er sich erst bei einer Temperatur von 29 bis 31 Grad Celsius richtig wohl. Liegt er müßig in einem Raum mit 26 oder 27 Grad, also erheblich über der normalen Zimmertemperatur, so fröstelt er bald.

Kälte fordert dem Körper also große Anstrengungen ab. Sobald er ihr ausgesetzt wird, wehrt er sich und kämpft um seinen warmblütigen Zustand. Zuerst ziehen sich die Blutgefäße der Haut zusammen, so daß weniger Blut in die äußeren Bereiche fließt und abgekühlt wird. Das warme Blut konzentriert sich in den inneren Organen und schützt sie vor Schaden.

Nun wird, durch die Hautnerven alarmiert, das vegetative Nervensystem aktiv: Das Herz pumpt schneller, zusätzliches Adrenalin wird abgesondert, der Stoffwechsel läuft rascher ab, denn dabei entsteht Wärme. Sobald die Meldung die Skelettmuskulatur erreicht, setzt die deutlichste Abwehrreaktion gegen die Kälte ein: Die Muskeln beginnen unwillkürlich zu zittern, je nach Kältegrad verschieden stark. Dieser „Schüttelfrost" erhöht den Stoffwechsel beträchtlich.

Durch Auskühlung kann eine *Winterdermatitis* entstehen, die für die Haut ebenso nachteilig ist wie eine Schädigung durch die UV-Strahlen der Sommersonne. So wird z. B. bei einer Skiabfahrt mit 54 km/h und einer Lufttemperatur von 0 °C die Gesichtshaut auf -18 °C, bei -10 °C auf -34 °C und bei einer Temperatur von -20 °C auf -40 °C abgekühlt. Auf derartige Unterkühlungen reagieren die lebenden Hautschichten mit Gefäßschäden in Form von roten Äderchen, die, wenn überhaupt, nur sehr schwer korrigiert werden können. Außerdem trocknet die Winterluft die Haut außerordentlich stark aus und kann als Wind durch starke Reiz- und Massagewirkung schmerzhafte Entzündungen, den sog. *„Windbrand"* hervorrufen.

Vorbeugend gegen derartige Hautschäden im Winter wirken dick aufgetragene fetthaltige Schutzcremes und Öle.

Abends sollten Gesicht und Hände mit Après-Sun- oder After-Sun-Präparaten versorgt werden, die kühlend, reizlindernd und pflegend wirken und der Haut das zurückgeben, was ihr Sonne, Wind und Kälte den Tag über entzogen haben.

Frostbeulen

Langandauernde Kälte und Nässe können bei Menschen, die anlagemäßig zu Stauungserscheinungen im Hautgefäßsystem neigen, die gefürchteten Frostbeulen oder Pernionen (lat. pernio = Frostbeule) an Fingern, Zehen, Fußrändern, Fersen, Ohren und Nase verursachen. Sie entstehen, wenn die größeren Blutgefäße mehr Blut an die durch Auskühlung gefährdeten Körperstellen bringen, als die Kapillaren aufzunehmen vermögen. Als Abwehrreaktion ziehen sich diese zusammen, verkrampfen sich und platzen schließlich auf. Das dabei entstehende Blutgerinnsel bildet als braunrot gefärbte Schwellung die

Frostbeule. Bricht diese auf, so entstehen Frostschäden zweiten Grades mit klaffenden Rissen oder breiten Wundflächen mit hartnäckigen Eiterungen. Diese ernstzunehmende Erkrankung kann nur der Arzt behandeln.

Körperstellen, die schon einmal von Frostbeulen befallen waren, erkranken beim geringsten Anlaß wieder aufs neue, weil die Kapillaren nicht normal arbeiten, sondern immer wieder zu krampfartigen Stauungserscheinungen neigen. Darum müssen beim Eintritt der naßkalten Jahreszeit warme Handschuhe, bequemes Schuhwerk und wollene, weiche Strümpfe eine Selbstverständlichkeit sein. Frostgefährdete Personen dürfen die Hände nur warm waschen und müssen sie sofort sehr sorgfältig abtrocknen. Jede Arbeit mit kaltem Wasser ist zu unterlassen. Oberstes Gebot ist Wärme.

Beim Auftreten der ersten Symptome sind im Wechselbad die gefährdeten Stellen vier- bis fünfmal etwa 3 Minuten lang in heißem und dann ganz kurz in kaltem Wasser zu baden. Zur Verdichtung des befallenen Gewebes sind adstringierende Eichenrindenbäder zu nehmen. Nach dem Baden muß die Haut gut abgetrocknet und mit einer fetten Creme oder Frostsalbe versehen werden.

Literatur:

Beyer/Bosse: Seife, Parfum, Kosmetik. Warenkunde für den Facheinzelhandel. Ferdinand Holzmann Verlag, Hamburg 1968.
Bircher-Brenner: Diätbücher, Bd. 10. Für Hautkranke und Hautempfindliche. Bircher-Benner Verlag, Bad Homburg, Erlenbach-Zürich 1972.
Bode, H. G., u. G. W. Korting: Haut- und Geschlechtskrankheiten. Gustav Fischer Verlag, Stuttgart 1970.
Bodendorf, K.: Lehrbuch der pharmazeutischen Chemie. Springer Verlag, Berlin, Göttingen, Heidelberg.
Böhme, Hannelore: Hautpilze, Dermatosen. A. Ziemsen Verlag, Wittenberg-Lutherstadt 1963.
Bohnstedt, R. M.: Krankheitssymptome der Haut. Georg Thieme Verlag, Stuttgart 1963.
Reuss, H.: Die kosmetische Praxis auf kosmetologischer Basis. Tessner-Verlag, Baden-Baden 1969.
Fleck, F., u. M. Fleck: Lehrbuch der Haut- und Geschlechtskrankheiten. Verlag Volk und Gesundheit, Berlin 1968.
Koll/Kowalczyk: Fachkunde der Parfümerie und Kosmetik. Fachbuchverlag, Leipzig 1957.
Korting, G. W.: Die Therapie der Hautkrankheiten, Stuttgart 1970.
Korting, G. W., u. G. Brehm: Dermatologische Notfälle. Georg Thieme Verlag, Stuttgart 1967.
Kowalczyk, W.: Haushaltchemie und kosmetische Erzeugnisse. Fachbuchverlag, Leipzig 1970.
Kumer, Leo: Dermatologische Kosmetik. Verlag Wilh. Maudrich, Wien 1957.
Lever, W. E.: Histopathologie der Haut, Verlag Gustav Fischer, Stuttgart 1958.
Nasemann, Th.: Kleine Dermatologie für die tägliche Praxis, Diagnose und Therapie. Cyanamid GmbH. Lederle-Arzneimittel, München 1971.
Raab, W.: Dermatologie OFP-Reihe Band I, Gustav Fischer Verlag, Stuttgart 1972.

Rohde, B., u. P. Mikus: Dermatologie in Stichworten, Text- und Bildband. Glaxo-Pharmazeutika GmbH, Düsseldorf 1970.

Stüttgen, G.: Die normale und pathologische Physiologie der Haut. Gustav Fischer Verlag, Stuttgart 1965.

Steigleder, G.: Dermatologie und Venerologie. Georg Thieme Verlag, Stuttgart 1972.

6.4 Die dekorative Kosmetik

das sog. *Make-up* (engl. make = machen, up = auf, also „Aufmachung") umfaßt die Verschönerung der Gesichtshaut, besonders an den Augen- und Lippenpartien, der Fingernägel und des Haares. Sie will durch farbliche Verbesserungen und Formveränderungen die natürliche Schönheit der Frau unterstreichen und alles Nachteilige verdecken. Dabei ist das Unauffällige das Wesensmerkmal des Zurechtmachens, das niemals den eigenen Typ verändern oder andere nachahmen darf. Es steht damit im Gegensatz zur Maquillage (frz. maquiller = täuschen), die alle nur denkbaren Grundier-, Korrektur- und Modelliermittel anwendet.

6.4.1 Haut-Make-up

Als Grundlage für das Haut-Make-up genügt bei einwandfreiem Teint eine farblose Feuchtigkeitscreme, Moisture Base, die auf der gründlich gereinigten Haut von Gesicht und Hals mit den Fingerspitzen in Aufwärtsbewegung sorgfältig verteilt wird. Nur bei einem sehr blassen Teint ist zur Unterstützung der späteren Hauttönung (Foundation) eine farbkorrigierende Make-up-Unterlage, Under-Make-up-Base, angezeigt.

Die Hauttönung wird mit Präparaten, die unter den Bezeichnungen

A) *Fond-Cremes, Foundation-Creams, Grundlagencremes, Teintgrundierung*

bekannt sind, durchgeführt. Es handelt sich bei diesen Produkten um O/W-Emulsionen, die als Pigmentgrundlagen Titandioxid, Magnesiumcarbonat, gefälltes Calciumcarbonat, Talcum, Metallseifen wie Zink- und Aluminiumstearat und 5 bis 10% Tönungsfarbe enthalten. Sie kommen in Tuben als Creme-Make-up, als Rollstifte, Sticks und in flüssiger Form als Liquid- oder Fluid-Make-up in den Handel. Alle diese Produkte werden auf Stirn-, Wangen-, Nasen-, Kinn- und Halspartien, nicht jedoch auf der Umgebung der Augen, gleichmäßig aufgetragen und bis zum Haaransatz verteilt.

Hautmängel, die die mehr oder weniger transparente Teintgrundierung nicht genügend abdeckt, können mit einem stark pigmentierten *Spezialstift* im gleichen Farbton unsichtbar gemacht werden.

B) *Wangenrot, Rouge, Creme-Rouge*

(frz. rouge = rot) ist entweder eine rote Farbpaste (Fettrouge) oder eine intensiv rot gefärbte Flüssigkeit. Hauchdünn, von den Jochbögen ausgehend über die Wangen fein verrieben, verleiht es der blassen Haut einen rosigen Schimmer. Außerdem können mit Rouge bestimmte Gesichtspartien günstig beeinflußt werden. Bei rundlichen Wangen werden die äußeren Wangenseiten von den Schläfen bis zu den Ohrläppchen mit bräunlichem Rouge abgedunkelt. So wirken die Wangen schmaler.

Bei einem spitzen Kinn kommt noch ein Tupfer Rouge auf die Kinnmitte, dieser läßt das Kinn breiter erscheinen. Natürlich muß Rouge immer so verteilt werden, daß es keine Absätze gibt. Man darf die kleine Korrektur nicht sehen.

C) *Gesichtspuder*

Diese Kosmetika unterstützen das Gesichts-Make-up, indem sie die Haut mattieren, glänzende Gesichtspartien unsichtbar machen und kleine Unkorrektheiten der Haut zart abdecken. Außerdem schirmt der Puder die Haut gegen Straßenstaub ab und wirkt angenehm kühlend, weil die einzelnen Puderteilchen eine größere Oberfläche besitzen als die Haut.

Ein guter kosmetischer Puder muß vollkommen neutral und reizlos für die Haut sein, gut decken, fest haften und zweckentsprechend gefärbt sein. Er darf keinen Glanz hinterlassen und soll eine zusagende, unaufdringliche und doch möglichst lang anhaltende Parfümierung besitzen.

In früheren Zeiten bestanden kosmetische Puder hauptsächlich aus Reisstärke, die jedoch, ihrer leichten Zersetzlichkeit wegen, die Haut mitunter ungünstig beeinflußt hat. Heute verwendet die Industrie an ihrer Stelle *modifizierte Stärke ANM* = Amylum non mucilaginosum (lat. amylum = Stärke, non = nicht, mucilago = Schleim), eine durch chemische Behandlung veränderte, nicht verkleisternde, unquellbare Stärke.

Weit wichtiger sind mineralische Puderkörper, zu denen auch die Metallsalze der Fettsäuren zählen. Aus der großen Zahl dieser Stoffe seien folgende aufgezählt:

Aerosil (hochdisperses kolloides Siliciumdioxid, Degussa). Aluminiumoxid, -hydroxid, -stearat, Aluminiumsilikate (gereinigtes, kolloides Kaolin, Bentonit), Bariumsulfat, gefälltes Calciumcarbonat (mit Metallseifenzusatz als Aeromatt-Pudergrundlage, Stürge), Calciumsulfat, Magnesiumcarbonat, -laurat, -oxid, -silikat (Talcum), -undecanat, Siliciumdioxid (Kieselgur), Silikagele (mit verdünnten Mineralsäuren aus Natriumsilikat ausgefällte kolloide aktivierte Kieselsäure, SiO_2), Strontiumsulfat, Titandioxid, Zinkoxid, -carbonat, -stearat, -laurat, -undecanat.

Als *organische Puderkörper* dienen:
Orbacid (Formaldehyd-Harnstoff-Kunstharzprodukt. Orba-Schaum-Chemie).

Seidenpulver aus chemisch behandelter Naturseide ist äußerst fein und leicht, haftet fest auf der Haut und mattiert sie. Besitzt ein ausgezeichnetes Saugvermögen.

Kosmetische Puder stehen als lose Streupulver oder zu großflächigen Tabletten gepreßte *Kompaktpuder, Kompakte, Compacts* zur Verfügung. Letztere sind in der Spiegeldose mit Batistkissen die bevorzugten Puderpräparate für die Handtasche, denn sie stäuben nicht, weil ihre Pudersubstanzen mit Methylcellulose, Tylose, Polyäthylenglykol, Esterwachsen u. a. gebunden sind.

Pudercreme-Tabletten enthalten zusätzlich noch hautpflegende Cremezusätze und stellen somit verbesserte Compacts dar.

D) Aus gesundheitlichen und ästhetischen Gründen muß das Make-up jeden Abend vor dem Schlafengehen entfernt werden. Hierzu eignen sich *Emulsions-Waschcremes* mit Detergentien, die so lange aufgetragen und mit Watte oder einem Gesichtstuch wieder abgenommen werden, bis alle Schminkreste beseitigt sind. Danach wird gründlich mit Wasser nachgewaschen.

Fetthaltige Theater- und Faschingsschminken erfordern *Abschminken* in Form von emulgierten Reinigungssalben und -ölen auf Vaselinebasis (vgl. S. 217).

6.4.2 Augen-Make-up

Die Augenpartie kann durch Tönung der Augenlider, Färbung und Formung der Augenbrauen und Wimpern sowie Verdecken von Mängeln kosmetisch günstig beeinflußt werden.

A) Das Augen-Make-up beginnt mit dem Auftragen einer *Feuchtigkeitscreme* (Moisturising Cream, Moisture retarding Cream), einer *Antifaltencreme* oder einer *Muskelcreme* bzw. eines *Muskelöles*. Derartige Präparate rufen durch verschiedene Wirkstoffzusätze eine Turgorwirkung hervor und straffen lockere Haut im Ober- und Unterlidbereich.

B) Zum Einfärben der Augenlider dienen *Lidschattencremes* oder flüssige Präparate (Farbstofflösungen), die mit einem weichen Pinsel aufgetragen werden. Die Lidränder zieht man mit einem spitzen Pinsel oder *Lidstift* (Eye-Liner) nach. *Lidschatten-Compact-Puder* wird mit einem weichen Marderhaarpinsel auf der ganzen Lidfläche zwischen Wimpern und Augenbrauen vom inneren Augenwinkel nach außen und von oben nach unten verteilt. Am Ende soll der Lidschatten immer schwächer und durchsichtiger werden, damit ein Transparenzeffekt erzielt wird.

Tagsüber soll der Lidschatten diskret wirken, abends bei Kunstlicht, das jedes Gesicht flacher erscheinen läßt, darf er etwas großzügiger aufgetragen werden.

C) Die *Augenbrauen* sollen eine klare, schön geschwungene Linie bilden. Zu helle und spärliche Brauen werden mit einem *Augenbrauenstift* etwas nachgedunkelt. Er besteht aus einer indifferenten Trägermasse, in die Farbpigmente oder öllösliche Farbstoffe eingearbeitet sind.

Für blonde und dunkle Haare verwendet man einen grauen, für schwarze einen schwarzen und für rotblonde einen braunen Stift. Am besten benutzt man zwei Stifte verschiedener Härte. Der weichere dient für die fülliger auszumalenden Partien der Brauen, während man sie mit dem harten Stift zart verlaufen läßt.

Unterhalb der Brauengrenze entfernt man mitunter die Haare, während am oberen Teil des Bogens nur störende Unregelmäßigkeiten mit der Pinzette beseitigt werden.

D) Die *Augenwimpern*, lat. cilia, sind borstige Terminalhaare, die tief in das Augenlid eingebettet sind. Sie schützen den Augapfel vor Staub und bewirken auch das Schließen der Lider, wenn sie einen Fremdkörper oder eine Berührung wahrnehmen.

Gepflegt werden die Wimpern mit *Wimpernöl* (meistens Rizinusöl). Es wird in Aufwärtsbewegung mit einem Bürstchen aufgetragen.

E) *Wimperntusche, Mascara,* wird flüssig, in Cremeform oder als Farbtablette (Farbstein) in den Tönen Schwarz, Braun, Grau (Anthrazit), Jadegrün und Azurblau angeboten. Sie enthält in einer Grundmasse aus Triäthanolaminstearat, Wachs, Walrat, Paraffin u. a. die Farbpigmente und wird mit einer Bürstenspirale, dem Mascara-Stift, der gebrauchsfertig in einer mit flüssigem Mascara gefüllten Hülse sitzt, aufgetragen. Dabei werden die Wimpern gleichzeitig gefärbt und gekämmt, so daß Wasser und Bürstchen überflüssig sind.

Lengthening-Mascara wird bei spärlichem Wuchs und zu kurzen Wimpern empfohlen. Er enthält Substanzen, die an den gewachsenen Wimpern hängen bleiben und sie dadurch verdichten und verlängern.

F) *Künstliche Wimpern* werden als Einzel-, Teil- und Ganzwimpern geliefert. Einzelne Wimpern werden an die natürlichen Wimpern, Teilwimpern von außen nach innen Stück für Stück angeklebt. Ganzwimpern werden als zweite Reihe auf die natürlichen Wimpern gelegt. Als Klebstoff dient Mastixlösung, Hilfsmittel sind Wimpernzange und -bürstchen.

Mit Mascarapräparaten können die Wimpern der Haar- und Augenbrauenfarbe, dem Lidschatten, der Garderobe und modischen Accessoires folgendermaßen angepaßt werden:

Augen	Teint	Kleid	Lid-schatten-Puder	Lid-schatten-Stick	Eye-liner	Wimperntusche: Mascara	Augenbrauenstift
blau	hell	beige-rosa beige-grau hellblau rot marineblau lebhaftes rosa lila	grau-braun grau-braun hellblau weiß tiefblau hellblau hellblau	hellblau silber hellblau silber tiefblau hellblau silber	hellblau tiefblau hellblau grau-braun tiefblau hellblau grau-braun	tiefblau tiefblau tiefblau schwarz tiefblau tiefblau grau	kastanie grau grau tiefblau tiefblau tiefblau grau
	dunkel	senffarben schwarz türkis orange grau	grau-braun ozeangrün smaragdgrün tiefblau hellblau	ozeangrün ozeangrün smaragdgrün hellblau silber	tiefbraun tiefblau grau-braun tiefblau hellblau	braun schwarz grau tiefblau grau	kastanie schwarz tiefblau tiefblau grau
braun	hell	zartrosa grau schwarz	grau-braun ozeangrün weiß	tiefbraun ozeangrün smaragdgrün	grau-braun grau-braun tiefbraun	braun tiefgrün schwarz	braun grau braun
	dunkel	rotbraun hellbeige gelb türkis orange weiß	ozeangrün moosgrün grau-braun smaragdgrün grau-braun ozeangrün	ozeangrün moosgrün tiefbraun smaragdgrün tiefbraun ozeangrün	ozeangrün moosgrün tiefbraun grau-braun tiefbraun moosgrün	kastanie braun braun tiefgrün braun braun	kastanie braun braun schwarz braun braun
grün	hell	dunkelbraun pastellgrün dunkelgrün rot	ozeangrün smaragdgrün moosgrün ozeangrün	ozeangrün smaragdgrün tiefbraun ozeangrün	ozeangrün grau-braun moosgrün ozeangrün	tiefgrün braun tiefgrün grau	grau braun tiefgrün grau
	dunkel	weiß orange braun grün	ozeangrün moosgrün grau-braun moosgrün	smaragdgrün moosgrün moosgrün ozeangrün	moosgrün moosgrün tiefbraun moosgrün	tiefgrün tiefgrün braun tiefgrün	braun tiefgrün braun tiefgrün
grau	hell	smaragdgrün grau grün weiß	smaragdgrün hellblau ozeangrün weiß	silber hellblau ozeangrün hellblau	grau-braun hellblau ozeangrün hellblau	tiefgrün grau grau tiefblau	grau grau grau tiefblau
	dunkel	veilchenblau flaschengrün rot blau	hellblau moosgrün grau-braun tiefblau	hellblau silber smaragdgrün hellblau	hellblau moosgrün grau-braun hellblau	tiefblau tiefgrün grau grau	tiefblau schwarz tiefblau tiefblau

6.4.3 Lippen-Make-up

Kein Mittel im Bereich der dekorativen Kosmetik ist so weit verbreitet wie der *Lippenstift,* der in einer umfangreichen Farbenskala angeboten wird.

Er besteht aus einer wachs- und fetthaltigen Trägersubstanz, die mit Farbstoffen versetzt ist.

Als Wachsgrundstoffe dienen Bienen-, Candelilla-, Carnauba- und Wollwachs neben synthetischen Ester-, Säure- und Polyäthylenwachsen. Den Fettanteil liefern Erdnuß- und Rizinusöl, Kakaobutter, Glycerinmonostearat, Propylenglykolmonostearat und von den Kohlenwasserstoffen flüssiges Paraffin, Paraffinum subliquidum, und Paraffinum perliquidum, Weichparaffin, Paraffinum molle, Schmelzpunkt 50 °C, Ceresin, Paraffinum solidum, Walrat, Cetaceum (Isopropylpalmitat) verleiht den Produkten einen perlmuttähnlichen Glanz.

Lösungsmittel für die Lippenstift-Grundstoffe sind Isopropylmyristat, Isopropylpalmitat, Glykole, Tetrahydrofurfurylalkohol u. a. Emulgatoren verschiedener Art verhindern das Austrocknen der Stifte.

Zur Einfärbung benützt man vorzugsweise natürliche und synthetische Pigmentfarbstoffe, Farblacke und lösliche Eosinsäuren. Pastelltöne werden durch Zusatz von Zink- oder Titanweiß erzielt.

Fettstifte sind auf einem hohen konsistenzherabsetzenden Ölanteil aufgebaut und verleihen dadurch der Lippenhaut Geschmeidigkeit, Glätte und einen zarten Glanz. Leider verringern diese schützenden und pflegenden Funktionen die Haft- und Wischfestigkeit des Stiftes.

Haftstifte sind härter als Fettstifte, denn ihre Grundmasse besteht aus ziemlich viel konsistenzerhöhenden Wachsen und wenig Fettstoffen. Ihr Farbstoff ist vorwiegend die lösliche, intensiv färbende Eosinsäure, die in die Lippenhaut einzieht und fest auf ihr haftet.

Moderne Lippenstifte besitzen weitgehend die guten Eigenschaften beider Grundformen, denn nur so erfüllen sie die Vielzahl der Anforderungen: sich gut auftragen zu lassen, vollständig zu decken, leuchtende Farben zu haben, hautverträglich und auch längere Zeit verwendungsfähig zu sein.

Neben der mehr oder weniger lebhaften Tönung können durch entsprechende Form- und Farbgebung mit dem Lippenstift zu dünne oder zu dicke Lippen der Gesichtsform angepaßt und kleine Schönheitsfehler überdeckt werden. Am besten gelingen derartige Korrekturen mit einem *Konturenstift,* dessen dünne Mine wie die eines Bleistiftes in Holz eingearbeitet ist, oder mit dem *Konturenpinsel.*

Fettreiche Lippenpomaden in Stiftform, die Azulen, Allantoin, Kamillenextrakt u. a., jedoch weder Farbe noch Parfum enthalten, wirken vorbeugend bzw. beim Auftreten von Lippenhautrissen, sog. „aufgesprungenen Lippen". Derartige Beschwerden beruhen entweder auf einer schlechten Durchblutung der Lippenhaut oder einer allergischen Reaktion gegenüber Lippenstiften, Zahncremes, Mundwässern oder bestimmten Nahrungs- oder Genußmitteln.

Lippensalben weisen eine etwas weichere Konsistenz als die entsprechenden Lippenpomaden auf, bei sonst gleicher Zusammensetzung.

Lippenöle sind auf Erdnuß-, Avocado-, Mandel-, Nuß- oder Olivenölbasis und Wollwachsderivaten aufgebaut und enthalten dieselben Wirkstoffe wie die Lippenpomaden.

Präparate, welche die Lippenhaut auch gegen schädliche UV-Strahlen schützen sollen, enthalten die auf Seite 234 aufgeführten Lichtschutzsubstanzen.

Literatur:

Nowak, G. A.: Über den Lippenstift. Dragoco-Report 1958/4.
Lerch, G.: Fettstifte zum täglichen Make-up. Der Drogist 1956, 7, S. 17, 18. Verlag Wirtschaft, Berlin.
Lerch, G.: Technologie der dekorativen Kosmetik. Kosmetologie 1971, 4, S. 150–151.

6.4.4 Nagel-Make-up, Maniküre, Pediküre

Finger- und Zehennägel

Die Fingernägel bestehen aus dem hornartigen, leicht gewölbten, rosaroten *Nagelblatt*, das die empfindliche Fingerkuppe schützt und ihr den zum Tasten erforderlichen Halt verleiht. An seinem unteren Ende, der *Nagelwurzel,* befindet sich eine hellere Stelle, der *Nagelmond,* der zum Teil vom *Nagelhäutchen* überdeckt wird. Die seitlichen Ränder des Nagelblattes stecken im *Nagelfalz,* über den sich der sehr empfindliche, gefäß- und nervenreiche *Nagelwall* wölbt.

Der Nagel wächst an der Wurzel in der Keimschicht, Stratum germinativum, täglich etwa 0,1 mm. Zur völligen Neubildung benötigt er etwa 170 Tage, eine Zeitspanne, die durch Lebensalter, allgemeinen Gesundheitszustand, Ernährung und mechanische Belastung erheblich verändert werden kann.

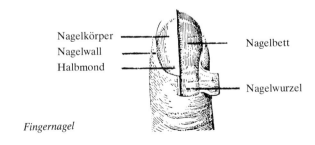

Fingernagel

A) *Die Nagelpflege* beginnt mit dem Abziehen des alten Nagellackes mit einem *Nagellackentferner,* der aus Amyl-, Äthyl-, Butylacetat, Diäthylenglykolmonoäthyläther bzw. deren Gemischen besteht. Aceton wird seiner stark entfettenden Wirkung wegen in modernen Präparaten kaum noch verwendet. Nagellackentferner enthalten als nagelpflegende Zusätze Butylstearat, Isopropylmyristat, Dibutylphthalat, Lanolin, Protein u. a. Pastenförmige Präparate sind Emulsionscremes, die das Ausfließen des gelösten Lackes auf die Fingerspitzen und unter den Nagel verhindern und ihn gleichzeitig fetten.

B) Nun kann der Nagel mit einer *Diamant-* oder *Sandpapierfeile* gekürzt und von den Seiten nach der Mitte hin in eine länglich-ovale, vorn gleichmäßig abgerundete Form gebracht werden.

Flexible (biegsame) Nagelfeilen aus Stahlblech und starre Formen sind zur Nagelpflege nicht sehr geeignet, weil sie den Nagel zu stark angreifen und dadurch schädigen können.

C) Zum Beschneiden der Nägel können auch *Nagelscheren* von 3,5″ bis 4″ mit gerader oder gebogener Schneide und *Nagelzangen* in den Abmessungen von 10 bis 12 cm verwendet werden. Starke Ausführungen, sog. *Kopfschneider,* dienen in der Pediküre, Fußpflege (lat. pes = Fuß), zum flachen Abschneiden der Fußnägel.

D) Nach dem Formen werden die Nägel 5 Minuten lang in einer milden, warmen Seifenlösung gebadet, um das Nagelhäutchen so weit zu erweichen, daß es mit einem *Nagelhautentferner* (Cuticle-Remover, Cuticle-Softener) leicht abgelöst werden kann. Dieser besteht aus einer etwa 5%igen Natrium- oder Kaliumhydroxidlösung oder 10%igen Lösungen von Trinatriumphosphat oder Kaliumcarbonat in Wasser, Glycerin oder Äthanol mit Sorbitzusatz. Alkalifreie Produkte enthalten als hautlösende Stoffe Triäthanolamin, Türkischrotöl, Natriumsalicylat- bzw. Natriumlactatlösung.

Nagelhautentferner werden mit einem Holz- oder Glasstäbchen, das mit Watte umwickelt ist, auf das Nagelhäutchen aufgetragen und, sobald sich ein schwaches Brennen bemerkbar macht, abgewaschen. Dann läßt sich das Nagelhäutchen mit einem stumpfen Gegenstand mühelos entfernen. Diese Arbeit muß sehr vorsichtig durchgeführt werden, denn durch Verletzung dieser überaus empfindlichen Stelle können sehr schmerzhafte Nagelbetterkrankungen auftreten, vor allem durch Bakterien, die nirgends so zahlreich vorhanden sind wie am schwer zugänglichen Nagelbett.

Besonders gefährlich ist in dieser Hinsicht die *Hautschere* mit gebogener, sehr scharfer Schneide. Sie darf nur äußerst vorsichtig angewandt werden, am besten verzichtet der Laie ganz auf sie.

E) Das Weichen im Seifenbad und auch der Nagelhautentferner haben der umgebenden Haut Fett und Feuchtigkeit entzogen. Eine gute Tages- oder

Nährcreme, besser noch spezielle *Nagelöle* und *Nagelcremes* geben sie ihr und dem strapazierten Nagel wieder zurück. Sie enthalten an pflegenden Stoffen Rizinus-, Oliven- oder Mandelöl, Wollwachsderivate, Isopropylmyristat u. a.

F) *Nagellack*

Nach einem kurzen Frottieren der Nägel kann der neue *Nagellack* aufgetragen werden, der, farblich dem Lippenstift angepaßt, das Make-up abrundet.

Für Nagellacke eignen sich als *Lackkörper* (Filmbildner) niedrigviskose Nitrocellulose, Celluloseester, Alkyl- und Sulfonamidharze, Polyacrylester, Polyvinylacetat und die Naturharze Benzoe, Dammar, Schellack. Lösungsmittel für diese Stoffe sind Amyl-, Äthyl-, Butylacetat, Glykoläther und Speziallöser.

Dem nach dem Verdunsten der Lösungsmittel verbleibenden spröden Lackkörper müssen *Weichmacher*, Plastifizierungsmittel in Form von Rizinusöl, Butylphthalat oder -stearat, Polyester, Adipinsäure u. a. zugesetzt werden. Sie erhalten den Lack in einem elastischen Zustand, der den verschiedenen Belastungen des Nagels gewachsen ist.

Transparent-, Klarlacke sind entweder ungefärbt oder mit löslichen Teerfarbstoffen, z. B. Karmesinrot mehr oder weniger getönt. *Creme-, Decklacke* enthalten feinstgemahlene, gut deckende Körperfarben in bunter Palette, *Silberlacke* zusätzlich noch Fischschuppenessenz, die einen Perlmutteffekt erzeugt.

Cremelacke werden am besten nach der „*Drei-Lack-Methode*" aufgetragen. Dabei wird der Nagel mit farblosem Unterlack und, nachdem dieser getrocknet ist, zweimal mit Cremelack überstrichen. Den Schluß bildet ein Überzug mit farblosem Überlack.

Stets wird der Lack von der Nagelwurzel zur Spitze in langen, gleichmäßigen Strichen aufgetragen. Breite Nägel erscheinen schmäler, wenn sie nicht bis zum Falz hin bestrichen werden.

Gute Nagellacke müssen sich leicht und schnell verteilen lassen und hochglänzend auftrocknen. Sie müssen außerdem den Beanspruchungen, denen die Fingernägel während des Tagesablaufes ausgesetzt sind, gewachsen sein und für die Dauer von 3 bis 4 Tagen gut haften, ohne unansehnlich zu werden.

Dekorative Kosmetika wie Nagellack, Nagellack- und Nagelhautentferner trocknen im Laufe der Zeit den Nagel aus und vermindern dadurch seine Elastizität so sehr, daß er im Lauf der Zeit spröde und brüchig wird. Bei derartigen Erscheinungen sollte unbedingt eine „Lackpause" von mehreren Tagen eingelegt werden.

G) *Nagelpoliermittel* kommen flüssig, pulverförmig, als Paste oder Stift in den Handel. Sie bestehen aus Walrat, Carnaubawachs, Bienenwachs, Paraffin und anderen glättenden Grundstoffen. Leicht schleifend und aufhellend wirken Zusätze wie Zinndioxid, Kieselgur, Kreide, Titandioxid und Talcum. Nagelpoliermittel werden auf den Nagel aufgetragen und mit einem weichen Leder verrieben.

H) *Nagelbleichmittel* dienen zum Aufhellen verfärbter Fingernägel. Sie enthalten als Oxydationsmittel 3%ige Wasserstoffperoxidlösung, Natriumperborat, Magnesiumperoxid, Oxal-, Essig-, Zitronen-, Weinsäure und als pflegende Zusätze dieselben Stoffe wie die Nagellackentferner.

Nagelweißstifte enthalten Titandioxid in einer harten Fettgrundlage und dienen zum Aufhellen der Unterseite der vorderen Nagelpartie.

I) Bei brüchigen und rissigen Fingernägeln können *Nagelfestiger,* Nail-Hardener, mitunter helfen. Es handelt sich dabei entweder um farblose Lacke, die den Nagel vor weiterem Einreißen, Brechen oder Absplittern bewahren, oder um härtende formalin- bzw. alaunhaltige Präparate, denen die üblichen Pflegestoffe zugesetzt sind.

K) Nagelschäden können auch mit einer Modellierpaste aus polymeren Acrylsäureestern korrigiert werden. Aufgetragen und mit einem Härter vermischt, erzeugen sie in wenigen Minuten einen *künstlichen Nagel,* der wie ein natürlicher mit Schere, Feile und Nagellack behandelt werden kann.

Literatur:

Samman, Peter D.: Nagelerkrankungen, Springer-Verlag 1968, Heidelberger Taschenbücher.
Nowak, G. A.: Prüfung und Betriebskontrolle von Nagellack. SÖFW 1959, Nr. 10, 11, 12.
Fey, Horst: Wörterbuch der Kosmetik; Wissenschaftl. Verlagsanstalt mbH, Stuttgart 1974.
Reuss, H., G. Schmidt, H. Gerhard: Make-up make in. Deutscher Reform-Verlag, Bad Homburg 1972.
Revlon – Schule der Schönheit. Deutsche Revlon GmbH, Düsseldorf 1969.

6.5 Haarpflegemittel

6.5.1 Der Aufbau des Haares

Das Haar ist ein Anhangsgebilde der Haut, das sich in einem winzigen Haarbalg, dem Haarfollikel, entwickelt, der etwa 3 mm tief in der Lederhaut sitzt.
In ihm befinden sich auch pigmentbildende Zellen, *Melanozyten* (gr. melas = dunkel, kytos = Zelle), die aus der aromatischen Aminosäure Thyrosin mit Hilfe des Enzyms Tyrosinase verschiedene Farbkörper, Pigmente, entwickeln können. Ihre Form, Anzahl und Art ergeben die Haarfarben braun-schwarz und gelb-rot.

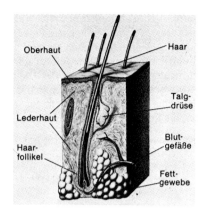

Im Haarfollikel wird aus dem in ihm gebildeten Eiweißkörper Protein das Haar aufgebaut. Hat dieses den Haarkanal nach außen hin passiert, so wird das Protein in den Gerüsteiweißstoff Keratin, Hornstoff (gr. keratos = Horn), umgewandelt und das Haar dadurch gehärtet. Der über die Hautoberfläche hinausragende Teil des Haares ist tot.
Durch die Raster-Elektronenmikroskopie (REM) konnte die Struktur des Haares genau festgestellt werden. Es besteht aus der Schuppenschicht, Faserschicht und dem Mark.

A) Die *Schuppenschicht,* Cuticula, setzt sich aus 7 bis 12 innig miteinander verkitteten Lagen zusammen, die wie ein Panzer das Haar spangenförmig umschließen. Diese Spangen sind wohl in schuppenförmiger Stufung angeordnet, haben aber keinerlei Ähnlichkeit mit fischschuppen- oder dachziegelförmigen Elementen.

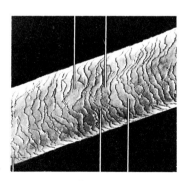

Schuppenschicht REM-Aufnahme 5000fache Vergrößerung

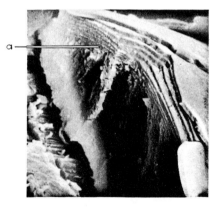

Schuppenspangen mit Kittsubstanz (a) REM-Aufnahme 50000fache Vergrößerung

B) Die *Faserschicht* ist zu etwa 40% gestaltlose Kittsubstanz (amorpher Teil des Keratins), in die in der Längsrichtung des Haares verlaufende lange Fasern (kristallin-geordneter Teil des Keratins) eingebettet sind. Sie stellen etwa 60% der Faserschicht dar. Die Fasern kreuzen und umschlingen sich vielfach und bilden auf diese Weise einen festgefügten, langfaserigen Filz, dem das Haar seine große Festigkeit verdankt (ein Haar kann etwa 85 Gramm tragen und ist unter bestimmten Bedingungen auf die doppelte Länge dehnbar). Oft fügen sich mehrere Fasern zu Strängen zusammen, die ihrerseits zu Nachbarsträngen hinüberwechseln können.

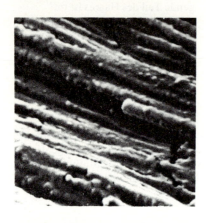

Fasern und Kittsubstanz
60% Fasern, 40% Kittsubstanz.
REM-Aufnahme 150 000fache Vergrößerung

C) Das *Mark* ist ein schwammiges Gebilde von uneinheitlicher Struktur. Es zeigt unter dem Elektronenmikroskop unfertig ausgebildete Faserstückchen neben plättchenförmigen und schalenartigen Elementen.

Mark
Unfertige Fasern (a), Plättchen (b), Schälchen (c). 150 000fache Vergrößerung

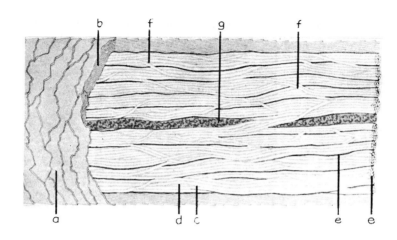

a) Schuppenspangen, b) Vielfachpackung der Schuppenspangen, c) Fasern (weiß), d) Kitt (hellgrau), e) Faserstränge (hier durch dunkelgraue Linien voneinander abgegrenzt, f) Überwechseln einzelner oder mehrerer Fasern von einem Faserstrang zum anderen, g) Mark

Zu jedem Haarbalg gehört eine *Talgdrüse,* die das Haar mit Fett versorgt. Der Talg, lat. sebum, besteht aus Wachsen, Triglyceriden, Kohlenwasserstoffen, Cholesterin, Cholesterinestern, Palmitin-, Stearin-, Myristin-, Ölsäure u. a. Er wird durch Zusammenziehen winziger Muskeln, die am Haarfollikel sitzen, ausgepreßt und macht das Haar geschmeidig und wasserabweisend.

Normalerweise besitzt der Mensch etwa 100 000 Kopfhaare, die jährlich ungefähr 13 cm wachsen. Ein Ausfall von etwa 50 Haaren täglich ist normal und keineswegs ein Alarmsignal. Eine größere Zahl, vor allem, wenn es sich um kurze Haare handelt, ist dagegen ein Krankheitssymptom, eine Alopezie (gr. alopekia = Fuchsräude). Ihre Ursachen können erbliche Veranlagung, Funktionsstörungen verschiedener Drüsen oder fiebrige Erkrankungen wie Scharlach, Lungenentzündung u. a. sein. Letztere und auch starke seelische Belastungen können die Haarfollikel zeitweilig lähmen und einen mehr oder weniger starken Haarausfall bewirken. Nicht selten schädigen auch gewisse Pilzerkrankungen wie die Ringelflechte, verschiedene Bakterien, Viren und manche Medikamente, besonders solche mit einem hohen Gehalt an Vitamin A die Follikel.

Degenerierte Haarbälge bringen nur noch Flaumhaare hervor. Stellen sie ihre Arbeit ganz ein, liegt eine androgenetische Alopezie vor, die bei Männern zur Glatzenbildung und bei Frauen zu einer mehr oder weniger ausgeprägten Lichtung der Haare am Oberkopf führt. Der Haarausfall vollzieht sich ganz allmählich. Auf der Höhe des Scheitels bilden sich zuerst die kahlen Stellen, während die Haare des Hinterkopfes, der Schläfengegend und ein mehr oder weniger starkes Haarbüschel in der Mitte des Vorderkopfes zunächst erhalten bleiben.

Ein seltsames Leiden ist der *kreisrunde Haarausfall, Alopecia areata* (lat. area = leerer Platz). Über seine Entstehungsursache ist bislang nur wenig bekannt, Fachärzte führen ihn weitgehend auf Vererbung zurück. Führt er zu völliger Kahlheit mit Verlust der Augenbrauen und Wimpern, heißt er *Alopecia areata totalis*.

Haarausfall kann wirksam bekämpft werden, wenn seine Ursache erkannt ist. Haarwuchsmittel und Mittel gegen Haarausfall in allen seinen Erscheinungsformen kann es ebensowenig geben wie Wundermittel gegen alle möglichen Krankheiten.

6.5.2 Haarwaschmittel, Shampoos (engl. shampoo = Kopfwaschen)

Haarwaschmittel müssen überschüssigen Haartalg und die in ihm enthaltenen Schmutzteilchen sowie abgestoßene Hornschüppchen restlos entfernen. Die hierzu erforderliche Reinigungskraft besitzen die waschaktiven Substanzen, WAS, Detergentien, Syndets (vgl. S. 288). Da sie im harten Wasser keine Kalkseife bilden, die das Haar glanzlos und brüchig macht, erscheint es nach dem Waschen mit Shampoos glänzend, locker und weich und fühlt sich geschmeidig an. Diese Haarwaschmittel lassen sich leicht auswaschen und sind mit frischen Duftnoten versehen, die hauptsächlich während dem Waschprozeß hervortreten sollen. Auch den Kundenwunsch nach kräftiger Schaumbildung erfüllen sie überreichlich, wobei jedoch festgestellt werden muß, daß Schaumerzeugung und Reinigungseffekt keineswegs identisch sind.

Aus der großen Gruppe der Detergentien eignen sich für Shampoos folgende Typen:

Natriumlaurylsulfat, die Fettsäurekondensationsprodukte Lamepon und Hostapon, die Alkylarylsulfate Marlon, Marlopon, Marlipal, die Alkylpolyglykoläther Hostapal, Marlophen, Sapogenat, Witolan und das Ammoniumsalz des Laurylalkoholschwefelsäureesters oder dessen Triäthanolaminsalz, das unter den Namen Texapon und Sulfopon bekannt ist.

Schaumkraft, Reinigungswirkung und Glanzeffekt besitzen nicht alle Syndets in gleichem Maße. Deshalb bestehen moderne Shampoos nicht nur aus einem einzigen waschaktiven Stoff, sonder nützen die komplexe Wirkung sinnvoll zusammengestellter Syndetgruppen aus. Kindershampoos müssen vollkommen reizlos sein, besonders im Hinblick auf die Augen.

Wie nahezu alle Haarkosmetika werden auch den Shampoos Stoffe zugesetzt, die der Gesunderhaltung der Kopfhaut dienen sollen. Beliebt sind u. a. Auszüge aus folgenden Heildrogen:

Gegen Seborrhoe: Huflattich, Salbei, Schachtelhalm, Krauseminze, Lindenblüten, Melisse, Petersilie.

Zur Anregung der Blutzirkulation: Schafgarbe, Chinarinde, Brennessel, Birkensaft.

Gegen Infektionen der Kopfhaut: Arnika und Kamille, die das entzündungshemmende Azulen enthält.

Als Rückfettungsmittel: Lecithin, Lanolinderivate, Isopropylmyristat, -palmitat, -adipat.

Zum Hellerhalten der Haare: Eigelb oder aus Eiern gewonnenes Lecithin, das wie ebenfalls zugesetztes Cholesterin gleichzeitig als Schutzkolloid gegen zu starke Entfettung dient.

Gegen Kopfschuppen und Überfettung des Haares: Schwefelverbindungen, Vitamin B_6 (Pyridoxin) und die Aminosäure Cystein.

Gegen den Schuppenpilz, Pityrosporon ovale (Erreger der Kopfschuppen und des Kopfjuckens): Die fungizide Undecylensäure, Mono- und Diäthanolamid.

Shampoos kommen als klare oder transparente, ölige Flüssigkeiten mit bis zu 30% Triäthanolamin-Anteil oder als transparente bzw. opake (lat. opacus = dunkel) Pasten mit oder ohne Perlglanz in den Handel. Derartige Produkte sind auf Fettalkoholäthersulfat und Polyglykoldiester aufgebaut.

Tönungsshampoos sind eine Kombination von Haarwasch- und Haarfärbemitteln. Sie kommen in Creme- oder Pulverform in den Handel und enthalten dieselben Farbbasen und Entwickler wie die Oxydationshaarfarben, nur in verringerter Menge.

Nach der Anwendung werden sie wie jedes andere Haarwaschmittel ausgewaschen. Mit einem Tönungsshampoo kann der Naturton des Haares aufgefrischt, belebt, leicht vertieft, modisch nuanciert oder eine leichte Ergrauung naturgleich abgedeckt werden.

Farb-Pflege-Shampoos enthalten neben den üblichen reinigenden Stoffen pflanzliche Farbsubstanzen. Ihre Farbwirkung ist gering und wird erst nach wiederholter Anwendung intensiver.

Aufhellungs-Shampoos für hellblonde und weiße Haare enthalten als Weißtöner optische Aufheller, z. B. 1% Methyl-7-diäthylaminocumarin.

Shampoos und Haarwässer für graues bzw. weißes Haar tragen gelegentlich die Zusatzbezeichnung „Blau" oder „Silber". Sie sollen durch Blautöne, die Komplementärfarben für Gelb sind, den unschönen Gelbstich ergrauter Haare aufheben.

Öl-Shampoos bestehen aus hydrophilen, durch Emulgatorzusatz mit Wasser mischbar gemachten, pflanzlichen und mineralischen Ölen. Ihr Hauptanteil ist Türkischrotöl. Spezialzusätze können sein: Antiseptika, Campher, Cholesterin, Menthol, Schwefel u. a. Die Ölhaarwäsche ermöglicht die reizloseste Reinigung von Kopfhaut und Haaren, wirkt rückfettend und eignet sich ihrer Reizlosigkeit wegen besonders bei öliger Seborrhoe.

Trockenshampoos tragen ihren Namen zu Unrecht, denn sie sind keine Haarwaschmittel, sondern Haarentfettungsmittel, die aus aufsaugenden Substanzen wie Kieselgur, Magnesiumcarbonat, Talcum, Bolus, Stärke u. a. bestehen. Sie werden auf das Haar gepudert, leicht eingerieben und dann mit einer Naturborstenbürste wieder entfernt. Dabei hinterlassen sie besonders auf dunklem Haar stets einen weißlichen Schimmer. Trockenshampoo ist angebracht, wenn eine Krankheit die Naßhaarwäsche verbietet oder wenn das Haar so stark fettet, daß es in kurzen Abständen gewaschen werden muß, wodurch die Talgdrüsensekretion noch gesteigert wird.

6.5.3 Haarwässer

A) *Dufthaarwässer* bestehen aus Äthyl- oder Isopropylalkohol, Wasser und Parfum. Sie sollen dem Haar einen angenehmen Duft verleihen, seinen Glanz erhöhen und die Kämmbarkeit verbessern. Ihr unterschiedlicher Alkoholgehalt wirkt mild desinfizierend und erfrischend auf die Kopfhaut.

B) *Spezialhaarwässer* sollen mit Hilfe verschiedener Wirkstoffzusätze Anomalien des Haares und der Kopfhaut beheben, ohne die Struktur des Haares zu verändern. Sie können enthalten:

Gegen seborrhoische Schuppenbildung und schnell fettendes Haar: Kationaktive Netzmittel, kolloidalen Schwefel und Schwefelverbindungen, Salicylsäure, Chinarindenextrakt, Desinfektionsmittel (Hexachlorophen, Resorcinmonoacetat, Phenoxyessigsäure u. a.), Äthyl- bzw. Isopropylalkohol bis zu 70%.

Gegen trockenes Haar: Isopropylmyristat, -adipat, -oleat. Geringen Zusatz von Rizinusöl.

Hyperämisierend (durchblutungsfördernd) und *entzündungshemmend:* Auszüge aus Arnika- und Kamillenblüten, Brennesselkraut, Birkensaft, Campher, Nicotinsäureester.

Haaraufbauend: Keratinhydrolysate, Aminosäuren, Allantoin, Azulen, Vitamine der B-Reihe, Thymol u. a.

Haarwässer sollen täglich einmal, ohne die Kopfhaut durch starkes Reiben zu irritieren, gleichmäßig auf dem Haarboden verteilt werden.

6.5.4 Haarkuren

wirken nur auf das Haar ein und sollen durch Regeneration seine Struktur verbessern (rauhes, glanzloses, brüchiges Haar). Sie enthalten in konzentrierter Form dieselben Wirkstoffe wie die Spezialhaarwässer und sind wie diese auf fettiges und trockenes Haar wie die Schuppenbildung ausgerichtet. Aber auch gegen Haarschäden, wie sie Salzwasser, Sonne, Blondierungsmittel, Dauerwellen usw. hervorrufen, werden sie empfohlen.

Haarkurpackungen können folgende Drogen in Pulverform enthalten: Arnika, Hutflattich, Kamille, Leinsamen, Roßkastanie, Weizenkleie, Zinnkraut u. a.

Als Bindemittel dient Tylose, als Füllmittel Bolus und als Netzmittel dienen Fettalkoholsulfate, Alkylarylsulfonate u. a.

Sie werden mit kochendem Wasser angeteigt und so heiß wie möglich aufgetragen. Nach etwa 30 Minuten wird ausgewaschen.

Haarcremes, Ölpackungen sind Haarkurpräparate vom Emulsionstyp O/W oder W/O. Ihre Zusammensetzung entspricht im wesentlichen der pulverförmiger Produkte.

6.5.5 Haarfärbemittel

Beim alternden Menschen verringert sich als Begleiterscheinung der allgemeinen körperlichen Rückbildung die Zahl der Melanozyten. Der dadurch bedingte Pigmentmangel läßt das Haar zunächst grau erscheinen, man spricht dann von Altersgrauheit, Canities senilis (lat. Canities = Ergrauen, senilis = alt). Wird überhaupt kein Pigment mehr gebildet, wird das Haar weiß.

Frühzeitiges Ergrauen, Canities praematura (lat. prae = vor, maturus = reif), und plötzliches Ergrauen, Canities acuta (lat. acutus = schnell), können auf einer Erbanlage beruhen oder durch schwere seelische Erschütterungen, innersekretorische Störungen oder chronische Infektionskrankheiten ausgelöst werden.

Präparate, welche die Haarfarbe verändern, werden aus modischen Gründen, zur Korrektur unansehnlichen, stumpfen Haares oder zum Überdecken von grauem Haar eingesetzt.

Farbveränderungen können durch Tönungsshampoos, Farb- bzw. Tönungsfestiger und Haarfarben erzielt werden.

A) Haartönungsmittel

kommen fast ausschließlich als Tönungsshampoos (Tönungswäschen) in den Handel. Sie können die natürliche Haarfarbe etwas verändern, z. B. Mittelbraun auf Dunkelbraun, oder einen modischen Ton erzeugen. In ihre Gruppe gehören auch die Aufhellungsmittel für graues und weißes Haar.

Auch die Tönungshaarfestiger bzw. -sprays sind Haartönungsmittel. Bei Verwendung dieser Präparate ist darauf zu achten, daß sie nicht unmittelbar nach einer Haarverformung durch Kaltwellmittel eingesetzt werden, weil die dadurch stark gelockerte Haarsubstanz zu viel Farbstoff aufnehmen und zu dunkel getönt würde.

B) Haarfarben

Das Färben der Haare geschieht nicht wie das Färben der Haut durch Auftragen fertiger Farbtöne, sondern ist ein Oxidationsprozeß, bei dem aus farblosen

Substanzen, den sog. Farbbasen, die Tönungen auf dem Haar erst entstehen. Sie heißen deshalb *Oxidationshaarfarben*.

Als *Farbbasen, Farbbildner,* dienen unter anderen p-Toluylendiamin, p-Aminodiphenylamin und Aminophenole.

Oxidationsmittel, Entwickler, sind Wasserstoffperoxid und Carbamidperoxid, ein Anlagerungsprodukt des Wasserstoffperoxids an Harnstoff.

In ammoniakalischer Lösung durchdringen die Mikromoleküle der Farbbasen die Schuppenschicht und gelangen so in die Faserschicht des Haares. Dort werden sie vom Entwickler zu Großmolekülen, Makromolekülen, oxidiert, die nun die Schuppenschicht nicht mehr verlassen können, sondern im Inneren des Haares zurückgehalten werden. Auf diese Weise färben die Oxidationshaarfarben das Haar so lichtecht und dauerhaft wie die natürlichen Pigmente und sind außerdem auch farbbeständig, d. h. sie werden bei Nachfärbungen nicht durch Farbaddition dunkler.

Kurz vor dem Färbeprozeß wird die cremeartige Farbbase mit dem Oxidationsmittel in einer Glas- oder Porzellanschale gemischt (Metallgegenstände sind ungeeignet) und sofort strähnenweise auf das gewaschene und getrocknete Haar mit Schwamm oder Pinsel von der Kopfhaut her aufgetragen. Die Oxidationshaarfarben benötigen mindestens 25 Minuten Einwirkungszeit. Eine längere Dauer ergibt dunklere Töne, so daß auf diese Weise leichtere oder stärkere Färbungen erzielt werden können.

Außer den Oxidationshaarfarben werden auch *„direktziehende Farbstoffe"* verwendet. Auch diese durchdringen die Schuppenschicht und verbinden sich ähnlich wie die Oxidationsfarben mit dem Haarkeratin. Dadurch färben sie ebenfalls das Haar echt.

Moderne Haarfärbemittel sind in der Regel Kombinationen aus beiden Typen, wobei die Oxidationshaarfarben die Tiefe des Farbtons liefern, die direktziehenden dagegen die verschiedensten Nuancierungen ermöglichen.

Nach der Färbung muß das Haar gründlich gespült werden. Da der Färbeprozeß immerhin eine gewisse chemische Belastung des Haares bedeutet, sollte ihm nach dem Trocknen mit einem geeigneten Pflegemittel etwas Fett zugeführt werden.

C) Haaraufheller

sind vor allem Aufhellungsshampoos für blonde und weiße Haare.

D) Blondiermittel

für blonde Haare enthalten Peroxide und Persalze in Netz-, Schaum- und Verdickungsmitteln. Durch teilweisen Abbau der Haarpigmente wirken sie wesentlich stärker auf das Haar als die Aufhellmittel.

E) Haarbleichmittel

zerstören das Pigment blonder Haare durch starke Oxydationsmittel wie Carbamidperoxid, Alkaliborat-peroxyhydrat u. a. vollständig. Sie kommen meistens als Cremes, die aus Kali-, Triäthanolamin- oder Ammoniumseifen bzw. alkalisch eingestellten Fettalkoholsulfonaten bestehen, in den Handel. Unmittelbar vor dem Auftragen auf das Haar werden sie mit dem Oxydationsmittel zu einem Brei verrührt, der 15 bis 30 Minuten einwirken muß.

Haarbleichmittel greifen das Keratin an. Sie sollten deshalb nur sparsam angewandt und auf die Behandlung des Haarnachwuchses beschränkt werden.

6.5.6 Mittel zum Festhalten der Frisur

dienen zur Festigung der Dauerwelle und zur Schnellkorrektur der Frisur. Sie wirken kurzfristig auf die Oberfläche der Haare ein, ohne ihre Struktur zu beeinflussen.

A) Haarsprays

müssen glänzend auftrocknen, den Haarschaft mit einem wasser- und schmutzabweisenden Film überziehen und beim Bürsten und Kämmen so fest am Haar haften, daß es nicht „fliegt". Bei der Haarwäsche sollen sie leicht zu entfernen sein.

Moderne Haarsprays enthalten als Filmbildner Polyvinylpyrrolidon PVP

$$n \text{ N-Vinylpyrrolidon} \longrightarrow \text{Polyvinylpyrrolidon}$$

und Mischpolymerisate aus Vinylacetat, VA und Vinylpyrrolidon, VP

$$n \text{ N-Vinylpyrrolidon} + n \text{ Vinylacetat} \longrightarrow \text{Vinylpyrrolidon/Vinylacetat Copolymerisat}$$

Auch quaternäre Ammoniumverbindungen eignen sich als Filmbildner in Haarfestigern, weil sie substantiv auf das Haar aufziehen. Zusätze von Silikonölen erhöhen die Wasserabweisungskraft der Haarsprays.

Präparate für trockenes Haar enthalten häufig Wollwachsderivate, solche für rasch fettendes fettbindende Substanzen. Auch leichte Farbnuancierungen oder Aufhellungen können mit Spezialsprays erzielt werden.

B) Haarfestiger

sind flüssige, leicht auswaschbare Haarfestigungsmittel zur Herstellung der Frisur. Sie enthalten dieselben Filmbildner wie die Haarsprays.

C) Tönungshaarfestiger

enthalten direktziehende Farbstoffe, die eine Intensivierung der vorhandenen Haarfarbe ermöglichen bzw. dem Haar einen bestimmten Farbeffekt verleihen. Um eine gleichmäßige Wirkung zu erzielen, muß der Tönungsfestiger mit einem Wattebausch auf die aufgeteilten Strähnen des gewaschenen, frottierten, aber noch nassen Haares aufgetragen werden.

D) Frisiercremes, Emulsionsbrillantinen

dienen vorwiegend zum Festigen der Herrenfrisur. Es handelt sich bei ihnen um O/W-Emulsionen, die zur Erhöhung des Haarglanzes etwa auf den pH-Wert 6 eingestellt sind und leicht ausgewaschen werden können. Als Fettgrundlage dienen neben flüssigem Paraffin Cetiol und verschiedene nichttrocknende Pflanzenöle.

E) Brillantinen, Brillantincremes

sind fetthaltige W/O-Emulsionen, die aus denselben Rohstoffen aufgebaut sind wie die Frisiercremes. Im Gegensatz zu diesen lassen sie sich nur durch eine intensive Haarwäsche entfernen. Feste, sog. Kristallbrillantinen in Stangenform erhält man durch Zusammenschmelzen mit Walrat. Brillantinen sollen das Haar glänzend machen (franz. brillant = glänzend) und gleichzeitig die Frisur festigen. Ihres hohen Fettgehaltes wegen sind sie heute weniger beliebt.

F) Haaröle,

Liquid Brillantines, bestehen aus parfümiertem Oliven-, Erdnuß-, süßem Mandelöl u. a., denen zur Steigerung des Haarglanzes flüssiges Paraffin zugesetzt ist. Sie dienen zum Fetten und Festlegen der Haare, sind aber von den nichtfettenden Frisiermitteln weitgehend verdrängt.

G) Kaltwellpräparate

Welliges Haar wurde früher mit der heißen Lockenschere und später mit dem Heißwellverfahren erzielt, bei dem das aufgewickelte Haar so lange in Lösungen alkalischer Salze erhitzt wurde, bis es durch Auflösen seiner Sulfidbrücken elastisch wurde und die Form des Wicklers annahm.

Kaltwellpräparate erweichen das Haar im kalten Zustand mit Hilfe von Ammoniumglykolat, dem Ammoniumsalz der Thioglykolsäure, Mercaptoessigsäure $H-S-CH_2 \cdot COOH$. Es kommt als Kaltwellflüssigkeit oder Creme, parfümiert und schwach gefärbt, mit dem pH-Wert 9 in den Handel und wird folgendermaßen angewandt:

Das mit einem Shampoo gründlich gewaschene Haar wird mit dem Kaltwellpräparat der Gebrauchsanweisung entsprechend versehen, dann auf Wickler gerollt und unter einer Haube aus wasserdichtem Material etwa 25 Minuten lang in diesem Zustand belassen. Feines, gebleichtes oder sonstwie strapaziertes Haar verträgt nur kürzere Einwirkungszeiten und pH-Werte um 8 bis 8,5. Die Gebrauchsanweisungen der jeweiligen Kaltwellpräparate sind deshalb bei der Anwendung genau zu beachten.

Nach vollzogener Haarverformung muß zur Fixierung der Welle die reduzierende Kraft des Kaltwellpräparates mit Oxydationsmitteln wie 2 %iger Wasserstoffperoxid- oder Natriumperboratlösung aufgehoben und ihre Alkalität durch eine saure Nachwäsche mit einer etwa 0,5 %igen Essig-, Wein-, Zitronen- oder Milchsäurelösung neutralisiert werden.

Nach dem Waschen und Trocknen müssen die Haare gekämmt und gebürstet werden, was grundsätzlich ohne jede Gewaltanwendung zu geschehen hat. Ein Durchreißen des Kammes bei verfilztem Haar ist unangebracht und führt zu groben Schädigungen des Haarschaftes. Am wirksamsten wird das Haar gegen den Strich, vom Nacken zur Stirn hin gekämmt und gebürstet. Dieses Verfahren massiert gleichzeitig den Haarboden und fördert seine Durchblutung, die ihrerseits das Wachstum der Haare begünstigt. Leichtes Klopfen mit den Fingerkuppen unterstützt diese einfache Massage.

6.5.7 Haarkämme und Haarbürsten

A) Haarkämme

Schildpattkämme sind sehr teuer und deshalb heute fast ganz durch billigere Produkte aus verschiedenen Natur- und Kunststoffen ersetzt.

Rinderhornkämme werden handwerksmäßig aus dem Horn der Hausrinder, besonders gute Sorten aus dem gelbweiß geflammten Irisch-Horn und dem dunklen Büffelhorn hergestellt. Hornkämme laden das Haar elektrostatisch kaum auf, sind auch formschön und handlich, leider aber so wenig elastisch, daß ihre Zähne leicht ausbrechen.

Zelluloidkämme sind Preßprodukte mit nachträglich ausgesägten, polierten Zähnen. In schildpattähnlichen Farben sind sie sehr beliebt und gut haltbar, laden das Haar aber elektrisch stark auf.

Schwarze Hartgummikämme sind formschön, elastisch und haltbar. Leider laden sie das Haar besonders stark auf und erschweren dadurch das Frisieren von trockenem Haar erheblich.

Kunststoffkämme werden aus warm verformbaren (thermoplastischen) Polystyrol- und Acryl-Kunstharzen hergestellt. Sie sind billig, formschön und in allen denkbaren Farbnuancen zu haben. Sehr preiswert und nahezu unzerbrechlich sind Nylonkämme.

Metallkämme aus poliertem Aluminium sind sehr widerstandsfähig und eignen sich für besonders kräftiges Haar.

B) Haarbürsten

tragen in einem Bürstenkörper aus Kirsch-, Nußbaum-, Ebenholz usw. oder aus Kunststoff natürliches oder synthetisches Besatz-, Einzugs- oder Besteckmaterial.

Als natürliche Fasern dienen neben Dachs- und Ziegenhaaren für weiche Kinderbürsten Roß- und Rinderhaare, vor allem aber die Borsten von Haus- und Wildschweinen, die sich gütemäßig jedoch stark unterscheiden. Als besonders wertvoll gelten die glänzend schwarzen chinesischen Chungking-Borsten.

Als synthetisches Besatzmaterial haben sich für Haarbürsten Polyamid- (Nylon, Perlon) und Polyurethanfasern bewährt. Diese müssen jedoch aus kurzen stumpfen Kegeln bestehen, niemals aus abgeschnittenen Kunststofffäden, die mit ihren scharfen Schnittkanten das Haar aufreißen und nachhaltig schädigen können.

6.5.8 Mittel gegen störenden Haarwuchs, Depilatorien

Übermäßiger und unerwünschter Haarwuchs, Hypertrichosis, entsteht, wenn sich die weichen und farblosen Flaumhaare (Lanugo), die außer an den Fußsohlen, Handinnenflächen und Lippen die gesamte Hautoberfläche bedecken, in starke, pigmentierte Terminalhaare umwandeln.

Hervorgerufen wird diese Erscheinung sehr häufig durch Störungen des Hormonhaushaltes infolge Überfunktion von Hypophyse, Nebennieren oder Sexualdrüsen.

Auch die Beendigung der Eierstockfunktion in der Zeit des Klimakteriums, der Wechseljahre, kann im Bereich des Kinns, der Oberlippe und der Wangen die Flaumhaare in bleibende Terminalhaare, den sog. „Frauenbart" umwandeln.

Ähnliche Erscheinungen, bedingt durch die physiologischen Veränderungen während der Schwangerschaft, verschwinden nach der Stillperiode in der Regel von selbst wieder.

Während hormonell bedingte Überbehaarungen in das Ressort des Arztes gehören, können lästige Haare in den Achselhöhlen und an Armen und Beinen kosmetisch entfernt werden.

Folgende Verfahren werden angewandt:

A) Epilation

(lat. ex = aus, pilus = Haar) ist eine radikale Entfernung der Haare durch

Auszupfen aus der Oberlippe oder den Augenbrauen mit einer Automatik-Pinzette oder durch Ausreißen vieler Haare mit Epilierwachs, einem Wachs-Harzgemisch, das erwärmt auf einen Leinenstreifen aufgetragen auf die zu enthaarenden Stellen an Armen und Beinen gelegt wird.

Dabei werden die Haare in das Epilierwachs eingebettet und nach seinem Erkalten festgehalten. Dann wird der Streifen entgegen der Wuchsrichtung der Haare abgezogen. Neben dem Epilierwachs befinden sich im Handel auch gebrauchsfertige Epilierpflaster.

Diese Art der Epilation ist ein etwas rohes und schmerzhaftes Verfahren, das außerdem zu Hautschädigungen führen kann. Es wird deshalb ärztlicherseits nicht empfohlen.

Durch den elektrischen Strom können Haare ebenfalls epiliert, also vollständig entfernt werden. Hierbei wird eine sehr feine Nadel in den Haarfollikel eingeführt und dann unter Strom gesetzt, wodurch er vollkommen zerstört wird. Eine derartige Behandlung kann nur von einer entsprechend vorgebildeten Fachkraft durchgeführt werden.

B) Depilation

(lat. de = weg, pilus = Haar) ist keine Dauermaßnahme wie die Epilation, sondern eine oberflächliche Haarentfernung, bei der die Haarwurzel erhalten bleibt, aus der das Haar immer wieder nachwachsen kann.

Die Depilation wird entweder mechanisch durch einfaches Abreiben der Haare bzw. durch Rasieren oder chemisch mit keratinlösenden Chemikalien durchgeführt.

Zum Abschleifen der Haare dienen *Scheiben aus Schmirgelpapier* oder entsprechend geformte *Bimssteine,* harte, trockene *Kunststoffschwämme* und *Haarentferner-Handschuhe.* Mit diesen Materialien werden die angefeuchteten Stellen in kreisenden Bewegungen gerieben, wodurch die Haare schnell entfernt werden können.

Besonderen Erfolg erzielt man mit dieser Behandlung, wenn die Haare vorher mit einem Brei aus Bolus und sechsprozentigem Wasserstoffperoxid umhüllt werden. Nach einer Einwirkungszeit von ungefähr zehn Minuten wird der Brei mit warmem Wasser abgespült. Nunmehr sind die Haare nicht nur gebleicht, sondern auch dünn und brüchig geworden, so daß sie sich leicht abschleifen lassen. Anschließend muß die Haut mit einer pflegenden Creme behandelt werden.

Nach dieser Methode können Haare an weniger empfindlichen Stellen der Arme und Beine flächenhaft entfernt werden, nicht dagegen in den Achselhöhlen. Dort lassen sie sich mechanisch nur durch Rasieren beseitigen. Am geeignetsten sind hierzu spezielle Elektrorasierer, sog. „Ladyshaves" oder kleine Naßrasierapparate.

Die im Bereich der Achselhöhle zahlreich vorhandenen apokrinen Schweißdrüsen stehen in kleinen Gruppen so eng beeinander, daß sich die Haut nach oben wölbt und einen gänsehautartigen Charakter aufweist.

Bei der Achselrasur läßt es sich daher nicht immer vermeiden, daß ein Teil dieser Erhebungen ebenfalls mit abgetragen wird bzw. daß sich die Haare, die zwischen den Erhebungen stehen, zumindest nicht ausreichend oberflächennah entfernen lassen.

Rasiermittel wie Pre-shave für die Elektrorasur und Rasierseife, -creme oder -schaum für die Naßrasur sind aus diesem Grunde empfehlenswerte Ergänzungen.

Zur chemischen Depilation werden dieselben Stoffe verwendet, die bei der Haarverformung des Keratin des Haares lockern, also Thioglykolsäure, Thiomilchsäure und Calciumthioglykolat-Trihydrat.

Sie kommen als Cremes, Lotionen, Sprays und Seifen in den Handel und können, da sie die Haut nicht angreifen, an Armen und Beinen, in der Achselhöhle und im Gesicht (Frauenbart) angewandt werden. Nach einer Einwirkungszeit zwischen 3 bis 15 Minuten ist das Haar zu einer weichen Masse verquollen, die mit einem stumpfen Gegenstand bzw. mit einem Papiertuch oder einem Wattebausch abgenommen werden kann.

Anschließend wird die depilierte Haut mit warmem Wasser gewaschen, ohne Reiben getrocknet und mit einer pflegenden Hautcreme versorgt.

Die früher viel verwendeten Enthaarungscremes, die alkalisch reagierende Sulfide enthielten, werden heute wegen ihres unangenehmen Schwefelwasserstoffgeruchs und der möglichen Hautreizung nicht mehr hergestellt.

Literatur:
Hallens Werkstätte der heutigen Künste, 1. Bd. „Der Perückenmacher".
Orfanos C. und H. Ruska, Arch. Klin. exp. Derm. 231, 97 (1968).
Orfanos C. und H. Ruska, Arch. Klin. exp. Derm. 231, 264 (1968).
Hirsch, „Das Haar des Menschen", Ulm 1956, Seite 33.
Gottron/Schönfeld, „Dermatologie und Venerologie", Stuttgart 1961 I/1, Seite 73.
Kuczera, K., Seifen, Öle, Fette u. Wachse 243 und 359 (1969), Augsburg.
Kuczera, K., Seifen, Öle, Fette u. Wachse 989 (1969), Augsburg.
Horst Fey, „Wörterbuch der Kosmetik". Wissenschaftliche Verlagsgesellschaft mbH, Stuttgart 1974.
Horst Fey, „Fachwörter, Fremdwörter". Verlag Luitpold Lang, München.
Wella International: „Zur Struktur des Menschenhaares". Raster-Elektronen-Mikroskop-Aufnahmen.
Fleck, F. u. M. Fleck: Die Haarkrankheiten des Menschen. VEB-Verlag Volk u. Gesundheit, Berlin 1962.
Hafemann, H.: Haut und Haar des Menschen. Schwarzkopf-Institut für Haarpflege, Hamburg (als Manuskript gedruckt).
Hede, Helen: Das schönere Gesicht. W. Goldmann Verlag, München 1966.
Ludwig, E., u. K. Patzwald: Atlas der Schäden des Haares und der Kopfhaut. Editio Cantor, Aulendorf 1961.

7. Parfümerien

Schon im religiösen Kult der Antike dienten Weihrauch, Bernstein, Sandelholz, Moschus und vielerlei wohlriechende Pflanzenöle „pro fumo" = für den Opferrauch. Auf diese uralte Verwendung der Riechstoffe dürfte wohl die französische Bezeichnung „Parfum" zurückzuführen sein.

Im Lauf der Zeit wurden Parfums zu gefälligen, stimulierenden oder erotisierenden Duftnoten, die wie alle Attribute der dekorativen Kosmetik gefühlsmäßig ausgewählt und angewandt werden.

7.1 Parfum

Man unterscheidet die leichtflüchtige *Kopfnote* oder *Spitze,* den sog. *Angeruch,* note de tête, odeur de tête, der den Geruchscharakter des Parfums im ersten Stadium des Verdampfungsprozesses bestimmt. Ihn bilden frischduftende Agrumenöle wie Citrus-, Bergamotte- und Orangenöl bzw. deren aliphatische Aldehyde, die dem Parfümeur als Hesperidol, Mandaryl, Tangerinal, den Grünnoten Florophyll, Verdural, Vertifol u. a. zur Verfügung stehen. Neben diesen können verschiedene, leicht flüchtige natürliche und künstliche Riechstoffe die Kopfnote eines Parfums effektvoll abrunden.

Nachdem die Kopfnote ihren beherrschenden Einfluß verloren hat, bestimmt der *Corps* oder *Mittelgeruch,* die *Mittel-* oder *Blumennote,* note de coeur, note de fleurie, als mittlere Verdampfungsphase den Duftcharakter. Die wichtigsten Komponenten des Corps sind Jasmin-, Rosen-, Neroli-, Geranium- und Ylangöl. Verschiedene synthetische Stoffe mittlerer und höherer Haltbarkeit werden zur Abrundung des Buketts mitverwendet. Aus diesen Parfumgrundlagen (Duftbasen) entwickelt der Parfümeur seine Kompositionen, denn moderne Parfums sind Phantasiegerüche, die von den bekannten natürlich vorkommenden Geruchsnoten mehr oder weniger stark abweichen. Ganz streng abgrenzen kann man sie von diesen jedoch nicht, da schon seit Jahren viele natürliche Duftnoten von den Parfümeuren variiert werden. Die natürlichen Blumenparfums wie Flieder, Nelke, Maiglöckchen usw. sind heute kaum noch gefragt. Gesucht wird vielmehr das Geheimnisvolle, dem z. B. die zwei klassischen Geruchsrichtungen, die Grünnoten „Chypre" = Zypern und „Fougère" = Farn ihren großen Erfolg verdanken. Beim ersten Auftragen entfalten diese Typen einen belebenden, erfrischenden Duft, der bei längerem Verbleiben auf der Haut in einen intensiven, langanhaltenden und reizvollen Geruch übergeht.

Haben sich Kopf- und Corpsnote verflüchtigt, bestimmt der *Nachgeruch,* fond de parfum, als Hauptduftnote das Grundthema des Parfums. Hierzu geeignete fixierende Stoffe sind schwerflüchtige ätherische Öle, Harzkörper, Resinoide und die animalischen Gerüche Ambra, Castoreum, Moschus und Zibet.

Ambra (arab. anbar) wird dem männlichen Pottwal nach dem Harpunieren entnommen. Viel wertvoller ist jedoch die sog. graue Ambra, die von verendeten Tieren stammt und auf dem Wasser treibend gefunden wird.

Drei- bis fünfprozentige Ambrainfusionen in Verbindung mit ätherischen Ölen, Riechstoffen und Basen verleihen dem Parfum eine einmalige, unverkennbare Ausstrahlungskraft. Als Fixateur ist die graue Ambra in der Luxus-Parfümerie unentbehrlich.

Castoreum, Bibergeil, ist in zwei länglichen Beuteln neben den Geschlechtsorganen des Bibers, Castor fiber, enthalten. Parfümistisch wird es als 5%ige Infusion als Fixateur und zur Erzeugung animalischer Geruchsnoten verwendet.

Moschus ist das Sekret der in der Nähe der Geschlechtsorgane befindlichen Moschusdrüse des männlichen Tieres Moschus moschiferus. Es besitzt einen sehr aufdringlichen Geruch, der die weiblichen Tiere während der Brunstzeit zur Begattung anlockt. In der Parfümerie ist bis heute der Moschusgeruch mit seiner fein-animalischen Note und stimulierenden Wirkung für die gehobene und Luxus-Parfümerie unentbehrlich. Er bringt in den Geruchstyp Wärme, aktiviert das Ausstrahlungsvermögen und ist ein ausgezeichneter Fixateur.

Zibet ist ein Drüsensekret der in Abessinien heimischen Zibetkatze, Viverra zibetha. Es kommt als bräunliche Masse in Büffelhörner gefüllt in den Handel und ist in der Parfumherstellung als ausgezeichneter Fixateur hochgeschätzt.

Parfums zeigen folgende *Duftnoten:*

Blumenparfums, Single florals, tragen den Duft einer bestimmten Blüte, z. B. Maiglöckchen, Flieder, Veilchen usw.

Blumenbouquets, Mixed florals, besitzen mehrere Duftnoten blumigen Ursprungs.

Fruchtartige Parfums, Fruity, tragen das Aroma von Pfirsich, Citrus, Apfel usw.

Grünnoten, Woody-, Mossy-, Leafy-Parfums, enthalten Essenzen aus Sandel- oder Zedernholz, Farn, Verbene und Moos.

Orientalische Parfums, Spicy Oriental, sind schwere, etwas schwüle, exotische Kreationen mit einem hohen Gehalt animalischer Duftstoffe.

Leder, Leather, weist den Geruch gegerbten Leders auf. Es ist ein typisches Herrenparfum.

Cremeparfum wird entweder in fester Form oder milchig-dickflüssig hergestellt. Auf der Haut dringt es sofort ein, duftet besonders lange und intensiv. Cremeparfum hinterläßt keinerlei Fettfilm.

Wie ein gutpassendes Kleidungsstück muß das Parfum der Persönlichkeit, die es trägt, entsprechen und ihren Stil unterstreichen.

Der Verkauf eines so individuell ausgerichteten Produkts ist deshalb keineswegs problemlos, sondern verlangt eine versierte Fachkraft mit großem Einfühlungsvermögen.

Derartige Fähigkeiten werden bei gegebener Veranlagung durch Schulung und langjährige Praxis erworben, dem Anfänger mögen folgende Grundregeln beim Verkauf von Parfums von Nutzen sein.

1. Parfum wird stets auf der Haut probiert, am besten am Handgelenk. Getragen wird es am hinteren Haaransatz, an den Ohrläppchen, in der Kniekehle, Armbeuge und am Dekolleté. Nach etwa drei Minuten entfaltet es sein volles Duftbouquet, das etwa 4 Stunden lang anhält. Genaue Regeln lassen sich hierfür jedoch nicht aufstellen, weil nicht jede Frau eine gute Parfumträgerin ist. Mit einem Taschenflakon kann jedoch jederzeit nachparfümiert werden.

Für abendliche Veranstaltungen kann zusätzlich etwas Parfum oder Eau de Toilette auf das Haar gesprüht werden, am besten mit einem Atomiseur. Das ist eine Sprühflasche, die das Duftwasser sparsam und in winzigen Tröpfchen gleichmäßig auf dem Haar oder der Haut verteilt.

Auf Textilien darf Parfum nicht gebracht werden, weil es dort sehr schnell verfliegt und außerdem Flecken hinterlassen kann.

Parfum muß sparsam angeboten werden, denn schon 4 bis 5 verschiedene Duftnoten überfordern das Geruchsvermögen des Menschen.

2. Leichte, frische Parfums eignen sich besonders für Frauen mit blonden und brünettem Haar und für junge Mädchen. Rothaarige Personen greifen besser zu einer etwas herberen, trockenen Duftnote, während süße, schwüle Düfte dem Typ der Dunkelhaarigen entsprechen. Im Lauf der Zeit ist jedoch zu überprüfen, ob der Duft noch paßt, denn nicht selten ändert sich der Typ eines Menschen, und damit sollte auch das Parfum eine andere Note bekommen.

3. Tagsüber sollen frische, nach Blüten oder Hölzern duftende Parfums sparsam getragen werden. Schwere, exotische Düfte sind für den Abend bestimmt.

Es ist außerdem darauf zu achten, daß sich bei sommerlicher Temperatur und leichter Kleidung der Duft rasch entwickelt. „Sommerparfums" mit ihrem Aroma von Blüten, Kräutern und Gräsern müssen deshalb dezent aufgetragen werden. Vielfach genügen an ihrer Stelle Eau de Parfum oder Eau de Toilette.

Mit „Winterparfums" kann die Trägerin etwas großzügiger sein, sie dürfen auch schwerere Düfte tragen, denn Kälte und Kleidung verschlucken sie weitgehend.

4. Duftwässer und Parfums sollten nicht bei direkter Sonnenbestrahlung auf die Haut gebracht werden, weil gelegentlich beim Zusammentreffen ungünstiger Umstände schwer entfernbare Hautpigmentierungen auftreten können, die unter der Bezeichnung „Berloque-Dermatitis" bekannt sind (vgl. S. 234).

5. Ein Flakon sollte in angebrochenem Zustand höchstens 8 Monate lang stehen bleiben, weil nach dieser Zeit das Parfum einen Teil seines Duftes verloren hat. Am besten wird es kühl und dunkel in der Verpackung aufbewahrt; im dekorativen Fläschchen auf sonnenbestrahltem Toilettentisch wird Parfum bald ölig und verändert nachteilig seinen Geruch.

7.2 Eau de Parfum

ist ein mit Äthylalkohol verdünntes Parfum, das 8 bis 10% Essenzen enthält.

7.3 Eau de Toilette

stellt die nächstmildere Duftstufe dar mit nur 5 bis 10% Essenzen.

Diese „entschärften" Parfums eignen sich für den Nachmittag oder zu kleineren Anlässen und als Einreibung nach dem Bad. Ihren Eigenschaften nach gilt für sie das gleiche wie für die Parfums. Sie entwickeln Duftfülle und Charakter erst durch den Kontakt mit der Haut.

7.4 Eau de Cologne

Im Gegensatz zu den „schmückenden" Düften, wie sie Parfums und parfümierte Duftwässer vermitteln, dient Eau de Cologne mit seinem herben und klaren Duft in erster Linie zur Erfrischung und Belebung. Es ist das Duftwasser mit dem höchsten Alkoholgehalt, enthält nur 2 bis 4% Essenzen und kann deshalb reichlich angewandt werden.

Das neutrale Kölnisch Wasser ist an keinen Typ gebunden und kann deshalb immer und überall benutzt werden auch von Personen, die ein Parfum tragen. Auf dem Nacken und den Innenseiten der Arme bzw. Handgelenke verteilt, belebt der flüchtige Duft des Kölnisch Wassers den ganzen Körper und vermittelt ein Gefühl des Gepflegtseins und Wohlbefindens. Die Vorläufer des Kölnisch Wassers waren die in Italien und Frankreich schon seit alten Zeiten bekannten „Wunderwässer", die als Vorbeugungs- und Heilmittel gegen allerlei Krankheiten galten und Lösungen ätherischer Öle in Weingeist darstellten. Das „Eau admirable", das der Italiener Paul Feminis gegen Ende des 17. Jahrhunderts nach Köln brachte, war auch von dieser Art, und erst unter dem Namen „Eau de Cologne" entwickelte es sich allmählich zu einem Duft- und Toilettewasser von feiner Qualität.

Die Duftnote des Kölnisch Wasser bilden neben Rosen-, Melissen-, Lavendel- und Rosmarinöl vor allem Orangenblüten-, Orangenschalen-, Zitronenschalen- und Bergamottöl.

Nach den Bestimmungen der Körperpflegemittel-Industrie und nach der Rechtsprechung der deutschen Gerichte muß Kölnisch Wasser mindestens 70 Raumhundertteile reinen Weingeist enthalten. Nur das Wasch- und/oder Bade-Kölnisch Wasser darf als 40%ige Ware hergestellt werden. Es muß jedoch als solches deutlich gekennzeichnet sein. Von dieser Bestimmung werden die unter den Bezeichnungen „Lotion", „Kabinettwasser", „Nachwaschwasser" usw. mit dem Zusatz „Duftart Eau de Cologne" angebotenen Wässer nicht betroffen. Zusätze wie „Echt" oder „Original" dürfen nur für Kölnisch Wasser gebraucht werden, das in Köln hergestellt wurde.

Neben Kölnisch Wasser entwickelten sich im Lauf der Zeit noch einige andere Duftwässer. Vornehmlich das „*Lavendelwasser*", der Lieblingsduft der Biedermeierzeit, erwarb sich in einer neuen, gefälligeren und interessanteren Form von neuem viele Anhänger. Das Lavendelwasser enthält vornehmlich das ätherische Öl der im südlichen Frankreich in den Alpes maritimes wachsenden Lavendelblüten, das durch geeignete Zusätze Abrundung und Haftfähigkeit erhält.

Literatur:

Burger, A.: „Leitfaden der modernen Parfumerie". Verlag de Gruyter, Berlin, 1930.
Hail, G.: „Riechstoffe". Ullmanns Encyklopädie d. techn. Chemie, Bd. 14 S. 690–776.
Schmidt, H.: „Parfumerien". Ullmanns Encyklopädie d. techn. Chemie, Band 10, S. 721–727, 1958.
Horn, Effi: Parfum – Zauber und Geheimnis der schönen Düfte. Verlag Mensch und Arbeit, München 1967.
Jellinek, P.: Die psychologischen Grundlagen der Parfümerie. Alfred Hüthig-Verlag, Heidelberg 1965.
Jellinek, P.: Praktikum des modernen Parfümeurs, Alfred Hüthig-Verlag, Heidelberg 1960.
Jaminet, L. v.: Ätherische Öle, Riechstoffe, Riechdrogen, Verlag Cram, de Gruyter & Co., 1949.
Janistyn, H.: Taschenbuch der modernen Parfümerie und Kosmetik. Wissenschaftliche Verlagsgesellschaft mbH., Stuttgart 1966.
Janistyn, H.: Handbuch der Kosmetika und Riechstoffe, Band 1/2/3. Verlag Alfred Hüthig, Heidelberg 1969/1973.
Leimbach, R. u. K. Bournot: Die ätherischen Öle. Verlag W. Knapp, Halle 1951.
Müller, Arno: Die physiologischen und pharmakologischen Wirkungen der ätherischen Öle, Riechstoffe und verwandten Produkte. Alfred Hüthig-Verlag, Heidelberg 1951/1963.

8. Herrenkosmetik

Die bei den Körper- und Haarpflegemitteln genannten Produkte gibt es auch als *„Herrenserien"*. Sie werden nach den üblichen Vorschriften hergestellt, jedoch mit einer „maskulinen", herben Parfumierung. Ein ausgesprochenes Herrenparfum ist Leather bzw. Juchten mit dem typischen Geruch gegerbten Leders.

Duftwässer für Herren erhalten ihre männliche Note häufig durch Zusätze verschiedener Harze. Ihretwegen dürfen derartige bukettierte Kosmetika nur auf die Haut, nicht aber auf die Kleidung gebracht werden, denn sie könnten diese durch Harzausscheidung nachhaltig schädigen.

8.1 Rasiermittel (lat. rasor = Barbier)

Rasiergeräte für die *Naßrasur* sind Rasiermesser, die jedoch ihrer schwierigen Handhabung wegen heute nur noch Werkzeuge des Friseurs sind.

A) Rasierapparate

halten mit einer Spannplatte, die durch Drehen des Haltegriffs gelockert und angezogen werden kann, eine Rasierklinge im günstigsten Rasierwinkel (Klingenstellung zur Gesichtshaut) fest. Anspruchsvollere Konstruktionen besitzen mehrere Einstellmöglichkeiten, die der jeweiligen Hautbeschaffenheit, Stärke des Bartwuchses, gründlichen Morgen- und abendlichen Nachrasur angepaßt sind.

Rasierklingen in den Stärken 0,06, 0,08 und 0,10 mm werden aus Federstahl oder nichtrostendem, hochlegiertem Edelstahl hergestellt und sind mitunter eisgehärtet, platinveredelt oder sogar mit einem hauchdünnen Keramiküberzug versehen.

Alle Klingensorten haben eine genormte Loch-Schlitz-Kombination, die in jeden Rasierapparat paßt. Moderne Geräte besitzen, um Schnittverletzungen zu vermeiden, einen abgewinkelten Kopf und verwenden Klingen, die nur auf einer Seite schneiden. *Tandemklingen* besitzen zwei parallele, leicht versetzt übereinanderliegende Schneiden, deren erste das Barthaar abschneidet und dabei etwas aus der Haut herauszieht, so daß die zweite den verbleibenden Stummel erfassen und abrasieren kann.

Neben diesen Geräten sind auch Rasierapparate im Handel, bei denen statt einer Klinge ein Band benutzt wird, das in einem Magazin aufgerollt ist und nach Bedarf bis zu zehnmal weitergedreht werden kann.

Vor der Naßrasur muß das Barthaar von Schmutz, Schweiß und Talg befreit und möglichst stark erweicht werden. Hierzu dienen:

B) Rasierseife,

Shaving Soap, in Stangen mit Plastikfuß und verschraubbarer Kappe oder in Schalen aus Porzellan oder Kunststoff.

Sie besteht aus fettsaurem Natrium, weicher Seife, Rasiercreme aus fettsaurem Kalium. Mit dem Pinsel in kreisförmigen Bewegungen auf die Haut gebracht, erzeugen gute Rasierseifen einen benetzenden, dichten und steifen Schaum, der beständig sein muß und weder eintrocknen noch die Haut reizen darf. Außerdem bilden sie einen dünnen Film, der die Klinge leicht gleiten läßt und dadurch Verletzungen vorbeugt. Nach dem Rasieren müssen die Seifenreste mit warmem Wasser abgewaschen werden.

C) Rasiercremes

1. *Schäumende Rasiercreme,* Shaving Cream, ist eine weiche Seife in Tuben, die wie harte Rasierseife verwendet wird.

2. *Rasierschaum in Aerosoldosen,* Shaving Foam, wird als fertiger Schaum ohne Pinsel auf die angefeuchtete Haut so dick aufgetragen, daß die Barthaare vollkommen bedeckt sind.

3. *Nichtschäumende Schnellrasiercremes,* Brushless Shaving Creams, sind Emulsionen aus Lanolin, Vaseline, Glycerin u. a. mit Triäthanolamin. Diese organische Base emulgiert in den nichtschäumenden Rasiercremes die dem Haar anhaftende Fetthülle und erleichtert dadurch den Angriff der Klinge. Gleichzeitig entfettet sie die Hautumgebung, jedoch in einer weniger aggressiven Art als die alkalischen Seifen. Derartige Cremes werden wie die Rasiercremes angewendet, jedoch ohne Wasser und Pinsel. Cremereste werden, weil sie hautpflegende Stoffe enthalten, nach der Rasur nicht abgewaschen.

D) Rasierpuder

sind hautpflegende Gesichtspuder, die nach der Rasur die Haut erfrischen, adstringieren und gelegentlich auftretenden Glanz abstumpfen. Auf Talcumbasis aufgebaut, enthalten sie neben Parfum Alaun, Menthol, Campher, Borsäure u. a.

E) Rasiersteine

bestehen aus Alaun, der als adstringierender Stoff die Hautporen verengt und kleine Blutungen stillt. Gegen seine Auswitterung kann Glycerin und zur Erfrischung der Haut Menthol zugesetzt werden.

F) Blutstillstifte

enthalten neben Alaun mitunter auch noch Eisenchlorid in geringer Menge.

G) Rasier- oder Toilette-Essig

besteht aus Glycerin, Alkohol, Essigsäure, Wasser und Parfum. Er wirkt kräftig adstringierend und desinfizierend.

H) Rasierpinsel

Die besten und teuersten Rasierpinsel sind Dachshaarpinsel. Ihr Besatz besteht aus den elastischen Rückenhaaren des Dachses, die unten meliert in einen breiten, dunklen Mittelstreifen übergehen, der in einer weißen Spitze endet. Die kürzeren Bauch- und Seitenhaare des Dachsfelles werden ebenfalls verarbeitet, liefern aber billigere Rasierpinsel. Dachsborstenpinsel bestehen aus Dachshaaren und Schweineborsten.

Am häufigsten werden Schweineborsten als Besatzmaterial für Rasierpinsel verwendet. Durch Färben werden sie mitunter den Dachshaaren angepaßt.

Rasierpinsel müssen nach dem Gebrauch sofort in fließendem Wasser von allen Seifenresten sorgfältig befreit werden, wobei sie niemals längere Zeit im Wasser stehen bleiben dürfen. Heißes Wasser kann bewirken, daß sich das ganze Borstenbündel vom Griff löst.

Rasierpinsel müssen stets aufgehängt an der Luft trocknen. In feuchtem Zustand in geschlossenen Behältern werden die Borsten stockig und allmählich zersetzt.

I) After-Shave-Lotions

Nach dem Rasieren empfiehlt es sich, die Haut mit einer „After-Shave-Lotion" (engl. shave = rasieren, after = nach), die für die Erfrischung, Rückfettung, Straffung und Ernährung der Gesichtshaut nach der Rasur gedacht ist, zu behandeln.

Derartige Rasierwässer enthalten 40 bis 50 Prozent Alkohol und sind sehr verschiedenartig zusammengesetzt. Zur Beruhigung der durch das Rasieren strapazierten Haut setzt man ihnen neben adstringierenden und desinfizierenden Bestandteilen hautpflegende Stoffe zu.

Adstringierend und tonisierend wirkt allein schon der Alkohol, ferner Alaun, Aluminiumlactat und Hamamelis- bzw. Calendulatinktur. Als Desinfektionsmittel für die Haut haben sich Borsäure, Campher, Thymol und Chinosol bewährt, während einen reizlindernden und heilenden Einfluß Azulen, Kamillentinktur, Perubalsam und Glycerin bzw. Sorbit ausüben. Die Rasierwässer werden mit Milch-, Zitronen- oder Borsäure schwach sauer eingestellt.

Menthol wirkt kühlend und wird besonders in der warmen Jahreszeit angenehm empfunden.

K) Die Trockenrasur, Elektrorasur

Dieses Verfahren bedient sich elektrischer Rasiergeräte, welche die Barthaare entweder mit einem rotierenden Scherblock abschneiden, bei dem die einzelnen Messer windmühlenartig auf einer Achse sitzen, oder mit einem schwingenden Scherblock, auf dem die Messer senkrecht nebeneinander stehen. Über dem Scherblock liegt ein flaches oder gewölbtes Scherblatt, die Scherfolie, die zum Durchlaß der Haare Löcher oder Schlitze besitzt. Zwischen Schneideteil und Scherblatt schneidet der Trockenrasierer die Haare ab, seine Messer berühren also die Hautoberfläche nicht. Aus diesem Grund kann die Elektrorasur nicht so gründlich sein wie die Naßrasur mit der Klinge, aber die Haut wird bei diesem Verfahren viel mehr geschont.

Der Motor der Trockenrasierapparate wird meistens mit Netzstrom betrieben. Es gibt aber auch Geräte mit Trockenbatterien oder aufladbaren Akkumulatoren, die vorwiegend für die Reise bestimmt sind.

L) Pre-Shave-Lotions

Während bei der Naßrasur die Barthaare möglichst weich sein sollen, werden sie vom Trockenrasierer um so besser erfaßt, je härter sie sind und je aufrechter sie stehen. Um diesen Zustand herbeizuführen, werden Spezialrasierwässer für die Elektrorasur, sog. „Pre-Shave-Lotions" verwendet. Diese enthalten Pilomotorica, welche die Hautnerven so reizen, daß sich die Haarbalgmuskeln zusammenziehen und das Haar aufrichten. Ein bekanntes Pilomotoricum, Vasoconstrictor, ist 2-(2',5'-Dimethoxybenzyl)-2-imidazolin.

Der hohe Alkoholgehalt der Pre-Shave-Wässer (etwa 50%) unterstützt durch Verdunstungskälte die Pilomotorenreaktion. Adstringierende Zusätze sind Alaun, Aluminiumlactat, Menthol, Calendula- und Hamamelistinktur. Zur Härtung des Haarkeratins eignen sich schwache organische Säuren bis zum pH-Wert 4,5.

Die bei der Naßrasur erwähnten After-Shave-Lotions können für beide Rasierarten verwendet werden.

Beim Übergang von der Naßrasur zum Trockenrasieren werden anfänglich in der Regel keine begeisternden Erfolge erzielt, weil sich die Haut auf den neuen Vorgang erst einstellen muß. Bisher wurde sie täglich chemisch und mechanisch strapaziert und hat sich allmählich daran gewöhnt, die Zellschichten immer stärker zu entwickeln. Der Übergang zur Trockenrasur muß deshalb behutsam stattfinden und benötigt mindestens 14 Tage Zeit, bis das Ergebnis wirklich befriedigend ist. Außerdem ist zu beachten, daß der Elektrorasierer dem Haar- und Hauttyp angepaßt sein muß, weshalb dem Käufer die Möglichkeit geboten sein sollte, durch Proberasuren das Gerät individuell auszusuchen.

M) Pflegecreme, Treatment Cream

Dieses Kosmetikum entspricht in seiner Zusammensetzung einer Tagescreme vom Typ O/W. Sie soll die durch das Rasieren strapazierte Haut glätten und vor Witterungseinflüssen, Schmutz und Feuchtigkeitsverlust bewahren. In Emulsionsform heißen derartige Präparate Soft-After-Shave-Cream, die besonders für empfindliche Haut empfohlen werden. Sie verbinden die erfrischende Wirkung des Rasierwassers mit den pflegenden Eigenschaften einer Hautcreme und verleihen der Haut gleichzeitig einen angenehmen Duft.

Literatur:

Eckstein, R. A.: Kosmetologie. – Aus Forschung und Praxis. Selbstverlag, Nürnberg 1971.
Fey, H.: Körperpflege und Kosmetik. Verlagsgesellschaft Rudolf Müller, Köln 1965.
Fey, H.: Drogistisches Praktikum I/II. Verlag Friedrich Vieweg & Sohn, Braunschweig 1960/1964.
Fey, H.: Pharmazeutische Vorschriftensammlung. Wissenschaftliche Verlagsgesellschaft mbH, Stuttgart 1950.
Fey, H.: Chemikalienkunde in Tabellenform. Otto Hoffmanns Verlag, Darmstadt 1970.

Dritter Teil
Die technische Abteilung der Drogerie
Mittel zur Materialpflege und Haushaltwaren

9. Textil-Wasch- und -Pflegemittel

Zu allen Zeiten waren die Menschen gezwungen, Hausrat und Kleidung vom Schmutz zu befreien und sauber zu erhalten.

Schmutz kann von Ruß, Staub, Körperausscheidungen herrühren, meistens aber sind Anschmutzungen, besonders bei Waschtextilien, Fette oder fettähnliche Stoffe wie Hauttalg, Hautcremes, Speisefette, Schmieröle u. a., die mineralischen Pigmentstaub, berufsbedingten Kontaktschmutz, organische und anorganische Farbstoffe usw. pastenartig binden.

9.1 Textilfasern

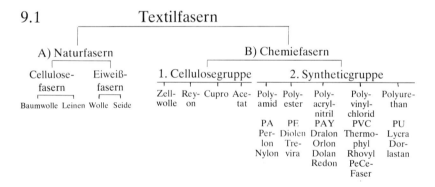

A) Naturfasern

Die cellulosischen Naturfasern Baumwolle und Leinen sind alkalischen Waschmitteln gegenüber ebenso unempfindlich wie hohen Temperaturen der Wasserflotte. Sie wurden deshalb seit Menschengedenken mit Seife und Soda bei Siedetemperatur gewaschen. Ganz anders verhalten sich dagegen die *Eiweißfasern Wolle, Seide und Haare.* Sie sind in dieser Hinsicht sehr problematisch und bereiteten zu Zeiten, in denen die modernen synthetischen Waschmittel noch unbekannt waren, der Hausfrau beim Waschen erhebliche Schwierigkeiten.

B) Chemiefasern

1. Cellulosegruppe

Cellulosische Chemiefasern werden aus Holzschliff oder Baumwollabfällen (Linters) hergestellt. Nach verschiedenen Verfahren werden diese in eine zähflüssige Masse verwandelt, die, durch Spinndüsen gepreßt, endlose Fäden liefert:

Viskoseverfahren: Mit Natronlauge, NaOH und Schwefelkohlenstoff CS_2 versetzt, entsteht aus Cellulose das Xanthogenat, das in verdünnter Natronlauge spinnbare Viskose ergibt. Produkte sind Kunstseide (Reyon) und Zellwolle.

Kupferverfahren: Cellulose wird mit Kupfersulfat, $CuSO_4$, Natronlauge, NaOH, und Ammoniak, NH_4OH, behandelt, bis sie löslich wird. Produkte sind die Chemie-Kupferseide Cupro und die Spinnfaser Cuprama (Cuprofaser).

Acetatverfahren: Durch Eisessigsäure, CH_3COOH, wird Cellulose in Acetat verwandelt, das, in Aceton und Alkohol gelöst, die Spinnmasse ergibt. Produkt ist die in Aceton lösliche Acetatseide.

2. Syndetgruppe

Die *Polyesterfasern* Diolen, Trevira, Tergal und Terylene sind seidig, lichtbeständig, nicht filzend und wie alle Chemiefasern mottenecht.

$$[- O - CH_2 - CH_2 - OOC - \langle \underline{} \rangle - CO -]_n$$
Polyester

Die *Polyacrylnitrilfasern* Dralon, Orlon, Dolan und Redon sind leicht, schmiegsam und formbeständig. Als Spinnfasern bauschelastisch, wollig und angenehm wärmend.

$$\left[\begin{array}{c} -CH_2-CH-CH_2-CH-CH_2-CH- \\ | \quad\quad | \quad\quad | \\ CN \quad\quad CN \quad\quad CN \end{array} \right]_n$$

Polyacrylnitril

Die *Polyvinylfaser* Rhovyl

$$\left[\begin{array}{cccccccc} H & H & H & H & H & H & H & H \\ | & | & | & | & | & | & | & | \\ C-&C-&C-&C-&C-&C-&C-&C- \\ | & | & | & | & | & | & | & | \\ H & Cl & H & Cl & H & Cl & H & Cl \end{array} \right]_n$$

Polyvinylchlorid (PVC)

und die Polyamidfasern Perlon und Nylon haben ähnliche Eigenschaften wie die vorgenannten, sind außerordentlich strapazierfähig, reiß- und scheuerfest, schmutzabweisend, formbeständig und knitterarm.

$$[-HN(CH_2)_5 \cdot CO \cdot HN(CH_2)_5 \cdot CO-]_n$$
Polyamid 6 Perlon
$$[-HN(CH_2)_6 \cdot NH \cdot OC \cdot (CH_2)_4 \cdot CO-]_n$$
Polyamid 6,6 Nylon

9.2 Wasserhärte und Wasserenthärtungsmittel

Zum Waschen und Putzen diente von jeher das Wasser, das jedoch ohne Zusatz bestimmter Stoffe ein schlechtes Reinigungsmittel ist. Bei der Textilwäsche stört vor allem seine *Härte*. Darunter versteht man die im Wasser klar gelösten Calcium- und Magnesiumsalze, die aus den im Boden befindlichen Sulfaten und Carbonaten stammen.

„Sulfathärte" verursachen Calciumsulfat, $CaSO_4$, und Magnesiumsulfat, $MgSO_4$. Man bezeichnet sie als *dauernde Härte,* weil sich die Sulfate erst beim vollständigen Verdampfen des Wassers ausscheiden.

Nachteiliger für den Waschprozeß ist die *„Carbonat-"* oder *vorübergehende Härte* des Wassers, die von im Wasser klar gelöstem Calciumhydrogencarbonat, $Ca(HCO_3)_2$, und Magnesiumhydrogencarbonat, $Mg(HCO_3)_2$ herrührt.

Die Hydrogencarbonate entstehen aus den unlöslichen Carbonaten des Calciums und Magnesiums folgendermaßen:

Das aus den natürlichen und industriellen Verbrennungsprozessen stammende Kohlendioxid, CO_2, nimmt das Regenwasser aus der Luft auf und verwandelt es in die aggressive Kohlensäure H_2CO_3:

$$CO_2 + H_2O \rightarrow H_2CO_3$$
Kohlendioxid   Wasser   Kohlensäure

Diese verwandelt nun den unlöslichen Kalkstein in Calciumhydrogencarbonat, $Ca(HCO_3)_2$, das sich im Wasser löst

$$CaCO_3 + H_2CO_3 \rightleftarrows Ca(HCO_3)_2$$

Calciumcarbonat,   Wasser   Calciumhydrogen-
Kalkstein   carbonat
(unlöslich)   (wasserlöslich)

Wie der umgekehrt gezeichnete Pfeil in der Umsetzungsgleichung zeigt, ist dieser Prozeß umwandelbar, reversibel (lat. reversio = Umkehr), denn beim Erhitzen des Wassers entweicht wieder Kohlendioxid, und unlösliches Calciumcarbonat scheidet sich aus.

Die Wasserhärte wird nach Deutschen Härtegraden (d) gemessen. 1° d besagt, daß 1 Liter Wasser 10 mg Calciumoxid (CaO) enthält. Man unterscheidet folgende Wasserhärten:

0– 5° d = weiches Wasser
5–10° d = wenig hartes Wasser
10–18° d = mittelhartes Wasser
18–26° d = hartes Wasser
über 26° d = sehr hartes Wasser

Die Härtebildner beeinflussen den Wascheffekt, vor allem der Seife, außerordentlich ungünstig, denn sie bilden mit ihr *unlösliche Kalkseifen*, z. B. Calciumstearat, $(C_{17}H_{35}COO)_2Ca$, Calciumoleat $(C_{17}H_{31}COO)_2Ca$ u. a.

Bei der Kalkseifenbildung geht, je nach Wasserhärte, nicht nur sehr viel Seife verloren, sondern wird vor allem das Waschbad gleichsam mit Schmutz belastet, der sich auf der Wäsche als grauer Belag absetzt und Aussehen, hygienische Beschaffenheit, Griff und Geruch der Textilien erheblich beeinträchtigt. Außerdem können Waschautomaten durch Verkrustung mit Kalkseife bis zur Zerstörung beschädigt werden.

Zur *Wasserenthärtung* werden in den modernen Waschmitteln verschiedene Polyphosphate eingesetzt, z. B. Natriumpyrophosphat, $Na_4P_2O_7 \cdot 10\ H_2O$, oder das im Calgon (Benkiser) enthaltene Natriumhexametaphosphat. Diese sog. Komplexphosphate wandeln den Kalk des Wassers in lösliche Komplexe um, lösen also die schmutzfixierenden Calcium- und Magnesiumseifen auf und verhindern dadurch Inkrustierungen auf der Wäsche und Beläge in den Waschmaschinen.

Von den Polyphosphaten werden auf der Welt jährlich etwa 3 Millionen Tonnen in Waschmitteln eingesetzt. Wie bereits ausgeführt, enthärten sie das Wasser gut, steigern die Waschwirkung und sind toxikologisch (gr. toxon = Gift) unbedenklich, aber sie tragen zur Überdüngung stehender Gewässer bei. Aus diesem Grunde sollen sie in Bälde ganz oder teilweise durch das von den Henkel-Laboratorien in Düsseldorf entwickelte Phosphatsubstitut „Sasil", einem Natriumaluminiumsilikat, das ökologisch (umweltbezogen) unbedenklich ist, ersetzt werden (Dr. Bruno Werdelmann, Henkelgruppe, Düsseldorf).

Als Wasserenthärtungs- und Einweichmittel für stark verschmutzte Wäsche wird auch heute noch die *Bleichsoda* verwendet, die ein Gemisch aus calcinierter (wasserfreier) Soda und Wasserglaspulver darstellt. Auf Grund ihrer Alkalität vermag sie fettigen Schmutz zu lösen und zum Teil auch abzuheben, wodurch der Waschprozeß erleichtert wird. Weil sie durch ihren Wasserglasgehalt gelbfärbende Eisenverbindungen, die sich manchmal im Wasser vorfinden und die Wäsche verfärben können, als unlösliche Salze ausfällt, erhielt sie den Namen „Bleich"soda, obwohl sie keinerlei Bleichwirkung besitzt. Moderne Produkte dieser Art enthalten Tensidbeimischungen mit großem Emulgier- und Dispergiervermögen.

Die Enthärtung des Wassers in Ionenaustauschern siehe Seite 304.

9.3 Die Grenzflächenspannung des Wassers und die Tenside

Ebenso abträglich wie die Härte des Wassers ist für die Waschwirkung auch seine starke *Grenz-* bzw. *Oberflächenspannung*, die z. B. eine vorsichtig auf die Wasseroberfläche gelegte Rasierklinge oder Stahlnadel trägt und es manchen Insekten ermöglicht, auf dem Wasser zu laufen.

Dieselbe Kraft ballt auch das Wasser zum Tropfen, der von der Unterlage abrollt, ohne sie zu benetzen, eine Erscheinung, die sich folgendermaßen erklärt:

Wie alle anderen Verbindungen besteht auch das Wasser aus Molekülen, die durch ihre nach allen Richtungen hin gleichmäßig wirkenden Anziehungskräfte, die man *Kohäsion* nennt (lat. cohaerere = zusammenhalten), mehr oder weniger stark zusammenhaften. Im Inneren der Flüssigkeitsmenge heben sich diese Kräfte gegenseitig auf. Gelangt jedoch ein Wassermolekül nach oben an die Grenzfläche zur Luft, so unterliegt es ausschließlich den nach innen wirkenden Zugkräften, die seine Oberfläche so stark verkürzen, daß sie eine Kugel bilden, denn diese besitzt unter allen Körpern mit gleichem Rauminhalt die kleinste Oberfläche. Die Kugel (Tropfen) aber berührt die zu reinigende Unterlage nur punktförmig und kann sie deshalb nicht ausreichend benetzen. Ohne intensive Benetzung ist aber kein Wasch- bzw. Reinigungserfolg möglich. *Das Wasser muß deshalb mit Hilfe waschaktiver Stoffe (WAS), auch Tenside genannt (let. tensus = gespannt), „entspannt" werden.*

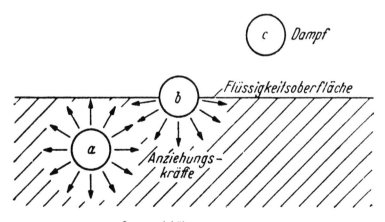

a = Innenmolekül
b = Oberflächenmolekül

(aus Römpps Chemielexikon)

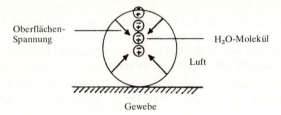

Wassertropfen auf Gewebe *ohne* Tensid

Oberflächen-Spannung — H₂O-Molekül — Luft — Gewebe

Zur Erklärung dieses Vorgangs diene das Seifenmolekül:

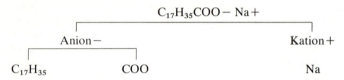

Seifenmolekül

$C_{17}H_{35}COO^- \ Na^+$

Anion − Kation +

$C_{17}H_{35}$ COO   Na

Die Schreibweise $C_{17}H_{35}$-Na+ läßt erkennen, daß der Säurerest negativ, der Metallrest dagegen positiv geladen ist. Das positiv geladene Natriumion (Kation) hat keinerlei Waschwirkung, sondern verursacht lediglich die alkalische Reaktion jeder Seifenlösung. Waschaktiv dagegen ist allein der Fettsäurerest, das Anion $C_{17}H_{35}COO$.

Dieser besteht seinerseits aus:

a) der langen, kohlenstoffreichen $C_{17}H_{35}$-Gruppe, die fettfreundlich, lipophil (gr. lipos = Fett), philein = lieben) und zugleich wasserfeindlich, hydrophob ist (gr. hydor = Wasser, phob = abweisend).

b) der kurzen COO-Gruppe, die wasserfreundlich, hydrophil und fettfeindlich, lipophob ist.

Symbolisch wird das Tensidmolekül folgendermaßen dargestellt:

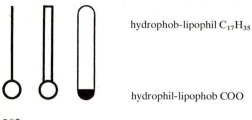

hydrophob-lipophil $C_{17}H_{35}$

hydrophil-lipophob COO

Diese Zwitternatur des Anions bedingt die oberflächenentspannende Wirkung aller waschaktiven Substanzen folgendermaßen:

In der Waschmittellösung wenden sich die Syndetmoleküle zunächst der Wasseroberfläche zu, wobei die hydrophoben Teile aus ihr herausragen. Als Folge dieser Struktur ist die Oberfläche der Wasch- und Reinigungsmittellösungen ausschließlich mit ihnen besetzt. Sie „durchstechen" die Haut des Wassers und heben dadurch seine Oberflächenspannung auf. Derart entspanntes Wasser kann sich nun ausbreiten, seine ursprüngliche Kugelform wird zur Fläche, es wird beweglich und benetzungsfähig.

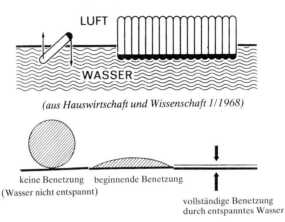

(aus Hauswirtschaft und Wissenschaft 1/1968)

keine Benetzung   beginnende Benetzung
(Wasser nicht entspannt)

vollständige Benetzung
durch entspanntes Wasser

Ist die Wasseroberfläche besetzt, so wandern die bei der Lösung des Waschmittels zuviel vorhandenen Anionen in die wäßrige Phase hinein und bilden dort Mizellen, in denen die hydrophoben Gruppen der Tensidmoleküle wie in einer Igelstellung nach innen gerichtet sind, während die hydrophilen Gruppen auf der Mizellenoberfläche liegen. Aus den Mizellen können die beim Waschprozeß verbrauchten Tensidmoleküle rasch wieder neu gebildet werden.

Wie bereits erwähnt, bestehen die Anschmutzungen von Hausrat und Wäsche vorwiegend aus Fetten oder fettähnlichen Substanzen, die Staub, Ruß, Farbstoffe aller Art usw. pastenförmig binden. Beim Wasch- und Reinigungsprozeß tauchen die hydrophob-lipophilen Tensidgruppen in die Fetttröpfchen ein, sie „penetrieren" (lat. penetrare = eindringen) und heben sie, von den hydrophilen Gruppen getragen, die der Waschflotte zustreben, von der Unterlage bzw. Faser ab. Auf diese Weise werden die Fette „dispergiert" (lat. dispergere = zerteilen) und emulgiert.

Schmutz, der nicht von Fett oder Öl eingehüllt ist, also ohne Bindemittel auf der Unterlage bzw. Faser haftet, wird durch die Tensidwirkung ebenfalls beseitigt, und zwar einerseits mechanisch und andrerseits elektrisch (elektrostatisch).

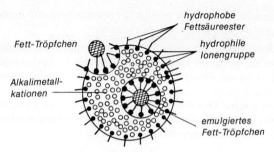

Schematische Darstellung einer Waschmittellösung

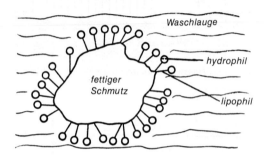

Schematische Darstellung der Fettabtragung von der Textilfaser durch Waschmittelmoleküle. Die Kreise stellen die hydrophilen Gruppen dar, die zur wässerigen Phase (Waschmittellösung) hinstreben, die Striche dagegen die lipophiler Fettsäurereste, die in den fettigen Schmutz eintauchen und ihn festhalten

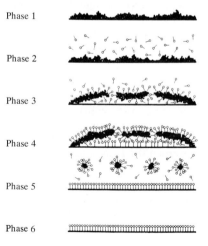

1. *mechanisch:*

Große Schmutzteilchen werden vom fließenden Wasser leicht erfaßt und abgetragen, die kleinen dagegen liegen in einer fast ruhenden Wasserhaut direkt auf der Unterlage und bewegen sich nicht. Je mehr nun Tenside die Oberflächenspannung des Wassers herabsetzen, um so dünner wird die ruhende Wasserzone und um so leichter können auch die kleinen Partikel abgeschwemmt werden.

2. *elektrostatisch:*

Fasern und andere Unterlagen sind durch Adsorption von Elektronen mehr oder weniger elektronegativ aufgeladen. Tenside steigern nun ihrerseits diese gleichnamige Ladung so sehr, daß die Haftkräfte zwischen Schmutz und Unterlage überwunden, d. h. der Schmutz von der Unterlage abgestoßen wird, wie das bei jeder magnetisch bedingten Abstoßung gleichnamiger Pole der Fall ist.

Nur so ist es zu erklären, daß in einem ruhenden Waschbad beim Einweichen der Textilien eine starke Schmutzabtragung stattfindet.

9.4 Haushaltswaschmittel

9.4.1 Seifen

Das älteste Tensid stellt die auch heute noch gebräuchliche Seife dar, die schon die alten Ägypter und Phönizier gekannt haben. Plinius d. Ä. berichtet, daß die Gallier aus Ziegentalg und Holzasche ein seifenähnliches Produkt zusammenkochten und dieses als Wasch- und Reinigungsmittel benutzten. Jahrhundertelang wurde Pottasche, die man durch Auslaugen von Holzasche erhielt, mit gebranntem Kalk in Kalilauge übergeführt und damit das Fett zu Seife verkocht. Zur Zeit Karls d. Gr. gab es im Mittelmeergebiet bereits bedeutende Seifensiedereien, z. B. in Venedig und Marseille.

Der Massenkonsum an Seife setzte im 18. Jahrhundert ein, bedingt durch den Aufschwung der Textilindustrie sowie die Einfuhr billiger tropischer Fette. Auch konnte nach Erfindung der preiswerten Le-Blanc-Soda im Jahr 1820 die bis dahin verwendete teure Pottasche durch dieses billigere Produkt ersetzt werden.

Einfache Herstellung und Preiswürdigkeit sind noch immer die Vorzüge der Seife, die in der Körperpflege auch heute noch keinen ebenbürtigen Ersatz gefunden hat.

Die Seifenerzeugung (Kurzdarstellung)

1. *Verkochen pflanzlicher und tierischer Öle und Fette* bzw. der Fettsäuren Laurinsäure $C_{11}H_{23}COOH$, Myristinsäure $C_{13}H_{27}COOH$, Ölsäure $C_{17}H_{33}COOH$, Palmitinsäure $C_{15}H_{31}COOH$, Stearinsäure $C_{17}H_{35}COOH$ mit Natron- bzw. Kalilauge oder Sodalösung:

Seifenbildung aus Fett:

$(C_{17}H_{35}COO)_3C_3H_5$ + $_3NaOH \rightarrow$ 3 $C_{17}H_{35}COONa$ + $C_3H_5(OH)_3$
  Fett   Natronlauge   Seife   Glycerin

Seifenbildung aus Fettsäure mit Natronlauge:

$C_{17}H_{35}COOH$ + NaOH $\rightarrow$ $C_{17}H_{35}COONa$ + H_2O
Stearinsäure   Natronlauge   Natronseife   Wasser

Seifenbildung aus Fettsäure mit Sodalösung (Carbonatverseifung):

2 $C_{17}H_{35}COOH$ + Na_2CO_3 $\rightarrow$ 2 $C_{17}H_{35}COONa$ + CO_2 + H_2O
Stearinsäure   Soda   Natronseife   Kohlen-   Wasser
                                                  dioxid

2. *Trennung der Seife von der „Unterlauge"*, die aus Wasser, Glycerin, überschüssigem Alkali und Verunreinigungen der Fette besteht, durch Zugabe einer konzentrierten Kochsalzlösung. Die in ihr unlösliche Seife schiebt sich als „Seifenleim" an die Oberfläche, die Unterlauge wird abgelassen und aus ihr Glycerin gewonnen.

3. *Reinigung des Seifenleims* mit heißer Kochsalzlösung, wodurch er sich in „Seifenkern" und „Leimniederschlag" trennt.

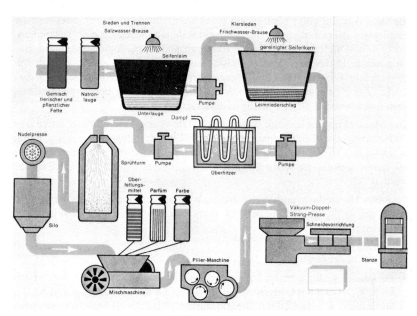

Seifenherstellung

4. *„Abrichten" des Seifenkern* durch Entfernen des restlichen Alkaliüberschusses in einem besonderen Abrichtkessel.

5. *Trocknen des überhitzten Seifenkerns* durch Versprühen im Vakuum-Turm. Es entstehen trockene Flocken aus „Grundseife". In einer Nudelpresse werden diese zu kleinen Seifennudeln verdichtet.

6. *Zusatzstoffe* wie Überfettungsmittel, Farbstoffe, Parfum und gegebenenfalls spezielle Wirkstoffe werden in einer Mischmaschine mit der Grundseife intensiv vermengt.

7. In der *Piliermaschine,* einem System aus mehreren rotierenden, gekühlten Walzen, entsteht eine einheitliche, homogene Masse, die in der Strangpresse, im Querschneider und schließlich Stück für Stück in der Prägestanze ihre endgültige Form bekommt.

Übermäßige Oberflächenquellung der Seife führt zu Rissen in der Längsrichtung des Seifenstranges. Auflage- und Aufhängevorrichtungen zum raschen Abtrocknen schließen derartige Schädigungen weitgehend aus.

9.4.2 Haushaltswaschmittel, Vollwaschmittel, Allwaschmittel

Als Salze stark laugenbildender Alkalimetalle und schwacher höherer Fettsäuren reagieren Seifenlösungen dieser chemischen Struktur entsprechend alkalisch, was für mancherlei Wasch- und Reinigungszwecke, besonders bei Eiweißfasern wie Wolle, Seide und Haaren sehr nachteilig sein kann. Vor allem aber stört bei der Textilwäsche die Empfindlichkeit der Seife gegenüber den Härtebildnern des Wassers (vgl. S. 279).

Dieser Nachteile wegen ist heute die Seife auf dem Wasch- und Putzmittelsektor durch alkalifreie und härtebeständige moderne Haushaltswaschmittel fast vollkommen ersetzt.

Vollwaschmittel, Allwaschmittel, müssen für jede Textilfaser und alle Waschmaschinentypen geeignet sein. Sie sollen schon bei niedrigen Temperaturen einen kräftigen Schaum entwickeln, der erst bei 60 bis 70 °C gebremst wird und möglichst bis zur Kochgrenze anhält. Gleichzeitig soll das Allwaschmittel bereits bei tieferen Temperaturen eine ausgeprägte Waschwirkung zeigen, d. h. möglichst auch für Fein-, Bunt- und Synthetikwäsche anwendbar sein.

Eine derartige Wirkungsbreite ermöglichen nur komplizierte Gemische verschiedener Komponenten, deren jede für sich allein oder mit anderen zusammen ganz bestimmte Aufgaben im Waschprozeß zu erfüllen hat. Dabei sind folgende Hauptgruppen zu unterscheiden:

Waschaktive Substanzen (Tenside, Syndets, Detergentien, WAS) und *Gerüststoffe* (Builders).

A) Die waschaktiven Substanzen (WAS)

werden nach ihrem Molekülbau und ihren jeweiligen Wirkungs- und Anwendungsbereichen in folgende 4 Hauptgruppen unterteilt:
1. *Anionaktive Tenside = Anionics*
2. *Kationaktive Tenside = Kationics*
3. *Nichtionogene Tenside = Nonionics*
4. *Amphotere Tenside = Ampholyte, Amphotenside.*

1. *Die anionaktiven Tenside, Anionics,* deren Hauptwirkung vom Anion ausgeht, weil ihre wäßrigen Lösungen nur negativ geladene Ionen bilden, haben oft einen seifenähnlichen Molekülbau mit den hydrophilen Gruppen $COO-$, OSO_3-, SO_3-.

$$CH_3 \cdot CH_2 \cdot CH_2 \ldots CH_2COONa$$
Seife (fettsaures Alkalisalz)

$$CH_3 \cdot CH_2 \cdot CH_2 \ldots CH_2 - OSO_3Na$$
Fettalkoholsulfat

Zur Herstellung der Fettalkoholsulfate verwendet man wie bei der Seifenfabrikation Fette bzw. Fettsäuren. Diese werden durch Anlagerung von Wasserstoff (Hydrierung) zunächst in wachsartige, wasserunlösliche Fettalkohole umgewandelt nach folgender Umsetzung:

$$R \cdot COOH \; + \; 2\,H_2 \; \rightarrow \; R \cdot CH_2OH \; + \; H_2O$$
Fettsäure   Wasserstoff   Fettalkohol   Wasser

Durch Veresterung mit Schwefelsäure und anschließende Neutralisation mit Alkalien, Ammoniak oder organischen Aminen entstehen die wasserlöslichen Fettalkoholsulfate

$$R \cdot CH_2OH \; + \; HO \cdot SO_3H \; \rightarrow \; R \cdot CH-OSO_3H \; + \; H_2O$$
Fettalkohol   Schwefelsäure   Fettalkoholsulfat   Wasser

$$R \cdot CH_2-OSO_3H \; + \; NaOH \; \rightarrow \; R \cdot CH_2-OSO_3Na \; + \; H_2O$$
Fettalkoholsulfat   Natronlauge   Alkylsulfat   Wasser

(R = Fettsäurerest).

Die primären Alkylsulfate oder Fettalkoholsulfate der allgemeinen Formel $R-OSO_3Na$ sind heute noch eine der wichtigsten Verbindungsklassen der synthetischen Waschrohstoffe. Ihre Kohlenstoffkette besteht aus 8 bis 18 Kohlenstoffatomen.

Die wichtigsten anionaktiven Tenside sind die *Alkylbenzolsulfonate*, ABS (Alkyl-Aryl-Sulfonate), denn sie besitzen eine sehr große Waschkraft, schäumen stark und entfernen den Schmutz vorzüglich. Chemisch leiten sie sich von der Benzolsulfosäure $C_6H_5 \cdot SO_3H$ her.

Durch Verbindung eines Alkyls, z. B. $C_{12}H_{25}$, mit dem Natriumsalz dieser Säure ($C_6H_5 \cdot SO_3Na$) entstehen die Alkylbenzolsulfonate, z. B. das Dodecylbenzolsulfonat:

$$C_{12}H_{25} \cdot C_6H_5 \cdot SO_3Na = C_{12}H_{25}\langle\!\!\!\overline{}\!\!\!\rangle SO_3Na$$

Die Alkylsulfonate lassen sich durch das Enzymsystem bestimmter Mikroorganismen biochemisch weitgehend abbauen, was heutzutage besonders wichtig ist, weil die Durchführungsverordnung zum Deutschen Detergentiengesetz von 1964 für alle in den Waschmitteln eingesetzten anionaktiven Tenside eine biologische Abbaubarkeit von mindestens 80% vorschreibt.

Als Feinwaschmittel und synthetische Seifen dienen die anionaktiven *Monoglyceridsulfate,* die den Sauerstoff als Heteroatom (gr. heteros = verschieden, andersartig) in der Kohlenstoffkette folgendermaßen enthalten:

$$C_{15}H_{31}-COO-CH_2-CH(OH)-CH_2SO_4Na.$$

Das älteste anionaktive Tensid ist das Fettsäurekondensationsprodukt „Igepon" vom Jahr 1928. Es entspricht der Formel:

$$C_{17}H_{33}-COO-CH_2-CH_2-SO_3Na.$$

2. Bei den *kationaktiven Tensiden, Kationics,* ist das Kation der wirksame Bestandteil. Ihrer bakteriziden Eigenschaften wegen finden manche Vertreter dieser Gruppe als Desinfektionskomponente im sauren Milieu Verwendung, z. B. Quartamon, Zephirol, Vantoc u. a.

Die bekanntesten Typen der kationaktiven Tenside sind die *quaternären Ammoniumverbindungen,* die entstehen, wenn die Wasserstoffatome der Ammoniumgruppe NH_4^+ viermal (lat. quater = vier) durch kettenförmige Radikale, Alkyle oder ringförmige Aryle ersetzt werden.

Kationics sind die Hauptbestandteile der *Weichspül-* oder *Avivagemittel,* die dazu dienen, voluminösen Frottier-, Molton- und Mullgeweben nach dem Waschen einen weichen Griff und ihre Flauschigkeit wiederzugeben. Die mit Avivagemitteln behandelten Textilien laden sich auch weniger stark elektrisch auf, was bei Synthesefasern besonders wichtig ist. Damit wird erreicht, daß die Textilien nicht „kleben", nicht knistern und weniger schnell wieder einschmutzen. Hinzu kommt, daß mit Weichspülmitteln behandelte Wäsche sich leichter bügeln läßt oder auf das Bügeln ganz verzichtet werden kann.

3. *Nichtionogene Tenside, Nonionics,* sind Gemische von Substanzen mit verschiedenem Oxyäthylierungsgrad, die auf dem Haushaltssektor als flüssige *Wasch- und Spülmittel* verwendet werden. Sie besitzen ausgezeichnete Emulgier- und Dispergiereigenschaften, während ihr Schaumvermögen weniger ausgeprägt ist. Gerade diese Eigenschaft aber macht sie für einen Einsatz dort interessant, wo es bei Maschinenwaschmitteln oder Maschinengeschirrspülmitteln darum geht, trotz der kräftigen mechanischen Wirkung derartiger Geräte größere Schaummengen zu vermeiden. Nonionics werden auch in Badezubereitungen, Waschcremes, Shampoos und anderen kosmetischen Produkten eingesetzt.

4. *Amphotere Tenside, Ampholyte, Amphotenside* (gr. amphoteros = auf beiderlei Arten) enthalten sowohl anionaktive, saure als auch kationische, basische Gruppen, die den wäßrigen Lösungen entweder anionischen oder

kationischen Charakter verleihen können. Sie kommen als weiße, in Wasser leicht lösliche, neutrale Salze unter den Bezeichnungen Betaine, Miranole, Deriphate, Steinapone u. a. in den Handel.

Ampholyte dienen als Schaumstabilisatoren und ihrer großen Hautverträglichkeit wegen zur Herstellung von Körperreinigungsmitteln und Shampoos für Kinder, zur Intimhygiene und zu antibakteriellen Schaumbädern.

B) Builders, Gerüststoffe

Den Hauptteil der Waschmittelkombinationen bilden mengenmäßig die Gerüststoffe oder Builders (engl. build = aufbauen). Zu ihnen gehören:

1. *Wasserenthärter* siehe Seite 279.
2. *Bleichmittel*

Zur Beseitigung von Obst-, Rotwein-, Gemüseflecken und anderen wasserlöslichen Farbstoffen enthalten die Vollwaschmittel den Sauerstoffspender Natriumperborat, $NaBO_2 \cdot H_2O_2 \cdot 3H_2O$. Dieser spaltet bei einer Temperatur von etwa 60 °C im Waschbad aktiven atomaren Sauerstoff ab, der die Farbstoffe oxydativ zerstört. Damit dieser Vorgang als gemäßigte Reaktion abläuft, wird dem Waschmittel Magnesiumsilikat als Bleichstabilisator beigegeben.

Neben oder an Stelle von Perborat soll in Zukunft Tetraacetyläthylendiamin in Vollwaschmitteln eingesetzt werden, das schon bei niedrigen Waschtemperaturen bleichend wirkt.

Besonders starke Verfleckungen lassen sich mit einem *Spülbleichmittel* entfernen, in dem die Wäsche einige Minuten lang heiß behandelt wird.

3. *Optische Aufheller, Weißtöner*

verwandeln die unsichtbaren, kurzwelligen ultravioletten Strahlen des Sonnenlichtes in langwelligere Blaustrahlen, die den natürlichen Gelbstich der Textilien kompensieren, so daß ein ausgezeichneter Weißeffekt von großer Beständigkeit entsteht.

Optische Aufheller sind Abkömmlinge der Stilben-2,2-disulfonsäure, die als Blankophor, Leukophor, Tinopal u. a. bekannt sind.

4. *Schmutztragende Substanz*

ist in den modernen Vollwaschmitteln die Carboxymethylcellulose, CMC. Sie hält die durch die Tenside von der Faser abgelösten und dispergierten Schmutzpartikel längere Zeit schwebend in der Flotte, damit sie nicht wieder auf die Wäschestücke zurückfallen und sich dort festsetzen können.

5. *Proteolytische Enzyme*

Hartnäckige Eiweißverschmutzungen, die von Blut, Eiter oder anderen pathologischen Ausscheidungen oder von Milch- und Sahneprodukten, Kakao, Soßen usw. herrühren, widerstehen mitunter selbst den aktivsten Waschmitteln.

Die eiweißspaltenden Pankreas- und anderen Darmenzyme (vgl. S. 118) werden manchen Waschmitteln zur Auflösung derartiger Eiweißverschmutzungen auf Textilien zugesetzt. Den industriellen Großbedarf decken heute biosynthetisch aus bestimmten Bakterienstämmen und Schimmelpilzen gewonnene eiweißabbauende Proteasen.

Bei besonders starken Eiweiß- und Fettverschmutzungen sind *Vorwaschmittel* am Platz, in denen die Enzyme mit besonders ausgewählten Tensiden von außergewöhnlicher Waschkraft kombiniert sind. „Burnus" (Burnus GmbH, Darmstadt) ist ein Einweichmittel, das neben viel Soda die eiweiß- und fettabbauenden Enzyme der Verdauungsdrüsen von Schlachttieren enthält. Da diese auf 35 bis 40 °C eingestellt sind, darf das Einweichwasser diese Temperatur nicht überschreiten.

6. *Duftstoffe*

verleihen modernen Vollwaschmitteln einen angenehmen Geruch, der die während des Waschvorgangs mitunter auftretenden unangenehmen Laugengerüche überdecken soll. Da die Parfums auch in den gewaschenen Textilien haltbar sind, verleihen sie ihnen den Eindruck besonderer Frische.

9.4.3 Spezialwaschmittel

A) Produkte für *Fein-, Bunt- und Wolltextilien* sind durch den pH-Wert zwischen 7 und 9 und einen Tensidaufbau mit Schwerpunkt auf Waschwirkung bei niederen Temperaturen charakterisiert. Im Hinblick auf Schaumkraft, Gehalt an optischen Aufhellern und hautschützenden Zusätzen sind die Handelsartikel dieser Gruppe auf einzelne Wäschearten sowie auf Hand- und Maschinenanwendung weitgehend spezialisiert.

B) Waschmittel für *pflegeleichte Weißwäsche* aus hochveredelter Cellulose, vollsynthetischem Fasermaterial und entsprechenden Fasermischungen enthalten spezielle Tenside und Weißtöner für spezielle Reinigungseffekte und Erhaltung bzw. Steigerung des Weißgehaltes solcher Textilien.

C) Waschmittel für *starke verschmutzte Berufswäsche* sind deutlich höher alkalisch eingestellt als üblich. Ihre Tensidzusammensetzung muß eine hohe Emulgierkraft für pflanzliche, tierische und mineralische Fette und ein gutes Dispergiervermögen für Pigmentschmutz verschiedener Art gewährleisten.

Besonders fettige Schmutzanreicherungen können eine Vorbehandlung mit *pastenförmigen Produkten,* die einen sehr hohen Gehalt an Tensiden und schmutztragenden Zusätzen enthalten, erforderlich machen.

Sie erfolgt durch Einreiben der Schmutzstellen mit konzentrierten Lösungen des Vorbehandlungsmittels oder durch dessen Zugabe zum Vorwaschbad. Derartige Waschhilfsmittel sind sog. Schwerpunktverstärker und ganz allgemein im Haushalt für Reinigungszwecke verwendbar.

Nach Dr. Josef Kretschmann, Henkel Schriftenreihe 1969

Damit die Waschmittel beim Lagern nicht zusammenbacken, sondern rieselfähig bleiben, beim Umfüllen nicht stäuben und sich leicht in Wasser lösen, werden sie wie die Seife durch Versprühen im Vakuum-Turm zu winzigen Hohlkügelchen getrocknet, welche die gestellten Anforderungen voll erfüllen. In flüssiger Form kommen nur Weichspül- und einige Feinwaschmittel in den Handel.

Internationale Symbole für die Pflegebehandlung von Textilien

9.5 Appretier- und Imprägniermittel für Textilien

A) Steifungsmittel

Neue Textilien sind durch die vom Hersteller mitgegebene Appretur füllig im Griff und weisen einen gewissen Stand auf. Es war schon immer der Wunsch weiter Verbraucherkreise, diese Eigenschaft, die meistens nach der ersten Wäsche verlorengeht, zu erhalten und auch den gewaschenen Textilien ein ladenneues Aussehen zu verleihen.

Dies wurde früher ausschließlich durch die Reisstärke erreicht, die in Wasser aufgeschlämmt in der Bügelhitze verkleistert und dadurch das Wäschestück steift. Ein geringer Boraxzusatz verleiht einen zarten Seidenglanz (Glanzstärke).

Feinappreturen wie Hoffmanns „Ideal-Stärke" oder „perla" von Henkel sind vorbehandelte Stärken, deren Einzelteilchen 10- bis 20mal kleiner sind als das Naturstärkemolekül. Sie steifen die Wäsche auch ohne Bügeln und können deshalb für Gewebe, die nicht heiß behandelt werden dürfen (Synthetics, Wolle, Seide), verwendet werden.

Feinappreturen kommen gekörnt, gepulvert, gelöst oder als Sprühappretur in den Handel. Mit ihnen behandelte Textilien bleiben geschmeidig, luftdurchlässig, saugfähig und behalten ihren voluminösen Griff auch während der Benutzung. Die meisten Präparate dieser Art sind angenehm parfümiert und enthalten mitunter auch bakteriostatische Stoffe, die schweißzersetzende Keime vernichten.

Synthetische Steifen sind in Wasser feinverteilte Kunstharze auf der Basis von Polyvinylacetat (PVA). Beim Bügeln verdunstet das Wasser, das Harz schmilzt und steift dadurch das Gewebe. Diese Appretur hält viele Wäschen aus.

B) Wasserabweisende Imprägniermittel

sind Paraffin- und Wachsemulsionen mit Aluminiumsalzen und Silikonen. Sie vermindern die Quellfähigkeit der Fasern und füllen die Zwischenräume zwischen Kett- und Schußfäden aus.

C) Schwer entflammbar

werden Textilien durch Imprägnieren mit einer Lösung von 190 Gramm Ammoniumsulfat in einem Liter Wasser, dem etwas Salmiakgeist zugesetzt wird. Damit behandelte Textilien sind zwar nicht unverbrennbar, aber so flammfest, daß sie selbst bei längerer Hitzeeinwirkung nur verglühen, aber nicht entflammen (Chem. Rundschau, Solothurn 21, 1968 S. 247).

Literatur:

Löhr, A.: Berufsdermatosen 11 (1963) 213.
Mitteilungen des Deutschen Medizinischen Informationsdienstes 1965 „Über Fragen der Waschmittelchemie, Waschtechnik sowie der Wäschedesinfektion".

Harder, H.: „Waschmittel, Waschmaschinen und Waschverfahren". Ullmanns Encyklopädie der technischen Chemie, 3. Aufl., 18. Band, Urban & Schwarzenberg, München—Berlin—Wien, 1967, S. 339.
Kling, W.: Angew. Chem. 65 (1953) 201.
Weber, R.: Textilveredlung 1 (1966) 382.
Manneck, H.: Enzymatische Einweich-, Vorwasch- und Waschmittel. Jahrbuch für den Praktiker, Verlag Chemische Industrie, Augsburg.
Oldenroth, O.: Untersuchung über die Wirkung enzymatischer Vorwaschmittel. Fette-Seifen-Anstrichmittel, 70. Jahrgang Nr. 1, 1968.
Spohn, H.: Seife und Waschmittel, Geschichte — Rohstoffe — Herstellung. Herausgeber: Sunlicht GmbH., Hamburg 1962.
Stüpel, H., u. A. Szakall: Die Wirkung von Waschmitteln auf die Haut. Alfred Hüthig Verlag, Heidelberg 1957.
Götte, E.: Tenside. Fette, Seifen, Anstrichmittel 1960. S. 789; 1969 S. 219; 1964 S. 2.
Dr. A. Löhr: Tenside als Basis moderner Waschmittel. Textil-Praxis Nr. 22 1967, 188 und Hauswirtschaft und Wissenschaft 14, 1967, 201.
Dr. Kurt Lindner, Tenside, Textilhilfsmittel und Waschrohstoffe. 2. Auflage 1964. Wissenschaftliche Verlagsgesellschaft, Stuttgart.
Stüpel, Helmut: Synthetische Wasch- und Reinigungsmittel 1957. Kohlhammer Verlag, Stuttgart.
Dr. Rolf Puchta: Moderne Haushaltwaschmittel. Hauswirtschaft und Wissenschaft 1968, 15 S. 39.
Dr. S. A. Riethmayer: Grenzflächenaktive Substanzen. Otto Bärlocher Verlag, München.
Prof. Dr. A. Chwala: Die Funktion von Enzymen in modernen Waschmitteln. Seifen, Öle, Fette, Wachse 95, 1969. S. 539—542.
Dr. Dieter Jung, Dr. Rolf Puchta, Dr. Hans Verbeck: Enzyme — Wirkungsweise und Einsatz in Waschmitteln.
Informationsdienst der BURNUS Gesellschaft, Darmstadt: Über die Verwendung von Enzymen in Waschmitteln.
Duesing, Dr. K. P.: Proteolytische Enzyme in Waschmitteln. Fette-Seifen-Anstrichmittel, 69. Jahrgang Nr. 10, 1967.
Jaag, Dr. E.: Über die Wirkung enzymatischer Waschmittel. Seifen-Öle-Fette-Wachse, Nr. 24/1962.

9.6 Mittel zum Färben von Textilien — Stoffarben

Ausgebleichte Textilien können mit Stoffarben aufgefrischt werden oder eine andere Färbung erhalten.

Vor dem Färben müssen neue Stoffe längere Zeit lauwarm gewässert werden, damit die meistens vorhandene Appretur entfernt wird. Getragene Kleidungsstücke sind zunächst zu waschen, wenn möglich zu zertrennen und sorgfältig zu entflecken. Knöpfe und Metallteile sind zu entfernen.

Der einfachste Färbevorgang ist die Wiederherstellung des ursprünglichen Farbtons oder die Überführung heller Nuancen in dunklere. Soll dagegen ein dunkelgefärbter Stoff einen helleren oder völlig anderen Farbton erhalten, so muß er entfärbt werden.

Als *Entfärber* dienen Dithionite (Hypo-disulfite), meistens Natriumdithionit $Na_2S_2O_4$, deren wäßrige Lösungen bei Temperaturen um 70 °C nach folgender Umsetzungsgleichung viel Schwefeldioxid entwickeln:

$$Na_2S_2O_4 + H_2O + O \rightarrow 2\,NaHSO_3$$
$$2\,NaHSO_3 \rightarrow Na_2SO_3 + SO_2 + H_2O$$

Das Schwefeldioxid entreißt dem Wasser, in dem sich das zu bleichende bzw. zu entfärbende Wäschestück befindet, den Sauerstoff, wobei Wasserstoff abgespalten wird:

$$SO_2 + 2\,H_2O \rightarrow H_2SO_4 + H_2$$
Schwefeldioxid　Wasser　　Schwefelsäure　Wasserstoff

Der Wasserstoff reduziert außer Indanthren- und einigen basischen Farbstoffen nahezu alle Farben und wandelt sie dadurch in wasserlösliche, farblose Verbindungen um. Gewebe aus Cellulosefasern werden im Entfärberbad gekocht, solche aus Eiweißfasern (vgl. S. 277) nur in der heißen Lösung kräftig geschwenkt. Metallgefäße dürfen bei diesem Prozeß nicht verwendet werden, weil sie von den Sulfiten angegriffen werden.

Zur Herstellung des Farbbades wird die auf der Packung angegebene Menge Farbstoff in etwa 2 Liter kochendem Wasser unter ständigem Umrühren gelöst und die Lösung anschließend durch ein Tuch geseiht.

Da sich die Farbmenge stets auf das Trockengewicht des zu färbenden Stoffes bezieht, muß er vor dem Färben gewogen werden. Eine streifen- und fleckenfreie Färbung ist nur möglich, wenn der Stoff im Bad schwimmen und leicht darin bewegt werden kann. Auf alle Fälle muß er völlig von der Färbeflüssigkeit bedeckt sein. Dies kann jederzeit leicht erreicht werden, weil man im Hinblick auf die Wassermenge keineswegs sparsam zu sein braucht. Maßgebend ist allein das Gewicht des zu färbenden Stoffes und die hierzu erforderliche Farbmenge. Ob diese nun in 8 oder 10 Liter Wasser gelöst wird, ist insofern unwesentlich, als die Faser den Farbstoff an sich zieht, ganz gleich, ob aus einer kleineren oder größeren Menge Wasser. Bei richtigem Arbeiten darf deshalb die Farbbrühe zum Schluß kaum noch Farbe enthalten.

Wird weniger Farbe als vorgeschrieben ist verwendet, so fällt die Färbung heller aus.

Im Farbbad wird der nasse und aufgelockerte Stoff mit zwei großen Holzstäben fortgesetzt bewegt und dabei das Bad im Verlauf einer Viertelstunde auf die vorgeschriebene Temperatur erhitzt. Dann wird er herausgenommen und dem Farbbad Kochsalz zugesetzt (auf 100 g Stoff etwa einen Eßlöffel voll). Nach völliger Lösung ist im Bad heiß weiterzufärben bis der gewünschte Farbton erreicht ist.

Das Kochsalz dient zur Fixierung des Farbstoffes auf der Faser, um ein späteres Abfärben zu verhindern.

Man setzt beim Färben wollener Gewebe dem Bad nach viertelstündigem Färben eine Kaffeetasse voll Essig zu, wobei ebenfalls der Stoff aus dem Bad zu nehmen ist. Dann kann das Farbbad unbedenklich bis zum Kochen erhitzt werden.

Nachdem der gewünschte Farbton erzielt ist, läßt man das Bad abkühlen, während welcher Zeit das Färbegut völlig bedeckt bleiben muß.

Nach dem Färben wird der Stoff ohne Auswringen zum Trocknen aufgehängt.

Literatur:

Dr. A. Schaeffer, Handbuch der Färberei, Konradin-Verlag R. Kohlhammer, Stuttgart.

9.7 Fleckentfernungsmittel

9.7.1 Bleichende Präparate

Mäßige Verschmutzungen waschbarer Textilien durch in die Faser eingezogene lösliche Farbstoffe werden durch die Perborate und Peroxide der Vollwaschmittel beim Waschvorgang ausgebleicht.

Intensive Verfärbungen durch Tinten-, Rotwein-, Heidelbeer- und andere Farbstoffe organischer Natur lassen sich mit den bei den Textilfärbemitteln auf Seite 307 beschriebenen reduzierenden Entfärbern beseitigen, die oft auch als Rostentferner angeboten werden.

Sulfitpräparate eigenen sich für tierische Fasern, wie Wolle, Seide und Haare, ebensogut wie für pflanzliche Fasern und Zellwolle. Störend ist allerdings die Entwicklung merklicher Mengen schwefliger Säure, die an der Luft zu Schwefelsäure oxydiert und das Gewebe rasch zerstört. Darum ist nach dem Bleichen mit Sulfitpräparaten das Gewebe unbedingt mit schwacher Sodalösung oder verdünntem Salmiakgeist zu spülen.

Handelsübliche *Sauerstoffbleicher* enthalten meistens Natriumperborat oder Natriumperoxid. Sie eignen sich zum Bleichen empfindlicher Stoffe, wie Wolle und Seide, müssen aber sehr vorsichtig angewandt werden, denn vor allem das Natriumperoxid kann die feuchte Haut der Arme und Hände gefährlich verätzen. Weniger gefährlich ist Wasserstoffperoxid, mit dem fast alle Farbflecken organischer Natur entfernt werden können. Zur rascheren Sauerstoffabgabe wird dem Wasserstoffperoxid etwas Salmiakgeist zugesetzt.

Zu den Sauerstoffbleichern im weiteren Sinn gehören auch die *chlorabgebenden Substanzen,* denn sie wirken bleichend, indem sie dem zur Stoffbenetzung dienenden Wasser den Wasserstoff entziehen, wobei Sauerstoff frei wird. Der Wasserstoff bildet mit dem Chlor Salzsäure, die sofort gründlich ausgewaschen werden muß, weil sie schnell das Gewebe zerstört. Am sichersten ist eine Behandlung mit Natriumthiosulfat, $Na_2S_2O_3$, die jede schädliche Nachwirkung der Chlorbleiche aufhebt.

Das bekannteste Chlorbleichmittel, das vielfach zur Fleckentfernung herangezogen wird, ist das *„Eau de Javelle"*, Liquor Kalii bzw. Natrii hypochlorosi, NaOCl.

9.7.2 Lösende Fleckentfernungsmittel

Verunreinigungen durch Öle, Wachse, Fette, Paraffin, Stearin, Firnis, Lack, Asphalt, Pech, Harze, Teer und viele ähnliche Stoffe, vermischt mit Staub, Ruß und Farbpartikeln aller Art, werden von nichtwaschbarer Oberkleidung, Polstern und Teppichen mit lösenden Fleckentfernungsmitteln, Fleckwässern für Kleider, beseitigt. Sie enthalten im wesentlichen Trichloräthylen $CHCl = CCl_2$, dessen Lösekraft viermal so groß ist wie die des Benzins, und Perchloräthylen, Tetrachloräthylen, $Cl_2C = CCl_2$. Diese Stoffe sind unbrennbar und greifen auch das Gewebe nicht an, aber ihre Dämpfe sind narkotisch und giftig.

Außerdem kann Trichloräthylen bei starker Besonnung in Salzsäure und das hochgiftige Phosgen übergehen. Deshalb müssen Räume, in denen mit diesen Fleckmitteln gearbeitet wird, gut gelüftet und gegen Sonneneinstrahlung geschützt sein.

Fettlösende Fleckentfernungsmittel kommen flüssig, pastenförmig oder in Sprühdosen in den Handel. Pasten und Sprays enthalten neben dem Lösungsmittel mikrofeines, stark saugendes Silika-Gel, welches das gelöste Fett begierig aufnimmt. Nach dem Trocknen wird der verbleibende Rückstand abgebürstet, wobei allerdings auf dunklen Geweben ein schwer entfernbarer weißer Schimmer zurückbleiben kann.

Beim Arbeiten mit flüssigen Fleckreinigungsmitteln ist folgendes zu beachten: Bevor ein Gewebe entfleckt wird, ist es sauber zu bürsten oder zu klopfen. Seide und Kunstseide werden kräftig ausgeschüttelt oder lose abgerieben. Wollene Stoffe müssen mit einer harten Bürste behandelt werden. Samt klopft man von links gut aus und bürstet ihn dann rechts mit einer weichen Bürste nach dem Strich. Gewebe, die mit Fleckreinigungsmitteln behandelt werden, dürfen nicht naß sein.

Vor der Fleckentfernung ist festzustellen, ob das Mittel der Farbe des Stoffes nicht schadet; am besten probiert man an einem Rest oder Saum. Ist der zu entfernende Fleck noch frisch, so muß die Hauptmenge der Verschmutzung zunächst vorsichtig mit einem Messer entfernt werden. Es ist sinnlos, gleich mit großen Mengen des Lösungsmittels arbeiten zu wollen, weil dadurch die Stoffaser viel gelöste Substanz aufsaugt, die kaum mehr entfernt werden kann.

Zum Reinigen benutzt man stets einen sauberen weißen Lappen, bei empfindlichen hellen Farben empfiehlt es sich, einen Rest von dem zu reinigenden Stoff zu nehmen.

Der beschmutzte Stoff wird mit der Rückseite nach oben auf eine gut saugende Unterlage (Filtrierpapier) gelegt. Mit dem mit Fleckwasser gut befeuchteten Tuch versucht man nun durch Tupfen und Drücken, den gelösten Fleck in die Unterlage hineinzubringen.

9.7.3 Fleckentabelle

Alkaliflecken (Kalk, Laugen, Salmiakgeist, Pottasche): Mit Wasser auswaschen, dann mit lauwarmer wässeriger Zitronensäure-, Weinsäure- oder Essigsäurelösung behandeln. Auswaschen mit lauwarmem Wasser.

Alleskleberflecken: Mit Aceton betupfen (nicht bei Acetat). Mit Fleckenwasser nachbehandeln, dann in Waschmittellösung waschen.

Asphaltflecken: In Olivenöl einweichen, dann mit Fleckwasser lösen. Den Rest mit Glycerin einreiben, dann in Wasser ausspülen. In Waschmittellösung waschen, wenn nötig bis zu 60 Minuten Eau de Javelle einwirken lassen. Gut nachspülen.

Autoölflecken: Wie Asphaltflecken.

Bierflecken: In warmes Wasser einlegen bis zu 30 Minuten, dann in Waschmittellösung waschen. Notfalls 1 Stunde lang Eau de Javelle einwirken lassen. Nachspülen.

Blumenflecken: Mit Wattebausch Weingeist auftupfen, mit Waschmittellösung waschen, notfalls Entfärber 60 Minuten lang einwirken lassen.

Blutflecken: 60 Minuten lang in warmes Wasser einlegen, dann in Waschmittellösung waschen. Restlichen Fleck in Pepsin-Salzsäure (1 g Pepsin + 10 ccm 10%ige Salzsäure in 1 l Wasser) bis zu 10 Stunden lang behandeln, nachspülen. Auch Enzympräparate, wie „Burnus", können verwendet werden (vgl. S. 117).

Bohnerwachsflecken: Dicke Schichten abheben, dann mit Fleckwasser behandeln. In Waschmittellösungen waschen, notfalls mit Entfärber 10 Minuten lang behandeln. Nachspülen.

Butter- und Margarineflecken: Mit Fleckwasser und anschließend mit Benzin lösen. Dann in Waschmittellösung waschen. Wenn nötig Entfärber $1^{1}/_{2}$ Stunden lang einwirken lassen. Nachspülen.

Cognac- und Cola-Flecken: In Waschmittellösung waschen. Entfärber 10 Minuten lang einwirken lassen. Wenn nötig 2 Stunden lang in Eau de Javelle einlegen. Nachspülen.

Eigelb- und Eiweißflecken: Vorsichtig abheben, in Waschmittellösung waschen. Dann wie Blutflecken behandeln.

Eiterflecken: Waschen in Waschmittellösung, dann bis zu 10 Stunden in Pepsin-Salzsäure (siehe Blutflecken), dann 60 Minuten lang in Eau de Javelle einlegen. Nachspülen.

Entwicklerflecken: Zuerst in Waschmittellösung waschen, dann behandeln mit Ammoniumpersulfatlösung oder auch ammoniakalischer Wasserstoffperoxidlösung. Evtl. nachbleichen mit Eau de Javelle und Spülen in Natriumthiosulfatlösung.

Farbbandflecken: Mit Weingeist abtupfen, dann waschen in Waschmittellösung. Entfärber 10 Minuten lang einwirken lassen. Nachspülen.

Firnis- und Öllackflecken: Wie Farbbandflecken behandeln. Ältere Flecken müssen zuerst in Terpentinölersatz aufgeweicht werden.

Fliegenschmutzflecken: Mit warmem Wasser vorsichtig abbürsten. In Waschmittellösung waschen, notfalls Entfärber 1 Stunde lang einwirken lassen.

Fruchtsaftflecken: Wie Cognacflecken.

Glanzflecken: Wenn sie von mechanischer Beanspruchung des Stoffes an den Sitzflächen, Knien oder Ellbogen herrühren, mit verdünntem Salmiakgeist bürsten und dann aufdämpfen. Sind sie durch Fettabsonderung entstanden, zum Beispiel am Kragenrand, so hilft Abreiben mit Fleckwasser.

Grasflecken: Wie Farbbandflecken.

Gummi-arabicum-Flecken (Büroleim): Wie Bierflecken.

Gummilösungsflecken: Wie Butterflecken.

Haarfarbenflecken: In Waschmittellösung waschen, dann Entfärber 30 Minuten lang und, wenn nötig, Eau de Javelle $1^{1}/_{2}$ Stunden lang einwirken lassen. Nachspülen.

Haarwasserflecken: Mit Weingeist und evtl. Fleckwasser abtupfen. In Waschmittellösung waschen. Noch verbliebene Farbflecken 10 Minuten lang mit Entfärber behandeln. Nachspülen.

Harzflecken: Wie Butterflecken.

Hautcremeflecken: Wie Butterflecken.

Höllensteinflecken: Mit Kaliumjodidlösung tupfen und eintrocknen lassen. Das entstandene Silberjodid mit Natriumthiosulfatlösung entfernen. Gut nachspülen.

Honigflecken: Wie Bierflecken.

Jodflecken: In Natriumthiosulfatlösung (Fixiernatron) einlegen und nachspülen.

Kaffee- und Kakaoflecken: Zuerst in Waschmittellösung waschen, dann $1^{1}/_{2}$ Stunden lang in Eau de Javelle einlegen. Nachspülen.

Kaugummiflecken: Zuerst Masse abheben, dann in Waschmittellösung waschen. Gegebenenfalls 2 Stunden lang in Eau de Javelle einlegen und nachspülen.

Kerzenwachsflecken: Dicke Masse mechanisch entfernen, den Rest mit einem gut saugenden Filtrierpapier bedecken und mit heißem Bügeleisen überfahren. Zurückbleibende Reste mit Fleckwasser entfernen. Farbreste von bunten Kerzen mit Eau de Javelle bis zu 60 Minuten behandeln. Nachspülen.

Kohlepapierflecken: Wie Haarwasserflecken.

Kopierstiftflecken: Wie Farbbandflecken.

Kugelschreiberflecken: Wie Farbbandflecken.

Kunstharzflecken: Mit Kunstharzverdünner lösen, dann in Waschmittellösung waschen.

Lebertranflecken: Wie Firnisflecken.

Lederfarbenflecken: Mit Aceton lösen (nicht Acetat), dann waschen in Waschmittellösung. 30 Minuten lang Entfärber und 1 Stunde lang Eau de Javelle einwirken lassen. Nachspülen.

Leimflecken (Celluloseleim): Wie Bierflecken.

Likör- und Limonadeflecken: Mit warmem Wasser auswaschen, dann in Waschmittellösung waschen und notfalls Entfärber $1^1/_2$ Stunden lang einwirken lassen. Nachspülen.

Lippenstiftflecken: Mit Weingeist abtupfen, dann in Waschmittellösung waschen. 10 Minuten lang Entfärber einwirken lassen. Nachspülen.

Make-up-Flecken: Vorsichtig abbürsten, dann in Waschmittellösung waschen. Entfärber 30 Minuten lang einwirken lassen. Nachspülen.

Marmeladeflecken: Mit warmem Wasser abspülen, dann in Waschmittellösung waschen. Farbreste mit Entfärber bzw. Eau de Javelle ausbleichen. Nachspülen.

Maschinenölflecken: Mit Fleckwasser und Benzin lösen, dann nachwaschen in Waschmittellösung.

Mayonnaiseflecken: Mit Fleckwasser lösen, dann in Waschmittellösung waschen.

Mennigeflecken: Vorsichtig abbürsten, dann in Waschmittellösung waschen. 30 Minuten lang Entfärber einwirken lassen. Nachspülen.

Milchflecken: Wie Eiterflecken.

Möbelpoliturflecken: Zunächst mit Terpentinölersatz lösen, dann mit Fleckwasser nachbehandeln. Nun möglichst warm in Waschmittellösung waschen, anschließend 10 Minuten lang mit Entfärber behandeln. Nachspülen.

Nagellackflecken: Wie Lederfarbenflecken.

Nikotinflecken: Wie Cognacflecken.

Obstflecken: Wie Cognacflecken.

Ölflecken: Wie Fettflecken.

Ölfarbenflecken: Wie Möbelpoliturflecken.

Paraffinflecken: Wie Kerzenwachsflecken.

Parfumflecken: Wie Lippenstiftflecken.

Punschflecken: Wie Marmeladeflecken.

Rostflecken: Am besten mit käufl. Rostentfernungsmitteln, wie Antiferr, Ferrox usw. Oder 10%ige Zitronensäurelösung oder Natriumpyrophosphatlösung oder 5%ige Sauerkleesalzlösung, der 5% Glycerin beigemischt werden. Lösungen von Ammoniumfluorid oder Natriumhydrosulfit entfernen gut Rostflecken. Gut nachwaschen!

Rotweinflecken: Wie Cognacflecken.

Rußflecken: Wie Asphaltflecken.

Sahne- und Kondensmilchflecken: Waschen in Waschmittellösung. Dann 10 Stunden lang Pepsin-Salzsäure (siehe bei Blutflecken) einwirken lassen. Mit Eau de Javelle 60 Minuten lang nachbehandeln. Nachspülen.

Schuhcremeflecken: Zuerst mit Fleckwasser und dann mit Benzin lösen. Anschließend in Waschmittellösung waschen, dann mit Eau de Javelle 2 Stunden lang behandeln. Nachspülen.

Schweißflecken: Mit warmem Wasser bürsten, dann in Waschmittellösung waschen. 1 Stunde lang Entfärber einwirken lassen. Nachspülen.

Senfflecken: Kruste abheben, mit warmem Wasser abspülen, dann in Waschmittellösung waschen und 1 Stunde lang Entfärber einwirken lassen. Nachspülen.

Sengflecken: Wie Entwicklerflecken.

Siegellackflecken: Masse vorsichtig abheben, den Rest mit Weingeist, dann mit Benzin lösen. Waschen in Waschmittellösung, dann 10 Minuten Entfärber einwirken lassen. Nachspülen.

Sirupflecken: Wie Bierflecken.

Soßeflecken von Braten usw.: Mit Fleckwasser abtupfen, dann in Waschmittellösung waschen. 1 Stunde lang Entfärber einwirken lassen. Nachspülen.

Speiseeisflecken: Waschen in Waschmittellösung, dann vorsichtig mit Benzin abtupfen.

Staufferfettflecken: Wie Schuhcremeflecken.

Stockflecken: Wie Cognacflecken.

Südweinflecken: Wie Marmeladeflecken.

Teeflecken: Wie Cognacflecken.

Teerflecken: Wie Asphaltflecken.

Tintenflecken, Eisengallustinte: Behandlung wie bei Rostflecken. Teerfarbstoffflecken, die zurückbleiben, müssen mit Entfärber beseitigt werden.

Anilinfarbstofftinten werden mit Entfärber ausgebleicht. Nachspülen. Notfalls Eau de Javelle $1^{1}/_{2}$ Stunden lang einwirken lassen.

Tomatensaftflecken: Wie Marmeladeflecken.

Tuscheflecken: Wie Tintenflecken.

Urinflecken: Wie Schweißflecken.

Vogelschmutzflecken: Ausgetrocknete Krusten mechanisch entfernen. Dann mit lauwarmer Mischung von 2% Eisessigsäure, 3% Glycerin und 95% Wasser waschen. Gut nachspülen.

Vervielfältigerfarbflecken: Wie Lederfarbflecken.

Wasserflecken: Wie Schweißflecken.

Wasserglasflecken: Abheben, waschen in Waschmittellösung. Entfärber 1 Stunde lang einwirken lassen.

Wäschetinteflecken: Wie Tintenflecken.

Wein- und Sektflecken: Wie Schweißflecken.

Zaponlackflecken: Wie Lederfarbenflecken.

Zementflecken: Abbürsten, dann waschen in Waschmittellösung.

Zinksalbenflecken: Abheben, dann mit Fleckwasser lösen. Hierauf 10 Minuten lang in Speiseessig einlegen. In Waschmittellösung waschen.

Literatur:

Fleckentabellen und -register: Henkel-Beratungsdienst, Düsseldorf.
Uhu-Werk Bühl, Baden. Delta-Chemie, Neu-Isenburg.
Diener, H.: Fleckentfernung – aber richtig. Fachbuchverlag Leipzig.

10. Haushaltsreinigungsmittel

10.1 Geschirrspülmittel

müssen wie die Vollwaschmittel, jedoch bei einer Temperatur, die es erlaubt, mit der Hand hineinzugreifen, fettige und andere Substanzen emulgieren und so in der Schwebe erhalten, dispergieren, daß sie sich auf dem Spülgut nicht wieder absetzen können.

Sie enthalten deshalb als kräftiges Netzmittel das anionaktive Tensid Alkylbenzolsulfonat, ABS (vgl. S. 288), neben Fettsäurealkylolamiden und Fettsäuretauriden, die gleichzeitig als Hautschutzstoffe dienen. Trotzdem können die stark grenzflächenaktiven Tenside bei längerer Einwirkung und individueller Empfindlichkeit Hautekzeme hervorrufen, die jedoch durch geeignete Schutzhandschuhe vermieden werden können.

Polyphosphate wirken in den Spülmitteln als Wasserenthärter, Isopropylalkohol verkürzt die Abtrockenzeit und Harnstoff steigert den Geschirrglanz. Zur Verdickung der flüssigen Produkte können bis zu 1,5 % Natriumchlorid, NaCl, Natriumsulfat, Na_2SO_4, oder verschiedene Netzmittel zugesetzt sein.

Beim maschinellen Geschirrspülen bestimmen die Faktoren Mechanik, Zeit, Temperatur und chemische Agenzien den Prozeß.

Die Grenzen der Mechanik liegen aus technischen, die der Zeit aus praktischen Gründen fest. Auch die Temperatur ist nicht unbegrenzt, denn bei steigender Wärme nimmt die Korrosionsneigung aller Materialien so rapid zu, daß moderne Haushaltsgeschirrspülmaschinen (HGSM) bei einer Höchsttemperatur von etwa 55 °C arbeiten. Wenn also fast alle Faktoren in ihrer Wirksamkeit stark eingeschränkt sind, bleibt als einzige Variante der chemisch wirksame Stoff, eine Waschmittelkombination aus Reiniger, Klarspüler und Wasserenthärter.

Die *Reiniger* für das maschinelle Geschirrspülen müssen auf Grund der hohen Wasserumwälzung der HGSM und der Speisereste, die selbst schäumen können, wie z. B. Eigelb, schaumlos oder zumindest schaumarm sein. Sie reagieren alkalisch. Ihre Gebrauchslösungen haben den pH-Wert 11 bis 12. Basis sind bei der Mehrzahl der Markenerzeugnisse Polyphosphate, z. B. Pentanatriumtriphosphat (Somat-Reiniger). Sie maskieren zum einen die Wasserhärte und weisen zum anderen ein ausgezeichnetes Reinigungsvermögen auf. Ein weiterer Hauptbestandteil ist Metasilikat, ein Salz höherer Alkalität. Es unterstützt die Reinigungskraft des Phosphates und besitzt darüber hinaus eine vortreffliche korrosionshemmende Wirkung.

Zur Dosierung der Reiniger ist zu sagen:

Ein Zuviel schadet nie, ein Zuwenig immer, wobei das Zuviel natürlich auch seine vernünftige obere Grenze hat, die bei etwa 6 bis 7 g/l Reiniger liegt. Ein Zuwenig führt immer zu irgendwelchen Störungen. Bei einer Unterdosierung können sich in der Maschine und auf dem Spülgut Kalk bzw. gemischte Kalk-Reiniger-Beläge bilden, ganz abgesehen davon, daß die Reinigung des Spülguts mangelhaft wird. Außerdem fördert eine Unterdosierung Korrosionen am Spülgut.

Die *Klarspüler* für das maschinelle Geschirrspülen bestehen aus einem Gemisch grenzflächenaktiver Substanzen, das bei höheren Temperaturen nur schwach schäumen darf.

Der Klarspüler hat die Aufgabe, das Wasser im Klarspülgang zu entspannen und dadurch einen filmartigen vollkommenen Ablauf vom Geschirr zu gewährleisten. Vollkommener Wasserablauf vom Geschirr garantiert wiederum fleckenlose, glänzende Oberflächen.

Für Geschirrspülmaschinen wird das Wasser mit sog. *Ionenaustauschern* oder *Basenaustauschern* enthärtet. Sie heißen deshalb so, weil sie aus den Salzen $Ca(HCO_3)_2$ bzw. $CaSO_4$ und $NaCl$ die Basen, also Ca gegen Na austauschen können.

Ionenaustauscher enthalten als Enthärtermasse körniges, negativ geladenes Kunstharz, das positiv geladene Ionen (Kationen) anzieht (Kationenaustauscher). Damit der Enthärter arbeitsfähig bleibt, muß das Austauscherharz mit Natriumionen vollkommen besetzt werden. Das erreicht man durch Behandeln der Masse mit einer hochkonzentrierten Natriumchloridlösung, NaCl.

Fließt nun hartes Wasser durch den Enthärter, so werden die Ca-Ionen gegen Na-Ionen ausgetauscht, d. h. die Härtebildner werden aus dem Wasser entfernt und befinden sich nun am Austauscherharz. Die Natriumionen dagegen sind von der Austauschermasse in das Wasser übergewechselt. Aus dem unlöslichen Calciumcarbonat wurde das lösliche Natriumcarbonat nach folgender Umsetzung:

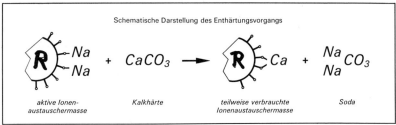

R = Austauschermasse

Je länger der Ionenaustauscher von hartem Wasser durchflossen wird, um so mehr wird er mit Calcium- und Magnesiumionen beladen. Das hat zur Folge, daß die Aufnahmefähigkeit des Enthärters nach einer gewissen Zeit erschöpft ist und eine sog. Regenerierung der Austauschermasse erforderlich wird. Man behandelt zu diesem Zweck den Enthärter wieder mit einer gesättigten Natriumchloridlösung. Das Überangebot an Natriumionen aus dem Kochsalz verdrängt die Calciumionen auf der Kunstharzoberfläche und besetzt die freigewordenen Plätze. Der Ionenaustauscher liegt dann wieder im sog. „aktivierten Zustand" vor und kann erneut zur Wasserenthärtung benutzt werden.

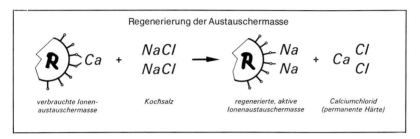

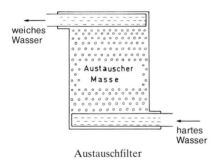

Austauschfilter

Gewöhnliches Speisesalz enthält unlösliche Carbonate und Silikate, die als Fließmittel das Zusammenbacken der Natriumchloridkristalle verhindern sollen. Diese können jedoch die Austauschermasse zusetzen und damit unwirksam machen. Aus diesem Grunde soll für HGSM nur speziell für diesen Zweck angebotenes Regeneriersalz, z. B. „Kontrakalk", verwendet werden, das außerdem antibakterielle und fungizide Stoffe enthält.

Auch enthärtetes Wasser enthält noch gewisse Salze. Jeder eingetrocknete Tropfen hinterläßt deshalb auf Gläsern, Messerklingen und anderen blanken Flächen als deutlich sichtbare Flecken weißliche Rückstände. Diese werden durch saure Klarspüler, die mit Zitronensäure auf einen pH-Wert 3−4 eingestellt sind, verhindert, weil die Zitronensäure und ihre Salze kaum kristallisieren, sondern einen durchsichtigen, hauchdünnen Film erzeugen, der nicht wahrnehmbar auf dem Spülgut haften bleibt.

Reiniger und Klarspüler, die von renomierten Firmen hergestellt sind, wie z. B. die „Somat"-Spülmittel-Kombination (Böhme Chemie-Gesellschaft, Düsseldorf), sind in gesundheitlicher Hinsicht völlig unbedenklich. Das alkalische Reinigungsmittel wird im Anschluß an den Reinigungsgang zu mehreren Malen mit klaren Wasser abgespült, also noch vor dem Klarspülen zusammen mit den Speiseresten vollständig vom Geschirr entfernt. Vom Klarspüler bleiben so minmale Mengen auf dem Spülgut zurück, daß eine Person in einem Jahr im Höchstfalle 0,1 g mit der Nahrung aufnehmen kann, wobei jedoch von der Annahme ausgegangen ist, daß die nach dem Spülen auf dem Geschirr verbliebene Spülmittelmenge vollständig mit der Nahrung in den menschlichen Körper gelangt, was jedoch in der Praxis kaum der Fall sein dürfte.

Literatur:

Dr. Th. Altenschöpfer: „Maschinelles Geschirrspülen", Henkel-Laboratorien, Düsseldorf.
Mitteilungen des hauswirtschaftlichen Beratungsdienstes. Böhme-Chemie-Gesellschaft, Düsseldorf.
F. Leuschner, R. Poche, Chr. Gloxhuber: „Toxikologische Prüfung eines Geschirrspülmittels".
Die Ernährungsindustrie 71, 570−580, 1969.
H. Wedell: „Zur Frage der Verträglichkeit moderner Geschirrspülmittel. Hauswirtschaft und Wissenschaft 3, 1969, S. 123−126.

10.2 Kalklöser, Kesselsteinlöser

Diese Produkte bestehen fast ausschließlich aus konzentrierter Ameisensäure, die beim Gebrauch mit der 10- bis 15fachen Menge Wasser verdünnt wird.

Auch die metallpassive Brindisäure, die aus 77 Teilen Salzsäure und 1 Teil Brindiharz (Pflanzenharz) hergestellt wird, löst Kesselstein auf, ohne das darunter befindliche Metall anzugreifen (vgl. S. 309).

In den *Wasserklosetts* setzen sich Ablagerungen von Kesselstein, Urinstein und Ausscheidungen aus eisenhaltigem Wasser fest. Diese wurden früher ausschließlich mit der gefährlichen Salzsäure entfernt, die zu mancherlei Unglücksfällen führte. An ihre Stelle sind heute die *WC-Reiniger* getreten, die als Lösungmittel Amidosulfosäure enthalten, neben Netz-, Desinfektions- und Parfümierungsstoffen.

10.3 Glas-, Wannen- und Kachelreiniger

bestehen aus schaumschwachen, nichtionogenen Netzmitteln (vgl. S. 289), Isopropylalkohol und Salmiakgeist. Sie lösen Fettfilme leicht ab und trocknen, ohne Trübungen oder Flecken zu hinterlassen, rasch auf.

10.4 Fensterleder

ist ein tuchartiges, weiches, waschbares Leder, das aus Schaf-, Ziegen-, Reh-, Hirsch-, Rentier-, Gemsen- und Kleintierfellen hergestellt wird.

Zur Beseitigung von Haaren, Fleisch- und Fettresten werden sie in eine Lösung von Calciumhydroxid (Kalkmilch) und Natriumsulfid gelegt. Die zurückbleibende Blöße wird durch Spalten von der Narbenschicht getrennt und durch kräftiges Walken in Tran und anschließendes Ausbreiten an der Luft durch freiwerdende Fettsäuren sämisch gegerbt.

Zum Schluß wird der überschüssige Tran in einer warmen Sodalösung ausgewaschen und dann nach längerem Wässern das fertige Leder getrocknet und zugerichtet. Das Produkt ist gelbliches Sämischleder, Chamois (engl. Chamois = Gemse).

Gute Chamoisleder müssen trocken, voll und weich sein und dürfen weder harte, ungare Stellen noch Hautvernarbungen oder Nähte aufweisen. Sie kommen in Bündeln zu 30 Stück = 1 Kip in den Qualitätsabstufungen Prima, Media und Sekunda in den Handel. Primaleder ist so fehlerfrei, wie es von einem Naturprodukt überhaupt gefordert werden kann. Medialeder hat in jedem Stück einen kleinen Mangel oder Schönheitsfehler, der jedoch beim Gebrauch nicht stört. Mediaware ist deshalb die gangbarste Sortierung. Stücke mit größeren Mängeln werden als Sekundaleder bzw. als vierte oder fünfte Wahl eingestuft. Diese Beurteilungen erfolgen ausschließlich nach Griff und Aussehen des Leders und schwanken deshalb je nach der Strenge der Auswahl erheblich.

Den Preis des Fensterleders bestimmt neben der Qualität vor allem die Größe des jeweiligen Stückes. Sie wird aus der längsten Stelle und der Breite im oberen Drittel errechnet. Nur geradlinig nach Schablonen geschnittene Stücke stimmen in Maßangabe und Flächeninhalt genau überein.

Für die Lebensdauer des Fensterleders ist eine sachgemäße Behandlung ausschlaggebend. Nach jedem Gebrauch muß es in klarem Wasser gründlich gespült, gegebenenfalls mit Seife ausgewaschen und im Schatten getrocknet werden. Pralle Sonne und Ofenhitze zerstören das Leder. Zur Aufgerbung ist ein gelegentliches Einlegen in eine warme Seifenlösung und anschließendes gründliches Auswaschen in klarem Wasser zu empfehlen. Scharfes Auswringen, heißes Wasser und ätzende Substanzen schaden dem Leder ebensosehr wie die stark entfettenden synthetischen Waschmittel. Auch Mineralöle in Form von Bodenöl, Motoren- oder Maschinenöl machen schon in Spuren das

Fensterleder völlig unbrauchbar. Es wird durch sie schmierig und verliert fast völlig seine Saug- und Trockenkraft.

Kunststoffleder treten heute vielfach an die Stelle des Naturproduktes. Sie sind nicht so weich wie dieses, aber viel billiger und vor allem nicht so empfindlich gegenüber heißem Wasser oder Chemikalien.

10.5 Abfluß- oder Rohrreinigungsmittel

bestehen im wesentlichen aus Natriumhydroxid, NaOH, das als starke Lauge das im Küchenausguß angesammelte und erhärtete Fett rasch verseift und dadurch löst.

Abflußrohre von Waschbecken sind meistens durch Haare verstopft.

Auch hier hilft Ätznatron, das das Haarkeratin auflöst und dadurch den Ausguß freimacht.

10.6 Backofen- und Grillreiniger

sind ebenfalls stark alkalische Mittel auf Ätznatronbasis, die als dickflüssige Lösungen oder in Spraydosen in den Handel kommen.

Natriumhydroxid ist ätzend im Sinn der Gefahrstoff-Verordnung und muß deshalb entsprechend verpackt und etikettiert sein. Als Fertigprodukt genügt jedoch der Hinweis: „Vorsicht, ätzend! Augen schützen! Für Kinder unzugänglich aufbewahren!" Trotzdem sollte der Drogist bei der Abgabe natriumhydroxidhaltiger Waren den Kunden auf die Gefährlichkeit derartiger Mittel hinweisen und ihn ermahnen, die Gebrauchsanweisungen genau zu befolgen. Außerdem ist darauf zu achten, daß sich Natriumhydroxid beim Auflösen in Wasser stark erhitzt und dabei zum Spritzen neigt. In Kunststoffröhren darf es nur als abgekühlte, etwa 50%ige Lösung eingegossen werden.

Putzmittel für Kochplatten der Elektroherde sind meistens weißliche Emulsionen oder Aufschwemmungen von Olein-Ammoniakseifen mit Poliergrundstoffen wie Kieselgur, Eisenoxid, Schlämmkreide, Wiener Kalk, Schmirgel- und Bimssteinpulver u. a.

Putzkegel enthalten die Poliermittel eingeschmolzen in Stearin, Paraffin, Natur- und Kunstwachse, Kautschuk u. a.

Ofenschwärze enthält feingepulverten Graphit und Flammruß eingeschmolzen in Harze, Kolophonium, Ceresin und Kunstharze. Zum Anstreichen von Heizkörpern, Ofenröhren usw. werden heute die hitzebeständigen und rostsicheren *Aluminiumfarben* bevorzugt.

10.7 Metallputzmittel

Unedle Metalle und deren Legierungen verlieren durch Oxydation ihren Glanz und werden dadurch unansehnlich, besonders Kupfer und Messing (Legierung aus Kupfer und Zink). Für sie geeignete Putzmittel müssen die an der Luft gebildeten Oxidschichten ablösen und dann das blanke Metall durch mechanisch wirkende Scheuermittel polieren. Die in großer Zahl, hauptsächlich in Pastenform angebotenen Metallputzmittel können folgende Stoffe enthalten:

als Scheuer- und Adsorptionsmaterial: Neuburger Kreide, Wiener Kalk, gefällte Kreide, Kieselgur u. a.

zur Bindung abgelöster Schmutz- und Korrosionsteilchen: Ölsäure (Olein), Diäthanolamin.

zur Entfernung fettiger und anderer Verschmutzungen: Testbenzine oder andere Lösungsmittel, calc. Natriumcarbonat (Soda), Trinatriumphosphat, Natriummetasilikat, Tetranatriumpyrophosphat u. a.

zur Stabilisierung des Gemisches: Kombinationen höherer gesättigter Fettalkohole mit Fettalkoholsulfaten und nichtionogenen Emulgatoren (Jahrbuch für den Praktiker, Augsburg, Ziolkowsky, 1964, S. 38).

A) Rostentfernungsmittel

lockern entweder den Rost mechanisch oder lösen ihn chemisch auf. Dünnflüssige Mineralöle oder Petroleum können eine Rostschicht so weit lockern, daß sie anschließend durch Bürsten, Schaben oder Schleifen verhältnismäßig leicht entfernt werden kann. Dabei dringt der dünne Kohlenwasserstoff auf Grund seiner hohen Benetzungskraft in die feinen Zwischenräume der Rostschicht ein und hebt sie durch Schmier- und Gleitwirkung vom blanken Eisen ab.

Rostlösend wirken Salz-, Schwefel- und Phosphorsäure und saure Salze. Am geeignetsten zur Rostentfernung ist die Phosphorsäure, weil das von ihr gebildete Eisenphosphat seinerseits rostwidrig wirkt. Sehr nachteilig ist bei der Verwendung von Säuren, daß diese nicht nur den Rost, sondern auch das blanke Metall unter Wasserstoffbildung angreifen und auflösen. Um das zu vermeiden, setzt man der Säure sog. Passivierungs- oder Sparbeizmittel in Form von Brindiharzen zu. Eine Lösung von einem Teil dieser Harze in 77 Teilen Salzsäure heißt *Brindisäure*. Sie verringert den Säureangriff auf Eisen zu etwa 95%.

Rostumwandler, Rostprimer, werden direkt auf ungereinigte, rostige Eisenstellen aufgetragen und wandeln dort den Rost in chemische Verbindungen (meist Phosphate) um, die ein weiteres Rosten verhindern. Sie bestehen in der Regel aus Phosphorsäure, Netzmitteln, Fettlösungsmitteln, Sparbeizmitteln, phosphorsauren Salzen und anderen. Die Auflösung des Rostes vollzieht sich bei den Rostumwandlern im wesentlichen nach folgender Umsetzungsgleichung:

$$2\,H_3PO_4 \quad + \quad Fe_2O_3 \quad \rightarrow \quad 2\,FePO_4 \quad + \quad 3\,H_2O$$
Phosphorsäure   Eisenoxid (Rost)   Eisenphosphat   Wasser

Bestecke und andere Gegenstände aus *Edelstahl* (Eisen-Chrom-Nickel-Legierung) neigen unter Einwirkung der in Mayonnaisen, Kompotten, essigenthaltenden Fischkonserven, Säften und anderen Speisen und Getränken enthaltenen Säuren zu Verfärbungen und Anlauffarben. Mit den üblichen Metallputzmitteln können diese Schäden nicht behoben werden, sondern nur mit Spezialpräparaten für Edelstahl. Auch milde Scheuermittel wie Wiener Kalk, gefällte Kreide u. a., mit einem Hartschaumschwamm aufgetragen, oder Behandlungen mit Essig-, Wein- oder Zitronensäurelösungen können hier zum Erfolg führen.

B) Silber

gehört zwar zu den Metallen, die allgemein als Edelmetalle bezeichnet werden. Dieser Begriff bedeutet jedoch nicht, daß derartige Metalle völlig unempfindlich gegen äußere Einflüsse sind.

Das Edelmetall Silber bildet mit Schwefel sehr leicht schwarzes Silbersulfid, Ag_2S. Hierzu genügen Spuren von Schwefelwasserstoff, H_2S, in der Luft, die geruchlich gar nicht mehr wahrgenommen werden. Vor allem aber verursachen schwefelhaltige Speisen wie Eigelb, Senf, Zwiebeln, Fische, Hülsenfrüchte u. a. auf Silberflächen blaue bis blauviolette Anlauffarben.

Angelaufenes Silber kann mit einem *Silberputztuch* wieder blank poliert werden. Es handelt sich dabei um ein saugfähiges Baumwollgewebe, das mit einem flüssigen Metallputzmittel, z. B. einer Ammonium- oder Triäthanolammoniumoleatlösung mit Kieselkreide-, Tripel- oder Englischrotzusatz imprägniert sind.

Silbertauchbäder entfernen ohne mechanische Hilfe das dunkle Silbersulfid auf chemischem Wege durch einfaches Eintauchen des Gegenstandes in die Lösung. Sie bestehen aus Thioharnstoff, einem nichtionogenen Netzstoff in Wasser gelöst, und geringen Mengen Schwefel-, Salpeter- und Phosphorsäure.

Pulverförmige Präparate sind Gemische aus Thioharnstoff und Zitronensäure. Sie werden mit Wasser zu einer Paste angerührt und in dieser Form auf dem Silbergegenstand verrieben. Als Fabrikspezialitäten angebotene Silberreinigungspasten enthalten dieselben Wirkstoffe.

Silbertauchbäder entfernen natürlich auch die in den Vertiefungen vorhandene Schmuckoxydation, die sog. Patina des Antiksilbers. Soll diese erhalten bleiben, so darf der Gegenstand nur mit einem Putztuch bzw. einer Paste behandelt werden.

Alle diese Mittel sind spezielle Silberreiniger und eignen sich nicht für andere Metallflächen. Außerdem sind sie, abgesehen von den Putztüchern, durchweg giftig und müssen deshalb für Kinder unerreichbar aufbewahrt werden.

10.8 Scheuermittel

dienen zur Reinigung von stark verschmutzten Gegenständen aus Metall, Emaille, Stein und Holz. Die im Handel befindlichen Produkte enthalten im allgemeinen 60 bis 80% Bimssteinpulver oder andere Schmirgelkörper (Quarzmehl), 10 bis 20% Soda und (oder) Trinatriumphosphat, 5 bis 10% Ammoniumphosphat und 0,3 bis 1% Tenside. Ein größerer Anteil von ihnen macht die Scheuermittel besonders geeignet für eine appetitliche Reinigung von Küchengeräten, die mit Nahrungsmitteln in Berührung kommen. Zur gründlichen Reinigung von Wasch- und Spülbecken, Badewannen und Toiletten verwendet man chlorhaltige Scheuermittel mit hoher Bleichkraft und desinfizierender und desodorierender Wirkung.

10.9 Universalreiniger, Allzweckreiniger, Haushaltsreiniger

dienen zum Säubern lackierter Türen, Fensterrahmen, kunststoffbeschichteter Küchenmöbel, Geschirrspülmaschinen, Waschautomaten, Kühlschränken, Badewannen, Waschbecken, Wand- und Bodenkacheln, Kunststoff-, Glas-, Porzellan-, Metall-, Emaille-, kurz aller Gegenstände, die eine Naßbehandlung vertragen.

Sie bestehen im wesentlichen aus stark fettlösenden und dispergierenden anionaktiven Tensiden (vgl. S. 288) und Zusätzen von Natriumcarbonat, Trinatriumphosphat, Borax und mitunter geringen Mengen Ammoniumhydroxid, Salmiakgeist.

Universalreiniger kommen pulverförmig, flüssig und in Sprühdosen in den Handel. Sie werden nach der sog. „Abwischmethode", einer schonenden und zeitsparenden Arbeitsweise angewandt, bei der die verschmutzte Fläche lediglich mit einem Lappen abgewischt wird, der zuvor in die Lösung getaucht und dann ausgewrungen worden ist. Nachwischen und Trockenreiben entfallen.

10.10 Reinigungsmittel für Getränkefässer

Fässer, in denen Getränke gelagert werden sollen, müssen sehr sauber gehalten und sorgfältig gepflegt werden, weil Weine und weinähnliche Erzeugnisse fremde Geschmack- und Geruchstoffe leicht aufnehmen.

Arbeitsablauf:
Nach dem Entleeren sorgfältig spülen und ausbürsten. Geöffnetes Faß an der Luft vollkommen austrocknen lassen.

Bis zur neuen Füllung alle 6 Wochen ausschwefeln. Dazu je nach Faßgröße eine oder mehrere brennende Schwefelschnitten an einem Draht durch das Spundloch einhängen. Faß dicht verschließen.

Vor der neuen Füllung abgetropften Schwefel restlos entfernen, sonst Schwefelwasserstoffbildung möglich. Dann mit zweiprozentiger Sodalösung auswaschen zur Neutralisation der schwefligen Säure. Mit klarem Wasser nachspülen.

Eisenteile im Faßinneren mit Unschlitt, Faßtürlesdichte oder Faßharz isolieren, denn Fruchtsäuren bilden gefärbte Eisensalze. Schimmelbelag an der Außenseite abbürsten, Faßreifen entrosten und mit Asphaltlack streichen.

10.11 Fußbodenreinigungs- und -pflegemittel

Diese Produktgruppe soll Hartbeläge wie auch Teppichböden möglichst in einem Arbeitsgang reinigen und pflegen.

10.11.1 Reinigungs- und Pflegemittel für Hartbeläge

Bei der täglichen Reinigung werden Hartbeläge durch Saugen und Kehren gereinigt.

A) Kehrpulver

Um den Staub zu binden und den Bodenbelag mit einer schützenden Hülle zu umgeben, werden auch heute noch Kehrpulver verwendet. Sie bestehen aus staubfeinem Seesand oder Holzmehl, die mit Mineralölen getränkt, mit Terpenen, Bornylacetat u. a. parfümiert und zuweilen mit Teerfarbstoffen getönt sind. Holzhaltige Produkte enthalten zusätzlich noch hygroskopische Stoffe, um Selbstentzündungen zu verhindern.

Zur Beseitigung von Verschmutzungen der Bodenbeläge durch Fette, Öle, Harze, Wachse, Bitumen, Teer und andere schwer entfernbare Stoffe sind *chemische Reinigungsmittel* erforderlich, die jedoch auf die Empfindlichkeit der jeweiligen Beläge sorgfältig abgestimmt sein müssen.

Lösungsmittelunempfindliche Bodenbeläge

Parkett-, Holz-, Steinholz- und Steinböden sowie Beläge aus Linoleum, Balatum, Bedola u. a. werden von Testbenzin, Terpentinöl und ähnlichen Lösern nicht angegriffen, sie sind lösungsmittelbeständig. Zu ihrer Reinigung und Pflege eignen sich folgende Mittel:

B) Lösungsmittelreiniger

Diese Produkte bestehen aus Testbenzin (Terpentinölersatz, Gefahrenklasse A II), das sehr gut löst, ziemlich rasch verdunstet und keinen unangenehmen Geruch hinterläßt. Echtes Terpentinöl wird heute kaum noch eingesetzt, denn es ist teuer, neigt zur Verharzung und zeigt mitunter Löseerscheinungen, die sich auf manche Beläge ungünstig auswirken. Lösungsmittelreiniger eignen sich sowohl zur Grund- wie auch laufenden Reinigung; mit Wasser sind sie nicht mischbar.

Lösungsmittelreiniger mit 4–8 % Wachs in Testbenzin gelöst, beseitigen verschmutzte Wachsschichten und hinterlassen einen polierbaren Film, der zur Pflege des Bodens ausreicht und wegen seines geringen Wachsgehaltes weitgehend rutschsicher ist.

Emulsionsreiniger sind Emulsionen aus wäßrigen WAS-Lösungen und unterschiedlichen Mengen von Lösungsmitteln. Sie entfernen Bodenverschmutzungen, die zum einen Teil in Wasser und zum anderen in Testbenzin löslich sind und dienen zur Grund- und laufenden Reinigung lösungsmittelbeständiger Beläge.

C) Bohnermassen

Diese Reinigungs- und Pflegemittel für lösemittelunempfindliche Beläge sind Pasten aus Wachskompositionen und organischen Lösungsmitteln, hauptsächlich Testbenzinen, die zur Verteilung der Wachskörper und zur Reinigung dienen. Ihre pflegenden Bestandteile sind Wachse, die als dünner Film nach dem Verdunsten des Lösungsmittels auf dem Fußboden zurückbleiben. Billige „Konsumwachse" bestehen fast ausschließlich aus Paraffin, das jedoch seiner Weichheit wegen keine zufriedenstellende Pflegewirkung besitzt. Hartglanzwachse enthalten Carnaubawachs, chemisch verändertes Montanwachs und Synthesewachse, die dem Wachsfilm einen höheren Glanz und eine größere Strapazierfähigkeit (Trittfestigkeit) verleihen. Nach den RAL-Betimmungen müssen derartige Produkte einen Wachskörper mit einem Erstarrungspunkt von mindestens 65 °C besitzen und einen Glanz aufweisen, der einer bestimmten Testpaste entspricht.

Pastenförmige (feste) Bohnermassen enthalten 70 bis 75% Lösungsmittelanteil, flüssige 85 bis 90%. Zur Pflege von Großflächen sind die flüssigen Produkte beliebt, denn sie lassen sich durch Versprühen leicht und mühelos verteilen. Allerdings wird ihres geringen Wachsgehaltes wegen die Porenfüllung des Belages nur allmählich erreicht. Auf dem Haushaltssektor erfreuen sich pastenförmige Produkte auch heute noch großer Beliebtheit, besonders solche in Plastik-Klartuben, aus denen man das Wachs auf einen Schaumstoffwischer drücken und mit ihm auf dem Boden leicht verreiben kann.

Wachsbeizen sind Bohnermassen, die soviel Farbstoff enthalten, daß sie rohes Holz oder abgetretene Linoleumbeläge deutlich anfärben und im Ton etwas verbessern können. Mit ihnen können in einem Arbeitsgang Färbung, Konservierung und Glanz des Fußbodens erzielt werden.

Lösungsmittelempfindliche Bodenbeläge sind:
PVC-Böden (Pegulan, Deliplan, Mipolam, Contan, Febolit, Marley, Dubletta, Tapiflex u. a.).

Flexplatten (Deliflex, Peguflex, Floorflex, Marleyflex u. a.),

Asphalt-Tiles (Floorbest, Plastino, Maxit-Fliesen u. a.).

Sie müssen mit lösungsmittelfreien Reinigungs- und Pflegemitteln behandelt werden. Solche sind:

D) Lösungsmittelfreie Reiniger – Syndetreiniger

Diese Produkte sind Lösungen waschaktiver Substanzen, denen mitunter weiche Scheuermittel zugesetzt sind. Sie besitzen ein gutes Lösungs- und Emulgiervermögen und können, je nach Verwendungszweck, neutral, sauer oder alkalisch eingestellt sein. Linoleumreiniger dürfen in der vorgeschriebenen Verdünnung den pH-Wert 8,5 nicht überschreiten.

Derartige Reiniger sind Naßreiniger und deshalb nur für wasserbeständige Beläge wie Steinböden, PVC-, Linoleum-, Kork-, Gummi- und Kunstharzasbestbeläge geeignet.

Cleaner (engl. clean = rein) enthalten in einer wäßrigen WAS-Lösung feindispergierte Wachse und Kunststoffe. Sie entfernen wasserlösliche Verunreinigungen durch Auflösen, fettige durch die emulgierende Kraft der Tenside.

E) Selbstglanzemulsionen

Diese lösungsmittelfreien Bodenpflegemittel sind Dispersionen aus Glanzwachsen, polymeren Kunststoffen und Kunstharzen wie Polystyrol-Acrylat, Acrylnitril, Methylacrylat u. a.

Auf lösungsmittelempfindlichen Böden liefern besonders die ausschließlich auf Kunststoffen aufgebauten Polymer-Dispersionen einen hochglänzenden und sehr trittfesten Film, der jedoch nicht polierbar ist. Ihrer mechanischen und chemischen Resistenz wegen eignen sie sich auch gut als Grundiermittel für porige und Beschichtungsmasse für lösungsmittelempfindliche PVA- und PVC-Beläge. Diese können nach der Behandlung mit der Dispersion ohne Schaden mit lösungsmittelhaltigen Bohnermassen, Reinigern, Cleanern usw. bearbeitet werden.

Unterschiedliche Emulgatoren liefern *ionogene* und *nichtionogene* Selbstglanzemulsionen. Die ionogenen Typen enthalten 60% sehr fein verteilte Kunststoffe, sind durchscheinend und meistens etwas dunkel. Die nichtionogenen Dispersionen sehen milchig-weiß aus, denn sie bestehen zu 80% aus emulgierten Wachsen in ziemlich grober Verteilung und 20% Kunststoffen. Nach dem Auftragen hinterlassen sie einen polierbaren, klaren und trittfesten Film.

Naßwischmittel sind Selbstglanzemulsionen, die in geringer Menge reinigende Komponenten enthalten. Sie werden wie Selbstglanzemulsionen verwendet, der Schwerpunkt dieser Wisch-Glanzmittel ist die Pflege der Fußböden.

Mehr auf Reinigungswirkung sind die *Wisch-Pflegemittel* eingestellt, die jedoch bei wiederholter Anwendung einen schützenden Pflegemittelfilm hinterlassen. Mit bakteriziden Stoffen und Duftzusätzen ausgerüstet, entsprechen sie erhöhten hygienischen Anforderungen.

F) Nur noch selten verwendete Fußbodenpflegemittel sind:

Tanzsaalglätte: Gelbliches Pulver aus Stearin, Paraffin, Talkum und Ocker zum Glätten des Tanzbodenbelages.

Fußbodenglanzöl: Gemisch aus Leinölfirnis, Sikkativ und Kolophonium zum Konservieren von Holzfußböden.

Fußbodenölemulsion: Mit Seife oder Triäthanolamin emulgiertes Paraffinöl, parfümiert mit Tannenölen bzw. Isobornylacetat.

Fußbodenlack: Siehe Seite 355.

10.11.2 Reinigungsmittel für Teppichböden

Textile Beläge können mit Staubsauger und Kehrmaschine lange Zeit sauber gehalten werden und benötigen erst eine Grundreinigung, wenn sie stark verschmutzt oder durch übertragenes Bohnerwachs verklebt sind.

Teppichreiniger, Teppichshampoos

Diese Erzeugnisse sind konzentrierte Lösungen synthetischer waschaktiver Substanzen, die zum Schutz der Farben schwach sauer eingestellt sind. Trotzdem empfiehlt sich vor der Reinigung eine Farbechtheitsprüfung mit einem in die Shampoolösung eingetauchten weißen Tuch an einer unauffälligen Stelle des Teppichs.

Teppichshampoos müssen einen stabilen Schaum erzeugen, der kein Wasser austreten läßt, das den Teppich durchnäßt und ihn lappig und wellig macht. Nach der Reinigung soll der Schaum zu einem lockeren Pulver auftrocknen, das mit dem gelösten Schmutz leicht abgesaugt werden kann.

Der Gebrauchsanweisung entsprechend wird das Shampoo mit Wasser verdünnt und mit einem Schwamm oder Auftraggerät auf dem Teppich verteilt, wobei immer nur Flächen von etwa 1 m² auf einmal behandelt werden sollen. In feuchtem Zustand wird er einmal in der Faserrichtung und einmal gegen sie gebürstet. Ist der Teppich getrocknet, so wird er noch einmal gründlich abgesaugt, wodurch der letzte Rest des vom Shampoo gelösten Schmutzes entfernt wird.

Abschließendes Überbürsten in der Faserrichtung stellt den Flor auf und bringt die Farben zum Leuchten.

Fleckenentfernungsmittel für Teppichböden siehe Seite 297.

Elektrostatische Ladungen

Durch Begehen, Bürsten, Saugen usw. laden sich textile Bodenbeläge, besonders solche aus Polyamidfasern, elektrostatisch auf. In diesem Zustand ziehen sie Staubpartikel an und halten sie fest, was die Reinigung außerordentlich erschwert.

Elektrostatische Ladungen isolierender Bodenbeläge können bei einer Luftfeuchtigkeit unter 60% nicht abfließen, wohl aber von ursprünglich minimalen Spannungen allmählich auf viele Tausend Volt ansteigen. Um dies zu verhindern, muß durch Erhöhung der Luftfeuchtigkeit auf den Bodenbelägen ein Feuchtigkeitsfilm gebildet werden, der ihre Ladungen beweglich macht und sie abfließen läßt.

Durch Anbringen von Schalen mit Wasser oder Verdampfungsgefäßen an den Heizkörpern kann dem Absinken der relativen Luftfeuchtigkeit unter kritische Werte wirksam begegnet werden. Auch das Aufstellen von Topfpflanzen wirkt sich günstig zur Aufrechterhaltung eines bestimmten Feuchtigkeitsgehaltes aus.

Literatur:

Werner Kiesel: „Rationell reinigen". Anwendungstechnische Abteilung der Siegel-Werke, Düsseldorf.
Technische Informationen Nr. 20, 38, 40, 41 der Beratungsstelle der Deutschen Linoleumwerke AG (DLW), Bietigheim.

10.12 Möbelpflegemittel

Solange auf den Möbeln die Politur bzw. Lackierung elastisch ist, können die glatten Flächen mit einem Staubtauch saubergehalten werden. Besonders geeignet sind die nach Spezialverfahren imprägnierten Tücher, die den Staub aufnehmen, festhalten und in milden Waschmitteln gereinigt werden können.

Mit der Zeit trocknet jedoch die Politur oder Lackierung mehr und mehr aus und wird dann matt und brüchig. Dabei entstehen winzige Hohlräume, in denen sich der Staub so festsetzt, daß er durch einfaches Abreiben nicht mehr zu entfernen ist. Dieser Zustand verschlimmert sich immer mehr, aber durch geeignete Möbelpflegemittel läßt er sich für einige Zeit wenigstens aufhalten und bessern. Bevor diese angewandt werden, muß der Staub aus den Winkeln und Schnitzereien der Möbel gründlich entfernt werden. Hierauf empfiehlt es sich, die Möbel mit einem milden synthetischen Waschmittel feucht abzuwischen, und zwar stets von unten nach oben, damit herabfließendes Wasser keine Spuren hinterlassen kann. Nachdem die gereinigten Flächen völlig abgetrocknet sind, wird das Pflegemittel dünn aufgetragen und durch kreisförmiges Reiben mit einem weichen Flanelltuch einpoliert.

Die Möbelpflegemittel sind als Polituren, Polieröle, Polierwässer und Sprays in sehr verschiedener Zusammensetzung im Handel. Meistens sind sie Mischungen von in Äther und Spiritus gelöstem Schellack, Salmiakgeist und Leinöl, die vor Gebrauch geschüttelt werden müssen, oder es handelt sich um Lösungen von Methylsiliconöl, Carnaubawachs, Paraffin, Ceresin, Kunstwachsen u. a. in Testbenzin, Terpentinöl und anderen organischen Lösungsmitteln.

Möbelpolierwachse sind sehr gute Bohnermassen mit einem hohen Gehalt an glanzgebenden Substanzen.

Kunststoffmöbel können mit einem Allesreiniger naß behandelt werden. Für schwer zu entfernende Kugelschreiber-, Filzstift-, Schuhcreme- und andere Flecke werden alkoholhaltige Spezialreiniger angeboten, die gleichzeitig einen antistatischen Belag auf den Oberflächen hinterlassen.

10.13 Lederpflegemittel

10.13.1 Schuhpflegemittel

Das Leder ist eine organische Substanz und altert deshalb mit der Zeit. Allmählich wird dadurch seine Oberfläche rauh und porös und sein Gefüge brüchig.

Das Sohlen- und Oberleder der Schuhe wird neben der mechanischen Belastung zusätzlich noch durch Fußschweiß, Wasser, Schnee und Eis geschädigt, denn letztere entziehen ihm den Gerbstoff. Darum muß das Schuhwerk durch gute Pflegemittel vor zu rascher Vernichtung bewahrt werden.

1. Schuhcremes

Zur Konservierung und Auffrischung der Straßenschuhe dienen die *Schuhcremes*. Sie verleihen ihnen einen dünnen Wachsüberzug, der das Leder glänzend macht und gegen atmosphärische Einflüsse und bis zu einem gewissen Grad auch gegen Nässe schützt.

Schuhcremes sind salbenartige Auflösungen von Wachskompositionen aus synthetischen Wachsen, Ceresin, Montanwachs, Japanwachs, Bienenwachs, Carnaubawachs, Paraffin und anderen in Terpentinöl oder Testbenzin (Terpentinölersatz). Gefärbt werden die Schuhcremes mit fettlöslichen Teerfarben, zum Beispiel schwarz mit Nigrosin.

2. Lederfette und Lederöle

Stark beanspruchtes Schuhwerk wie Wander- und Skistiefel, Arbeitsschuhe usw. werden am besten mit Lederfetten oder Lederölen gepflegt. Diese stellen Kombinationen aus Tran, Talg, Mineral- und Silikonölen dar, die tief in das Leder eindringen und seine Elastizität und Wasserfestigkeit wesentlich erhöhen und erhalten.

3. Schuhweiß

Wenn auch aus Textilien bestehend, seien der Vollständigkeit wegen an dieser Stelle einige Hinweise zur Pflege der Stoffschuhe gegeben. Diese werden mit Schuhweiß behandelt, einer Anreibung verschiedener Weißpigmente, vor allem Titandioxid, mit wasserlöslichen Bindemitteln. Zusätze von Magnesiumcarbonat, Bolus, Zinkoxid, gefällter Kreide und ähnlichen weißen Pulvern entfernen mechanisch den Schmutz von den Leinenschuhen und wirken zugleich deckend. Schuhweißsteine enthalten dieselben Substanzen wie die flüssigen Produkte.

10.13.2 Mittel zur Pflege von Ledermöbeln, Ledertaschen, Lederkoffern usw.

Soweit diese Gegenstände nicht zu sehr abgegriffen, rissig oder sonstwie mechanisch beschädigt sind, können sie mit geeigneten Mitteln im Aussehen wesentlich verbessert werden. Zunächst sind sie mit einem trockenen Tuch gründlich abzureiben, dann können sie mit einer guten farblosen Schuhcreme poliert werden. Mäßig abgenutzte oder farblich unschön gewordene Lederwaren mit glatter Oberfläche lassen sich mit *Lederfarben* behandeln.

Bei diesen Produkten handelt es sich um raschtrocknende Nitrocelluloselacke, die das Leder mit einem gut haftenden Film überziehen.

Bevor der Lack aufgetragen wird, müssen die Lederwaren tadellos gesäubert und alle Wachsreste entfernt werden. Mitunter genügt hierzu schon warmes Seifenwasser oder eine WAS-Lösung. Schuhe dagegen müssen mit Benzin oder einem flüssigen Flecklöser gründlich gereingt werden, denn der Lack kann nur halten, wenn er tief in die Poren des Leders eindringen und sich innig mit ihm verbinden kann. Von Schließen, Bügeln, Knöpfen usw. kann der Lederlack mit Aceton leicht wieder entfernt werden. Sowohl der Lack als auch seine Lösungsmittel sind feuergefährlich; ihre Dämpfe können betäubend wirken.

10.11.3 Mittel zur Reinigung und Pflege der Lederkleidung

Lederkleidung kann vom Laien kaum in befriedigender Weise selbst gereinigt werden, denn kaum ein anderes Material reagiert so empfindlich auf falsche Behandlung wie weiches Leder.

Am empfindlichsten ist *Veloursleder,* das in seinen guten Qualitäten aus Ziegenhaut hergestellt wird.

Manchmal bereitet der Schleifstaub, der beim Feinschliff des Veloursleders entsteht, Kummer. Es ist ratsam, unter der neuen Velourslederkleidung anfangs keine hellen Kleidungsstücke zu tragen. Absaugen der Innenbesätze mit der kleinen Düse des Staubsaugers und Abreiben mit einem feuchten Tuch helfen. Man sollte Lederkleidung (übrigens auch alles andere aus Leder) erst dann tragen, wenn man die neue oder gereinigte Lederkleidung mit einem Spezialspray sorgfältig gegen Regen, Fett und Staub imprägniert hat.

Veloursleder muß von Zeit zu Zeit mit einem Gummi-Krepptuch trocken abgerieben und dadurch gleichzeitig aufgefrischt werden. Wenn Lederkleidung naß geworden ist, trocknet man sie am besten in der frischen Luft, am Fenster, auch im Korridor, aber nicht in überheizten Räumen und vor allem nicht in Ofen- oder Heizkörpernähe, damit das Leder nicht hart wird. Eventuelle Wasserflecken lassen sich auch mit dem Gummi-Krepptuch entfernen. Auch sollte das Kleidungsstück hin und wieder mit einer Kleiderbürste ausgebürstet werden.

Kugelschreiberstriche, verhärtete Flecken und Wachse vorsichtig mit einem Messer und feinem Glaspapier bearbeiten. Bei leicht verschmutztem Veloursleder (Kragen) sollte man einen Lederreinigungsspray in Verbindung mit dem Gummi-Krepptuch verwenden, nie Benzin oder Fleckchemikalien. Fett- und Ölflecken sofort mit trockener Kreide oder Magnesia bestreuen, über Nacht liegenlassen, dann ausbürsten. Danach eventuell auch ein Lederreinigungsspray benützen. Zucker- und eiweißhaltige Flecken (Speisen, Getränke, Blut) mit lauwarmem Wasser ausreiben. Nach jeder Fleckenbehandlung das trockene Veloursleder mit Bürste und Krepptuch aufrauhen und verhärtete Stellen in der Hand gegeneinander weich reiben.

Nappaleder besitzt eine natürliche genarbte Oberfläche, die fast immer mit einer schützenden Deckschicht versehen und deshalb verhältnismäßig widerstandsfähig ist. Es verträgt eine Schaumreinigung mit Feinwaschmitteln, wobei jedoch das Leder nicht zu stark durchfeuchtet werden darf, weil sonst Wasserflecken zurückbleiben, die kaum noch zu beseitigen sind. Nach dem Trocknen wird mit einem Spezialpflegemittel eingecremt und nachpoliert.

Lederhandschuhe werden zur Reinigung über die Hand gezogen und dann mit einem Feinwaschmittel gewaschen. Anschließend drückt man sie in einem Frottierhandtuch aus, bläst sie auf und legt sie zum Trocknen auf eine saugfähige Unterlage, wobei Sonnen- und Heizungswärme zu vermeiden sind. Fast trocken werden die Handschuhe wieder angezogen und leicht massiert, wodurch sie geschmeidig bleiben.

Fensterleder, Chamoisleder siehe Seite 307.

10.14 Autopflegemittel

Autopflegemittel, die dem Drogeriesortiment zugeordnet werden können, dienen der Reinigung und Pflege der Karosserie, der Glasscheiben und der Innenausstattung des Fahrzeugs.

Diese Produktgruppe umfaßt:

10.14.1 Reinigungsmittel

1. *Autoshampoo für die Karosserie*

Verschmutzungen lackierter Flächen müssen mit viel Wasser (Schlauch, Schlauchbürste, Schwamm) abgewaschen werden. Dabei ist jeder Druck zu vermeiden, denn harte Bestandteile des Schmutzes wirken wie Schmirgel und zerkratzen den Lack. Je nach dem Grad der Verschmutzung kann dem Waschwasser ein Autoshampoo, das waschaktive Tenside enthält, zugesetzt werden. Nach wiederholtem Abwaschen wird die Karosserie mit dem Chamoisleder abgetrocknet.

Alle diese Arbeiten und auch das Polieren dürfen nicht bei intensiver Sonnenbestrahlung oder auf der warmen Motorhaube durchgeführt werden, weil bei rascher Wasserverdunstung Kalkflecken zurückbleiben, die nur schwer wieder zu entfernen sind.

2. *Teppichshampoo für die Innenbodenbeläge*

Die Stoffpolster des Wagens werden zuerst mit einem Staubsauger gründlich entstaubt und dann abgebürstet. Bei stärkerer Verschmutzung hilft ein Teppichshampoo, das wie bei den textilen Bodenbelägen angewandt wird (vgl. S. 315).

3. *Kunststoffreiniger*

Kunststoffreiniger, Plastikreiniger, sind flüssige Reinigungsmittel auf Fettalkoholsulfonatbasis. Sie werden mit einem nassen Schwamm aufgetragen oder aus der Druckdose aufgesprüht, dann mit Wasser verdünnt mit einem Schwamm oder einer weichen Bürste verarbeitet.

4. *Glasreiniger für Fenster-, Scheinwerfer- und Rückstrahlerscheiben*

Die *Fahrzeugscheiben* lassen sich normalerweise mit Wasser und einem nur für diesen Zweck bestimmten Chamoisleder säubern. Fettige Verschmutzungen und angetrocknete Insekten erfordern dagegen Präparate nach Art der auf S. 307 besprochenen *Glasreiniger*. Diese können auch dem Wasser der Scheibenwaschanlage zugesetzt werden.

Manche Fensterreinigungsmittel enthalten zur *Entfrostung* Zusätze von Propylenglykol, Triäthanolamin, Isopropylalkohol. Methylalkohol sollte seiner Giftigkeit wegen nicht verwendet werden. In Spraydosen werden sie auch zum Abtauen vereister Scheiben angeboten.

5. *Chromreiniger*

sind pastenförmige Metallputzmittel, wie sie auf S. 308 abgehandelt sind. Sie werden mit einem Lappen dünn aufgetragen und dem Verschmutzungsgrad entsprechend unter Druck verrieben. Nach kurzer Einwirkungszeit wird mit Watte poliert.

6. *Teerentferner*

enthalten meistens Trichloräthylen und Schwerbenzine. Bei einigen Präparaten, die mit Emulgatoren versehen sind, können Teerentferner und gelöster Schmutz mit Wasser abgespült werden.

10.14.2 Lack- und Chromkonservierungsmittel

1. *Waschkonservierer*

Um den Lack zu schützen und ihn länger glänzend zu erhalten, kann man dem Waschwasser einen Waschkonservierer zusetzen. Derartige Produkte sind wachs- und silikonhaltige Emulsionen, die als dünne Schicht auf den Lack aufziehen und wasser- und schmutzabweisend wirken.

2. *Feste und flüssige Konservierer*

Besseren Schutz und länger anhaltenden Glanz gewährleisten feste und flüssige Konservierer. Es handelt sich dabei um Kombinationen hochwertiger Hartwachspolituren mit stark wasserabweisenden Silikonölen. Sie werden auf den gut gereinigten, trockenen Lack aufgetragen und mit Watte auspoliert.

Ältere, etwas stumpf gewordene Lacke werden mit *Reinigungspolituren* behandelt, denen weiche Schleifkörper wie gefällte Kreide, Kaolin, Kieselgur, Wiener Kalk, Polierrot u. a. zugesetzt sind.

Zur Auffrischung sehr gealteter „toter" Lacke mit eingefressenem Schmutz sind *Lack-Intensiv-Reiniger und -Polierer* erforderlich.

Es handelt sich bei ihnen um Schleifpolierpasten, sog. *Cleaner,* die in glanzgebenden Wachskombinationen Schleifmittel wie Bimsmehl, Tripel, Schmirgelpulver u. a. enthalten. Sie greifen den Lack an, tragen die oberen, verwitterten Schichten ab und müssen deshalb sehr sorgfältig verarbeitet werden. Mit ihnen behandelte Stellen erscheinen matt und müssen anschließend mit einer Hartwachspolitur behandelt werden.

3. *Chromschutzklarlack*

schützt die verchromten Metallteile der Karosserie vor der Einwirkung von Streusalz im Winter. Er kann mit Benzin leicht wieder abgenommen oder in Streifen abgezogen werden.

10.14.3 Reparaturmittel

1. *Reparaturlack*

Farbtongetreue Reparaturlacke, deren Bezeichnung und Nummer in jedem Fahrzeug angegeben sind, dienen zur Ausbesserung kleinerer Lackschäden wie Absplitterungen an Türkanten, Kratzer, Steinschlagschäden usw. Sie kommen als Lackstifte mit einem feinsten Pinsel zum Auftragen der Farbe oder in Sprühdosen in den Handel. Die Lackfarbensprühtechnik ist einfach: Dosen kräftig schütteln bis die Mischkugel deutlich klappert, dann den Lack aus etwa 25 cm Entfernung dünn aufsprühen in mehreren Arbeitsgängen mit den notwendigen Trockenpausen, bis die erforderliche Schichtdicke erreicht ist.

2. *Entroster*

Wesentlich schwieriger sind Roststellen zu beseitigen, besonders wenn es sich um Unterrostungen handelt, die durch Diffusion von Wasser unter dem mechanisch unversehrten Lackfilm entstehen.

Zunächst muß der Rost mechanisch durch Abklopfen, Schaben, Schleifen usw. und der Lack mit Nitroverdünnung an den Schadstellen restlos entfernt werden. Dann wird ein Rostumwandler, Kaltentroster, Rostprimer aufgetragen, der Eisenoxid in Eisenphosphat umsetzt (vgl. S. 309). Nach 1 bis 3 Stunden Einwirkungsdauer, während der immer wieder das Mittel neu zugegeben werden muß, wird mit Wasser gründlich gespült und dann abgewartet, bis die Schadstelle völlig trocken ist. Kleinere Schäden werden nun mit Rostschutzgrund, der in Sprühdosen oder für den Pinselauftrag als sog. Zinkstaubgrundierung angeboten wird, behandelt. Dann kann der Farbauftrag mit der Sprühdose erfolgen.

Durchrostungen werden mit Glasfasermatten überklebt und diese mit 2–3 Schichten schnelltrocknendem Polyesterspachtel, der zuvor mit einem Härter verrührt wird, überzogen. Nach etwa 30 Minuten ist diese Masse durchgetrocknet und kann geschliffen werden. Als letzter Feinüberzug dient Autospachtel.

Nach wiederholtem Schleifen mit immer feineren Mitteln wird zuletzt mit der Sprühdose der Lack aufgebracht.

3. *Unterbodenschutz*

Dieser soll den Wagenboden vor der Einwirkung von Streusalz und Steinschlag schützen. Er bildet eine elastische Schutzhaut auf Bitumen-Kautschuk-Wachs-Basis. Derartige Präparate kommen für den privaten Gebrauch vorwiegend in Sprühdosen in den Handel.

4. *Gleitmittel – Kriechöle*

dienen zum Besprühen von Federn, Schrauben, übereinanderliegenden Blechen usw., um Quietsch- und Knarrgeräusche zu beseitigen. Derartige Produkte sind graphitierte Mineralöle mit einem Zusatz von Molybdändisulfid, das rostlösend und korrosionshemmend wirkt.

10.14.4 Kühler-Frostschutzmittel

Diese Erzeugnisse bestehen im wesentlichen aus hochsiedenden, schwer entflammbaren organischen Flüssigkeiten, vor allem aus Äthylenglykol, $HO \cdot CH_2-CH_2 \cdot OH$. Eine Mischung von 3,5 Liter Glykol mit 6,5 Liter Wasser gewährt einen Frostschutz bis $-20\,°C$.

Markenprodukte wie Glysantin (BASF) und Genantin (Anorgana-Gendorf) sind Glykolpräparate mit bestimmten Zusätzen, die Lacke, Metalle, Kunststoffe und Kautschuk nicht angreifen.

10.15 Kerzen

10.15.1 Geschichtliches

Die Kerze, die heute fast nur noch eine Zierde für Haus und Wohnung darstellt, hat eine lange Geschichte. Bei den alten Völkern spielte sie besonders zur Zeit der Völkerwanderung bei kultischen Handlungen eine bedeutende Rolle. Das Christentum führte diese Tradition fort, indem die Opfer- und Weihekerze zum Objekt religiöser Zwecke wurde.

Im frühen Mittelalter wurden Kerzen meistens in den Klöstern hergestellt. Daneben dienten diese Lichter aber auch dem weltlichen Gebrauch. Fürstenhöfe und Adelspaläste benutzen sie nicht selten in verschwenderischem Luxus, um damit ihre Macht und ihren Reichtum in Glanz und Pracht kundzutun.

Im 13. Jahrhundert bestand bereits die Zunft der Wachszieher und Lebzelter. Neben Eisen, Leder und Gold gehörte damals das Wachs zu den edlen Rohstoffen, und die Handwerker, die es verarbeiten, waren so hoch angesehen, daß sie sogar einen Degen tragen durften.

Im 15. Jahrhundert kam in den Bürgerhäusern die Unschlittkerze auf, die auf einfachste Weise, mit einem Wollfaden als Docht, selbst hergestellt wurde.

Beide Rohstoffe waren wenig geeignet, und so kam es, daß bei geringer Leuchtkraft stets ein übler Geruch von brennenden Kerzen ausging, woran vor allem der Docht schuld war, der wohl brannte, aber nicht verbrannte. Er mußte deshalb fortgesetzt mit der Lichtputzschere „geschneuzt" werden, was Goethe mit folgenden Worten anschaulich schilderte: „Ich wüßte nicht, was sie besseres erfinden könnten, als wenn die Lichter ohne Putzen brennen".

10.15.2 Kerzenrohstoffe

1. *Brennstoffe*

a) *Bienenwachs*

Dieses Ausscheidungsprodukt der Honigbiene, Apis mellifica, besteht aus Palmitinsäure-Melissylester, Cerotinsäure, Farb- und Riechstoffen. Es besitzt einen angenehmen, honigartigen Geruch. In der Kälte ist Bienenwachs hart und spröde, zeigt aber bei Normaltemperatur eine außerordentlich große Plastizität, die bei der Verzierung von Kerzen mit Ornamenten ausgenützt wird.

Wo die schöne Bienenwachsfarbe, der anziehende Mattglanz und beim Brennen der Honigduft erwünscht sind, wird Bienenwachs rein oder mit anderen Brennstoffen vermischt zu Kerzenstumpen, Baumkerzen und verschiedenen Luxuskerzen verarbeitet.

b) *Walrat.* Cetaceum wird beim Erkalten aus einem Öl ausgeschieden, das in den Schädelknochen und in Höhlungen des Rückgrats des Pott- und Spermwals vorkommt. Es stellt eine schneeweiße, etwas durchscheinende, perlmuttglänzende, großblätterig-kristallinische Masse dar, die sich fettig anfühlt. Ihr Geruch ist schwach, etwas ranzig. Walrat ist ein hochwertiger Kerzenbrennstoff.

c) *Carnaubawachs.* Das von der Palmenart Copernica cerifera und australis stammende Wachs besteht aus Cerotinsäure und Melissylester und ist in der Kerzenindustrie das wichtigste Ersatzmittel des Bienenwachses. Es ist geruchlos, sehr hart und in ungebleichtem Zustand grauweiß.

d) *Japanwachs.* Dieses von verschiedenen in Japan beheimateten Sumacharten stammende Produkt ist dem Bienenwachs ebenfalls sehr ähnlich und wird wie dieses in der Kerzenfabrikation verwendet.

e) *Stearinsäure.* Im 19. Jahrhundert stellte der französische Chemiker Milly den ausgezeichneten Kerzenrohstoff Stearinsäure, $C_{17}H_{35}COOH$, in der Praxis kurz Stearin genannt, durch Abspalten von Glycerin und flüssigen Fettsäuren aus tierischen und pflanzlichen Fetten her. Es verleiht durch die in seinem kristallinen Gefüge enthaltene Luft der Kerze eine reinweiße, kompakte Farbe. Als schlechter Wärmeleiter erzeugt sie außerdem beim Brennen der Kerze eine gute Brennschüssel mit hohem Rand, der den Inhalt nicht ausfließen läßt.

f) *Paraffin.* Seiner guten Brenneigenschaften und seines niedrigen Preises wegen ist heute das bei der Erdölspaltung anfallende Paraffin der wichtigste Kerzenrohstoff. Durch Zusatz von Stearin, synthetischen Polyäthylenwachsen, z. B. Höchstwachs PA 520, oder veredelten Montanwachsen (hochschmelzende Paraffine) wie Ruhrwachs SH 105 oder SF 1002 wird Paraffin als Brennmasse für Kerzen wesentlich verbessert. Diese härtenden Komponenten dienen auch beim Austunken von Paraffinkerzen. Mit derartigen qualitätsverbessernden Zusätzen versehen, jedoch ohne weitere Kennzeichnung, heißen sie *Kompositionskerzen*. Stearinkompositionskerzen müssen mindestens 25% Stearin enthalten.

Beim Brennen wird durch die Hitze der Flamme der Kerzenstoff verflüssigt und vom Docht aufgesaugt. Gleichzeitig strömt von außen kalte Luft am Schaft der Kerze empor und wird durch die Erwärmung ständig in Bewegung gehalten. Durch die Kühlung von außen und das Wegschmelzen von innen bildet sich eine kraterartige Vertiefung des Kerzenanteils. Der Rand dieses Kraters hat bei Kerzen aus Stearin einen scharfen Grat. Alle anderen Kerzen zeigen am Rand einen gerundeten Wulst. Im Krater darf sich nur so viel geschmolzene Kerzenmasse ansammeln, als dieser fassen kann. Damit eine genügend große und ruhige Flamme entstehen kann, muß der Luftstrom gleichmäßig an der Kerze aufsteigen können. In brennendem Zustand ist sie deshalb vor Zugluft zu schützen.

10.15.3 Der Docht

Von der Beschaffenheit und richtigen Auswahl des Dochtes hängt weitgehend das einwandfreie Brennen der Kerze ab.

Er wird aus Zellwoll- oder Baumwollfäden zopfartig geflochten, ist meistens dreiteilig und auf den Querschnitt abgeflacht.

Der Flachdocht neigt sich beim Brennen zur Seite, wodurch seine Spitze im heißesten Teil der Kerzenflamme verbrennt. Nur Altar- und besonders dicke Zierkerzen werden mit Runddochten ausgerüstet. Außerdem muß der Docht mit Lösungen von Borsäure, Ammoniumsulfat, Ammoniumphosphat und anderem imprägniert werden, damit er beim Brennen seine Form behält, die man nicht durch Abbrechen der Spitze zerstören darf. Die Salze haben ferner den Zweck, die zwar geringen, aber störenden Aschenreste zusammenzuschmelzen. Fehlen diese Salze, so bleibt am Ende des Dochts ein Aschenfaden hängen, der dann in den Kerzenkrater hineinfällt und ein Auslaufen der geschmolzenen Kerzenmasse zur Folge hat.

10.15.4 Kerzenherstellung

1. *Ziehen*

Bei diesem Verfahren wird ein Docht dauernd durch eine geschmolzene Wachsmasse gezogen, wobei sich auf die erkaltende Schicht stets wieder eine neue legt, so daß der Kerzenstrang, je öfter er das Bad passiert, immer stärker wird. Zwischen den Wachsschichten befindet sich Luft, die die gezogene Kerze, auch wenn sie aus durchscheinendem Material besteht, weiß erscheinen und als schlechter Wärmeleiter eine gute Brennschüssel entstehen läßt. Durch Ziehen können nur zylindrische Kerzen hergestellt werden, deren Fuß und Kopf nachträglich durch Abschmelzen in Formen oder Abfräsen angebracht werden müssen.

2. *Tauchen*

Dieser Vorgang ähnelt dem Ziehen. Die in ein Gestell eingespannten Dochte werden so lange in die flüssige Wachsmasse getaucht, bis Kerzen der gewünschten Stärke entstanden sind. Die Weiterverarbeitung erfolgt wie beim Ziehen.

3. *Gießen*

Hierbei wird die geschmolzene Wachskomposition in Formen gegossen, in deren Mitte sich der Docht befindet. Nach diesem Verfahren lassen sich Kerzen in Kugel-, Barock- oder jeder anderen Zierform herstellen. Dient als Brennstoff ein durchscheinendes Wachs, so bleibt die gegossene Kerze, weil sie nur wenig Luft enthält, transparent. Ihre Brennschüssel kann jedoch infolge Überhitzung durchbrechen und ausrinnen.

4. *Pressen*

Aus knetweich erwärmtem Wachs werden durch Pressen in Formen Figurenkerzen, Ostereierkerzen, 24-Stunden-Brenner usw. hergestellt. Beim Brennen verhalten sie sich wie gegossene Kerzen.

5. *Verzieren*

Zur Verbesserung des Ausssehens und der Haltbarkeit werden die Kerzenrohlinge in einer härteren Wachsmasse „ausgetunkt" oder fertige Kerzen in einer gefärbten Masse „übertunkt". Zum traditionellen Elfenbeingelb, Naturgelb und Rot gesellen sich heute Blau, Rosa, Grün, Violett, Schwarz und die verschiedensten Mischtöne.

Die Verzierungen werden in Form eines Wachsmantels angebracht, der früher in kunstvoll geschnitzten Holzmodeln gegossen wurde. Heute besorgen diese Arbeit Walzmaschinen, welche die historischen handwerklichen Muster vollendet nachahmen. Bemalt werden die Kerzen mit Wachsfarben. Eine einfache Verzierung ist auch mit Abziehbildern möglich, die besonders für Votivkerzen beliebt sind.

10.15.5 Kerzensorten

1. *Nach dem Verwendungszweck:*
Haushalts-, Leuchter-, Kutschen-, Laternen-, Rauchtischkerzen.

2. *Nach der Form:*
Stumpen-, Kugel-, Kegel-, Ketten-, Peitschen-, Spitz-, Stilkerzen, glatt, gerippt, gedreht, antik.

3. *Nach dem Anlaß:*
Geburtstags-, Advents-, Baum-, Tauf-, Kommunions-, Grab- und Altarkerzen, Lebenslichte.

4. *Sonderformen:*
Tropfkerzen (mit dünnem Docht und leichtschmelzender, gefärbter Kerzenmasse), *Leucht-* oder *Hohlbrandkerzen,* deren Kerzenmantel in Form und Farbe erhalten bleibt, wodurch ein wirkungsvoller Leucht- und Laterneneffekt entsteht, *Duftkerzen* (Parfum-lights) mit duftausstrahlenden Zusätzen, *Blumensteckkerzen, Teelichte, Stunden- und Tagesbrenner* (Öllichte).

10.15.6 Handelsformen und Verpackung

Gesetzliche Bestimmungen bestehen hinsichtlich der Gewichtsangaben, die auf der Außenseite der Verpackung gut erkennbar in Gramm- oder Bruchteilen von Kilogramm angegeben sein müssen.

Nach Stückzahl und Gewicht gibt es Packungen mit 4, 6, 8, 10, 12, 14, 15, 16, 18, 20, 24, 30 und 40 Stück, wobei 6er, 8er, 10er die wichtigsten Größen für Kronen- und Tafelkerzen, 6er und 8er für Wagenkerzen, 4er, 6er, 8er, 10er, 12er, 14er, 16er, 18er, 30er und 40er für Advent- bzw. Rauchtischkerzen und 12er, 15er, 20er, 24er und 30er für Baumkerzen sind. Das Gewicht der Packung ist gesetzlich vorgeschrieben und beträgt brutto 500, 330 und 250 g bzw. netto 470, 300 und 225 g. Die handelsübliche Bezeichnung ist zum Beispiel 500/8er oder 250/20er, was bedeutet, daß in einer Schachtel von brutto 500 g sich 8 Kerzen bzw. in einer Schachtel von brutto 250 g 20 Kerzen befinden.

Beim *Lagern* vertragen die Kerzen weder hohe Temperaturen noch Druck.

Dünne Kerzen sind in der Packung liegend, dicke und lange Kerzen am Docht hängend oder stehend aufzubewahren. Farbige Kerzen sind oft lichtempfindlich.

Literatur:

Fachbuch für Wachszieher. Bayerische Wachszieher-Innung, Augsburg 1966.
Bechner-Lödl: Neuzeitl. Wachswaren u. ihre Herst. Augsburg, Ziolkowsky 1954.

11. Anstrichmittel

Anstrichmittel sind Mittel, die in einem Streichverfahren mit Pinsel oder Bürste angewandt werden, und flüssige bis pastenförmige, physikalisch und/oder chemisch trocknende Stoffe oder Stoffgemische, die durch Streichen, Spritzen, Tauchen, Fluten und andere Verfahren auf Oberflächen aufgetragen werden. Sie dienen zur Erzeugung eines schützenden (z. B. Rost- und Witterungsschutz) oder verschönernden (z. B. künstlerische Malerei oder Zieranstriche) Überzugs über irgendwelche Gegenstände des täglichen Lebens, der Kunst und der Technik.

Soll nun ein solcher Überzug, meist in Form einer zusammenhängenden, mehr oder minder dicken Schicht, erreicht werden, muß das Anstrichmittel zunächst flüssig bzw. pastenförmig vorliegen.

Alle deckenden weißen, schwarzen und bunten Anstrichmittel sind homogene Pasten (gr. homoios = gleichmäßig) aus staubfeinen Farbkörpern, Pigmenten (lat. pigmentum = Farbstoff) mit filmbildenden Bindemitteln und Verdünnern.

Teure Pigmente werden für die Anstrichtechnik aus Preisgründen häufig mit billigen Zusätzen, Füllstoffen, verschnitten z. B.:

Pigmente	Füllstoffe – Streckmittel
Natürliche Erdfarben	Schwerspat
Künstliche Mineralfarben	Leichtspat
Künstliche organische Farben	Kaolin
Schwarzpigmente	Kreide u. a.
Metallpigmente	

11.1 Pigmente

Die wichtigsten Pigmentfarben sind:

Natürliche Erdfarben
Künstliche Mineralfarben
Künstliche organische Farben, Farblacke, Substratfarben
Schwarzpigmente
Metallpigmente

11.1.1 Natürliche Erdfarben

werden durch Mahlen, Schlämmen, Trocknen, Sieben, Glühen und andere physikalische Verfahren aus natürlich vorkommenden Erden, Gesteinen und

Mineralien gewonnen. Schon vom steinzeitlichen Menschen zu Höhlenmalereien, z. B. in Altamira verwendet, sind sie auch heute noch zeitgemäß. Für bestimmte Voll- und Pastelltöne, Lasurfarben, Fassadenfarben und verschiedene andere Zwecke sind sie unentbehrlich und wegen ihrer vielen wertvollen Eigenschaften geschätzt. Erdfarben sind billig, vollkommen lichtecht, ungiftig, mit allen Bindemitteln und anderen Farbstoffen verträglich und können auf jeden Untergrund aufgetragen werden. Ihre Farbtöne sind jedoch wenig leuchtend, eher stumpf.

A) Weiße Erdfarben

sind weiß bis gelblich-grau und besitzen in wäßrigen Bindemitteln (vgl. S. 336) ein gutes Deck- und Färbevermögen. In öligen Bindemitteln (vgl. S. 338) sind sie gelblich lasierend und decken schlecht. Weiße Erdfarben sind lichtecht und mit allen anderen Pigmenten verträglich. Häufig dienen sie als Streckmittel für weiße und bunte Mineral- und organische Farben.

Weiße Erdfarben

Bezeichnung	Zusammensetzung	Eigenschaften	Verwendung
Kreide	Calciumcarbonat $CaCO_3$. Mikroskopisch kleine Gehäuse von Urtieren (Foraminiferen) mit Bruchstücken von Skeletten anderer Tiere mit Kalkgehäuse	Gelblichweiß, matt, undurchsichtig, leicht zerreiblich, abfärbend	in der Zimmermalerei zu Wand- und Deckenfarben in wäßrigen Bindemitteln, naturfarben oder abgetönt. Zur Herstellung von Kitten, Spachtelmassen, Porenfüllern, Vorlacken und Lackfarben.
Gips, Alabastergips	Calciumsulfat $CaSO_4$	reinweißes Pulver	Substrat (Trägerstoff) für Farblacke, Verschnittmittel für Weiß- und Buntfarben.
Malerton, Koalin, Pfeifen-, Porzellan-, Bleicherde, Weißer Bolus, China clay	Wasserhaltiges Aluminiumsilikat etwa von der Formel $Al_2O_3 \cdot 2SiO_2 \cdot 2H_2O$	feines weißes, weiches Pulver	Verschnittmittel für Weiß- und Buntfarben. Substrat für Farblacke. Zum Bleichen von Leinöl (Bleicherde).

Fortsetzung der Tabelle siehe nächste Seite

Bezeichnung	Zusammensetzung	Eigenschaften	Verwendung
Schwerspat, Baryt, Blanc fixe, Barytweiß, Permanentweiß, Bakola-Malerweiß, Durablank, Blankbaryt	Bariumsulfat $BaSO_4$	feines, weißes, schweres Pulver. Absolut lichtecht, wetterbeständig. Mit allen Pigmenten und Bindemitteln verträglich, in wäßrigen gut, in öligen schlecht deckend	Verschnittmittel für Weiß- und Buntfarben, besonders Bleimennige (bis 40%). Zusatz zu Dispersionsfarben und Plastikmassen. In der Leim-, Kasein-, Kalk- und Wasserglastechnik. Substrat für Teerfarben und künstl. Mineralfarben, besonders Lithopone.

B) Bunte Erdfarben

bestehen aus weißen Unterlagen (Substraten), wie Tonerde, Schwerspat, Gips u. a., die durch Metallverbindungen oder Kohlenstoff mehr oder weniger stark gefärbt sind. So enthalten die Ockerarten: Eisen(III)-oxidhydrat $FeO(OH)$, rote Erdfarben, wie Englischrot oder Eisenmennige: Eisen(III)-oxid Fe_2O_3, Umbra: Mangan (III)-oxid Mn_2O_3, Grüne Erde: Eisensilikate verschiedener Zusammensetzung, Schiefergrau: etwa 5% Kohlenstoff als färbenden Bestandteil.

Bunte Erdfarben

Bezeichnung	Zusammensetzung	Eigenschaften	Verwendung
Ocker Terra di Siena (Erde von Siena)	Verwitterungsprodukte von Eisenerzen und Feldspat. Durch 60–70% Eisenoxide, -hydroxide und -sulfate hellgelb bis gelbbraun gefärbt. Durch Erhitzen braune bis rote Töne: gebrannter Ocker	hellgelbe bis gelbbraune Pulver. Lichtecht. Ungiftig. Mit allen Pigmenten mischbar	Für Mal- und Anstricharbeiten in wäßrigen Bindemitteln. Ölfarbenocker auch für ölige Bindemittel und Lacke. Fußbodenocker oft mit Bleifarben vermischt.

Fortsetzung der Tabelle siehe nächste Seite

Bezeichnung	Zusammensetzung	Eigenschaften	Verwendung
Umbra (lat. umbra = Schatten), weil der Farbton dem des Schattens entspricht. Umbra natur, Umbra grünlich, Grüne Erde, Veroneser Grün	Eisen- und manganhaltige Tone	Braune bis grünliche, feinpulverige Malerfarbe. Gebrannte Umbra rotbraun: Kastanienbraun, Samtbraun. Lichtecht. Mit sämtlichen Bindemitteln für innen und außen	Für alle Mal- und Anstricharbeiten. Mit Weißpigmenten Pastelltöne.
Rote Eisenoxidfarben: Eisenmenige, Oxidrot, Englischrot, Venetianischrot, Indischrot, Pompejanischrot, Caput mortuum	Natürliche Eisenoxide wie Hämatit, Roteisenstein, Roter Bolus, Rötel, Terra di Pozzuoli u. a. Oder gebrannte Eisenerze, eisenhaltige Abfallprodukte, Kiesabbrände	Rotbraune bis tiefrote feine Farbpulver. Lichtecht. Mit allen Pigmenten und Bindemitteln verträglich	Wie Ocker und Umbra
Schiefergrau Filling up = Auffüller	Gemahlener und geschlämmter, kohlenstoffhaltiger Tonschiefer	Neutrales Grau. Deckt in wäßrigen Bindemitteln gut. Vollkommen lichtecht. Mit allen Farben und Bindemitteln verträglich	In wäßrigen Bindemitteln zum Abtönen z. B. von Kalkfarben. Zu Öl- und Lackspachtel. Trocknet sehr hart auf

11.1.2 Künstliche Mineralfarben

Diese Pigmente wurden früher durch Mahlen und Sieben natürlicher Stoffe gewonnen, z. B . Ultramarinblau aus dem Halbedelstein Lapis lazuli. Heute werden diese anorganischen Körperfarben fabrikmäßig aus Mineralien oder anorganischen Chemikalien durch Glühen, Reinigen, Ausfällen und andere Manipulationen hergestellt.

Bunte künstliche Mineralfarben sind im Gegensatz zu den stumpfen Erdfarben leuchtend und besitzen in der Regel neben einer guten *Deckkraft* ein großes *Färbevermögen.* Die meisten künstlichen Mineralfarben sind teuer und werden deshalb mit billigen Füllmitteln, Substraten, Extendern wie Schwerspat, Ton, Gips, Kieselgur, Ocker u. a., „verschnitten". Blei-, Chrom-, Zink- und Kupferfarben sind Gifte der Abt. III, mit Ausnahme von Zinkweiß (Zinkoxid), das ungiftig ist.

Künstliche Mineralfarben sind als Schwermetallverbindungen *chemisch leicht beeinflußbar.* Sie müssen deshalb mit Vorsicht gemischt werden. Auch ist auf den Untergrund und das Bindemittel sehr zu achten, denn ein basischer Untergrund oder ein saures bzw. alkalisches Bindemittel können sehr leicht den Anstrich zersetzen.

Schwefelwasserstoff und *Sulfide* lassen Bleifarben leicht nachdunkeln infolge Bildung von schwarzem Bleisulfid. Künstliche Mineralfarben sind in der Regel ziemlich lichtecht. Chromfarben sind nicht kalkecht. Blei- und Zinkfarben bilden mit Leinölfirnis *Metallseifen* und erreichen erst in diesem Zustand ihre größte Deckkraft und Ausgiebigkeit. Da die Seifenbildung eine chemische Zeitreaktion ist, sollten die künstlichen Mineralfarben stets als steife Paste in Öl angeteigt vorrätig gehalten werden.

Weiße Mineralfarben spielen eine große Rolle zur Herstellung von Öl- und Lackfarben. In wäßrigen Bindemitteln werden sie, wo es möglich ist, durch die billigen weißen Erdfarben ersetzt. Bunte Mineralfarben sind wegen ihrer leuchtenden Töne und ihrer im allgemeinen guten Lichtbeständigkeit besonders als Künstlerfarben geschätzt. In der handwerklichen Malerei werden billigere Verschnittsorten verwendet. Weiße und bunte Mineralfarben werden für Innen- und Außenanstriche eingesetzt.

Unter *Fassadenfarben* versteht man weiße oder bunte Pigmente, die für den Fassadenanstrich bestimmt sind. Bei der außerordentlichen Beanspruchung der Fassadenfarben ist die Zahl fassadenechter Farben nicht sehr groß. Als Fassadenfarben sind fast nur Mineralfarben geeignet. Die Fassadenfarben sind in der RAL-Schrift 840 des Ausschusses für Lieferbedingungen beim Deutschen Normen-Ausschuß niedergelegt.

Weiße Mineralfarben

Bezeichnung	Zusammensetzung	Eigenschaften	Verwendung
Lithopone Güteklassen: Gelbsiegel 15% Zinksulfid Rotsiegel 30% Zinksulfid Grünsiegel 40% Zinksulfid Silbersiegel 60% Zinksulfid LR = reingefällte Lithopone Ö = ölsparende Lithopone L = Lacklithopone	Gemisch aus Bariumsulfat $BaSO_4$ und Zinksulfid ZnS in wechselnden Verhältnissen. Der ZnS-Gehalt bestimmt die Deckkraft. Elkadur-Außenlithopone besteht aus 30% ZnS, 20% $BaSO_4$, 50% $BaCO_3$.	Reinweiß, hitze- und lichtbeständig, ungiftig. Hohe Deckkraft. Mit allen Bindemitteln und Pigmenten verträglich. Elkadur-Außenlithopone Gift Abt. III	Wichtiges Weißpigment für Öl-, Lack-, Dispersions- und Fassadenfarben.

Fortsetzung der Tabelle siehe nächste Seite

Bezeichnung	Zusammensetzung	Eigenschaften	Verwendung
Bleiweiß, Kremser-Weiß Bleiweiß V = 10 bis 25% Schwerspatzusatz Bleiweiß TZ = 70% Bleiweiß 20% Zinkweiß 10% Titanweiß	Basisch-kohlensaures Blei $PbCO_3 \cdot Pb(OH)_2$	Reinweiß, lichtecht, mit Öl gut benetzbar. Mit S-haltigen Pigmenten und in H_2S-haltiger Luft (Industriegase) Farbtonveränderung durch Bildung von schwarzem PbS. Gift Abt. III, für Innenanstriche verboten.	Sehr gut deckende, wasserfeste Außenfarbe, die in ölhalt. Bindemitteln wasserunlösliche Bleiseife bildet. Zur Herstellung von Ölfarben für Putz, Holz, Eisen, Fassadenfarben. Künstlertubenfarbe: Kremser-Weiß.
Zinkweiß Güteklassen: Weißsiegel = beste Sorte Grünsiegel = gute Sorte Rotsiegel = billigste Sorte	Zinkoxid, ZnO	Reinweiß, lichtecht, hitzebeständig, wetterfest durch Bildung unlöslicher Zinkseifen in öligen Bindemitteln. Ungiftig.	Wetterbeständige Farbe für Außenanstriche. Zu Weißlacken. In der Zimmermalerei zu Leimfarben. Zusatz zu Blei- und Titanweiß und Lithopone.
Titanweiß	Titandioxid TiO_2 gemischt mit Weißpigmenten (Zinkweiß, Lithopone) und Extendern (Kalkspat, Schwerspat)	Sehr helles Weiß von höchster Deckwirkung und Aufhellungskraft. Ungiftig. Mit allen Pigmenten und Bindemitteln verträglich	Zur Herstellung von Weißlacken und zu Innenanstrichen. Zum Aufhellen anderer Weißpigmente

Bunte Mineralfarben

Bezeichnung	Zusammensetzung	Eigenschaften	Verwendung
Bleimenige Güteklassen: gewöhnliche rote Bleimennige mit 26% Pb_3O_4, hochprozentige Bleimennige mit mindestens 32,5% Pb_3O_4.	Blei(II)-orthoplumbat, Pb_3O_4	Gelbstichiges Rot. Deckt und trocknet gut. Bindemittel sind Leinölfirnis und Phthalharz- bzw. Chlorkautschuklacke. Raschtrocknend und wasserbeständig. Gift Abt. III.	Eisenschutzgrundfarbe. Mit Leinölfirnis gebildete unlösl. Bleiseife schützt gegen Nässe, passiviert Eisenoberflächen und verhindert Weiterrosten durch gute Haftfähigkeit.

Fortsetzung der Tabelle siehe nächste Seite

Bezeichnung	Zusammensetzung	Eigenschaften	Verwendung
Chromgelb Chromorange Chromrot	Bleichromate $PbCrO_4$ und $PbCrO_4 \cdot Pb(OH)_2$	Leuchtende, gut deckende, lichtechte Farben. Unverträglich mit alkal. Bindemitteln (Kalk, Wasserglas), alkal. Untergründen (Kalk- u. Zementputz) und schwefelhalt. Pigmenten (Ultramarin). Gift Abt. III.	Mit Schwerspat verschnitten zur Herstellung von Öl-, Lack- und Kunstharzfarben. In neutralem Milieu zu Leim- und Binderfarben. Unverschnitten als Künstlerfarben.
Chrommischgrün Chromgrün	Mischung aus Chromgelb und Berlinerblau	wie bei Chromgelb	
Chromoxidgrün Chromoxidhydratgrün Verschnittfarben: Permanentgrün Viktoriagrün	Chrom(III)-oxid Cr_2O_3 und Chromoxidhydrat $Cr_2O_3 \cdot xH_2O$	Oliv- bis feurigsmaragdgrüne Farben. Lichtecht, deckkräftig, hitzebeständig, ungiftig, teuer.	Zu Heizkörperlacken, Künstlerfarben. Für Anstrichtechnik mit Schwerspat mehr oder weniger verschnitten.
Zinkgelb, Zitronengelb	Zinkchromat $ZnCrO_4$	Leuchtend gelbe bzw. grüne Farben. Mit alkalischen Bindemitteln nicht verträglich. Gift Abt. III.	Malerfarben in Öl, Lack und Leim. Künstlerfarben.
Zinkgrün	Mischung von Zinkgelb mit Berlinerblau		
Ultramarinblau	Mikrokristallinisches schwefelhaltiges Natriumaluminiumsilikat $3NaAlSiO_4 \cdot Na_2S$	Hohe Leuchtkraft, lichtecht. Lasiert in Öl, deckt in Leim. Mit allen neutralen Bindemitteln verträglich. Ungiftig.	Zu Innen- und Außenanstrichen als Leim-, Öl- und Lackfarbe. Sonnenschutzfarbe für Glasdächer.

11.1.3 Künstliche organische Farben, Substratfarben, Farblacke

Hierunter versteht man mit Farbstofflösungen gefärbte Weißpigmente, also Substratteilchen, die mit einer bunten Haut überzogen sind.

Um die Farbe fest auf dem Trägerstoff (Substrat) zu binden, wird sie „verlackt", d. h. mit verschiedenen Fällungsmitteln in unlösliche Salze umgewandelt. Deshalb heißen diese Pigmentfarben auch Farblacke, z. B. Florentinerlack, Karminlack, Krapplack usw., Namen, die auf die früher ausschließlich verwendeten tierischen und pflanzlichen Farbstoffe zurückgehen wie Karmin aus der Cochenille-Schildlaus, Farbstoffe aus der Indigopflanze, der Krappwurzel und exotischen Farbhölzern.

Heute werden künstliche organische Pigmentfarben ausschließlich mit Teerfarbstofflösungen hergestellt und kommen unter Phantasienamen wie Signalrot, Moderot, Modeblau, Echtblau, Lackgrün, Echtgrün, Kalkgelb usw. in den Handel. Sie sind die wichtigsten Malerfarben.

11.1.4 Schwarzpigmente

Diese Körperfarben zeichnen sich durch gute Deckkraft und absolute Lichtechtheit aus. Mit anderen Pigmentfarben sind sie gut mischbar und mit allen Bindemitteln verträglich. Die meisten Schwarzpigmente, vor allem Ruß, sind mit Wasser schlecht benetzbar, der Ölverbrauch ist verhältnismäßig hoch. Die Trockenfähigkeit in öligen Bindemitteln hängt von der jeweiligen Zusammensetzung ab. Ruß wirkt verzögerungshemmend, normal trocknen Bein- und Eisenoxidschwarz. Manganschwarzzusatz fördert dagegen die Trocknung. Zu den hochwertigen Schwarzpigmenten zählen Ruß und Acetylenschwarz, korrosionshemmend wirken Eisenoxidschwarz und Graphit.

Bezeichnung	Zusammensetzung	Eigenschaften	Verwendung
Kohlenstoffpigmente: Rebschwarz	25% Kohlenstoff + Mineralsalze	Graustichtig	
Knochenschwarz Beinschwarz, Elfenbeinschwarz Lackschwarz	20% Kohlenstoff + Calciumphosphate	Braunstichig	
Ruß	Kohlenstoff, welcher sich bei der unvollständigen Verbrennung kohlenstoffreicher Stoffe bildet. Je nach Herstellungsart bzw. Ausgangsprodukt unterscheidet man: Flammruß,	Tiefschwarz, schlecht trocknend	Meist verwendete Schwarzfarben in der Mal- und Anstrichtechnik, hauptsächlich für wäßrig gebundene Farben. Ruß hauptsächlich für Ölfarben und Schwarzlacke

Fortsetzung der Tabelle siehe nächste Seite

Bezeichnung	Zusammensetzung	Eigenschaften	Verwendung
	Lampenruß, Gasruß (Carbon Black, in Pennsylvanien aus methanreichem Erdgas gewonnen und als beste Rußsorte geschätzt, neuerdings aber auch von deutschen Produkten erreicht) und Acetylenruß.		
Graphit	Kristalliner Kohlenstoff	Grauschwarz. Deckkraft gut, Färbevermögen gering. Lichtecht. Mit allen Pigmenten und Bindemitteln verträglich. Hitzebeständig.	Zu Rostschutz- und Heizkörperanstrichen.
Anilinschwarz, Pigmentschwarz, Diamantschwarz	Oxydationsprodukt von Anilinchlorid und Metallverbindungen	Blaustichig	Zur Herstellung schwarzer Öl-, Spiritus- und Nitrolacke (Autolacke).
Manganschwarz, Zementschwarz	70% Manganperoxid MnO_2 + Ton und Kalk	Graustichig, gut deckend, stark trocknungsbeschleunigend	Zum Färben von Zement und Kunststeinen und zu Schultafellacken.
Eisenoxidschwarz	Verschiedene Eisenoxide	Braun- bis tiefschwarz. Gut trocknend	Zum Färben von Zement und Putz.

11.1.5 Metallpigmente, Bronzepulver

sind feingepulverte Metalle, wie Aluminiumbronze und Kupferbronze, oder Metallegierungen, zum Beispiel Goldbronze, auch Bleichgold, Reichgold, Gelbgold genannt = Kupfer-Zink-Legierung oder Silberbronze = Kupfer-Zink-Nickel-Legierung. Bronzepulver decken sehr gut, sind vollkommen lichtecht und vertragen sich mit allen Farbkörpern. Sie dürfen jedoch nur mit neutralen Bindemitteln verarbeitet werden.

Aluminiumbronze ist besonders wetterbeständig und wird deshalb zum Anstreichen von Tankanlagen, Gasometern, Kühlwagen usw. verwendet. Außerdem dient sie als Rostschutzanstrich für Eisenkonstruktionen aller Art und als hitzebeständiger Anstrich für Ofenrohre, Heizkörper, Dampfröhren usw. Gold- und Silberbronzen sind witterungsempfindlich und werden deshalb nur in Innenräumen zu Dekorations- und Schmuckmalereien als Ersatz für echte Blattmetalle verwendet, zum Beispiel zum „Bronzieren" von Bilder- und Spiegelrahmen, Spielwaren usw.

11.2 Bindemittel

Zur Verarbeitung werden die Körperfarben mit verschiedenen Bindemitteln zu streich- bzw. spritzfähigen Massen verrührt. Nach dem Trocknen bilden sie einen Film, der die Pigmente auf der Unterlage festhält. Er verschönert sie, indem er den gestrichenen Gegenständen ein mattes, seiden- oder hochglänzendes Aussehen verleiht, schützt sie vor mechanischen, chemischen und atmosphärischen Einflüssen und verbessert außerdem ihre Reinigungsfähigkeit durch Schaffung glatter Oberflächen.

Die Bindemittel werden in folgende Gruppen eingeteilt:
Wäßrige Bindemittel
Ölige Bindemittel
Lacke
Emulsionen

11.2.1 Wäßrige Bindemittel

Diese Gruppe wird von Leimen gebildet, die mit Wasser angesetzt werden, das nach dem Anstreichen verdunstet. Sie bilden dünne, brückenartige Bindungen zwischen Untergrund und Pigment, die mit Wasser wieder aufgelöst werden können.

A) Leime

Man unterscheidet Cellulose- und Stärkeleim. Der heute am meisten verwendete *Celluloseleim* besteht aus wasserlöslicher Methylcellulose oder aus Cellulose-Glykolaten, die in etwa 10 bis 15 Minuten in Wasser so stark gequollen sind, daß sie der Leimfarbe zugesetzt werden können. Die Leimgallerte kann sowohl als Binde- wie auch Klebemittel und zum Vorleimen verwendet werden.

Stärkeleim wird durch Kochen von Kartoffelstärke mit Natronlauge hergestellt. Im Gegensatz zum Celluloseleim wird er durch Bakterien rasch zersetzt und kann deshalb nicht in Lösung aufbewahrt werden. Auch quellen mit ihm zubereitete Leimfarben in feuchten Räumen auf, schimmeln und bekommen schließlich schwarze Stockflecken.

Leimfarben bestehen aus dem Farbstoff Kreide, dem Bindemittel Leim und dem Lösungsmittel Wasser. Ihre Haltbarkeit ist wegen der Löslichkeit ihres

Bindemittels in Wasser gering. Sie dienen deshalb hauptsächlich als Decken-, seltener als Wandfarben und können nur in Innenräumen verwendet werden. Leimfarben sind sehr gut abtönbar, wodurch ihr Anwendungsbereich in den genannten Grenzen weit geht.

Ihrer einfachen Rohstoffe wegen sind sie die billigsten Anstrichmittel für große Flächen. Leimfarben lassen sich mit Pinsel, Bürste und Streichroller auch vom Laien verarbeiten und sichern ihm selbst bei geringer Erfahrung meist gute Erfolge.

B) Binder

1. *Emulsionsbindemittel*

Diese Produktgruppe stellt O/W oder W/O-Emulsionen aus öligen oder lackartigen Bestandteilen und Wasser dar. Emulgatoren werden zur Stabilisierung der Emulsion beigegeben. Je nach Zusammensetzung und Verdünnung liefern diese Bindemittel wisch-, wasch- und wetterfeste Anstriche.

2. *Dispersionsbindemittel* (lat. dispergere = verteilen)

sind feinste Aufschlämmungen von Kunstharzen, Latex und sehr verschiedenartigen Stabilisatoren und Weichmachern in Wasser.

Das Kunstharz Polyvinylacetat liefert PVA-Binder, Polyvinylpropionat PVP-Binder und Polyvinylchlorid PVC-Binder. Neben diesen Typen gibt es noch zahlreiche Mischpolymerisate, die unter den verschiedensten Bezeichnungen in den Handel kommen.

3. *Latexfarben*

sind Binderfarben auf Styrol-Butadien-Basis (künstlicher Latex). Sie sind außerordentlich widerstandsfähig gegenüber Chemikalien aller Art und können deshalb auch auf frischen Kalk- und Zementputz aufgetragen werden. Latexfarben eignen sich besonders gut für scheuerfeste Anstriche in Innenräumen; für Außenanstriche werden Mischbinderfarben bevorzugt, die wesentlich wetterbeständiger sind. Latexfarben kommen nur als streichfertige, weißpigmentierte Markenprodukte in den Handel. Sie hinterlassen nach dem Auftrocknen einen seidenglänzenden, sehr widerstandsfähigen Film.

Dispersions- und *Latexfarben* sind mit nahezu allen Farbkörpern verträglich und liefern mit ihnen matt auftrocknende Anstriche, die je nach Bindemittelgehalt verschieden widerstandsfähig sind. So sind Mischungen im Verhältnis 1:5 wischfest, 1:3 waschfest und 1:1 wetterfeste Fassadenfarben, die völlig wasserunlöslich auftrocknen.

Neben den genannten Anwendungsbereichen sind Emulsions- und Dispersionsfarben auch geschätzte Grundiermittel für nachfolgende Öl- und Lackfarbenanstriche. Mit größeren Mengen Füllstoffen wie Kreide, Schwerspat,

Lithopone, Fasermaterial u. a. angereichert bilden sie konsistente Massen, die als Emulsionsspachtel und für plastische Anstriche sehr geschätzt sind.

4. *Betonfarbe*

auch „flüssiger Kunststoff" genannt, ist auf der PVA-, PVP-, PVC- oder Styrol-Butadien-Basis aufgebaut. Sie ist leicht zu verarbeiten, gut füllend, satt deckend, heizölbeständig, also geeignet zur Beschichtung von Tankraumböden. Betonfarbe macht rauhe Zementböden, Wandflächen, Estrich, Zementputz, Asbestzement, Hartasphalt u. a. im Keller, in der Garage und Waschküche, auf dem Balkon usw. glatt und schön. Das schmutzige, mehlende Zementgrau verschwindet, an seine Stelle treten freundliche Farbtöne. Auch Springbrunnen, Zier- und Schwimmbecken können mit Betonfarbe gestrichen werden, denn sie ist vollkommen wasserfest.

Betonfarbe kann ohne vorheriges Fluatieren auf alkalischen Untergründen verarbeitet werden. Der Untergrund muß trocken, fett- und staubfrei sein.

Bei Hartasphalt-Böden ist vorher ein zweimaliger Grundanstrich mit Isolierer aufzutragen. Nach guter Durchtrocknung (mindestens 24 Stunden) kann dann Betonfarbe je nach Beanspruchung ein- oder zweimal aufgetragen werden.

Binderfarben können jederzeit nach Bedarf mit Wasser auf die gewünschte Streich- bzw. Spritzkonsistenz eingestellt und dann auf nahezu alle Unterlagen, wie Holz, Putz, Gewebe, Bauplatten usw., aufgetragen werden.

Sie eignen sich auch ausgezeichnet zum Überstreichen oder Überwalzen von Rauhfaser- und anderen Tapeten.

11.2.2 Ölige Bindemittel

Arten:

Leinöl, Leinölfirnis, Standöl, Harttrockenöl.

Chemisch sind sie Glyceride der ungesättigten Öl-, Linol- und Linolensäure, die durch Oxydation einen harzartigen, elastischen Film aus Linoxyn bilden, der in den üblichen Lösungsmitteln, z. B. Testbenzin, Terpentinöl u. a., nicht löslich ist.

Aus diesem Grunde können Ölfarbenanstriche nach dem Trocknen wiederholt mit Ölfarbe überstrichen werden, ohne daß die Grundfarbe erweicht oder sich ablöst. Deshalb eignen sich magere Ölfarbenanstriche gut als Grundiermittel für Holz-, Metall- und Putzflächen. Neben dem Oxydationsprozeß spielen sich beim Trocknen öliger Bindemittel auch Polymerisationen und Erstarrungsprozesse ab.

Arten der öligen Bindemittel

Bezeichnung	Zusammensetzung	Eigenschaften	Verwendung
Leinöl	Gemisch von Glyceriden ungesättigter und gesättigter Fettsäuren (Linolsäure bis 15%, Linolensäure bis 50%, Ölsäure bis 20%)	Braungelb, unangenehm strenger Geruch. Durch Schleimstoffe getrübt, die den Trocknungsprozeß hemmen. Entfernung derselben durch Erhitzen auf 280 °C oder Filtrieren mit Bleicherde (vgl. S. . . . .) = raffiniertes Leinöl. Bildet beim Trocknen durch Sauerstoffaufnahme (bis 40% des Eigengewichts) Linoxyn.	Zur Herstellung von Ölfarben und Öllacken. Zum Anreiben von Pasten und Ölkitten. Zur Bereitung von Leinölfirnis und Standöl.
Leinölfirnis (Blei-, Mangan-, Kobaltfirnis)	Durch Erwärmen von Leinöl mit Blei-, Mangan- oder Kobaltoxid auf 300 °C, wobei die entspr. Oleate entstehen, die den Trocknungsvorgang katalytisch beschleunigen.	Etwas dunkler als Leinöl. Trocknungszeit 12–14 Stunden. Mit allen Pigmenten verträglich.	Meistverwendetes Bindemittel für Ölfarben auf sämtlichen Untergründen, vor allem auf Holz und Eisen. Mager als Voranstrich, fett als Schlußanstrich.
Dicköle Leinöl-Standöl Holzöl-Standöl	Durch Hitzeeinwirkung eingedicktes, dickflüssiges Leinöl bzw. Holzöl (Polymerisation). Wird dabei Luft (O) eingeblasen, erfolgt die Eindickung auch durch Oxydation: geblasenes Standöl.	Heller als Leinöl. Glanz, Verlauf, Elastizität, Wasser- und Wetterbeständigkeit gut.	Zusatz von 20% des Bindemittels verbessert die Qualität der Ölfarbe erheblich, besonders für Außenanstriche. Zur Herstellung von Öllacken.

Fortsetzung der Tabelle siehe nächste Seite

Bezeichnung	Zusammensetzung	Eigenschaften	Verwendung
Harttrockenöle	Mischung von Holzöl, Hartharzen, Sikkativ und Verdünnungsmitteln. Zusatz von Leinöl-Standöl: Harttrockenglanzöl	Dickflüssig, hellgelb bis bräunlich, lackähnlich. Trockenzeit 3–4 Stunden.	Verbessernder Zusatz für ölige Anstrichmittel. Trocknungsbeschleuniger. Bildung eines harten und glänzenden Films.

Als ölige Bindemittel werden außerdem verwendet:

Oiticicaöl
Das hauptsächlich in Brasilien aus den Nüssen des Oiticica-Baumes gewonnene Öl von holzölartigem Charakter. Das Oiticicaöl läßt sich durch Kochen zu einem hochwertigen Öl-Bindemittel verarbeiten, welches an Stelle von Holzöl Verwendung findet.

Sojaöl
Aus Soja-Bohnen (vor allem in der Mandschurei) gewonnenes trocknendes Öl, das hauptsächlich zur Herstellung von Speiseöl, Margarine und Seifen, aber auch als Leinölaustauschstoff in der Anstrichtechnik Verwendung findet.

Perillaöl
Fettes, trocknendes Öl aus den Samen von Perilla ocimoides, welches in Japan, China und Indien gewonnen wird. Findet Verwendung an Stelle von Leinöl und ist wie dieses zu Standöl verkochbar. Perillaöl gilbt etwas stärker als Leinöl.

11.2.3 Lacke

Lacke sind Lösungen von filmbildenden Substanzen der verschiedensten Art in organischen Lösungsmitteln wie Terpentinöl, Alkohol, Benzol- und Benzinkohlenwasserstoffen. Manche Lackrohstoffe sind von vornherein flüssig, z. B. Leinöl und Holzöl. Andere, wie die meisten Naturharze, viele Kunstharze und Celluloseabkömmlinge wie Schellack, Chlorkautschuk, Nitrocellulose u. a., sind feste Stoffe in Stück- oder Pulverform. Sie müssen erst durch Mitverwendung von Lösungsmitteln in die gelöste, flüssige Form übergeführt werden. Nach dem Auftragen des Anstrichmittels verdunsten die Löser und nur die Bindemittel allein erzeugen den Lackfilm.

Manche Bindemittel, insbesondere die Nitrocellulose, sind von Natur aus so spröde, daß der aus ihnen erzeugte Lackfilm vom Untergrund absplittern würde. Sie benötigen einen elastifizierenden Zusatz in Form eines Weichmachers, z. B. Campher, Phosphorsäureester (Trikresylphosphat), Phthalsäureester u. a. Die Weichmacher bleiben in dem Lackfilm erhalten und zählen deshalb zu den Lackrohstoffen, und zwar speziell zu den Bindemitteln.

Ölfreie Spiritus-, Cellulose-, Harz- und Chlorkautschuklacke trocknen durch Verdunsten des Lösungsmittels in 10 bis 30 Minuten.

Öllacke enthalten neben den gelösten Harzen fette Öle wie Leinölfirnis, Holzöl, Harttrockenöle u. a. Sie trocknen zum einen Teil durch Verdunsten der

Lösungsmittel und zum anderen durch Oxydation der ungesättigten Fettsäuren und benötigen deshalb zur Durchtrocknung, je nach Menge und Art, bis zu drei Tagen.

Als Trocknungsbeschleuniger dienen für Öllacke die auf Seite 346 beschriebenen Sikkative.

Je langsamer ein Lack trocknet, um so besser verläuft er auf der Unterlage, d. h. seine Oberfläche ist glatt und frei von Pinsel- bzw. Spritzspuren. Deshalb sind im Hinblick auf den Verlauf die Öllacke den physikalisch rasch trocknenden ölfreien Lacken überlegen.

Lackarten
Nach den Filmbildner unterscheidet man:

Bezeichnung	Zusammensetzung	Eigenschaften	Verwendung
Öllacke Kopallacke	Lösungen von Natur- u. Kunstkopalen, Schellack, Bernstein, Kolophonium u. a. in Leinölfirnis oder Holzöl, verdünnt mit Terpentinöl oder Testbenzin. (Terpentinölersatz).	Hellgelb bis dunkelbraun. Lufttrocknend, leicht verstreichbar, hochglänzend. Fette Holzöllacke sind wetterbeständige Außenlacke. Mit allen Farbpigmenten verträglich. Mit Leimen Emulsionsbildung. Trockenzeit je nach Ölgehalt bis zu 3 Tagen, magere Holzöllacke in einigen Stunden. „4-Stundenlacke".	Als Klarlacke Überzugsmittel für Ölfarbenanstriche und zu Naturlackierungen von Holz. Zur Herstellung von Lackfarben. Mager: Innenlacke, Vorlacke, Seidenglanzlack. Fett: Außenlacke.
Harzlacke Spirituslack Spritlack	Lösungen von Schellack, Kopal, Sandarak, Kolophonium und spirituslösl. Kunstharzen in vergälltem Äthylalkohol oder in Methylalkohol.	Wasserklar bis gelblich, dünnflüssig. Trocknung durch Verdunsten des Alkohols in etwa 1 Stunde. Mäßiger Glanz und geringe Wetterbeständigkeit. Nur mit	Schnelltrocknender Überzugslack für Innenarbeiten. Spielzeuglack, Isolierlack, Papier- u. Etikettenlack, Strohhut-, Leder-, Flaschenkapsellack.

Fortsetzung der Tabelle siehe nächste Seite

Bezeichnung	Zusammensetzung	Eigenschaften	Verwendung
		spirituslackechten Pigmenten, da mit anderen Eindickung. Mit anderen Bindemitteln unverträglich.	
Alkydharzlacke Synthetische Lacke Kunstharzlacke	Lösungen ölhaltiger Alkydharze (Modifikation von fetten Ölen mit synthet. Phthalsäure – Glycerin-Harzen in Benzolkohlenwasserstoffen, Terpentinöl, Testbenzin). Weichmacher: Standöl.	Harte, aber elastische stoß- und schlagfeste Lacke. Hochglänzend und schnelltrocknend mit gutem Verlauf. Vollkommen wetterbeständig.	Lufttrocknende: Wie Öllacke. Ofentrocknende: Autolacke (Einbrennlacke) im Spritz- und Tauchverfahren.
Polymerisatharzlacke	Lösungen von Polyvinylchlorid, Polyvinylacetat, Acrylharzen (polymerisierte Acrylsäureester), Styrolharzen (Polystyrol), Alkyd-, Phenol-, Vinylharzen u. a. in Benzolkohlenwasserstoffen, chlorierten Kohlenwasserstoffen, Estern, Ketonen mit synthet. Weichmachern.	Harte, sehr widerstandsfähige Lacke, hochglänzend, unterwasserfest, beständig gegen Chemikalien u. Lösungsmittel. Trocknung physikalisch durch Verdunsten der Lösungsmittel (etwa 2 Stunden).	*Vinoflex-Lacke:* Meist verwendete Unterwasser-, Zement-, Korrosionsanstrichmittel. *Polyvinylacetat-Lacke:* Überzugs-, Einbrenn- und Isolierlacke. *Acrylharzlacke:* Chemikalienfeste Deck- u. Überzugslacke, Gummilacke. *Styrolharzlacke:* Chemikalien- und treibstoffeste Anstrichmittel, wasserbeständig. Bootslacke.
Phenolharzlack	Lösungen von Phenolharzen (Verbindungen aus	Sehr harte, gegen Wasser, Chemikalien u. Lösungsmit-	Für robuste Lackierungen auf Holz und Metall.

Fortsetzung der Tabelle siehe nächste Seite

Bezeichnung	Zusammensetzung	Eigenschaften	Verwendung
	Phenol und Formaldehyd) in Methanol, Äthanol, Aceton, Testbenzin, Benzolkohlenwasserstoffen.	tel widerstandsfähige Lacke.	
Polyurethanlacke DD-Lacke Reaktionslacke Zweikomponentenlacke Additionslacke	Zweikomponentenlack aus dem Polyester Desmophen (Stammlack) und dem Diisocyanat Desmodur (Zusatzlack, Härter). Beide Komponenten werden vor der Verarbeitung miteinander gemischt.	Bildet als bräunlicher Klarlack oder als pigmentierte Lackfarbe einen hervorragend harten u. widerstandsfähigen Film von hohem Glanz u. großer Fülle. Trocknung chemisch durch Polymerisation der Komponenten zu Polyurethan. Physikalisch durch Verdunsten der Lösungsmittel. Giftig. Kennzeichnungspflichtig: DD-Lack, gelber Warnzettel und Verarbeitungsvorschrift.	Für besonders stark beanspruchte Anstriche und Lackierungen: Fußbodenversiegelungslack, bunte Fußbodenlacke, Tischplattenlack, treibstoff- u. alkoholbeständige Lackierungen auf allen trockenen Untergründen.
Nitrocelluloselacke	Lösungen von Nitrocellulose (Collodiumwolle), Kunst- und Naturharzen (Schellack) u. Weichmachern (Trikresylphosphat, Ricinusöl u. a.) in Methanol, Äthanol, Äthylacetat, Butylacetat, Aceton, Toluol u. a.	Raschtrocknende Spritzlacke (5–30 Min.) mit körperarmem Film. Widerstandsfähig gegen Wasser, Chemikalien, Benzin, Öle.	Auto-, Geräte-, Möbellacke, Grundiermittel, Nitropolituren (Ersatz für Schellackpolituren). Als Zaponlack (Metallfirnis, Messinglack) zum Überziehen unedler Blankmetalle gegen Oxydation (Zaponieren). Als Basis für Nagel-, Etikett-, Glühlampen-, Lederlack und viele andere Arten.

Fortsetzung der Tabelle siehe nächste Seite

Bezeichnung	Zusammensetzung	Eigenschaften	Verwendung
Chlorkautschuk-lack	Auflösung von Chlorkautschuk, Kopal, Bernstein, Schellack, Phenol-, Alkyd-, Polyurethanharz, Leinölfirnis, Holzöl in Benzol- u. chlorierten Kohlenwasserstoffen, Estern und Ketonen. Als Weichmacher dienen Trikresylphosphat u. Dibutylphthalat.	Hervorragend elastischer Hochglanz, wasser- u. chemikalienbeständig. Trocknung physikalisch durch Verdunsten der Lösungsmittel. Gesundheitsschädl. Dämpfe, daher kennzeichnungspflichtig.	Widerstandsfähige Innenanstriche von Schwimmbecken. Unterwasseranstriche von Schiffen. Anstriche von hochbeanspruchten Eisenkonstruktionen, Maschinen, Geräten, jedoch nicht von Heizkörpern. Bootslacke.
Asphaltlack Schwarzlack Eisenlack	Auflösung von Asphalt u. Steinkohlenpech in Testbenzin, Benzol- u. Chlorkohlenwasserstoffen unter Zusatz von Lein-, Holz- u. Harzölen u. Mangansikkativ.	Tiefschwarzer, dickflüssiger Lack mit normalem Glanz u. mäßiger Härte. Wasser- u. Wetterbeständigkeit gering. Lösungsmittel: Terpentinöl u. Testbenzin.	Widerstandsfähige Schwarzlackierungen für Eisenrohre, Faßreifen, Eisenkonstruktionen usw.

Bernsteinlacke nannte man früher die mit echtem Bernstein hergestellten, mit großer Härte auftrocknenden Lacke, die vielfach als Fußbodenlacke Verwendung fanden. Heute ist die Bezeichnung „Bernsteinlack" eine Gruppenbezeichnung geworden für Lacke, die sich wie die früheren echten Bernsteinlacke durch besondere Härte auszeichnen, ohne daß sie Bernstein enthalten. Die heutigen Bernsteinlacke sind durch Verwendung bestimmter Kunstharze den früheren echten Bernsteinlacken in mancher Hinsicht überlegen.

Nach der Verarbeitungsart unterscheidet man:

Streichlacke, vorwiegend Öl- und Alkydharzlacke, die mit dem Pinsel, und *Spritzlacke,* vorwiegend Nitro-, Kunstharz-, Kombinationslacke, die mit der Spritzpistole aufgetragen werden. Zu den Spritzlacken gehören auch die *Aerosollacke,* die aus einer Lackdose mit Treibgas versprüht werden. Sie dienen vorwiegend als Autoreparaturlacke.

Tauchlacke sind dünne Spritzlacke, in die Geräte, Spielwaren, Maschinenteile usw. zum Lackieren getaucht werden. Ganze Autokarosserien werden in ihnen „geflutet".

Thixotrope Lacke sind Gallerten, die durch Rühren (Streichen) flüssig werden (gr. thingano = berühren) und durch nachfolgendes Festwerden (gr. tropeo = umwenden) das Ablaufen von senkrechten Flächen und Tropfenbildung verhindern. Dieser Lacktyp ist leicht ausstreichbar, einfach aufzutragen und deshalb für Laien besonders geeignet.

Nach Verwendung, Trocknungsart und besonderen Eigenschaften unterscheidet man:

Seidenglanz- und Mattlacke enthalten als mattierende Zusätze Aluminium- und Zinkstearat.

Buntlacke entstehen durch Vermischen von Klarlacken mit Pigmenten, welche die Unterlage völlig decken.

Transparentlacke sind Klarlacke, die mit gelösten Farbstoffen, meist Teerfarben getönt sind und den Untergrund nur anfärben.

Vorlacke sind pigmentreiche, magere, matt auftrocknende Ölharzlacke, die als füllende und farbgebende Schicht zwischen Grundierung und Schlußanstrich dienen.

Weiß-Lacke zeigen auf den entsprechenden Vorlacken eine besonders gute Haftfestigkeit und guten Verlauf. Auch für die modernen Kunstharzlacke hat die Lackindustrie neuerdings entsprechende Vorlacke geschaffen. Die Pigmentierung von Vorlacken erfolgt in großem Umfang mit Lithopone.

Bronzelacke enthalten Metallpulver, Bronzen (vgl. S. 335).

Effektlacke sind magere Lacke, die auf fettem Grund durch Rißbildung, „Krakelierung", beim Trocknen einen kristall-, spinnweben- oder eisblumenartigen Film erzeugen. Metalleffekt-, Marmor-, Schrumpf- und Kräusellacke ergänzen diesen Typ.

Außenlacke sind meistens fette Standöl-Alkydharz-Kombinationen von guter Wetterbeständigkeit.

Innenlacke sind halbfette Öllacke und Spirituslacke für Lackierungen in Innenräumen.

Klarlacke sind pigmentfrei, trocknen im allgemeinen hochglänzend auf und dienen zum Überziehen von matten Ölfarbenanstrichen, Gegenständen aus Holz, zum Firnissen von Gemälden, vor allem aber zur Herstellung von weißen, schwarzen und bunten Lackfarben. Ein bekannter Vertreter dieser Gruppe ist der *Luftlack*, ein fetter, meist zur transparenten Lackierung bestimmter, wetterfester Öllack für Außen.

11.2.4 Sikkative

Zur Beschleunigung des Trocknungsvorgangs werden den Ölfarben und Öllakken katalytische Sauerstoffüberträger in Form von Trockenmitteln, *Sikkativen* (lat. siccus = trocken), zugesetzt. Es handelt sich dabei um Metallseifen, die durch Verkochen von Blei-, Mangan- oder Kobaltoxiden mit Leinölsäuren als Linoleate, mit Caprylsäure als Octoate, mit Naphthensäure als Naphthenate und mit Harzsäuren als Resinate hergestellt werden. Dem verwendeten Metalloxid entsprechend unterscheidet man Blei-, Mangan- und Kobaltsikkative. Der Sikkativzusatz soll 5% des Ölgehaltes nicht übersteigen. Höhere Gaben bewirken, daß der Anstrich vergilbt, klebrig bleibt, reißt und Außenanstriche unbeständig gegen Witterungseinflüsse werden, weil überschüssige Sikkativmengen den oxidativen Abbau des Ölfilms fördern.

11.2.5 Lösungsmittel

wie Terpentinöl, Alkohole, Ester, Glykoläther, Benzinkohlenwasserstoffe, Benzolkohlenwasserstoffe, Wasser usw. sind bei den jeweiligen Anstrichmitteln genannt.

11.3 Die Ausführung von Farbanstrichen

11.3.1 Leimfarbenanstrich

a) *Herstellung streichfertiger Leimfarben:*

Trockenfarbe (Kreide) in wenig Wasser einsumpfen, dann zu einer klumpenfreien Paste verrühren.

Vorbereitete Leimlösung zugeben und intensiv verrühren.

Geleimte Farbe durch Wasserzusatz auf Streichfähigkeit verdünnen.

Vor dem Streichen auf Wischfestigkeit prüfen durch Aufstreichen und Trocknenlassen auf dem Untergrund, für den die Leimfarbe bestimmt ist. Zu wenig geleimte Farben „wischen" (färben ab), überleimte dagegen neigen zum Abplatzen.

Zum Abtönen der Leimfarben die handelsfertigen pastosen Abtönfarben in Tuben oder Plastikbeuteln verwenden. Pulverförmige Trockenfarben lassen sich vom Laien nur schwer verarbeiten, denn sie bilden mit der Leimfarbe leicht Klümpchen, die sich nicht mehr verreiben lassen und beim Streichen intensiv gefärbte Striche erzeugen.

Sollen trotzdem Trockenfarben verwendet werden, so müssen diese mit Wasser und etwas Leim zu einem gleichmäßigen Brei angeteigt werden, der dann nach und nach mit Wasser so verdünnt wird, daß er durch einen Gazestoff koliert werden kann, der keinerlei Klümpchen mehr durchläßt. Nur in diesem Zustand darf die Farbe zugesetzt werden.

„*Abgeleimte Kreide*" ist ein trockenes Gemenge von Kreide und Leimpulver, das nur noch in Wasser eingesumpft und entsprechend verdünnt werden muß, um eine streichfertige Leimfarbe zu ergeben. Sollen mit derartigen Produkten abgetönte Leimfarbenanstriche hergestellt werden, so muß der Abtönfarbe die entsprechende Menge Leim gesondert zugesetzt werden, weil sonst der Anstrich unterleimt und nicht mehr wischfest wird.

Für einen wischfesten weißen Leimfarbenansatz rechnet man etwa 4 bis 5% pulverförmigen Stärkeleim oder 2 bis 3% Celluloseleim. Buntfarben benötigen 10% Stärkeleim bzw. 5 bis 7% Celluloseleim.

b) *Untergrundbehandlung*

Alte verschmutzte Leimfarbenanstriche mit Wasser und Deckenbürste entfernen. Saugenden Putzuntergrund mit Leimlösung: 1:50 vorleimen.

Wasser-, Rauch- und Rußflecke mit Lösungen silicumfluorwasserstoffsaurer Salze bestreichen, „fluatieren". An Stelle der giftigen Fluate können die Flecke auch mit Spiritus-Isolierlack oder Kunststoffdispersionen überstrichen werden.

Risse und Löcher mit Baugips oder Füllstoffen, z. B. Moltofill, schließen und nach dem Trocknen mit Schleifpapier glätten.

Mit einem Ringpinsel zunächst in den Ecken, um die Türen, Fenster und Fußleisten einen etwa 5 cm breiten Streifen streichen. Dann mit Deckenbürste oder Farbroller die großen Flächen bearbeiten. Bei Deckenflächen immer vom Licht wegstreichen. Je nach Beschaffenheit des Untergrundes und der Farbe ein bis zwei Anstriche auftragen.

11.3.2 Binderfarbenanstrich

entspricht dem eines Leimfarbenanstrichs. Hier wie dort werden die Trockenfarben zunächst mit Wasser angeteigt, dann verdünnt und schließlich mit der Emulsion innig vermischt.

Im Gegensatz zu den öligen Bindemitteln wird der erste Anstrich mit Binderfarben stärker abgebunden (Verdünnung 1:1 mit Wasser) als der Schlußanstrich, dem noch etwa 50% Wasser zugesetzt werden.

Dispersionsfarben dürfen nur mit Wasser verdünnt werden. Mit anderen Anstrichmitteln sind sie unverträglich, weshalb zum Abtönen nur derselbe Typ verwendet werden darf. Angetrocknete Dispersionsfarben können mit Wasser nicht gelöst werden, dagegen mit Äthylacetat, Aceton, Benzol, Methylenchlorid.

Sie sind gut verschlossen und frostsicher in Weißblech- oder emaillierten Gefäßen zu lagern. Pinsel, Geräte und Behälter sind sofort nach Gebrauch mit Wasser und Seife gründlich zu reinigen.

Untergrundbehandlung

Neuer Beton, Putz und Asbestzement sollen mindestens vier Wochen alt sein. Spiegel- und Glättputz sowie Estrich vor dem Beschichten aufrauhen.

Fettige und ölige Flächen vor der Beschichtung mit alkalischen Reinigungslösungen auswaschen und wieder gut austrocknen lassen.

Alte Kalk- und Leimfarbenanstriche gründlich entfernen. Sonstige festhaftende Altanstriche mit Salmiakwasser abwaschen.

Metallteile vor der Beschichtung mit Lackgrund oder Bleimennige grundieren.

Aquarellfarben

sind pastenförmig (Tubenfarben), teigförmig (Näpfchenfarben) oder trocken (Stück- oder Knopffarben) gelieferte Künstlerfarben, welche lediglich mit Wasser angerührt aufgetragen werden. Sie enthalten kein eigentliches Bindemittel, vielmehr werden die äußerst feinen Pigmente, Farblacke oder Farbstoffe bei der Aquarelltechnik von dem Aquarellpapier adsorbiert und festgehalten.

Die Aquarelltechnik ist daher eigentlich eine Färbetechnik. Das in Aquarellfarben enthaltene Gummiarabikum oder Dextrin hat nicht die Aufgabe eines Bindemittels, sondern eines Schutzkolloids, welches ein Ausflocken der Farbe beim Anrühren und eine Wasserempfindlichkeit der adsorbierten Farbschicht verhindern soll. Aquarellbilder werden zum Schutz nachträglich durch Aufstäuben einer Schellacklösung „fixiert". Lithopone findet in Aquarellfarben als „Deckweiß" Verwendung.

11.3.3 Ölfarbenanstrich

A) Untergrundbehandlung

Kalkputz vor dem Ölfarbenanstrich mehrmals fluatieren (vgl. S. 347). Nach dem Trocknen mit Wasser nachwaschen und trocknen lassen. Dann mit Ölfarbenanstrich beginnen.

Eisen von Rost, Zunder, Walzhaut und alten Farbresten mit Drahtbürste oder Schmirgelpapier Körnung 60 völlig freimachen.

Holz, auf dem ein alter Anstrich noch fest und ohne Runzeln, Risse oder Abblätterungen haftet, kann ohne weitere Vorarbeiten neu gestrichen werden. Der Altanstrich muß jedoch, um einen guten Haftgrund zu bieten, entweder mit Glaspapier aufgerauht oder mit einer starken Sodalösung angelaugt werden.

a) Abbeizen, Ablaugen alter Anstriche. Abblätternde, runzelige oder rissige Anstriche müssen vom Untergrund durch Abschleifen oder Ablaugen restlos entfernt werden, bevor ein neuer Anstrich aufgebracht werden kann.

Verseifbare Ölfarben, Öl- und Alkydharzlacke können mit *alkalischen Abbeizmitteln* wie Natriumhydroxid (Ätznatron, Laugenstein, kaustische Soda) oder mit Salmiakgeist, spez. Gew. 0,910, abgelöst werden. Um das Ablaufen von senkrechten Stellen zu verhindern, kann man diese Stoffe mit Sägemehl, Bimsmehl, Tylose und ähnlichen Substanzen verdicken.

Diese stark alkalischen Mittel sind sehr ätzend und giftig, greifen Holz an und bilden auf Eisen rasch Rost. Deshalb sollte der Drogist dem Laienmaler nur die ungefährlichen *lösenden Markenartikel* anbieten.

Lösende Abbeizmittel liefert die einschlägige Industrie in Form von Lösungen, Fluiden, und Pasten, Salben. Sie bestehen aus stark lösenden, unbrennbaren Kohlenwasserstoffen, Methylenchlorid, Essigsäureäthylester, Spiritus u. a. und lösen bzw. erweichen alte Öl-, Lack-, Emulsions- und Dispersionsfarbenanstriche, die nach kurzer Zeit kräuseln oder hochziehen und dann mit dem Spachtel leicht abgehoben und entfernt werden können.

Dabei wird die Unterlage in keiner Weise angegriffen, so daß ein Nachwaschen mit Wasser vollauf genügt. Mit lösenden Abbeizmitteln können auch hartgewordene Pinsel leicht wieder weich und sauber gemacht werden.

Nicht verseifbare Kunstharz-, Cellulose-, Chlorkautschuklacke u. a. können nur mit lösenden Abbeizmitteln entfernt werden.

Nach dem Ablaugen muß das Holz abgewaschen und nach dem Trocknen mit Glaspapier von der Körnung 180–220 geschliffen werden. Der Schleifstaub ist peinlich sauber zu entfernen. Äste und Harzstellen müssen mit Spiritus-Isolierlack behandelt werden.

b) *Beizen, Einfärben von Holz für Lasuranstriche.* Soll neues oder abgelaugtes Holz lasierend (durchscheinend) gestrichen werden, so muß es zuvor meistens mit einer *Holzbeize* auf einen bestimmten Ton eingefärbt werden.

Für den Laien kommen hierfür nur *Farbbeizen,* das sind wasser-, spiritus- oder öllösliche Teerfarben, in Betracht, die den Farbton sofort erkennen lassen und durch verschieden starke Verdünnung abgestuft werden können. Leider sind diese Farbbeizen so wenig lichtecht, daß sie bei direkter Sonnenbestrahlung schon nach kurzer Zeit völlig verblassen können. Für hell- und dunkelbraune Töne ist deshalb die *Nußbaumkörnerbeize,* die durch Kochen von Kasseler Braun (Braunkohle) mit Soda hergestellt wird, zu empfehlen.

Wasserlösliche Beizen trocknen langsam, hinterlassen kaum Ansätze und sind deshalb zum Tönen großer Holzflächen geeignet. Spirituslösliche Beizen dagegen trocknen sehr rasch auf und hinterlassen dabei Ansätze, welche die Färbung ungleichmäßig machen. Sie sollten deshalb vorwiegend zum Beizen kleiner Gegenstände, z. B. Spielwaren, im Tauchverfahren verwendet werden. Sie eignen sich außerdem zum Tönen von Polituren, Mattierungen und Lackbeizen.

Beiztechnik:

Entharzen: Behandeln der Harzstellen mit warmer, etwa 10%iger Pottaschelösung, der etwas Aceton zugegeben werden kann. Mit Wasser gründlich nachspülen.

Quellen: Aufrecht stehendes Holz wiederholt mit warmem Wasser, dem etwas Salmiakgeist zugesetzt ist, einstreichen. Wenn nötig, bleichen mit einer Mischung aus 65 Teilen Wasserstoffperoxid 30%ig, 5 Teilen Salmiakgeist, spez. Gew. 0,910, und 30 Teilen Wasser. Nach dem Bleichen gründlich mit Wasser nachwaschen.

Auftragen der Beize:
Vollkommen gelöste Beize mit Pinsel oder Schwamm in der Längsrichtung der Maserung satt und rasch auftragen. Senkrechte Flächen von unten nach oben, kleine Objekte in horizontaler Lage beizen.

Schleifen: Nach dem Trocknen mit feinkörnigem Sandpapier quer zur Holzfaser glätten. Schleifstaub sorgfältig entfernen.

Überziehen: Nach völligem Trocknen (mindestens 2 Tage) kann das gebeizte Holz mit Schellack- oder Nitropolituren bzw. -mattierungen, farblosem Öl-, Spiritus-, Zapon-, Kunstharz- oder Mattlack oder mit Wachspaste überzogen werden.

Wachsbeize siehe Seite 313.

c) *Spachteln.* Leicht schadhafte oder rauhe Untergründe können mit Spachtelmassen ausgebessert und so geglättet werden, daß sie selbst für hochglänzende Lackierungen eine geeignete Grundlage abgeben.

Spachtelmassen sind ziehbare, streichbare oder spritzbare Massen zur Glättung rauher Untergründe. Ziehspachtel sind pastos und werden mit der Spachtelklinge aufgetragen. Streichspachtel sind pigmentreiche, dicke Farben, die mit dem Pinsel verstreichbar sind. Spritzspachtel enthalten soviel Lösungsmittel, daß sie mit der Spritzpistole verarbeitet werden können.

Man unterscheidet folgende Sorten:

Leimspachtel:
Füllstoffe: Kreide, Leichtspat, Schwerspat.
Bindemittel: Haut-, Knochen-, Kasein-, Stärke- oder Zelluloseleim. Hauptsächlich für Holz.

Emulsionsspachtel:
Füllstoffe: Kreide, Schwerspat, Lithopone.
Bindemittel: Leim + Öl (Öllack) oder Emulsionsbindemittel (Spezialfabrikate).
Für größere Holz- und Putzflächen bei Innenanstrichen.

Ölspachtel:
Füllstoffe: Kreide, deckende Weißfarben (Lithopone, Titanweiß, Bleiweiß, Zinkweiß).
Bindemittel: Leinölfirnis. Trockenmittel: Sikkativ, Harttrockenöl.
Für Holz, Putz, Eisen, innen und außen.

Lackspachtel (Öllack-Spachtel):
Ölspachtel mit Zusatz von Schleiflack.
Nach Ral 849 A

Füllstoffe:	Mindestens 15% Bleiweiß, Lithopone oder Zinkweiß. Bis 25% Kreide. Außerdem Schiefermehl, Bolus, Ocker.
Bindemittel:	Mindestens 10% Schleiflack, bezogen auf Spachtelmasse. Außerdem Leinölfirnisse, Holzölfirnisse, Sikkativ.
	Meistverwendeter Universalspachtel für alle Zwecke. Besonders bei Holzlackierungen und Lackschliffarbeiten.

„Kunstharz"-Spachtel:
Füllstoffe:	Wie Lackspachtel.
Bindemittel:	„Kunstharzlack" (Alkydharzlack).

Nitrospachtel:
Füllstoffe:	Leichte Farbkörper, wie Titanweiß, Lithopone, Filling up, Eisenoxidrot.
Bindemittel:	Nitrocelluloselack.

Nitrokombinationsspachtel:
Füllstoffe:	Wie bei Nitrospachtel.
Bindemittel:	Nitrokombinationslack.

Reaktionsspachtel:
Bindemittel:	Reaktionsfähige Polyesterharze unter Zusatz von Katalysatoren und Beschleunigern.

Alkydharzspachtel, Nitrospachtel, Nitrokombinationsspachtel und Reaktionsspachtel finden vorwiegend in der industriellen Lackierung Verwendung.

Auskitten. Risse, Löcher, Fugen und Unebenheiten im Holz werden mit Leinölkitt verschlossen bzw. ausgeglichen.

Rostschutz. Unedle Metalle werden durch Witterungseinflüsse, Industrieabgase, chemische Agenzien usw. zerstört. Die bekannteste und gefürchtetste Metallkorrosion ist das Rosten des Eisens. Geringe Rostbildung kann mit einem Rostprimer unschädlich gemacht werden (vgl. S. 309).

Dann wird das Metall mit einem Anstrich aus 75 Gewichtsteilen hochdisperser Bleimennige, 15 Gewichtsteilen Leinölfirnis und 3 Gewichtsteilen Terpentinölersatz grundiert. Gegenstände aus Zinkblech, wie Dachrinnen, Dachverwahrungen usw., müssen, wenn sie neu sind, vor dem Anstrich mit verdünnter Salzsäure aufgerauht und mit Wasser gründlich nachgewaschen werden, weil Anstriche auf der glatten Metalloberfläche nicht haften können und deshalb bald abplatzen.

B) Grundieren

Grundiermittel dienen dazu, saugfähige Untergründe (Anstrichträger), wie Holz, Pappe, Gewebe, Putz usw., so zu präparieren, daß sie die Vor- und Schlußanstriche nicht mehr ausmagern, sondern festhalten und verankern.

Für Öl- und Lackfarben auf Ölbasis eignen sich als Grundiermittel mit Testbenzin verdünnte Leinöl-Harttrockenöl-Gemische etwa folgender Zusammensetzung:

Leinölfirnis 1500 g, Harttrockenöl 130 g, Terpentinölersatz 800 g. Für Außenanstriche verringert man den Anteil an Terpentinölersatz auf etwa die Hälfte und vermehrt dafür den Leinölfirnisgehalt entsprechend.

Mit diesen Gemischen bzw. entsprechenden Fertigprodukten wird neues bzw. abgelaugtes Holz so lange behandelt, bis es nichts mehr aufnimmt. Grundiermittelreste, die nach etwa einer halben Stunde noch auf Harthölzern oder Jahresringen der Nadelhölzer stehen, werden mit einem nicht fasernden Lappen abgewischt.

Das Grundiermittel darf lediglich zur Sicherung der Streichspur ganz schwach pigmentiert werden, denn es soll ja in die Poren der Unterlage eindringen, sich dort verankern und die folgenden Aufträge fest verbinden. Bei stärkerer Pigmentierung würde, nachdem das Grundiermittel vom Untergrund aufgesaugt ist, das Pigment als trockene, das heißt völlig ausgemagerte und als Haftgrund unbrauchbare Schicht zurückbleiben. Auf weniger saugfähigen Flächen dagegen würde das Bindemittel von den Pigmentteilchen zurückgehalten. Es könnte also in den Untergrund nicht einziehen und demzufolge keinerlei Verankerung herbeiführen.

Für ölhaltige Farbanstriche können auch *ölfreie Isolier- und Grundiermittel* in Form von Nitrocellulose- oder Polymerisatharzlacken verwendet werden. Diese dünnflüssigen Klarlacke schließen die Poren saugender Untergründe, isolieren Harzstellen, Teer, Carbolineum und „blutende" Teerfarben und härten klebende Anstriche. Sie eignen sich als „Einlaßgründe" für Holz und sämtliche saugenden Untergründe sowie als „Putzhärter" zur Vorbehandlung frischer Putzflächen.

Die ölfreien Grundiermittel trocknen rasch und verhindern schon nach ein- bis zweimaligem Auftragen das Einziehen und Wegschlagen von Öl- und Lackfarbenanstrichen.

Ventilationsgründe auf Alkydharzbasis vereinigen die Vorzüge der Ölgrundiermittel mit der Härte und Fülle der Kunstharzgrundierung. Sie lassen Feuchtigkeit aus dem Anstrichträger entweichen, verhindern aber, daß von außen Nässe in ihn eindringt. Durch innige Bindung an das Holz wird ein Abblättern des Anstrichs vermieden. Damit die Ventilationswirkung voll zur Geltung kommen kann, sollte nach der Behandlung einige Zeit bis zum Voranstrich vergehen.

C) Voranstrich

Nachdem das Grundiermittel in die Unterlage eingezogen und vollkommen aufgetrocknet ist, kann mit dem *Voranstrich* begonnen werden. Als Hauptpigmentträger enthält dieser viel Trockenfarbe in verhältnismäßig wenig glanzgebenden Bindemitteln und ist deshalb eine magere Farbe. Seine Streichfähigkeit wird durch Verdünnen mit Testbenzin hergestellt, das kurz nach dem Auftragen verdunstet und einen porösen, matten Farbüberzug hinterläßt, auf dem der Schlußanstrich gut verankert werden kann. Wie „mager" ein Voranstrich im Einzelfall sein darf, kann nur der Fachmann richtig beurteilen. Grundsätzlich gilt die Malerregel „von mager nach fett", das heißt also, daß jeder nachfolgende Anstrich fetter sein muß als der vorhergehende, weil er sonst bald reißen und abplatzen würde. Ist dagegen der Voranstrich zu mager, so entzieht er dem Schlußanstrich das Bindemittel und nimmt ihm dadurch Glanz und Haltbarkeit, er wird „weggeschlagen".

Für den Nichtfachmann eignet sich als Voranstrich am besten ein handelsüblicher Vorlack, der leicht aufgetragen werden kann und nach kurzer Zeit zu einer gleichmäßig matten Schicht auftrocknet.

D) Schlußanstrich

Herstellung der streichfertigen Farbe:
Pigment mit Bindemittel maschinell mit Rührwerk, Farbmühle bzw. -walze zu einer steifen Masse ankneten. Paste mit Binde- und Verdünnungsmittel (Testbenzin) streichfertig einstellen.

Der *Schlußanstrich* ist bei den Ölfarben stets eine fette Farbe, die gegenüber mechanischen und chemischen Einflüssen möglichst widerstandsfähig sein und einen mehr oder weniger hohen Glanz zeigen soll. Dies wird erreicht durch einen mäßigen Pigmentgehalt und ein ausgesprochen fettes Bindemittelgemisch aus etwa 3000 g Leinölfirnis, 250 g Harttrockenöl und 500 g Leinöl-Standöl. Für Innenanstriche kann der Standölzusatz fehlen.

Verdünnungs- und Lösemittel für Ölfarben sind Testbenzin (Terpentinölersatz), Terpentinöl und Leinölfirnis.

11.3.4 Lackfarbenanstrich
Untergrundbehandlung

Der Maluntergrund wird ebenso vorbereitet wie für Ölfarbenanstriche (vgl. S. 348). Zum Grundieren eignen sich auch ölfreie Nitrocellulose-Grundiermittel, die sich gut schleifen und mit Öl- oder Alkydharzlacken ebensogut überziehen lassen wie mit Nitro- oder Nitrokombinationslacken.

Die meisten Lacke sind mit allen Farbpigmenten verträglich, mit anderen Bindemitteln dürfen sie jedoch nur unter Beachtung der jeweiligen Vorschriften gemischt werden, damit Anstrichfilme gleicher Elastizität, Härte und Quellbarkeit entstehen. Nur ein einheitlicher Gesamtaufbau des Anstriches verhindert Spannungsunterschiede, die zum Reißen und Abblättern der Lackierung führen. Aus diesem Grunde wurden auch die sogenannten *Anstrichsysteme* geschaffen, worunter man Werkstoffserien einer Herstellerfirma versteht, die Grundiermittel, Vorlack- und Schlußlackfarbe umfassen.

Zur Verdünnung der Lacke eignen sich grundsätzlich die zu ihrer Herstellung verwendeten Lösungsmittel, mit denen auch die Pinsel gereinigt und Lackflecke beseitigt werden können.

Lösungs- und Verdünnungsmittel:

Öllacke	Terpentinöl, Testbenzin
Kunstharzlacke	Kunstharzverdünnung, Testbenzin, Terpentinöl
Nitrolacke	Nitroverdünnung
Chlorkautschuklacke	Benzol, Toluol, Xylol, Spezialverdünnung
Bitumenlack, Eisenlacke	Benzol, Testbenzin
Spirituslacke	Spiritus
Versiegelungslacke (Polyurethanlacke)	Spezialverdünnung

11.3.5 Arbeitsbeispiele

Fenster

Neu: Falls noch nicht grundiert, einmal mit Holzschutzgrund streichen. Nach Trocknung mit Fenstergrund vorstreichen. Dann zweimal lackieren.

Bereits gestrichen: Lose Stellen abstoßen. Fläche leicht anschleifen und entstauben. Mit Fenstergrund vorstreichen. Zweimal lackieren.

Türen und andere Holzteile innen

Neu: Mit Vorstreichfarbe oder verdünntem Lack grundieren. Spachteln, schleifen und entstauben. Zweimal lackieren.

Bereits gestrichen: Lose Stellen abstoßen. Fläche leicht anschleifen. Löcher verkitten. Unebenheiten mit Spachtel ausgleichen. Glattschleifen und entstauben. Dann einmal lackieren. Evtl. nach Trocknung zum zweiten Mal lackieren. Bei stark zerstörtem Anstrich Farbe mit einem handelsüblichen Abbeizmittel (Arbeitsanleitung des Herstellers beachten) entfernen und wie neues Holz weiterbearbeiten.

Heizkörper:

Entrosten und reinigen. Öl und Fett mit Verdünnung oder Terpentinölersatz abwaschen. Trocknen lassen. Mit verdünntem Heizkörperlack oder Heizkörpergrund vorstreichen. Nach guter Durchtrocknung ein- bis zweimal mit Heizkörperlack fertiglackieren.

Bereits gestrichen: Mit Salmiakwasser (10 bis 30% Salmiakgeist und 90 bis 70% Wasser) abwaschen und mit klarem Wasser nachwaschen. Losen Lack abstoßen. Schleifen, besonders Kanten gut beischleifen. Reinigen und metallblanke Stellen mit Heizkörperlack oder Heizkörpergrund vorstreichen, nach Trocknung anschleifen und entstauben. Einmal mit Heizkörperweißlack fertiglackieren.

Trockene Putzflächen

Neu: Gut abgebundenen Putz säubern, evtl. fluatieren und mit Vorstreichfarbe oder verdünntem Lack grundieren. Unebenheiten beispachteln, leicht schleifen und entstauben. Dann lackieren. Nach guter Durchtrocknung zum zweiten Mal lackieren.

Bereits gestrichen: Lose Stellen abstoßen. Fläche leicht anschleifen. Rohe Stellen mit Vorstreichfarbe oder verdünntem Lack grundieren. Löcher und Risse mit Spachtel ausgleichen und leicht schleifen. Reinigen und die ausgebesserten Stellen mit Lack vorstreichen. Dann lackieren.

12. Tapezieren

12.1 Arbeitsvorgänge

A) Guten Untergrund schaffen

denn nur auf einem solchen kann die Tapete fest halten. Nicht festsitzende alte Tapeten entfernen. An der Wand klebende Tapetenreste mit Wasser oder besser mit einem Tapetenlöser aufweichen und mit einem Spachtel abstoßen. Leimfarben gut abwaschen, blätternde alte Kalkfarben abschaben und nachwaschen, Ölfarben mit verdünntem Salmiakgeist aufrauhen. Löcher und Risse in der Wand mit Füllstoff schließen. Glatte Gipswände mit verdünntem Tapetenkleister vorleimen.

B) Kleister anrühren

Leitungswasser in sauberen Eimer füllen und Tapetenkleister unter ständigem Rühren gleichmäßig einstreuen. Rühren noch kurze Zeit fortsetzen. Nach etwa 20 Minuten die Kleisterlösung noch einmal kurz und kräftig durchschlagen: Der Tapetenkleister ist einsatzbereit.

C) Tapetenbahnen vorbereiten

Entsprechend der Wandhöhe – unter Zugabe von etwa 10 bis 15 cm – die Bahnen von der Tapetenrolle auf dem Tapezierbrett zuschneiden und mit der Rückseite nach oben aufeinanderlegen. Bei gemusterten Tapeten ergibt sich mehr Verschnitt, darauf ist beim Berechnen der Rollenzahl zu achten.

D) Kleister auftragen

Bahn für Bahn an die vordere Kante des Tapezierbretts ziehen und mit Tapetenkleister gleichmäßig versehen. Die gestrichenen Bahnen nach der Mitte zu umschlagen. Die gefaltete Bahn noch einmal zusammenlegen. Leichte Tapeten nur kurze Zeit weichen lassen, sie können meistens gleich nach dem Einkleistern an die Wand gebracht werden. Schwere Tapeten länger weichen lassen, zweckmäßig zwei bis drei Bahnen vorstreichen.

E) Kleben

An einer linken Fensterseite beginnen. In den Zimmerecken Tapetenbahn eine Fingerbreite um die Ecke kleben. Da an den Ecken die geklebten Tapeten einer größeren Spannung ausgesetzt sind, hier sowie an den Putzstreifen an der Oberkante der Wand, über der Fußleiste und neben Tür- und Fensterrahmen den Untergrund mit Tapetenkleister vorstreichen.

Tapete so vom Brett nehmen, daß die obere Hälfte der zusammengelegten Bahn sich ablöst, an die Wandoberkante anlegen und kurz andrücken. Prüfen, ob die Bahn genau senkrecht verläuft, und mit der Tapezierbürste zunächst in der Mitte und dann nach den Seiten hin glatt anreiben, damit die Luft hinter der Bahn herausgedrückt wird. Hierauf die untere Hälfte der Tapetenbahn lösen und gleichfalls festklopfen.

Bei gemusterten Tapeten darauf achten, daß die Bahnen im richtigen Musteransatz geklebt werden. Die Tapete soll nicht zu schnell und nicht zu langsam trocknen. Mäßig lüften, starken Gegenzug vermeiden. Im Winter ist schwache Heizung des Raumes zu empfehlen.

Zur Reinigung von Tapeten, Wänden und Decken werden sogenannte *Tapetentücher* angeboten, die eine Weichgummibeschichtung tragen. Ohne Wasser und Reinigungsmittel können mit ihnen Ruß, Schmutz und Staub so weit entfernt werden, daß der Raum wieder einen sauberen Eindruck macht. Gute Erzeugnisse dieser Art reinigen schonend, schmier- und streifenfrei ohne Radiereffekt und ohne den Untergrund zu beschädigen.

12.2 Werkzeuge und Geräte für die Anstrich- und Tapeziertechnik

A) Pinsel

bestehen aus Haaren oder Borsten oder Mischungen beider. Sie müssen bei einer gewissen Elastizität soviel Widerstand bieten, daß die Farbmasse auf der Unterlage zu einem gleichmäßigen Film verteilt werden kann. Für dickflüssige Materialien eignen sich am besten Pinsel mit einem Besatz aus Schweineborsten, für dünnflüssige Haarpinsel. Neben diesen Naturprodukten wird vielfach synthetisches Besatzmaterial verwendet, das sich durch besonders große Abreibefestigkeit auszeichnet.

Nach der Befestigungsart werden die Pinsel eingeteilt in *Ring-, Zwingen-, Kapsel-, Kiel-* und *Kluppenpinsel,* nach der Form in *Flach-* sowie *Rundpinsel,* und nach der Verwendung in *Mal-, Streich-, Lackier-, Strich-, Künstlerpinsel* u. a. Alle diese Sorten werden dann ihrerseits noch nach Größe, Besatzmaterial und Qualität untergeteilt.

Für die Lackierung verwendet man Ring- oder Flachpinsel, letztere als sogenannte Lackierpinsel. Mit dem Ringpinsel lassen sich die Lacke gut auftragen. Die flachen Lackierpinsel sind besonders gut geeignet, die Lacke zu „verschlichten", also ohne jede Spur des Pinselstriches zu verteilen.

B) Deckenbürsten

dienen zum Abwaschen und Streichen von Decken und Wänden.

Für Arbeiten auf rauhen Unterlagen, wie Putz, Kalk oder Zement, eignen sich Bürsten mit abreibefesten synthetischen Borsten besser als solche mit Naturborsten.

C) Streichroller

sind Walzen mit einem saugfähigen Überzug aus Lammfell, Perlonplüsch oder Perlonschwamm. Wie die Bürsten werden auch die Roller zum Auftragen von Leim-, Emulsions-, Öl- und Lackfarben auf große Flächen eingesetzt. Für wässerige Anstrichmittel (Leim- und Binderfarben) eignen sich die Lammfellroller besonders gut. Die Perlonroller verwendet man hauptsächlich zu Öl- und Lackanstrichen.

Farbroller ermöglichen auch dem Ungeübten, bei zügigem Arbeiten ansatzlose, tuchartig weiche Flächen von feinkörniger Oberfläche zu erzielen. Da für den Streichroller der Farbansatz etwas dicker eingerührt wird als für die Bürste, wird auch die Beschmutzung des Fußbodens und der Umgebung durch Spritzer weitgehend vermieden, was bei schwerentfernbaren aufgetrockneten Binderfarben besonders wichtig ist.

Nach dem Eintauchen der Rolle in die Farbe wird der Überschuß an einem Abstreifgitter im Eimer abgerollt.

Es gibt auch Streichroller mit einem Behälter, der Farbe aufnehmen kann, die für größere Flächen ausreicht. Bei diesen Geräten entfällt das Abstreichen der überschüssigen Farbe am Gitter, nachteilig ist ihr höheres Gewicht.

Nach beendeter Arbeit müssen Pinsel, Bürsten und Roller sofort mit den entsprechenden Lösungsmitteln gereinigt werden. Für Leim- und Binderfarben verwendet man Wasser, für Öl- und Lackfarben Testbenzin (Terpentinölersatz) und für Speziallacke die sorteneigenen Lösungsmittel. Nachdem durch kräftiges Ausschleudern die letzten Lösungsmittelreste entfernt sind, werden Pinsel, Bürsten und Roller zum Trocknen aufgehängt.

Hartgewordene Pinsel können durch längeres Einhängen in die entsprechenden Lösungsmittel oder in Abbeizfluid wieder gebrauchsfähig gemacht werden.

Wird ein Pinsel schon nach kurzer Zeit wieder benötigt, so sollte man ihn gut ausstreichen und in Wasser aufbewahren. Dabei soll der Pinsel nur etwa bis zum Vorband im Wasser stehen.

D) Zum Auftragen

dickflüssiger Spachtelmassen und zum Abnehmen gelöster Altanstriche dienen *Spachtelmesser* und *Spachtelklingen*, sog. *Flächenspachtel*. Zum Auskitten werden *Kittmesser* und als Unterlagen für Schleifpapiere sog. *Schleifklötze* und *Schleifkorken* verwendet.

Die *Spritzpistole* zerstäubt mittels Druckluft den Lack in feinste Tröpfchen. Dadurch verdunstet ein großer Teil der Lösungsmittel auf dem Weg zum Objekt und die Trocknung des Lackfilms wird erheblich verkürzt.

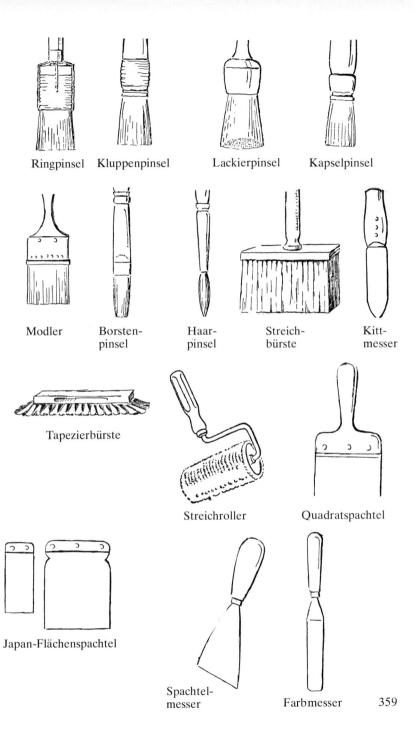

13. Klebstoffe und Kitte

13.1 Klebstoffe

Nach den Merkblättern DIN 16 920/21 versteht man unter *Klebstoffen* nichtmetallische Werkstoffe, welche Körper durch Oberflächenhaftung und innere Festigkeit verbinden können, ohne daß sich das Gefüge der Körper wesentlich ändert. Die Kraft, mit der sich der Klebstoff an der zu klebenden Stelle festhält, heißt Adhäsion (lat. adhaerere = festhalten), während man die Bindungskraft der kleinsten Bestandteile des Klebstoffes untereinander, also die innere Festigkeit, Kohäsion (lat. cohaerere = zusammenhalten) nennt.

Vor dem Kleben müssen die Klebeflächen tadellos sauber, fettfrei und, sofern es sich um nicht wäßrige Klebemittel handelt, absolut trocken sein. Der Klebstoff selbst muß sehr gleichmäßig und dünn aufgetragen werden, damit beim Trocknen das Lösungsmittel ungehindert verdunsten kann. Eine zu dicke Klebemittelschicht unterliegt einem zu großen Volumensschwund, wodurch infolge Schrumpfung oder Rißbildung die Haltbarkeit verringert oder ganz aufgehoben wird. Eine gute Verbindung der geklebten Flächen erfordert einen gewissen Preßdruck, der bei den verschiedenen Materialien jedoch ungleich groß ist. So genügt beim Tapetenkleben zum Beispiel ein Andrücken mit der Hand, dem Tuch oder der Bürste, während beim Verleimen von Holz ein erheblicher Preßdruck von längerer Dauer unerläßlich ist. Bei den modernen Kontaktklebern kann schon ein Hammerschlag genügen.

Von großer Bedeutung ist natürlich auch die Beschaffenheit der Klebeflächen. Während glatte Flächen eine gute Adhäsion besitzen, bereiten poröse und saugende Stellen mitunter große Schwierigkeiten. In ihnen kann das Klebemittel versinken und besitzt dann natürlich keine Klebekraft mehr. Sie müssen deshalb so lange mit dem Klebstoff bestrichen werden, bis nichts mehr aufgenommen wird, das heißt, bis die Poren ausgefüllt sind. Bei wäßrigen Klebemitteln schafft oft schon wiederholtes Anfeuchten Abhilfe.

Nach dem Kleben darf die Klebestelle nicht zu früh strapaziert werden. Jeder Klebstoff braucht länger, als gewöhnlich angenommen wird, bis er seine Endfestigkeit erreicht hat. Das gilt auch für die Kontaktkleber, die scheinbar schon nach wenigen Minuten hart sind.

13.1.1 Gummi

Als Büroleim wird auch heute noch Gummiarabicum-Lösung verwendet. Seinem chemischen Aufbau nach steht er zwischen den Hemicellulosen und dem Pektin und enthält Arabin, arabinsaures Calcium und Pentose. Sein Säuregehalt kann empfindliche Papiersorten schädigen, weshalb der Gummi zur Neutralisation seiner Säure oft in Kalkwasser aufgelöst wird.

13.1.2 Cellulosekleister

Zum Massenverbrauch beim Tapezieren verwendet man heute vorwiegend Celluloseklebstoffe. Sie bestehen aus Carboxymethylcellulose, CMC, oder Methylcellulose, MC, die in Wasser gut klebende, völlig klare, kolloidale Lösungen liefern. Gegenüber den Pflanzenleimen sind die Cellulosekleister ohne jedes Konservierungsmittel auch in gebrauchsfertigem Zustand lange haltbar und hinterlassen, weil sie zu einem matten, hauchdünnen Häutchen auftrocknen, nirgends Kleisterspuren.

An Eisenteilen bildet Cellulosekleister schnell und intensiv Rost. Nagelköpfe, Schrauben und Beschläge aus Eisen müssen deshalb vor dem Überkleben sorgfältig mit Lack überzogen werden.

Die Klebekraft des Kleisters wird durch Zusatz von etwas Dispersionsbinder erheblich gesteigert. Mischungen dieser Art sind deshalb zum Kleben kaschierter Folien, Linkrusta, Tekko, Salubra u. a. gut geeignet.

Die Cellulosekleister haben die früher viel verwendeten Stärkekleister, die durch Kochen von Stärke mit Wasser hergestellt werden, fast völlig verdrängt.

13.1.3 Dextrin

Dieser Klebstoff entsteht durch Rösten von Stärke unterhalb 220 °C oder durch Einwirkung von Salpetersäure auf Stärke und anschließendes Erwärmen. Mit Wasser angerührt liefert Dextrin einen gelblichen, dünnflüssigen Klebstoff, der zur Papierverklebung auch heute noch gelegentlich verwendet wird.

13.1.4 Tischlerleim

Das älteste und lange Zeit wichtigste tierische Klebemittel für Holz ist der Tischlerleim. Nach dem verwendeten Rohstoff unterscheidet man Knochen-, Haut- und Lederleim, die in Form von Körnern, Tafeln oder Pulver gehandelt werden. Zum Gebrauch läßt man den Tischlerleim mehrere Stunden lang in Wasser quellen und bringt ihn dann im Wasserbad zum Schmelzen. Er ist heute fast völlig von den modernen Kunstprodukten abgelöst.

13.1.5 Filmklebstoff, Filmkitt

Celluloidfilme können mit einer Auflösung von 4 Teilen Filmabfall in 2 Teilen Amylacetat und 1 Teil Aceton zusammengeklebt werden. Für Acetylcellulosefilme, Sicherheitsfilme, verwendet man eine Lösung von 1 Teil Acetylcellulose in 5 Teilen Aceton.

13.1.6 Kunstharzkleber, Mehrzweckkleber, Universalkleber

stellen eine Produktgruppe dar, die für ein möglichst breites Anwendungsgebiet, vom Haushalt über das Hobby bis zum Do-it-yourself-Bereich, bestimmt ist. Dabei ist jedoch zu bedenken, daß kein Fabrikant alles perfekt kleben kann, sonst wären ja die zahlreich entwickelten Spezialkleber überflüssig.

Kunstharzkleber sind:
Dickflüssige Lösungen von Nitrocellulose, Acetylcellulose, Polyacrylsäureestern, Alkydharzen, vor allem Polyvinylacetat in Äthyl-, Amyl-, Butyl-Methylacetat, Blutanol, Methanol sowie Mischungen von Methylenchlorid, Tetrachlorkohlenstoff, Toluol u. a.

Ihr Klebefilm ist fest, witterungs- und alterungsbeständig und chemisch sehr stabil. Mit Folien aus Polyvinylchlorid und Gegenständen aus Polystyrol (Hartschaum), Polituren, Lackanstrichen und Celluloid dürfen sie jedoch nicht in Berührung kommen, weil Kleblacke diese Stoffe anlösen.

Kunstharzkleber werden auch Naß- oder Sofortkleber genannt, weil die zu klebenden Flächen sofort nach dem Einstreichen, wenn der Klebefilm noch feucht ist, zusammengedrückt werden (Naß-in-Naß-Klebung). Die Endfestigkeit wird erst nach dem vollständigen Verdunsten der Lösungsmittel erreicht. Besonders bewährt hat sich auch eine Klebetechnik, bei der man zunächst die Klebefilme beidseitig völlig abtrocknen läßt, daraufhin eine oder beide Flächen mit einem weiteren dünnen Aufstrich leicht anfeuchtet und dann direkt klebt.

Bekannte Kunstharzkleber sind u. a.:

Bindulin-Alleskleber	Bindulin Werk
Bostik Nr. 1 Allzweck-Kleber	Bostik GmbH
IBU-Alleskleber	Isar-Rakoll Chem. GmbH
KÖ-Alleskleber	Kömmerling KG
Pritt-Alleskleber	Henkel u. Cie GmbH
Technicoll-V Vielzweck-Kleber	Beiersdorf AG
Teroson Alleskleber Terokal 2439	Teroson GmbH
Tesakleber	Beiersdorf AG
UHU Der Alleskleber	Lingner & Fischer GmbH

13.1.7 Kunstkautschuk-Kleber

Kontakt-, Sofort-, Vielzweckkleber enthalten als Basis Kunstkautschuk, Polychlorbutadien (Pattex), Copolymeren des Butadien, Alkylnitril sowie Neoprene. Lösungsmittel hierfür sind aromatische Kohlenwasserstoffe (Toluol), chlorierte Kohlenwasserstoffe (Tetrachlorkohlenstoff), Ketone (Methyläthylketon) und Ester (Äthylacetat). Manchmal sind noch Benzine zugesetzt. Kontaktkleber werden in flüssiger Form auf die Klebestelle aufgetragen. Nach etwa 15 Minuten ist das Lösungsmittel verdunstet, dann werden die Klebestellen aufeinandergepreßt, wobei sofort eine feste Verbindung entsteht. Daher stammt der Name „Kontaktkleber". Anschließend wird so fest wie möglich gepreßt, wobei schon ein Hammerschlag genügt. Die Endfestigkeit entsteht jedoch erst nach zwei bis drei Tagen. Durch einen sogenannten „Härter" kann die Haltbarkeit und Hitzebeständigkeit der Kontaktverklebungen noch erheblich gesteigert werden.

Kontaktkleber dienen zum Kleben von harten Kunststoffen, Metallen, Glas, Keramik, Filz, Leder, Gummi, Buna, Schaumstoff, Holz und Fliesen. Für dünne Plastikfolien eignen sich Kontaktkleber nicht, sie neigen zum Durchschlagen oder Kräuseln der Folien.

Während man die üblichen Alleskleber „Naßkleber" nennt, weil sie allmählich trocknen, spricht man beim Kontaktkleber von einem „Trockenkleber", denn bei seiner Verarbeitung sind die Lösungsmittel nahezu vollkommen verdunstet.

Bekannte Kunstkautschuk-Kleber sind u. a.:

UHU-Extra Der Alleskleber	Lingner & Fischer GmbH
Bindall-Vielzweck-Kontaktkleber	Bindulin Werk
Dekalin Dekafix extra	Dekalin GmbH
IR-Ultraplast RP 9	Isar-Rakoll Chem. GmbH
KÖ-Bastelfix	Kömmerling KG
Pattex compact	Henkel & Cie GmbH
Pattex Kraftkleber	Henkel & Cie GmbH
technicoll-K Kontaktkleber	Beiersdorf AG
Teroson Kontaktkleber 4421	Teroson GmbH
UHU Greenit Massiv-Klebgeel	Lingner & Fischer GmbH
UHU Kontakt 2000	Lingner & Fischer GmbH

13.1.8 Reaktions-, Polymerisations-, Metallkleber

z. B. UHU-plus (Lingner u. Fischer GmbH), verbinden untrennbar Metalle, Glas, Porzellan, Keramik, Marmor, Stein, Beton, gehärtete Kunststoffe (Duroplaste), z. B. Bakelit, die meisten Hartschaumstoffe, z. B. Styropor, glasfaserverstärkte Kunststoffe, Hart-PVC, vulkanisierten Kautschuk u. a.

Reaktionskleber kommen meistens als Zweikomponenten-Kleber in den Handel, bei denen die Klebekraft durch Polymerisation beim Mischen von äußerst widerstandsfähigem Epoxidharz (Binder) mit Formaldehydderivaten (Härter) entsteht.

Nachdem mit dem gemischten Klebstoff eine Fläche dünn bestrichen ist, werden ohne Druck und nachträgliches Korrigieren beide Teile paßgerecht zusammengefügt. Die Trockenzeit (Topfzeit) beträgt bei Raumtemperatur zwei bis drei Minuten. Einkomponentenkleber (Blitzkleber) auf Cyabacrylat-Basis erhärtet in wenigen Sekunden.

Reaktionsklebstoffe liefern, besonders bei Metallen, Bindungen von einer Festigkeit bis 400 kg cm^2, die alle anderen Klebstoffe bei weitem übertreffen und Schweißen, Löten, Nieten, Verschrauben usw. weitgehend ersetzen und sogar übertreffen. Sie sind gegenüber verdünnten Säuren und Laugen, Benzin und vielen Lösungsmitteln und Wasser beständig. Nur durch längeres Erhitzen auf 100 bis 150 °C können Klebefugen soweit erweicht werden, daß sie auseinandergezogen werden können. Klebstoffreste lassen sich durch Einlegen in Trichloräthylen oder Aceton entfernen.

13.1.9 Spezialkleber

z. B. UHU-hart für Kunststoffe
UHU-plast für Polystyrol
UHU-por, Assil P/F für Hartschaum (Styropor) u. a. sind glasklare, schnelltrocknende Klebstoffe, die wasserfeste, widerstandsfähige, zerreiß- und biegefeste Verleimungen liefern und das Klebgut nicht anlösen.

13.1.10 Weißleim, Holzleim, Dispersionsleime

z. B. UHU-coll, Ponal u. a. stellen wetterfeste, benzin-, öl- und kraftstoffbeständige Polyvinylacetat-Dispersionen (PVA) dar. Sie sind mit Wasser verdünnbar, farblos und trocknen langsam, so daß genügend Zeit zum Einpassen bleibt.

Derartige Klebemittel sind besonders für Holzarbeiten bestimmt und werden zur Verleimung der Kanten mit einem Pinsel, auf größere Flächen mit einem Zahnspachtel (Leimkamm) aufgetragen. Größere Werkstücke müssen mit Zwingen fest zusammengepreßt werden, bis der Leim völlig trocken ist.

13.2 Kitte

Zwischen Kitten und Klebemitteln läßt sich kein grundsätzlicher Unterschied feststellen. Sie unterscheiden sich lediglich in den verschiedenen Beschaffenheiten, welche sie bei gewöhnlicher Temperatur zeigen. Wohl versteht man im allgemeinen unter Kitten durch Füllmittel eingedickte Massen, die zum Abdichten dienen. Es gibt aber auch sehr zähflüssige Klebstoffe, die zur Erhöhung ihrer Klebekraft noch feste Stoffe enthalten und dadurch den Kitten sehr nahekommen.

Der sinnfälligste Unterschied dürfte darin zu erblicken sein, daß zum Kleben oder Leimen zwei ebene oder sonst gut aufeinanderpassende Flächen gehören. Wo jedoch ein Befestigungsmittel nicht nur verbinden, sondern zugleich einen ungenauen Passer kompensieren und später als feste Masse Hohlräume ausfüllen muß, ist „kitten" die treffende Bezeichnung.

Kitte sind teigartige, knetbare Massen oder zähflüssige Pasten, die aus einem Bindemittel und Füllstoffen bestehen.

Als Bindemittel eignen sich Wasserglas, Leinölfirnis, Harze, Kasein, Leim, Bitumen u. a., und als Füllmittel Kreide, Bleiglätte, Bleimennige, Bolus, Schwerspat und viele andere Stoffe.

Nach Bindemittel bzw. Verwendungszweck lassen sich die Kitte folgendermaßen einteilen:

13.2.1 Leinölkitt
Streng pastose Masse aus 15 Gewichtsteilen Leinölfirnis und 85 Gewichtsteilen gemahlener Kreide. Zum Einkitten von Glasscheiben und Ausfüllen kleiner Risse und Löcher im Holz. Mitunter aufgehellt durch Zusatz von 10% Lithopone (auf Kreide berechnet).

13.2.2 Fußbodenkitt
Ölkitt mit Zusatz von Fußbodenocker. Zum Verkitten von Löchern und Fugen im Fußboden.

13.2.3 Mennigekitt
Ölkitt mit Zusatz von Bleimennige. Zum Dichten von Verschraubungen an Gas- und Heizungsrohren.

13.2.4 Lackkitt
Ölkitt mit Zusatz von Lack und Bleiweiß. Zum Aufkleben von Glasbuchstaben.

13.2.5 Leimkitt
Kreide mit Zusatz von Knochenleim. Zum Auskitten von Fugen und Astlöchern in rohem Holz, „Tischlerkitt".

13.2.6 Wasserglaskitt
Kreide, Zinkweiß und Schwerspat in Wasserglas verrieben. Zum Kitten von Glas, Ton und Steingut.

13.2.7 Linoleumkitt
Lösungen von Kopal und anderen Harzen in Spiritus. Zum Kleben von Fußbodenbelägen aus Linoleum, Gummi und anderen Werkstoffen.

Bei Verwendung ölhaltiger Kitte muß vor dem Verkitten geölt werden, weil sonst der Untergrund das Öl aus dem Kitt absaugt, wodurch er keinen Halt mehr findet und herausfällt.

13.2.8 Glycerinkitt
Anreibung aus Glycerin und Bleiglätte. Wird beim Trocknen sehr hart und ist Säuren und Laugen gegenüber weitgehend beständig. Zum Kitten von keramischen Gegenständen und Abdichten von Badewannen, Wasserbecken usw.

Literatur:

Kirchdorfer-Tede: Kitt- und Klebstoffe, Augsburg, Ziolkowsky, 1949.
Lüttgen, C.: Die Technologie der Klebstoffe, II: Kitte, Kleb- und Dichtungsmassen, Berlin, Pansegrau 1957.
Plath, E.: Taschenbuch der Kitte und Klebstoffe, Stuttgart. Wissenschaftl. Verlagsgesellschaft 1963.
Ullmann VII, 723; IX, 564–577.
Breuer, C.: Kitte und Klebstoffe (Bibl. d. ges. Technik, Bd. 275) Leipzig, Jänecke, 1938.

Farben, Anstrichmittel, Lacke, Polituren, Beizen, Imprägnier-, Fußboden- und Lederpflegemittel, Klebstoffe, Lack- und Farbenverdünner, Abbeizmittel, Entfettungs-, Reinigungs- und verschiedene Lösungsmittel unterliegen der *Verordnung über gefährliche Stoffe,* wenn sie enthalten:

1. Ätzende Stoffe

A) Säuren: Salz-, Schwefel-, Salpeter-, Fluorwasserstoff-, Phosphor-, Ameisensäure, Oxalsäure

B) Laugen: Natron- und Kalilauge, Ätzkalk, hochprozentiges Ammoniumhydroxid (Salmiakgeist).

C) Konzentrierte Lösungen saurer und basischer Salze.

D) Dimethylsulfat, Kresole, Phenole, Brom, hochprozentiges Wasserstoffperoxid (Perhydrol), Kaliumpermanganat.

2. Brennbare Flüssigkeiten

Gruppe A:
Wasserunlösliche, brennbare Flüssigkeiten.
Gefahrenklasse I: Brennbare Flüssigkeiten mit Flammpunkt unter 21 °C; Schwefelkohlenstoff, Rohpetroleum, Petroläther, Petroleumbenzin, Leichtbenzin, Benzol, Toluol, Äther, Essigäther, Collodium, Benzinlacke, Zaponlacke.
Gefahrenklasse II: Brennbare Flüssigkeiten mit Flammpunkt 21–55 °C: Petroleum, Putzöl, Terpentinöl, Testbenzin.
Gefahrenklasse III: Brennbare Flüssigkeiten mit Flammpunkt über 55 bis 100 °C:
Manche Leucht-, Gas-, Heiz- und Treiböle.

Gruppe B:
Wasserlösliche, brennbare Flüssigkeiten mit einem Flammpunkt unter 21 °C, die sich bei 15 °C in jedem beliebigen Verhältnis in Wasser lösen:
Methyl-, Äthyl- und Isopropylalkohol, Aceton, Acetaldehyd, Pyridin.

3. Gifte

Giftig im Sinne der Verordnung über gefährliche Stoffe sind Stoffe und Zubereitungen, die nach Einatmen, Verschlucken oder Aufnahme durch die Haut Gesundheitsschäden erheblichen Ausmaßes oder den Tod verursachen können.

Mindergiftige Stoffe verursachen Gesundheitsschäden geringeren Ausmaßes.

Giftige Farben enthalten Antimon, Barium, Blei, Chrom, Cadmium, Zink, Zinn mit Ausnahme von Schwerspat (Bariumsulfat), Chromoxid.
Giftige Gase entwickeln manche Lackfarben und Klebemittel, vor allem Tetrachlorkohlenstoff und Trichloräthylen.
Gefährliche Stoffe müssen, wenn sie gewerbsmäßig abgegeben und als Arbeitsstoffe verwendet werden sollen, folgendermaßen gekennzeichnet sein: Bezeichnung des Stoffes, Name und Anschrift des Herstellers, Warnsymbole nebst Gefahrenbezeichnung.

Salzsäure

Gefahrenhinweise:
Verursacht
Verbrennungen /
Verätzungen.

Sicherheitsratschläge:
Darf nicht in die Hände von Kindern gelangen.
Behälter dicht geschlossen und kühl halten.
Behälter vorsichtig behandeln.
Dämpfe nicht einatmen.
Berührung mit Haut, Augen und Kleidung vermeiden.
Spritzer auf die Haut oder in die Augen gründlich mit Wasser abspülen.
Fußboden und verschmutzte Gegenstände mit den vorgesehenen Mitteln reinigen.

Aceton

Gefahrenhinweise:
Leicht entzündlich.
Dampf-Luftgemisch,
explosionsfähig.

Sicherheitsratschläge:
Behälter dicht geschlossen halten und an einem gut gelüfteten Ort aufbewahren.
Bei der Arbeit nicht rauchen.
Von offenen Flammen, Wärmequellen und Funken fernhalten.
Dämpfe nicht einatmen.
Beschmutzte Kleidung sofort ausziehen.
Im Brandfall mit den dafür vorgeschriebenen Feuerlöschmitteln löschen.

Formaldehyd
(Formalin) 30 Gew.%

Gift

Gefahrenhinweise:
Ernste Vergiftungsgefahr
beim Einatmen
oder Verschlucken.
Verursacht
Verbrennungen /
Verätzungen.
Reizt Haut, Augen und
Atemwege

VOR-SICHT

Sicherheitsratschläge:
Unter Verschluß aufbewahren und nicht in die Hände von Kindern gelangen lassen.
Behälter dicht geschlossen und kühl halten.
Bei der Arbeit nicht essen oder rauchen.
Von Nahrungsmitteln fernhalten.
Gas nicht einatmen.
Berührung mit Haut, Augen und Kleidung vermeiden.
Schutzbrille tragen.
Nach der Arbeit sofort Hände waschen.
Bei Unwohlsein den Arzt aufsuchen und ihm diesen Warnzettel zeigen.

Benzol

Gift

Gefahrenhinweise:
Leicht entzündlich.
Dampf-Luftgemisch,
explosionsfähig.
Hochgiftige Dämpfe.

VORSICHT!

Leicht entzündlich

Sicherheitsratschläge:
Unter Verschluß aufbewahren und nicht in die Hände von Kindern gelangen lassen.
Behälter dicht geschlossen halten und an einem gut gelüfteten Ort aufbewahren.
Bei der Arbeit nicht essen oder rauchen.   Nicht in das Abwasser gelangen lassen.
Maßnahmen gegen elektrostatische Aufladungen treffen.
Von offenen Flammen, Wärmequellen und Funken fernhalten.
Berührung mit Haut, Augen und Kleidung vermeiden.   Beschmutzte Kleidung sofort auszuziehen.
Ausreichende Lüftung anwenden oder wirksames Atemschutzgerät tragen.
Im Brandfall mit den dafür vorgesehenen Feuerlöschmitteln löschen.
Bei Unwohlsein den Arzt aufsuchen und ihm diesen Warnzettel zeigen.

14. Schädlingsbekämpfungsmittel, Pestizide

(lat. pestis = Seuche)

Zum Warensortiment der Drogerie gehören Bekämpfungsmittel für folgende Schädlinge:

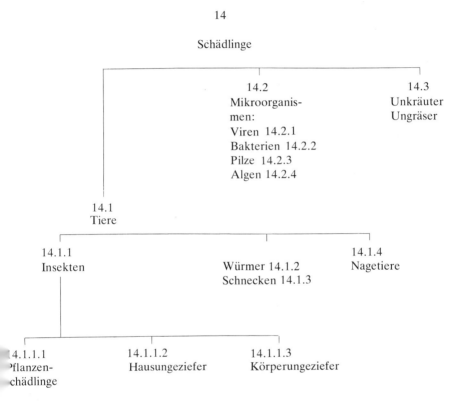

14.1 Tierische Schädlinge

14.1.1 Insekten (lat. insecare = einschneiden)

„Eingeschnittene", weil ihr Körper in einzelne Sektoren (Abschnitte, Kerben) geteilt ist. Daher auch die Bezeichnungen Kerbtiere, Kerfen, Gliedertiere.

Stammesgeschichte: Primär Landtiere, sekundär zum Leben im Wasser übergegangen.

Im Devon älteste Reste tausendfüßerähnlicher Insekten, Collembolen. Im oberen Karbon erste große Entfaltung durch Erwerb der Flugfähigkeit: Urlibellen (bis 80 cm Spannweite), Schaben, Ungeradflügler. Im Perm vollständige Umwandlung der Insekten in Käfer, Schmetterlinge, Hautflügler. In der oberen Kreide parallel zur Entwicklung der Blütenpflanzen Organbildungen zur Ausnützung dieser Nährstoffquellen. Im Tertiär ist der heutige Entfaltungszustand der Insekten annähernd erreicht.

Körperbau: Körperlänge von 0,2 mm: Schlupfwespen, bis 26 cm: tropische Gespensterheuschrecken. Von extremer Langstreckung bis kugelig: Schildläuse. Häufig abgeplattet: Rinderwanzen, Schildläuse. Äußeres Erscheinungsbild durch Flügelform, Gestaltung der Beine und Mannigfaltigkeit der Färbung bestimmt.

Der Körper der Insekten ist in drei Abschnitte gegliedert, nämlich

a) *Kopf mit Mundgliedmaßen:* Oberkiefer, mit Tastern versehener Unterkiefer, Unterlippe, Oberlippe, zungenartiges Polster. Die Mundwerkzeuge sind der Ernährungsart angepaßt. Leckend: Hautflügler, Köcherfliegen, manche Käfer, saugend: Bienen, Schmetterlinge, stechend-saugend: Läuse, Thripse, Wanzen, stechende Zweiflügler, Flöhe, Pflanzensauger.

Die Kopfkapsel birgt das Gehirn, die Muskeln der Mundteile, ein Fühlerpaar (Antennen als Tast- und Geruchsorgane), zwei Facettenaugen, Komplexaugen, die aus sehr vielen (etwa 6000) winzigen, sechseckigen Feldern (Einzelaugen) bestehen. Miteinander verbunden bilden sie eine gewölbte Oberfläche, welche die Umgebung in vielen Einzelbildern wahrnimmt. Die Sehleistung der Facettenaugen ist wesentlich geringer als die der Linsenaugen der Säugetiere.
Manche Insekten besitzen Einzelaugen, sog. Ozellen.

b) *Drei Brustsegmente,* Vorder-, Mittel- und Hinterbrust, tragen je ein Beinpaar, weshalb Insekten auch Sechsfüßer genannt werden. Das letzte Fußglied endet in einer oder zwei Klauen und besitzt häufig Haftvorrichtungen, die das Klettern auch an überhängenden Flächen ermöglichen. Je nach Art der Beanspruchung sind die Beine als Schreit-, Sprung-, Kletter-, Ruder-, Klammer- oder Greiforgane (Raubbeine) entwickelt. Die Flügel sitzen an der Mittel- und Hinterbrust, sind durchsichtig (häutig) und durch dunklere, feste Adern versteift. Lederartige, harte Deckflügel sind umgewandelte Vorderflügelpaare:

Käfer, seltener Rückflügelpaare: männliche Schildläuse. Völliger Flügelschwund erfolgte bei vielen Parasiten: Tierläuse, Flöhe, weibl. Schildläuse.

c) *Der Hinterleib* besteht aus mehreren verwachsenen Ringen, deren letzter den After und ein Gliedmaßenpaar, die Afterraife trägt, die als Tast-, bei den Ohrwürmern als Klammerorgan dient.

Das Nervensystem der Insekten ist strickleiterförmig mit je einem Nervenknoten-(Ganglien-)Paar in einem Segment vereinigt. Mindestens drei Ganglienpaare bilden das Gehirn, andere versorgen die Mundgliedmaßen. Ein sympatisches Nervensystem versorgt die inneren Organe. Neben den *Sinnesorganen* Augen und Fühlern sitzen in der Mundgegend geschmacks- und haarförmige Tastorgane und echte Gehörorgane.

Der Darm besteht aus einer gewundenen Röhre, die den ganzen Körper durchzieht. Er setzt sich zusammen aus dem Vorderdarm mit Kropf (Saugmagen) und Muskelmagen (Kaumagen). Der Mitteldarm liefert Verdauungssäfte und läßt die gelösten Nährstoffe in das Blut übertreten. Der Hinterdarm saugt Wasser auf und formt den Kot.

Die Atmung vollzieht sich in Luftröhren, Tracheen, die als Atemlöcher, sog. Stigmen, nach außen münden. Im Körperinneren verzweigen sie sich baumartig und versorgen alle Körperorgane mit Sauerstoff. Durch Pumpbewegungen der Hinterleibsmuskulatur wird das Tracheensystem durchlüftet. Die Stigmen liegen vorwiegend am Hinterleib und sind durch feine Haare geschützt, die den Staub zurückhalten.

Das *farblose Blut* wird von einem schlauchförmigen Herz, das unter dem Rückenpanzer liegt (Rückenherz), ohne Adern durch den Körper gepumpt (offener Blutkreislauf). Es besorgt den Nährstoff- und Schlackentransport.

Fortpflanzungsorgane. Insekten sind fast immer getrenntgeschlechtlich. Am hinteren Ende der Bauchseite befinden sich beim Weibchen Legeapparate, beim Männchen die Begattungsorgane. Meist sucht das Männchen das Weibchen auf, oft durch Geschlechtsduftstoffe, Flugtöne oder andere Geräusche angelockt.

Bei manchen Formen schwärmen beide Geschlechter, bei anderen nur eines (Hochzeitsflug der Bienen). Brutfürsorge 1 -pflege erreichen bei den staatenbildenden Insekten den Höhepunkt (Ameisen, Termiten, Wespen, Hummeln, Bienen).

Die Eier werden in der Regel befruchtet abgesetzt. Die Embryonalentwicklung kann sich jedoch auch im mütterlichen Körper abspielen. Es werden dann mehr

Schwammspinner, Raupen
(Lymantria dispar L.)

Schwalbenschwanz (Papilio machaon L.)

oder weniger weit entwickelte Eier oder Larven abgelegt. Die Larven können dem vollentwickelten Insekt weitgehend ähneln und entwickeln dessen Merkmale schrittweise im Verlauf mehrerer Häutungen. Sie können aber auch sehr verschieden sein (Raupe und Schmetterling) und entwickeln in diesem Falle erst in der Puppenform (Ruhepause ohne Nahrungsaufnahme) die endgültige Gestalt des Insekts.

Die Haut ist eine Kutikularlage aus Eiweißstoffen mit eingelagertem Chitin. Sie kann weich sein oder kondensiert und gehärtet einen widerstandsfähigen Panzer bilden, der oft durch Wachsauflagen wasserdicht abgeschlossen ist. Er kann Sinnes-, Drüsen-, Gift- und Dufthaare tragen oder Schuppen wie beim Schmetterling.

14.1.1.1 *Pflanzenschadinsekten*

A) *Bodenschädlinge*

Diese leben unter der Erde, fressen in Knollen und Rübenwurzeln der Kulturpflanzen mehr oder weniger tiefe Löcher und Gänge und zerstören sie dadurch.

a) *Engerlinge* sind die Larven des Mai- und Junikäfers, die im Erdboden, je nach Art, in 3 bis 5 Jahren zum Insekt heranwachsen. Ihr weißlich-blauer, gekrümmter Körper trägt 3 Beinpaare und am gelbbraunen Kopf kräftige Freßzangen. Zehn Engerlinge auf einem Quadratmeter Boden können ganze Kulturen restlos vernichten.

Engerling

Drahtwurm

b) *Drahtwürmer* sind die Larven verschiedener Schnellkäfer (aus der Rückenlage können sie hochschnellen). Die aus den im Mai und Juni abgelegten Eiern entstehenden gelblichen Larven leben bis zur Entwicklung des Insekts 3 bis 5 Jahre lang von Wurzeln und Knollen der Kulturpflanzen.

c) *Erdraupen* sind den Engerlingen ähnliche, nackte, walzenförmige Larven verschiedener Erdeulen-Arten. Tagsüber ernähren sie sich von Wurzeln und Knollen, nachts fressen sie oberirdische Pflanzenteile ab.

d) Die *Maulwurfsgrille, Werre,* Gryllotalpa vulgaris, ist ein etwa 4 cm langes, erdfarbenes Insekt, das mit seinen grabschaufelartigen Vorderbeinen die Erde durchwühlt und mit fingerdicken Gängen durchzieht. Das Insekt frißt die Wurzeln der Kulturpflanzen ebenso ab wie seine spinnenähnlichen Larven, die vom Ei bis zur ausgewachsenen Maulwurfsgrille etwa ein Jahr lang im Boden leben.

Maulwurfsgrille oder Werre

Tausendfüßer

e) *Tausendfüßer* besitzen an ihrem bis zu 30 cm langen, drehrunden oder abgeplatteten Körper bis gegen 200 Beinpaare. Sie sind lichtscheu und ernähren sich von unterirdischen Pflanzenteilen.

f) Die *Kohlfliege,* Chortophila brassicae, legt am Wurzelhals junger Kohlpflanzen, besonders Blumen- und Rotkohl, ihre Eier ab, aus denen nach 3 bis 5 Tagen weißliche, fußlose Larven schlüpfen. Diese befressen zunächst die Faserwurzeln und dringen dann in die Hauptwurzel ein. Die Kohlfliege bringt im Jahr etwa drei Generationen hervor, deren letzte verpuppt im Boden überwintert.

B) *Schädlinge an oberirdischen Pflanzenteilen*
1. *Fressende, beißende Schadinsekten*

fressen Blätter und ganze Pflanzen ab und richten dadurch im Garten- und Weinbau und in der Forstwirtschaft mitunter einen gewaltigen Schaden an. Die gefährlichsten unter ihnen sind:

a) *Käferlarven* und *Raupen* als Vorform der Schmetterlinge (Ei, Raupe, Puppe, Vollkerf) z. B.

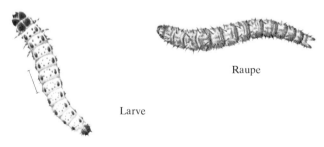
Raupe

Larve

Schattenwicklerraupe: gelbgrün bis hellgelb an Stauden und Sommerblumen. Blätter zusammengerollt und versponnen.

Apfelwicklerraupe: frißt sich von der Kelch- oder Stielgrube zum Kerngehäuse, „Würmer" in den Äpfeln.

Blütenstecherraupe: entwickelt sich in der Blütenknospe. Die Blüten verdorren und sehen wie versengt aus, „Brenner".

Kohlweißlingsraupe: anfangs hellgrün, später blauschwarzgelb gestreift, 4 cm lang. Kann an Kohlpflanzen Kahlfraß verursachen.

Kohlweißlings-Arten

b) *Blatt-* und *Sägewespen,* Phytophaga, gehören zu den Hautflüglern. Mit dem freiliegenden Legestachel bringt das Weibchen die befruchteten Eier in die Pflanzenteile. Die sich rasch aus ihnen entwickelnden raupenähnlichen Larven

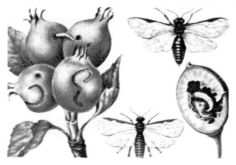

Sägewespe

leben frei oder minierend in den Pflanzen. Besonders gefährliche Schädlinge sind die Kirschblattwespe, Birnblattwespe, Stachelbeerblattwespe und Gespinstblattwespe.

c) *Erdflöhe,* Phyllotreta, sind kleine, meist glänzende Blattkäfer, deren letztes Beinpaar zu kräftigen Sprungbeinen entwickelt ist. Die Überwinterung erfolgt allgemein unter Pflanzenresten, in Hohlstengeln, unter Moos usw. Die Eier, aus denen sich nach etwa 6 bis 12 Tagen die Larven entwickeln, werden meist an den Pflanzen abgelegt. Die Larven bohren sich an feinen Wurzeln in den Wurzelhals, in den Stengel oder auch am Blattstiel ein. Nach 2 bis 6 Wochen erfolgt die Verpuppung in glatten Erdhöhlen.

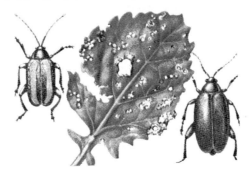

Erdflöhe

d) *Ameisen,* Formicidae, sind staatenbildende Insekten. Es gibt Arbeiterinnen, Männchen und Weibchen (Königinnen). Die Befruchtung der Weibchen erfolgt während des Hochzeitfluges im Sommer. Wenige Tage später werden die Flügel abgeworfen, jedes Weibchen sucht ein eigenes Nest zu gründen, in dem die ersten Larven zu ungeflügelten Arbeiterinnen herangezogen werden, die später die Pflege der Brut, die Nahrungssuche und den Ausbau des Nestes besorgen, während die Königin nur noch Eier legt.

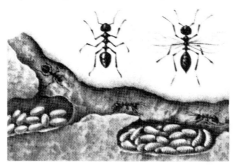

Ameisen

In Gärten kommen vorwiegend drei Arten vor:
Die schwarze Gartenameise, die gelbe Wiesenameise und die Rasenameise (Tetramorium caespitum).

Die *Rasenameise* ist es meist, die zur Nahrungssuche in die Häuser eindringt oder sich dort sogar unter Dielen oder in ähnlichen Schlupfwinkeln einnistet.

Besonders unangenehm kann die bei uns eingeschleppte *Pharaoameise* (Monomorium pharaonis) werden. Sie ist sehr wärmebedürftig und kommt vor allem in ständig warmen Gebäudeteilen vor (Bäckereien, Heizungsanlagen). Ihre verborgene Lebensweise, ihre Kleinheit (2 mm lang, hellgelb, gefärbt), ihre Wanderlust und ihre Vorliebe für Fleisch sind ihre hervorstechendsten Merkmale. Sie kann zur Überträgerin ansteckender Krankheiten werden.

Holzameisen, Camponotus herculaneus und C. ligniperda, werden im Bauholz schädlich. Da sie niemals die Holzoberfläche zerstören, können ihre Nester lange Zeit verborgen bleiben.

e) *Kartoffelkäfer:* Schwarzgestreiftes, gelbliches Insekt, Larven rot, an den Rändern schwarz punktiert. Sie verzehren Kartoffelblätter bis zum Kahlfraß, wobei die Pflanzen ohne Knollenbildung absterben.

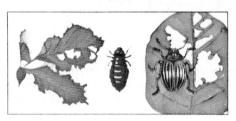

Kartoffelkäfer

Maikäfer

f) *Maikäfer:* Schaden durch Blattfraß hauptsächlich an Buchen. Engerlinge siehe Seite 372.

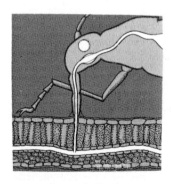

Saugendes Insekt

2. *Saugende Schadinsekten*

vermehren sich außerordentlich rasch und sind viel schwieriger zu bekämpfen als die fressenden, denn sie ernähren sich ausschließlich vom Saft der von ihnen befallenen Wirtspflanze. Außerdem bewegen sie sich kaum und kommen deshalb mit den Kontaktgiften (vgl. S. 392), denen die fressenden Schädlinge in großer Menge zum Opfer fallen, wenig in Berührung. Hauptvertreter dieser Gattung sind:

a) *Blattläuse,* Aphididae. Ihre zahlreichen Arten können grün, grau, rötlich oder schwarz gefärbt sein; ihre beliebten Aufenthaltsorte sind Blattunterseiten und junge Triebe. Neben den flügellosen gibt es auch geflügelte Blattlausarten, die große Strecken überwinden können und damit die rasche Verbreitung von Pflanze zu Pflanze besorgen. Auf diesem Wege kommt auch der Befall an Balkon- oder Zimmerpflanzen zustande, die bis da-

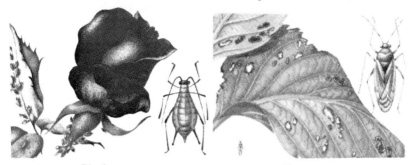

Blattlaus   Blattwanzen

hin läusefrei waren. Darum kann es selbst nach der gründlichsten Beseitigung der Läuse in den Sommermonaten sehr rasch immer wieder zu einem neuen Befall kommen. Blattläuse vermehren sich sehr rasch, weil die Jungläuse lebend zur Welt kommen. Unter günstigen Umständen können diese schon nach zehn Tagen zu geschlechtsreifen Weibchen herangewachsen sein, die ihrerseits Junge hervorbringen. Bei dieser raschen Vermehrung kann ein anfänglich kleiner Herd bald zum Befall der ganzen Pflanze führen. Blattläuse schädigen die Pflanzen durch Saftentzug und Honigausscheidung. In den Blütenstielen können sie durch Schwächung der Blüte nicht selten das Abfallen der jungen Frucht verursachen. Daneben sind sie auch Überträger gefährlicher Pflanzenvirosen (vgl. S. 405).

Auch *Apfel-* und *Blattwanzen* schädigen durch Saugen, Kern-, Stein- und Beerenobst, Blüten, Knospen und Blätter.

b) *Schildläuse, Epidiaspis betulae* Bär., *Quadraspidiotus ostreaeformis* Curt., *Lepidosaphes ulmi* L., *Quadraspidiotus perniciosus* Comst., *Eulecanium corni* March., *Pulvinaria vitis* Bouché, *Phenacoccus aceris.*

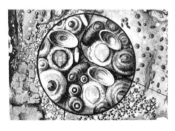

Schildläuse

Diese Schädlinge haben ihren Namen von einem flachen bis halbkugeligen Schild, der vielfach für eine Bildung der Pflanze gehalten wird. Schildläuse schaden der Pflanze nicht nur durch ihre Saugtätigkeit, sondern auch durch Ausscheidungen. Durch die hohe Vermehrungskraft der Schildläuse wird schnell eine dichte Besiedelung der Wirtspflanze erreicht. Die Folge ist starker Saftentzug und Wuchshemmung.

c) *Woll- oder Schmierläuse,* Phenacoccus, befallen in Europa hauptsächlich Zierpflanzen. Sie tarnen sich unter selbst ausgeschiedenen Wachsfäden, die oft wie weiße Watteflöckchen aussehen. Wie ihre Verwandten, die Schildläuse, haben sie honigartige Exkremente, welche die darunter befindlichen Blätter, Stengel, Fensterbretter usw. mit einem glänzenden, klebrigen Überzug verschmutzen. Sie behalten zeitlebens ihre Beine und können den Ort ihrer Ansiedlung wechseln. Die von ihnen befallenen Pflanzen werden nicht nur in ihrem Aussehen stark beeinträchtigt, sondern erleiden schon bei gar nicht so stark erscheinendem Befall schweren Schaden und können eingehen.

d) *Die Blutlaus,* Eriosoma lanigerum Hausm., wickelt im Sommer um die Triebe, Zweige und Blätter des Apfelbaums einen weißen Belag. Darunter

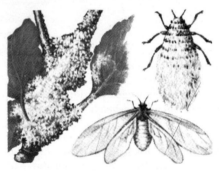

Blutlaus

befinden sich zahlreiche Läuse, die beim Zerdrücken einen roten Saft abgeben. An den besiedelten Partien der Pflanzen entstehen schwammige, knotenartige Wucherungen, Gallen, die später abfallen. Die Entwicklung des Schädlings

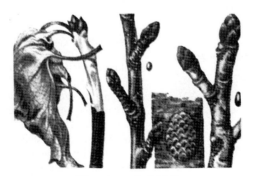

Überwinternde Schädlinge

wird durch warme Witterung begünstigt. Seine Überwinterung erfolgt am Wurzelhals des Stammes und an den Wurzeln, milde Winter überdauern die Blutläuse auch in Kolonien an den Bäumen. Wind und geflügelte Weibchen sorgen im Verlauf des Sommers für die Weiterverbreitung.

Die Blutlaus wurde gegen Ende des 18. Jahrhunderts aus Nordamerika nach Europa eingeschleppt, wo sie heute zu den bedeutendsten Apfelschädlingen zählt.

e) *Die Obstbaumspinnmilbe,* Rote Spinne, Metatetranychus ulmi, gehört zu den Spinnentieren. Aus den etwa 0,1 mm großen, glänzend roten Wintereiern,

Spinnmilbe

die sich massenhaft am Fruchtholz und auf der Unterseite der Zweige finden, schlüpfen die Milben im Frühjahr um die Blütezeit aus.

Nach mehrmaliger Häutung und Durchlaufen von Ruhestadien wandeln sie sich in achtbeinige geschlechtsreife Tiere um, die vorwiegend die Blätter besiedeln und mit einem zarten Gespinst überziehen.

Hier findet auch die Eiablage statt. Zwischen den feinen Gespinstfäden sind in Mengen die weißen Hüllen zu finden, die die Tiere bei der Häutung abstreifen. Im Verlauf einer Vegetationsperiode folgen bis zu 6 Generationen, die sich mit der Zeit überschneiden, so daß sich Eier und Tiere aller Altersstufen nebeneinander befinden.

Durch das Saugen der zahllosen Larven wird das Laub der befallenen Apfel-, Birnen-, Pflaumen- und Pfirsichbäume fahl, dann bronzefarbig und fällt vorzeitig ab. Die Früchte reifen nicht aus und der Blütenansatz für das kommende Jahr wird gehemmt. Neben der Obstbaumspinnmilbe kommt an Obstgehölzen und Beerenobst auch die Stachelbeermilbe *(Bryobia rubrioculus)* und die Gemeine oder Bohnenspinnmilbe *(Tetranychus telarius)* vor.

f) *Thripse* sind etwa 1 mm große Insekten aus der Gattung der Blasenfüßer, Thysanoptera. Durch Saugen an den Blattrippen schädigen sie Zwiebel- und

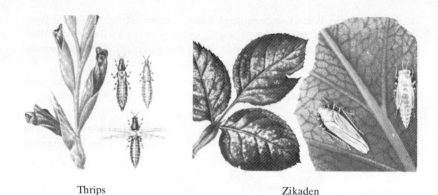

Thrips   Zikaden

Tabakpflanzen, Tomaten und verschiedene Zierpflanzen. Außerdem übertragen sie pflanzliche Viruskrankheiten.

g) *Zikaden, Zirpen,* Cicadinae, sind Schnabelkerfen aus der Gattung der Gleichflügler. Sie ernähren sich saugend von Pflanzensäften. Die Weibchen setzen mit einem Legestachel ihre Eier in grünen Pflanzenteilen ab. Die männlichen Tiere tragen am Hinterleib Zirporgane und heißen deshalb Singzirpen.

14.1.1.2 *Hausungeziefer*

Hierunter versteht man neben Fliegen und Mücken die tagsüber oft versteckt lebenden, die Dunkelheit liebenden Insekten wie Schaben, Silberfischchen, Ohrwürmer, Hausameisen, Hausgrillen, Kellerasseln und Wanzen. Sie treiben ihr Unwesen hauptsächlich nachts in Kellern, Küchen, Schlaf-, Wohn- und Vorratsräumen. Der Vollständigkeit wegen wurden dieser Kategorie auch die Holzschädlinge Hausbock und Bohrkäfer zugeordnet.

a) *Die Stubenfliege,* Musca domestica, ist eine von 85 000 Fliegenarten und im Vergleich zu den anderen Insekten nur von mittlerer Größe. Ihr dreiteiliger Körper (Kopf, Brust mit Flügeln und Beinen, Hinterleib) ist etwa einen halben Zentimeter lang und so leicht, daß 200 000 Fliegen nicht einmal ein Kilogramm wiegen. Ihr Kopf, der auf einem dünnen Hals sitzt und praktisch um 360 Grad drehbar ist, wird fast ganz von zwei großen, bohnenförmigen, rötlich-

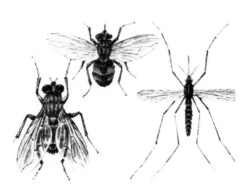

Fliegen/Mücken

brauen Facettenaugen eingenommen. Jedes Auge ist aus 4000 sechskantigen Linsen zusammengesetzt, die alle unabhängig voneinander funktionieren.

Zwischen den Augen sitzen zwei kurze, dicke Fühler, die mit Sinneszellen ausgestattet sind. Sie nehmen jede Bewegung der umgebenden Luft wahr und warnen so vor niedersausenden Fliegenklatschen und ähnlichen Gefahren. Doch sie können auch verwesendes Fleisch und Küchenabfälle riechen und führen die Fliege zu ihrer Nahrung. Wenn sie fliegt, tut sie das meist gegen den Wind und mit nach vorn ausgestreckten Fühlern, so daß sie alle Gerüche erspüren kann.

An der Kopfunterseite befindet sich der Mund der Fliege, der Rüssel. Dieses merkwürdige Freßwerkzeug, fast so lang wie der Kopf selber, sieht etwa wie die Brause einer Gießkanne aus und kann eingezogen werden, wenn es nicht gebraucht wird. Der Rüssel, breit an der Wurzel, wo er am Kopf festsitzt, läuft in zwei weiche, ovale Lippen aus, die die Fliege wie einen Schwamm auf die Oberfläche von allem Freßbaren drückt. Er hat auch winzige Zähne, die Nahrungspartikel abraspeln können.

Die Stubenfliege

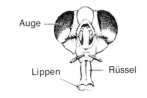

KOPF VON VORN

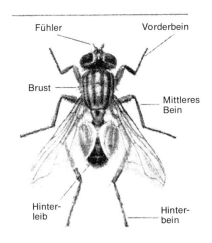

Die sechs Beine der Fliege werden nicht nur zum Laufen, sondern auch zum Schmecken benutzt. Wenn ein Fuß in etwas Schmackhaftes tritt, bleibt sie stehen und streckt den Rüssel zu der Stelle hinab.

Fliegen fressen alles und tun sich auch an faulenden Abfällen gütlich.

Die Nahrung muß allerdings – die einzige Grundbedingung – flüssig sein oder sich leicht verflüssigen lassen. Sucht die Fliege auf einer festen oder halbfesten Oberfläche, wie Bonbons, Zucker, Kartoffelbrei oder einem Bröckchen Fett herum, so würgt sie etwas von ihrem Mageninhalt auf das, was sie fressen will, und löst es so auf. Dann kann sie es wie ein Staubsauger mit dem Rüssel aufsaugen. Wo sie gefressen hat, bleibt immer ein bißchen Erbrochenes zurück.

An den Wänden und der Decke hält sich die Stubenfliege mit zwei winzigen Krallen, die sie an jedem Fußende hat, an rauhen Stellen der Oberfläche fest, oder sie „leimt" sich an, denn die Spitze jedes Fußes besitzt behaarte, blasenähnliche Haftpolster, die einen feuchten, klebrigen Stoff absondern. Erstaunlich ist die Fähigkeit der Fliege, ohne An- und Auslauf zu starten und zu landen.

Besonders schnell fliegt sie jedoch nicht; ihre Durchschnittsgeschwindigkeit beträgt etwas über sieben Kilometer die Stunde, kaum mehr als die eines im Schritt gehenden Pferdes. Ihre Schwirrflügel schlagen, was das lästige Summen verursacht, unglaublich rasch, 200mal in der Sekunde.

Eine solche Leistung belastet natürlich den Stoffwechsel sehr stark, doch die Fliege ist entsprechend gebaut. Jeder Flügel, so dünn, daß die Adern durchschimmern, besitzt vier Hilfsherzen, die das farblose Blut pulsieren lassen. Und die Flügelmuskeln sind so groß, daß sie 11 Prozent des Körpergewichts ausmachen; sie haben reichlich Kraftreserven für Dauerflüge.

Fliegen sind überaus fruchtbar; sie können alle zehn Tage eine neue Generation hervorbringen. Ein Insektenforscher schätzt, daß ein einziges Weibchen, das am 15. April 120 Eier legt – die übliche Anzahl bei einer Eiablage –, theoretisch die Stammutter von 5598720000 ausgewachsenen Fliegen sein könnte, die am oder vor dem 10. September auskriechen.

Doch das wird verhindert durch ihre natürlichen Feinde – Frösche, Eidechsen, Schlangen, Vögel und Ratten wie auch einige Ameisen- und Wespenarten – und weil geeignete Bedingungen für die Entwicklung der Eier und Larven fehlen.

Sind sie aus dem Ei geschlüpft, so durchlaufen Fliegen drei Lebensabschnitte. Im Larven- oder Madenstadium sehen sie wie Würmer oder fußlose Raupen aus. Während sie tüchtig fressen und wachsen, streifen sie zweimal ihre Außenhaut ab, unter der sich schon eine neue gebildet hat. Nach fünf bis vierzehn Tagen, je nach den Umweltbedingungen und der Reichhaltigkeit der Nahrung, legt sich eine stabile, ovale Hülle, Tönnchenpuppe genannt, um den Körper der Made, und in dieser Puppe nimmt sie allmählich die Gestalt einer ausgewachsenen Fliege an. Ist die Umwandlung abgeschlossen, dann sprengt das vollentwickelte Insekt das Tönnchen und kommt fertig heraus.

Das Leben der Stubenfliege hängt weitgehend von der Außentemperatur ab. Wenn das Thermometer unter 6,5 Grad sinkt, verfällt sie in einen Dämmerzustand. Steigt es erheblich über 44 Grad, so setzt bei ihr eine Hitzelähmung ein, die zum Tode führen kann, da Fliegen keine Möglichkeit haben, die Verdunstung der Körperfeuchtigkeit zu regulieren. Am aktivsten sind sie bei 30 bis 33 Grad. Normalerweise lebt eine Stubenfliege im Sommer etwa dreißig Tage, bei kühlem Wetter bis zu drei Monaten. Die meisten sterben, wenn es kalt wird, doch es überleben genügend den Winter, um die Art zu erhalten.

Wo Fliegen hinkommen, bringen sie Schmutz und Krankheiten mit. Sie gehören zu den gefährlichsten Insekten in der Umgebung des Menschen. Typhus, Cholera, Ruhr und Tuberkulose sind nur einige der Krankheiten, deren Erreger sie mitschleppen. In manchen Entwicklungsländern stirbt ein Drittel aller Kinder, ehe sie ein Jahr alt sind, an von Fliegen verbreiteten Darminfektionen, die durch die Nahrung übertragen werden. Auch die gefährliche Augenkrankheit Trachom, die in der Regel zur Erblindung führt, wird von infizierten Fliegen übertragen, die sich direkt auf den Augen niederlassen oder auf Dingen, die mit den Augen in Berührung kommen, wie Handtücher, Kopfkissen, Hände usw.

Zur Fernhaltung von Fliegen sind folgende hygienischen Regeln zu beachten:

Keine Lebensmittel offen herumliegen lassen und überreifes Obst wie nicht mehr einwandfreie Eßwaren wegwerfen. Fenster und Türen mit Gazegittern abschirmen. Vogelkäfige, Hundezwinger, Ställe und ähnliches öfter säubern; Exkremente entfernen. Müllbehälter sauber und gut verschlossen halten; Küchenabfälle in Papier einwickeln, bevor man sie hineinwirft.

Etwa 2700 *Stechmückenarten* leben vom Blut der Menschen. Ihre Saugrüssel, der unmittelbar unter den Augen ansetzt, besteht aus 6 scharfen Werkzeugen, die alle dünner als ein Haar sind. Sie bestehen aus zwei Röhren (Nahrungs- und Speichelgang), umgeben von zwei Lanzetten (Ober- und Unterkiefer) und zwei gezahnten Messern (Unterkieferborsten). Eine rinnenförmige Scheide hüllt diese Werkzeuge, auch Stechborsten genannt, in voller Länge schützend ein und hält sie später mit einer Art Klammer zusammen. Mit dieser Waffe geht die Mücke ans Werk.

Alle sechs Borsten stechen zugleich durch die Haut in die Kapillaren, und die Mücke braucht nur eine Minute, um sich am Blut zu sättigen.

Kurz bevor die Mücke das Blut hochzusaugen beginnt, läßt sie durch eines der beiden Röhrchen etwas Speichel in die Wunde fließen, der verhindert, daß das Blut auf dem Weg durch den Rüssel gerinnt. Mit Hilfe dieses Antikoagulans kann sie nun so viel Blut aufnehmen, daß ihr langgestreckter Hinterleib zu einem prallen roten Sack wird. 15 bis 20 solcher Mahlzeiten ergeben erst die Menge eines einzigen Tropfens. Schlimmer ist, daß nach jedem Stich ein Speichelrückstand unter der Haut verbleibt, der eine juckende Schwellung hervorruft.

Zu allen Zeiten war die Stechmücke nicht nur ein Plagegeist, sondern auch ein Überträger gefährlicher Krankheiten. So hat z. B. die Malaria im Lauf der Zeit die Menschheit schwerer geschädigt als jede andere Krankheit. Von Stechmücken übertragene Krankheiten haben bis heute ihren Schrecken nicht verloren. Gelbfieber ist nach wie vor tödlich, und Fadenwurmbefall und Denguefieber stellen tropische Länder immer noch vor schwere Probleme. Gehirnentzündung, eine auch von Stechmücken übertragene Krankheit, kann ihre Opfer töten oder das Gehirn für immer schädigen.

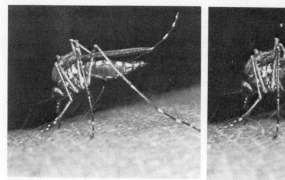

Stechmücke zu Beginn des Saugens – und nachher

Am besten schützen gegen diese gefährlichen Insekten Mückenabwehrmittel, Repellents (vgl. S. 248).

b) *Schaben, Schwaben, Kakerlaken,* Blatta orientalis L., Phyllodromia germanica L. u. a., gehören zu den ältesten Lebewesen der Erde, wie Gesteinsabdrücke beweisen, die 250 Millionen Jahre alt sind.

Sie sind 1,5 bis 3,5 cm große, lichtscheue Käfer, die sich tagsüber in Mauerspalten, unter lockeren Fliesen, hinter Rohren, Spülbecken und Kühlschränken, in

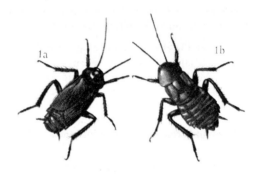

Schaben
1a männl. Tier – 1b weibl. Tier

Entlüftungsschächten und Heizkanälen verbergen. Ihre Schlupfwinkel und Anmarschwege müssen aus kurzer Entfernung besprüht werden. Wichtig für die Ausrottung der Küchenschaben ist peinlichste Sauberkeit und Trockenheit. Essensreste auf dem Spülbecken und im Mülleimer sowie feuchte Stellen im

Keller und an Wasserrohren laden dieses Ungeziefer geradezu ein. Als Allesfresser befallen sie nachts Lebens- und Futtermittel, Leder, Wolle usw. Dabei hinterlassen sie überall einen unerträglich widerlichen Schabengeruch, der alle Nahrungsvorräte völlig unbrauchbar macht.

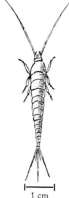

c) *Die Silberfischchen,* Lepisma saccharina L., bevorzugen feuchte Räumlichkeiten. Sie halten sich in den Ritzen der Dielen und Balken, hinter beschädigten Tapeten, zwischen Kleidungsstücken und Bildern sowie in Vorratskammern auf. Sie sind etwa 1 cm groß, flügellos, mit feinsten Silberschüppchen überstäubt und mit langen Fühlern versehen. Silberfischchen sind klein, flink und so unscheinbar gefärbt, daß man sie kaum bemerkt. Sie sind schädlich, weil sie zucker- und stärkehaltige Lebensmittel sowie alle Arten von Leim und Kleister fressen, manchmal auch gestärkte Wäsche oder Gardinen, wo sie flächenhaften Schabefraß und unregelmäßige Löcher hinterlassen. Von ihnen befallene Lebensmittel sind mit Kot durchsetzt.

1 cm
Silberfischchen

d) *Die Kellerasseln,* Porcellio scaber Latr., sind widerliche, platte Krebstiere. Sie leben meist in dunklen, feuchten Räumen, wie Waschküchen, Kellern usw. Dort findet man sie auf und hinter Regalen, unter Kisten, zwischen Brennholz sowie anderem dort lagerndem Material oder Vorräten. Kellerasseln ernähren sich von pflanzlichen Stoffen, wie Gemüse, Obst und Kartoffeln. Die Fraßstellen sind zwar nicht groß, doch sind die Tiere lästig und ekelhaft. Befallene Vorräte sind durch Kot verschmutzt. Größere Schäden können im Garten durch Fraß an Keim- und Setzlingen, Nutz- und Zierpflanzen entstehen.

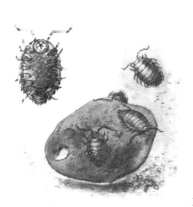

Heimchen

Kellerasseln

e) *Heimchen, Hausgrillen,* Gryllus domesticus L., vor allem die Männchen können durch ihr nächtliches Zirpen unerträgliche Störenfriede sein. Sie bevorzugen Küchen, Keller und andere warme Räume als Aufenthaltsorte. Tagsüber halten sie sich in Ritzen und Spalten verborgen. Erst nachts gehen sie auf Nahrungssuche, wobei sie mit Vorliebe pflanzliche Stoffe fressen. Heimchen sind unhygienisch, weil sie befallene Vorräte mit Kot, Larvenhäuten usw. verschmutzen.

f) *Ohrwürmer,* Forsicula auricularia L., werden oft mit Gemüse eingeschleppt oder dringend über Kellerfenster und Balkone in das Haus ein. Sie ernähren sich von Pflanzen und toten tierischen Stoffen. An Pflanzen sind ihre Fraßstellen umfangreich und unregelmäßig, Nahrungsmittel beschmutzen sie durch Kot, Insektenteile und Eipakete.

Ohrwurm

g) *Die Bettwanze,* Cimex lectularius, ist 4 bis 5 mm lang, 3 mm breit, stark abgeplattet, braunrot, flügellos und sehr widerstandsfähig gegen Hitze, Kälte und Hunger. Sie gehört zu den gefürchtetsten Ungezieferarten und tritt vorwiegend in Schlafräumen auf.

Hier findet man sie dicht zusammengedrängt in Bettritzen, Matratzen, Vorhängen, Mauerlöchern und Tapetenrissen sowie hinter Fußbodenleisten, Bildern und Spiegeln. Bettwanzen werden häufig mit Möbeln, Gepäck oder in Kleidern eingeschleppt. Auch entlang von Versorgungsleitungen oder Drähten können sie von Wohnung zu Wohnung und sogar von Haus zu Haus wandern. Sie vermehren sich sehr schnell und müssen mit allem Nachdruck bekämpft werden.

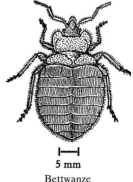
5 mm
Bettwanze

Nachts kommen sie aus ihren Verstecken und befallen den schlafenden Menschen, um Blut zu saugen. Der Einstich selbst ist wenig schmerzhaft. Nachher bilden sich jedoch stark juckende oder sogar brennende Quaddeln, die in extremen Fällen mit fieberhaften Anschwellungen großer Körperpartien verbunden sind. Wanzen verraten sich durch ihre rotbraunen, schwarzen oder gelblichen Kotflecken, welche die Wände verunzieren. Der typische Wanzengestank ist ekelerregend.

h) *Die Kleidermotte,* Tineola biselliella, gehört zu den gefürchtetsten und am meisten verfolgten Insekten, denn sie kann außerordentlich große Schäden anrichten.

Das Weibchen des silbergrauen Falters vermag jährlich bis zu 50 000 Nachkommen hervorzubringen. Aus seinen Eiern schlüpfen nach 1 bis 2 Wochen kleine, weißlichgelbe Raupen aus, die sehr gefräßig sind und sich von Wolle, Pelzen und jedem anderen eiweißhaltigen Stoff tierischen Ursprungs ernähren.

Von ihnen befallene Kleider, Polsterbezüge, Teppiche usw. weisen Löcher und Kahlstellen, sog. Rasuren auf und festgeheftete Gespinströhren mit Spinnfäden, lose Stoffasern und Kotbröckchen. Nach einer Fraßzeit von 2 bis 3 Mona-

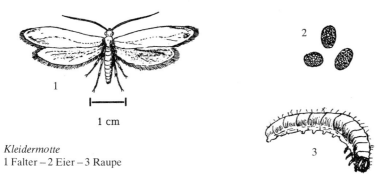

Kleidermotte
1 Falter – 2 Eier – 3 Raupe

ten verpuppen sich die Raupen in Köchern, in denen das Insekt heranwächst. Ausgewachsene Motten können infolge Rückbildung der Mundwerkzeuge keine Nahrung mehr aufnehmen.

Mottenbekämpfungsmittel
Dichlorvos, Lindan und Diazinon (vgl. S. 395, 397), mindestens drei Sekunden lang aus einem Meter Abstand aufgesprüht, töten Motten und ihre Larven. Mit Lindan getränkte Papierstreifen oder Fliegenstrips aus Kunststoff mit eingearbeitetem Dichlorvos vernichten ebenfalls die Schädlinge mit ihrer Brut, allerdings nur in gutschließenden Kästen oder Mottensäcken.

Auch Paradichlorbenzol, z. B. Globol, tötet sie ab, jedoch benötigt man von diesem Stoff für einen mittelgroßen Schrank mindestens 5 Beutel, bzw. 1 kg pro m^3 Schrankraum. Da die Dämpfe dieses Wirkstoffes schwerer sind als die Luft, muß Paradichlorbenzol oben im Schrank angebracht werden.

Drei Sprühmittel gegen Motten sind von der Biologischen Bundesanstalt als „voll wirksam" beurteilt worden: „Detia-Universal-Sprühmittel", „Paral-Insektenspray" und „Flit-Insektenspray". Es mag weitere gute Mittel geben, doch sind sie noch nicht behördlich erprobt worden. Auf alte Hausmittel wie Naphthalin, Mottenkräuter, mit Pfeffer gefüllte Beutel usw. sollte man sich niemals verlassen, denn sie sind praktisch wirkungslos.

i) *Pelzkäfer, Teppichkäfer, Speckkäfer,* Dermestes lardarius, legt seine Eier in Spalten und Rissen von Wohn- und Lagerräumen ab. Von dort wandern die

Speckkäfer

herangewachsenen Larven in die Textilien. Sie fressen jeden tierischen Stoff wie Felle, Haare, Federn und Wolle. In den befallenen Gegenständen verursachen sie viele kleine unregelmäßige Löcher mit scharfen Rändern, in rauhen Stoffen Kahlstellen, Rasuren. Pelzkäfer werden wie die Kleidermotten bekämpft.

k) *Der Messingkäfer,* Niptus hololeucus, verdankt seinen Namen der messingfarbenen Behaarung. Er tritt manchmal massenhaft in wenig benutzten Vorratsräumen auf. Seine Larven, die von pflanzlichen Eiweißstoffen leben, findet man in Ritzen und Hohlräumen zwischen oder unter den Dielen. Von diesen Brutstätten wandern später die ausgewachsenen Käfer oft in großer Zahl in die Wohnungen. Dort fallen sie über alle Wollsachen her und fressen sogar an Kunstfasergeweben. Bei diesem Insekt schädigen also nicht die Larven, sondern die ausgewachsenen Käfer, die runde Löcher mit ausgefransten Rändern in die Kleidungsstücke, Polstermöbel, Überzüge und Decken fressen.

Die Bekämpfung der Messingkäfer ist schwierig, weil sie aus ihren oft unbekannten oder auch unerreichbaren Brutherden immer wieder nachwandern. Eine restlose Beseitigung setzt im allgemeinen eine Aufdeckung und Bereinigung des Brutherdes voraus, wozu vielfach kostspielige bauliche Maßnahmen unerläßlich sind.

l) *Spinnen,* Araneina, sind nützlich, da sie räuberisch von Insekten und anderen Kleintieren leben, die sie mit ihrem Gift lähmen und dann mit Hilfe ihres

Spinne

Saugmagens aussaugen. Ihr Anblick und die reichlich mit Staub und Schmutz bedeckten Spinngewebe jedoch lösen bei den meisten Menschen Abscheu aus. Im Haus kommen vor allem zwei Arten vor: der „Weberknecht" und die „Echte Spinne". Man findet sie in der Wohnstube, im Schlafzimmer, im Keller und auf dem Speicher. Spinnen gelten zwar als giftig, doch sind ihre Kiefer im allgemeinen zu schwach, um die menschliche Haut zu durchdringen.

m) *Bohrkäfer,* Nagekäfer, Anobium pertinax, sind kleine braune oder schwarze Käfer, deren Larven in Holz und anderen trockenen Stoffen bohren und sie dadurch zerstören.

Die Käfer erzeugen vielfach durch Aufschlagen mit dem Kopf auf die Unterlage Klopftöne, die ihnen den Namen „Klopfkäfer" oder „Totenuhr" eingetragen haben. Die gefräßigen Larven leben vorwiegend in alten Möbeln und anderem Holzwerk. Schrotschußähnliche Löcher lassen den Befall erkennen.

Hausbock

n) *Der Hausbock,* Hylotrupes bajulus, gehört zu den Bockkäfern, die durch lange, gekrümmte Fühler und einen schlanken Rumpf gekennzeichnet sind. Er ist der gefährlichste Holzschädling, dessen Larven (großer Holzwurm) bis zu zehn Jahre und länger im Nadelholz leben, bis sie sich verpuppen. Während der Befall an der Holzaußenseite nur an den 5 bis 10 mm langen und 4 bis 5 mm breiten Fluglöchern erkennbar ist, wird das Slintholz bis auf dünne Zwischenschichten zu staubartigem Bohrmehl verwandelt; das Kernholz wird in der Regel nicht befallen.

Der Hausbock bevorzugt vor allem das Bauholz auf Dachböden, das er mit der Zeit so völlig zerstören kann, daß kostspielige bauliche Erneuerungen nicht zu umgehen sind.

n) *Hausameisen* siehe Seite 375.

Literatur:

Mitteilungen des Bundesgesundheitsamts, Berlin.
Mitteilungen der Biologischen Bundesanstalt für Land- und Forstwirtschaft, Braunschweig.
Das BESTE aus Reader's Digest, Nr. 4, April 1977, S. 2.

14.1.1.3 *Körperungeziefer* an *Menschen und Haustieren*

a) *Körperläuse*

Die *Kopflaus,* Pediculus humanus capitis, ist 2 bis 3 mm lang und ziemlich stark beborstet. Sie klebt ihre Eier (Nissen) an die Haare an. Ein Weibchen legt täglich 5 bis 14 Eier ab.

Kopflaus, die sich an ein Menschenhaar klammert

Die *Kleiderlaus,* Pediculus humanus corporis, wird bis 4 mm lang. Ihre Körperfarbe ist schmutziggelb bis bräunlich, vollgesaugt hellrot. Sie saugt an den von der Kleidung bedeckten Körperstellen, hält sich aber meist in der Wäsche oder Kleidung auf. Die Übertragung erfolgt durch Decken, Betten usw. oder durch unmittelbare Berührung des Befallenen.

Beim Stich entstehen mitunter hellrote Flecken, die später bläulich werden, oder auch Quaddeln. Der starke Juckreiz kann das Allgemeinbefinden erheblich stören. Durch Kratzen können Schrunden, Ekzeme und eiternde Geschwüre entstehen. Am gefährlichsten ist die Kleiderlaus jedoch als Überträgerin des Fleckfiebers, Rückfallfiebers und Fünftagefiebers.

Die *Filzlaus,* Phthirus pubis, lebt vorwiegend an den Schamhaaren des Menschen. Ihr etwa 1,5 mm langer Körper ist weißlichgrau, platt. Brust und Hinterleib sind breit und nur undeutlich getrennt. Die Bisse der Filzlaus hinterlassen manchmal bläuliche Flecken und erzeugen einen lästigen Juckreiz. Die Übertragung erfogt meist beim Geschlechtsverkehr.

b) *Flöhe.* Nach Mitteilungen des Instituts für Wasser-, Boden- und Lufthygiene des Bundesgesundheitsamtes Berlin ist es in den letzten Jahren in vielen Wohnungen, in denen Haustiere gehalten werden, wieder zu Flohplagen gekommen, denn der etwa 3 mm lange, dunkelbraune *Menschenfloh,* Pulex irritans, lebt auch auf Hunden, Katzen und Vögeln. Er legt seine Eier auf den Tieren ab. Auf den Fußboden geschüttelt, entwickeln sie sich zu Larven, die von Fusseln in Dielenritzen oder auf Teppichen leben. Der Körper des Menschenflohs ist seitlich zusammengedrückt, die Mundwerkzeuge sind stechend-saugend, die Fühler kurz und in Gruben verborgen, die Augen oft ganz rückgebildet. Flügel fehlen; die beiden letzten Beinpaare können als Sprungbeine gebraucht werden.

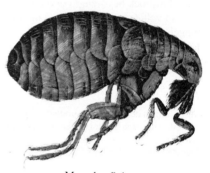

Menschenfloh

Zur Bekämpfung der Flöhe müssen vor allem die Unterlagen, auf denen Hunde und Katzen schlafen, verbrannt werden. Nachdem der Schlafplatz mit einem Stäubemittel behandelt wurde, wird das Tier auf dem Rücken und an den Seiten eingepudert und der Puder eingebürstet. Für Katzen darf nur ein Ungezieferpulver auf Pyrethrumbasis (vgl. S. 399) verwendet werden; an anderen Präparaten können sie erkranken, wenn sie sich lecken. Ölhaltige Pestizide sind für Tiere ungeeignet, weil sie in die Haut eindringen und dem Tier schaden.

Zecke

c) *Zecken,* Ixodidae, sind parasitisch an Menschen und Tieren lebende Milben. Ihr Körper ist plattgedrückt, kann aber bei Blutaufnahme sehr stark anschwellen. Die Kieferfühler (gezähnte Stechborsten) bilden mit anderen Fortsätzen des Kopfes zusammen ein Stech-Saug-Organ mit Widerhaken. Die Vorderbeine tragen je ein Geruchsorgan.

Zeckenbefall kommt bei allen Haustieren vor. Säugetiere erwerben die Zecken im niederen Gebüsch der Weiden; Geflügel wird nachts von den Zecken befallen, die sich in den Fugen und Ritzen des Stalles aufhalten. Schädigungen entstehen durch Giftstoffe, die von den Zecken beim Beißen abgesondert werden, durch Entziehen von Blut und durch die Beunruhigung der befallenen Tiere. Bei starkem Befall kann es besonders beim Geflügel zu Abmagerung, Blutarmut und Tod kommen. Manche Zeckenarten sind auch Überträger gefährlicher Viehkrankheiten, zum Beispiel des Texasfiebers der Rinder.

Zecken dürfen nicht abgerissen werden, weil sonst der Kopf in der Haut des befallenen Tieres stecken bleibt und Eiterungen verursacht. Am besten betupft man das Insekt mit Petroleum oder Mineralöl und wartet ab, bis es sich von selbst löst.

d) *Hühnermilben, Vogelmilben,* Acarina, leben von Vogelblut und siedeln sich daher massenweise in Geflügelställen an. Milbenstiche schwächen die Tiere sehr und gefährden wegen des starken Blutentzugs ihre Gesundheit.

Literatur:

Handbuch der Entomologie, herausgegeben von Chr. Schröder.
H. Weber, Handbuch der Entomologie 1933.
H. Weber, Grundriß der Insektenkunde 1954.
H. v. Lengerken, Das Tierreich, IV/3 Insekten, Sammlung Göschen 594, 1953.

14.1.1.4 Insektenbekämpfungsmittel, Insektizide

Wohl vernichten die an und in den Schädlingen schmarotzenden Krankheitserreger und größeren Parasiten sowie manche Raubinsekten wie Schwebefliegen, Schlupfwespen, Raupenfliegen u. a. und vor allem die Vögel erhebliche Mengen von Schädlingen. Eine Massenvermehrung derselben können aber auch sie nicht unterbinden. Diese ist erst möglich im Zusammenwirken mit chemischen Mitteln, den Insektiziden, die gegen alle Entwicklungsstadien der Insekten, also auch gegen deren Eier und Larven mehr oder weniger wirksam

Schlupfwespe parasitiert Kohlweißlingsraupe

sind. Insektizide, deren Wirkungsschwerpunkt gegen die Eier gerichtet ist, heißen *Ovizide,* überwiegend die Larven tötende Mittel werden *Larvizide* genannt.

Insektentötende Wirkstoffe sind:

Chlorierte Kohlenwasserstoffe,
Organische Phosphorverbindungen,
Pflanzliche Insektizide.

Sie werden als *Fraßgifte* mit der Nahrung aufgenommen, dringen als *Atemgifte* über die Atemwege, Tracheen, oder als *Kontaktgifte* über die Saugnäpfe, Tasterglieder, Körpersegmente und Sinnesfelder in den Insektenkörper ein.

Die Kontaktgifte (lat. contactus = Berührung) lösen sich in den fettähnlichen Lipoiden der Nerven auf und wandern darin weiter bis in die Nervenzentren, die sie allmählich lähmen und schließlich zerstören, was zum Tode des Schädlings führt. Dieser Prozeß spielt sich in folgenden Phasen ab:

Aufnahme des Berührungsgiftes

Beginn von Krampfzuständen

Erste Zeichen der Giftwirkung „Putzreflex"

Rückenlage nach Lähmung des Zentralnervensystems

Insektizide werden ausgebracht als:

Flüssigkeiten (Spritzbrühen) in Form von *Suspensionen* aus pulverförmigem Spritzstoff und Wasser,
Emulsionen aus öligen Flüssigkeiten in Wasser,
Lösungen von Wirkstoff in Wasser.
Beim Spritzen entstehen gröbere, beim Zerstäuben feine und beim Nebeln mikrofeine Tröpfchen (Aerosole). Damit diese auf der Blattoberfläche einen gut haftenden, gleichmäßigen Überzug bilden, werden Netzmittel in Form von oberflächenaktiven Tensiden zugegeben.

Pulver zum Streuen und Stäuben aus Dosen mit gelochtem Deckel oder mit Pulverbläsern. Auch zum Auftragen auf Köder gegen Ratten und andere Nager.

Gase, z. B. Schwefeldioxid, SO_2, durch Verbrennen von Schwefel oder Phosphorwasserstoff durch Bodenfeuchte aus Begasungsmitteln.

Dämpfe und Insektenstrips
Rauche

Was Insekten tötet, kann auch für den Menschen gefährlich sein. In entsprechender Menge verwendet, sind manche Mittel sogar tödlich. Darum sollte der Laie bei der Bekämpfung von Insekten auf folgende Vorsichtsmaßnahmen hingewiesen werden:

1. Niemals das Mittel in größerer Menge benutzen als auf der Gebrauchsanweisung angegeben.

2. Flüssige Insektengifte sind für den Menschen weniger gefährlich als Puder, Sprays oder Insektenstrips. Bei den letzteren handelt es sich um Kunststoffkörper, die das Insektizid Dichlorvos (DDVP) enthalten. Dieses verdampft leicht und entwickelt dabei den auf Insekten wirkendes Atemgift. Welche DDVP-Konzentration in der Luft herrscht, ist abhängig von der Raumgröße, der Anzahl der aufgehängten Strips, der Temperatur und dem Luftwechsel.

Nicht immer gelingt es, die richtige Giftkonzentration zu erhalten. Ist zu wenig

DDVP in der Luft, überstehen die Insekten, ist zuviel vorhanden, können gesundheitliche Schäden beim Menschen die Folge sein. Da er kein Sinnesorgan besitzt, das ihm eine erhöhte DDVP-Konzentration in der Atemluft anzeigt, kann der Mensch auch nicht erkennen, wann die Gefahrengrenze überschritten ist. Untersuchungen des Bundesgesundheitsamtes haben ergeben, daß in diesem Falle die Aktivität bestimmter Enzyme im Blut gehemmt wird und infolge derartiger Belastungen Wirkungen an den Atmungsorganen auftreten, die sich bei Personen mit bereits vorhandenen Erkrankungen dieses Organsystems (Asthma, Emphysem, chronischer Bronchitis u. a.) besonders nachteilig auswirken können.

Es ist daher zu empfehlen, Insektenstrips insbesondere nicht in Kranken-, Schlaf-, Säuglings- und Kleinkinderzimmern aufzuhängen und auch nicht in Zelten oder Campingwagen zu benutzen. Keinesfalls dürfen sie über Heizkörper oder Lebensmittel gehängt werden oder Kindern zugänglich sein. Weiterhin empfiehlt das Bundesgesundheitsamt die Anwendung eines Insektensprays, dessen gezielte Anwendung zu keiner Dauerbelastung führt.

3. In Wasser aufgelöste Mittel schaden dem Menschen in der Regel kaum. Ölhaltige können durch die Haut in den Blutkreislauf gelangen.

4. Vor dem Versprühen oder Verstäuben sind alle Lebensmittel zu entfernen und müssen alle Gegenstände, die mit der Nahrung in Berührung kommen, auch die Arbeitsflächen, auf denen Essen zubereitet wird, abgedeckt werden. Letztere sind nachher mit heißem Wasser gründlich abzuwaschen.

5. Beim Arbeiten mit Spray oder Pulver Handschuhe und einen Mund- und Augenschutz tragen. Nachher Gesicht und Hände gründlich waschen.

6. Der Drogist soll nur solche Mittel empfehlen, deren Zusammensetzung genau angegeben ist, denn viele Präparate enthalten mehr neutrale Stoffe als Wirksubstanzen.

A) Chlorierte Kohlenwasserstoffe

Bei diesen Substanzen handelt es sich um organische Verbindungen von sehr verschiedener Struktur, in denen ein oder mehrere Wasserstoffatome durch Chloratome ersetzt sind. Sie sind alle mehr oder weniger wasserunlöslich, dagegen fett- und lipoidlöslich, und können deshalb in Fetten, Wachsen oder Ölen gelöst vom Warmblüter im Magen-Darm-Kanal aufgenommen werden oder in organischen Lösungsmitteln gelöst in die Haut eindringen. Ihre Fettlöslichkeit bedingt eine große Affinität zu den Lipoiden und Fetten der Körperorgane und bei einigen chemisch stabilen und langsam abbauenden Stoffen auch ihre Speichermöglichkeit in Körperfetten und lipoidhaltigen Organen (Gehirn, Leber, Herzmuskel). Nach ihrem akuten pharmakologischen Wirkungsbild sind die chlorierten Kohlenwasserstoffe Nervengifte. Die Wirkstoffe erreichen das Nervensystem beim Warmblüter auf dem Blutwege, beim Insekt durch direkte Wanderung über die Lipoide der Nervengewebe. Ihre Wirkung ist vor allem durch das Auftreten von Erregungszuständen und Krämpfen charakterisiert.

Als Schädlingsbekämpfungsmittel verwendete chlorierte Kohlenwasserstoffe sind:

1. Aldrin

Chemische Zusammensetzung: Hexachlorhexahydrodimethan-naphthalin.

Weiße, petersilienartig riechende, flüchtige Kristalle. Unlöslich in Wasser, löslich in Kohlenwasserstoffen. Giftig für Säugetiere und Menschen.

2. Chlordan, Octachlorendomethylentetrahydroinden.

Gelbbraune bis dunkelrotbraune, viskose Flüssigkeit. Unlöslich in Wasser, löslich in aliphatischen und aromatischen Kohlenwasserstoffen. Enthält etwa 68% Chlor.

Verwendung: Gegen Schadinsekten in Wohnungen, Ställen, Lagerräumen, Gärten usw.

Anwendungsform: Emulsion und Staub. In Handelsdüngern gegen Bodenschädlinge.

3. Dieldrin

Chemische Zusammensetzung: Hexachlorepoxyoctahydrodimethannaphthalin.

Weiße, fast geruchlose Kristalle.

4. Lindane, HCCH.

Chemische Zusammensetzung: *H*exa*c*hlor*c*yclo*h*exan (daher die Abkürzung HCCH).

Farblose Kristallnadeln. In Wasser unlöslich. Gut löslich in Alkohol, Chloroform, Tetrachlorkohlenstoff, Trichloräthylen und anderen organischen Lösungsmitteln. Als Kontakt-, Fraß- und Atemgift schon in minimalen Mengen von 10^{-12} für die meisten Insektenarten tödlich. Für Bienen starkes Berührungs- und Magengift, daher nur zur Vor- und Nachblütenspritzung verwendbar. Für höhere Organismen kaum schädlich.

Verwendung: In der Land- und Forstwirtschaft sowie zur Bekämpfung von Hausungeziefer, Vorrats- und Textilschädlingen in großem Umfang als Spritz- und Stäubemittel eingesetzt.

Anwendungsform: Emulsions- und Suspensions-Spritzmittel, Fluid, Spritzpulver, Staub, Puder, Streumittel, Aerosol.

Lindan ist eine internationale Kurzbezeichnung für hochinsektizide Schädlingsbekämpfungsmittel, die 99% Hexachlorcyclohexan enthalten. Der Name geht auf den Chemiker van der Linden zurück, der den Stoff im Jahr 1912 isolierte.

Von den zahlreichen lindanhaltigen Präparaten seien folgende namentlich genannt:

Gamma-Spritzpulver (Bayer), Hortex-Spritzpulver, Nexit-Emulsion (Celamerck), Perfektan-Fluid (BASF), Delicia-Pflanzenpulver (Delitia), Aktiv-Gesarol (Spieß).

5. *Toxaphen*. Chloriertes Camphen, Polychlordicycloterpen. Streu-, Gieß- und Ködermittel zur Bekämpfung von Bodenschädlingen. Die Streupulver werden am besten durch Harken oder Eggen in den Boden eingebracht.

B) Organische Phosphorverbindungen

sind Phosphorsäureester, die folgendermaßen entstehen:

$$\begin{array}{c}H-O\\H-O\end{array}\!\!>\!\!P\!\!<\!\!\begin{array}{c}O\\O-H\end{array} + 3\,CH_3OH \rightarrow \begin{array}{c}CH_3-O\\CH_3-O\end{array}\!\!>\!\!P\!\!<\!\!\begin{array}{c}O\\O-CH_3\end{array} + 3\,H_2O$$

Phosphorsäure   Methyl-   Phosphorsäure-
                      alkohol   methylester

Die drei Wasserstoffatome der Phosphorsäure wurden dabei durch drei Methylgruppen ersetzt. An ihrer Stelle können auch Äthyl-, Vinyl- und andere Alkylgruppen oder Arylgruppen, z. B. Phenylgruppen und substituierte Reste, z. B. Chlorvinylgruppen, treten. Bezeichnet man die Reste, die gleich oder verschieden sein können, mit R_1, R_2 und R_3, so erhält man folgenden Grundtyp der Phosphorsäureester:

$$\begin{array}{c}R_1-O\\R_2-O\end{array}\!\!>\!\!P\!\!<\!\!\begin{array}{c}O\\O-R_3\end{array}$$

Außer der Phosphorsäure werden noch folgende andere Säuren zur Herstellung von Estern verwendet:

Thiophosphorsäure

Sie unterscheidet sich von der Phosphorsäure dadurch, daß der doppelt an den Phosphor gebundene Sauerstoff durch Schwefel substituiert ist (daher der Name „substituierte Phosphorsäure"). Die Thiophosphorsäure bildet Thiophosphorsäureester:

$$\begin{array}{c}HO\\HO\end{array}\!\!>\!\!P\!\!<\!\!\begin{array}{c}S\\OH\end{array} \rightarrow \begin{array}{c}R_1O\\R_2O\end{array}\!\!>\!\!P\!\!<\!\!\begin{array}{c}S\\OR_3\end{array}$$

Zu dieser Gruppe gehört auch der bekannteste Phosphorsäureester, das Parathion, das unter dem *Namen E 605* von der Firma Bayer in den Verkehr gebracht wird.

Phosphonsäure, die sich formal ebenfalls von der Phosphorsäure ableiten läßt (bei ihr ist eine OH-Gruppe durch einen Wasserstoff ersetzt), bildet Phosphonsäureester:

$$\begin{array}{c}H-O\\H-O\end{array}\!\!>\!\!P\!\!<\!\!\begin{array}{c}O\\H\end{array} \quad \rightarrow \quad \begin{array}{c}R_1-O\\R_2-O\end{array}\!\!>\!\!P\!\!<\!\!\begin{array}{c}O\\R_3\end{array}$$

Thiophosphonsäure bildet Thiophosphonsäureester:

$$\begin{array}{c}H-O\\H-O\end{array}\!\!>\!\!P\!\!<\!\!\begin{array}{c}S\\H\end{array} \quad \rightarrow \quad \begin{array}{c}R_1-O\\R_2-O\end{array}\!\!>\!\!P\!\!<\!\!\begin{array}{c}S\\R_3\end{array}$$

Die organischen Phosphorverbindungen blockieren die Cholinesterasen, indem sie diese lebenswichtigen Enzyme im Blut durch Phosphorylierung verändern und damit deren Funktion, die Spaltung des körpereigenen Überträgerstoffes Acetylcholin, unterbinden.

Folgende organische Phosphorverbindungen dienen als Schädlingsbekämpfungsmittel:

1. *Chlorthion*

Chemische Zusammensetzung:
Chlor-nitrophenyl-dimethylthiophosphat.

Schwach gelbes, geruchloses Öl. Bienengefährlich.

2. *Diazinon,* O.O-Diäthyl-O-[(2-isopropyl-4-methyl)-6-pyrimidyl]-thionophosphat,

Ölige, leicht gelbe, etwas süßlich riechende Flüssigkeit. In Wasser fast unlöslich, mischbar mit Alkohol, Äther, Benzol. Bienengiftig.

Verwendung: Gegen Hausungeziefer.

Anwendungsform: Emulsion, Spritzpulver, Granulat.

3. *Dichlorvos,* O-(2,2-Dichlor-vinyl)-O,O-dimethyl-phosphat
Gegen beißende und saugende Insekten, Spinnmilben und Läuse an Zier- und Nutzpflanzen.

Anwendungsform: Spritzmittel, Aerosol, Nebelmittel.

$$\begin{array}{c}CH_3-O\\CH_3-O\end{array}\!\!>\!\!\underset{\underset{O}{\|}}{P}\!-O-CH=CCl_2$$

4. *Malathion, S*-[1,2-*bis*(Äthoxy-carbonyl)-äthyl]-O,O-dimethyl-dithiophosphat

Eigenschaften: Klare, blaßgelbe, Flüssigkeit. Wird im Freien nach etwa zehn Tagen zu ungiftigen Verbindungen abgebaut.

Verwendung: Gegen saugende Insekten, Käfer, Raupen und Stechmücken.

Anwendungsform: Emulgiert als Spritzmittel. Als Schwimmstaub und Nebelmittel zur Stechmückenbekämpfung.

5. *Parathion, E 605,* Diäthyl-p-nitrophenylthiophosphat

$$\begin{array}{c} C_2H_5-O \\ C_2H_5-O \end{array} \!\!\!\! P \!\!\! \begin{array}{c} S \\ O-\!\!\!\!\bigcirc\!\!\!\!-NO_2 \end{array}$$

Braunrote, ölige Flüssigkeit von charakteristischem, an Knoblauch erinnernden Geruch. In Wasser nur wenig, dagegen in Alkohol, Aceton, Äther, Benzol und anderen organischen Mitteln gut löslich.

Der Wirkstoff ist für Mensch und Tier giftig.

E 605 ist wegen seiner Giftigkeit nur in Originalbehältern frostsicher unter Verschluß aufzubewahren. Die Abfüllung aus Originalpackungen ist nicht gestattet.

Nicht auf ungeschützte Haut bringen und während der Arbeit nicht rauchen! Nach Beendigung Kleidungsstücke, Meßbehälter, Ansatzgefäße usw. gründlich mit Wasser, Seife und Sodalösung behandeln, Gesicht und Hände gründlich mit Seife waschen und mit viel Wasser nachspülen!

E 605 forte (lat. fortis = stark) ist mit fast allen Insektiziden und Fungiziden mischbar. Es ist pflanzenverträglich und besitzt als Fraß-, Berührungs- und Atemgift eine große Wirkungsbreite gegen fast alle saugenden und beißenden Insekten.

Bienengefährlich, darf deshalb nicht auf blühende Pflanzen gespritzt werden.

Die *Wartezeit* beträgt bei E 605 etwa zwei Wochen.

Anwendungsform: E-605 forte, E-605-Staub, E-605-Öl.

E-605-haltige Präparate:
E 605 Combi (mit Demeton-S-methylsulfoxid), Bayer — *E 605 forte,* Bayer, auch gegen Blutlaus und Kräuselmilbe — *Eftol,* Spieß, Urania — *E 605-Spritzpulver,* Bayer (Giftabteilung 3) — *Vitrex,* Riedel —

Parathion-methyl:
E 605-Staub, Bayer — *Eftol-Öl,* Spieß, Urania — *Parathion* forte, Aglukon — *Parathion „Stähler",* Stähler — *P-O-X konz.,* Stähler — *P-O-X Stäubemittel,* Stähler — *Parathion-Öl,* Stähler — *ME 605 Spritzpulver,* Bayer — *Folidol-Ölspritzmittel,* Bayer — *Pacol,* Rhodia, UCB

6. *Metasystox*

ist Dimethyl-äthylmercapto-äthylthiophosphat (I) und isomere Verbindung (II) — (Dimethyl-homologe des Systox).

Metasystox ist ein systemisches Schädlingsbekämpfungsmittel, das von der Pflanze durch die Leitungsbahnen an den Wirkungsort transportiert wird und dort neben den beißenden auch die saugenden Insekten, Sägewespen und die gefürchtete Rote Spinne abtötet. Die sichere Dauerwirkung von 14 Tagen schützt die Pflanzen und deren Blattnachwuchs vor Neubefall durch ausschlüpfende Spinnmilben bzw. neuzufliegende oder zuwandernde Blattläuse.

Das Präparat kann auch als Gießmittel eingesetzt werden, denn die Pflanzenwurzeln nehmen es auf und führen es den Leitungsbahnen zu.

7. *Trichlorphon,* Dipterex. O,O-Dimethyl-(2,2,2-trichlor-1-hydroxyäthyl)-phosphonat

Hochwirksames Fraßgift gegen blattminierende und fressende Schädlinge. Pflanzenverträglich und für Warmblüter nahezu ungiftig. Anwendungsformen sind Emulsion, Staub, Granulat und Fertigprodukte wie Fliegenkugeln, Mottenstreifen usw. (Tugon-Präparate, Bayer).

C) Pflanzliche Insektizide

1. *Pyrethrum*

Verschiedene Pyrethrumarten (Pyrethrum cinerariifolium, Dalmatien, Pyrethrum roseum, P. carneum, P. caucasicum, Persien) aus der Familie der Korbblütler enthalten in ihren Blüten, Flores Pyrethrii, Pyrethrine und Cinerine, die für niedere Tiere außerordentlich giftig sind (Nerven-Muskelgift), Warmblütern jedoch nicht schaden.

Die getrockneten und feingepulverten Blütenköpfe kommen als Insektenpulver, Flores Pyrethri, Pulvis persicus, Pulvis contra Insecta in den Handel. Ein 25prozentiger, öliger Extrakt aus Flores Pyrethri dient verdünnt als Spritzmittel gegen Fliegen, Mücken, Motten, Ameisen, Wanzen, Schaben, Silberfischchen usw. Zur Wirkungssteigerung werden Pyrethrum-Präparate häufig mit chemischen Kontaktinsektiziden kombiniert. Die „OKO-Sprühdose" (Bayer) z. B. enthält das Lindan Gamma-Hexachlorcyclohexan. Derartige Zusätze heißen *Synergisten.*

Pyrethrumhaltige Präparate:
Hexa-Globol-combi Sprühautomat und Hexa-Globol flüssig (Globus-Werke), Detia-Raumnebel (Delitia), OKO-Sprühmittel (Bayer) und viele andere.

2. *Derris*

Unter Derris versteht man die getrockneten und zermahlenen Wurzeln der tropischen, in Ostasien heimischen Schmetterlingsblütler Deguelia Derris elliptica, Deguelia uliginosa und Tephrosa toxicaria.

Das in ihnen enthaltene giftige Rotenon wirkt gegen Obst- und Gartenschädlinge wie Erdflöhe, Milben, Pflanzenläuse, Raupen, Motten, Dasselfliegen, Taenien und Vorratsschädlinge aller Art.

Derrishaltige Präparate:
Delicia-Sprüh-Pflanzol mit Lindan + Pyrethrum (Delitia), Rotenol-Emulsion (Schacht), Parexan (Riedel) und viele andere.

3. *Nicotin, Nikotin* β-Pyridyl-α-N-methyl-pyrrolidin

wird zur Herstellung von Schädlingsbekämpfungsmitteln durch Ausziehen der Blätter des Bauerntabaks, Nicotiana rustica, mit Wasser gewonnen. Die bräunliche, betäubend riechende Flüssigkeit ist sehr giftig (reines Nikotin erreicht die Giftigkeit der Blausäure!). Nikotin lähmt das Zentralnervensystem, hemmt die Cholinesterasen und schädigt nachhaltig die Drüsen und Verdauungsorgane.

Verdünnte Nikotinlösungen wurden schon im Jahr 1765 als Schädlingsbekämpfungsmittel verwendet und dienen auch heute noch als wirksame Mittel im Kampf gegen beißende und saugende Schadinsekten wie Blatt- und Blutläuse, Blattflöhe, Spinnmilben, Blasenfüße, Raupen, Gespinstmotten, Blattwanzen u. a.

14.1.2 Bodenwürmer

Von den *Würmern* sind besonders die Rundwürmer und von diesen wieder die Älchen, Nematoden, gefürchtet. Diese winzigen Schädlinge bestehen aus einem Hautmuskelschlauch und einer darunter angeordneten Längsmuskelschicht.

Dazwischen verlaufen Exkretionskanäle. Ein mit Mund und After versehener Darm durchzieht als gerader Schlauch den ganzen Körper. Zwischen Hautmuskelschlauch und Darm liegen die Geschlechtsorgane dieser getrenntgeschlechtlichen Fadenwürmer.

Man unterscheidet die Wurzel-, Blatt- und Stengelälchen, die in und außerhalb der Pflanze leben können, an den Wurzeln gallenähnliche Gebilde und am Sproß Verdickungen und Verkrüppelungen hervorrufen. Älchen lassen sich chemisch schwer bekämpfen.

Nematoden

Mittel zur Bekämpfung der Würmer heißen *Nematozide* (griech. Nematodes = Fadenwürmer).

14.1.3 Schnecken

Die *Schnecken,* Gastropoda, gehören zur Ordnung der Weichtiere. Ihr Körper besteht aus dem Kopf mit Fühlern und einfachen Augen, einem sohlenartigen Kriechfuß zur Fortbewegung und dem Eingeweidesack, der meist spiralig gewunden und mit Kalkdrüsen versehen ist, die den Kalk für das Gehäuse liefern, das in der Regel die Gestalt des Eingeweidesackes wiederholt. Bei den Nacktschnecken sind die Kalkdrüsen zurückgebildet oder ganz verschwunden.

Alle Schnecken besitzen eine mit zahlreichen Zähnchen oder Plättchen besetzte Chitinplatte, die sogenannte Reibezunge oder Radula, die aus der

Schnecken

Mundöffnung zum Benagen der Pflanzen und Zerkleinern der Nahrung vorgestreckt werden kann.

Die Schnecken kommen in allen Ländern der Erde vor. Leben sie auf dem Land, so treten sie oft massenhaft auf und richten dann großen Fraßschaden an, wie z. B. die nackte Ackerschnecke. Sie bewohnen aber auch die Meere und süßen Gewässer.

Schnecken gehören zu den ältesten Lebewesen der Erde. Manche Arten sind für das Kambrium nachgewiesen. Viele von ihnen sind Leitfossilien, besonders im Tertiär und Quartär.

Schneckenvertilgungsmittel, Molluskizide (lat. mollusca = Weichtier), werden als Köder-, Spritz- und Stäubemittel eingesetzt und enthalten meistens Metaldehyd, $(CH_3-CHO)_x$, ein Polymerisationsprodukt von Acetaldehyd, das aus Acetylen, C_2H_2, synthetisch hergestellt wird.

14.1.4 Säugetiere – Nager (Wühlmaus, Hausmaus, Ratte)

Tierische Schädlinge aus der Familie der Säugetiere sind die *Wühlmaus,* die *Hausmaus* und die *Ratte* und bis zu einem gewissen Grad auch der *Maulwurf,*

Maulwurfhügel

der jedoch heute geschützt ist und nicht mehr bekämpft werden darf. Er durchzieht die Gartenfläche mit einem unterirdischen Gangsystem und wirft Erdhügel auf, wodurch das Aussehen und die Pflege des Rasens empfindlich gestört werden. Aber als Insektenfresser ist er sehr nützlich.

a) Die *Wühlmaus,* Arvicola terrestris L.

mißt ohne Schwanz etwa 18 cm, wechselt ihre Farbe von Graubraun bis Schwarz und hält sich gern in der Nähe von Wasser auf. Ihre Ohren sind fast ganz im Fell versteckt. Sie ist ebenso fortpflanzungsfähig wie die Hausmaus.

Wühlmaus

Die Wühlmaus ist ein gefährlicher Schädling im Garten und in Obstanlagen, denn sie frißt die Wurzeln wertvoller Kulturpflanzen (Rüben, Kartoffeln, Kohl, Möhren, Salat, Obstbäume) ab, so daß diese bald welken und schließlich eingehen. Die Wühlmausgänge liegen dicht unter der Erdoberfläche und enden in flachen Erdauswurfhaufen.

Kenntnis und Auffindung der Wühlmausgänge sind Vorbedingung für eine erfolgreiche Bekämpfung. Um zu prüfen, ob ein Bau befahren ist, öffnet man einen Gang; ist er besiedelt, so schließt ihn die Maus bald wieder. Die Bekämpfung ist am leichtesten in der Zeit vom Herbst bis Frühjahr durchzuführen, da die Tiere dann unter Nahrungsmangel leiden.

b) *Hausmaus*

Die kleine, flinke, langschwänzige, graue *Hausmaus,* Mus musculus, vermehrt sich außerordentlich schnell. Ein Mauspaar kann innerhalb eines Jahres bis zu

Hausmaus

sechs Würfe mit je acht Jungen bringen. Nach etwa neunzig Tagen sind die jungen Mäuse fortpflanzungsfähig.

Die Hausmaus kann große Verluste an Lebensmitteln und Vorräten verursachen, wenn diese Schäden auch längst nicht so stark wie bei Ratten sind. Gegen sie ist jedoch ebenfalls ein ständiger Kampf zu führen.

c) *Ratten*

Man unterscheidet die *Hausratte,* Rattus rattus, und die *Wanderratte,* Rattus norvegicus Berkenh.
Von den beiden Rattenarten ist die braune, unterseits hellere Wanderratte überall häufig anzutreffen und sehr gefürchtet. Sie bevorzugt die unteren Räume der Gehöfte, Keller usw., kommt aber auch im Freien, in der Nähe von Gewässern vor. Die kleinere schwarze Hausratte hält sich dagegen mehr in den oberen Stockwerken und Speichern auf. Keine Lebensmittel und Vorräte sind vor ihnen sicher. Hinzu kommt der Schaden, den sie an Gebäuden, Einrichtungen, Packmaterial usw. anrichten, ihre Schmutzigkeit und die Übertragung von gefährlichen Seuchen auf Mensch und Tier.

Ratte

14.1.5 Mittel zur Bekämpfung der Nagetiere, Rodentizide

(lat. rodere = nagen) sind auf folgenden Wirkstoffen aufgebaut:

a) *Antikoagulantien,* Mittel, welche die Blutgerinnung aufheben, sind Cumarinabkömmlinge, die in Form von Ködern oder Streumitteln zur Nagetierbekämpfung eingesetzt werden. Derartige Stoffe sind Abkömmlinge des 3,4-Hydroxycumarins, die infolge Blockierung der Prothrombinbildung in der Leber die Gerinnungsfähigkeit des Blutes hemmen und die Wände der Blutkapillaren so schädigen, daß es zu Blutaustritten in die Gewebe und Körperhöhlen und dadurch zu einer Verblutung kommt. Da die Tiere innerlich verbluten, werden sie nicht wie bei anderen Giften gewarnt, sondern nehmen immer wieder kleinste Mengen auf, die allmählich zum Absterben der Ratten führen. Die meisten Antikoagulantien wirken bei beiden Rattenarten und auch bei Mäusen.

Handelswaren sind:
Racumin (Bayer), Alferex (Celamerck), Cumarex (Spieß), Actosin (Schering), Tomorin (Thompson) und viele andere.

b) *Scillirosid* ist das herzwirksame Hauptglykosid der roten Meerzwiebel, Scilla maritima, gegen das die Ratte ganz besonders empfindlich ist. Es wird geeigneten Ködern wie Kartoffelbrei oder Weißbrotstückchen zugemischt oder aufgeträufelt.

c) *Alpha-Napthylthioharnstoff* (ANTU) wirkt in Konzentrationen von 6 bis 8 mg/kg durch Bildung von Lungenödemen bei Ratten tödlich, nicht jedoch bei größeren Haustieren. Er wird in Ködern (Maismehl oder Weizenkörner) in 1- bis 3%igen Mischungen gegen Ratten angewandt.

d) *Crimidin* (2-Chlor-4-dimethylamino-6-methyl-pyrimidin) wird vorwiegend gegen Feldmaus und Schermaus eingesetzt. Alle Crimidinpräparate sind Gifte der Abteilung 2, z. B. Castrix-Giftkörner (Bayer).

e) *Zinkphosphid* Zn_3P_2 ist ein dunkelgraues, sehr giftiges Pulver (Abt. 1), das in Pastenform, als Giftgetreide oder Giftbrocken eingesetzt wird. Giftgetreide wird auch mit Strychninnitrat hergestellt. In allen Arten muß es zum Schutz vor Verwechslungen mit einer roten Warnfarbe versehen sein.

f) *Thallium-(III)-sulfat,* $Tl_2(SO_4)_3 \cdot 7\,H_2O$ ist ebenfalls für Menschen und Tiere sehr giftig. Alle thalliumhaltigen Rodentizide müssen deshalb zur Warnung mit einem blauen Teerfarbstoff gefärbt sein.

Sie dürfen außerdem nur in kleinen, für Haustiere nicht zugänglichen Kästen ausgelegt werden. Thalliumsulfat wird vom Darm aus nur langsam resorbiert. Es ist ein typisches Schwermetallgift, das Zellenzyme blockiert und infolge langsamer Ausscheidung zur Kumulation neigt. Die tödliche Menge für Erwachsene liegt bei 1 bis 1,5 g.

Thalliumhaltige Präparate dürfen nicht mehr als 3% lösliche Thalliumsalze enthalten und sollten ihrer Gefährlichkeit wegen durch harmlosere Gifte ersetzt werden.

Wühlmäuse werden mit Räucherpatronen und Begasungsmitteln bekämpft.

g) *Räucherpatronen* sind derbwandige Papphülsen, die als Zündmasse ein Gemisch aus Schwefelpulver, Oxydationsmitteln, wie Kaliumnitrat oder Kaliumchlorat, $KClO_3$, Holzmehl und Aluminiumpulver enthalten. Sie werden mit oder ohne Räucherapparat in den Gängen von Wühl- oder Erdmäusen oder Rattenlöchern entzündet. Das beim Abbrennen entstehende SO_2-Gas vernichtet die Schädlinge.

h) *Begasungsmittel* werden meistens in Form von kleinen Kugeln angewandt, die im Erdreich unter Einwirkung der Bodenfeuchtigkeit den hochgiftigen Phosphorwasserstoff entwickeln. Dieses Gas durchdringt das gesamte Gangsystem der Wühlmaus, so daß die Schädlinge keine Möglichkeit haben, sich durch Verbauen der Gänge zu schützen.

Derartig gefährliche Bekämpfungsmittel dürfen nur von Fachleuten auf größeren freien Flächen angewandt werden.

14.2 Viren, Bakterien, Pilze, Algen

14.2.1 Viren (vgl. S. 182)

verwandeln das Eiweiß der Pflanzen in ihr eigenes, vermehren sich auf diese Weise und zerstören dadurch die von ihnen befallene Wirtspflanze. Die Viruskrankheiten, Virosen, der Pflanze zeigen sich als Mosaik-, Kräusel-, Blattroll- oder Gelbsuchtkrankheiten sowie in Schmalblätterigkeit (Rosettenkrankheit). Auch krankhafte Verzweigungen, Geschwulstbildung an Wurzeln, Zwergwuchs und andere Wachstumsstörungen werden von Viren hervorgerufen.

Verbreitet werden die meisten Viren durch Blattläuse, Zikaden, Blattwanzen und andere saugende Insekten. Da sie mit chemischen Mitteln ohne Schädigung der Pflanze nicht erfaßt werden können, muß sich ihre Bekämpfung auf Verhinderung der Ausbreitung beschränken. Die wenigen hierzu verwendbaren Mittel heißen Viruzide, z. B. Metasystox (vgl. S. 398).

14.2.2 Bakterien
(vgl. S. 180)

dringen vor allem an den Wundstellen oder Spaltöffnungen der Blätter ein. Ihre Verbreitung über größere Entfernungen erfolgt durch Wasser, Wind und Verschleppung mit kranken Pflanzenteilen oder verseuchtem Boden. Befallen werden dabei nicht nur die unterirdischen, sondern auch die oberirdischen Teile der Pflanzen, z. B. die Tomate von der Blattwelke oder Steinobstbäume vom Bakterienbrand.

Mit bakterientötenden Mitteln, Bacteriziden verschiedener Art, wird versucht, die Mikroben an ihren Siedlungsplätzen zu vernichten.

14.2.3 Niedere Pilze

Archimyceten sind die Erreger der *Kohlhernie,* einer kropfartigen Anschwellung bei Kohlpflanzen, und der *Peronospora* des Weinstocks, die auch *falscher Mehltau* oder *Lederbeerenkrankheit* genannt wird.

Höher entwickelte Schlauch- und Ständerpilze besitzen einen Pilzkörper aus farblosen, verflochtenen Fäden, den Hyphen, die in ihrer Gesamtheit das Myzel bilden. Dieses durchwächst das Pflanzengewebe und entzieht ihm Nährstoffe. Manche Gruppen, z. B. echte Mehltaupilze, liegen der befallenen Pflanze nur oberflächlich auf und senden besondere Saugorgane in deren Zellen, um ihnen Nährstoffe zu entnehmen. Die Ausbreitung der Pilze im Pflanzengewebe erfolgt durch Wachstum des Myzels, die Fortpflanzung durch verschiedene Arten von Sporen, die in ungeheurer Zahl produziert werden. Wind, Niederschläge und z. T. auch Insekten sorgen für ihre Ausbreitung. Von der Infektion, dem Auskeimen der Sporen, bis zum sichtbaren Ausbruch der Krankheit vergeht eine gewisse Zeit, doch auch in dieser Zeit wird die befallene Pflanze schon geschädigt.

Pilze verursachen u. a. die *Kräuselkrankheit des Pfirsichs*, den *Obstbaumkrebs*, die *Schrotschußkrankheit* der Steinobstarten, den *Schorf* der Obstbäume, *Monilia* (Fruchtfäule, Polsterschimmel), die *Saatfäule*, den *Grauschimmel* (Botrytis) der Erdbeere, *Sternruß* und *Rosenrost* auf Rosen- und Johannisbeersträuchern.

Der *Sternruß* entwickelt vor allem im Spätsommer und Herbst zuerst vereinzelt, dann stark zunehmend auf den Blättern kleinere oder bis zu 1 cm große, zunächst braunrote, dann schwarzviolette Flecken mit strahligem Rand. Auch die grünen Jahrestriebe und mitunter sogar die Blütenblätter können befallen werden. Die Blätter vergilben und fallen bei leisester Berührung oder von selbst ab.

Durch den vorzeitigen Blattfall werden die Rosen sehr geschwächt, besonders, wenn es noch einmal zu einem Neuaustrieb kommt. Dann blühen sie im nächsten Jahr nur dürftig, oft bleibt die Blüte ganz aus. Auch sind derart geschwächte Pflanzen erheblich frostgefährdeter.

Monilia

Grauschimmelfäule

Sternrußtau

Der Rosenrost ruft im Sommer auf der Oberseite der Blätter kleine gelbliche oder rötliche Flecken hervor. Unterseits finden sich an den entsprechenden Stellen zahlreiche stecknadelkopfgroße, erst gelbe, später schwarz werdende Pusteln, die Mengen von Rostsporen enthalten. Die Blätter vergilben und fallen vorzeitig ab. Die Sporen überwintern am abgefallenen Laub und sind der Ausgangspunkt für die nächstjährige Infektion.

Echter Mehltau

Die schädlichste pilzliche Erkrankung ist der *echte Mehltau* auf Apfel- und Birnbaum, Stachelbeerstrauch und Rose. Er überzieht vor allem die jüngeren Pflanzenteile mit einem dichten, weißen Pilzrasen, der sich später auf alle Teile der Pflanze ausbreitet; auch die Blüte wird befallen.

Bei Beginn der Infektion rollen sich die Blätter von der Seite her ein, werden beulig und laufen teilweise rötlich an. Typische weiße, zunächst fleckige Beläge wachsen zusammen und bedecken das ganze Blatt.

Oberflächliche Fortpflanzungsorgane entwickeln Sporen, die vom Wind auf andere Pflanzen übertragen werden und dort neue Infektionen hervorrufen. Durch den Befall kommt es zu Wuchsstörungen und Verkrümmung der Blätter, erkrankte Pflanzenteile färben sich braun und sterben ab. Der Belag überzieht schließlich nicht nur die Blätter, sondern auch die Triebe, Blütenstiele und -kelche, Knospen und Blüten werden befallen. Die Knospen bleiben stecken und blühen nicht auf. Schaden erleiden auch die Knospenanlagen für den nächsten Austrieb. Der Rosenmehltau überwintert sowohl als Pilzgeflecht als auch in Form sehr widerstandsfähiger kleiner Dauerkörper in den Knospenanlagen. Von hier aus befällt er im kommenden Frühling den jungen Austrieb.

Der Mehltau-Befall wird begünstigt durch alle für Rosen ungünstigen Kulturbedingungen, das sind feuchte Wärme, Lichtmangel, schlechte Belüftung, starke Temperaturschwankungen u. a.

Schorfkrankheiten, Fusicladium, werden von verschiedenen Fusicladium-Pilzen hervorgerufen, deren Sporen entweder im Dürrlaub oder in der Baumrinde überwintern und im Frühjahr vom Wind auf die jungen Blätter, Triebe und sich entwickelnden Früchte geweht werden, wo sie bald zu Pilzfäden auswachsen und die genannten Organe überwuchern. Schorfbefallene Äpfel und Birnen faulen während der Lagerzeit, während der Zweigbefall zu einer vollständigen Spitzendürre führen kann, an der unter Umständen ein Obstbaum eingeht. Die gefürchtetsten Fusicladium-Arten sind der *Apfelschorf* (Fusicladium Venturia inaequalis) und der *Birnenschorf* (Fusicladium Venturia pirina).

Apfel- und Birnenschorf

Der gefährlichste Holzzerstörer ist der zu den Löcherpilzen gehörende *Hausschwamm,* Merulius lacrymans domesticus. Er kann bereits bei etwas über 20% Holzfeuchtigkeit leben, während der ebenfalls gefürchtete Kellerschwamm (Coniophora cerebella) mindestens 40% Feuchtigkeit verlangt. Durch Atmung kann der echte Hausschwamm Feuchtigkeit bilden und macht dadurch benachbartes, zunächst noch trockenes Holz befallfähig. Auf der Oberfläche des befallenen Holzes entwickelt sich ein rein weißes, lockeres Myzel, das sich bei Berührung verfärbt. Auf Holz und Mauerwerk finden sich oft als Überzüge weiße Myzelwatten oder lappige Flächen mit grauen, weinroten oder gelblichen Flecken. Charakteristisch ist die Ausbildung von Myzelsträngen, die im Laufe von Jahren bleistiftstark werden können und in trockenem Zustand holzig, hart und brüchig erscheinen. Die Fruchtkörper sind scheibenförmig, konsolenförmig oder bestehen nur aus häutigen Krusten. Bei längerem Wachstum können getrennt angelegte Fruchtkörper zusammenwachsen und schließlich mehrere Quadratmeter große Flächen bedecken. Das zerstörte Holz zerfällt in rechteckige Stücke, die zu Pulver zerrieben werden können.

Der Hausschwamm zerstört nicht nur Holz, sondern kann auch Papier, Stroh, Wäsche, Kleider usw. befallen. Durch seine Fähigkeit, Myzelstränge zu bilden, kann er auch Beton und Mauerwerk durchwachsen und so vom Schwammherd aus in andere Räume, ja sogar in Nachbargebäude gelangen.

Pilztötende Mittel heißen *Fungizide* (lat. fungus = Pilz).

Altbewährt sind Schwefelpräparate gegen den Echten Mehltau, kupferhaltige zum Schutz von Kartoffeln, Tomaten und Rüben von Pilzbefall, und die hochgiftigen quecksilberhaltigen als Saatbeizmittel. Die teilweise sehr giftigen anorganischen Fungizide werden mehr und mehr durch *organische Pilzmittel* ersetzt. Solche sind neben anderen:
Europen (Bayer) mit dem Wirkstoff Dichlorfluanid,
Imugen (Bayer) mit dem Wirkstoff Chloraniformethan,
CM Saprol (Celamerck), Maneb (BASF), Dithane (Spieß), Orthocid.

Die meisten organischen Fungizide wirken systematisch, d. h. sie werden von verschiedenen Teilen der Pflanze aufgenommen und über den Säftestrom weitergeleitet. Außerdem sind sie bienenungiftig und hemmen gleichzeitig die Spinnmilbenvermehrung. Fungizide werden, sobald der erste Pilzbefall sichtbar wird, in Abständen von 3–5 Tagen, später wöchentlich gespritzt. Noch wirksamer ist die vorbeugende Behandlung vom Austrieb bis zum Beginn der Blüte in wöchentlichem Abstand.

Holzschädigende Pilze werden mit wäßrigen Salzlösungen oder öligen Konservierungsmitteln bekämpft. Wäßrige Präparate enthalten Natriumfluorid, Silicofluoride, Quecksilberchlorid, Kupfersulfat, Alkalidichromate, Natriumarsenat u. a., oft mit einem Zusatz von Dinitrophenolen gegen holzschädigende Insekten. Die Lösungen dringen gut in das Holz ein und sind sehr wirksam. Spätere Holzanstriche beeinflussen sie nicht. Nachteilig dagegen ist ihre leichte Auswaschbarkeit durch Regen oder Grundwasser. Sie können deshalb nur in überdachten Räumen angewandt werden.

Die *öligen Konservierungsmittel* sind organische Flüssigkeiten, wie Carbolineum, Steinkohlen-, Braunkohlen- und Holzteeröle, deren Wirkung hauptsächlich auf dem Phenol- bzw. Kreosotgehalt beruht. Diese Produkte sind billig, wasserabweisend, kaum auswaschbar und gegen Pilze gut wirksam. Ihrer hohen Viskosität wegen dringen sie jedoch nur schwer in das Holz ein, verfärben es unschön und riechen unangenehem. Ölige Konservierungsmittel sind besonders geeignet zum Präparieren von Hölzern im Freien.

Zu dieser Gruppe gehört auch das Holzkonservierungsmittel Xylamon, das jedoch geruchsarm ist und in allen möglichen Tönen, sogar farblos geliefert wird.

14.2.4 Algen

Eines der wichtigsten Probleme bei Schwimmbecken ist die Wasserpflege. Verunreinigt wird das Wasser durch Schmutz aus der Umgebung des Schwimmbades, Verunreinigungen durch die Badenden, wie Hautschuppen, Kosmetika, Haare, Schweiß und Bakterien, vor allem aber durch die Algen. Diese einzelligen, kleinen Lebewesen vermehren sich außerordentlich schnell durch Zellteilung und können an warmen und schwülen Sommertagen innerhalb weniger

Stunden das gesamte Wasser so trüben und grünlich verfärben, daß es äußerst unappetitlich im Becken steht.

Grobe Verunreinigungen werden durch eine Filteranlage, die das Wasser kontinuierlich umwälzt, beseitigt. Entkeimt wird es am besten mit flüssigen oder festen Chlorpräparaten, wie „Cillit flüssig" oder „HTH-Tabletten", die ständig 0,1 bis 0,3 mg/l freies Chlor abspalten, das in dieser Dosierung weder die Schleimhäute noch die Augen reizt.

Zur Algenbekämpfung ist Chlor nicht immer ausreichend, weil die Algenstämme bald resistent werden. Dagegen vernichten 2 g Kupfersulfat in 1 cbm Beckenwasser alle vorhandenen Algen. Dabei ist jedoch zu bedenken, daß Kupfersulfat für den menschlichen Organismus nicht unbedenklich ist, unter Umständen die Haare der Badenden rötlich verfärben und in den Leitungen Korrosionen verursachen kann. Absolut wirksam, hautverträglich und vollkommen ungiftig sind dagegen bestimmte Algizide, wie „Desalgin", „Teckalgon", „Dimanin A" u. a. Dimanin A (Bayer) ist ein oberflächenaktives, hochwirksames Desinfektions- und Bekämpfungsmittel gegen Algen in Schwimmbecken und Gartenbädern sowie zur Behandlung von Badekabinen.

Gelegentlich auftretendes Schäumen des Wassers bei Zusatz derartiger Algizide ist auf Netzmittel, die diesen Produkten meistens zugesetzt sind, zurückzuführen. Für den Badenden sind diese ebensowenig nachteilig wie Trübungen, die infolge Störung des Kalk-Kohlensäure-Gleichgewichtes durch Netzstoffe in einem carbonatharten Wasser gelegentlich auftreten können. Sie werden von einer leistungsfähigen Filteranlage rasch entfernt.

In Ziergewässern

wird der Algen-Wuchs gleichfalls mit Dimanin A bekämpft. Zu beachten ist, daß absterbende Algen Schwefelwasserstoff entwickeln, der Fischen gefährlich wird.

Auf Terrassen, Plattenwegen, Schilfdächern läßt sich Algen-Belag mit Dimanin A in einer Aufwandmenge von 30–50 ccm/10 Ltr. Wasser vernichten.

Gegen die Erreger der Sport- und Badeflechte sowie Fäulniserreger und Schimmelpilze sind Badekabinen u. a. Einrichtungen mit einer Lösung von 10 ccm Dimanin A/10 Ltr. Wasser zu schrubben oder einzusprühen. Belag nicht abspülen!

Dimanin A tötet u. a. die verschiedenen Erreger des Fußpilzes ab und beseitigt Gerüche.

14.3 Mittel gegen Unkräuter und Ungräser – Herbizide

Die Sicherung des Lebensraumes für die Kulturpflanze gegen konkurrierende Unkräuter, die in einem für den Laien unvorstellbaren Ausmaß als Licht-, Wasser- und Nährstoffräuber auftreten, ist eine wichtige Voraussetzung für die Verwirklichung der durch Düngung und Züchtung erreichbaren Höchsternten. Aber nicht nur für den Aufwuchs, auch für die Bergung der Ernte sind die Herbizide von entscheidender Bedeutung.

Häufig auftretende Unkräuter sind:

Ackersenf	Kornrade
Ackerwinde	Löwenzahn
Disteln	Nesseln
Gänsefuß, weißer	Pestwurz
Giersch	Sauerampfer
Hahnenfuß	Schachtelhalm
Hederich	Vogelmiere
Kamille, echte und falsche	Vogelknöterich
Klatschmohn	Wegerich
Kornblume	

Die mühseligen und auch unzureichenden Methoden früherer Zeit zur Unkrautbekämpfung ließen schon frühzeitig den Wunsch nach chemischen Herbiziden laut werden. Die ersten Produkte dieser Art waren die

a) *Totalherbizide* (lat. totus = ganz, herba = Kraut), die jeglichen Pflanzenwuchs vernichten und deshalb nur auf Nichtkulturland ohne Baumbestand wie Lager- und Tennisplätzen, Eisenbahndämmen, Gartenwegen usw. eingesetzt werden können.

Das bekannteste Totalherbizid ist Natriumchlorat $NaClO_3$ in 1- bis 2%iger wäßriger Lösung. Seine Wirkung ist nicht ganz geklärt. Sie beruht vielleicht auf oxydativer Zerstörung der Pflanzengewebe durch freiwerdenden Sauerstoff, auf der Hemmung der Katalasetätigkeit oder auf der Giftwirkung von Natriumhypochlorit $NaOCl$, zu dem Natriumchlorat in der Pflanze reduziert wird. Durch Zusatz der Synergisten Natriumtrichloracetat CCl_3-$COONa$ oder Ammoniumsulfamat wird die pflanzenzerstörende Wirkung noch gesteigert.

Chlorathaltige Unkrautvertilgungsmittel sind unter anderen: „Hedit" (Hoechst), „Plantex" (Schacht), „Rasikal" (Bayer), „Unkraut-Ex" (Stolte & Charlier).

Man löst die natriumchlorhaltigen Unkrautbekämpfungsmittel in der 50fachen Gewichtsmenge Wasser auf und gießt davon mit der Kanne etwa 1,5 l/qm. Die Behandlung wird nach etwa 2 Wochen wiederholt. Die Wirkung tritt rasch ein und hält etwa ein Jahr lang an.

b) *Wuchsstoffherbizide* vernichten Unkräuter, indem sie durch bestimmte Wuchsstoffe, chlorierte Phenoxyfettsäuren, das Streckenwachstum der Pflanzen steigern und junges Gewebe zur verstärkten Zellteilung anregen. Den größten Effekt erzielen sie bei jungen Pflanzen unter günstigen Wachstumsbedingungen, während ältere wesentlich resistenter sind.

Die der Pflanze zugeführten Wuchsstoffe werden von allen Organen, von den Blättern, Stengeln, aber auch von den Wurzeln aufgenommen und sehr schnell im ganzen System der Pflanze verteilt, das heißt sie wirken systemisch. Sie ermöglichen auch bei mehrjährigen Pflanzen, die im Boden durch Wurzeln oder Rhizome überdauern, einen nachhaltigen Erfolg durch Abtötung dieser ausdauernden Organe, die durch mechanische Bekämpfungsmaßnahmen nur schwer zu vernichten sind. Aus der engen Verbindung der Wuchsstoffwirkung mit Wachstumsvorgängen ergibt sich auch die besondere Art des Wirkungsbildes. Der Erfolg tritt nicht schlagartig ein. Die Reaktion zeigt sich zunächst durch Veränderung der Blattstellung und fortschreitend durch Verkrümmungen und Verdrehungen des Sprosses. Das Längenwachstum wird eingestellt und die am stärksten wachsenden Teile des Sprosses verdicken sich. Dabei bekommen die Pflanzen ein eigenartig starres Aussehen, weil die Gewebe zum Bersten mit Flüssigkeit gefüllt sind. Untersuchungen solcher Pflanzen haben gezeigt, daß die Reservestoffe (Stärke) weitgehend in Zucker umgewandelt werden. Als Folge setzt eine sehr starke Wasseraufnahme der Zelle ein. Gleichzeitig beginnt eine erhöhte Atemtätigkeit. Die Pflanzen brechen leicht, wobei der Saft herausspritzt. Später entstehen häufig Platzrisse im Stengel. Schließlich verfärben sich die Pflanzen gelb, die Assimilation hört auf, und sie gehen unter Erschöpfungserscheinungen zugrunde.

Auf Wuchsstoffen aufgebaute Unkrautbekämpfungsmittel wirken *selektiv*, auswählend (lat. selectio = Auswahl), denn sie zerstören entweder zweikeimblätterige Pflanzen, Dikotyle, im Rasen oder Getreidefeld oder einkeimblätterige Ungräser, Monokotyle, durch folgende Wuchshormone:

Wuchshormone:

2,4-D (= 2,4-Dichlorphenoxyessigsäure)
MCPA oder M-Mittel (= 2-Methyl-4-Chlorphenoxyessigsäure) } gegen Dikotyle
2,4,5-T- (= 2,4,5-Trichlorphenoxyessigsäure)

Natriumtrichloracetat CCl_3COONa
2,2-Dichlorpropionsäure (Dalapon) } gegen Monokotyle (Gräser)

Am empfindlichsten gegen die Wuchsstoffe sind die breitblättrigen, zweikeimblättrigen Pflanzenarten. Die breiten Blätter und besonders die wenig geschützten Vegetationspunkte nehmen die Wuchsstoffe leicht auf. Die grasartigen Pflanzen, also auch die Getreide, bleiben allerdings von den Wuchsstoffen nicht völlig unbeeinflußt. Da sie jedoch größere Mengen vertragen als zur Unkrautbekämpfung angewandt werden, und weil sie schwerer benetzbar und die Vegetationspunkte in den Blattscheiden geschützt sind, werden sie kaum geschädigt. Dieser unterschiedlichen Empfindlichkeit ist es zuzuschreiben, daß Wuchsstoffe heute zur Unkrautbekämpfung vor allem in Getreidebeständen und im Grünland in großem Umfang verwendet werden.

Wuchsstoffherbizide werden in großer Zahl von der Industrie angeboten. Stellvertretend für viele seien genannt:

Hedonal flüssig und als Pulver (Bayer)
U 46 D-Fluid (BASF)
M 52 Pulver (Schering)
Dikofag DP (Hoechst).

14.4 Bestimmungen über das Inverkehrbringen von Gefahrstoffen und Schädlingsbekämpfungsmitteln im Einzelhandel

14.4.1 Verordnung über gefährliche Stoffe (Gefahrstoffverordnung-GefStoffV)

Am 1. Oktober 1986 ist die bundesweit geltende Gefahrstoffverordnung in Kraft getreten.

Damit wurden die Bereiche der bisher für den Gifthandel bestimmenden Länder-Giftverordnungen und die der *Verordnung über gefährliche Arbeitsstoffe* in einer Gesamtverordnung, die den EG-Richtlinien Rechnung trägt, zusammengefaßt. In dieser Gefahrstoffverordnung ist unter anderem das Inverkehrbringen und der Umgang mit Stoffen und Zubereitungen, die

- sehr giftig,
- giftig,
- mindergiftig,
- ätzend,
- reizend,
- explosionsgefährlich,
- brandfördernd,
- hochentzündlich,
- leichtentzündlich,
- entzündlich,
- krebserzeugend,
- fruchtschädigend,
- erbgutschädigend oder
- sonstig chronisch schädigend sind,

geregelt.

Für die Kennzeichnung von Gefahrstoffen sind folgende Fahrensymbole und Gefahrenbezeichnungen vorgeschrieben:

T+ Sehr giftig
oder
T Giftig

F+ Hoch-
entzündlich
oder
F Leicht-
entzündlich

Xn Mindergiftig
oder
Xi Reizend

E Explosions-
gefährlich

C Ätzend

O Brandfördernd

Literatur:

Informationsblatt, Herausgeber: Bayerisches Staatsministerium für Arbeit und Sozialordnung, RB-Nr. 10/88/05, Verfasser: Bayerisches Landesinstitut für Arbeitsschutz.

14.4.1.1 Gifthandelserlaubnis

Drogerien, die mit „sehr giftigen" und „giftigen" Stoffen und Zubereitungen (Produkte mit Totenkopf) handeln, benötigen die Erlaubnis der zuständigen Behörde. Der Handel mit mindergiftigen, ätzenden und reizenden Stoffen hingegen ist erlaubnisfrei.

Die Erlaubnis wird erteilt, wenn Fachpersonal vorhanden ist, das folgende Voraussetzungen erfüllt:

1. erfolgreich abgelegte Sachkenntnisprüfung nach § 13 (ehemalige Giftprüfung),
2. erforderliche Zuverlässigkeit und
3. Mindestalter 18 Jahre.

In Betrieben mit mehreren Filialen muß in jeder Zweigstelle eine Person vorhanden sein, die diese Voraussetzungen erfüllt. Der Wechsel einer Person, aufgrund derer die Erlaubnis zum Handel mit Giften erteilt wurde, ist der zuständigen Behörde unverzüglich mitzuteilen.

14.4.1.2 Kennzeichnung von Gefahrstoffen

Auf den Abgabe- und Vorratsbehältnissen von Gefahrstoffen müssen als Kennzeichnung angegeben sein:

1. Die Bezeichnung des Stoffes oder der Zubereitung (z. B. Ätznatron, Nitroverdünnung usw.),
2. die Bezeichnung der Bestandteile der Zubereitung (z. B. Methanol, Toluol, Butanol usw.),
3. die Gefahrensymbole mit den zugehörigen Gefahrenbezeichnungen (z. B. Ätzzeichen mit der Aufschrift: „Ätzend"; Andreaskreuz mit der Aufschrift: „Reizend" usw.),
4. Hinweise auf die besonderen Gefahren (R-Sätze) (z. B. „verursacht schwere Verätzungen"; „gesundheitsschädlich beim Einatmen" usw.),
5. die Sicherheitsratschläge (S-Sätze) (z. B. „bei der Arbeit geeignete Schutzhandschuhe und Schutzbrille tragen"; „nur in gut gelüfteten Bereichen verwenden" usw.),
6. der Name und die Anschrift dessen, der den Stoff oder die Zubereitung herstellt oder eingeführt hat oder diese erneut in den Verkehr bringt.

Während bei besonders gefährlichen Stoffen und Zubereitungen (z. B. krebserzeugender) noch zusätzliche Angaben und Hinweise erforderlich sind, können bei reizenden, brandfördernden, leichtentzündlichen und entzündlichen Stoffen und Zubereitungen die R- und S-Sätze entfallen, wenn die Behältnisse nicht größer als 125 ml sind.

Im Einzelhandel ist eine Kennzeichnung meist nicht erforderlich, da die bereits vom Hersteller oder Großhändler etikettierten Fertigbehältnisse an den Verbraucher abgegeben werden.

Findet jedoch eine Um- oder Abfüllung aus Vorratsgefäßen statt, so sind die entsprechenden Kennzeichnungen durchzuführen. Vor allem ist dann darauf zu achten, daß Gefahrstoffe in Behältnisse gefüllt werden, die den zu erwartenden Beanspruchungen standhalten und deren Form oder Bezeichnung eine Verwechslung des Inhalts mit Lebensmitteln ausschließt. Werden dem Kunden zum Zwecke des leichteren Transportes Gefahrstoffbehältnisse zusätzlich verpackt (z. B. in Kartons), so sind auch diese Umhüllungen so zu kennzeichnen, daß die vom Inhalt ausgehenden Gefahren ersichtlich sind.

14.4.1.3 Aufbewahrung und Lagerung von Gefahrstoffen

Gefährliche Stoffe und Zubereitungen dürfen grundsätzlich nur übersichtlich geordnet und nicht unmittelbar neben Arzneimitteln, Lebens- oder Futtermitteln gelagert oder aufbewahrt werden.

Zusätzlich müssen in den Verkaufsräumen des Einzelhandels die als sehr giftig oder giftig eingestuften Gefahrstoffe (Totenkopf) in einem verschlossenen Giftschrank untergebracht sein, zu dem nur sachkundige Personen oder deren Beauftragte Zugang haben.

Um festzustellen, ob der Verkauf eines Gefahrstoffes in der Selbstbedienung zulässig ist, muß der entsprechende Stoff im Anhang VI der GefStoffV aufgesucht werden (siehe Seiten 420–422); befindet sich in Spalte 10 der Kennbuchstabe C,

Xn oder Xi, so ist der Selbstbedienungsverkauf ausgeschlossen. Wie an einigen Beispielen gezeigt wird, sind die auf den Behältnissen angebrachten Gefahrensymbole für diese Entscheidung nicht hinreichend:

> Behältnisse, die mit Terpentinöl oder mit dem in chemischen Reinigungen verwendeten Perchlorethylen gefüllt sind, müssen beide als „mindergiftig" (Xn) gekennzeichnet sein. Während Perchlorethylen in der Selbstbedienung angeboten werden darf, ist dies für Terpentinöl ausgeschlossen.
>
> Ebenso sind 30%ige Salzsäure und Schwefelsäure gleicher Konzentration als „ätzend" (C) eingestuft. Die Salzsäure darf jedoch im Gegensatz zur Schwefelsäure in der Selbstbedienung nicht verkauft werden.

Bei der Lagerung brennbarer Flüssigkeiten sind zusätzlich die Bestimmungen der „Verordnung über brennbare Flüssigkeiten" (VbF) zu beachten. Darin sind unter anderem die erlaubten Höchstlagermengen in Abhängigkeit der Lagerraumgröße, der Gefährlichkeit der brennbaren Flüssigkeit und der Art der Gefäße (zerbrechlich oder unzerbrechlich) festgelegt.

14.4.1.4 Abgabe von Gefahrstoffen

Gefährliche Stoffe und Zubereitungen, bei denen in Spalte 9 des Anhang VI der GefStoffV das Wort „ja" eingetragen ist (siehe Seiten 420–422), dürfen im Einzelhandel nur von sachkundigen Personen (Inhaber der Sachkenntnisprüfung oder früheren Giftprüfung) an Kunden abgegeben werden, die mindestens 18 Jahre alt sind und bei denen kein Verdacht auf mißbräuchliche Anwendung besteht.

Damit soll sicher gestellt werden, daß Produkte höheren Gefahrengrades nur durch hinreichend ausgebildetes Personal in die Hände des Endverbrauchers gelangen.

Von dieser Bestimmung sind alle sehr giftigen, giftigen und ein Teil der mindergiftigen Gefahrstoffe betroffen. Die im Einzelhandel zum Verkauf kommenden ätzenden, reizenden, hoch- und leichtentzündlichen Produkte sind von dieser Einschränkung grundsätzlich ausgenommen, es sei denn, sie sind zusätzlich als sehr giftig, giftig oder mindergiftig eingestuft.

Daraus ergibt sich für die Praxis, daß Säuren, Laugen und brennbare Flüssigkeiten – deren Behältnisse außer dem Ätz- oder Flammenzeichen keine weiteren Gefahrensymbole aufweisen – auch von Personen ohne Sachkenntnisprüfung abgegeben werden dürfen.

So ist zum Beispiel bei der Abgabe von Salzsäure, Schwefelsäure, Natronlauge, Wasserstoffperoxid oder Brennspiritus – unabhängig von der Konzentration – die Sachkenntnisprüfung nicht erforderlich.

Hingegen dürfen Terpentinöl, Flußsäure, Methanol oder das in manchen Unkrautbekämpfungsmitteln enthaltene Natriumchlorat nur von sachkundigen Personen verkauft werden.

Die Abgabe der Begasungsmittel: Methylbromid, Blausäure, Ethylenoxid und Phosphorwasserstoff oder Produkte, die diese Stoffe freisetzen (früher als hochgiftige Stoffe bezeichnet) unterliegt einer zusätzlichen Beschränkung: der Verkauf ist nur an Personen, die eine behördliche Genehmigung zur Anwendung dieser Erzeugnisse vorlegen können, erlaubt.

Ausgenommen von dieser Bestimmung sind Phosphorwasserstoff entwickelnde Produkte (z. B. Arrex-Patronen), die
- aus portionsweise verpackten Zubereitungen bestehen;
- pro Anwendung nicht mehr als 15 g Phosphorwasserstoff entwickeln und
- zur Anwendung im Erdreich vorgesehen sind.

Die oben erwähnten „Beauftragten Personen" müssen zuverlässig sein und das achtzehnte Lebensjahr vollendet haben, außerdem ist mindestens jährlich eine Belehrung über die zu beachtenden Vorschriften durchzuführen. Diese Belehrung ist schriftlich zu bestätigen.

Bei der Abgabe von Gefahrstoffen, die im Giftschrank aufbewahrt werden müssen, sind Eintragungen im Giftbuch erforderlich. Diese Giftbücher können über verschiedene Firmen, die Gefahrstoffe herstellen oder weiter verkaufen, bezogen werden.

Die Aufzeichnungen müssen folgende Angaben enthalten:
- Art und Menge des Giftes,
- das Datum der Abgabe,
- den Verwendungszweck,
- den Namen und die Anschrift des Erwerbers und
- den Namen des Abgebenden.

Der Empfang der Stoffe und Zubereitungen ist vom Erwerber durch Unterschrift zu bestätigen. Ist der Erwerber nicht persönlich bekannt, so ist die Vorlage des Personalausweises erforderlich.

14.4.2 Pflanzenschutzgesetz

Nach dem Pflanzenschutzgesetz werden als Pflanzenschutzmittel Produkte bezeichnet, die Pflanzen und Pflanzenerzeugnisse vor tierischen Schädlingen, Krankheiten und Mikroorganismen schützen. Auch Wachstumsregler, Unkrautbekämpfungsmittel, Moosvernichter und Streumittel gegen das Keimen von Lagerkartoffeln sind Pflanzenschutzmittel im Sinne des Gesetzes.

Sämtliche Pflanzenschutzmittel dürfen nur von sachkundigen Personen abgegeben werden; ein Verkauf in der Selbstbedienung ist nicht zulässig.

Da Pflanzenschutzmittel von der Biologischen Bundesanstalt für Land- und Forstwirtschaft zugelassen sein müssen, tragen die Behältnisse das nebenstehende Zulassungszeichen. Aufgrund dieses Erkennungsmerkmals können Pflanzenschutzmittel von den übrigen Schädlingsbekämpfungsmitteln auf einfache Weise ausgesondert werden.

Erzeugnisse, die neben dem Zulassungszeichen der Biologischen Bundesanstalt das Totenkopf-Symbol aufweisen, müssen im Giftschrank gelagert werden; bei der Abgabe sind im Giftbuch die entsprechenden Angaben einzutragen.

Schädlingsbekämpfungsmittel, die nicht zum Schutz von Pflanzen und Pflanzenerzeugnissen eingesetzt werden, wie Mittel zur Vertilgung von Fliegen, Silberfischchen, Schaben, Wanzen, Spinnen u. a. Haushaltsschädlingen, können in der Selbstbedienung oder von Personal ohne Sachkenntnisprüfung abgegeben werden. Ihren Verpackungen fehlt das Zulassungszeichen der Biologischen Bundesanstalt.

Auf Seite 419 sind die drei Produktgruppen mit ihren charakteristischen Kennzeichnungs-Symbolen zusammen mit einigen Beispielen gegenübergestellt.

14.4.3 Richtlinien für den Umgang mit giftigen Schädlingsbekämpfungsmitteln im Einzelhandel

Schädlingsbekämpfungsmittel sollen nur in den Original-Packungen aufbewahrt und niemals in andere Behälter abgefüllt werden. Leere Packungen verwende man nicht zu anderen Zwecken, sondern vernichte sie.

Verdünnungen mit Wasser dürfen nicht in Eß-, Trink- oder Kochgeschirren angesetzt werden. Übriggebliebene Reste sind sofort zu beseitigen. Nebel- oder Staubwolken dürfen nicht eingeatmet werden. Bei längerem Arbeiten mit Kontaktgiften ist ein Atemschutz erforderlich, der im einfachsten Fall aus einem mehrfach zusammengelegten Tuch bestehen kann, das man vor Mund und Nase hält. Gesprüht wird grundsätzlich mit dem Luftstrom, der die Tröpfchen wegträgt. Niemals ist mehr als notwendig von den Kontaktinsektiziden zu nehmen, die Dosierungsvorschriften sind stets genau zu befolgen.

Bei unvorsichtigem Umgang mit Pflanzenschutz- und Schädlingsbekämpfungsmitteln unter Außerachtlassung der empfohlenen Vorsichtsmaßnahmen sind bei vielen Produkten Vergiftungen infolge Aufnahme durch Mund, Haut und Atmungsorgane möglich. Einige Mittel können sich in ihrer Wirkung gegenseitig verstärken (Potenzierung). Alkoholgenuß kann die Wirkung verschiedener Stoffe erhöhen.

Literatur:

- Gefahrstoffverordnung vom 26. August 1986
- Chemikaliengesetz vom 16. September 1980
- Pflanzenschutzgesetz vom 15. September 1986
- Merkblatt: „Gefährliche Stoffe" Teil 1 u. 2, herausgegeben vom Bayer. Landesinstitut für Arbeitsschutz im Auftrag des Bayerischen Staatsministeriums für Arbeit und Sozialordnung (Original liegt bei).

angebrachten Kennzeichnungs-Symbolen unter die Bestimmungen der Gefahrstoffverordnung,
des Pflanzenschutzgesetzes oder sind freigestellt

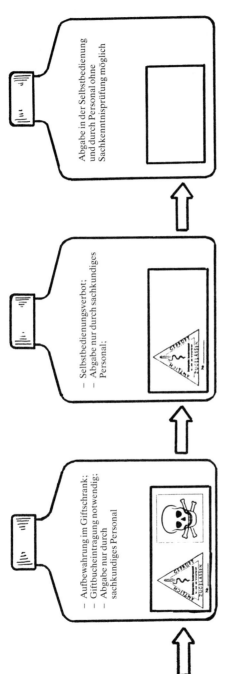

– Aufbewahrung im Giftschrank;
– Giftbucheintragung notwendig;
– Abgabe nur durch sachkundiges Personal

– Selbstbedienungsverbot;
– Abgabe nur durch sachkundiges Personal;

Abgabe in der Selbstbedienung und durch Personal ohne Sachkenntnisprüfung möglich

Beispiele:

– Mittel zur Bekämpfung von Ratten, Mäusen und Wühlmäusen, wenn ihre Behältnisse das Totenkopf-Symbol tragen
– Produkte der Anlage VI GefStoffV mit den Kennbuchstaben T und +T

Beispiele:

– Schädlingsbekämpfungsmittel, die an Pflanzen und Pflanzenerzeugnissen angewendet werden;
– Düngemittel, denen Insektizide zugesetzt sind;
– Schneckenbekämpfungsmittel (Molluskizide);
– Ratten-, Mäuse- und Wühlmäusebekämpfungsmittel (Rodentizide);
– Ameisenstreu-Puder;
– Unkrautbekämpfungsmittel und Moosvernichter (Herbizide);
– Keimhemmungsmittel für Lagerkartoffeln;
– Wundbehandlungsmittel für Sträucher und Bäume;

Beispiele:

– Mittel gegen die Haushaltsschädinge: Fliegen, Mücken, Motten, Silberfischchen, Schaben, Spinnen u. a.; (*Achtung:* für Präparate, die am menschlichen oder tierischen Körper gegen Ungeziefer zur Anwendung kommen, fallen unter die Bestimmungen des Arzneimittelgesetzes;
– Düngemittel ohne insektizide Wirkstoffe;
– Ameisen-Köderdosen;
– Frischhaltemittel für Schnittblumen;
– Blattglanzmittel;

Lfd. Nr.	Stoffidentität Bezeichnung	EG-Nummer CAS-Nummer	Kennzeichnung Stoff Kennb. Gef.-Symbol	Kennziffer für R-Sätze	Kennziffer für S-Sätze	Kennz. nach Anhang	Kennzeichnung Zubereitungen Kennz.-Grenzen in % bzw. Klasse T bzw. Klasse	Xn bzw. Klasse	C	Xi	Sachkenntnis nach § 12 Abs. 2	Aufbewahrung nach § 24
1	2	3	4	5	6	7			8		9	10
1290	Salpetersäure, 20–70% *Anm. B*	007-004-01-9	C	35	2-23-26-27							
1291	Salpetersäure, >70% *Anm. B*	007-004-00-1 7697-37-2	O, C	8-35	23-26-36	I2.2			>20	5-20		
1292	Salpeter-Schwefelsäuremischung mit >30% Salpetersäure *Anm. B* *Vgl. 1122* Nitriersäure	007-005-00-7 51602-38-1	O, C	8-35	23-26-30 -36							
1293	Sapetrigsaure Salze *Anm. A*		Xn	22	2-13	I2.4						
1294	Salzsäure, >25% *Anm. B*	017-002-01-X 7647-01-0	C	34-37	2-26	I2.2 I12.4			>25	10-25		C, Xi
1295	Salzsäure, 10–25% *Anm. B*	017-002-02-7	Xi	36/38	2-28	I2.4						C, Xi
1296	Sauerstoff, flüssiger	008-001-00-8 7782-44-7	O	8-34	21							
1297	schradan *Vgl. 1143* Octamethyl-diphosphor-säure-tetramid	015-026-00-8 152-16-9	T	26/27/28	1-13-28-45	I2.3 I2.4	Ia				ja	T, Xn
1298	Schwefeldichlorid	016-013-00-X 10545-99-0	C	14-34-37	26							
1299	Schwefeldioxid	016-011-00-9 7446-09-5	T	23-36/37	7/9-44						ja	T

420

	Stoffidentität		Kennzeichnung Stoff				Kennzeichnung Zubereitungen				
								Kennz.-Grenzen in % bzw. Klasse			
Lfd. Nr.	Bezeichnung	EG-Nummer *CAS-Nummer*	Kennb. Gef.-Symbol	Kennziffer für R-Sätze	Kennziffer für S-Sätze	Kennz. nach Anhang	T bzw. Klasse	Xn bzw. Klasse	C	Xi	Sach-kenntnis nach § 12 Abs. 2	Aufbe-wahrung nach § 24
1	2	3	4	5	6	7	8				9	10
1300	Schwefelkohlenstoff *Siehe: 936* Kohlendisulfid											
1301	Schwefelsäure, >15% *Anm. B*	016-020-00-8 *7664-93-9*	C	35	2-26-30	I 2.2			>15			
1302	Schwefelsäure, 5-15% *Anm. B*	016-020-01-5	Xi	36/38	2-26					5-15		
1303	Schwefeltetrachlorid	016-014-00-5 *13451-08-6*	C	14-34-37	26							
1304	Schwefelwasserstoff	016-001-00-4 *7783-06-4*	F, T	13-26	7/9-25-45	I 2.4	>0,1				ja	T
1305	Scopolamin *Vgl. 696* L-6,7-Epoxy-tropyl-tropat	614-014-00-5 *51-34-3*	T	26/27/28	1-25-45	I 2.4		>0,01-0,1			ja	T, Xn
1306	Scopolamin-Salze *Anm. A*	614-015-00-0	T	26/27/28	1-25-45	I 2.4	>0,1				ja	T, Xn
1307	Selen	034-001-00-2 *7782-49-2*	T	23/25-33	20/21-28-44	I 2.4		>0,01-0,1			ja	T, Xn
1308	Selenverbindungen, ausgenommen: Cadmiumsulfoselenid *Anm. A*	034-002-00-8	T	23/25-33	20/21-28-44						ja	T
1309	Senföl *Vgl. 36* ätherisches Allylsenföl	*57-06-7*	T	23/25-33	1-13						ja	T

421

Lfd. Nr.	Stoffidentität Bezeichnung	EG-Nummer CAS-Nummer	Kennzeichnung Stoff Kennb. Gef.-Symbol	Kennziffer für R-Sätze	Kennziffer für S-Sätze	Kennz. nach Anhang	Kennzeichnung Zubereitungen T bzw. Klasse	Xn bzw. Klasse	C	Xi	Sachkenntnis nach § 12 Abs. 2	Aufbewahrung nach § 24
1	2	3	4	5	6	7		8			9	10
1333	TEPP *Vgl. 1345* Tetraethyl-diphosphat	015-025-00-2 *107-49-3*	T	26/27/28	1-13-28-45	I 2.3 I 2.4	Ia				ja	T, Xn
1334	terbufos *Vgl. 233* S-(tert-Butyl-thio-methyl-diethyl-dithiophosphat)	*13071-79-9*	T	26/27/28-36/38	28-36/37/39-45	I 2.3 I 2.4					ja*)	T, Xn
1335	Terpentinöl	650-002-00-6 *8006-64-2 (MIX)*	Xn	10-20/21/22	2	I 2.1		IIc			ja	Xn
1336	3,6,9,12-Tetraazatetradecan-1,14-diamin *Vgl. 1170* Pentaethylenhexamin	612-064-00-2 *4067-16-7*	C	34-43	26-36/37/39	I 2.2			> 10	2-10		
1337	1,1,2,2-Tetrabromethan *Vgl. 11* Acetylentetrabromid	602-016-00-9 *79-27-6*	T	26-36	1-24-27-45	I 2.1	Ia				ja	T, Xn
1338	1,1,2,2-Tetrachlorethan	602-015-00-3 *79-34-5*	T	26/27	2-38-45	I 2.1	Ia				ja	T, Xn
1339	Tetrachlorethen *Vgl. 1176* Perchlorethylen	602-028-00-4 *127-18-4*	Xn	20/22	2-25	I 2.1		IIb				
1340	Tetrachlorkohlenstoff *Siehe: 1341* Tetrachlormethan											
1341	Tetrachlormethan *Vgl. 1340* Tetrachlorkohlenstoff	602-008-00-5 *56-23-5*	T	26/27	2-38-45	I 2.1 I 2.3	Ia Ia				ja ja	T, Xn T, Xn

Laienhilfe (vor Eintreffen des Arztes):
Arzt benachrichtigen, Packungen, Behältnisse und Gebrauchsanweisungen sicherstellen und dem Arzt vorlegen. Den Vergifteten aus dem Giftmilieu entfernen, an frische Luft bringen. Durchnäßte Kleidung sofort ablegen, Haut mit Wasser und Seife von Pflanzenschutzmitteln reinigen, Vergifteten bei kaltem Wetter warm einpacken. Im Magen befindliches Gift durch Erbrechen (warmes Salzwasser, 1 Eßlöffel auf 1 Glas Wasser, mechanische Reizung) zu entfernen versuchen. Gaben von Medizinalkohle (2 bis 3 Eßlöffel Granulat oder Tabletten mit Wasser zu einer Aufschwemmung verrührt) können im Magen-Darm-Kanal noch nicht resorbierte Giftstoffe binden. Unter keinen Umständen Rizinusöl, Milch, Butter, Eier oder Alkoholika verabreichen, da diese die Resorption der Wirkstoffe beschleunigen!

Es ist verständlich, daß Kontaktinsektizide nicht nur Schadinsekten vernichten, sondern auch Bienen töten. Im Freiland können sie deshalb nur inForm von bienenungiftigen Präparaten, die von der Biologischen Bundesanstalt für Land- und Forstwirtschaft als solche anerkannt und entsprechend gekennzeichnet sein müssen, eingesetzt werden.

In der Land- und Forstwirtschaft werden Kontaktgifte mit Nebel-, Sprüh-, Spritz- und Stäubegeräten ausgebracht. Für Haushalt und Gartenpflege genügen jedoch kleinere Handsprühgeräte und in den meisten Fällen Sprühdosen.

Vor der Entwesung sind die Räume gründlich zu reinigen, denn sie dürfen anschließend einige Tage lang höchstens ausgefegt werden. Offene Feuer sind zu löschen und Glühdrahtbeheizungen auszuschalten. Empfindliche Teile von Einrichtungsgegenständen, wie polierte Möbelflächen, Spiegel usw., sind abzudecken. Dennoch entstandene Flecken müssen sofort abgewischt werden.

Fische, Amphibien und Reptilien sind gegen Kontaktgifte viel empfindlicher als Warmblüter. Aquarien und Terrarien müssen deshalb vor dem Versprühen oder Verstäuben von Kontaktgiften aus dem Raum entfernt werden.

Das Federkleid bzw. Fell von Zier- und Jungvögeln, Küken und Katzen darf nicht mit Kontaktgiften behandelt werden.

Bei geschlossenen Fenstern und Türen wird mit dem Sprühgerät oder der schräg nach oben gehaltenen Sprühdose in kreisenden Bewegungen der Raum gründlich eingenebelt, wobei ein Abstand von etwa 2 m von den Wänden eingehalten werden soll. Dabei werden nur die direkt besprühten Insekten vernichtet. Eine Dauerwirkung gegen neu zuwandernde Schädlinge jedoch gewährleistet nur ein feiner, unsichtbarer Wirkstoffilm, der aber erst bei wiederholtem Sprühen entsteht. Dabei ist es keineswegs erforderlich, ganze Decken und Wände zu behandeln. Zur Bekämpfung von Fliegen zum Beispiel werden lediglich die bevorzugten Aufenthaltsorte, wie Lampen und Fensterrahmen, eingenebelt. Zur Bekämpfung von Silberfischchen die Umgebung des Spültisches.

Wo ein kräftiger Belag erforderlich ist und Fleckenbildung keine Rolle spielt, wie zum Beispiel bei den Sitzstangen in Hühnerställen oder an Unterseiten von Polstermöbeln, können Insektenansammlungen aus etwa 1 m Entfernung besprüht werden.

Staubförmige Kontaktgifte werden vielfach in Dosen geliefert, die mit entsprechenden Vorrichtungen zum Verstäuben versehen sind. Eine noch feinere Verteilung läßt sich erzielen, wenn spezielle Stäubegeräte verwendet werden. Solche Zerstäuber gibt es in allen Größen, von kleinen Handgeräten nach Art einer Fahrradpumpe bis zu größeren Modellen mit ziemlich starkem Hub. Sie erleichtern die Arbeit und sind im Puderverbrauch wesentlich sparsamer.

Die Gebrauchsanweisung muß vor der Anwendung der Präparate gelesen und beachtet werden. Sie sichert den gewünschten Erfolg und schützt den Anwender vor Schäden.

Mischungen von Pflanzenschutzmitteln können zweckmäßig sein, wenn gleichzeitig tierische Schädlinge und pilzliche Krankheiten zu bekämpfen sind.

Spritztechnik und Spritzbrühebedarf. Bei der Spritzung ist auf eine gleichmäßige Benetzung der Objekte zu achten. Diese Forderung wird am besten mit einer feintropfig spritzenden Düse erfüllt.

Bei Flächenspritzung beträgt der Brühebedarf 0,5–1 Ltr./10 qm. Bei der Behandlung von Einzelpflanzen ist dann genügend Spritzbrühe ausgebracht, wenn der Spritzbelag zusammenzufließen beginnt.

Eine Faustregel für den Spritzbrühebedarf je Baum lautet z. B.: Kronendurchmesser (m) $\times$ Kronenhöhe (m) $\times$ 0,3 = Liter Spritzhöhe je Baum.

Spritztermine

Austriebsspritzung im Spätwinter (Winterspritzung) gegen überwinternde Schädlinge.

Austriebsspritzung

Vorblütespritzung

Vor- und Nachblütespritzung. Während der Blütezeit darf nicht mit bienengefährlichen Mitteln gespritzt werden. Derartige Präparate tragen auf der Packung einen deutlichen Hinweis. Nichtbeachtung der Richtlinien kann im Schadenfalle Bestrafung und Ersatzforderungen nach sich ziehen.

Sommerspritzung.

Nachblütespritzung

Sommerspritzung

Für den Hobby-Gärtner genügt ein kleines, kompaktes Sortiment, das der Drogist aus folgenden Produkten leicht selbst zusammenstellen kann:

1. Ein Präparat gegen saugende und beißende Insekten.
2. Ein Präparat gegen pilzliche Krankheiten, wie Mehltau an Rosen und anderen Zierpflanzen, Grauschimmel an Erdbeeren und Schorf im Obstbau.

3. Ein Unkrautmittel zur totalen Unkrautbekämpfung auf Wegen und Plätzen.
4. Ein selektives Unkrautbekämpfungsmittel zur Vernichtung von Samenunkräutern in Rasenflächen.
5. Ein Schneckenmittel mit rascher, sicherer Wirkung und guter Regenbeständigkeit.

Übersichtliche Kleinsortimente liefern auch einige Herstellerfirmen, zum Beispiel die Farbenfabriken Bayer AG, Leverkusen, das „Baysol-Programm".

14.5 Fachausdrücke bei der Schädlingsbekämpfung

Ätzgifte – Stoffe, die das Zelleiweiß zerstören: Säuren, Laugen, Salze
Akarizide – milbentötende Mittel
Antikoagulantien – die Blutgerinnung hemmende Stoffe, z. B. Cumarinabkömmlinge
Atemgift – dringt über die Atmungsorgane in den Körper ein
Austriebsspritzmittel – wird kurz vor dem Austrieb der Knospen zur Vernichtung überwinternder Schädlinge angewandt
Bakterizide – bakterientötende Mittel
Beistoffe – Füllstoffe, Hilfsstoffe, die bei Stäubemitteln die Verteilbarkeit und bei Spritzmitteln die Löslichkeit verbessern. Auch Warnfarben, Geruchs- und Geschmacksstoffe gehören dazu
Berührungsgifte – Kontaktgifte wirken auf Insekten durch Körperberührung
Beizmittel – dienen zur Desinfektion, Färbung usw. von Saatgut, Holz, Geweben usw.
Bienenungefährlich sind nur wenige Schädlingsbekämpfungsmittel. Darum darf nicht in offene Blüten gespritzt und muß der Spritzkalender eingehalten werden
Blattherbizide – Unkrautvertilgungsmittel, die durch die Blätter aufgenommen werden
Bodenentseuchung – Vernichtung von Bodenschädlingen
Dauerwirkung – auf längere Zeitspanne wirksam
Defoliatoren – Entblätterungsmittel
Fraßgift – Gift, das nach peroraler Aufnahme wirkt
Fungizide – pilztötende Mittel. Sie werden in der Regel vorbeugend angewandt und sollen so die Pflanzen vor Pilzbefall schützen (z. B. Saatbeizmittel)
Gelbspritzmittel – Insektizide, die durch Nitrieren von Kresol oder Phenol gewonnen werden. Ein wichtiger Vertreter dieser Gruppe ist das gelbe Dinitroorthokresol (DNOC)
Haftfähigkeit – Eigenschaft eines Pflanzenschutzmittels, auf den Pflanzen unter bestimmten Bedingungen (z. B. Regen) möglichst lange haften zu bleiben. Eine gute Haftfähigkeit wird durch den Zusatz Leim, Dextrin, Harzen u. a. erreicht

Herbizide – Unkraut vernichtende Mittel
Herzglykoside – Glykoside mit Wirkung auf das Herz
Höchstmengen: – Rückstände auf Erntegütern dürfen in der Bundesrepublik genau festgelegte Höchstmengen an Giften nicht überschreiten
Insektizide – insektentötende Mittel
Initialwirkung = Anfangswirkung
Karenzzeit – (lat. carere = entbehren), Wartezeit ist die Spanne zwischen dem letzten Ausbringen des Schädlingsbekämpfungsmittels bis zu seinem Abbau in ungiftige Stoffe. Bei E 605 (Parathion) z. B. beträgt sie etwa 14 Tage. Sie ist einzuhalten bei behandelten Pflanzenteilen, die für die menschliche Ernährung (Obst, Gemüse) oder für Futterzwecke bestimmt sind
Köder – Futtermittel, die von Schädlingen gerne aufgenommen werden; sie werden auch Lockmittel genannt (Kleie, Haferflocken usw.)
Kontaktgift – siehe Berührungsgift
Larvizide – larventötende Mittel
Latenzzeit – Spanne zwischen Giftaufnahme und Giftwirkung
Molluskizide – schneckentötende Mittel
Nematizide – nematotendentötende Mittel
Netzfähigkeit – Fähigkeit einer Flüssigkeit, die Unterlage (Blätter, Stengel usw.) gleichmäßig zu befeuchten ohne Tropfenbildung
Ovizide – eiervernichtende Mittel
Persistenz – Beständigkeit eines Mittels
Pestizide – Aus dem Englischen übernommener Begriff, der gleichbedeutend ist mit Schädlingsbekämpfungsmitteln
Phytotoxizität – schädigende Wirkung auf lebende Pflanzen
Räucherpatronen – Stabförmige Erzeugnisse mit einem Zündkopf, die den Wirkstoff, meist Phosphorwasserstoff, erst beim Abbrennen bilden und ihn dann bei Aufnahme von Feuchtigkeit freigeben
Rodentizide – Mittel gegen Nagetiere
Resistenz – Widerstandsfähigkeit der Schädlinge gegen Pflanzenschutzmittel. Sie beruht meist auf einer Auslese, bei der die Widerstandsfähigsten überleben
Slow-Release-Insektenstreifen – Kunststoffplatten, die den insektiziden Phosphorsäureester Dichlorvos (DDVP) enthalten und diesen Wirkstoff allmählich durch Verdunsten freigeben. Sie werden an die Decke gehängt und wirken als Insektenvertilgungsmittel
Saatbeizmittel – Pulverförmige oder flüssige Zubereitungen, die pilzliche Krankheitserreger am Saatgut abtöten sollen. Man unterscheidet je nach Anwendung Trockenbeizen und Naßbeizen
Selektive Wirkung – Wirkung, die auf eine bestimmte Art oder Gattung beschränkt ist
Spritzpulver – Staubförmige Zubereitungen fester Wirkstoffe, die beim Verrühren mit Wasser spritzfertige Suspensionen ergeben

Systemische Mittel – vom Gefäßsystem der Pflanze aufgenommene Gifte. Hauptsächlich gegen saugende Insekten

Warnstoffe – Farb-, Geruch- und Geschmackstoffe für Gifte, um eine falsche Verwendung zu vermeiden

    quecksilberhaltige Pflanzenschutzmittel: blau oder rot
    Phosphorwasserstoff entwickelnde Zubereitungen: blau oder rot
    fluorhaltige Pflanzenschutzmittel: blau oder violett
    Phosphide enthaltendes Giftgetreide: dauerhaft dunkelrot
    Strychnin enthaltendes Giftgetreide: dauerhaft dunkelrot
    Crimidin enthaltendes Giftgetreide: dauerhaft dunkelrot
    Thallium enthaltendes Giftgetreide: blau

Folgende giftige Pflanzenschutzmittel müssen einen Farbstoff enthalten, der beim Zusammenbringen mit Wasser dieses deutlich anfärbt:
    α-*Naphthylthioharnstoff (ANTU)*,
    α-Chloralose,
    Cumarinverbindungen,
    Dichlorbenzoldiazothioharnstoff (Promurit),
    Norbormid.

Pflanzenschutzmittel der Giftabteilungen 1 und 2 müssen außerdem einen Geschmack aufweisen, der vom Genuß abschreckt.

Wirkstoff – chemischer Bestandteil eines Präparates, der allein die Wirkung auf den Schädling ausübt

Wirkungsbreite – gegen mehrere Schädlinge wirksam

Winterspritzmittel – Kontakt- und Fraßgifte, Ovizide, die die Eier verschiedener Schädlinge besonders im Obstbau vor dem Austreiben vernichten

Wuchsstoffe – regen den Pflanzenwuchs stark an. Sie können als selektive Mittel verwendet werden, die besonders bei breitblätterigen Pflanzen ein Wachstum herbeiführen, das zur tödlichen Erschöpfung führt

Literatur:

Ahrens, Die Giftprüfung. Verlag Ambrosius Barth, Leipzig.
Bayer, Pflanzenschutz-Compendium und Pflanzenschutzkurier. Bayer-Werke, Leverkusen. Im Buchhandel nicht erhältlich.
Cyran, Verkehr mit Giften und giftigen Pflanzenschutzmitteln in Baden-Württemberg: Deutscher Apotheker-Verlag, Stuttgart.
Drees, Pflanzenschutzlexikon: Verlag Kommentator, Frankfurt/Main.
Deutsches Arzneibuch 7. Ausgabe. Deutscher Apotheker-Verlag, Stuttgart.
Fey, Einführung in die Schädlingsbekämpfung: Verlag Vieweg, Braunschweig.
Genossenschaftlicher Pflanzenschutzratgeber, Deutsche Raiffeisen-Warenzentrale, Frankfurt/Main.

Gessner, Die Gift- und Arzneipflanzen in Mitteleuropa: Carl Winter – Universitätsverlag, Heidelberg.

Gloggengiesser/Wagner, Der Handel mit Giften, Schädlingsbekämpfungs- und Pflanzenschutzmitteln: Verlag - Kastner, Wolnzach.

Heller, Taschenbuch für den Vertrieb giftiger Pflanzenschutzmittel: Raiffeisendruckerei, Neuweid am Rhein.

Helwig, Moderne Arzneimittel: Wissenschaftliche Verlagsgesellschaft, Stuttgart.

Hermann, Die gebräuchlichen Rodentizide und ihre Anwendung in einigen Ländern Ost- und Westeuropas: Bundesgesundheitsblatt 1969 Seite 129.

Hörath, Vorbereitung auf die Giftprüfung zum Handel mit giftigen Pflanzenschutzmitteln: Deutscher Apotheker-Verlag, Stuttgart.

Hörath, Gifte und Schädlingsbekämpfungsmittel. Wissenschaftl. Verlagsanstalt, Stuttgart 1973.

Holz-Lange, Fortschritte in der chemischen Schädlingsbekämpfung: Landwirtschaftsverlag Weser-Ems, Oldenburg.

Klimmer, Pflanzenschutz- und Schädlingsbekämpfungsmittel: Hundt-Verlag, Hattingen (Ruhr) – im Buchhandel nicht erhältlich.

Liesche, Insektizide Ester und Amide der Phosphorsäuren, Polyphosphorsäuren, substituierten Phosphorsäuren und Phosphonsäuren: DAZ 1962 Seite 357; DAZ 1966 Seite 350.

Perkow, Die Insektizide: Hüthig Verlag, Heidelberg.

Pflanzenschutzmittel-Verzeichnis der Biologischen Bundesanstalt für Land- und Forstwirtschaft, Braunschweig.

Wirth/Hecht/Gloxhuber, Toxikologie-Fibel: Thieme Verlag, Stuttgart.

15. Düngemittel

Die Pflanzen entziehen dem Boden vor allem Stickstoff, Phosphor und Kalium. Diese Stoffe müssen ihm wieder zugeführt werden, soll es nicht durch Mineralsalzverarmung zu einer Unterernährung der Pflanzen und ihrer allmählichen Verkümmerung kommen. Lediglich die Schmetterlingsblütler vermögen mit Hilfe ihrer an den Wurzeln in Symbiose lebenden Knöllchenbakterien, Bacterium radiciola, den Luftstickstoff in Verbindungen umzuwandeln, die als Nährstoffe aufgenommen werden können: „Gründüngung".

Seit Jahrtausenden wurden die Ernteerträge durch natürliche, sog. *Wirtschaftsdünger* wie Jauche, Gülle, Stallmist, Kompost, gemahlene Steine und Erden (Mergel, Basalt u. a.) auf möglichst gleichbleibender Höhe gehalten, bis um das Jahr 1860 Justus v. Liebig die für die Pflanzen unerläßlichen Mineralstoffe entdeckte und damit die *Mineraldünger* neben oder an die Stelle der Wirtschaftsdünger stellte. Diese Handelsdünger gehören z. T. zum Warensortiment der Drogerie.

Nach der Anzahl der enthaltenen Nährelemente unterscheidet man:

15.1 Einzeldünger

15.1.1 Stickstoffdünger:

Kalkstickstoff, Calciumcyanamid, $CaCN_2$. Hauptvertreter der synthetischen Stickstoffdünger.

Harnstoff, Carbamid, Carbonyldiamid, Urea, $CO(NH_2)_2$. Beide sind langsam, aber nachhaltig wirkende Stickstoffdünger.

Natronsalpeter, Natriumnitrat, $NaNO_3$. Im Chilesalpeter enthalten. Synthetische Herstellung durch Umsetzung einer NaOH- bzw. Na_2CO_3-Lösung mit HNO_3:

$$Na_2CO_3 \;+\; 2\,HNO_3 \;\rightarrow\; 2\,NaNO_3 \;+\; H_2O \;+\; CO_2$$

Soda — Salpetersäure — Natriumnitrat — Wasser — Kohlendioxid

Ammoniumsulfat, $(NH_4)_2SO_4$.

Kalkammoniak, Gemisch aus Ammoniumchlorid NH_4Cl und Calciumcarbonat $CaCO_3$.

Kalkammonsalpeter, Gemisch aus Ammoniumnitrat, NH_4NO_3 und Calciumcarbonat, $CaCO_3$.

Kalksalpeter, Gemisch aus Ammoniumnitrat, NH_4NO_3, Calciumnitrat, $Ca(NO_3)_2$ und Calciumoxid, CaO.

Organische Stickstoffdünger sind Blut-, Huf-, Horn- und Knochenmehl. Sie enthalten neben einigen Phosphaten vor allem Stickstoff in Form von Proteinen, die von den Bodenbakterien langsam in lösliche Nitrate umgewandelt werden. Ihres allmählichen Abbaues wegen halten die organischen Dünger länger an als die anorganischen und führen den Pflanzen den Stickstoff beständig zu. Selbst aus stark bewässerten Böden werden sie kaum ausgewaschen.

15.1.2 Kalidünger

Kainit (griech. kainos = neu), $KCl \cdot MgSO_4 \cdot 3\ H_2O$, findet sich fast ausschließlich und in gewaltigen Mengen in den permischen Salzlagern (Staßfurter Abraumsalze).

Kalimagnesia, schwefelsaure Kalimagnesia, Kaliummagnesiumsulfat, Schönit, Patentkali, $K_2SO_4 \cdot MgSO_4$.

Kaliumsulfat, schwefelsaures Kalium, K_2SO_4.

15.1.3 Phosphatdünger:

Superphosphat, $Ca(H_2PO_4)_2 + 2(CaSO_4 \cdot 2H_2O)$.
Thomasmehl, Calciumsilicophosphat, $Ca_4P_2O_9 \cdot Ca_2SiO_4$.
Guano, Abfallprodukte wie Fischreste, Exkremente von Seevögeln, Fledermäusen usw. gemischt mit anorganischen Düngemitteln.

15.1.4 Kalkdünger:

Mischungen aus gemahlenem Kalkstein mit Sand, Ton, Braunkalk, CaO, gelöschtem Kalk, $Ca(OH)_2$, Hochofenschlacke u. a.

Kalkgaben wirken im Boden physikalisch, chemisch und biologisch, indem sie das Ausfällen der Bodenkolloide und die Bildung der Krümelstruktur fördern. Damit verbunden ist auf leichteren Böden eine erhöhte Wasserhaltefähigkeit, auf schweren Böden bessere Durchlüftung und schnelleres Abtrocknen. Chemisch bewirkt der Kalk höhere Löslichkeit anderer Nährstoffe, die durch Basenaustausch in die Bodenlösung übergehen. Freie Säuren werden durch Kalk gebunden. Kalk begünstigt auch das Wachstum und die Vermehrung der Mikroorganismen.

15.2 Mischdünger

z. B. Ammoniaksuperphosphat, sind Gemische aus mindestens zwei Einzeldüngern.

15.3 Volldünger

z. B. Nitrophoska, enthalten alle Kernnährstoffe und zusätzlich vielfach noch die Spurenelemente Bor, Zink, Mangan, Kupfer u. a. Sie lohnen sich besonders im Kleingartenbau und als handelsfertige Blumendünger.

Volldünger, besonders für Topf- und Zierpflanzen im Freien enthalten neben den Nährstoffen fast immer *Wuchsstoffe, Auxine* (griech. auxanein = wachsen), die den selektiven Herbiziden (vgl. S. 420) in gewisser Hinsicht ähnlich sind.

Die *Indol-3-Essigsäure* (IES), Heteroauxin, ist der wichtigste Wuchsstoff der höheren Pflanzen. Sie wird von ihnen selbst gebildet und kann auch synthetisch hergestellt werden. Die Indolessigsäure fördert vor allem die Keimung, Stecklingsbewurzelung, das Knospentreiben und den Blühbeginn.

Chlorchinolchlorid (CCC) reguliert das Höhenwachstum und steigert die Stabilität monokotyler Pflanzen.

Gibberelline sind Wuchsstoffe, die von Kleinlebewesen (Gibberella fjikuroi und Fusarium moniliforme) erzeugt werden. In wäßriger Lösung verdoppeln bis verdreifachen sie schon innerhalb drei bis vier Wochen das Längenwachstum von Sonnenblumen, Geranien, Gramineen und vieler anderer Zier- und Nutzpflanzen.

Außer diesen Auxinen sind auch die *Vitamine* der Gruppen B_1 und B_2 als Bestandteile von Enzymsystemen sehr stoffwechselaktiv.

15.4 Humine, Humussäuren

sind dunkelbraune, amorphe Verbindungen, die im Boden aus abgestorbenem, vorwiegend pflanzlichem Material durch chemische und biologische Umsetzungen entstehen. Sie stellen chemisch uneinheitliche Kolloide, und zwar polymere Oxy- und Polyoxyverbindungen benzolähnlicher Ringsysteme dar, die aus verschiedenen Phenolen mit Hilfe von Fermenten synthetisiert werden können. Als Torf und Torfmull verbessern die Humine die physikalische Bodenstruktur.

15.5 Schaumkunststoff

z. B. *Styromoll* (BASF), ist ein flockenartiges Produkt der Styropor-Produktion. Da dieser Stoff geschlossene Zellen besitzt, in denen Luft eingeschlossen ist, vermag er den mit ihm vermischten Boden zu lockern, luftiger und elastischer zu halten. Er baut sich nicht ab, sondern ist verrottungsfest. Da Styropor aufgrund seiner Zellstruktur kein Wasser aufnehmen kann, wird es gerne zur Bodenentwässerung (Dränung) verwendet.

Hygromull (BASF) ist ein Kunstschaumstoff aus pflanzenverträglich modifizierten Harnstoff-Formaldehyd-Kondensationsprodukten.

Da sich dieser organische Harzschaum durch eine vorwiegend offene Zellstruktur auszeichnet, vermag er nicht nur den Boden zu lockern und zu durchlüften, sondern auch etwa 70 Volumenprozent Wasser aufzunehmen, zu speichern und als leicht verfügbare Feuchtigkeitsquelle wieder an die Pflanzen abzugeben. Die Wasserabgabe aus dem Schaum geschieht gleichmäßig. Nach einer langsam verlaufenden Erstbefeuchtung der Hygromull-Schaumflocken geht die Wiederbefeuchtung nach einer Austrocknung sehr schnell vonstatten.

Dieses Bodenverbesserungsmittel enthält in seiner Trockenmasse über 30% Stickstoff, der zunächst nicht pflanzenverfügbar ist. Seine Mineralisation im Boden geht langsam vor sich, die Abbaurate liegt unter 5% im Jahr. Mit Hygromull verbesserte Böden brachten bis zu 45% Mehrertrag.

Nach der Art der Ausbringung des Düngers unterscheidet man:

Grunddünger:

Schwerlösliche, langsamwirkende Handelsdünger, wie Kalkstickstoff, Rhenaniaphosphat, Superphosphat, Thomasmehl. Um die Düngemittel wirksam zu machen, werden sie mit etwas Gartenerde vermischt und möglichst gleichmäßig über die ganze Bodenfläche verteilt.

Blatt-, Kopfdünger:

Leichtlösliche, schnellwirkende Stoffe, wie Kalk- und Natronsalpeter, die auf die bereits mit Nutzpflanzen bewachsenen Ackerflächen gestreut bzw. als Lösung gesprüht werden. Diese kann von der Pflanze nicht nur von der Wurzel, sondern auch mit den Blättern aufgenommen werden.

Die Handelsdünger werden als Salze, Kristalle, in Körner- oder Kügelchenform und für Topfpflanzen als Tabletten oder Lösungen hergestellt. Für Topfpflanzen löst man das Düngemittel am besten vor dem Gebrauch in Wasser auf. Die auf den Etiketten angegebenen Analysen sind ein wertvoller Hinweis auf die Wirksamkeit mancher Düngemittel und gewährleisten den Mindestprozentsatz des in ihnen enthaltenen Stickstoffs, Phosphors und Kaliums. Der Phosphorgehalt wird mit P_2O_5, Kalium mit K_2O und Stickstoff mit N angegeben.

Düngemittel müssen zum Verkauf genehmigt werden. Das Bundesministerium für Ernährung, Landwirtschaft und Forsten gibt alle zwei Jahre ein Verzeichnis der zugelassenen Düngemittel heraus, in dem auch die genauen Gehaltszahlen angegeben sind (Landwirtschaftsverlag GmbH, Hiltrup bei Münster in Westfalen).

15.6 Gesundheitsgefährdung durch Handelsdünger

Die immer wieder erhobene Behauptung, die Anwendung von Handelsdünger sei schädlich, indem sie allerlei Krankheiten begünstige, entbehrt jeglicher wissenschaftlichen Grundlage. Dagegen haben viele gründliche Untersuchungen gezeigt, daß die mit Kunstdünger aufgezogenen Nutzpflanzen weder Menschen noch Tieren irgendwelchen Schaden zufügen. Man hat darüber hinaus sogar festgestellt, daß sie in vielen Fällen infolge höheren Vitamingehaltes noch gesünder sein können als die mit Wirtschaftsdünger ernährten Pflanzen. Die mit Handelsdüngern aufgezogenen Pflanzen sind vielfach auch gegen Krankheiten widerstandsfähiger; so kann man zum Beispiel den Mehltau der Reben durch Kalidüngung auf ein Minimum reduzieren. Die Kunstdünger enthalten die gleichen chemischen Substanzen, die auch in den „natürlichen" Böden und in den Wirtschaftsdüngern vorhanden sind; nur liegen diese Verbindungen in zweckmäßigeren, höheren Konzentrationen vor (Gärtel, W., in „Weinbau und Keller", 1968).

Vierter Teil

Fachausdrücke, Produktbezeichnungen und Arbeitsmethoden aus der Praxis des Drogisten

16. Fachausdrücke, Produktbezeichnungen, Arbeitsmethoden

A

Abkochung – Heiltees
Absorption – Aufsaugung, im chemischen Sinne die Auflösung eines Gases in einer Flüssigkeit oder im optischen Sinne die Eigenschaft eines Stoffes, gewisse Strahlen des Lichtes zu verschlucken.
Abstinenz – Enthaltung
Adsorbentia – Mittel, die an der Oberfläche Stoffe festhalten
Adsorption – (lat. adsorbere = ansaugen) Verdichtung eines Gases oder Anreicherung eines gelösten Stoffes an der Oberfläche eines festen Körpers, vor allem an Pulvern, die eine große Oberfläche darbieten. Pulver aus aktiver Kohle vermag Gase zu adsorbieren (Gasmaskenfilter).
Adstringentia – zusammenziehende Mittel
Aerosolpackungen (lat. aer = Luft, solvere = lösen), Sprühdosen, Druckgasdosen, Sprays sind druckbeständige Gefäße, in die flüssige oder pastose Wirkstoffe zusammen mit Treibgasen eingefüllt sind.

Als Verschluß dient ein Ventil, das sich durch Druck auf den Sprühknopf öffnen läßt. Dabei drückt das Treibgas die homogene Mischung oder Lösung aus Wirkstoff und dem flüssigen Treibgas durch ein Steigrohr aus dem Behälter. Durch das spontane Verdampfen des Treibgases wird der Wirkstoff in feinste Teilchen zerstäubt. Als Treibgase dienen folgende fluorierten Chlorkohlenwasserstoffe:

Frigen 11 A, Trichlormonofluormethan, CCl_3F, eine Flüssigkeit, die bei Normaldruck bei $+24\,°C$ siedet (verdampft),
Frigen 12 A, Difluordichlormethan, CCl_2F_2, eine Flüssigkeit, die bei Normaldruck schon bei $-29\,°C$ siedet und bei $-5\,°C$ einen Arbeitsdruck von etwa 2 atü in der Dose erzeugt.

Um bei höheren Temperaturen einen gefährlichen Überdruck und bei kühleren einen mangelhaften Unterdruck zu vermeiden, werden beide Frigentypen je zur Hälfte miteinander gemischt.

Die *Frigene* sind ungiftig, geruchlos und unbrennbar. Sie setzen sogar die Feuergefährlichkeit mancher Wirkstoffanteile, z. B. der Alkohole in Haarsprays, erheblich herab. Außerdem lösen die Flüssiggase viele Inhaltsstoffe der Sprays, wodurch andere Lösungsmittel wie Alkohol, Äther, Ester, Ketone (Aceton) eingespart werden können.

Flüssiggase haben das Bestreben, wieder zu verdampfen und sich dabei auszudehnen. Darum ist der freie Raum über der Flüssigkeit der Dose stets mit gasförmigem Treibmittel gefüllt, das auf den Doseninhalt drückt, gleichgültig, ob der Behälter voll oder fast leer ist.

Am oberen Teil der Dose befindet sich der Sprühkopf mit dem Ventil, das schon bei leichtem Druck eine feine Düse freigibt, die den Inhalt austreten läßt. Ein Steigrohr, das bis auf den Boden des Behälters reicht, führt ihn zum Ventil empor. Beim Gebrauch wird die Sprühdose aufrecht gehalten; nur Dosen ohne Steigrohr, die Schaumreiniger, Autolacke, Körperpuder und andere pigmentreiche Stoffe enthalten, werden mit dem Ventil nach unten angewandt.

Farbsprühdosen enthalten zur besseren Durchmischung ihres Inhaltes kleine Kugeln. Diese Dosen sind vor Gebrauch so lange zu schütteln, bis die Kugeln gut hörbar an die Wandungen schlagen.

Schaumprodukte, wie Rasierschaum, Cremes u. a., erfordern einen besonderen Schaumkopf mit einer Kammer, in der das aus der Dose entweichende Gemisch aufschäumen und aus ihr als fertiger Schaum austreten kann.

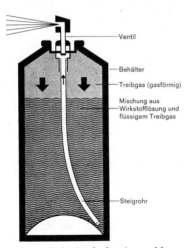

Querschnitt durch eine Aerosoldose

Die technische Regel für *Druckgasdosen* (TRG 300) legt u. a. fest, welchen Belastungen jede Dose bei der Produktprüfung gewachsen sein muß und welchen Rauminhalt die Dose haben darf. So ist sichergestellt, daß der Überdruck einer Spraydose in einem Wasserbad von $+50\,°C$ zwei Drittel des Prüfüberdruckes nicht überschreitet. Ein Drittel bildet also die Sicherheitsreserve bei Temperaturen über 50 °C.

Druckgasdosen dürfen im Lagerraum nur in Kartons, möglichst in der Versandpackung aufbewahrt werden. Die Kartons sind auch hier in einem Abstand von mindestens 50 cm von der Heizung zu lagern.

Im Lagerraum vorhandene Fenster müssen gegen Sonneneinstrahlung dauernd abgeblendet sein, gegebenenfalls können die Fensterscheiben mit einem dauerhaften blauen Anstrich versehen werden.

Brennbare Flüssigkeiten (Aceton, Brennspiritus, Benzin usw.), die der Verordnung über brennbare Flüssigkeiten, VbF, unterliegen, dürfen nicht im gleichen Lagerraum mit den Druckgasdosen aufbewahrt werden.

Lagern in einem Verkaufsraum Spraydosen mit einem Gesamtfassungsvermögen von mehr als 60 Litern, ist hiervon dem zuständigen Gewerbeaufsichtsamt eine Meldung zu machen.

Das Aufstellen von gefüllten Druckgasdosen in Schaufenstern zu Dekorationszwecken ist strengstens untersagt. In Schaufenstern sind ausschließlich Attrappen zu verwenden.

Sämtliche Druckgasdosen sind vor direkter Sonneneinstrahlung und vor Erwärmung über 50 °C zu schützen. Eine Erwärmung über 50 °C führt in der Regel zu einem Druckanstieg in der Dose (Ausdehnung des Gases infolge der Erwärmung) und kann diese zum Platzen bringen.

Punktstrahler dürfen nicht auf Druckgasdosen gerichtet werden, weil hierdurch ebenfalls eine unzulässige Erwärmung erfolgt, durch die die Spraydose zerstört werden kann.

Aerosoldosen müssen den Warnhinweis tragen:
„Dose vor starker Erwärmung schützen".

Leere Dosen dürfen nicht in den brennenden Ofen geworfen oder mit heißer Asche in Berührung gebracht werden. Niemals darf mit einer Aerosoldose in eine offene Flamme gesprüht werden.

Manche Forscher vertreten die These, daß die als Treibgas dienenden Fluorchlorkohlenwasserstoffe die vor ultravioletter Strahlung schützende Ozonschicht in der äußeren Lufthülle angreifen und außerdem Hautkrebs und andere biologische Störungen verursachen können.

Aus diesem Grunde wurden neben den herkömmlichen Aerosoldosen umweltfreundliche Zweikammer-Druckpackungen entwickelt. Ihr Außenbehälter entspricht im wesentlichen den üblichen Aerosol-Dosen in Aluminium- oder Weißblechausführung. Der Innenbehälter, dessen spezielle Form das vollkommene Auspressen des Füllgutes ermöglicht, besteht aus Aluminium oder Hochdruck-Polyäthylen.

Als Druckmedien dienen Stickstoff, Luft und andere komprimierte Gase, die zwischen Außen- und Innenbehälter eingegeben werden und mit dem Füllgut nicht in Berührung kommen. Ein Elastomer-Verschlußstopfen im Boden der Dose schmilzt bei ca. 80 °C, läßt dann das Druckmittel gefahrlos entweichen und dient so als Sicherheitsventil.

Durch Fingerdruck auf eines der üblichen Sprüh-, Pasten- oder Kippventile wird die Dose ohne Steigrohr entleert. Sie eignet sich für viskose, pastose, cremige und flüssige Füllgüter gleichermaßen und funktioniert in jeder Gebrauchslage auch bei niedrigsten Temperaturen.

(„Presspack" der Firmen Rhenag und Pamasol Willi Mäder AG, Pfäffikon, Schweiz).

Literatur:

Höppe, W. Zur Nomenklatur der Halogenkohlenwasserstoffe; Aerosol-Report 1965, 2.
Hoffmann, B. Frigen – das vielseitige Sicherheitstreibmittel; Fette, Seifen, Anstrichmittel 1963, S. 427–431.
Ziegler, H. Untersuchungen und Überlegungen zur Frage der Sicherheit von ungeschützten Aerosol-Glaspackungen; Aerosol-Report 1966, 8.
Frigen-Handbuch f. d. Aerosol-Technik; Farbwerke Hoechst AG.

Akkomodation – Anpassungsvermögen
Akne – Hautfinne, eitriger Hautpickel
Aktiv – tätig
Akut – plötzlich auftretend, schnell verlaufend
Akzessorisch – hinzutretend, unterstützend
Alginate – Salze der Alginsäure. Quellmittel
Allantoin – Purinderivat der Beinwellwurzel. Hautpflegemittel
Allergie – Empfindlichkeit gegen besondere Reize
Allopathie – Schulmedizin
Alopecia – Haarausfall
Alveolen – Lungenbläschen, Zahnfächer (vgl. S. 48, 124)
Amara – Bittermittel (vgl. S. 138, 139)
Amöben – Urtierchen
Amorph (gr. morphe = Gestalt) – gestaltlos, im Gegensatz zu kristallischen oder kristallinischen Stoffen diejenigen Stoffe, welche weder mit dem bloßen Auge noch unter dem Mikroskop Kristall-Struktur erkennen lassen.
Amphoter – chemisch different, von saurem und zugleich laugenhaftem Charakter
Ampulle – kleines Glasgefäß, das injizierbare (in den Körper einspritzbare) Flüssigkeiten enthält. Nach Sterilisation wird das Gefäß zugeschmolzen. Daneben gibt es auch Ampullen für andere Flüssigkeiten, z. B. Trinkampullen
Amylase – Enzym, das Stärke in Zucker verwandelt
Anaemie – Blutarmut, Blutleere
Anaerob – Ohne Luft, bzw. Sauerstoff lebend
Anaesthetica – betäubende Mittel
Anal – zum After gehörend
Analeptica – belebende Mittel
Analgetica – schmerzlindernde Mittel
Analyse (gr. analysis = Zerlegung) – chemische Zerlegung eines Stoffes zum Zwecke der Ermittlung seiner Bestandteile. Die qualitative Analyse ermit-

telt die Bestandteile nur nach ihrer Art, die quantitative Analyse bestimmt die Bestandteile auch nach Art und Menge.
Angina – entzündliche Rötung des Rachens, Mandelentzündung
Angina pectoris – Brustkrampf, Krampf der Herzkrampfadern
Anhidrosis – Mangel an Schweißabsonderung
Anionen – negativ geladene Ionen
anomal – regelwidrig
Anopheles – Stechmücke, Überträgerin der Malaria
Antacidum – Mittel gegen Magenübersäuerung (vgl. S. 140)
Antarthritica – Mittel gegen Gicht und Gelenksrheumatismus
Antasthmatica – Mittel gegen Asthma
Antemetica – Mittel gegen Erbrechen
Anthelminthica – Mittel gegen Eingeweidewürmer
Antianämisch – gegen Blutarmut
Antibiotica – aus Mikroorganismen gewonnene Mittel gegen Krankheitserreger
Anticonceptiva – empfängnisverhütende Mittel
Antidiabetica – Mittel gegen Zuckerkrankheit
Antidiarrhoeica – Mittel gegen Durchfall
Antiepileptica – Mittel gegen Epilepsie (Fallsucht)
Antifebrina – Mittel gegen Fieber
Antihidrotica – Mittel gegen starkes Schwitzen
Antihypertonica – Mittel gegen hohen Blutdruck
Antineuralgica – Mittel gegen Nervenschmerzen
Antiparasitica – Mittel gegen Parasiten (Schmarotzer)
Antiphlogistica – Mittel gegen Entzündungen
Antipyretica – Mittel gegen Fieber
Antirachitica – Mittel gegen Kalkmangelkrankheiten, z. B. Rachitis
Antirheumatica – Mittel gegen Rheuma
Antiseborrhoica – Mittel gegen übermäßige Talgabsonderung der Haut
Antisepsis – keimtötende Wundbehandlung
Antiseptica – keimtötende Mittel
Antitoxine – Gegengifte
Aperitiva – appetitanregende Mittel
Aphrodisiaca – Mittel zur Steigerung des Geschlechtstriebs
Apokriner Schweiß – aus Duftdrüsen stammender Schweiß
Applikation – Zuführung, Verabfolgung
Aromatica – geschmacksverbessernde Mittel (vgl. S. 139)
Arterien – Schlagadern (vgl. S. 68)
Arteriosklerose – Arterienverhärtung, Arterien-Verkalkung (vgl. S. 71)
Arthritis – Gelenkentzündung
Arzneibuch, Pharmakopoe – Zusammenstellung der medizinisch verwendeten chemischen Substanzen und Drogen mit Vorschriften über die Prüfungen, denen diese Stoffe unterzogen werden müssen.

Ascariden – Spulwürmer
Asepsis – keimfreie Wundbehandlung
Asthma – Atemnot durch erschwertes Ausatmen
Atavismus – Vererbung geistiger und körperlicher Eigenschaften auf die Nachkommen
Atom (gr. atomos = unteilbar) – kleinstes materielles Teilchen, zu dem wir ein chemisches Element mit chemischen Methoden aufteilen können. Die Atom-Zertrümmerung hat gelehrt, daß die Atome nicht die letzten Bausteine der Materie darstellen. Zu einer Atom-Zertrümmerung gehören aber ganz erheblich größere Energien, als sie bei chemischen Reaktionen in Frage kommen. Für die praktische Chemie bleibt demnach das Atom der letzte Baustein der Materie.
Atonie – Erschlaffung
Atoxisch – ungiftig
Atrophie – Schrumpfung
Aufguß → Heiltees
Autonom – selbständig
Avitaminose – Vitaminmangelkrankheit
Azulene – Bestandteile der äth. Korbblütleröle

B

Bakterien – Spaltpilze
Bakterizid – bakterientötend
Balneotherapie – Bäderbehandlung. Das Bad erfrischt ohne jeden Zusatz den ganzen Körper und fördert den Stoffwechsel. Als guter Wärmeleiter kann das Wasser die Körpertemperatur günstig beeinflussen und die Puls- und Herztätigkeit anregen. Der Druck, den das Wasser auf die Atmungsorgane, die Bauchmuskulatur und die oberflächlichen Venen des Badenden ausübt, erleichtert die Ausatmung und wirkt als milde Massage und wohltuende Reiztherapie auf die genannten Organe.
Im Warmbad erweitern sich die Gefäße und Kapillaren, wodurch die Haut besser durchblutet wird, während sich in anderen Organen Blutstauungen lösen.
Je nachdem, ob der *ganze Körper* oder nur *Teile* desselben der Badeprozedur unterworfen werden sollen, unterscheidet man:
Vollbad (Balneum totale) 250 bis 300 Ltr. Wasser.
Sitzbad (Enkathisma oder Insessus) 25 bis 40 Ltr. Wasser.
Fußbad (Pediluvium) 6 bis 18 Ltr. Wasser.
Armbad (Brachiluvium) 5 bis 8 Ltr. Wasser.
Handbad (Maniluvium) 1 bis 2 Ltr. Wasser.

Nach der *Temperatur* unterscheidet man:
Eiskalt: 0 bis 5 °C. Sehr kalt: 5 bis 12 °C. Kalt: 12 bis 18 °C.
Kühl: 18 bis 25 °C.
Badedauer höchstens 3 bis 4 Sekunden. Darf nicht von Herzkranken genommen werden. Dient zur Abhärtung und Durchblutung, wenn anschließend gut frottiert wird.

Lau: 25 bis 32 °C.
Badedauer zum Wärmeentzug bis zu 20 Minuten.

Warm: 32 bis 37 °C.
Macht müde. Eignet sich zur Körperreinigung vor dem Schlafengehen.

Heiß: 37 bis 42 °C.
Erfrischt den gesunden Körper. Untersagt bei Herzleiden, Arterienverkalkung und Tuberkulose. Dagegen empfohlen bei Gicht, Rheuma, Katarrhen, Erkältungen und auch zur Abhärtung; mit kalter Dusche oder Abwaschung beenden. Badedauer bei Warm- und Heißbädern etwa 5 Minuten.

Medizinische Kräuterbäder
für Badezwecke anzuwendende *Drogenmengen* können nicht allgemeingültig angegeben werden, denn sie sind von Fall zu Fall verschieden. Im allgemeinen beziehen sich die Angaben stets auf Vollbäder. Zur Herstellung von Bädern werden die Drogen gekocht (Drogen mit Gehalt an ätherischem Öl in bedecktem Topf), dann abgeseiht und die Kolatur dem Badewasser zugesetzt. Gelegentlich werden sie auch in Leinenbeutel gefüllt und in das warme Badewasser eingehängt (Kamillen). Vielfach stehen auch fertige Badeextrakte (Fichtennadel-, Heublumen-, Kamillenextrakte) zur Verfügung.

Medizinische Badeextrakte werden aus vielen Pflanzen nach folgendem mehrstufigen Verfahren gewonnen:

Gewinnung des wasserunlöslichen ätherischen Öles (Fichtennadel-, Rosmarin-, Baldrian-Öl usw.) durch Dampfdestillation, sofern das pflanzliche Ausgangsmaterial ätherisches Öl enthält.

Gewinnung der wasserlöslichen Extraktivstoffe, Kohlenhydrate, Eiweißstoffe, Mineralien, Gerbstoffe, Säuren, Glykoside (zum Beispiel Saponine), Alkaloide, Aromastoffe usw. durch Extraktion.

Eindickung des im 2. Arbeitsgang gewonnenen Extraktes im Vakuum, bis der dünne wäßrige Auszug zur Sirupkonsistenz eingedickt ist.

Das im 1. Arbeitsgang gewonnene ätherische Öl wird in Rührwerken dem Extrakt wieder zugesetzt. Dabei erfolgt eine Emulgierung der ätherischen Öle.

Neben anderen haben sich Extrakte aus Fichtennadeln oder Latschenkiefernadeln und solche aus Heublumen bei rheumatischen Beschwerden bewährt.

Medizinische Gasbäder
bestehen aus Gasträger und Gasentwickler, jeweils getrennt verpackt in Einbadpackungen, weil die beiden Bestandteile mengenmäßig genau aufeinander abgestimmt sein müssen, um die erforderliche Menge Gas zu erzeugen. Das Gas wird in feinsten Bläschen während der gesamten Dauer des Badens entwickelt. Gasbäder haben eine große Oberflächenwirkung.

Kohlensäurebad
Gasträger ist Natriumhydrogencarbonat, $NaHCO_3$, das bei Zusatz einer Säure oder eines sauren Salzes Kohlendioxid nach folgender Umsetzungsgleichung freigibt:

$$HCOOH + NaHCO_3 \rightarrow HCOONa + CO_2 + H_2O$$
Ameisensäure   Natrium-   Natrium-   Kohlen-   Wasser
              hydrogen-   formiat   dioxid
              carbonat

675 g Natriumhydrogencarbonat + 650 g Ameisensäure liefern etwa 150 Liter Kohlendioxid.

Beim Kohlensäurebad, das man zwei- bis dreimal wöchentlich nimmt, am besten vormittags, sollen die Gasentwickler während einer Badedauer von 15 bis 25 Minuten 150 bis 220 Liter Gas liefern. Das Kohlendioxid wird von der Haut aufgenommen, wobei sich die feinsten Haargefäße so stark erweitern, daß die Haut eine hochrote Farbe annimmt. Der dadurch verminderte Widerstand der Hautgefäße erleichtert dem Herzen die Arbeit, der Blutdruck sinkt, der Puls wird langsamer und die in der Zeiteinheit durch das Herz in Umlauf gesetzte Blutmenge (Herzminutenvolumen) steigt an. Der Badende fühlt sich angenehm erwärmt, auch wenn die Wassertemperatur nur 28 Grad Celsius zeigt. Der gesteigerte Stoffwechsel ist so beträchtlich, daß die Körpertemperatur nicht absinkt.

Sauerstoffbad
Gasspender ist meistens Natriumperborat, das in wäßriger Lösung Wasserstoffperoxid bildet. Bei Anwesenheit eines Katalysators zerfällt dieses in Sauerstoff und Wasser nach folgender Umsetzungsgleichung:

1. $4(NaBO_3 + 4H_2O) \rightarrow 4H_2O_2 + Na_2B_4O_7 + 11H_2O + 2NaOH$
   Natriumperborat   Wasserstoff-   Borax   Wasser   Natrium-
                     peroxid   hydroxid

2. $ 4H_2O_2 \rightarrow 4H_2O + 4O$
   Wasserstoff-   Wasser   Sauerstoff
   peroxid

Infolge seiner reflektorischen Anregung der inneren Organe wirkt das Sauerstoffbad als mildes Herzbad.

Anwendungsgebiete medizinischer Bäder:

Vitalisierend und tonisierend bei Leistungsabfall, Erschöpfungszuständen, Konstitutionsschwäche, Streß.

Beruhigend und entspannend bei nervöser Übererregbarkeit, Einschlafstörungen, Spannungszuständen.

Kreislaufanregend bei Müdigkeit, Kältegefühl, Gliederschwere, Kreislauflabilität, peripheren Durchblutungsstörungen.

Antirheumatisch und antineuralgisch bei Gelenk-, Muskel-, Nervenschmerzen, Hexenschuß.

Heilend und lindernd bei Erkältungskrankheiten (Schnupfen, Husten, Grippe).

Hautkräftigend bei Hautschäden (Reizungen, Wundsein, oberflächliche Verletzungen, Hautjucken, Entzündungen, soweit sie nicht ekzematisch oder infektiös sind).

Fußpflegend bei Fußbeschwerden und Fußschweiß.

Medizinische Bäder können zwei- bis dreimal in der Woche genommen werden. Einzelanweisungen sind zu beachten. Badetemperatur 35 bis 37 °C, Rheuma- und Erkältungsbäder 39 bis 40 °C. Badedauer maximal 25 Minuten. Ruhezeit nach dem Bad mindestens 30 Minuten.

Bei allen schwerwiegenden organischen und akut-entzündlichen Erkrankungen und im Falle einer Schwangerschaft ist vor jeder Anwendung medizinischer Bäder der Arzt zu konsultieren. Bei Infektionskrankheiten, Allergien, Herz- und Kreislauferkrankungen und Tuberkulose muß der Patient grundsätzlich vor jeder eigenmächtigen Anwendung nachdrücklich gewarnt werden.

Zubereitungen zur Herstellung von Bädern sind nach dem neuen Arzneimittelrecht freiverkäuflich. Die einzig bedeutsamen Beschränkungen liegen bei den rezeptpflichtigen Stoffen sowie den Krankheiten und Hautleiden gemäß Anlage 3 zur Rechtsverordnung nach § 32 AMG.

Balneum – Bad
Bazillen – sporenbildende Bakterien
Bentonit – reiner, weißer kolloidaler Ton
Bindegewebe – verbindet oder trennt fast alle Organe
Biochemie – ersetzt bei gestörtem Mineralstoffwechsel das fehlende Grundsalz
Biokatalysatoren – Enzyme, Hormone, Vitamine
Bizeps – Muskel am Oberarm
Blankophore – optische Aufheller, Weißtöner
Brachiluvium – Armbad
Bronchial – die Bronchien betreffend (vgl. S. 48)
Bronchitis – Schleimhautentzündung der Bronchien, Bronchialkatarrh

C

Calgon – Natriumhexametaphosphat
Callus – Schwiele
Candida – Sproßpilze auf Haut und Schleimhäuten
Capillus – Kopfhaar
Carcinom – Krebsgeschwür
Cardiaca – herzstärkende Mittel
Carminativa – blähungstreibende Mittel (vgl. S. 140, 146)
Castoreum – Bibergeil
Caustica – Ätzmittel
Cellulose – Polysaccharid, $(C_6H_{10}O_5)_n$
Cerebral – das Gehirn betreffend
Ceresin – gesättigter Kohlenwasserstoff. Allgemeinformel C_nH_{2n+2}
Cervix – Hals, Cervix dentis = Zahnhals
Cestoden – Bandwürmer
Chamazulen – blauer Anteil des Kamillenöls
Chemie – Lehre von der stofflichen Veränderung der Materie im Gegensatz zur Physik, welche die energetischen Veränderungen der Materie behandelt. Die Chemie (anorganische und organische) teilt sich in die 3 großen Gruppen der analytischen Chemie, der synthetischen Chemie und der physikalischen Chemie.
Chemischer Vorgang – Vereinigung einer oft großen Zahl verschiedener Elemente oder Grundstoffe zu einem von den Eigenschaften der Grundstoffe abweichenden neuen Stoff mit neuen Eigenschaften.
Chemotherapie – Bekämpfung bakterieller Infektionen mit chemischen Mitteln
Chloasma – Hautflecken
Chlorose – Bleichsucht
Cholagoga – Mittel zur Förderung des Gallenflusses
Cholesterin – fettähnliche Substanz, Lipoid
Chronisch – dauerhaft, langsam verlaufend
Cilium – Wimper
Clavus – Hühnerauge
Comedo – Mitesser
Corium, Cutis – Lederhaut
Coronargefäße – Herzkranzgefäße
Corrigentia – geschmacksverbessernde Mittel
Coryza – Schnupfen
Cosmeticum – Schönheitsmittel
Cuticula – Häutchen, C. pili = Haaroberhäutchen, C.dentis = Schmelzoberhäutchen
Cutis – Haut

Cyste – Blase, Hohlraum
Cystin – schwefelhaltige Aminosäure
Cystitis – Blasenkatarrh
Cysticum – Blasenmittel

D

Darmflora – Bakterien des Darmes
Decubitus – Wundliegen, Druckbrand
Degeneration – Entartung
Demineralisierung – Kalkentzug
Denaturierung – Vergällung
Dens – Zahn (vgl. S. 120)
Dentifrices – Zahnpflegemittel (vgl. S. 130, 165)
Dentin – Zahnbein (vgl. S. 124)
Deodorants, Desodorantien – Mittel gegen Schweißgeruch
Depilation – Enthaarung mit chemischen Mitteln
Depression – starke Niedergeschlagenheit
Depurantia – Reinigungsmittel, Abführmittel
Derivat – Abkömmling
Derma – Haut
Dermatitis – Hautentzündung
Dermatosen – Hautkrankheiten
Desinfektion – Abtöten von Krankheitserregern
Desinficientia – desinfizierende Mittel
Desodorantia – Mittel zur Geruchsbeseitigung
Destillat (lat. destillare = herabtropfen) – Produkt einer Destillation. Hierunter versteht man die Überführung einer Flüssigkeit in Dampf und die Rückführung des Dampfes in die flüssige Form.

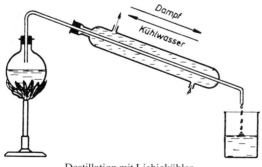

Destillation mit Liebigkühler

Die Destillation verläuft in zwei Stufen, über den Siedepunkt zum Kondensationspunkt hinweg.

Das *Verdampfen* der Flüssigkeit erfolgt im Kolben bzw. der Blase unter Wärmezufuhr.

Bei der *Kondensierung* werden die Dämpfe mit Hilfe eines Kühlers verdichtet. Im Laboratorium findet häufig der Liebigkühler Verwendung. Er besteht aus einem Glasrohr mit Mantel. Dieser besitzt Zu- und Ablauf für die Kühlflüssigkeit. Die Abkühlung vollzieht sich nach dem Gegenstromprinzip. Das Destillat als Ergebnis der Destillation wird in der Vorlage aufgefangen. Gelöste Salze oder feste Teilchen destillieren nicht mit. Man kann also durch die Destillation eine Flüssigkeitsreinigung vornehmen.

Fraktionierte Destillation: Aus einem Gemisch von Flüssigkeiten, die verschiedenen Siedepunkte haben, erhält man mehrere Destillate. Bei den verschiedenen Siedepunkten werden die Vorlagen gewechselt, deshalb spricht man von unterbrochener Destillation (fractus = gebrochen). Sie findet z. B. bei der Zerlegung des Erdöls und des Steinkohlenteers statt.

Bei der *trockenen Destillation* werden organische Substanzen, z. B. Steinkohle oder Holz destilliert und in mehrere Neustoffe zerlegt.

Unter *Vakuumdestillation* versteht man eine bei vermindertem Druck und daher tieferer Temperatur bei leicht zersetzlichen Stoffen durchgeführte Destillation.

Detergentien – waschaktive Substanzen
DHA – Mittel zur künstlichen Bräunung
Diabetes mellitus – Zuckerkrankheit
Diagnose – Bestimmung einer Krankheit
Diät – richtige Ernährung
Diaphoretica – schweißtreibende Mittel
Diarrhoe – Durchfall
Diastase – Ferment, das Stärke in Zucker verwandelt
Diathermie – Wärmedurchdringung, auch Haarabtötung durch elektr. Strom
Diffusion – Ausgleich von Konzentrationsunterschieden in Lösungen, auch Durchdringung poröser Wände durch Gase. Dialyse – Diffusion durch Trennwände
Digestiva – verdauungsfördernde Mittel
Dispersion – feine Verteilung eines festen Stoffes in einer Flüssigkeit
Diurese – Harnabsonderung
Dragées, Dragees (frz. Dragée = Zuckerkorn) werden hergestellt, indem auf einen Kern, Einlage, im rotierenden Dragierkessel schichtenweise ein Zuckermantel aufgetragen wird. Sie sind kugelig, ei- oder linsenförmig.
Drastica – stark wirkende Abführmittel
Drops – engl. – Tropfen
Druckgasdosen → Aerosoldosen

Dysenterie – Ruhr
Dyspepsie – Verdauungsstörung
Dystonie – mangelhafte Muskel- und Nervenspannung

E

Effleurage – Streichmassage
Ekzem – Hauterkrankung
Elektrolyse – Auflösung durch elektrischen Strom
Embolie – Verstopfung von Blutgefäßen durch einen in das Blut gelangten und von ihm weiterverschleppten Fremdkörper
Emetica – Brechmittel
Emollientia – erweichende Mittel (vgl. S. 140)
Emulgator – Hilfsstoff zur Herstellung von Emulsionen
Emulsion – disperses System zweier nicht mischbarer Anteile
Enamelum – Zahnschmelz
Endokrine Drüsen – Drüsen mit innerer Absonderung
Enfleurage – Ausziehen von Blütenölen mit Fetten
Englische Krankheit → Rachitis
Enteritis – Darmkatarrh, Darmentzündung
Enthelminthen – Eingeweidewürmer
Enzyme – Biokatalysatoren (vgl. S. 117)
Epheliden – Sommersprossen
Epidermis – Oberhaut
Epilation – Enthaarung
Epilepsie – Fallsucht
Epithel – oberste Zellschicht der Haut
Erythem – Sonnenbrand
Erythrozyten (vgl. S. 56)
Eucerin – Wollwachsalkohol + Vaseline. Emulgator
Expectorantia – hustenreizlindernde, auswurffördernde Mittel (vgl. S. 54)
Extrakte – nach dem DAB konzentrierte Zubereitungen aus Drogen.
Fluidextrakte, Extracta fluida, werden mit Äthanol oder Äthanol-Wassermischungen in der Weise hergestellt, daß aus 1 Teil Droge höchstens 1 Teil Fluidextrakt entsteht. Die Art des verwendeten Lösungsmittels ist anzugeben.
Zähflüssige Extrakte, Extracta spissa, Dickextrakte haben die Konsistenz auskristallisierten Honigs, enthalten durchschnittlich 15 bis 25% Wasser und lassen sich nicht gießen.
Trockenextrakte, Extracta sicca, lassen sich zu Pulver verreiben, sind meistens sehr hygroskopisch und müssen deshalb vakuumverpackt oder über Blaugel aufbewahrt werden.
Neben dem Mazerieren und Perkolieren sind zur Herstellung von Trockenextrakten auch die modernen *Zerstäubungs-* und *Gefriertrockenverfahren*

zugelassen: Tassenfertige Heiltees, schnellöslicher Kaffee- und Tee-Extrakt, Trockenmalzextrakt usw.

Herstellungsverfahren sind:

Mazeration: Die zerkleinerten Drogen werden mit der Extraktionsflüssigkeit (Wasser, Weingeist, Äther u. a.) übergossen; die Ansätze werden 5 Tage lang in gut verschlossenen Gefäßen an einem vor Sonnenlicht geschützten Ort bei Raumtemperatur aufbewahrt und mehrmals täglich umgeschüttelt. Nach dem Dekantieren (Abgießen vom Bodensatz) oder Kolieren (Durchseihen) wird die Droge ausgepreßt. Der Gesamtauszug wird 5 Tage lang unterhalb 15 °C aufbewahrt, unter Vermeidung von Verdunstungsverlusten filtriert und gegebenenfalls mit der Extraktionsflüssigkeit auf den geforderten Gehalt eingestellt.

Perkolieren ist eine Extraktion mit Hilfe eines Perkolators. Dieser besteht aus einem konischen Zylinder zur Aufnahme der Pflanzenteile. Den Boden bildet ein Filter, durch das der Extrakt in ein Auffanggefäß tropft.

Die zerkleinerte Droge wird im Zylinder mit dem Lösungsmittel übergossen. Nach einiger Zeit läßt man den Extrakt abtropfen und wiederholt diesen Vorgang mehrmals. Die so gewonnen Pflanzenauszüge werden durch Eindampfen eingedickt und dadurch in die eigentliche Extraktform übergeführt.

Extrapone – Auszüge pflanzlicher Wirkstoffe
Extremitäten – Gliedmaßen

F

Fango – vulkanischer Mineralschlamm
Febris – Fieber
Ferment – Reaktionsvermittler. Veralteter Begriff für Enzym
Fertilität – Fruchtbarkeit
Fettalkoholsulfonate – Alkylsulfonate
Fibrillen – Fäserchen
Fibrinogen – Blutgerinnungsstoff. Synonyma: Fibrin, Thrombin (vgl. S. 63)
Flammpunkt – Temperatur, bei der eine Flüssigkeit entflammbare Dämpfe entwickelt
Follikel – Bläschen, Haarbalg
Fomentum – Kräuterkissen, Bähung
Fraktur – Knochenbruch
Frigene → Aerosole
Friktion – Reibung
Fungizid – pilztötend
Furunkulose – Auftreten eitriger Entzündungen
Fußbad → Pediluvium

G

Galaktagoga – milchbildende Mittel
Gallerte – Gelee
Gargarisma – Gurgelmittel
Gastritis – Magenkatarrh, Magenentzündung
Gel – kolloidale Lösung
Gemische, Gemenge

    Reinstoffe bestehen aus kleinsten Teilchen der gleichen Substanz, Gemische dagegen aus kleinen Teilchen verschiedener Substanzen. Sie weisen daher keine einheitlichen Eigenschaften auf, sondern sind davon abhängig, in welchem Mischungsverhältnis die jeweiligen Komponenten vorliegen.

    An der Bildung eines Gemenges können Elemente oder Verbindungen oder beide Stoffgruppen beteiligt sein. Stoffgemische kommen in der Praxis weit häufiger vor als Reinstoffe, denn die Kombinationsmöglichkeiten fester und flüssiger Substanzen, wozu auch noch einige Gase kommen, sind außerordentlich zahlreich.

Man unterscheidet:

Gemische aus festen Stoffen, z. B. Puder, gemischte Teezubereitungen, Mineralwassersalze, Gewürzmischungen, Badesalze, Waschmittel, Kunstdünger usw.

Manche Gemische lassen sich durch Sieben trennen. Man unterscheidet folgende Siebnummern:

Siebnummer	Lichte Maschenweite	Bezeichnung des Zerkleinerungsgrades
0	10,00 mm	sehr grob zerschnitten
1	4,00 mm	grob zerschnitten
2	3,15 mm	mittelfein zerschnitten
3	2,00 mm	fein zerschnitten
4	0,80 mm	grob gepulvert
5	0,315 mm	mittelfein gepulvert
6	0,160 mm	fein gepulvert
7	0,100 mm	sehr fein gepulvert

Gemische aus Flüssigkeiten, z. B. Duftwässer und Parfums, Gesichts-, Mund-, Haar- und Rasierwässer, Nagellackentferner, Nagelhautentferner, Liköre usw.

Flüssigkeitsgemische lassen sich durch Destillation trennen.

Geriatricum – Mittel gegen Alterserscheinungen
Gingivitis – Zahnfleischentzündung

Glandula – Drüse
Globuline – Eiweißkörper
Glykogen – Muskel- oder Leberzuckersubstanz
Gonorrhoe – Tripper
Granulationsgewebe – Gewebe, welches sich bei der Wund- und Geschwürabheilung bildet
Gravidität – Schwangerschaft
Gynäkologie – Frauenheilkunde

H

Habituell – gewohnheitsmäßig
Haematin – Blutfarbstoff
Haematurie – Blutharnen
Haemoglobin – roter Blutfarbstoff
Haemolyse – Auflösung der roten Blutkörperchen
Haemorrhoiden – Knotenförmige Erweiterungen der unteren Mastdarmvenen innerhalb und außerhalb des Afterschließmuskels, die durch Aufbrechen leicht bluten
Haemostyptica – blutstillende Mittel (syn. Haemostatica)
Heiltees – Bei der Herstellung von Teegemischen muß stets ein Grund- oder Basismittel vorhanden sein, das die Hauptwirkungsrichtung angibt. Diese kann durch ein oder mehrere Hilfsmittel ergänzt oder verstärkt werden. Und schließlich werden den Teemischungen des Handels noch an sich wirkungslose Füllmittel beigegeben, die der Mischung eine besondere Note im Aussehen geben sollen, denn die psychische Wirkung der äußeren Beschaffenheit ist nicht zu unterschätzen. So läßt sich die uniforme graugrüne oder graubraune Farbe von Teemischungen durch einige leuchtende Blüten der gelben Strohblume, blaue Kornblumen oder die weißen Blütenkörbchen der römischen Kamille wirksam auflockern. Bei schlecht schmeckenden Drogen oder für empfindliche Patienten müssen schließlich noch Geschmackskorrigentien hinzugefügt werden. Einen unangenehmen Geschmack empfindet man am wenigsten, wenn der Tee mit einer Trinkröhre, die man tief in den Mund einführt, getrunken wird.

Heiltees werden je nach dem beabsichtigten Zweck und je nach den in ihnen enthaltenen Wirkstoffen heiß, warm oder kalt getrunken. Ebenso ist die wirksame Menge bei den einzelnen Zubereitungen verschieden; eine größere Flüssigkeitsmenge ist auf jeden Fall bei schweißtreibenden und harntreibenden Tees nützlich. Während Tees mit schweißtreibender Wirkung zweckmäßig abends heiß im Bett getrunken werden, verteilt man im allgemeinen die vorgesehene Teemenge auf den ganzen Tag. Besonders wirksam ist der Genuß morgens nüchtern. Soll dreimal täglich eingenommen werden, so heißt das: morgens nüchtern, mittags 1 Stunde vor dem

Essen und abends vor dem Zubettgehen. Die beste Wirkung wird durch stündliches Einnehmen des Tees (1 Eßlöffel voll) oder morgens, mittags und abends (je 5 Eßlöffel voll) erreicht.

Zubereitungsweisen:
Abkochung, Decoctum

Die zerkleinerten Pflanzenteile werden mit Wasser im bedeckten Gefäß bei mäßiger Hitze bis zu 30 Minuten erwärmt und nach kurzem Aufkochen durchgeseiht. Abkochungen werden meistens aus Wurzeln, Hölzern und Rinden bereitet.

Aufguß, Infusum

Die Droge wird in zerkleinerter Form mit der vorgeschriebenen Menge siedenden Wassers überbrüht. Dann läßt man in bedecktem Gefäß etwa 10 Minuten ziehen und seiht ab. Dies ist die gebräuchlichste Zubereitungsform; sie findet Anwendung bei den meisten Blüten und Blättern sowie bei Samen und ganz allgemein bei starkriechenden Drogen, deren Duftstoffe (ätherische Öle) sich beim Abkochen zusammen mit den Wasserdämpfen verflüchtigen würden.

Auszug, Extractum

Die Droge wird mit kaltem Wasser übergossen. Nach 4 bis 8 Stunden wird der Auszug abgeseiht und ist trinkfertig. Kalt ausgezogen werden Sennesschoten und -blätter, Baldrianwurzel, Eibischwurzel und Leinsamen, Tausendguldenkraut, Wermut u. a.

Um sowohl die kalt- wie auch die heißlöslichen Stoffe auszuziehen, setzt man die Droge mit der halben Wassermenge kalt an und gießt nach mehreren Stunden ab. Dann überbrüht man den Drogenrest mit der anderen Hälfte kochenden Wassers und gießt nach 15 Minuten ab. Beide Auszüge werden dann vereinigt.

Als Maß gilt in der Regel ein Teelöffel voll Droge auf eine Tasse Wasser. Natürlich müssen die Trinkmengen dem Alter, Geschlecht und der körperlichen Konstitution angepaßt werden.

Tassenfertige Trockenextrakte enthalten den vollen Wirkstoffgehalt der Drogen und stellen eine Darreichungsform dar, welche die Zubereitung des Teegetränks überall bequem und fehlerfrei gestattet.

Helminthes – Eingeweidewürmer
Herpes – Bläschenausschlag
Hexosen – Sechsfachzucker, Trauben- und Fruchtzucker
Hidrose, Hidrosis – Schweißabsonderung
Hidrotica – schweißtreibende Mittel. Synonym: Diaphoretica
Homöopathie – ähnliches Leiden. Die Krankheit wird mit einem Mittel bekämpft, das am gesunden Menschen ähnliche Krankheitssymptome erzeugen würde. Anwendung in sehr starken Verdünnungen

Hormone – Wirkstoffe, die vom Blut aus einen Reiz auf die Körperzellen ausüben (vgl. S. 64, 412)
Hydrophil – wasserfreundlich
Hydrophob – wasserabstoßend
Hygiene – Gesundheitslehre
Hyperacidität – Übersäurung des Magens, Sodbrennen (vgl. S. 140)
Hyperaemie – gesteigerte Blutfülle in bestimmten Organen
Hyperhidrosis – übermäßige Schweißabsonderung
Hyperkeratose – Verhornung, Schwielen, Hühneraugen
Hypertonie – Bluthochdruck
Hypnotica – Schlafmittel
Hypophyse – Hirnanhang (vgl. S. 64)
Hypotonie – Verminderung des Blutdrucks

I

Idiosynkrasie – Überempfindlichkeit
Immunität – Unempfindlichkeit gegen Ansteckung (vgl. S. 57)
Impuls – Antrieb, Anstoß
Incrustation – Verkalkung
Indigestion – Verdauungsstörung
Infekt, Infektion – Eindringen von Krankheitserregern in den Körper
Inhalation – Einatmung von Heilmitteln (vgl. S. 51)
Injektion – Einspritzung, subkutan – unter die Haut, intravenös – in eine Vene, intramuskulär – in einen Muskel
Insektizid – insektenvernichtend
Insessus – Sitzbad
Inspiration – Einatmung
Insuffizienz – Schwäche, ungenügende Leistung eines Organs
Insult – Anfall
Interdigitalmykose – Fußpilzerkrankungen
Intestinum – Darm
Intoxikation – Vergiftung
Intramuskulär – Injektionen zwischen die Muskeln
Intravenös – Injektionen in die Venen
Isotonie – Druckbeständigkeit bei Körperflüssigkeiten

J

Joule – neue Bezeichnung für die Brennwerte der Nahrungsmittel an Stelle der Kalorie (vgl. S. 119)

K

Kalorie – Wärmemenge, die 1 Liter Wasser um 1 Grad C erwärmt, kcal (vgl. S. 120)

Kapillaren – feinste Blutgefäße (vgl. S. 74)

Kapillarität – beim Eintauchen enger Glasröhren in Flüssigkeiten beobachtete Erscheinung, wonach die Flüssigkeiten in den Röhren bis zu einer beträchtlichen Höhe ansteigen.

Karies – Zahnfäule (vgl. S. 125)

Katalase – Enzym, das Wasserstoffperoxid in Wasser und molekularen Sauerstoff in der lebenden Zelle zerlegt

Katalysator – (gr. katalyo = auslösen) – Stoff, der durch seine Gegenwart die Geschwindigkeit einer chemischen Reaktion erheblich beschleunigt ohne weder im Endprodukt zu erscheinen noch sich zu verbrauchen. Eine große Zahl von Metallen stellt wertvolle Katalysatoren dar, aber auch manche Oxide und Salze haben spezifische katalytische Wirkungen (s. auch unter Katalyse).

Katalyse – Beschleunigung einer chemischen Reaktion durch sogenannte Kontaktsubstanzen oder Katalysatoren (siehe auch unter Katalysator). Wichtige katalytische oder Kontaktreaktionen sind die künstliche Benzingewinnung durch Hydrierung von Braun- und Steinkohle, die Ammoniakgewinnung aus dem Stickstoff der Luft, die Fetthärtung oder die Beschleunigung der Trocknung von öligen Anstrichfarben durch Sikkative.

Kataplasma – Breiumschlag, Pflaster, Salbe (vgl. S. 32)

Katarrh – Entzündung der Schleimhaut

Kathartica – milde Abführmittel

Kationen – positiv geladene Ionen

Keratin – schwefelhaltiger Gerüststoff der Haut-, Nagel- und Haarsubstanz (vgl. S. 198)

Klimakterium – Wechseljahre der Frau

Klistier, Klysma – Einlauf in den Mastdarm (vgl. S. 149)

Kokken – Kugelbakterien

Kolik – krampfartige Leibschmerzen

Kollagen – Bindegewebsleim (vgl. S. 22)

Kollaps – plötzlicher Anfall von Schwäche, Kreislaufversagen

Kolloid – leimartiger Stoff

Koma – tiefe Bewußtlosigkeit

Komedonen – Mitesser (vgl. S. 209)

Kompresse – nasser, ausgedrückter Umschlag

Konservierung (lat. conservare = erhalten) – physikalische und chemische Maßnahmen, um organische Stoffe wie Lebensmittel, Getränke, Kosmetika usw. vor der Zersetzung durch Fäulnisbakterien, Hefen, Schimmelpilze u. a. zu bewahren. Mittel und Methoden:

Sterilisieren: Erhitzen der gefüllten Flaschen, Dosen usw. 45 Minuten lang auf 150° im Autoklaven (Obst-, Fleisch-, Fisch-, Gemüsekonserven).

Pasteurisieren: Erhitzen im Wasserbad auf 75°.

Eindicken: Wasserentzug durch Erhitzen bis Sirupkonsistenz (Milch, Fruchtsäfte).

Kühlen: Temperaturen bis etwa +5° im Kühlschrank, Kühlhaus, Kühlschiff usw. Hat viele Konservierungsmethoden verdrängt.

Einfrieren: Rasche Abkühlung auf −20 bis −40° in modernen Kältemaschinen. Bakterienwachstum und Enzymaktivität werden durch Kälte gehemmt, während Vitamingehalt, Nähr- und Genußwert kaum abnehmen.

Einsalzen – Pökeln

Säuern mit Essig

Chemische Konservierungsmittel.

Die Verordnung über die Zulassung fremder Stoffe gegen den mikrobiellen Verderb von Lebensmitteln *(Konservierungsstoff-Verordnung)* führt die Konservierungsmittel auf, die bei gewerbsmäßig in Verkehr gebrachten Lebensmitteln verwendet werden dürfen. Sie benennt außerdem diejenigen Lebensmittel, deren chemische Konservierung erlaubt ist, und gibt die Höchstmengen an Konservierungsstoffen an. In der Verordnung finden sich auch Vorschriften über die Kennzeichnung und Verpackung der Konservierungsstoffe. Nur 3 Stoffe bzw. Stoffgruppen sind nach der Konservierungsstoff-Verordnung (auch für die Verwendung im Haushalt) zugelassen.

Diese sind:

Stoffe	Bezeichnung	Kenn-Nr.
Sorbinsäure und ihre Natrium-, Kalium- und Calciumverbindungen	„Sorbinsäure"	1
Benzoesäure und ihre Natriumverbindung	„Benzoesäure"	2
para-Hydroxybenzoesäure-Äthylester, para-Hydroxybenzoesäure-Propylester und deren Natriumverbindungen	„PHB-Ester"	3

Alle Konservierungsmittel, sowohl die reinen Konservierungsstoffe wie auch deren Lösungen, Mischungen oder anderen Zubereitungen unterliegen nach § 7 der Konservierungsstoff-Verordnung einem besonderen *Verpackungs- und Kennzeichnungszwang.* Dieser bestimmt, daß die zugelassenen Konservierungsstoffe nur in vorschriftsmäßigen Packungen oder Behältnissen abgegeben werden.

Auf den Packungen oder Behältnissen müssen an einer in die Augen fallenden Stelle in deutscher Sprache und in deutlich sichtbarer, leicht leserlicher Schrift angegeben sein:

1. der Konservierungsstoff mit der vollständigen chemischen Bezeichnung nach § 1;
2. der Verwendungszweck unter Angabe derjenigen Lebensmittel der Anlage 2, zu deren Konservierung die fremden Stoffe bestimmt sind, unter Gebrauch der Worte: „Nach Maßgabe der Konservierungsstoff-Verordnung zugelassen zum Konservieren von ...";
3. der Name oder die Firma des Herstellers oder desjenigen, der die fremden Stoffe oder die Vermischungen in den Verkehr bringt, sowie der Ort der gewerblichen Hauptniederlassung des Herstellers.

Die *Sorbinsäure* ist eine ungesättigte Fettsäure, die vom Körper wie eine Nahrungsfettsäure abgebaut wird. Sie ist unschädlich und als Konservierungsstoff für alle Nahrungsmittel und Obstsäfte zugelassen. An Stelle der Säure wird häufig das leichter lösliche Kaliumsorbat verwendet.

Benzoesäure, Natriumbenzoat und *PHB-Ester* sind die am meisten gebrauchten Konservierungsstoffe, die schon in 0,2prozentiger Konzentration bakterientötend wirken.

Bekannte PHB-Ester sind Nigapin A = para-Hydroxybenzoesäureäthylester und Nipasol = para-Hydroxybenzolsäurepropylester.

Sie werden vom Körper gut vertragen und als unschädliche Hippursäure rasch über die Nieren ausgeschieden.

Sie dienen in etwa 0,3%iger Lösung auch zum Konservieren vieler Haut- und Haarkosmetika.

Konstant – beständig
Korrigens – Stoff, der schlecht schmeckenden Arzneimitteln zur Geschmacksverbesserung zugesetzt wird, ohne selbst eine arzneiliche Wirkung zu haben
Koronar – das Kranzgefäß des Herzens betreffend
Kosmetik – Schönheitsplege
Kräuterkissen – siehe Fomentum

L

Laryngitis – Kehlkopfentzündung
Laxantia – Abführmittel (vgl. S. 147, 148, 155)
Lethargie – Schlafsucht
Leukaemie – krankhafte Vermehrung der weißen Blutkörperchen
Leukozyten – weiße Körperchen im Blut und in der Lymphe (vgl. S. 58)
Lipase – fettspaltendes Enzym
Lipide – Fette und fettähnliche Stoffe
Lipophil – fettfreundlich
Lipophob – fettabweisend
Lösungen – Gemische aus mindestens zwei Substanzen, dem Feststoff und dem Lösungsmittel. Trennung durch Destillation

Lues – Syphilis
Lymphe – Gewebsflüssigkeit
Lymphozyten (vgl. S. 60)

M

Make-up – engl. Aufmachung, Aufputz (vgl. S. 224, 240, 243, 245, 248, 249)
Maniluvium – Handbad
Maquillage (franz.) – Maskenbildung, Make-up

Maßeinheiten:

Die in der Bundesrepublik zulässigen Maßeinheiten sind in dem 1969 erlassenem „Gesetz über Einheiten im Meßwesen" bindend festgelegt. Eine Reihe der früher verwendeten Größen wie Zentner, Pfund, atü, Mikron u. a. dürfen aufgrund dieses Gesetzes nicht mehr verwendet werden.

Längenmaße

Die gesetzliche Längeneinheit ist das Meter, die Länge zwischen den beiden Eichstrichen auf dem internationalen Urmeterstab, gemessen bei 0° C. Der Urmeterstab ist ein X-förmiger Platin-Iridiumstab, der genau so lang ist wie der 40 000 000ste Teil des durch Paris gehenden Meridians. Er wird in Sères bei Paris als internationaler Urmeterstab (Meterprototyp) aufbewahrt. In der Bundesrepublik führen die Physikalisch-Technische Bundesanstalt und die ihr unterstellten Eichämter die Überwachung der Längenmaßstäbe aus.

Um bei sehr kleinen oder sehr großen Längen nicht unbequeme Zahlenwerte zu erhalten, verwendet man noch Teile oder Vielfache des Meters:

1 Kilometer $\;\;= 1\,\text{km} \;=\; 1000\,\text{m}$

1 Dezimeter $\;= 1\,\text{dm} \;= \dfrac{1}{10}\,\text{m} \;=\; 0{,}1\,\text{m}$

1 Zentimeter $\;= 1\,\text{cm} \;= \dfrac{1}{100}\,\text{m} \;=\; 0{,}01\,\text{m}$

1 Millimeter $\;= 1\,\text{mm} \;= \dfrac{1}{1000}\,\text{m} \;=\; 0{,}001\,\text{m}$

1 Mikrometer $\;= 1\,\mu\text{m} \;= \dfrac{1}{1\,000\,000}\,\text{m} \;=\; 0{,}000\,001\,\text{m}$

1 Nanometer $\;= 1\,\text{nm} \;= \dfrac{1}{1\,000\,000\,000}\,\text{m} \;=\; 0{,}000\,000\,001\,\text{m}$

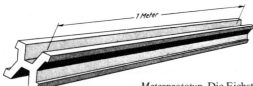

Meterprototyp. Die Eichstriche befinden sich auf dem Steg

Flächenmaße

Fläche ist die Ausdehnung nach zwei Richtungen: Länge und Breite. Die gesetzliche Maßeinheit der Fläche ist das Quadrat von 1 m Seitenlänge, genannt das Quadratmeter (m^2). Die amtlichen Bezeichnungen der Flächenmaße sind:

	1 Quadratmeter	= 1 m^2
100 Quadratmeter	= 1 Ar	= 1 a
100 Ar	= 1 Hektar	= 1 ha
100 Hektar	= 1 Quadratkilometer	= 1 km^2
$^1/_{100}$ Quadratmeter	= 1 Quadratdezimeter	= 1 dm^2
$^1/_{100}$ Quadratdezimeter	= 1 Quadratzentimeter	= 1 cm^2
$^1/_{100}$ Quadratzentimeter	= 1 Quadratmillimeter	= 1 mm^2

Raummaße

Raum ist die Ausdehnung nach drei Richtungen: Länge, Breite, Höhe. Die gesetzliche Maßeinheit des Körpers ist ein Würfel, dessen Kante 1 m lang ist, genannt das Kubikmeter (m^3). Die amtlichen Bezeichnungen der Raummaße sind:

	1 Kubikmeter	= 1 m^3
$^1/_{1000}$ Kubikmeter	= 1 Kubikdezimeter	= 1 dm^3
$^1/_{1000}$ Kubikdezimeter	= 1 Kubikzentimeter	= 1 cm^3
$^1/_{1000}$ Kubikzentimeter	= 1 Kubikmillimeter	= 1 mm^3

Die Flüssigkeiten werden vielfach gemessen, d. h. ihre Raummenge wird durch das Hohlmaß festgestellt. Die Einheit des Hohlmaßes ist das Liter. Die amtlichen Bezeichnungen der Hohlmaße sind:

	1 Liter	= 1 l
100 Liter =	1 Hektoliter	= 1 hl
$^1/_{100}$ Liter =	1 Zentiliter	= 1 cl
$^1/_{1000}$ Liter =	1 Milliliter	= 1 ml

Das Liter entspricht dem Rauminhalt eines Kubikdezimeters. Nach dem Maß- und Gewichtsgesetz gilt im Verkehr dem Kubikdezimeter der Raum, den ein Kilogramm reines Wasser bei seiner größten Dichte unter dem Druck einer Atmosphäre einnimmt.

Gewichte

Das Kilogramm (kg) ist die Masse des internationalen Kilogramm-Urgewichtes aus Platin-Iridium.

Alle im Gebrauch befindlichen Gewichtssätze sind mit Hilfe der Waage unmittelbar bzw. mittelbar mit diesem Normal-Kilogramm verglichen. Die amtlichen Bezeichnungen der Gewichte sind:

1 Tonne = 1 t = 1000 kg

1 Gramm = 1 g = $\frac{1}{1000}$ kg = 0,001 kg

1 Milligramm = 1 mg = $\frac{1}{1\,000\,000}$ kg = 0,000001 kg

1 Karat = 1 Kt = $\frac{0,2}{1000}$ kg = 0,0002 kg
(nur für Edelsteine)

Literatur:

Merkblatt: „Gesetzliche Einheiten im Meßwesen", Herausgegeben vom Bayerischen Landesinstitut für Arbeitsschutz.

Matrix – Keimschicht, Bildungsschicht
Mazeration – Extraktion auf kaltem Wege
Medizinische Seifen – feste oder flüssige Seifen oder Syndets, die Teer, Schwefel, Ichthyol, Pflanzenauszüge usw. enthalten und bei entzündeter oder unreiner Haut gelegentlich empfohlen werden. Da aber ihre festen Rückstände die Talgdrüsenausgänge verstopfen können, steigern sie u. U. die Mitesser- und Pustelbildung der akneerkrankten Haut.
Medizinische Weine – Auszüge mit Süßwein. Vorwiegend Tonica und Amara. Pepsinwein u. a.
Melanie – dunkle Hautverfärbung
Melanin – braune bis dunkle Pigmentkörper (vgl. S. 200, 232)
Melanozyten – pigmentbildende Zellen
Menstruation – Monatsblutung, Regel
Metastase – Tochtergeschwulst bei Krebs
Meteorismus – Blähsucht
Migräne – anfallartige Kopfschmerzen
Milien – Hautgries
Mitesser – Comedonen. Am Ausführungsgang der Talgdrüsen sitzender Talgpfropf (vgl. S. 209)
Mixturen – Mischungen mehrerer Flüssigkeiten oder Lösungen
Molaren – Mahlzähne
Molekül – (lat. molecula = kleinste Masse). Kleinstes Teilchen einer chemischen Verbindung
Motorisch – die Bewegung betreffend
Mucilaginosa – Schleimdrogen (vgl. S. 53, 140)
Mykose – Hautpilzerkrankung (vgl. S. 192)
Myocardium – Herzmuskulatur

N

Narcotica – Betäubungsmittel
Nekrotisch – abgestorben, brandig
Nephritis – Nierenentzündung

Nervina – Nervenmittel
Neuralgie – Nervenschmerzen
Neurasthenie – reizbare Nervenschwäche
Neuritis – Nervenentzündung
Neurose – Nervenkrankheit
Neutralisation – chemische Reaktion, bei der sich ein saurer Stoff mit einem alkalischen Stoff oder umgekehrt umsetzt unter Bildung eines neutralen Reaktionsproduktes
Nucleine – phosphorhaltige Eiweißsubstanzen
Nutriens – ernährungsförderndes Mittel
Nutrimentum – Nahrungsmittel

O

Obstipation – Verstopfung
Oedem – Ansammlung wäßriger Flüssigkeiten in den Geweben
Oestrogene – Follikelhormone, Eierstockhormone
Offizinell – im DAB aufgeführt
Oligohidrosis – verminderte Schweißabsonderung
Ophthalmicum – Augenmittel
Organotherapie – Heilverfahren durch Anwendung tierischer Organsäfte
Oral – eingenommen durch den Mund
Ovarium – Eierstock
Oxyuren – Madenwürmer (vgl. S. 150)
Oxyuris vermicularis – Madenwurm, Springwurm

P

Panaritium – Nagelgeschwür
Pankreas – Bauchspeicheldrüse (vgl. S. 65, 142)
Pankreatin – Enzym der Bauchspeicheldrüse
Parakeratose – Verhornungsanomalie der Oberhaut
Parasiten – Schmarotzer
Parodontium – Zahnhalteapparat
Parodontose – nichtentzündlicher Zahnbettschwund (vgl. S. 129)
Parodontitis – entzündlicher Zahnbettschwund
Pathogen – krankheitserregend
Pathologie – Krankheitslehre
Pectus – Brust
Pediküre – Fußpflege
Pediluvium – Fußbad
Pellagra – multiple Avitaminose
Peloide – schlamm-, lehm- oder moorartige Naturstoffe
Penetration – Durchdringung
Perkutan – durch die Haut

Periodontium – Wurzelhaut des Zahnes
Peripher – außenliegend
Peristaltik – Bewegung des Magens und Darmes
Permeabilität – Durchlässigkeit der Haut
Pernionen – Frostbeulen
Peroral – eingenommen durch den Mund
Perspiration – Hautatmung, Schweißabgabe
Pertussis – Keuchhusten
Petrissage – Knetmassage

pH-Wert – Zahl, die über die saure, neutrale oder alkalische Reaktion einer Lösung Auskunft gibt. Die pH-Werte bewegen sich zwischen 0 und 14, wobei pH 0 den größtmöglichen sauren Charakter, pH 14 den größtmöglichen alkalischen Charakter einer Lösung bedeutet. Zwischen diesen beiden Grenzwerten liegt bei pH 7 der Neutralpunkt. Das Bild stellt dies schematisch dar: steigt der pH-Wert von 0 über 1, 2, 3 usw. auf 7 an, so gehen die sauren Eigenschaften der Lösung zurück, um bei pH 7 zu verschwinden; steigt der pH-Wert von 7 über 8, 9, 10 und so weiter an, so nimmt der alkalische Charakter der Lösung zu. Im Bild sind diese Vorgänge durch die fallende und die steigende Gerade, die von den Grenzwerten nach pH 7 führen, angedeutet.

Der pH-Wert läßt sich leicht mit einem Spezial-Indikatorpapier (lat. indicare = anzeigen) und einer dazugehörigen Farbskala ermitteln. Letztere zeigt in Farbnuancen von rot = sauer bis schwarzgrün = alkalisch ziffernmäßig die jeweiligen pH-Werte an. Ein Vergleich mit dem in das Meßobjekt eingetauchten und dadurch verfärbten Indikatorpapier läßt den jeweiligen pH-Wert sofort erkennen.

(Hersteller: Merk und Riedel de Haen)

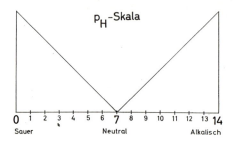

Pharmakognosie – Drogenkunde
Pharmakologie – Arzneimittellehre
Pharmakon – Arzneimittel
Pharmakopoe – Arzneibuch
Phasen – durch Trennungsflächen gegeneinander abgegrenzte Teile eines Stoffgemisches, die mechanisch voneinander getrennt werden können. Eine

Phase ist physikalisch (nicht aber auch immer chemisch) stets einheitlich. Der Begriff der Phase spielt in der Emulsionstechnik eine große Rolle. Überschichtet man Wasser mit Öl, so besteht das System aus den beiden Phasen Wasser und Öl, welche durch eine deutliche Trennungsfläche voneinander getrennt sind.
Phlegmone – flächenhaft fortschreitende eitrige Zellgewebsentzündung
Phtisis – Schwindsucht, Lungentuberkulose
Phytohormone – Pflanzenhormone, Auxine
Pigmente – Körperfarbstoffe, Substratfarben, Farblacke (vgl. S. 327)
Pillen – Arzneimittel in Form von Kügelchen, die eingenommen werden
Pilomotorika – Vasokonstriktoren in Pre-shave-Lotions zur Aufrichtung des Haarbalgmuskels
Placenta – Mutterkuchen
Planta pedis – Fußsohle
Plaque (franz.) – Zahnbelag (vgl. S. 130)
Pleura – Brustfell
Pneumonie – Lungenentzündung
Poliomyelitis – spinale Kinderlähmung
Polyarthritis – akute Gelenkentzündung
Polymerisation – meist durch Wärmezufuhr ausgelöste, auf Molekülvergrößerung beruhende und mit einer Viskositätszunahme verbundene Reaktion
Pomade – salbenartiges Haarpflegemittel
Pression – Druck
Prophylactica – Vorbeugungsmittel
Prophylaxe – Verhütung einer Krankheit durch vorbeugendes Eingreifen
Prostata – Vorsteherdrüse
Proteine, Proteide – Eiweißkörper (vgl. S. 87)
Protozoen – Urtierchen, tierische Einzeller
Pruritus – Hautjucken
Psychose – Geisteskrankheit
Psychotherapeuticum – Mittel zur Beeinflussung der Psyche
Pubertät – Geschlechtsreife
Pulmo – Lunge
Pulpa – Mark, P. dentis – Zahnmark
Pupille – kreisrundes Sehloch des Auges
Purgantia, Purgativa – milde Abführmittel
Pylorus – Pförtnermuskel am Magenausgang
Pyretica – Fiebermittel
Pyrotechnik – Feuerwerkerei

Q

Quaddel – weiche Schwellung unter der Haut
Quats – quartäre Ammoniumverbindungen

R

Rachitis – Vitamin D-Calcium-Stoffwechselkrankheit, engl. Krankheit (vgl. S. 23)

Reduktion – chemischer Vorgang, bei welchem durch ein Reduktionsmittel einer sauerstoffhaltigen Verbindung der Sauerstoff entzogen wird. Gegenteil der Oxydation

Regeneration – Wiederherstellung
Rekonvaleszenz – Genesung
Repellents – Insektenabwehrmittel
Resistenz – Widerstandskraft
Resorption – Aufsaugung
Rete-Malpighii – Zellschicht der Epidermis
Retina – Netzhaut des Auges
Rhagaden – Schrunden
Rheumatismus – Muskelerkrankung
Rhinitis – Schnupfen (vgl. S. 49)
Rhythmus – Takt, Zeitfolge, Schlagfolge
Roborans – Kräftigungsmittel (vgl. S. 76)
Rosacea – rote Hautverfärbung

S

Saprogen – fäulniserregend
Scabies – Krätze
Schmerfluß – Seborrhoe
Scrophulosis – Erkrankung der Drüsen
Seborrhöe – Schmerfluß, abnorm fette Haut
Sebostase – abnorm trockene Haut
Sedativa – Beruhigungsmittel
Sekret – Ausscheidung einer Drüse mit Ausführungsgang
Sekretolytisch – Absonderungen lösend
Sekretomotorisch – Absonderungen hervorrufend
sensibel – empfindlich
Sepsis – Blutvergiftung
Serum – wäßrige organ. Flüssigkeit, zum Beispiel in Milch und Blut (vgl. S. 63)

Siedepunkt – Temperatur, bei der der innere Dampfdruck einer Flüssigkeit den äußeren Atmosphärendruck überwindet und die Flüssigkeit unter Dampfblasenbildung zu sieden beginnt. Chemisch einheitliche Flüssigkeiten sind durch einen bestimmten Siedepunkt charakterisiert. So siedet bei Atmosphären-Druck z. B. reiner Äther bei 34,5 °C, reines Benzol bei 80,4 °C, reines Wasser bei 100 °C

Sitzbad → Insessus, Enkathisma
Sklerose – Verhärtung (vgl. S. 71, 153)

Skorbut – Scharbock. Krankheit, die durch den Mangel an Vitamin C in der Nahrung entsteht
Skrofulose → Scrophulosis
Solventia – schleimlösende Mittel
Spasmisch – krampfhaft
Spasmolytica – krampflösende Mittel (vgl. S. 54)
Spasmophilie – Überregbarkeit des Nervensystems
Spasmus – Krampf
Spinalis – zu Wirbelsäule oder Rückenmark gehörend
Spirillen – spiralförmige Bakterien
Spirochäten – spiralige, biegsame Bakterien
Sporadisch – vereinzelt vorkommend
Spray-Dosen → Aerosole
Sputum – Auswurf
Stabilisatoren – Stoffe, welche die Beständigkeit von Emulsionen, Sauerstoffspendern und anderen unbeständigen Substanzen erhöhen
Stilbene – optische Aufheller
Stimulantia – Reizmittel
Stomachica – appetit- und verdauungsfordernde Magenmittel (vgl. S. 138)
Stratum – Decke, Schicht
Streptokokken – Kettenkokken
Subcutan – unter die Haut
Subcutis – Unterhautfettgewebe
Sulfonamide – Abkömmlinge der Sulfonsäure zur Bekämpfung bakterieller Infektionen
Superacidität – Übersäuerung des Magens (vgl. S. 140)
Suspensionen – Aufschwemmungen oder Anreibungen feinst verteilter Feststoffe in Flüssigkeiten, z. B. Schminken, Anstrichfarben, Schüttelmixturen usw. Sie lassen sich durch ein Filter trennen, das die klare Flüssigkeit (Filtrat) durchläßt, die festen Partikel (Rückstand) jedoch zurückhält.
Symbiose – Lebensgemeinschaft von Organismen verschiedener Art
Sympathicus – Teil des vegetativen Nervensystems
Symptom – Erkennungszeichen z. B. einer Krankheit
Syndets – synthetische Reinigungsmittel
Synthese – Aufbau einer chemischen Verbindung aus Grundstoffen oder einfacheren Verbindungen. Bekannte Synthesen sind: Ammoniak-Synthese aus dem Stickstoff der Luft und Wasserstoff, Benzin-Synthese durch Hydrierung (Wasserstoff-Anlagerung) von Braunkohle und Steinkohle
Synthetics – Chemiefasern der Synthetikgruppe (vgl. S. 277)

T

Taenia – Bandwurm
Tapotement – Klopfmassage

Tela depurata – Verbandmull
Tenside – waschaktive Substanzen
Tetanie – neuromuskuläre Übererregbarkeit
Tetanus – Wundstarrkrampf
Texapone – Substanzen aus der Gruppe der Fettalkoholsulfate
Therapie – Heilverfahren
Thermometer – Wärmegradmesser
Mit dem *Fieberthermometer* wird die Körpertemperatur exakt gemessen. Es ist auf einen Temperaturbereich von 35 bis 42 °C eingestellt. Nach dem Herausnehmen aus dem Körper hält es die gemessene Temperatur fest, die höchstens um $^1/_{10}°$ absinken darf, worauf die auf der Rückseite des Thermometers befindliche Angabe „Maxima $^1/_{10}$″ hinweist. Für jede neue Messung muß deshalb das Quecksilber heruntergeschüttelt werden. Fieberthermometer müssen ein amtliches Eichzeichen tragen.

Die Körpertemperatur kann in der Achselhöhle (axillar) gemessen werden. Bei dieser wenig genauen Methode wird das Thermometer so eingelegt, daß die Haut an allen Seiten gut anliegt. Der Oberarm wird fest angelegt und der Ellbogen mit der anderen Hand festgehalten. In dieser Lage verbleibt das Thermometer etwa zehn Minuten lang.

Zuverlässiger ist die rektale Messung im After, bei der die Werte um etwa 0,5 °C höher liegen als bei der Messung in der Achselhöhle. Dabei ist das Thermometer leicht einzufetten, dem auf der Seite liegenden Patienten einzuführen und etwa 5 Minuten lang im Körper zu belassen.

Nach diesen beiden Anwendungsarten kann das Ende des Thermometers, das mit dem Körper in Berührung kommt, folgendermaßen geformt sein:

Dann wird die Gradzahl, bis zu der die Quecksilbersäule angestiegen ist, abgelesen. Bezogen auf die jeweilige Uhrzeit liefert sie bei länger andauernden Krankheiten die Fieberkurve.

Nach dem Gebrauch wird das Thermometer unter fließendem kaltem Wasser mit Seife gereinigt und zwischenzeitlich desinfiziert. Die Fiebermessung bei Säuglingen und Kleinkindern ist auf Seite 168 beschrieben.

Eine Abart des Fieberthermometers ist das *Frauen-* oder *Zyklusthermometer,* das die Schwankungen der Körperwärme und damit Abschnitte des monatlichen Zyklus der Frau anzeigt, in denen eine Empfängnis möglich ist.

Thrombose – Gefäßverschluß durch Blutgerinnsel
Thrombozyten – Blutplättchen (vgl. S. 62)
Tinkturen – dünnflüssige, gefärbte, klare Auszüge aus Drogen, die das Lösungsmittel (Weingeist, Ätherweingeist, Wein, Wasser u. a.) vollständig enthalten (häufig 70% Weingeist)
Tonica – Roborantia, kräftigende Mittel (vgl. S. 41, 76, 160)
Tonsilla – Mandel
Tonus – Spannungszustand der Gewebe, der Haut
Toxika – Gifte
Toxikologie – Giftlehre
Toxine – Bakteriengifte
Toxisch – giftig
Trachea – Luftröhre
Transpiration – Schwitzen
Tranquilizer – beruhigende Mittel
Trauma – Wunde
Trichosis – Anomalie des Haarwachstums
Tuberkulose – Lungenkrankheit, Schwindsucht
Tumor – Geschwulst, Schwellung
Turgor – Schwellzustand, Straffheit der Gewebe, Haut
Tussis – Husten

U

Ulcus – Geschwür
Unguis – Nagel

V

Vagina – weibliche Scheide
Vagus – Gegenspieler des Sympathicus im vegetativen Nervensystem (vgl. S. 37)
Varix – Krampfader, Venenknoten (vgl. S. 74)
Variation – Abänderung, Abwandlung
Varietät – Abart
Varizen – Krampfadern (vgl. S. 74)
Vasomotorika → Pilomotorika
Vegetativ – die Funktion des vegetativen Nervensystems betreffend
Vehikel – Trägersubstanz für Wirkstoffe
Venen – Blutadern (vgl. S. 73)
Ventriculus – Magen

Vermifuga – Wurmmittel
Verruca – Warze
Verstopfung → Obstipation
Vesicantia – blasenziehende Mittel
Vesicula – Bläschen
Virus – giftiger Saft, Ansteckungsstoff
Viskosität – Zähflüssigkeit
Vitalstoffe – lebenswichtige Stoffe, hauptsächlich Vitamine (vgl. S. 88)
Vitiligo – pigmentfreie Flecken auf der Haut
Vomitivum – Brechmittel
Vulnus – Wunde

W

WAS → Tenside

Z

Zentralnervensystem – Gehirn und Rückenmark (vgl. S. 37)
Zymase – Enzym der Hefepilze (vgl. S. 118)
Zystin → Cystin

Literatur:

Duden, Wörterbuch medizinischer Fachausdrücke. Bibliographisches Institut. Georg Thieme Verlag, Stuttgart 1968

Fey, H.: Wörterbuch der Kosmetik. Wissenschaftl. Verlagsgesellschaft mbH, Stuttgart

Fey, H.: Fachwörter–Fremdwörter für den Drogisten. Verlag Luitpold Lang, Unterhaching vor München

Hunnius, C.: Pharmazeutisches Wörterbuch. Verlag Walter de Gruyter, Berlin 1966

Index Merck, E. Merck, Darmstadt 1968

Industrieschriften: Atlas-Chemie GmbH; BASF, Badische Anilin- und Sodafabrik; Farbenfabriken Bayer A.G.; Farbwerke Hoechst AG.; Geigy AG.; Chemische Fabrik Haarmann & Reimer; Dragoco, Spezialfabrik konzentrierter Riech- und Aromastoffe; Chemische Fabrik Henkel & Cie.; Chemische Fabrik v. Heyden AG.; Chemische Werke Hüls AG; Chemische Fabrik E. Merck AG.; Chemische Fabrik Rewo GmbH.; Chemisches Laboratorium Dr. K. Richter GmbH.; Chemische Fabrik Schwarzkopf

Pschyrembel, W.: Klinisches Wörterbuch mit klinischen Syndromen. Walter de Gruyter-Verlag, Berlin–New York 1972

Ühlein, E.: Römpps chemisches Wörterbuch. Franckh'sche Verlagshandlung, Stuttgart 1969

Zetkin, M., H. Schaldach, E. H. Kühtz, K. Fichtel (Herausgeber): Wörterbuch der Medizin. VEB Verlag Volk und Gesundheit, Berlin 1964

Literatur-Verzeichnis

Medizin, Biologie, Pharmakognosie, Pharmakologie

ABC der Biologie. Verlag Harri Deutsch, Frankfurt 1968.
Bircher-Benner: Diätbücher, Bd. 10. Für Hautkranke und Hautempfindliche. Bircher-Benner-Verlag, Bad Homburg, Erlenbach-Zürich 1972.
Bode, H. G., u. G. W. Korting: Haut- und Geschlechtskrankheiten. Gustav Fischer Verlag, Stuttgart 1970.
Böhme, Hannelore: Hautpilze-, – Dermatophyten A. Ziemsen-Verlag, Wittenberg-Lutherstadt 1963.
Bohnstedt, R. M.: Dermatologie, Text- und Bildband. Troponwerke, Köln-Mühlheim 1968/1965.
Bohnstedt, R. M.: Krankheitssymptome an der Haut. Georg Thieme Verlag Stuttgart 1963.
Braun, W., u. A. Dönhardt: Vergiftungsregister. Georg Thieme Verlag, Stuttgart 1970.
Brehm, G.: Haut- und Geschlechtskrankheiten. Georg Thieme Verlag, Stuttgart 1972.
Flamm-Kroeber: Die Heilkraft der Pflanzen. Hippokrates Verlag, Stuttgart.
Gärtner, H., u. H. Reploh (Herausgeber): Lehrbuch der Hygiene. Gustav Fischer Verlag, Stuttgart 1969.
Gillmann, H.: Physikalische Therapie. Georg Thieme Verlag, Stuttgart 1972.
Hansen, K.: Allergie. Georg Thieme Verlag, Stuttgart 1957.
Kaiser, H. (Herausgeber): Der Apothekerpraktikant. Wissenschaftliche Verlagsgesellschaft mbH, Stuttgart 1967.
Karlson, P.: Biochemie, 6. Aufl. 1967. Verlag Thieme, Stuttgart.
Karsten/Weber/Stahl: Lehrbuch der Pharmakognosie für Hochschulen. Gustav Fischer Verlag, Stuttgart 1962.
Keining, E. U., O. Braun-Falco: Dermatologie und Venerologie. J. F. Lehmanns Verlag, München 1969.
Klinger, W.: Arzneimittelnebenwirkungen. Gustav Fischer Verlag, Stuttgart 1971.
Kuschinsky, G.: Taschenbuch der modernen Arneibehandlung, Angewandte Pharmakologie. Georg Thieme Verlag, Stuttgart 1970.
Kuschinsky-Lüllmann: Kurzes Lehrbuch der Pharmakologie. Georg Thieme Verlag, Stuttgart 1971.
Lange, A.: Leitfaden der medizinischen Mikrobiologie. Tropon-Werke, Köln-Mülheim 1966.
Lullies-Trincker: Taschenbuch der Physiologie I/II. Gustav Fischer Verlag, Stuttgart 1968/1970.
Möller, H.: Anatomie, Physiologie, Dermatologie, Hygiene in der modernen Friseurpraxis. Verlag Handwerk u. Technik, Hamburg 1973.
Moritz, O., u. D. Frohne: Einführung in die pharmazeutische Biologie. Gustav Fischer Verlag, Stuttgart 1967.
Steinegger, E., u. R. Hänsel: Lehrbuch der Pharmakognosie auf phytochemischer Grundlage. Springer-Verlag, Berlin–Heidelberg–New York 1968.
Stengel-Thieme-Weise: Klett's biologisches Unterrichtswerk, Band VI, Menschenkunde. Erich Klett Verlag, Stuttgart.
Strasburger, E.: Lehrbuch der Botanik für Hochschulen. Gustav Fischer Verlag, Stuttgart 1971.

Vogel, G., u. A. Angermann: dtv-Atlas zur Biologie, Band 1/2. Deutscher Taschenbuchverlag, München 1968.
Bayer. Staatsministerium für Arbeit und Sozialordnung: Informationsblatt „Gefahrstoffe".

Chemie

Auterhoff, H.: Lehrbuch der pharmazeutischen Chemie. Wissenschaftliche Verlagsgesellschaft mbH., Stuttgart 1971.
Bersin, Th.: Biochemie der Mineral- und Spurenelemente. Akademische Verlagsgesellschaft, Frankfurt a. M. 1963.
Bersin, Th.: Biochemie der Vitamine. Akademische Verlagsgesellschaft, Frankfurt a. M. 1966.
Beyer, Hans: Lehrbuch der organischen Chemie. S. Hirzel, Stuttgart 1973.
Bodendorf, K.: Kurzes Lehrbuch der pharmazeutischen Chemie. Springer-Verlag, Berlin–Göttingen–Heidelberg 1958.
Braun, M., K. Häusler, F. Krieger: Organische Chemie und Einführung in die Biochemie. Bayr. Landwirtschaftsverlag, München.
Buddecke, E.: Grundriß der Biochemie. Verlag Walter de Gruyter & Co., Berlin 1971.
Christen, H. R.: Grundlagen der allgemeinen und anorganischen Chemie, 1969.
Christen, H. R.: Grundlagen der organischen Chemie. Verlag Sauerländer (Aarau), Diesterweg/Salle, Frankfurt a. M. 1970.
Epoxidharzlacke.
Hollemann/Richter: Lehrbuch der organischen Chemie: Verlag Walter de Gruyter, Berlin.
Hollemann/Wiberg: Lehrbuch der anorganischen Chemie: Verlag Walter de Gruyter, Berlin.
Karlson, P.: Kurzes Lehrbuch der Biochemie. Georg Thieme Verlag, Stuttgart 1972.
Lehnartz, E.: Chemische Physiologie. Springer-Verlag, Berlin–Göttingen–Heidelberg 1959.
Leuthardt, Fr.: Lehrbuch der physiologischen Chemie. Verlag Walter de Gruyter, Berlin 1963.
Möller-Schoeneberg: Chemie in der modernen Friseurpraxis. Verlag Handwerk u. Technik, Hamburg 1971.
Prof. Dr. Römpp: Chemie des Alltags. Franckh'sche Verlagshandlung, Stuttgart.
Prof. Dr. I. Scheiber: Chemie und Technologie der künstlichen Harze.
Synthetische Faser.
Taschenbuch des Metallschutzes.
Dr. H. H. Vogt: Chemie 1. u. 2. Südwest Verlag, München 1972.

Kosmetik

Czetsch-Lindenwald, H. v., u. Fr. Schmidt-La Baume: Salben – Puder – Externa. Springer-Verlag, Berlin 1944.
Fey, H.: Wörterbuch der Kosmetik. Wissenschaftliche Verlagsgesellschaft mbH, Stuttgart 1974.

Möller, H.: Behandlungsverfahren der Kosmetik. Verlag Handwerk u. Technik, Hamburg 1970.
Neugebauer, H.: Kosmetische Erzeugnisse im Handbuch der Lebensmittelchemie (Gesamtredaktion: J. Schormüller). Springer-Verlag, Berlin–Heidelberg–New York 1970.
Nowak, G. A.: Die kosmetischen Präparate, Rezeptur, Herstellung und wissenschaftliche Grundlagen. Verlag f. chem. Industrie, H. Ziolkowsky, Augsburg 1969.
Rothemann, K. u. P. Piep: Das große Rezeptbuch der Haut- und Körperpflegemittel. Alfred Hüthig Verlag, Heidelberg 1969.
Schrümpf, E.: Lehrbuch der Kosmetik. Wilhelm Maudrich Verlag, Wien 1964.

Lexika

Berger: Handbuch der Drogenkunde Band 1. u. 2.
Braun, Hans: Heilpflanzenlexikon für Ärzte und Apotheker. Gustav-Fischer-Verlag, Stuttgart 1968.
Duden: Wörterbuch med. Fachausdrücke. Bibliographisches Institut. Georg Thieme Verlag, Stuttgart 1968.
Dyckerhoff, H.: Wörterbuch der physiologischen Chemie. Walter de Gruyter u. Co., Berlin.
Fiedler, H. P.: Lexikon der Hilfsstoffe für Pharmazie, Kosmetik und angrenzende Gebiete. Verlag Editio Cantor, Aulendorf 1971.
Franckh's Werkstoffführer: Franckh'sche Verlagshandlung, Stuttgart.
Gesundheits-Brockhaus. Verlag F. A. Brockhaus, Wiesbaden 1956.
Hagers Handbuch der Pharmazeutischen Praxis – Vollständige (vierte) Neuausgabe. Springer-Verlag, Berlin–Heidelberg–New York.
Höpker: Gesetzessammlung für Drogisten. Otto Hoffmans Verlag, Darmstadt, Berlin 1966.
Hoffschild-Drechsler-Schneider: Der junge Drogist, 4. Auflage.
Hoppe: Drogenkunde. Verlag de Gruyter & Co., Berlin.
Hunnius: Pharm. Wörterbuch, 4. Auflage. Walter de Gruyter u. Co., Berlin.
Irion, Hans: Drogisten-Lexikon, Band 1–3, Springer-Verlag, Berlin – Göttingen – Heidelberg 1955–1958.
Janistyn, A.: Taschenbuch der modernen Parfumerie und Kosmetik. Wissenschaftliche Verlagsgesellschaft, Stuttgart 1966, 1972.
Kahrs-Leifer: Leitfaden der Warenkunde.
Kaiser, H., W. Lang, H. Spegg (Herausgeber): Der Pharmazeutisch-technische Assistent. Deutscher Apotheker-Verlag, Stuttgart 1970.
Pschyrembel: Klinisches Wörterbuch. Walter de Gruyter u. Co., Berlin.
Römpp, H.: Chemie-Lexikon. Herausgeber O.-A. Neumüller, 7. Aufl., Franckh'sche Verlagshandlung, Stuttgart 1971.
Schüller: Arneiformen.
Ullmanns Encyklopädie der technischen Chemie. Urban & Schwarzenberg, München–Berlin.
Dr. R. Zander: Handwörterbuch der Pflanzennamen. Verlag Eugen Ulmer, Stuttgart 1964.

Zeitschriften

Angewandte Chemie. Verlag Chemie GmbH, Weinheim, Bergstraße, Zeitschrift der Gesellschaft deutscher Chemiker.
Angewandte Kosmetik. Terra-Verlag, Konstanz.
Chemie für Labor und Betrieb. Umschau Verlag, Frankfurt/M., Stuttgarter Straße 18.
Chemische Industrie. Zeitschrift für die Chemiewirtschaft. Verlag Handelsblatt GmbH., Düsseldorf.
Das Drogisten-Fachblatt. Otto Hoffmanns Verlag, Darmstadt.
Deutsche Apotheker-Zeitung. Deutscher Apotheker Verlag, Stuttgart.
Deutsche Drogisten-Zeitung. Verlag Karl Demeter, Gräfelfing.
Deutsche medizinische Wochenschrift. Georg Thieme Verlag, Stuttgart.
Die Deutsche Drogerie. Verband Deutscher Drogisten, Köln.
Die pharmazeutische Industrie. Editio Cantor, Aulendorf.
Die Therapiewoche. Verlag G. Braun, Karlsruhe.
Fette, Seifen, Anstrichmittel. Industrieverlag v. Hernhaussen KG., Hamburg.
Journal für medizinische Kosmetik. Berliner medizinische Verlagsanstalt GmbH., Berlin.
Kosmetikerinnen-Fachzeitung. Tessner-Verlag, Baden-Baden.
Kosmetische Monatsschrift. Ross-Verlag, Köln a. Rh.
Kosmetologie. Zeitschrift für Kosmetik in Wissenschaft und Praxis, Verlag G. Braun, Karlsruhe.
Laboratoriums-Praxis. Bund-Verlag 3 Köln-Deutz.
Naturwissenschaftliche Rundschau. Wissenschaftliche Verlagsgesellschaft mbH., Stuttgart.
Parfümerie und Kosmetik. Alfred Hüthig-Verlag, Heidelberg.
Pharmazeutische Rundschau. Robert Mölich Verlag, Hamburg 20.
Pharmazeutische Zeitung. Govi-Verlag, Frankfurt a. M.
Riechstoffe, Aromen, Drogen. Barsch-Verlag, Hannover.
Seifen, Öle, Fette, Wachse. Verlag f. chemische Industrie H. Ziolkowsky KG, Augsburg.
Bayer. Landesinstitut für Arbeitsschutz: Merkblatt „Gesetzl. Einheiten im Meßwesen".

Sachwortverzeichnis

A

Abbeizmittel 348
Abflußreiniger 308
Abführmittel 147, 148, 155
Abkochung 435
Ablaugmittel für alte Anstriche 348
Abschminke 218
Acne, Akne 209
Adaptierte Milchnahrung 158
Adrenalin 81
Adstringentia 205
Aerosole 435
After-Shave-Lotion 274
After-Sun-Gel 237
Akanthose 238
Aktivkohle 141
Aldrin 395
Algen 409
Alkalifreie Waschmittel 287
Alkoholhaltige Getränke 102
Alkoholische Gärung 104
Alleskleber 362
Allwaschmittel 287
Allzweckreiniger 311
Aloe 149
Alopezie 255
Altershaut 211
Aluminiumbronze 335
Alveolen 48, 124
Amara 138, 139
Ambra 268
Ameisen 375
Aminosäuren 87, 145
Ampholyte 289
Amylase 118
Angorawäsche 33
Anis 96
Anionics 288
ANM-Stärke 244
Anstrichmittel 327
Antacida 140
Antidiarrhoica 145, 146
Antifaltencreme 226
Antihydrotica 205
Antikoagulantia 403
Antikörper 59
Antiperspirants 205
Antiseptica 185, 439
Antitranspirantia 205

Aorta 66
Aperitiv 12
Apfelwicklerraupe 374
Aporkrine Schweißdrüsen 203
Appretiermittel 293
Aquarellfarben 348
Arbeitshandschuhe 218
Aromatica 139
Arrak 114
Arterien 68
Arteriolen 70
Arteriosklerose 71, 153
Arzneibuch 439
Ascariden 150
Ascorbinsäure 90
Atmungsorgane 46
Atmungsvorgang 45
Atom 440
Aufbautonica für Kinder 160
Aufguß 440
Aufheller, optische 290
Augenbrauenstifre 246
Augen-Make-up 245
Augenwatte 170
Augenwimpern, künstliche 246
Automatikgläser 238
Autopflegemittel 319
Avitaminosen 89

B

Baby-Körperpflegemittel 162
– Nahrungsmittel 156
Backofenreiniger 308
Bad
 Fango- 30
 Kohlensäure- 442
 Kosmetisches- 214
 Medizinisches- 30, 41, 54, 78, 433
 Moor- 30
 Peloid- 30
 Pflanzenextrakt- 30
 Rheuma- 31
 Säuglings- 163
 Sauerstoff- 442
 Schwefel- 31, 210
Bademulsionen 215
 -extrakte 30, 441
 -öle 31, 215

Badesalze 215
　-schwämme 216
　-seifen 214
　-tabletten 215
Bäder gegen Erkältungskrankheiten 54
Bakterien 180, 405
Ballaststoffe 88
Balneotherapie 440
Bandscheiben 20
Bandwurm 150
Basalzellenschicht 200
Basenaustauscher 304
Bauchspeicheldrüse 65, 142
Baumwollwatte 169
Bazillen 180
Begasungsmittel 404
Beißringe 166
Beizen von Holz 349
Benediktineressenz 148
Benzoesäure 455
Berloque-Dermatitis 234, 269
Berührungsgifte 392
Betonfarbe 338
Betriebsstoffe des Körpers 79
Bettwanze 386
Bewegungsnerven 35
Bienenwachs 323
Bindemittel für Farben 336, 338
Binden 171
　　Damen-, Monats- 173
　　Ideal- 172
　　Mull- 172
　　Schlauch- 172
Binderfarbenanstrich 337, 347
Bitterstoffdrogen 138, 139
Bitterschnäpse, -liköre 116
Bitterwässer 147
Bizeps 27
Blähungstreibende Mittel 140, 146
Blankophore 290
Blattdünger 433
Blattläuse 376
Blattwanzen 377
Blattwespen 374
Bleichcreme 240
Bleichmittel für Textilien 290
Bleichmittel für Haare 257, 260, 261
Bleichsoda 280
Bleimennige 332
Bleiweiß 332
Blondiermittel 260
Blütenstecherraupe 374
Blut 56
Blutadern 73
　-bildende Mittel 76

　-druck 69
　-flüssigkeit 63
　-gefäße 68, 202
　-hochdruck 69
　-körperchen, rote 56
　-körperchen, weiße 58
　-kreislauf 74
　-laus 378
　-plättchen 62
　-reinigungsmittel 151
　-serum 63
　-stillende Watte 171
　-stillstifte 273
Bluterkrankheit 63
Bodenbeizen 313
　-beläge 312
　-öl 314
　-schädlinge 372
　-teppiche (Reinigung) 315
　-würmer 400
Bohnenkraut 96
Bohnermasse 313
Bohrkäfer 388
Bolus 141
Bonbons, med. 53
Botrytis 406
Bräunung (Haut) 232, 237
Brandwunden 177
　-tücher 172
　-verbandpäckchen 172
Branntwein 113
Brillantine 282
Brindisäure 306, 309
Bronchien 48
Bronzefarben 335
Brustbonbons 53
Brusthütchen 157
Brustkorb 18
Büroleim 360
Brüsten 263
　-massage 229
Builders 290
Bullrichsalze 140
Burnus 291

C

Calcium 24, 92
Calgon 280
Cambric 171
Canities 259
Carbolineum 409
Carbonathärte (Wasser) 279

Caries, Karies 125
Carminativa 140, 146
Castoreum 268
Cellulosefasern 277
  -kleister 361
  -leim 361
Cerebrum 37
Cerebralsklerose 72
Cestoden 150
Chamoisleder 307
Chemiefasern 278
Chinesischer (Schwarzer) Tee 44
Chloramin 186
Chlorbleichmittel 296
Chlordan 395
Chlorierte Kohlenwasserstoffe
  (Schädl. Bek.) 394
Chlorkalk 186
  -kautschuklack 344
Chlorthion 397
Cholesterin 70
Chrompflegemittel 320
Calvus 189
Cleaner 321
Coffeinhaltige Getränke 42
Cognac 113
Compakte, Kompakte 20, 245
Cremebad 215
  -nagellack 251
  -parfum 268
  -rouge 244
  -schaumbad 216
Coldcreme 224
  Fett- 224
  Feuchtigkeits- 224
  Gelee- 224
  Gewebeextrakt- 226
  Hormon- 226
  Lidschatten- 245
  Make-up- 224
  Nähr- 224
  Nachtpflege- 224
  Organ- 226
  Pflanzenextrakt- 225
  Placenta- 226
  Pollenextrakt- 227
  Rasier- 273
  Schuh- 317
  Sonnenschutz- 234
  Sport- 224
  Tages- 274
  Vitamin- 225
  Wasch- 217
  Wirkstoff- 224
Crimidin 404

Cutis 200
Cyclomat 84

D

Damenbinden 173
Darm 142
  -einlauf 149
  -gleitöl 147
  -katarrh 145
  -parasiten 150
  -störungen 145
  -trägheit 147
  -verdauung 142
  -zotten 144
Dauerwäschesteife 293
Deckenbürsten 357
Deck(nagel)lacke 251
Dekorative Kosmetik 243
Dendriten 34
Dentifrices 130, 165
Deodorants 204
Depilation 265
Depilatoren 264
Derris 399
Desinfektion 179, 183, 185
Desmolasen 118
Desmodent 126
Desodorantia 204
Dessertweine 110
Destillation 113, 437
Detergentien 285
Dextrin 361
Dextrose 79
DHA-Präparate 237
Diabetes 81, 153
Diastase 118
Diastolischer Druck 69
Diazinon 397
Dichlorphos 397
Dickdarm 144
Dicköl 339
Dieldrin 395
Dipterix 399
Dispersionsbindemittel 337
Dispersionsleime 364
Docht (Kerzen) 324
Doppelzucker 79
Dragee 53, 148
Drahtwürmer 372
Drei-Lack-Methode 251
  (Nagellack)
Druckgasdosen 435

Düngemittel 430
Dünndarm 142
Duftstoffe 267
Duftwässer 270
Durchfall 145

E

E 605 398
Eau de Cologne 270
 -Javelle 297
 -Parfum 270
 -Toilette 270
Edelbranntweine 113
Effleurage 228
Einfachzucker 79
Eingeweidewürmer 150
Einlegesohlen 192
Einreibemittel 32, 54, 78
Einzeldünger 430
Einweichmittel 118, 280, 291
Eisen (Spurenelement) 57, 77, 93
Eisenoxidfarben 329
Eisenpräparate 77
Eiweißstoffe 87
Ekkrine Schweißdrüsen 202
Elektrorasur 274
Elektrostatische Ladungen
 (Teppichböden) 315
Empfindungsnerven 35
Embolie 71
Emollientia 140
Emulgatoren 219, 222
Emulsionen 219
Emulsionsbindemittel 337
Emulsionsreiniger (Fußböden) 312
Emulsionswaschcremes 217
Engerlinge 372
Englische Krankheit, Rachitis 23
Entfärber (Textilien) 295
Entfroster 320
Enteritis 145
Enthaarungsmittel 264
Entrostungsmittel 321
Entspannung des Wassers 281
Enzymatische Waschhilfsmittel 290
Enzyme 117
Epheliden 239
Epidermis 197
Epilation 264
Erdfarben 327
 -flöhe 374
Erdraupen 372

Ergänzungsstoffe 90 ff.
Ergrauen 259
Erkältungskrankheiten
 (Atmungsorgane) 45
Erste Hilfe 176, 423
Erythem 232
Erythrozyten 56
Essig 44
 -essenz 95
Essentielle Fettsäuren 86
Esterasen 118
Experctorantia 54
Extrakte 447
Eye-Liner 245

F

Fachausdrücke 426, 435
Färbemittel für Textilien 294
Farbanstrich 246
Faltencreme 226
Fango 30
Färben der Haare 259
 -Haut 243
 -Textilien 294
Farbkörper 327
 -lacke 333
 -waren 327
Fassadenfarben 337
Faulbaumrinde 148
Feinappretur 293
Feindesinfektionsmittel 185
 -seifen 214
 -waschmittel 289
Fenchel 96
Fenchelhonig 166
Fensterleder 307
Fensterrahmenanstrich 354
Fensterreinigungsmittel 307
Fermente 117
Fertignahrungen (Kleinkinder) 158
Fettalkoholsulfate 288
 -creme 224
 -haut 209
 -körper 85
 -rouge 244
 -säuren, essentielle 86
 -säuremantel 207
Feuchtigkeitscreme 224
Feuergefährliche Stoffe 366
 -schutzmittel 293
Fibrin 63
Fiebersenkende Mittel 55, 168

Fieberthermometer 464
Filmkitt 361
Filzlaus 390
Fingernägel 249
Flächenmaße 457
Flammschutzmittel 293
Flaschensauger 161
Fleckenentfernungsmittel (Textilien) 296
  -tabelle 298
Fliegen 380
Flöhe 390
Flüssigkeitsmaße 457
Fond de Teint 243
Formicidae 375
Fraktionierte Destillation 446
Franzbranntwein 32
Frauenthermometer 465
Freßzellen 58
Friction 228
Frigen 435
Frisiercreme 262
Frostbeulen 241
Frostschutzmittel für Autokühler 322
Fruchtgetränke 101, 159
    -pasten, abführende 148
    -säfte 101
    -weine 112
    -zucker, Fructose 83, 147
Frühjahrskuren 152
Füllstoffe für Farben 327
Fungizide 409
Fusciladium 407
Fuß 188
    -creme 192
    -pflegemittel 188
    -pilzerkrankungen 192
    -puder 192
    -schweiß 191
    -spray 192
    -tinktur 192
Fußboden 312
    -beizen 313
    -glanzöle 314
    -kitt 365
    -lack 344
    -ölemulsion 313
    -reinigungsmittel 312, 315
    -wachse 313

G

Gärsalz (Hefenährsalz) 104
Gärung, alkohol. 204
Galgant 96
Galle 143

Ganglien 34
Gasbäder, med. 442
Gase, giftige 367
Gebiß, künstl. 136
Gefäßsystem 68
Gehirn 37
Geleecreme 224
Gelenke des Menschen 22
Genever 114
Gerüststoffe (Builders) 290
Geschirrspülmittel 303
Gesichtsmasken 230
  -packungen 230
  -puder 244
  -waschcreme 217
  -wasser 227
Getränke 101
Getränkefässer (Reinigung) 311
Gewebeextraktcreme 226
Gewichtseinheiten 457
Gewürze 95
Gewürznelken 96
Gin 114
Gingivitis 166
Ginsenwurzel 41
Glänzer 314
Glaserkitt 365
Glasreinigungsmittel 307
Gleitmittel 147, 322
Glutaminsäure 40
Glyceringelee 224
Glyerinkitt 365
Glykogen 81
Glykose, Glukose 79
Glysantin 322
Graphit 335
Grauschimmel 406
Grenzflächenspannung (Wasser) 281
Grillen 386
Grillreiniger 308
Grobdesinfektionsmittel 186
Großhirn 37
Grunddünger 433
Grundiermittel (Anstriche) 351
Grundlagecreme 243
Guano 431
Gummi 360
  -bonbons 53
  -waren 177
Gurgelmittel 52

H

Haar 252
  -aufheller 260

Haarausfall 255
  -bleichmittel 261
  -blondiermittel 260
  -bürsten 164, 264
  -creme 262
  -entfernungsmittel 264
  -färbemittel 259
  -festiger 261, 262
  -kämme 263
  -kuren 258
  -öle 262
  -kurpackungen 258
  -pflegemittel 252
  -pomaden 262
  -shampoos 256
  -spray 269
  -tönungsmittel 259
  -waschmittel 256
  -waschtönungsmittel 257
  -wasser 258
Hämoglobin 57
Hämophilie 63
Hämorrhoiden 75
Härte des Wasser 279
Haft(lippen)stifte 248
Handelsdünger 433
Handreinigungsmittel 218
Handschweiß 206
Harnstoffdünger 430
Hartbeläge (Reinigungsmittel) 312
Harttrockenöl 338
Hausapotheke 174
  -bock 389
  -haltsreinigungsmittel 303, 311
  -haltswaschmittel 285, 287
  -maus 402
  -schädlinge 380
  -schwamm 408
  -ungeziefer 380
Haut 195
  -bräunungsmittel 232, 237
  -cremes 219, 223
  -färbemittel 243
  -fett 207, 209
  -krebs 238
  -Make-up 224, 240, 243, 245, 248, 249
  -nährcreme 224
  -nerven 201
  -öle 228
  -pflegemittel für Kinder 162
  -pilze 205
  -reinigungscremes 217, 218
  -reinigungsmittel 214
  -trockene 211

  -typen 208
  -wässer 227
Hefe 104, 112
Hefenährsalz 104
Heildrogen, Heiltees 33, 53, 54, 78, 138, 146, 148, 151, 450
Heilerde 141
Heimchen 386
Heiserkeit 49
Heizkörperanstrich 354
Herbizide 411
Herdputzmittel 308
Herrenkosmetik 272
Herz 65
Herzstärkungsmittel 76
Hexenschuß 29
Hexit 83
Hirnanhangdrüse 64
Höhensonne 232
Holzbeizen 349
Holzkonservierungsmittel 409
Holzleim 364
Holzöl 339
Homöopathie 451
Honig 161
Hormone 64, 412
Hormoncremes 226
Hornhaut 189, 190
Hornschicht 198
Hühneraugen 189
  -milben 391
Humine 432
Husten 49
  -bonbons 53
  -säfte 53
  -tropfen 52
Hydrolasen 118
Hydrolipidmantel 207
Hygromull 432
Hyperacidität 140
  -tonie 69
  -trichosis 264
Hypophyse 64
Hypotonic 69

I

Idealbinden 172
Idealgewicht 154
Immunsystem 57
Impfstoffe 63
Imprägniermittel für Textilien 293
Infektion 179
Infrarotstrahlen 232

Ingwer 97
Inhalationsapparate 51
Insekten 369
  -abwehrmittel 236
  -bekämpfungsmittle, Insektizide 392
Insektizide, pflanzliche 399
Insulin 81
Interdigitalmykose 192
Intimpflegemittel 206
Invertzucker 80, 147
Ionenaustauscher 304
Irrigator 149

J

Jod 93, 186
  -tinktur 186
Joule 119, 157, 452
Jugendakne 209
Juniorenkosten 159

K

Kachelreiniger 307
Kämme 263
Kaffee 42
Kainit 431
Kakerlaken 384
Kalidünger 431
Kalimagnesia 431
Kalium 93
  -permanganat 185
Kalkammoniak 430
  -ammonsalpeter 430
  -dünger 431
  -löser 306
  -mangelkrankheit 23
  -präparate 24
  -seife 280
  -salpeter 431
  -stickstoff 430
Kalorie 119, 157
Kaltgetränke 102
  -wellpräparate 262
Kapillaren 73
Kardamomen 97
Karies 125
Kapillaren 73
Karmelitergeist 33, 146
Kartoffelkäfer 376
Katalase, Katalyse 453
Kataplasma 32
Katarrh 49, 453
Kationics 289

Katzenfelle 33
Kehlkopf 47
Kehrpulver 312
Keimdrüsen 65
Keimzone 199
Kellerassel 385
Kellerbehandlung des Weines 105
Keratin 198
Kerzen 322
Kesselsteinlöser 306
Kinderflaschen 161
  -nährmittel 156
  -seifen 163
  -tonica 160
  -zahnpflege 165
Kirschgeist, Kirschwasser 114
Kitte 364
Fußbodenkitt 365
  Glaser- 365
  Glyderin- 365
  Lack- 365
  Leim- 365
  Leinöl- 365
  Linoleum- 365
  Mennige- 365
  Wasserglas- 365
Klarspülmittel für Geschirrspül-
  maschinen 304
Klebstoffe 356, 360
Kleiderlaus 390
Kleidermotte 386
Kleinkinderpflegemittel 156
Kleister 356
Klistier 149
Klimakterium 453
Knoblauch 78
Knochenaufbaumittel 23
  -aufbaustoffe 23
  -erkrankungen 23
  -gerüst 17
  -haft 22
  -haut 20
  -leim 22
  -mark 21
  -mehl 431
Knochenrinde 20
  -struktur 20
  -system 17
  -verbindungen 22
Knorpelhaft 22
Kochplattenreiniger 308
Kochsalz 94
Kodantinktur 186
Kölnisch Wasser 270
Körpergeruch 204

Körperlaus 389
-schweiß 202
-ungeziefer 389
Kohle, med. 141
Kohlenhydrate 79
-säurebad 442
-stoffpigmente 334
-wasserstoffe, chlorierte 394
Kohlfliege 373
Kohlweißlingsraupe 374
Kokken 181
Kolapräparate 42
Kollagen 22
Kolloide 453
Komedomen 209
Kompakte 20, 245
Kompaktpuder 245
Komplementsystem 59
Kompositionskerzen 324
Kompressen 171
Konservierung von Autolacken 320
-Holz 409
-Lebensmitteln 453
Kontaktgifte 392
-kleber 362
Kopfdünger 433
-schneider 250
-laus 389
Kopfwasser 258
Koriander 97
Kornbranntwein 114
Kosmetik 195, 243
Kosmetische Bäder 214
Kosmetische Massage 228
Kräuselkrankheit 406
Kräuterbäder, medizinische 30, 441
-kissen 32
Kraftwagen-Verbandkasten 175
Krampfadern 74
Kreide 328
Kreislauforgane 56
Kriechöl 322
Kristallose 83
Kühler-Frostschutzmittel 322
Kümmel 97
Künstliche Gebisse (Reinigung) 136
-Mineralfarben 330
-Nägel 252
-organische Farben 333
Kunstdünger 430
-harzkleber 362
-harzlacke 342
-kautschukkleber 362
-schwämme 217
-stoffbeläge 312

-stoffmöbel, Reinigung 316
-stoffreiniger 320
Kurkumawurzel 98
Kutis, Cutis 206

L

Lacke 340
Aerosol- 344
Alkydharz- 342
Asphalt- 344
Außen- 345
Bernstein- 344
Bronze- 345
Bunt- 345
Chlorkautschuk- 344
Effekt- 345
Eisen- 344
Harz- 341
Innen- 345
Klar- 345
Kunstharz- 342
Luft- 345
Matt- 345
Nitrocellulose- 343
Öl- 341
Phenolharz- 342
Polyurethan- 343
Seidenglanz- 345
Spiritus- 341
Spritz- 344
Streich- 344
synthetische- 342
Tauch- 345
Thixotroper- 345
Transparent- 345
Vor- 345
Zapon- 343
Lackfarbenanstrich 353
Lackreiniger für Autokarosserien 319
Längenmaße 456
Läuse 376, 389
Lävulose 81, 147
Latexfarben 337
Lavendelwasser 271
Laxantia, Laxativa 147, 148, 155
Leber 143
-flecken 200
-tran 24
Lecithin 40
Lederbeerenkrankheit 405
Lederfarben 318
-fett 317
-haut 200, 201

Lederkleidung 318
-taschen usw. 317
-möbel 317
-öl 317
Leime 336
  Cellulose- 336
  Leder- 361
  Tischler- 361
Leimfarbenanstrich 346
-kitt 365
Leinöl 338
-firnis 338
-standöl 338
Leukophore 290
Leukoplast 173
Leukozyten 58
Levantinerschwamm 217
Lichtschäden 232
-schutzfaktor 235
-öle 234
-mittel 234
Lidschattencreme 245
-kompaktpuder 245
-stift 245
Liköre 115
Lindane 395
Linoleum 312
-kitt 365
Lipase 118
Lip-Gloss 233
Lippenbalsam 233
-Make-up 248
-öl 249
-pomade 248
-salben 249
-stift 248
Lithopone 331
Lösungsmittel 346
-reiniger (Fußboden) 312
Lorbeerblätter 98
Luffa-, Loofahschwamm 217
Luftröhre 48
Luftverbesserungsmittel 187
Lumbago Hexenschuß 29
Lungen 49
Lutschtabletten 53
Lymphe 61, 202
Lymphozyten 60
Lysoform 185
Lysol 186

M

Macis 98

Madenwurm 150
Magen 137
-stärkende Mittel 138
-tees 138
-verdauung 137
Maikäfer 376
Majoran 100
Make-up 224, 240, 243, 245, 248, 249
Malathion 397
Malzzucker, Maltose 80
Mandelkleie 218
Maniküre 249
Maskara 246
Massage 229
Maßeinheiten 456
Masken 230
Mate 45
Maulwurf 401
Maulwursgrille 372
Mäuse 401
Mazeration 458
Mehltau 407
Mehrfachzucker 79
-zweckkleber 362
Melanin 200, 232
Melanozyten 259
Melanom 200
Melissengeist 33
Mennige 332
Menses 173
Menüs für Kinder 159
Messingkäfer 388
Metallfarben 335
-kleber 363
-pigmente 335
-putzmittel 308
Metasystox 398
Mikroben 181
Milben 391
Milchfänger 157
Milchfertignahrungen 158
Milchgebiß 165
Milchpumpe 157
-zucker 80, 147
Mineraldünger 430
-farben 330
-stoffe 92
-wasser 101
-wasserpastillen 53
Mischdünger 431
-haut 213
-watte 170
Mistelstiele 78
Mitesser 209
Moisturising-Cream 245

479

Modifizierte Stärke ANM 244
Möbelpflegemittel 316
Molluskizide 400
Monatsbinden 173
Monilia 406
Moorbad 30
Moschus 268
Mostbereitung 103
Mostgärung 104
Motten 386
Mücken 380
Mucilaginosa 53, 140
Mullbinden 172
Munddusche 132
  -pflegemittel 130
  -verdauung 220
  -wasser 135
Muskatnuß, Mazis 98
Muskeln 25
  Glatte- 27
  Quergestreifte- 26
  Unwillkürliche- 27
  Willkürliche- 26
Muskelcreme 245
  -kater 29
  -öl 245
  -schmerzen 30
Muttermilch 156
Muttersaft 102
Mykose 192
Myokard 67

N

Nachtcreme 224
Nährcreme 224
  -stoffe 79
  -stufen 160
Naevi 200
Nagel 249
Nagelbleichmittel 252
  -creme 251
  -feilen 250
  -festiger 252
  -hautentferner 250
  -Künstl. 252
  -lack 251
  -entferner 250
  -Make-up 249
  -öle 251
  -poliermittel 251
  -scheren 164, 250

  -weißstift 252
  -zangen 250
Nager 401
Nase 46
Nasensalbe 52
Naßwischmittel 314
Natrium 94
Naturfasern 277
Nebennieren 65
Nektar 192
Nelken 96
Nematozide 400
Nerven 34
  -anregungsmittel 42
  -bäder 41
  -beruhigende Heildrogen 41
  -nährmittel 40
  -system 34
  -autonomes 35
  -peripheres 35
  -sympatisches 35
  -regetatives 35
  -zentrales 37
  -tonica 41
  -zellen 34
Nervöse Haut 213
Neurit, Neuron 34
Nicotin, Nikotin 400
Nipagin, Nipasol 453
Nitritpökelsalz 94
Nitrocelluloselack 343
Nonionics 289
Nordhäuser 114
Normalgewicht 153
Normalhaut 209

O

Oberflächenspannung des Wassers 281
Oberhaut 197
Obstbaumspinnmilben 379
Obstbaumkrebs 406
Obstbranntwein 114
Obstipation 147
Obstsirupe 102
  -weine 112
Ocker 329
Öchselwaage 103
Ölfarbenanstriche 348
  -haarwäsche 257
  -kitt 365
  -lacke 341
Östrogene 65

Ofenschwänze 308
Ohrwürmer 386
Optische Aufheller 290
Organextraktcreme 226
Organische Farben 333
  -Phosphorverbindungen 396
  -Stickstoffdünger 430
Osteomalazie 23
Oxydase 118
Oxidations-Haarfarben 259
Osyhämoglobin 57
Oxyuren 150

P

Packungen (Gesicht) 236
Pankreas 65, 142
Paprika 98
Paraguay-, Parana-Tee 45
Parasympathicus 37
Parathion 396
Parfümerien 267
Parkettboden 312
Parodontium 128
Parodontopathien 128
Parodontose 129
Pasteurisieren 454
Pastillen 53
Pedicure 188, 459
Peeling 211
Peloidbad 30
Pelzkäfer 387
Pepsinwein 140
Periodontium 124
Peripheres Nervensystem 35
Perlmutt(nagel)lack 251
Pernionen 241
Peronospora 405
Pestizide 396
Petrisage 228
Pfeffer 99
Pferdeschwamm 216
Pflanzenextraktcreme 225
Pflanzenextraktbad 30, 41
  -schadinsekten 372
Pflaster 32
  -Schnellverbände 173
Pflegecreme 275
Pfortader 143
PHB-Ester 455
pH-Wert 184, 214, 455, 460
Phagozyten 58
Pharmakopoe 439
Phasen 460

Phenolharzlacke 342
Phosphatdünger 431
Phosphor (Spurenelement) 93
  -säureester 396
  -verbindungen, organ. 396
Phytohormone 227
Pickel 209
Pigmente 327
Pilze 405
Pilztötende Mittel 409
Piment 99
Pinsel 357
Placentacreme 226
Plaque 130
Pökelsalz 94
Polarisations-Sonnenbrillen 239
Pollenextraktcreme 227
Polsterwatte 171
Polymerisationskleber 363
Polyphosphate 280, 303
Pre-Shave-Lotion 275
Produktbezeichnungen 435
Protesen 118, 290, 302
Proteine 87
Prothesen (Reinigung) 136
Protzoen 183
Puder 244
  Baby- 163
  Fuß- 192
  Gesicht- 244
  Kompakt- 245
Pudercremetabletten 245
  -körper 244
Pürrees (Kindernahrung) 159
Puls 69
Purgativa 147
Putzflächenanstrich 355
Pyrethrum 399

Q

Qualitätsweine 106
Quartamon 185
Quellstoffe 155

R

Rachenhöhle 47
Rachitis 23
Rasierapparate 266, 272
  -creme 266, 273
  -essig 274
  -klingen 272

Rasierpinsel 274
-puder 273
-seife 266, 273
-stein, stifte 273
-wasser 274
Ratten 403
-patronen 404
Raumaerosole, Raumsprays 52, 187
-maße 457
Raupen 373
Reaktionskleber 363
Reduktion 462
Reduktionsdiät 152
Reefschwamm 217
Reinigungsmittel
-für Fußböden 312
-für Getränkefässer 311
Reinigungscreme 217, 218
-emulsion 217
-lotionen 218
-milch 218
-polituren 316
Reinzuchthefe 112
Reparaturlack (Auto) 321
Repellents 236
Reyon 278
Rheumabad 30
-tee 33
Rheumatismus 29
Rizinusöl 149
Roborantia 76
Rodentizide 403
Rohrreiniger 308
-zucker 80
Rosenhonig 166
Rosenrost 406
Rostentferner 309
-primer 309, 321
Rostumwandler 309, 321
Rote Spinne 379
Rotweine 108
Rouge 244
Rübenzucker 80
Rückenmark 39
Rum 115
Ruß 334

S

Saalwachs, Tanzsaalglätte 314
Saatfäule 406
Saccharin 83
Saccharose 80

Sägewespe 374
Säugetiere, Nager 401
Säuglingsbad 163
-ernährungsmittel 156
-pflegemittel 156
Säuremantel 207
-milch 158
Sagradarinde 148
Sagrotan 185
Salbeiblätter 52, 99
Sangria 112
Sauerstoffbad 442
Sauger 161
Schaben 384
Schädel 18
Schädlingsbekämpfungsmittel 369
Schälpasten 190, 211
Schattenwicklerraupe 373
Schaumbad 215
-kunststoff (Hygromull) 432
-spray 207
-wein 111
Scheuermittel 310
Schilddrüse 65
Schildläuse 377
Schlagadern 68
Schlankheitskost 153
Schleimdrogen 53, 146
Schlußanstrich 353
Schmerfluß 209, 256
Schmierläuse 378
Schminke 243, 245, 246, 249
Schnecken 400
Schnellverbände 173
Schnupfenmittel 49, 52
Schönheitspflege 195
Schorf 407
Schrotschußkrankheit 406
Schuhcreme 317
-pflegemittel 317
-weiß 317
Schultergürtel 18
Schuppenschicht (Haar) 253
Schutzkolloide 219
Schwabenkäfer 384
Schwämme 216
Schwamm (Hausschwamm) 408
Schwammgewebe (Knochen) 21
Schwarzpigmente 334
Schwarzer Tee 44
Schwefel 93, 220
-bäder 31, 210
Schweißdrüsen 202
-hemmende Mittel 205
Schwerpunktverstärker (Wäsche) 291

Schwielen 189
Schwimmbecken (Reinigung) 409
Scillirosid 404
Seborrhoe 209, 256
Seife 285
  Baby- 163
  Toilette- 214
  Wasch- 285
Sekt 111
Selbstbräunende DHA-Präparate 237
Selbstglanzemulsionen 314
Selektive Herbizide 412, 418, 419
Senfsamen 99
Sennesblätter, -früchte 148
Sepsotinktur 186
Serum 63
Sexualdrüsen 65
Shampoo 164, 256
Sheepwoolschwamm 217
Siebe 449
Siedepunkt 462
Sikkativ 346
Silberfischchen 385
  -nagellack 251
  -putzmittel 310
Skelett 17
  -muskeln 26
Skinfreshener 227
Slibowitz 115
Sodbrennen 140
Sommersprossenmittel 239
Sonnenbrand 232
  -brillen 238
  -licht 231
  -schutzaerosole 235
  -schutzcremes 234
Sonnenschutzemulsionen 234
  -schutzfaktor 235
  -schutzgelee 234
  -schutzmilch 234
  -schutzöle 234
Sorbinsäure 454
Sorbit 83
Spachtelmassen 350
  -messer 350, 359
Spasmolytica 54
Speckkäfer 384
Spezialkleber 364
  -waschmittel 291
Spinnen 388
Spinnmilben 379
Spirillaceen 181
Spirituosen 113
Spirituslack 341
Spondylarthrose 20

Spongiosa 21
Sportcreme 224
Spray-, Sprühdosen 435
Springwurm 150
Spritzmittel (Schädlinge) 425
  -pistole 358
Spülbleichmittel 290
  -mittel 303
Spulwurm 150
Spurenelemente 92
Stabilisatoren (Emulsionen) 219
Stachelzellenschicht 200
Stärke 80, 244
  -zucker 79
Standöl 338
Stechmücken 383
Steifungsmittel (Textilien) 293
Steinhäger 114
Steinholzboden 312
Sterilisieren 454
Sternanis 100
  -ruß 406
Stickstoffdünger 430
Stoffarben 294
  -schuhpflegemittel 317
  -wechselsalze 147
Stomachica 138
Stomatitis 166
Stopfmittel 145
Stratum corneum 198
Steckmittel (Farben) 327
Streichroller 358
Stubenfliege 380
Stuhlverstopfung 147
Styromoll 432
Subcutis 208
Substrate 327
Substratfarben 333
Südweine 110
Süßmost 103
  -stoffe 83
  -weine 110
Sulfathärte (Wasser) 279
Sun-Block 238
  -Gel 234
Superphosphat 431
Suspension 463
Sympathicus 37
Sympath Nervensystem 35
Syndetfasern 278
  -reiniger (Fußboden) 313
Synthese 463
Synthetics 277
Synthet. Schwämme 217
  -Waschmittel 287

Systolischer Druck 69
Systox 398

T

Taenia 150
Tafelweine 106
Tagescreme 224
Talgdrüsen 207, 225
Tampons 173
Tanzsaalglätte 314
Tapeziermittel 356
Tapotement 228
Tassenfertige Heiltees 54, 148, 451
Tastkörperchen (Haut) 201
Tausendfüßler 373
Tee, Chinesischer (Schwarzer) 44
 -medizinischer 33, 53, 54, 78, 138, 146, 148, 151, 450
Teerentferner (Auto) 320
Teintgrundierung 243
Tenside 281, 288
Teppichboden (Reinigung) 315
 -käfer 387
Testosteron 65
Textilfärbemittel 294
 -fasern 277
 -schädlinge 386, 387
 -waschmittel 285
Thallium(III)sulfat 404
Thermometer 464
Thioglykolsäure 263
Thomasmehl, Thomasphosphat 431
Thripse 379
Thrombin 63
Thrombozyten 62
Thymian 100
Thymusdrüse 64
Tinktur 465
Tinopale 290
Tischlerleim 361
Tönungshaarfestiger 262
Toilettenhygiene 187
Toilettessig 274
 -puder 244
 -seifen 214
 -wässer 227, 270
Tonica 41, 76, 160
Totalherbizide 411
Toxaphen 396
Transparent(nagel)lack 251
Traubenwein 102
 -zucker 77, 80

Treatment-Cream 275
Trichlorphon 399
Trikotschlauchbinden 172
Trinkbranntweine 113
Trockenextrakt 447
 -haut 211
 -rasur 274
 -schaumreiniger für Teppiche 315, 319
 -shampoo 258
Tuchumschlag 32
Türenanstrich 354
Turgor 228

U

Überfettungsmittel (Seifen) 214
Universalkleber 362
 -reiniger 311
Unkrautbekämpfungsmittel 411
Ultraviolettstrahlen 232
Unterbodenschutz (Auto) 322
Unterhautfettgewebe, -zellgewebe 208
UV-Absorber 236

V

Vagus 37
Vanille 100
Varizen 74
Vegetat. Nervensystem 37
Velvetschwamm 217
Venen 73
Venolen 73
Ventilationsgründe (Farbanstriche) 352
Verätzungen 176
Verbandgewebe 171
 -kasten (Auto) 175
 -mull 171
 -päckchen 172
 -pflaster 172
 -stoffe 169
 -watte 169
 -zellstoff 171
Verbrennungen 177
Verdauungsfördernde Mittel 138
 -organe 79
 -vorgang 116
Verstopfung 147
Viren 182, 405
Vitamine 88
 -creme 225
Vogelmilben 391

Volldünger 432
-waschmittel 287
Voranstrich 352
-waschmittel 118, 280, 291

W

Wacholderbeeren 100
-branntwein 114
Wachsbeizen 313
-kerzen 323
Wagen-, Kutschen-, Laternenkerzen 325
Wanderratte 394, 403
Wangenrot 244
Wannenreiniger 307
Wanzen 386
Waschaktive Substanzen 281
-creme 217
-konservierer (Auto) 320
-lotionen 218
-seifen 285
Wasserdichtmachen (Gewebe) 293
-enthärtungsmittel 279
-entspannungsmittel 281
-glaskitt 365
Wasserstoffperoxid 185, 260
Watte, -bällchen, -pads, bluttstillende- 164, 169, 171
WC-Reiniger 187, 306
Weinarten 107
-brand 113
-erzeugung 103
-haltige Getränke 112
-hefe 104
-kennzeichnung 106
-medizinischer 77, 458
Weißdornblüten 78
Weißleim 364
-töner 290
-wein 107
Wermutwein 112
Werkzeuge (Anstrich- u. Tapeziertechnik) 357
Werre 372
Whisky 114
Wimpern, künstliche 246
-öl 246
-tusche 246
Windbrand 241
Windeln 164
Windeleinlagen 164
-höschen 165
Winterdermatitis 241

Wirbelsäule 19
Wirkstoffcremes 224
Wirtschaftsdünger 430
Wodka 114
Wolläuse 378
Wuchsstoffherbizide 411
Wühlmaus 401
Würmer 150, 400
Würzstoffe 93
Wunddesinfektionsmittel 185
-schnellverband 173
-verband, flüssig 173

X

Xylamon 409

Z

Zahn 120
-aufbau 123
-bein 124
-belag 130
-bürste 130
-creme 133
-fäule 125
-fleisch 124
-formen 122
-höhle 124
-karies 125
-mark 124
-paste 133
-pflege 130, 165
-protesen (Reinigung) 136
-pulver 135
-schmelz 124
Zahnseife 135
-stein 129
-wurzel 124
-wurzelhaut 124
-zerfall 125
-zement 124
Zahnen 165
Zaponlack 343
Zecken 391
Zehennägel 190, 249
Zellstoffwindeln 164
Zellulitis 213
Zellwollwatte 170
Zentralnervensystem 37
Zibet 268
Zikaden 380
Zimoccaschwamm 216

Zimt 100
Zinkphosphid (Rattenbekämpfung) 404
Zirbeldrüse 64
Zirpen 380
Zucker 80
  -austauschstoffe 83
  -krankheit 81, 153
Zweidrittelmilch 157
Zwetschgenwasser 115
Zwölffingerdarm 147
Zyklusthermometer 465
Zymase 118